ケース
スタディで
わかる

グループ
通算制度の

M&A税務 ・
組織再編税制 ・
清算課税

税理士法人トラスト 公認会計士・税理士
足立 好幸 著
YOSHIYUKI ADACHI

中央経済社

はじめに

『グループ通算制度のM＆A税務・組織再編税制・清算課税』のすべてがわかる本。

本書は，グループ通算制度を適用している法人が，M＆A・組織再編成・清算を行う場合の税務上の取扱いについて解説しています。

グループ通算制度は企業グループを形成している法人に適用される税制であるため，グループ通算制度適用法人はM＆A，組織再編成，清算を頻繁に行います。

しかし，通算法人がM＆A，組織再編成，清算を行う場合，グループ通算制度の加入・離脱・取りやめの税務，組織再編税制，清算課税，欠損等法人の制限規定が複合的に適用されることとなります。

つまり，一つ一つの税制が難解なのにもかかわらず，これらの税制が同じ経済的行為に対して重なり合って適用されることによって，その税務上の取扱いは相当に複雑なものとなっております。

そのため，本書では，一つ一つの難解な税制の取扱いとそれらの複雑な適用関係を読み解けるように個別制度の取扱い→基本ケーススタディ→個別論点→特殊ケーススタディに段階分けしながら解説しています。

まず，第1部では，グループ通算制度のM＆A・組織再編成・清算で適用される税務上の取扱いを個別制度ごとに解説しています。次に第2部では，基本となるケースごとに，それぞれの税務上の取扱いの適用関係を整理しています。また，第3部では，グループ通算制度の実務がまだまだ定着していない中，通算法人がM＆A，組織再編成，清算を行う場合に生じる実務上の個別論点について解説しています。そして，最後に，第4部では，通算法人が特殊な状況下でM＆A，組織再編成，清算を行う場合のケースについて解説しています。

グループ通算制度の歴史は始まったばかりで，グループ通算制度に係る法令・通達は，通算法人が行うM＆A，組織再編成，清算のすべての状況に対応したものとはなっていないと感じております。本書では，そのような中でも，積極的に実務上の論点やその取扱いを示すことにしています。その際，まずは，法令の文理解釈（法令・通達に書いてある文章にできるだけ忠実に文字どおりに解釈すること）を優先してその取扱いを示しています。また，そこから導き出された取扱いが法令の趣旨に照らして不合理な場合は，その旨を記載するようにしています。本書で取り上げた論点（特に第3部の実務上の個別論点）については，今後，その取扱いが法令・通達等で明確になることを期待したいと思います。

なお，本書は，税金の減少のみを目的としたM＆A，組織再編成，清算を取り扱うものではありません。税金の減少のみを目的としたこれらの行為は，包括的租税回避防止規定（法人税

法第132条，第132条の2，第132条の3）に抵触します。したがって，実際にM＆A，組織再編成，清算を行う場合，「税負担の減少以外にこれらの一連の行為を行うことの合理的な理由となる事業目的その他の事由が存在していること」「これらの一連の行為が，通常は想定されない手順や方法に基づいたり，実態とはかい離した形式を作出したりするなど，不自然なものでないこと」「グループ通算制度及び組織再編税制（各個別規定を含む）の趣旨・目的に反していないこと」が大前提となることにご留意ください。

　本書に記されている税務上の取扱いは，あくまで個人的な見解ですから，個別具体の取引に適用する場合においては，取引の事実関係に基づいて，専門家の意見も参考にしつつ慎重に検討することをお勧めいたします。

　最後に，本書を執筆する機会をいただき，この重厚な書籍を企画から発行まで短期間で担当してくださった株式会社中央経済社の奥田真史氏に心の底から熱く深く感謝いたします。

2024年12月

税理士法人トラスト

税理士・公認会計士　足立　好幸

目　　次

第1部　グループ通算制度のM＆A・組織再編成・清算に係る税務の概要

第1章　グループ通算制度の加入・離脱・取りやめの税務 ……………………………… 3

第1節　通算法人の範囲・3

1　通算親法人の範囲・3

2　通算子法人・3

3　グループ通算制度の適用範囲となる完全支配関係・4

第2節　通算承認（加入・離脱・取りやめ）・5

1　加入に係る通算承認・5

2　離脱に係る通算承認の失効・7

3　取りやめに係る通算承認の失効・7

第3節　加入・離脱・取りやめに係る事業年度の特例・8

1　加入に係る事業年度の特例・8

2　離脱に係る事業年度の特例・10

3　取りやめに係る事業年度の特例・11

第4節　加入に係る時価評価・12

1　時価評価対象法人の時価評価・12

2　時価評価除外法人の範囲・13

3　時価評価資産・16

4　時価の意義・17

5　他の繰延制度の実現処理・18

第5節　加入に係る離脱見込み法人株式の時価評価・19

第6節　加入に係る繰越欠損金の切捨て・20

1　時価評価対象法人の繰越欠損金の切捨て・20

2　時価評価除外法人の繰越欠損金の切捨て・20

3　地方税の取扱い・30

第7節　加入に係る特定資産譲渡等損失額の損金算入制限・31

1　適用期間・31

目　次

  2　特定資産譲渡等損失額の損金算入制限が課されない要件・32

  3　特定資産譲渡等損失額の計算・33

  4　特定資産の譲渡等の損失額を損金不算入とする他の制度の取扱い・36

第8節　加入に係る特定資産譲渡等損失額等の損益通算制限・37

  1　特定資産譲渡等損失額が生じる場合の損金通算の制限・38

  2　減価償却費割合が30％超の場合の損金通算の制限・38

第9節　離脱等に係る時価評価・39

  1　離脱等に係る時価評価・39

  2　時価評価の対象外となる法人・41

  3　時価の意義・42

  4　他の繰延制度の実現処理・42

第10節　離脱等に係る投資簿価修正・42

  1　投資簿価修正（本則規定）・42

  2　投資簿価修正（加算措置）・45

第11節　通算グループ内の通算子法人株式の譲渡損益の計上制限・50

第2章　グループ通算制度の組織再編税制 ……………………………………………51

第1節　通算法人特有の組織再編税制の取扱い・51

第2節　組織再編成に係る事業年度の特例・53

  1　単体法人の組織再編成に係るみなし事業年度・53

  2　通算法人の組織再編成に係るみなし事業年度・53

第3節　組織再編成に係る時価評価・55

  1　グループ通算制度と組織再編税制の適格・非適格の適用関係・55

  2　適格・非適格の取扱い・56

  3　適格要件・59

  ⑴　合併・59

  ⑵　分割・62

  ⑶　現物出資・74

  ⑷　現物分配・81

  ⑸　株式分配・82

  ⑹　株式交換・83

  ⑺　株式移転・92

  4　事業関連性要件の判定・100

  5　無対価組織再編成・102

6 完全支配関係のある法人間の非適格組織再編成の取扱い・107

7 純資産の部と税務仕訳・109

⑴ 合併法人・110

⑵ 被合併法人・114

⑶ 分割承継法人・115

⑷ 分割法人・121

⑸ 事業譲受法人・123

⑹ 事業譲渡法人・123

⑺ 被現物出資法人・123

⑻ 現物出資法人・125

⑼ 被現物分配法人・125

⑽ 現物分配法人・126

⑾ 被株式分配法人・127

⑿ 株式分配法人・128

⒀ 株式交換完全親法人・128

⒁ 株式移転完全親法人・131

第4節 組織再編成に係る繰越欠損金の利用制限・133

1 組織再編成に係る繰越欠損金の利用制限（まとめ）・133

2 被合併法人の繰越欠損金の引継制限・137

3 合併法人等の繰越欠損金の利用制限・149

4 組織再編成に係る欠損金の繰戻還付・161

第5節 組織再編成に係る特定資産譲渡等損失額の損金算入制限・163

1 組織再編成に係る特定資産譲渡等損失額の損金算入制限（まとめ）・163

2 特定資産譲渡等損失額の損金算入制限の概要・164

3 損金算入制限が生じる期間・165

4 特定資産譲渡等損失額の計算方法・166

5 譲渡等の範囲・167

6 特定資産から除かれる資産・167

7 支配関係5年継続要件・168

8 みなし共同事業要件・169

9 含み損益の特例計算・169

10 特定資産の譲渡等の損失額を損金不算入とする他の制度の取扱い・172

第6節 株主の税務・173

目 次

    1   合併に係る株主の税務・174

    2   分割に係る株主の税務・175

    3   株式交換等又は株式移転に係る株主の税務・177

第3章   グループ通算制度の清算課税 ··· 180

  第1節   通算法人特有の清算課税の取扱い・180

  第2節   清算法人の税務・182

    1   清算に係る事業年度の特例・182

    2   残余財産確定事業年度で生じた欠損金額の取扱い・187

    3   特例欠損金の損金算入・188

     (1) 特別清算開始の命令があった場合の特例欠損金の損金算入制度・189

     (2) 解散の場合の特例欠損金の損金算入制度・194

     (3) 清算法人の特定欠損金の損金算入の規定の適用フローチャート・198

     (4) 住民税における特例欠損金の損金算入の取扱い・200

     (5) 事業税における特例欠損金の損金算入の取扱い・200

     (6) 通算申告における特例欠損金の控除額の計算例・202

    4   清算に係る欠損金の繰戻還付・209

    5   清算法人の外形標準課税の取扱い・219

    6   清算法人の申告期限・233

    7   その他・233

  第3節   清算法人の株主の税務・237

    1   清算法人の株主の税務（清算法人が非通算法人である場合）・237

    2   清算法人の株主の税務（清算法人が完全支配関係のある非通算法人である場合）・241

    3   清算法人の株主の税務（清算法人が通算子法人である場合）・253

第4章   欠損等法人の制限規定 ·· 261

  第1節   欠損等法人の繰越欠損金の切捨て・261

    1   欠損等法人とは・261

    2   特定事由とは・263

    3   特定事由が生じる一定の期間とは・267

    4   繰越欠損金の使用制限が生じる事業年度・268

    5   使用制限が課される繰越欠損金の範囲・268

    6   欠損等法人が該当日以後に合併法人として適格合併した場合の被合併法人の繰越欠損金の引継ぎについて・268

7　欠損等法人が該当日以後に株式を有する完全支配関係法人の残余財産
　　が確定した場合の残余財産確定法人の繰越欠損金の引継ぎについて・268
　　8　欠損等法人が適格合併により解散する場合又は残余財産が確定する場
　　合の被合併法人又は残余財産確定法人の繰越欠損金の引継ぎについて・
　　269
　第2節　欠損等法人の特定資産の譲渡等損失額の損金算入制限・269
　第3節　欠損等法人の地方税の取扱い・272
　　1　住民税・272
　　2　事業税・272

第2部　グループ通算制度のM＆A・組織再編成・清算のケーススタディ

第1章　株式買取のケーススタディ ･･････････････････････････････････････ 275
　［Case 1］　非通算法人の株式のすべてを取得するケース・275
　［Case 2］　通算外法人の株式のすべてを取得するケース・278

第2章　株式売却のケーススタディ ･･････････････････････････････････････ 281
　［Case 1］　通算子法人の株式を通算グループ外に譲渡するケース・281
　［Casc 2］　通算子法人の株式を通算グループ内で譲渡するケース・283

第3章　合併のケーススタディ ･･ 284
　［Case 1］　通算親法人が通算子法人を吸収合併するケース・284
　［Case 2］　通算親法人が非通算法人を吸収合併するケース（合併対価が合併
　　　　　　法人株式の場合）・286
　［Case 3］　通算親法人が通算外法人を吸収合併するケース（合併対価が合併
　　　　　　法人株式の場合）・289
　［Case 4］　通算親法人が非通算法人を吸収合併するケース（合併対価が現金
　　　　　　の場合）・291
　［Case 5］　通算親法人が通算外法人を吸収合併するケース（合併対価が現金
　　　　　　の場合）・294
　［Case 6］　通算子法人が他の通算子法人を吸収合併するケース（合併対価が
　　　　　　合併法人株式又は無対価の場合）・295
　［Case 7］　通算子法人が非通算法人を吸収合併するケース（合併対価が通算
　　　　　　親法人株式の場合）・299

［Case 8］ 通算子法人が通算外法人を吸収合併するケース（合併対価が通算
親法人株式の場合）・302

［Case 9］ 通算子法人が非通算法人を吸収合併するケース（合併対価が現金
の場合）・304

［Case 10］ 通算子法人が通算外法人を吸収合併するケース（合併対価が現金
の場合）・306

［Case 11］ 通算子法人が非通算法人を吸収合併するケース（合併対価が合併
法人株式の場合）・308

［Case 12］ 通算子法人が通算外法人を吸収合併するケース（合併対価が合併
法人株式の場合）・312

［Case 13］ 通算子法人が株式の3分の2以上を保有する非通算法人を吸収合
併するケース（合併対価が現金の場合）・315

［Case 14］ 通算子法人が50％超の株式を保有する非通算法人を吸収合併する
ケース（合併対価が合併法人株式の場合）・318

［Case 15］ 親会社が通算親法人を吸収合併するケース（合併対価が合併法人
株式の場合）・323

［Case 16］ 親会社が通算親法人を吸収合併するケース（合併対価が現金の場
合）・327

［Case 17］ 非通算法人が通算子法人を吸収合併するケース（合併対価が合併
法人株式の場合）・331

［Case 18］ 非通算法人が通算子法人を吸収合併するケース（合併対価が現金
の場合）・334

第4章　分割のケーススタディ ………………………………………………… 336

［Case 1］ 通算子法人が他の通算法人に分社型分割を行うケース（分割対価
が現金の場合）・336

［Case 2］ 通算親法人が通算子法人に分社型分割を行うケース（分割対価が
分割承継法人株式又は無対価の場合）・337

［Case 3］ 通算子法人が通算親法人に分割型分割を行うケース（分割対価が
分割承継法人株式又は無対価の場合）・340

［Case 4］ 通算子法人が他の通算子法人に分割型分割を行うケース（分割対
価が分割承継法人株式又は無対価の場合）・341

［Case 5］ 非通算法人又は通算外法人が通算法人に分社型分割を行うケース
（分割対価が現金の場合）・344

目　次

[Case 6]　非通算法人が通算親法人に分社型分割又は分割型分割を行うケース（分割対価が分割承継法人株式の場合）・345

[Case 7]　通算外法人が通算親法人に分社型分割又は分割型分割を行うケース（分割対価が分割承継法人株式の場合）・348

[Case 8]　非通算法人が通算子法人に分社型分割又は分割型分割を行うケース（分割対価が分割承継法人株式の場合）・351

[Case 9]　通算外法人が通算子法人に分社型分割又は分割型分割を行うケース（分割対価が分割承継法人株式の場合）・355

[Case 10]　非通算法人が通算子法人に分社型分割又は分割型分割を行うケース（分割対価が通算親法人株式の場合）・358

[Case 11]　通算外法人が通算子法人に分社型分割又は分割型分割を行うケース（分割対価が通算親法人株式の場合）・362

[Case 12]　通算親法人が新設分社型分割を行うケース・364

[Case 13]　通算親法人が新設分割型分割（スピンオフ）を行うケース・366

[Case 14]　通算子法人が新設分社型分割又は新設分割型分割を行うケース・369

[Case 15]　通算法人が非通算法人又は通算外法人に分社型分割を行うケース（分割対価が現金の場合）・371

[Case 16]　通算親法人が非通算法人に分社型分割を行うケース（分割対価が分割承継法人株式の場合）・372

[Case 17]　通算親法人が通算外法人に分社型分割を行うケース（分割対価が分割承継法人株式の場合）・374

[Case 18]　通算子法人が非通算法人に分社型分割又は分割型分割を行うケース（分割対価が分割承継法人株式の場合）・376

[Case 19]　通算子法人が通算外法人に分社型分割又は分割型分割を行うケース（分割対価が分割承継法人株式の場合）・379

第5章　事業譲渡のケーススタディ ……………………………………… 382

[Case 1]　通算法人が他の通算法人に事業譲渡を行うケース・382

[Case 2]　非通算法人又は通算外法人が通算法人に事業譲渡を行うケース・383

[Case 3]　通算法人が非通算法人又は通算外法人に事業譲渡を行うケース・384

VII

目 次

第6章　現物出資のケーススタディ ·· 386

[Case 1]　通算親法人が通算子法人に現物出資を行うケース・386

[Case 2]　通算子法人が他の通算子法人に現物出資を行うケース・388

[Case 3]　通算親法人が非通算法人に現物出資を行うケース・390

[Case 4]　通算親法人が通算外法人に現物出資を行うケース・392

[Case 5]　通算子法人が非通算法人に現物出資を行うケース・394

[Case 6]　通算子法人が通算外法人に現物出資を行うケース・396

[Case 7]　通算外法人が通算親法人に現物出資を行うケース・398

[Case 8]　非通算法人が通算子法人に現物出資を行うケース・399

[Case 9]　通算外法人が通算子法人に現物出資を行うケース・403

第7章　現物分配のケーススタディ ·· 406

[Case 1]　通算子法人が通算親法人に現物分配を行うケース・406

[Case 2]　完全支配関係のある非通算法人が通算親法人又は通算子法人に現
物分配を行うケース・407

[Case 3]　通算親法人が通算子法人株式を株式分配（スピンオフ）するケー
ス・408

第8章　株式交換等のケーススタディ ·· 412

[Case 1]　通算親法人が通算子法人と株式交換を行うケース（交換対価が株
式交換完全親法人株式又は無対価の場合）・412

[Case 2]　通算親法人が非通算法人と株式交換を行うケース（交換対価が株
式交換完全親法人株式の場合）・414

[Case 3]　通算親法人が通算外法人と株式交換を行うケース（交換対価が株
式交換完全親法人株式の場合）・419

[Case 4]　通算子法人が非通算法人と株式交換を行うケース（交換対価が株
式交換完全親法人株式の場合）・424

[Case 5]　通算子法人が通算外法人と株式交換を行うケース（交換対価が株
式交換完全親法人株式の場合）・427

[Case 6]　通算子法人が非通算法人と株式交換を行うケース（交換対価が通
算親法人株式の場合）・431

[Case 7]　通算子法人が通算外法人と株式交換を行うケース（交換対価が通
算親法人株式の場合）・436

[Case 8]　通算親法人が非通算法人を現金交付型株式交換により完全子法人
化するケース（スクイーズアウトによる完全子法人化）・442

VIII

［Case 9］　通算親法人が非通算法人を全部取得条項付種類株式方式，株式併合方式，株式売渡請求方式により完全子法人化するケース（スクイーズアウトによる完全子法人化）・447

［Case 10］　通算子法人が非通算法人を現金交付型株式交換により完全子法人化するケース（スクイーズアウトによる完全子法人化）・452

［Case 11］　通算子法人が非通算法人を全部取得条項付種類株式方式，株式併合方式，株式売渡請求方式により完全子法人化するケース（スクイーズアウトによる完全子法人化）・457

第9章　清算のケーススタディ …………………………………………………………… 463

［Case 1］　通算子法人が清算するケース・463

［Case 2］　非通算法人が清算するケース・466

［Case 3］　完全支配関係のある非通算法人が清算するケース・468

第3部　実務上の個別論点Q&A

Q&A 1　完全支配関係を有することとなった法人が特例決算期間（会計期間）の末日の翌日に適格合併により消滅する場合について・473

Q&A 2　完全支配関係を有することとなった法人が特例決算期間（会計期間）の中途に通算グループ内の合併により消滅する場合について・474

Q&A 3　完全支配関係を有することとなった法人が特例決算期間（会計期間）の中途に通算グループ外の法人との合併により消滅する場合について・478

Q&A 4　完全支配関係を有することとなった法人が特例決算期間（会計期間）の中途に清算により解散する場合について・478

Q&A 5　通算親法人の会計期間に合わせて会計期間の末日を前倒しする会計期間の変更をした場合について・480

Q&A 6　通算親法人の会計期間に合わせて会計期間の末日を延長する会計期間の変更をした場合について・482

Q&A 7　期首日に完全支配関係を有することとなる場合の加入時期の特例の適用について・484

Q&A 8　加入孫法人の加入時期の特例の適用について・486

Q&A 9　加入時期の特例の適用と中小法人等の判定について・486

Q&A10　加入時期の特例の適用と時価評価除外法人の判定時期について・

目次

487

Q&A11 加入時期の特例の適用と支配関係5年継続要件及び共同事業性の要件の判定時期について・488

Q&A12 完全支配関係グループが通算グループに加入する場合の事業関連性要件の「主要な事業」の判定単位について・489

Q&A13 グループ内で複数の法人が同種の事業を行っている場合の事業規模比5倍以内要件の規模の割合の集計単位について・490

Q&A14 持株会社と事業会社間の事業関連性要件の判定について・491

Q&A15 加入法人は時価評価除外法人に該当するが，加入孫法人は時価評価除外法人に該当しないケース・492

Q&A16 加入法人は共同事業性の要件に該当するが，加入孫法人は共同事業性の要件に該当しないケース・492

Q&A17 時価評価除外法人に係る共同事業要件の判定例・493

Q&A18 繰越欠損金の切捨て等に係る共同事業性の要件の判定例・495

Q&A19 特定役員が1名を除いて退任する場合の特定役員継続要件の判定について・497

Q&A20 みなし役員がいる場合の特定役員継続要件の判定について・498

Q&A21 常務以上の役員の全員が役のない取締役になる場合の特定役員継続要件について・499

Q&A22 グループ化前の役員が通算承認日の前日までに既に全員退任している場合の特定役員継続要件について・500

Q&A23 新たな事業の未開始要件とその判定期間について・500

Q&A24 特定資産の譲渡等による利益の額の取扱いについて・503

Q&A25 販売用不動産と特定資産から除かれる資産について・504

Q&A26 含み損がないため特定資産から除外した資産の譲渡損益等の取扱いについて・504

Q&A27 離脱時の時価評価が適用されるケース・505

Q&A28 中途離脱法人の中小通算法人等の判定について・508

Q&A29 資産調整勘定対応金額等の計算の基礎となる資産及び負債と時価について・508

Q&A30 通算グループ内で適格合併があった場合における資産調整勘定等対応金額の加算措置の適用について・510

Q&A31 連結内適格合併の経過措置の適用を受けるための届出書を提出して

目 次

いた場合の資産調整勘定等対応金額の加算措置の適用について・512

Q&A32 通算子法人株式を通算グループ内で譲渡した場合の資産調整勘定対応金額等の計算について・515

Q&A33 通算完全支配関係発生日に通算グループ内で株式の移動をした場合の資産調整勘定対応金額等の計算について・518

Q&A34 通算子法人が事業譲渡・非適格分割等を行った場合の資産調整勘定等対応金額について・521

Q&A35 通算子法人が事業譲渡・非適格分割等を行った場合の被合併法人調整勘定対応金額について・523

Q&A36 通算子法人株式の譲渡時に配当を行う場合のタイミングと投資簿価修正額への影響・524

Q&A37 通算子法人株式の譲渡に際して，債権放棄を行う場合のタイミングと投資簿価修正額への影響・528

Q&A38 加入時の離脱見込み法人株式の時価評価が適用されるケース（支配関係のない法人を加入させるケース）・530

Q&A39 加入時の離脱見込み法人株式の時価評価が適用されるケース（支配関係のある法人を加入させるケース）・536

Q&A40 完全支配関係発生日に取得した離脱見込み法人株式の時価評価について・540

Q&A41 短期間加入させるだけで離脱見込み法人株式の時価評価と投資簿価修正の適用により二重課税が生じるケース・542

Q&A42 設立日からの支配関係継続要件の除外事由（加入に係る繰越欠損金の切捨て）・545

Q&A43 設立日からの支配関係継続要件の除外事由（加入に係る特定資産譲渡等損失額の損金算入制限）・546

Q&A44 設立日からの支配関係継続要件の除外事由（他の通算法人が複数存在する場合）・547

Q&A45 資産管理会社（ペーパーカンパニー）を加入させる場合と時価評価除外法人の判定について・549

Q&A46 清算予定の法人が加入する場合について・550

Q&A47 通算親法人が通算子法人に逆さ合併されるケース・551

Q&A48 通算子法人が通算孫法人に逆さ合併されるケース・554

XI

目 次

Q&A49 時価評価対象法人に該当する加入法人が加入日に通算内適格合併により解散する場合の加入前の繰越欠損金と住民税の欠損金について・557

Q&A50 時価評価除外法人に該当する加入法人が加入日に通算内適格合併により解散する場合の加入前の繰越欠損金と住民税の欠損金の取扱いについて・564

Q&A51 加入直前事業年度終了日に加入法人の残余財産が確定する場合の加入前の繰越欠損金と住民税の欠損金について・567

Q&A52 合併・分割・事業譲渡等により新たな事業を引き継ぐ場合の合併法人等の繰越欠損金の切捨てについて・571

Q&A53 開始・加入前に新たな事業を開始した場合に切り捨てられる開始・加入前の繰越欠損金に含まれる被合併法人又は残余財産確定法人から引き継いだ繰越欠損金の範囲について・572

Q&A54 開始・加入後に新たな事業を開始した場合に切り捨てられる開始・加入前の繰越欠損金に含まれる被合併法人又は残余財産確定法人から引き継いだ繰越欠損金の範囲について・574

Q&A55 開始・加入後に適格合併により新たな事業を引き継ぐと同時に被合併法人の繰越欠損金を引き継いだ場合の取扱いについて・574

Q&A56 新たな事業を開始する前に合併により解散する場合の繰越欠損金の持込制限の取扱いについて・575

Q&A57 通算内合併・通算内残余財産確定があった場合の合併法人・残余財産確定法人の株主における「被合併法人・残余財産確定法人の欠損金額の損金算入の規定」が適用されないケース・577

Q&A58 通算子法人が合併により解散又は残余財産が確定したことにより，通算法人が通算親法人のみとなった場合の取扱い・577

Q&A59 通算法人が他の通算グループに加入する場合の通算子法人株式の投資簿価修正と加入時の離脱見込み法人株式の時価評価の適用関係・583

Q&A60 通算子法人の加入日の有利・不利・584

Q&A61 通算子法人の離脱日の有利・不利・584

Q&A62 通算子法人の合併日の有利・不利・586

Q&A63 通算子法人の残余財産の確定日の有利・不利・589

Q&A64 どうせ時価課税されるなら，合併で時価譲渡になる方がいいのか，

株式交換等で時価評価される方がいいのか，加入で時価評価される
方がいいのか（時価課税の有利・不利）・592

Q&A65　通算グループ内の債権放棄損と債務免除益の損益通算及び債務免除
益に対する特例欠損金の損金算入・594

Q&A66　通算法人の特例欠損金の損金算入規定の問題点・599

Q&A67　加入直前事業年度の時価評価後の法人税額に基づく法人税の予定申
告額（前期実績基準額）の計算・606

Q&A68　グループ法人税制における譲渡損益の実現事由について・607

Q&A69　グループ通算制度における株式交付制度・610

Q&A70　グループ通算制度におけるパーシャルスピンオフ税制・611

Q&A71　清算予定法人の通算制度開始から残余財産の確定までの課税所得の
計算・613

第4部　グループ通算制度の特殊な状況下での ケーススタディ

第1章　最初通算事業年度にM&A・組織再編成・清算が行われる場合のケース
スタディ ……………………………………………………………… 619

第1節　通算子法人が短期間に加入・離脱する場合の取扱い・619

第2節　通算開始時の通算子法人が最初通算親法人事業年度に離脱する場合
の取扱い・627

第3節　通算法人が最初通算事業年度に合併を行う場合の取扱い・627

第4節　通算法人が最初通算事業年度に分割を行う場合の取扱い・650

第5節　通算法人が最初通算事業年度に事業譲渡を行う場合の取扱い・654

第6節　通算法人が最初通算事業年度に現物出資を行う場合の取扱い・654

第7節　通算法人が最初通算事業年度に現物分配を行う場合の取扱い・655

第8節　通算法人が最初通算事業年度に株式交換等を行う場合の取扱い・655

第9節　通算法人が最初通算事業年度に残余財産が確定する場合の取扱い・
656

第2章　他の通算グループとの間でM&A・組織再編成が行われる場合のケース
スタディ ……………………………………………………………… 670

第1節　通算法人が他の通算グループの通算法人との間で通算子法人の株式
の売買を行うケース・670

目　次

第2節　他の通算グループの通算親法人の株式を取得するケース・675

第3節　通算法人が他の通算グループの通算親法人を吸収合併するケース・680

第3章　グループ通算制度開始前と開始後のM＆A・組織再編成・清算のケーススタディ　688

第1節　通算子法人の加入の税務上の取扱い（グループ通算制度開始前と開始後の比較）・688

第2節　通算子法人の離脱の税務上の取扱い（グループ通算制度開始前と開始後の比較）・690

第3節　通算子法人の組織再編成の税務上の取扱い（グループ通算制度開始前と開始後の比較）・695

第4節　通算子法人の残余財産の確定の税務上の取扱い（グループ通算制度開始前と開始後の比較）・700

第4章　グループ通算制度のM＆A・組織再編成・残余財産の確定のスキーム選択の有利・不利　705

第1節　100％化後の合併における「加入時期の特例の適用」に係る選択の有利・不利・705

第2節　100％化後の残余財産の確定における「加入時期の特例の適用」に係る選択の有利・不利・707

第3節　グループ通算制度の合併のスキーム選択の有利・不利・711

第4節　グループ通算制度の完全子法人化のスキーム選択の有利・不利・718

第5節　「合併」VS「清算」の選択の有利・不利・720

第6節　「通常合併」VS「逆さ合併」の選択の有利・不利・767

第7節　資産管理会社（ペーパーカンパニー）及び事業子会社の加入のスキーム選択の有利・不利・771

第8節　株式譲渡における「債権譲渡型」VS「現物出資型DES」VS「現金払込型DES」VS「債権放棄」のスキーム選択の有利・不利・779

第9節　「現金交付型分社型分割」VS「新設分社型分割後に株式譲渡」のスキーム選択の有利・不利・794

凡　例

略称	法令及び会計基準等	最終改正日
法法	法人税法	令和6年3月30日 （法律第8号）
法令	法人税法施行令	令和6年3月30日 （政令第142号）
法規	法人税法施行規則	令和6年4月12日 （財務省令第36号）
法基通	法人税基本通達	令和6年8月5日 （課法2-21，課審6-6， 査調14-1）
グ通通	グループ通算制度に関する取扱通達（法人税基本通達等に移管後令和4年6月24日廃止）	令和3年9月17日 （課法2-31，課審6-7）
グ通通趣旨説明	「グループ通算制度に関する取扱通達の制定について」（法令解釈通達）の趣旨説明	令和2年9月30日付課法2-33ほか2課共同
令和4年度法通趣旨説明	「法人税基本通達等の一部改正について」（法令解釈通達）の趣旨説明	令和4年6月24日付課法2-14ほか1課共同
措法	租税特別措置法	令和6年3月30日 （法律第8号）
措令	租税特別措置法施行令	令和6年3月30日 （政令第151号）
措規	租税特別措置法施行規則	令和6年8月30日 （財務省令第52号）
措通	租税特別措置法関係通達	令和6年10月11日 （課法2-26，課審6-7）
国通法	国税通則法	令和6年3月30日 （法律第8号）
国通令	国税通則法施行令	令和5年6月16日 （政令第210号）
地法	地方税法	令和6年3月30日 （法律第4号）
地令	地方税法施行令	令和6年9月26日 （政令第300号）
地規	地方税法施行規則	令和6年5月24日 （総務省令第51号）
地方法法	地方法人税法	令和5年3月31日 （法律第3号）
地方法令	地方法人税法施行令	令和5年6月16日 （政令第209号）

凡　例

地方法規	地方法人税法施行規則	令和 6 年 4 月 12 日 （財務省令第37号）
平27改所法等附	附則（所得税法等の一部を改正する法律／平成27年 3 月31日　法律第 9 号）	平成28年 3 月31日 （法律第15号）
平27改法令附	附則（法人税法施行令等の一部を改正する政令／平成27年 3 月31日　政令第142号）	平成30年 3 月31日 （政令第132号）
平27改地法附	附則（地方税法等の一部を改正する法律／平成27年 3 月31日／法律第 2 号）	令和 2 年 3 月31日 （法律第 5 号）
平30改所法等附	附則（所得税法等の一部を改正する法律／平成30年 3 月31日 法律第 7 号）	令和 3 年 3 月31日 （法律第11号）
平30改法令附	附則（法人税法施行令等の一部を改正する政令／平成30年 3 月31日　政令第132号）	令和 4 年 3 月31日 （政令第139号）
令 2 改所法等附	附則（所得税法等の一部を改正する法律／令和 2 年 3 月31日　法律第 8 号）	令和 4 年 3 月31日 （法律第 4 号）
令 2 改法令附	附則（法人税法施行令等の一部を改正する政令／令和 2 年 6 月26日　政令第207号）	令和 4 年 3 月31日 （政令160号）
令 2 改法規附	附則（法人税法施行規則等の一部を改正する省令／令和 2 年 6 月30日　財務省令第56号）	令和 4 年 4 月15日 （財務省令第39号）
令 2 改地法附	附則（地方税法等の一部を改正する法律／令和 2 年 3 月31日　法律第 5 号）	令和 3 年 3 月31日 （法律第 7 号）
令 2 改地令附	附則（地方税法施行令の一部を改正する政令／令和 2 年 9 月 4 日　政令第264号）	令和 4 年 3 月31日 （政令第133号）
令 2 改地規附	附則（地方税法施行規則の一部を改正する省令／令和 2 年 9 月30日　総務省令第94号）	令和 4 年 3 月31日 （総務省令第27号）
令 4 改法令附	附則（法人税法施行令等の一部を改正する政令／令和 4 年 3 月31日　政令第137号）	令和 4 年 3 月31日 （政令第137号）
令 4 改法規附	附則（法人税法施行規則等の一部を改正する省令／令和 4 年 3 月31日　財務省令第14号）	令和 4 年 3 月31日 （財務省令第14号）
［通算制度］令和 2 年度税制改正の解説	令和 2 年度税制改正の解説／連結納税制度の見直しに関する法人税法等の改正（財務省）	令和 2 年 9 月11日 （財務省）
［法人税等］令和 3 年度税制改正の解説	令和 3 年度税制改正の解説／法人税法等の改正（財務省）	令和 3 年 7 月 9 日 （財務省）
［租税特別措置法等］令和 3 年度税制改正の解説	令和 3 年度税制改正の解説／租税特別措置法等（法人税関係）の改正（財務省）	令和 3 年 7 月 9 日 （財務省）
［法人税等］令和 4 年度税制改正の解説	令和 4 年度税制改正の解説／法人税法等の改正（財務省）	令和 4 年 7 月 8 日 （財務省）
［租税特別措置等］令和 4 年度税制改正の解説	令和 4 年度税制改正の解説／租税特別措置法等（法人税関係）の改正（財務省）	令和 4 年 7 月 8 日 （財務省）

用語の定義

用　語	定　義
通算制度	グループ通算制度
連結納税	連結納税制度
新制度	グループ通算制度
現行制度	連結納税制度
単体納税制度	グループ通算制度又は連結納税制度を適用しない場合の課税制度をいう。この点，グループ通算制度に係る法令や財務省・国税庁の公表資料では「単体納税制度」,「単体納税」という用語は使われておらず,「グループ通算制度を適用しない法人」と「グループ通算制度を適用する法人」に区別しているのみである。これは，グループ通算制度も単体納税制度の1つとみなされるからである。しかし，本書では，イメージのしやすさを重視し，グループ通算制度又は連結納税制度を適用しない場合の課税制度を「単体納税制度」,「単体納税」,それを適用する法人のことを「単体納税法人」と表現している。
単体納税	単体納税制度
単体法人	単体納税制度を適用している法人（グループ通算制度及び連結納税制度を適用していない法人）
連結法人	連結納税制度を適用している法人
専門家会合	政府税制調査会が連結納税制度を取り巻く状況の変化を踏まえた現状の課題や必要な見直しを議論するために平成30年11月7日に設置した「連結納税制度に関する専門家会合」をいう。
通算承認	グループ通算制度の適用に係る国税庁長官の承認をいう（法法64の9①②）。
通算承認日	通算法人の通算承認の効力が生じた日をいう（法令112の2③⑤，131の8③，131の19③）。
通算法人	通算親法人及び通算子法人をいう（法法2十二の七の二）。
通算親法人	通算承認を受けた法人のうち，親法人に該当するものをいう（法法2十二の六の七）。
通算子法人	通算承認を受けた法人のうち，子法人に該当するものをいう（法法2十二の七）。
完全支配関係	直接又は間接の100％の資本関係をいう（法法2十二の七の六）。グループ通算制度の適用範囲となる完全支配関係は，通算除外法人及び外国法人が介在しない完全支配関係をいう（法法64の9①，法令131の11②）。本書のグループ通算制度の解説では，特に断りのない限り，「完全支配関係」という場合，グループ通算制度の適用範囲となる完全支配関係を意味している。
通算完全支配関係	通算親法人と通算子法人との間の完全支配関係又は通算親法人との間に完全支配関係がある通算子法人相互の関係をいう（法法2十二の七の七）。
支配関係	直接又は間接の50％超の資本関係をいう（法法2十二の七の五）。
単体申告	グループ通算制度が適用されない申告をいう。つまり，損益通算及び繰越欠損金の通算等が適用されない申告をいう。単体法人の単体申告又は通算法人の単体申告のいずれかとなる。

通算申告	グループ通算制度が適用される申告をいう。つまり，損益通算及び繰越欠損金の通算等が適用される申告をいう。
単体事業年度	単体申告が適用される事業年度をいう。
（通算）開始直前事業年度	通算制度を開始する親法人又は子法人の最初通算事業年度開始日の前日の属する事業年度をいう（法法64の11①）。つまり，最後の単体納税の事業年度をいう。
通算開始事業年度	通算制度を開始する親法人又は子法人の最初通算事業年度をいう。
（通算）加入直前事業年度	通算制度に加入する子法人の通算承認の効力が生ずる日の前日の属する事業年度をいう（法法64の12①）。つまり，最後の単体納税の事業年度をいう。
加入事業年度	通算制度に加入する子法人の通算承認の効力が生ずる日の属する事業年度をいう。つまり，最初の通算制度の事業年度をいう。
離脱直前事業年度	通算承認の効力を失う日（離脱日）の前日の属する事業年度をいう。
離脱事業年度	通算承認の効力を失う日（離脱日）の属する事業年度をいう。
通算終了直前事業年度	通算承認の効力を失う日の前日の属する事業年度をいう（法法64の13①）。
通算事業年度	損益通算及び繰越欠損金の通算等の通算申告を行う事業年度をいう。つまり，通算法人の事業年度のうち通算親法人の事業年度終了日に終了するものをいう（法法64の5⑤）。
最初通算事業年度	通算承認の効力が生ずる日以後最初に終了する通算事業年度をいう（法法64の7②，64の11①）。つまり，通算親法人又は通算子法人が初めて通算申告を行う事業年度をいう。
通算親法人事業年度	通算親法人の事業年度をいう。
所得事業年度	通算前所得金額の生ずる事業年度（通算親法人の事業年度終了日に終了する事業年度に限る）をいう（法法64の5①）。
欠損事業年度	通算前欠損金額の生ずる事業年度（通算親法人の事業年度終了日に終了する事業年度に限る）をいう（法法64の5③）。
通算前所得金額	損益通算及び欠損金の控除前の所得の金額をいう（法法64の5①）。
通算前欠損金額	損益通算前の欠損金額をいう（法法64の5①）。
通算対象欠損金額	通算前欠損金額のうち所得法人で損金算入される金額をいう（法法64の5②）。
通算対象所得金額	通算前所得金額のうち欠損法人で益金算入される金額をいう（法法64の5④）。
開始	グループ通算制度の適用を開始することをいう。
加入	グループ通算制度に加入することをいう。
開始日	グループ通算制度の適用を開始した通算法人の通算承認の効力が生じた日をいう。
加入日	グループ通算制度に加入した通算子法人の通算承認の効力が生じた日をいう。
開始・加入前の繰越欠損金	繰越欠損金のうち通算承認の効力が生じた日前に開始した各事業年度において生じた欠損金額をいう（法法57⑥⑧）。
資本金の額	資本金の額又は出資金の額をいう。
発行済株式等	発行済株式又は出資（その有する自己の株式又は出資を除く）をいう（法法二十二の七の五）。

株式	出資を含む。
株式の数	出資の場合は「出資の金額」とする。
発行済株式等の総数	発行済株式又は出資（その法人が有する自己の株式又は出資を除く）の総数又は総額をいう（法法二十二の七の五）。
株主	株主等（株主又は合名会社，合資会社若しくは合同会社の社員その他法人の出資者）をいう（法法二十四）。
価額	その時の時価を意味している。
合併	吸収合併を意味している。つまり，本書では新設合併については取り扱っていない。
通算内合併	通算グループ内の通算法人間の合併をいう。
通算内適格合併	通算グループ内の通算法人間の適格合併をいう。投資簿価修正に係る通算内適格合併とは，通算子法人の通算終了事由が生じた時前に行われた適格合併のうち，その適格合併の直前の時において通算親法人との間に通算完全支配関係がある法人を被合併法人及び合併法人とするもの並びにその通算親法人との間に通算完全支配関係がある法人のみを被合併法人とする合併で法人を設立するものをいう（法令119の3⑦）。
通算内残余財産確定	通算グループ内の通算子法人の残余財産の確定をいう。
解散事業年度	清算法人の解散日の属する事業年度（その終了日が解散日となる事業年度に限る）をいう。
清算事業年度	清算法人の清算中に終了する事業年度（解散事業年度及び残余財産確定事業年度を除く）をいう。
残余財産確定事業年度	清算法人の残余財産の確定日の属する事業年度をいう。

第 **1** 部
グループ通算制度の M&A・組織再編成・ 清算に係る税務の 概要

第1部　グループ通算制度のM＆A・組織再編成・清算に係る税務の概要

　通算法人がM＆A，組織再編成，清算を行う場合，グループ通算制度の加入・離脱・取りやめの税務，組織再編税制，清算課税，欠損等法人の制限規定が複合的に適用されることとなる。

　そこで，第1部では，グループ通算制度のM＆A・組織再編成・清算で適用される税務上の取扱いを，第1章〜第4章に区別して，個別制度ごとに解説することとする。

　なお，本書では，設立年度及び設立翌年度の承認申請期限の特例を適用する場合の取扱いについては解説していない。また，第1章では，「完全支配関係」の用語について，通算制度の適用範囲となる「完全支配関係」（＝通算除外法人及び外国法人が介在する場合を含まない完全支配関係）を意味するものとして使用している。第2章（組織再編税制）と第3章（清算課税）では，「完全支配関係」の用語について，グループ法人税制の適用範囲となる「完全支配関係」（＝通算除外法人及び外国法人が介在する場合を含む完全支配関係）を意味するものとして使用している。

第1章 グループ通算制度の加入・離脱・取りやめの税務

第1節 通算法人の範囲

1 通算親法人の範囲

　通算親法人とは，内国法人である普通法人又は協同組合等のうち，次のいずれにも該当しない法人で，通算承認を受けたものをいう（法法2十二の六の七，十二の七の二，64の9①，法令131の11①，令2改所法等附29③④⑤）。

[通算親法人になることができない法人]

1	清算中の法人
2	普通法人（外国法人を除く）又は協同組合等との間にその普通法人又は協同組合等による完全支配関係がある法人
3	やむを得ない事情により国税庁長官から通算制度（連結納税を含む）の取りやめの承認を受けた法人でその承認を受けた日の属する事業年度終了日の翌日から同日以後5年を経過する日の属する事業年度終了日までの期間を経過していないもの
4	連結納税から通算制度に移行しなかった法人で最終の連結事業年度終了日の翌日から同日以後5年を経過する日の属する事業年度終了日までの期間を経過していないもの
5	青色申告の承認の取消しの通知を受けた法人でその通知を受けた日から同日以後5年を経過する日の属する事業年度終了日までの期間を経過していないもの（国税庁長官の職権により連結納税の承認を取り消された法人でこれらの取消しの日から同日以後5年を経過する日の属する事業年度終了日までの期間を経過していないものを含む）
6	投資法人
7	特定目的会社
8	投資信託又は特定目的信託に係る受託法人

2 通算子法人

　通算子法人とは，通算親法人との間に通算親法人による完全支配関係（通算除外法人及び外国法人が介在しない完全支配関係に限る）がある内国法人のうち，次の通算除外法人のいずれにも該当しない法人をいう（法法2十二の七，十二の七の二，64の9①⑪，法令131の11②③，令2改所法等附29③④⑤，令2改法令附27①）。

3

[通算除外法人（通算子法人になることができない法人）]

1	やむを得ない事情により国税庁長官から通算制度（連結納税を含む）の取りやめの承認を受けた法人でその承認を受けた日の属する事業年度終了日の翌日から同日以後5年を経過する日の属する事業年度終了日までの期間を経過していないもの
2	連結納税から通算制度に移行しなかった法人で最終の連結事業年度終了日の翌日から同日以後5年を経過する日の属する事業年度終了日までの期間を経過していないもの
3	青色申告の承認の取消しの通知を受けた法人でその通知を受けた日から同日以後5年を経過する日の属する事業年度終了日までの期間を経過していないもの（国税庁長官の職権により連結納税の承認を取り消された法人でこれらの取消しの日から同日以後5年を経過する日の属する事業年度終了日までの期間を経過していないものを含む）
4	青色申告の取りやめの届出書の提出をした法人でその届出書を提出した日から同日以後1年を経過する日の属する事業年度終了日までの期間を経過していないもの
5	投資法人
6	特定目的会社
7	普通法人以外の法人
8	破産手続開始の決定を受けた法人
9	通算親法人（連結親法人を含む。以下，この号で同じ）との間に通算完全支配関係（連結完全支配関係を含む。以下，この号で同じ）を有しなくなったことにより通算承認（連結承認を含む。以下，この号で同じ）の効力を失った法人（離脱法人^(※1)）で，再びその通算親法人との間にその通算親法人による完全支配関係を有することとなったもののうち，その効力を失った日から同日以後5年を経過する日の属する事業年度終了日までの期間を経過していないもの （※1）　離脱法人からは，次の事由に基因してその通算承認の効力を失ったものを除く。 ●通算親法人が通算承認の効力を失ったこと ●その離脱法人又はその離脱法人の発行済株式若しくは出資の全部若しくは一部を保有する法人の破産手続開始の決定による解散
10	投資信託又は特定目的信託に係る受託法人

3　グループ通算制度の適用範囲となる完全支配関係

　通算制度の適用範囲となる「完全支配関係」は，親法人が子法人（通算除外法人を除く）の発行済株式等の全部を直接又は間接に保有する場合における親法人とその子法人との間の完全支配関係となり，通算除外法人及び外国法人が介在しない完全支配関係に限ることとなる（法法2十二の七の六，64の9①，法令131の11②，4の2②）。

　具体的には，通算制度の適用範囲となる完全支配関係は，通算親法人となることができる法人及び通算子法人となることができる法人で構成される国内のみで完結する100％の資本関係をいう。

　そして，通算完全支配関係とは，通算親法人と通算子法人との間の完全支配関係又は通算親法人との間にその完全支配関係がある通算子法人相互の関係をいう（法法2十二の七の七）。

第1章　グループ通算制度の加入・離脱・取りやめの税務

第2節　通算承認（加入・離脱・取りやめ）

1　加入に係る通算承認

　内国法人（加入法人）が通算親法人との間に通算親法人による完全支配関係を有することとなった場合，その加入法人については，完全支配関係を有することとなった日において通算承認があったものとみなされる（法法64の9⑪）。

　この場合，通算承認は，完全支配関係を有することとなった日から，その効力が生じる（法法64の9⑪）。

　ただし，加入時期の特例[注1]の適用を受ける加入法人[注2]は，完全支配関係を有することとなった日の前日の属する特例決算期間[注3]の末日の翌日に通算承認があったものとみなされる（法法64の9⑪，14⑧一）。

　この場合，通算承認は，特例決算期間の末日の翌日から，その効力が生じる（法法64の9⑪）。

　なお，加入時期の特例を適用する場合で，完全支配関係を有することとなった日の前日の属する特例決算期間の末日までに完全支配関係を有しなくなった場合には通算承認があったものとみなされない（法法64の9⑪，14⑧二）。

（注1）　加入時期の特例については，本章第3節で解説している。
（注2）　この場合，加入時期の特例の適用を受ける加入法人が発行済株式を直接又は間接に保有する他の加入法人（加入孫法人）[※1]についても，その加入法人に係る加入時期の特例の適用を受けることとなり，加入時期の特例の適用を受ける加入法人の特例決算期間の末日の翌日が通算承認の効力発生日（加入日）となる。
　（※1）　加入時期の特例の適用を受ける加入法人の完全支配関係を有することとなった日からその特例決算期間の末日までの間に通算親法人との間に完全支配関係を有することとなったものに限る。
（注3）　加入時期の特例の適用を受ける場合の特例決算期間とは，次の期間のうち加入時期の特例を適用する旨を記載した書類[※2]に記載された期間をいう（法法14⑧一）。
　●加入法人の月次決算期間[※3]
　●加入法人の会計期間
　（※2）　「完全支配関係を有することとなった旨を記載した書類及びグループ通算制度への加入時期の特例を適用する旨を記載した書類（兼）e-Taxによる申告の特例に係る届出書」をいう。
　（※3）　月次決算期間とは，会計期間をその開始日以後1月ごとに区分した各期間（最後に1月未満の期間を生じたときは，その1月未満の期間）をいう（法法14⑧一イ）。

　ここで，内国法人が通算制度に加入する場合の完全支配関係発生日は，例えば，その有することとなった原因が次に掲げる場合には，それぞれ次に定める日となる（法基通1-3の2-2，1-4-1）。

5

第1部　グループ通算制度のM＆A・組織再編成・清算に係る税務の概要

原因	完全支配関係発生日
株式の購入	株式の引渡しのあった日 具体的には，以下と考えられる。 ・株券発行会社：株式の引渡しのあった日 ・株券不発行会社：株式売買契約書で定めた株式譲渡の効力発生日 ・上場株式：譲渡人の口座から譲受人の口座への株式の振替の記録がされた日^(注1)
新たな法人の設立	その法人の設立後最初の事業年度開始日
合併	合併の効力を生ずる日（新設合併の場合は，新設合併設立法人の設立登記の日）
分割	分割の効力を生ずる日（新設分割の場合は，新設分割設立法人の設立登記の日）
現物出資	株式交付の効力を生ずる日
株式交換	株式交換の効力を生ずる日
全部取得条項付種類株式方式^(注2)	全部取得条項付種類株式を発行した法人が，会社法第234条第2項《一に満たない端数の処理》の規定により最大株主である法人（その法人と完全支配関係を有する法人を含む）へ1株未満の株式のすべてを売却した日又は同条第4項の規定により1株未満の株式のすべてを買い取った日 つまり，全部取得条項付種類株式方式の場合の「完全支配関係発生日」は，端数株式の売却又は買取りにより端数株式がなくなる日であり，具体的には，「買収会社（買収会社と完全支配関係を有する法人を含む）に1株未満の株式のすべてを売却した日」又は「買収対象会社が1株未満の株式のすべてを買い取った日」となる。 なお，「売却した日」又は「買い取った日」が具体的にいつになるかは，原則どおり，裁判所の許可を得て，買収会社又は買収対象会社が株式を取得した日（上記「株式の購入」の場合の「株式の引渡しのあった日」）になると考えられる。
株式併合方式^(注2)	株式の併合を行った法人が，会社法第235条第2項において準用する同法第234条第2項の規定により最大株主である法人（その法人と完全支配関係を有する法人を含む）へ1株未満の株式のすべてを売却した日又は同法第235条第2項において準用する同法第234条第4項の規定により1株未満の株式のすべてを買い取った日 なお，「売却した日」又は「買い取った日」が具体的にいつになるかは，全部取得条項付種類株式方式と同様になるものと考えられる。
株式売渡請求方式^(注2)	一の株主である法人が，その株式売渡請求をするに際して，会社法第179条の2第1項《株式等売渡請求の方法》の規定によりその承認をする法人の発行済株式等の全部を取得する日として定めた日 したがって，株式売渡請求方式の場合の「完全支配関係を有することとなった日」は，「買収会社が株式を取得する日として定めた日」となる。
株式移転	株式移転完全親法人の設立登記の日

（注1）　参考文献：令和5年度版　法人税通達逐条解説（基通1-3の2-2）
（注2）　株式交換以外の株式交換等（法人税法第2条第12号の16に規定する株式交換等をいう）で，株式会社を対象法人（同号に規定する対象法人をいう）とするものに限る。

第1章　グループ通算制度の加入・離脱・取りやめの税務

2　離脱に係る通算承認の失効

通算子法人に次の事由（離脱事由）が生じた場合，次の通算法人について，次の日（離脱日）において，通算承認の効力が失われる（法法64の10⑥五・六）。

	離脱事由	通算承認の失効日 （離脱日）	対象となる通算法人
イ	通算子法人の解散（合併又は破産手続開始の決定による解散に限る）又は残余財産の確定があった場合	解散日の翌日（合併による解散の場合，合併日）又はその残余財産の確定日の翌日	その通算子法人
ロ	通算子法人が通算親法人との間にその通算親法人による通算完全支配関係を有しなくなった場合（取りやめ事由を基因とする場合を除く）	通算完全支配関係を有しなくなった日	その通算子法人

上記イより，清算（通常清算，特別清算）による解散の場合は，離脱事由とはならず，その後の残余財産の確定日の翌日に通算制度から離脱することになる。

したがって，通算制度では，会社清算において，解散日で事業年度を区切ることはなく，通算事業年度開始日から残余財産の確定日までの期間でみなし事業年度（最終事業年度）を設定することとなる。

3　取りやめに係る通算承認の失効

通算親法人に次の事由（取りやめ事由）が生じた場合，次の通算法人について，次の日（取りやめ日）において，通算承認の効力が失われる（法法64の10⑥一～四・七）。

	取りやめ事由	通算承認の失効日 （取りやめ日）	対象となる通算法人
イ	通算親法人が解散した場合	解散日の翌日（合併による解散の場合，合併日）	通算親法人及び通算子法人のすべて
ロ	通算親法人が公益法人等に該当することとなった場合	該当することとなった日	通算親法人及び通算子法人のすべて
ハ	通算親法人と内国法人（普通法人又は協同組合等に限る）との間にその内国法人による完全支配関係が生じた場合	完全支配関係が生じた日	通算親法人及び通算子法人のすべて
ニ	通算親法人と内国法人（公共法人又は公益法人等に限る）との間にその内国法人による完全支配関係がある場合において，その内国法人が普通法人又は協同組合等に該当することとなったとき	該当することとなった日	通算親法人及び通算子法人のすべて

7

第1部　グループ通算制度のM＆A・組織再編成・清算に係る税務の概要

ホ	通算法人が通算親法人のみとなった場合	通算法人が通算親法人のみとなった日	通算親法人

第3節　加入・離脱・取りやめに係る事業年度の特例

1　加入に係る事業年度の特例

(1)　原則

　内国法人が通算親法人との間に通算親法人による完全支配関係を有することとなった場合，その内国法人（加入法人）の事業年度は，完全支配関係を有することとなった日（加入日）の前日に終了し，これに続く事業年度は，加入日から開始する（法法14④一，地法72の13⑧一）。

　そして，加入日から通算親法人の事業年度終了日までの期間を最初に通算制度を適用する事業年度として申告を行うことになる（法法64の9⑪，14③④一）。

　加入法人のみなし事業年度は次のとおりとなる（法法14③④一，64の9⑪，地法72の13⑦⑧一）。

事業年度の期間	申告方法
i　加入直前事業年度： 　事業年度開始日から完全支配関係を有することとなった日の前日までの期間	単体申告
ii　加入事業年度： 　その完全支配関係を有することとなった日から通算親法人の会計期間終了日までの期間（以後，通算親法人の会計期間）	通算申告

(2)　加入時期の特例

　内国法人（加入法人）が，通算親法人との間に通算親法人による完全支配関係を有することとなった場合において，この加入時期の特例の適用がないものとした場合の完全支配関係発生日の前日の属する事業年度に係る確定申告書の提出期限となる日までに，通算親法人が加入時期の特例の適用を受ける旨の届出書^(注1)を納税地の所轄税務署長に提出したときは，完全支配関係発生日の前日の属する特例決算期間の末日の翌日を加入日とすることができる（法法14④一・⑧一，64の9⑪，法規8の3の3，地法72の13⑧一・⑫一）。

　ここで，特例決算期間は届出書に記載した期間をいい，次のいずれかを選択できる。

イ	加入法人の月次決算期間^(注2)
ロ	加入法人の会計期間

（注1）　届出書の様式は，「完全支配関係を有することとなった旨を記載した書類及びグループ通算制度への加入時期の特例を適用する旨を記載した書類（兼）e-Taxによる申告の特例に係る届出書」となる。

（注2）　月次決算期間とは，会計期間をその開始日以後1月ごとに区分した各期間（最後に1か月未満の期間を生じたときは，その1か月未満の期間）をいう。

　加入時期の特例を適用する場合の加入法人のみなし事業年度は次のとおりとなる（法法14③④一・⑧一，64の9⑪，地法72の13⑦⑧一・⑫一）。

	事業年度の期間	申告方法
i	加入直前事業年度： 事業年度開始日から完全支配関係を有することとなった日の前日の属する特例決算期間の末日までの期間	単体申告
ii	加入事業年度： その特例決算期間の末日の翌日から通算親法人の会計期間終了日までの期間（以後，通算親法人の会計期間）	通算申告

　なお，加入時期の特例を適用する場合で，特例決算期間の中途において，通算親法人との間に通算親法人による完全支配関係を有しないこととなった加入法人は，通算子法人とはならず，その加入法人の会計期間による事業年度のままとなる（法法14④一・⑧二，64の9①，地法72の13⑧一・⑫二）。つまり，この場合，加入法人は，完全支配関係を有することとなるが，通算制度に一時も加入しないこととなる。

⑶　加入法人が発行済株式等を直接又は間接に保有する他の加入法人の事業年度の特例

　加入法人（ここでは，「加入子法人」という）が加入時期の特例を適用する場合，その加入子法人が発行済株式を直接又は間接に保有する他の加入法人（ここでは，「加入孫法人」という）についても，その加入子法人の加入時期の特例の適用の効力が生じることとなる（法法14④，64の9⑪，法規8の3の3，法基通1-2-10，地法72の13⑫）。

　具体的には，加入子法人が加入時期の特例を適用する場合，その加入子法人の連れ子である加入孫法人についても，その加入子法人の加入時期の特例の適用後の加入日（その加入子法人の特例決算期間の末日の翌日）に通算承認の効力が発生する（加入する）ことになる。

　なお，ここでいう「加入孫法人」とは，加入子法人の完全支配関係発生日から特例決算期間の末日までの間に通算親法人との間に完全支配関係を有することとなったものとなる。

　また，加入子法人が特例決算期間の中途において，通算親法人との間に通算親法人による完全支配関係を有しないこととなった場合，加入子法人及び加入孫法人は通算子法人とはならず，加入子法人及び加入孫法人は，それぞれの会計期間による事業年度のままとなる（法法14⑧二，地法72の13⑫二）。つまり，この場合，加入子法人及び加入孫法人は通算制度に一時も加入しないことになる。

　一方，加入子法人が加入時期の特例を適用しない場合は，加入孫法人は，原則どおり，完全

9

支配関係発生日を加入日とするか，その加入孫法人が単独で加入時期の特例を適用し，その加入孫法人の会計期間又は月次決算期間の末日の翌日を加入日とするかを選択することとなる。

以上の取扱いによって決定された加入日（通算承認の効力発生日）を基準に加入孫法人の加入直前事業年度又は加入事業年度が設定されることとなる（法法14④⑧，地法72の13⑧⑫）。

2 離脱に係る事業年度の特例

離脱事由が生じた通算子法人の事業年度は，離脱日の前日に終了し，これに続く事業年度は，通算子法人の合併による解散又は残余財産の確定により離脱する場合を除き，離脱日から開始することとなる（法法14③④二・⑦，64の10⑥五・六，地法72の13⑦⑧二・⑪）。

離脱法人のみなし事業年度は次のとおりとなる（法法14③④二・⑦，64の5①③，64の7①，64の10⑥五・六，地法72の13⑦⑧二・⑪）。

① 通算子法人が合併により解散する場合

事業年度の期間		申告方法
i	最終事業年度： 通算事業年度開始日から合併日の前日までの期間	通算法人の単体申告（合併日の前日が通算親法人の事業年度終了日と同日となる場合は，通算申告）

② 通算子法人の残余財産が確定する場合

事業年度の期間		申告方法
i	最終事業年度（残余財産確定事業年度）： 通算事業年度開始日から残余財産の確定日までの期間	通算法人の単体申告（残余財産の確定日が通算親法人の事業年度終了日と同日となる場合は，通算申告）

清算（通常清算，特別清算）による解散の場合は，離脱事由とはならず，その後の残余財産の確定日の翌日に通算制度から離脱することになる。

したがって，通算制度では，上記のとおり，会社清算において，解散日で事業年度を区切ることはなく，通算事業年度開始日から残余財産の確定日までの期間でみなし事業年度（最終事業年度）を設定することとなる。

③ 通算子法人が破産手続開始の決定により解散する場合

事業年度の期間		申告方法
i	解散事業年度： 通算事業年度開始日から破産手続開始の決定日（解散日）までの期間	通算法人の単体申告 （解散日が通算親法人の事業年度終了日と同日となる場合は，通算申告）
ii	解散後事業年度： 破産手続開始の決定日（解散日）の翌日からその子法人の会計期間終了日までの期間（以後，残余財産の確定日までその子法人の会計期間）	単体申告

④ 通算子法人が通算完全支配関係を有しなくなった場合

事業年度の期間		申告方法
i	離脱直前事業年度： 通算事業年度開始日から通算完全支配関係を有しなくなった日の前日までの期間	通算法人の単体申告 （通算完全支配関係を有しなくなった日の前日が通算親法人の事業年度終了日と同日となる場合は，通算申告）
ii	離脱事業年度： 通算完全支配関係を有しなくなった日からその子法人の会計期間終了日までの期間（以後，その子法人の会計期間）	単体申告

3　取りやめに係る事業年度の特例

　通算親法人について取りやめ事由が生じたことにより通算承認が効力を失った場合には，通算親法人の事業年度は，その効力を失った日の前日に終了し，これに続く事業年度（取りやめ事由が通算親法人の合併による解散である場合の通算親法人を除く）は，その効力を失った日から開始することとなる（法法14①一・二・四・②，64の10⑥一～四・七，地法72の13⑤一・二・四・⑥）。

　この場合，通算子法人は，通算親法人が通算承認の効力を失った日において，通算親法人との間に通算完全支配関係を有しなくなるため，その有しなくなった日において通算承認の効力を失うこととなり，通算子法人の事業年度は，その有しなくなった日の前日に終了し，これに続く事業年度は，その有しなくなった日から開始することとなる（法法14③④二・⑦，地法72の13⑦⑧二・⑪）。

　したがって，通算事業年度開始日から通算親法人の通算承認の効力を失った日の前日までの

期間を最後の通算事業年度として，通算親法人及び通算子法人は通算制度を適用する。

通算制度を取りやめる法人のみなし事業年度は次のとおりとなる（法法14①一・二・四・②③④二・⑦，64の5①③，64の7①，64の10⑥一～四・七，地法72の13⑤一・二・四・⑥⑦⑧二・⑪）。

ここで，「取りやめ日」とは，通算親法人が通算制度の取りやめにより通算承認の効力を失った日をいう（法法64の10⑥一～四・七）。

① 通算親法人のみなし事業年度（取りやめ事由が通算親法人の合併による解散である場合を除く）

事業年度の期間	申告方法
i 取りやめ直前事業年度： 通算事業年度開始日から取りやめ日の前日までの期間	通算申告
ii 取りやめ事業年度： 取りやめ日から親法人の会計期間終了日までの期間又は取りやめ事由ごとの事業年度終了日	単体申告

② 通算親法人のみなし事業年度（取りやめ事由が通算親法人の合併による解散である場合に限る）

事業年度の期間	申告方法
i 取りやめ直前事業年度（最終事業年度）： 通算事業年度開始日から取りやめ日（合併日）の前日までの期間	通算申告

③ 通算子法人のみなし事業年度（離脱に係る事業年度が設定される場合は，その事業年度となる）

事業年度の期間	申告方法
i 取りやめ直前事業年度： 通算事業年度開始日から取りやめ日の前日までの期間	通算申告
ii 取りやめ事業年度： 取りやめ日から子法人の会計期間終了日までの期間（以後，その子法人の会計期間）	単体申告

第4節　加入に係る時価評価

1　時価評価対象法人の時価評価

時価評価対象法人（時価評価除外法人以外の法人）は，加入直前事業年度に時価評価が必要となる（法法64の12①）。

ここで，加入直前事業年度とは，通算承認の効力が生ずる日の前日の属する事業年度をいう

第1章　グループ通算制度の加入・離脱・取りやめの税務

（法法64の12①）。

2　時価評価除外法人の範囲

　時価評価除外法人は，加入直前事業年度に時価評価が不要となる（法法64の12①）。

　加入法人のうち，時価評価除外法人に該当する法人は次に掲げる法人となる（法法64の12①，法令131の16③④）。

［加入時の時価評価除外法人］

①　通算グループ内の新設法人
②　適格株式交換等により加入した株式交換等完全子法人
③　完全支配関係を有することとなった時の直前に通算親法人との間に通算親法人による支配関係がある場合で，次のイ〜ハの要件のすべてに該当する法人[注1]

要件	内容
イ　完全支配関係継続要件	通算承認の効力が生じた後に加入法人と通算親法人との間に通算親法人による完全支配関係が継続すること[注2]が見込まれていること
ロ　従業者継続要件	加入法人の完全支配関係を有することとなる時の直前の従業者[注3]のうち，その総数のおおむね80％以上に相当する数の者が加入法人の業務[注4]に引き続き従事することが見込まれていること
ハ　主要事業継続要件	加入法人の完全支配関係を有することとなる前に行う主要な事業[注5]が加入法人[注6]において引き続き行われることが見込まれていること

④　完全支配関係を有することとなった時の直前に通算親法人との間に通算親法人による支配関係がない場合で，次のイ〜ホの要件（共同事業要件）のすべてに該当する法人[注1]

要件	内容
イ　完全支配関係継続要件	通算承認の効力が生じた後に加入法人と通算親法人との間に通算親法人による完全支配関係が継続することが見込まれていること[注7]
ロ　事業関連性要件[注20]	子法人事業と親法人事業とが相互に関連するものであること ●子法人事業とは，加入法人又は完全支配関係法人[注8]の完全支配関係発生日[注9]前に行う事業のうちのいずれかの主要な事業[注10]をいう。 ●親法人事業とは，通算親法人又は他の通算子法人[注11]の完全支配関係発生日前に行う事業のうちのいずれかの事業をいう。
ハ　事業規模比5倍以内要件又は特定役員継続要件	下記❶又は❷のいずれかを満たすこと ❶　事業規模比5倍以内要件 　子法人事業と親法人事業[注12]のそれぞれの売上金額，従業者[注13]の数，これらに準ずるもの[注14]のいずれかの規模の割合がおおむね5倍を超えないこと ❷　特定役員継続要件 　完全支配関係発生日の前日の子法人事業を行う法人の特定役員（常務以

13

第1部　グループ通算制度のM&A・組織再編成・清算に係る税務の概要

		上の役員)^(注15)のすべてが完全支配関係を有することとなったことに伴って退任をするものでないこと
ニ	従業者継続要件	加入法人が完全支配関係を有することとなる時の直前の加入法人の従業者^(注16)のうち，その総数のおおむね80％以上に相当する数の者が加入法人の業務^(注17)に引き続き従事することが見込まれていること
ホ	主要事業継続要件	加入法人の完全支配関係発生日前に行う主要な事業^(注18)が加入法人^(注19)において引き続き行われることが見込まれていること ここで，その主要な事業がロの子法人事業でない場合は，加入法人の主要な事業及び子法人事業の双方で要件を満たす必要がある。

(注1)　非適格株式交換等により加入した株式交換等完全子法人のうち，対価要件を除くと適格株式交換等に該当するものは上記③又は④で判定する（いずれであっても非適格株式交換等の時価評価は必要になる。また，時価評価対象法人に該当する場合，加入前の繰越欠損金は切り捨てられる）。一方，非適格株式交換等により加入した株式交換等完全子法人のうち，対価要件を除いても非適格株式交換等に該当するものは時価評価対象法人となる（そして，加入前の繰越欠損金は切り捨てられる）。

(注2)　通算承認の効力が生じた後に加入法人を被合併法人とする適格合併（通算親法人又は他の通算子法人で通算親法人による通算完全支配関係が継続することが見込まれているものを合併法人とするものに限る）を行うことが見込まれている場合には，通算承認の効力が生じた時から適格合併の直前の時まで完全支配関係が継続することが見込まれている必要がある。

(注3)　従業者の範囲は，(注16)を参照（法基通12の7-3-9）。

(注4)　完全支配関係法人（加入法人との間に完全支配関係がある法人）の業務を含む。

(注5)　事業が2以上ある場合の「主要な事業」の判定は，(注18)を参照（法基通12の7-3-9）。

(注6)　完全支配関係法人を含む。

(注7)　通算承認の効力が生じた後に加入法人を被合併法人とする適格合併（通算親法人又は他の通算子法人で通算親法人による通算完全支配関係が継続することが見込まれているものを合併法人とするものに限る）を行うことが見込まれている場合には，通算承認の効力が生じた時から適格合併の直前の時まで完全支配関係が継続することが見込まれている必要がある。

(注8)　完全支配関係法人とは，加入法人が通算親法人との間に通算親法人による完全支配関係を有することとなる時の直前において加入法人との間に完全支配関係がある他の法人（完全支配関係が継続することが見込まれているものに限る）をいう。

(注9)　完全支配関係発生日とは，加入法人が通算親法人との間に通算親法人による完全支配関係を有することとなる日をいう。

(注10)　つまり，加入法人及び完全支配関係法人からなるグループ全体の中での主要な事業と通算親法人の通算グループ内の事業のいずれかが関連していれば要件を満たす。子法人事業となる「いずれかの主要な事業」とは，その完全支配関係グループに属するいずれかの法人にとって主要な事業ではなく，その完全支配関係グループにとって主要な事業であることをいうのであり，その完全支配関係グループにとっての主要な事業が複数ある場合，そのいずれかの事業を子法人事業として判定を行う（法基通12の7-3-11）。また，事業が2以上ある場合において，そのいずれが「主要な事業」であるかは，それぞれの事業に属する収入金額又は損益の状況，従業者の数，固定資産の状況等を総合的に勘案して判定する（法基通12の7-3-10，1-4-5）。

(注11)　他の通算子法人とは，加入法人が通算親法人との間に通算親法人による完全支配関係を有することとなる時の直前において通算親法人との間に通算完全支配関係がある他の通算子法人（通算完全支配関係が継続することが見込まれているものに限る）をいう。

(注12)　子法人事業と関連する事業に限る。

(注13)　従業者とは，役員，使用人その他の者で，子法人事業又は親法人事業に現に従事する者をいうものと

する（法基通12の7-3-10，1-4-4）。留意点は以下のとおりとなる（法基通12の7-3-10，1-4-4）。

- 子法人事業又は親法人事業に従事する者であっても，例えば，日々雇い入れられる者で従事した日ごとに給与等の支払を受ける者について，法人が従業者の数に含めないこととしている場合は，これを認める。
- 出向により受け入れている者等であっても，子法人事業又は親法人事業に現に従事する者であれば従業者に含まれる。
- 下請先の従業員は，例えば自己の工場内でその業務の特定部分を継続的に請け負っている企業の従業員であっても，従業者には該当しない。
- 子法人事業又は親法人事業とその他の事業とのいずれにも従事している者については，主として子法人事業又は親法人事業に従事しているかどうかにより判定する。

(注14) これらに準ずるものの規模とは，例えば，金融機関における預金量等，客観的・外形的にその事業の規模を表すものと認められる指標をいう（法基通12の7-3-10，1-4-6）。なお，事業の規模の割合がおおむね5倍を超えないかどうかは，これらの号に規定するいずれか一の指標が要件を満たすかどうかにより判定する（法基通12の7-3-10，1-4-6）。

(注15) 特定役員とは，社長，副社長，代表取締役，代表執行役，専務取締役若しくは常務取締役又はこれらに準ずる者で法人の経営に従事している者をいう。また，これらに準ずる者とは，役員又は役員以外の者で，社長，副社長，代表取締役，代表執行役，専務取締役又は常務取締役と同等に法人の経営の中枢に参画している者をいう（法基通12の7-3-10，1-4-7）。

(注16) 従業者とは，役員，使用人その他の者で，加入法人の事業に現に従事する者をいうものとする（法基通12の7-3-10，1-4-4）。また，留意点は次のとおりとなる（法基通12の7-3-10，1-4-4）。

- 加入法人の事業に従事する者であっても，例えば，日々雇い入れられる者で従事した日ごとに給与等の支払を受ける者について，法人が従業者の数に含めないこととしている場合は，これを認める。
- 出向により受け入れている者等であっても，加入法人の事業に現に従事する者であれば従業者に含まれる。
- 下請先の従業員は，例えば自己の工場内でその業務の特定部分を継続的に請け負っている企業の従業員であっても，従業者には該当しない。

(注17) 完全支配関係法人（加入法人との間に完全支配関係がある法人）の業務を含む。

(注18) その主要な事業がロの事業関連性要件の子法人事業でない場合には，その子法人事業を含む。また，事業が2以上ある場合において，そのいずれが「主要な事業」であるかは，それぞれの事業に属する収入金額又は損益の状況，従業者の数，固定資産の状況等を総合的に勘案して判定する（法基通12の7-3-10，1-4-5）。

(注19) 完全支配関係法人（加入法人との間に完全支配関係がある法人で完全支配関係が継続することが見込まれているもの）を含む。

(注20) 加入法人が通算親法人との間に完全支配関係を有することとなった場合において，次に掲げる実態基準及び関連基準のいずれにも該当するときは，子法人事業と親法人事業は，事業関連性要件を満たすものとする（法規27の16の11②，3①②）。

実態基準	子法人事業を行う法人及び親法人事業を行う法人が完全支配関係発生日の直前においてそれぞれ次に掲げる要件のすべてに該当すること。
	イ）事務所，店舗，工場その他の固定施設^(※1)を所有し，又は賃借していること。
	ロ）従業者（役員にあっては，その法人の業務に専ら従事するものに限る）があること。
	ハ）自己の名義をもって，かつ，自己の計算において次に掲げるいずれかの行為をしていること。 ① 商品販売等^(※2) ② 広告又は宣伝による商品販売等に関する契約の申込み又は締結の勧誘 ③ 商品販売等を行うために必要となる資料を得るための市場調査 ④ 商品販売等を行うにあたり法令上必要となる行政機関の許認可等（行政手続法（平成5年法律第88号）第2条第3号（定義）に規定する許認可等をいう）についての同号に規定する申請又は当該許認可等に係る権利の保有

	⑤　知的財産権^(※3)の取得をするための出願若しくは登録（移転の登録を除く）の請求若しくは申請（これらに準ずる手続を含む），知的財産権（実施権及び使用権を含むものとし，商品販売等を行うために必要となるものに限る。⑤及び関連基準のロにおいて「知的財産権等」という）の移転の登録（実施権及び使用権にあっては，これらの登録を含む）の請求若しくは申請（これらに準ずる手続を含む）又は知的財産権若しくは知的財産権等の所有 ⑥　商品販売等を行うために必要となる資産（固定施設を除く）の所有又は賃借 ⑦　①から⑥までに掲げる行為に類するもの
関連基準	子法人事業と親法人事業との間に完全支配関係発生日の直前において次に掲げるいずれかの関係があること。
	イ）子法人事業と親法人事業とが同種のものである場合における子法人事業と親法人事業との間の関係
	ロ）子法人事業に係る商品，資産若しくは役務^(※4)又は経営資源^(※5)と親法人事業に係る商品，資産若しくは役務又は経営資源とが同一のもの又は類似するものである場合における子法人事業と親法人事業との間の関係
	ハ）子法人事業と親法人事業とが完全支配関係発生日後に子法人事業に係る商品，資産若しくは役務又は経営資源と親法人事業に係る商品，資産若しくは役務又は経営資源とを活用して行われることが見込まれている場合における子法人事業と親法人事業との間の関係
	なお，子法人事業と親法人事業とが，完全支配関係発生日後に子法人事業に係る商品，資産若しくは役務又は経営資源と親法人事業に係る商品，資産若しくは役務又は経営資源とを活用して一体として行われている場合には，子法人事業と親法人事業とは，関連基準に該当するものと推定する。

（※１）　その本店又は主たる事務所の所在地がある国又は地域にあるこれらの施設に限る。実態基準のハの⑥において「固定施設」という。

（※２）　商品の販売，資産の貸付け又は役務の提供で，継続して対価を得て行われるものをいい，その商品の開発若しくは生産又は役務の開発を含む。実態基準において同じ。

（※３）　特許権，実用新案権，育成者権，意匠権，著作権，商標権その他の知的財産に関して法令により定められた権利又は法律上保護される利益に係る権利をいう。実態基準のハ⑤において同じ。

（※４）　それぞれ販売され，貸し付けられ，又は提供されるものに限る。関連基準において同じ。

（※５）　事業の用に供される設備，事業に関する知的財産権等，生産技術又は従業者の有する技能若しくは知識，事業に係る商品の生産若しくは販売の方式又は役務の提供の方式その他これらに準ずるものをいう。関連基準において同じ。

3　時価評価資産

　時価評価の対象となる資産（時価評価資産）は，加入直前事業年度終了時に有する次に掲げる資産となる（法法64の12①）。

[時価評価資産]

①　固定資産 ②　土地（土地の上に存する権利を含み，固定資産に該当するものを除く） ③　有価証券 ④　金銭債権 ⑤　繰延資産

ただ，次に掲げる資産は時価評価の対象から除かれる（法令131の16①）。

[時価評価の対象外となる資産]

一．完全支配関係発生日以後最初に開始する通算親法人の事業年度開始日の5年前の日以後に終了する加入法人の各事業年度において法人税法又は租税特別措置法の圧縮記帳の規定（国庫補助金等，工事負担金，保険金等，転廃業助成金に係るもの）の適用を受けた減価償却資産

二．売買目的有価証券（法法61の3①一）

三．償還有価証券（法令119の14）

四．税務上の帳簿価額が1,000万円に満たない資産

五．評価損益が加入法人の資本金等の額の2分の1の金額又は1,000万円のいずれか少ない金額に満たない場合のその資産

六．加入法人との間に完全支配関係がある内国法人（清算中のもの，合併による解散以外の解散をすることが見込まれるもの又は加入法人との間に完全支配関係がある内国法人との間で適格合併を行うことが見込まれるものに限る）の株式等で，その時価がその帳簿価額に満たないもの

七．加入法人が他の通算グループに属していた場合の加入法人が有する他の通算法人（通算親法人を除く）の株式等

八．初年度離脱加入子法人^(注)の有する資産

（注）　通算親法人との間に完全支配関係を有することとなった加入法人でその通算親法人との間に完全支配関係を有することとなった日^(※1)の属するその通算親法人の事業年度終了日までにその完全支配関係を有しなくなるもののうち，その完全支配関係を有することとなった日^(※1)以後2か月以内にその完全支配関係を有しなくなる（離脱する）もの^(※2)

（※1）　加入時期の特例の適用を受ける場合は，特例決算期間の末日の翌日とする。

（※2）　通算グループ内合併又は残余財産の確定によりその完全支配関係を有しなくなる加入法人を除く。

4　時価の意義

　通算制度の加入・離脱等に係る時価評価を行う場合の時価については，「通算制度の開始に伴う時価評価資産等に係る時価の意義（法人税基本通達12の7−3−1，12の7−3−8，12の7−3−17）」において，『「その時の価額」は，当該時価評価資産が使用収益されるものとしてその時において譲渡されるときに通常付される価額によるのであるが，次に掲げる資産について，次に掲げる区分に応じ，それぞれ次に掲げる方法その他合理的な方法により当該資産のその時の価額を算定しているときは，課税上弊害がない限り，これを認める。』とされ，以下の合理的な方法が定められている。

第1部　グループ通算制度のM＆A・組織再編成・清算に係る税務の概要

[時価の算定方法]

資産の種類	時価の算定方法
有形固定資産	●資産の再取得価額（新品としての取得価額）を基礎としてその取得の時から加入直前事業年度終了時まで旧定率法により償却を行ったものとした場合に計算される未償却残額に相当する金額（法基通9-1-19） ●なお，定率法による未償却残額の方が旧定率法による未償却残額よりも適切に時価を反映するものである場合には，定率法によることも差し支えない。
無形固定資産・生物	資産の取得価額を基礎としてその取得の時から加入直前事業年度終了時まで旧定額法により償却を行ったものとした場合に計算される未償却残額に相当する金額
土地	❶近傍類地の売買実例の価格，❷近傍類地の地価公示法の標準地における公示価格（公示地価），❸近傍類地の国土利用計画法の基準地における標準価格（基準地価）を基礎として合理的に算定された価額
上場有価証券等	市場価格（法基通9-1-8）
上場有価証券等以外の有価証券等	●売買実例のあるもの 6か月間以内の適正な売買価額（法基通9-1-13） ●公開途上にある株式 金融商品取引所の内規によって行われる入札により決定される入札後の公募等の価格等を参酌して通常取引されると認められる価額（法基通9-1-13） ●売買実例のないものでその株式を発行する法人と事業の種類，規模，収益の状況等が類似する他の法人の株式の価額があるもの 当該価額に比準して推定した価額（法基通9-1-13） ●上記に該当しないもの 1株当たりの純資産価額等を参酌して通常取引されると認められる価額（法基通9-1-13） ●企業支配株式 通常の価額に企業支配に係る対価の額を加算した金額（法基通9-1-15） 上記以外にも財産評価基本通達に準じる方法も課税上の弊害のない限り認められる（法基通9-1-14）
個別評価金銭債権	金銭債権の額から個別貸倒引当金繰入限度額に相当する金額を控除した金額
一括評価金銭債権	税務上の帳簿価額
会社法上の繰延資産	税務上の帳簿価額
上記以外の繰延資産	繰延資産の額を基礎としてその支出の時から加入直前事業年度終了時まで法定償却を行ったものとした場合に計算される未償却残額に相当する金額

5　他の繰延制度の実現処理

　通算制度では，加入法人が加入前に有する譲渡損益調整資産の繰延譲渡損益等について，加入に係る時価評価により実現処理を行うことになる。

18

具体的には，通算制度の加入前の譲渡損益調整資産の繰延譲渡損益及びリース取引に係る延払損益で繰り延べているもの（1,000万円未満のものを除く）並びに特定資産の買換え等に係る特別勘定の金額（1,000万円未満のものを除く）については，時価評価除外法人又は初年度離脱加入子法人に該当する場合を除き，その繰り延べている損益の計上及びその特別勘定の金額の取崩しを行う（法法61の11④，63④，措法65の8⑪等，法令122の12⑪，127①②，措令39の7㊲㊳等）。

第5節　加入に係る離脱見込み法人株式の時価評価

通算子法人の加入日において，完全支配関係の継続が見込まれないその通算子法人（時価評価対象法人に限る[注1]）の株式を有する他の通算法人（株式等保有法人[注2]）において，その通算子法人の株式の評価益又は評価損を株式等保有法人のその加入日の前日の属する事業年度において益金又は損金に算入する（法法64の12②，法令131の16③⑤）。

この場合，その通算子法人の加入日の前日において時価評価損益の計上を行う必要がある（グ通達2-54）。

評価益の額とは，通算承認の効力が生じた時の価額がその時の帳簿価額を超える場合のその超える部分の金額をいい，評価損の額とは，通算承認の効力が生じた時の帳簿価額がその時の価額を超える場合のその超える部分の金額をいう（法法64の12②，グ通通2-55）。

ただし，株式等保有法人が時価評価対象法人に該当し，その通算子法人の株式について時価評価をする場合は除かれるとともに，加入後に損益通算をせずに2か月以内に通算グループ外に離脱する通算子法人の株式[注3]についても，この取扱いは適用されない（法法64の12②，法令131の16⑥）。

(注1)　この場合，離脱見込み法人が，その通算承認の効力が生じた日の前日において時価評価資産を有していない場合であっても離脱見込み法人株式の時価評価の適用がある（法基通12の7-3-15）。

(注2)　加入時について，株式等保有法人が離脱見込み法人の通算承認の効力が生じた日において既に通算承認を受けて通算法人となっている場合も，離脱見込み法人株式の時価評価の適用がある（法基通12の7-3-15）。

(注3)　初年度離脱加入子法人の株式が該当する（本章第4節3参照）。

なお，離脱見込み法人株式の時価は，その時において譲渡されるときに通常付される価額によるが，当該株式について，本章第4節4「時価の意義」の「有価証券」に掲げる方法その他合理的な方法によりその時の価額を算定しているときは，課税上弊害がない限り，これが認められることとなる（法基通12の7-3-1，12の7-3-8）。

ただし，加入に係る離脱見込み法人株式の時価評価については，通常，完全支配関係発生日に第三者から取得した際の1株当たりの買取価額が時価の基礎になるものと考えられる。

第1部　グループ通算制度のM&A・組織再編成・清算に係る税務の概要

また，時価評価対象法人に該当する通算子法人では，税務上の帳簿価額が1,000万円に満たない資産など，すべての保有資産を時価評価するわけではないため，時価評価後のその通算子法人の簿価純資産価額と時価評価後のその通算子法人株式の帳簿価額は必ずしも一致しない。

第6節　加入に係る繰越欠損金の切捨て

1　時価評価対象法人の繰越欠損金の切捨て

時価評価対象法人（時価評価除外法人以外の法人）に該当する加入法人については，加入前の繰越欠損金は全額切り捨てられる（法法57⑥）。

具体的には，通算承認の効力が生じた日以後に開始する各事業年度において，同日前に開始した各事業年度において生じた繰越欠損金はないものとされる（法法57⑥）。

ただし，その加入法人が最初通算事業年度終了日までに通算グループ外に離脱したときは，繰越欠損金の切捨ては生じない（法法57⑥）。

2　時価評価除外法人の繰越欠損金の切捨て

時価評価除外法人に該当する加入法人については，原則として，加入前の繰越欠損金は切り捨てられない。

この場合，通算制度に持ち込んだ加入法人の加入前の繰越欠損金は，特定欠損金（その法人の所得金額を限度としてその法人の所得金額からのみ控除ができる欠損金）に該当する（法法64の7②）。

ただし，下記(1)の❶❷❸の要件のいずれも満たさない場合は，その加入法人の加入前の繰越欠損金のうち，下記(2)の金額が切り捨てられることとなる（法法57⑧）。

この場合，繰越欠損金が切り捨てられる事業年度は，最初適用年度となる（法法57⑧）。

ここで，最初適用年度とは，通算承認日の属する事業年度（その事業年度終了日後に新たな事業を開始した場合には，その開始した日の属する事業年度）をいう。

ただし，その加入法人が最初通算事業年度終了日までに通算グループ外に離脱したときは，繰越欠損金の切捨ては生じない（法法57⑧）。

(1)　時価評価除外法人のうち繰越欠損金が切り捨てられない要件

時価評価除外法人に該当する加入法人について，次のいずれかの要件を満たす場合，加入前の繰越欠損金は切り捨てられない（法法57⑧）。

❶	支配関係5年継続要件
❷	共同事業性の要件
❸	新たな事業の未開始要件

❶ 支配関係5年継続要件

加入法人について，支配関係5年継続要件を満たす場合とは，次の①又は②の場合のいずれかに該当する場合とされている（法令112の2③）。

①	【5年前の日からの支配関係継続要件】 その加入法人と通算親法人との間に，その加入法人について通算承認の効力が生じた日（通算承認日）の5年前の日（以下，「5年前の日」という）から継続して支配関係がある場合
②	【設立日からの支配関係継続要件】 その加入法人又は通算親法人が5年前の日後に設立された法人である場合※であって，その加入法人と通算親法人との間にその加入法人の設立日又は通算親法人の設立日のいずれか遅い日から継続して支配関係がある場合

※　次のⅰ，ⅱ，ⅲの場合を除く（以下，「新設法人の除外規定」という）。
 ⅰ．他の通算法人との間に支配関係（通算完全支配関係を除く）がある他の内国法人を被合併法人とする適格合併で，次のいずれかのものが行われていた場合（当該他の通算法人が当該他の内国法人との間に最後に支配関係を有することとなった日（bにおいて「関係日」という）が5年前の日以前である場合を除く）
　a　その加入法人を設立するもの
　b　関係日以後に設立されたその加入法人を合併法人とするもの
 ⅱ．他の通算法人が他の内国法人との間に最後に支配関係を有することとなった日以後に設立されたその加入法人との間に完全支配関係（残余財産確定法人の繰越欠損金の引継ぎが可能となる完全支配関係となる）がある当該他の内国法人（当該他の通算法人との間に支配関係（通算完全支配関係を除く）があるものに限る）でその加入法人が発行済株式の全部又は一部を有するものの残余財産が確定していた場合（同日が5年前の日以前である場合を除く）
 ⅲ．その加入法人との間に支配関係（通算完全支配関係を除く）がある他の法人を被合併法人，分割法人，現物出資法人又は現物分配法人とする適格組織再編成等で，次のいずれかのものが行われていた場合（その加入法人が当該他の法人との間に最後に支配関係を有することとなった日（bにおいて「関係日」という）が5年前の日以前である場合を除く）
　a　通算親法人を設立するもの
　b　関係日以後に設立された通算親法人を合併法人，分割承継法人，被現物出資法人又は被現物分配法人とするもの
　　なお，適格組織再編成等とは，適格合併，非適格合併で譲渡損益調整資産の譲渡損益の繰延べ規定（法法61の11①）の適用があるもの，適格分割，適格現物出資又は適格現物分配をいう。

❷ 共同事業性の要件

加入法人について，共同事業性の要件を満たす場合とは，次の①，②，③のいずれかに該当する場合となる（法令112の2④）。

第1部　グループ通算制度のM&A・組織再編成・清算に係る税務の概要

①	下記iからiiiまでの要件に該当する場合
②	下記i及びivの要件に該当する場合
③	下記vの要件に該当する場合

各要件の内容は次のとおりとなる（法令112の2④，法規26の2の2，3①②）。

［共同事業性の要件］

No	要件	内容
i	事業関連性要件	通算前事業^(※1)と親法人事業^(※2)とが相互に関連するものであること^(※3)。
ii	通算前事業と親法人事業の事業規模比5倍以内要件	通算前事業と親法人事業^(※4)のそれぞれの売上金額，通算前事業と親法人事業のそれぞれの従業者^(※5)の数又はこれらに準ずるもの^(※6)のいずれかの規模の割合がおおむね5倍を超えないこと。
iii	通算前事業の事業規模拡大2倍以内要件	通算前事業^(※7)が通算法人支配関係発生時^(※8)から通算承認日まで継続して行われており，かつ，通算法人支配関係発生時と通算承認日における通算前事業の規模（上記iiの規模の割合の計算の基礎とした指標に係るものに限る）の割合がおおむね2倍を超えないこと。
iv	通算前事業の特定役員継続要件	通算承認日の前日の通算前事業を行う法人の特定役員^(※9)である者^(※10)のすべてが通算完全支配関係を有することとなったことに伴って退任をするものでないこと。
v	時価評価除外法人又は株式交換等完全子法人に係る共同事業要件	その加入法人が次の法人のいずれかに該当すること。 A）完全支配関係を有することとなった時の直前に通算親法人との間に通算親法人による支配関係がない加入法人で，共同事業要件による時価評価除外法人に該当する加入法人 B）共同で事業を行うための適格株式交換等の要件（対価要件を除く）に該当する株式交換等により加入した株式交換等完全子法人
(※1)		通算前事業とは，その加入法人又は通算承認日の直前においてその加入法人との間に完全支配関係がある法人（その完全支配関係が継続することが見込まれているもの^(注1)に限る）の通算承認日前に行う事業^(注2)のうちのいずれかの主要な事業^(注3)をいう。 (注1)　見込まれているかどうかは通算承認日時点で判定するものと考えられる（［通算制度］令和2年度税制改正の解説838頁）。 (注2)　通算承認日に設立された法人にあっては，「通算承認日前に行う事業」は，設立の時点で行われている事業となると考えられる（［通算制度］令和2年度税制改正の解説858頁）。これは，新設分割などで設立と同時に事業を引き継いだ場合などを想定しているものと考えられる。 (注3)　「いずれかの主要な事業」とは，完全支配関係グループ（その加入法人及びその加入法人との間に完全支配関係を有する法人によって構成されたグループをいう）がその通算グループに加入する場合にあっては，その完全支配関係グループに属するいずれかの法人にとって主要な事業ではなく，その完全支配関係グループにとって主要な事業であることをいうのであり，その完全支配関係グループにとって主要な事業が複数ある場合は，そのいずれかの事業を通算前事業として事業関連性要件に該当するかどうかの判定を行う（法基通12-1-8）。また，「主

22

要な事業」であるかは，それぞれの事業に属する収入金額又は損益の状況，従業者の数，固定資産の状況等を総合的に勘案して判定する（法基通12-1-7，1-4-5）。

（※2）	親法人事業とは，通算親法人又は通算承認日の直前において通算親法人との間に完全支配関係がある法人（その完全支配関係が継続することが見込まれているもの^(注1)に限るものとし，その通算法人を除く）の通算承認日前に行う事業^(注2)のうちのいずれかの事業をいう。 （注1）（※1）の（注1）と同じ。 （注2）（※1）の（注2）と同じ。

別途（※3）部分は下記の通り。

（※3）	事業関連性の有無の判定については，組織再編税制における判定と同様の基準が設けられており，次に掲げる実態基準及び関連基準のいずれにも該当するときは，通算前事業と親法人事業とは，相互に関連するものに該当するものとされる。	
	実態基準	通算前事業を行う法人及び親法人事業を行う法人が通算承認日の直前においてそれぞれ次の要件のすべてに該当すること。
		イ）事務所，店舗，工場その他の固定施設^(注1)を所有し，又は賃借していること。
		ロ）従業者（役員にあっては，その法人の業務に専ら従事するものに限る）があること。
		ハ）自己の名義をもって，かつ，自己の計算において次に掲げるいずれかの行為をしていること。 A）商品販売等^(注2) B）広告又は宣伝による商品販売等に関する契約の申込み又は締結の勧誘 C）商品販売等を行うために必要となる資料を得るための市場調査 D）商品販売等を行うにあたり法令上必要となる行政機関の許認可等（行政手続法（平成5年法律第88号）第2条第3号（定義）に規定する許認可等をいう）についての同号に規定する申請又は当該許認可等に係る権利の保有 E）知的財産権^(注3)の取得をするための出願若しくは登録（移転の登録を除く）の請求若しくは申請（これらに準ずる手続を含む），知的財産権（実施権及び使用権を含むものとし，商品販売等を行うために必要となるものに限る。以下，「知的財産権等」という）の移転の登録（実施権及び使用権にあっては，これらの登録を含む）の請求若しくは申請（これらに準ずる手続を含む）又は知的財産権若しくは知的財産権等の所有 F）商品販売等を行うために必要となる資産（固定施設を除く）の所有又は賃借 G）A）からF）までに掲げる行為に類するもの
	関連基準	通算前事業と親法人事業との間に通算承認日の直前において次のいずれかの関係があること。
		A）通算前事業と親法人事業とが同種のものである場合におけるその通算前事業と親法人事業との間の関係
		B）通算前事業に係る商品，資産若しくは役務^(注4)又は経営資源^(注5)と親法人事業に係る商品，資産若しくは役務又は経営資源とが同一のもの又は類似するものである場合におけるその通算前事業と親法人事業との間の関係
		C）通算前事業と親法人事業とが通算承認日後にその通算前事業に係る商品，資産若しくは役務又は経営資源とその親法人事業に係る商品，資産若しくは役務又は経営資源とを活用して行われることが見込まれている場合におけるその通算前事

第1部　グループ通算制度のM&A・組織再編成・清算に係る税務の概要

	業と親法人事業との間の関係
	なお，通算前事業と親法人事業とが，通算承認日後にその通算前事業に係る商品，資産若しくは役務又は経営資源とその親法人事業に係る商品，資産若しくは役務又は経営資源とを活用して一体として行われている場合には，その通算前事業と親法人事業とは，関連基準に該当するものと推定する。
	（注1）　その本店又は主たる事務所の所在地がある国又は地域にあるこれらの施設に限る。実態基準のハのF）において「固定施設」という。 （注2）　商品の販売，資産の貸付け又は役務の提供で，継続して対価を得て行われるものをいい，その商品の開発若しくは生産又は役務の開発を含む。実態基準において同じ。 （注3）　特許権，実用新案権，育成者権，意匠権，著作権，商標権その他の知的財産に関して法令により定められた権利又は法律上保護される利益に係る権利をいう。実態基準のハのE）において同じ。 （注4）　それぞれ販売され，貸し付けられ，又は提供されるものに限る。関連基準において同じ。 （注5）　事業の用に供される設備，事業に関する知的財産権等，生産技術又は従業者の有する技能若しくは知識，事業に係る商品の生産若しくは販売の方式又は役務の提供の方式その他これらに準ずるものをいう。関連基準において同じ。
（※4）	通算前事業と関連する事業に限る。
（※5）	従業者とは，役員，使用人その他の者で，通算前事業又は親法人事業に現に従事する者をいう（法基通12-1-7，1-4-4）。また，留意点は次のとおりとなる（法基通12-1-7，1-4-4）。 ●これらの事業に従事する者であっても，例えば，日々雇い入れられる者で従事した日ごとに給与等の支払を受ける者について，法人が従業者の数に含めないこととしている場合は，これを認める。 ●出向により受け入れている者等であっても，通算前事業又は親法人事業に現に従事する者であれば従業者に含まれる。 ●下請先の従業員は，例えば自己の工場内でその業務の特定部分を継続的に請け負っている企業の従業員であっても，従業者には該当しない。 ●通算前事業又は親法人事業とその他の事業とのいずれにも従事している者については，主としてその通算前事業又は親法人事業に従事しているかどうかにより判定する。
（※6）	規模の割合のうち，これらに準ずるものの規模とは，例えば，金融機関における預金量等，客観的・外形的にその事業の規模を表すものと認められる指標をいう（法基通12-1-7，1-4-6）。また，組織再編税制と同様の趣旨の取扱いであることから，信用保証会社における保証債務残高等も「これらに準ずるもの」と認められるものと考えられる（質疑応答事例／法人税／事業規模要件における「これらに準ずるもの」）。なお，事業の規模の割合がおおむね5倍を超えないかどうかは，これらに規定するいずれか一の指標が要件を満たすかどうかにより判定する（法基通12-1-7，1-4-6）。
（※7）	親法人事業と関連する事業に限る。
（※8）	通算法人支配関係発生時とは，その加入法人が通算親法人との間に最後に支配関係を有することとなった時をいう。なお，その加入法人又はその加入法人との間に完全支配関係がある法人（以下，「加入法人等」という）がその時から通算承認日の前日までの間に適格合併，適格分割又は適格現物出資によりその加入法人等との間に完全支配関係がない法人から通算前事業の全部又は一部の移転を受けている場合には，その適格合併，適格分割又は適格現物出資の時となる。

（※9）	特定役員とは，社長，副社長，代表取締役，代表執行役，専務取締役若しくは常務取締役又はこれらに準ずる者で法人の経営に従事している者をいう。また，「これらに準ずる者」とは，役員又は役員以外の者で，社長，副社長，代表取締役，代表執行役，専務取締役又は常務取締役と同等に法人の経営の中枢に参画している者をいう（法基通12-1-7，1-4-7）。
（※10）	「特定役員である者」は，その加入法人が通算親法人との間に最後に支配関係を有することとなった日前（その支配関係がその通算前事業を行う法人又は親法人事業を行う法人の設立により生じたものである場合には，同日）において通算前事業を行う法人の役員又は当該これらに準ずる者（同日においてその法人の経営に従事していた者に限る）であった者に限る。

❸　新たな事業の未開始要件

　加入法人で時価評価除外法人に該当するものは，支配関係5年継続要件及び共同事業性の要件のいずれも満たさない場合で，かつ，支配関係発生日以後に新たな事業を開始したときに加入前の繰越欠損金が切り捨てられることとなる（法法57⑧）(※1)。

　そして「新たな事業を開始した」とは，その加入法人がその加入法人において既に行っている事業とは異なる事業を開始したことをいう（法基通12-1-9）(※2)。

　そのため，例えば，既に行っている事業において次のような事実があっただけではこれに該当しない（法基通12-1-9）(※2)。

①　新たな製品を開発したこと

②　その事業地域を拡大したこと

（※1）　新たな事業を開始した場合に繰越欠損金が切り捨てられる理由については，「連結納税制度の見直しに関する法人税法等の改正（財務省）」908頁で以下のように解説されている。

> 上記③の欠損金及び含み損の制限には，組織再編税制には存在しない制限があります。組織再編成（合併）の場合も，本来的には被合併法人から引き継いだ欠損金は被合併法人由来の所得のみから控除するべきと考えられますが，一つの法人の所得を被合併法人由来分と合併法人由来分に分解するのは相当に困難であることから，欠損金を引き継ぐ（切り捨てる）か否かという2類型とされています。一方，グループ通算制度においては，各法人の所得を認識した上，通算制度の開始又は通算制度への加入前の欠損金を特定欠損金とすることで，通算前の欠損金が他の法人の所得から控除されないため，上記のような懸念はありません。しかしながら，通算グループ内では完全支配関係があり所得の金額を一体的に計算していることから事業の移転が容易であり，欠損金又は含み損を有する法人を買収して通算グループに加入させると相前後して従前通算グループで行っていた黒字事業をその法人に移転すること又は新たに黒字事業をその法人において行うことによって特定欠損金の制度を潜脱することが考えられることから，上記③イの制限が設けられています。

（※2）　この「新たな事業の開始の意義」を示した「グループ通算制度に関する取扱通達の制定について（法令解釈通達）2-15」について，次のように趣旨説明が行われている（グ通通旨説明2-15）。

> 2　ここで，この「新たな事業を開始した」の意味するところについては，換言するならば，その法人自身が既に行っている事業とは異なる事業を開始したということであり，本通達の本文前半においてこのことを明らかにしている。

第1部　グループ通算制度のM&A・組織再編成・清算に係る税務の概要

3　また，本通達の本文後半並びに本通達の(1)及び(2)では，この「新たな事業を開始した」ことに該当しない事実の具体例について，その法人が既に行っている事業において，①新たな製品を開発したこと，②その事業地域を拡大したこと，の2つを示すことにより明らかにしている。つまり，この2つに該当する事実しか認められない場合には，上記1の欠損金額の切捨ての対象とはならないということであり，また，あくまでこれらの事実は例示に過ぎないため，これら以外にも，例えば現在は休業中となっている事業を再開したような事実があった場合や，本通達に例示した事実に該当しなくてもその他の事実関係に照らして「新たな事業を開始した」とは認められないような場合には，上記1の欠損金額の切捨ての対象とはならないと考えられる。

このように，本要件に該当するか否かは，あくまで当該通算法人の行っている「事業」に係る個々の具体的事情を総合勘案して判定されるものであるから，本通達では，日本標準産業分類などの統計分類に基づく事業単位・事業区分などを基にした本要件に係る判定指標・判定方法や，売上金額や事業所数などに基づく事業規模の推移などに関する数値基準などといった，本要件の該当性を判定するに当たってのメルクマールを示したりはしていない。

(2)　切り捨てられる繰越欠損金

①　原　則

時価評価除外法人に該当する加入法人（支配関係5年継続要件及び共同事業性の要件を満たさない場合に限る）について，支配関係発生日以後に新たな事業を開始したときは，その加入法人の加入前の繰越欠損金（最初適用年度の前事業年度末の残高）のうち，次のものが切り捨てられる（法法57⑧）。

ここで，加入前の繰越欠損金とは，通算前10年内事業年度に該当する事業年度において生じた繰越欠損金をいい，通算前10年内事業年度とは，通算承認の効力が生じた日前10年以内に開始した各事業年度をいう。

切捨額1	支配関係事業年度前に生じた繰越欠損金
切捨額2	支配関係事業年度以後の特定資産譲渡等損失相当額

具体的には切り捨てられる繰越欠損金は以下のとおりとなる（法法57⑧，法令112の2⑤，112⑤）

ここで，支配関係事業年度とは，加入法人の支配関係発生日の属する事業年度をいう。また，支配関係発生日とは，加入法人が通算親法人との間に最後に支配関係を有することとなった日をいう。

［切捨額1］　支配関係事業年度前に生じた繰越欠損金

その加入法人の支配関係事業年度前の各事業年度で通算前10年内事業年度に該当する事業年度において生じた欠損金額[※1]をいう。

（※1）　被合併法人又は残余財産確定法人から引き継いだものを含み，通算前10年内事業年度の所得の金額の計算上損金の額に算入されたもの，組織再編成や通算制度の開始・加入に伴い切り捨てられたもの，特例欠

損金として損金算入されたもの，通算法人の青色申告の承認を取り消されたことにより切り捨てられたもの，白色申告書を提出した事業年度において生じた欠損金額でないものとされたもの，繰戻還付の対象となったものを除く（法法57①②④⑤⑥⑧⑨，58①，80）。

［切捨額２］　支配関係事業年度以後の特定資産譲渡等損失相当額

その加入法人の支配関係事業年度以後の各事業年度で通算前10年内事業年度に該当する事業年度（対象事業年度）において生じた欠損金額のうち，対象事業年度ごとに次の㈠から㈡を控除した金額をいう。

㈠	対象事業年度に生じた欠損金額[※1]のうち，対象事業年度を特定資産譲渡等損失額の損金不算入の規定（法法64の14①）が適用される事業年度として，支配関係発生日の属する事業年度開始日前から有していた資産[※2,3]を特定資産として計算される特定資産譲渡等損失額[※5]となる金額に達するまでの金額[※4]
㈡	対象事業年度に生じた欠損金額のうち，その加入法人の最初適用年度前の各事業年度において繰越控除された金額等[※6]

（※１）　最初適用年度前に被合併法人又は残余財産確定法人から引き継いだもの，組織再編成や通算制度の開始・加入に伴い切り捨てられたもの，特例欠損金として損金算入されたもの，通算法人の青色申告の承認を取り消されたことにより切り捨てられたものを含み，法人税法第58条の規定の適用がある欠損金額（白色申告書を提出した事業年度において生じた欠損金額の全額）及び繰戻還付の適用を受けた災害損失欠損金額を除く（法法57②④⑤⑥⑧⑨，58，80⑤）。

（※２）　次に掲げる資産に該当するものを除く（法令131の19③，123の8②一〜五）。

ⅰ　棚卸資産（土地及び土地の上に存する権利（土地等）を除く）

ⅱ　短期売買商品等（法法61③）

ⅲ　売買目的有価証券（法法61の3①一）

ⅳ　支配関係発生日の属する事業年度開始日における税務上の帳簿価額又は取得価額が1,000万円に満たない資産

ⅴ　支配関係発生日の属する事業年度開始日における時価が同日における帳簿価額を下回っていない資産（最初適用年度の確定申告書等に時価及び帳簿価額に関する明細書の添付があり，かつ，時価の根拠資料を保存している場合に限る）

（※３）　特定支配関係法人（その加入法人及び通算親法人との間に支配関係がある法人。（※４）に同じ）との間で，承認前2年以内期間（通算承認日以前2年以内の期間。支配関係発生日以後の期間に限る。（※４）に同じ）内に行われた「みなし共同事業要件を満たさない適格合併・適格分割等（特定適格組織再編成等）」により，その加入法人が引き継いだ資産のうち，その特定支配関係法人（被合併法人・分割法人等）が支配関係発生日の属する事業年度開始日前から有していた資産は，その加入法人が支配関係発生日の属する事業年度開始日前から有していたものとみなして，特定資産譲渡等損失相当額を計算する（法令112の2⑤，112⑥）。また，特定支配関係法人と他の特定支配関係法人との間で特定適格組織再編成等を繰り返すことによって，最終的にその加入法人が引き継いだ資産についても同様の取扱いとなる。ただし，承認前2年以内期間内に行われたみなし共同事業要件を満たす適格組織再編成等により移転があった資産，承認前2年以内期間内に行われた非適格合併により移転があった資産で譲渡損益の繰延べの対象となる譲渡損益調整資産以外の資産，支配関係発生日の属する事業年度開始日における税務上の帳簿価額又は取得価額が1,000万円に満たない資産，支配関係発生日の属する事業年度開始日における時価が同日における帳簿価額を下回っていない資産（最初適用年度の確定申告書等に時価及び帳簿価額に関する明細書の添付があり，かつ，時価の根拠資料を保存している場合に限る）は除かれる（法令112の2⑤，112⑥，法規26の2の3②，26の2②）。ここで，適格組織再編

成等とは，適格合併，非適格合併で譲渡損益調整資産の譲渡損益の繰延べ規定（法法61の11①）の適用があるもの，適格分割，適格現物出資，適格現物分配をいい，特定適格組織再編成等とは，適格合併，非適格合併で譲渡損益調整資産の譲渡損益の繰延べ規定（法法61の11①）の適用があるもの，適格分割，適格現物出資，適格現物分配でみなし共同事業要件を満たさないものをいう（法法57④，62の7①）。

（※4）　関連法人（特定支配関係法人）との間で，承認前2年以内期間内に行われた「みなし共同事業要件を満たさない適格合併又は残余財産の確定（特定適格合併等）」により，その加入法人が引き継いだ繰越欠損金のうち，関連法人が支配関係発生日（その加入法人及び通算親法人と関連法人との間に最後に支配関係があることとなった日）の属する事業年度（関連法人の支配関係事業年度）開始日前から有していた資産（同日を最初適用年度開始日とみなした場合に通算制度の開始・加入に係る特定資産譲渡等損失額の損金不算入の規定の対象外となる資産を除く。また，（※3）を準用した「みなし特定資産」を含む）を特定資産と仮定して，その関連法人において，関連法人対象事業年度（関連法人の支配関係事業年度以後の事業年度で適格合併の日前10年以内に開始し，又は残余財産の確定日の翌日前10年以内に開始した各事業年度をいう。ただし，関連法人が組織再編成に係る特定資産譲渡等損失額の損金不算入の規定の適用を受ける場合の適用期間，関連法人が欠損等法人の特定資産の譲渡等損失額の損金不算入の規定の適用を受ける場合の適用期間，通算制度の開始・加入に係る特定資産譲渡等損失額の損金不算入の規定の適用を受ける場合の適用期間内の日の属する事業年度を除く）ごとに特定資産譲渡等損失相当額に相当する金額（上記㈠に相当する金額から㈡に相当する金額を控除した金額。「特定資産譲渡等損失相当欠損金額」という）がある場合は，特定資産譲渡等損失相当欠損金額をその加入法人の特定資産譲渡等損失相当額（上記㈠の金額）に加算する（法令112の2⑤，112⑥⑦⑧，法規26の2の3②，26の2②）。なお，関連法人と他の関連法人との間で特定適格合併等を繰り返すことによって，最終的にその加入法人が引き継いだ繰越欠損金についても同様の取扱いとなる。

（※5）　特定資産譲渡等損失額とは，特定資産の譲渡，評価換え，貸倒れ，除却その他の事由による損失の額の合計額から特定資産の譲渡，評価換えその他の事由による利益の額の合計額を控除した金額をいう。

（※6）　その加入法人において，最初適用年度前の各事業年度の所得の金額の計算上損金の額に算入されたもの，繰戻還付の対象となったもの，組織再編成や通算制度の開始・加入に伴い切り捨てられたもの，特例欠損金として損金算入されたもの，通算法人の青色申告の承認を取り消されたことにより切り捨てられたものをいう（法法57①④⑤⑥⑧⑨，80）。

②　含み損益の特例計算（繰越欠損金の切捨ての免除又は緩和）

支配関係発生日以後に新たな事業を開始したときの加入法人の加入前の繰越欠損金の切捨てについて，その加入法人の支配関係事業年度の前事業年度末において含み損益がある場合，繰越欠損金の切捨てが免除又は緩和される特例がある（法令113①⑫）。

この特例は，その加入法人の最初適用年度の確定申告書等に明細書の添付があり，かつ，時価純資産価額の算定の根拠書類を保存している場合に限り適用される（法令113②⑫，法規26の2の4①④）。

［含み損益の特例計算（繰越欠損金の切捨ての免除又は緩和）］

含み損益の状況	切捨額
時価純資産超過額(注1)≧支配関係前未処理欠損金額(注2)の合計額又は時価純資産超過額がある場合で支配関係前未処理欠損金額がないとき	切捨ては生じない。
時価純資産超過額＜支配関係前未処理欠損金額の合計額	支配関係事業年度前の繰越欠損金のうち，支配関係前未処理欠損金額の合計額から時価純資産超過額を控除した額（制限対象金額）(注3)で構成される金額(注4)が切り捨てられる。 この場合，支配関係事業年度以後の特定資産譲渡等損失相当額は切り捨てられない。
簿価純資産超過額(注5)＜支配関係事業年度以後の特定資産譲渡等損失相当額の当初発生額(注6)の合計額	次の①と②の合計額が切り捨てられる。 ①　支配関係事業年度前の繰越欠損金 ②　支配関係事業年度以後の特定資産譲渡等損失相当額のうち，簿価純資産超過額で構成される金額(注7)

（注1）「時価純資産超過額」とは，支配関係事業年度の前事業年度末の時価純資産価額が簿価純資産価額以上である場合における時価純資産価額から簿価純資産価額を減算した金額をいう。つまり，資産全体の含み益相当額をいう（0円を含む）。ここで，時価純資産価額とは，その有する資産の時価の合計額からその有する負債（新株予約権及び株式引受権に係る義務を含む）の時価の合計額を減算した金額をいい，簿価純資産価額とは，その有する資産の帳簿価額の合計額からその有する負債（新株予約権及び株式引受権に係る義務を含む）の帳簿価額の合計額を減算した金額をいう。なお，組織再編税制の含み損益の特例計算と同様の趣旨のものであるため，時価純資産価額は，自己創設の営業権を含めて計算するものと考えられる（『平成29年度版　改正税法のすべて（一般財団法人大蔵財務協会）』333頁）。

（注2）「支配関係前未処理欠損金額」とは，支配関係事業年度開始日前10年以内に開始した各事業年度において生じた繰越欠損金の支配関係事業年度の前事業年度末の残高をいう。つまり，切捨て直前の繰越欠損金の残高ではなく，グループ化直前の繰越欠損金の残高とグループ化直前の含み損益の金額を比較して，この特例の適用の有無を判断する。

（注3）「制限対象金額」は，支配関係前未処理欠損金額のうち，最も古いものから順次成るものとする。

（注4）「支配関係事業年度前の繰越欠損金のうち，制限対象金額で構成される金額」とは，発生事業年度ごとに，制限対象金額から，支配関係事業年度からその加入法人の最初適用年度の前事業年度までの各事業年度の損金算入額の合計額を控除した金額をいう。

➡つまり，グループ化前の繰越欠損金のうち時価純資産超過額を超える分は切り捨てられるが，切捨て直前までに繰越控除された額は，優先的に切捨て対象から使用したものとして，切捨額から除外している。

（注5）「簿価純資産超過額」とは，支配関係事業年度の前事業年度末の簿価純資産価額が時価純資産価額を超過する金額をいう。つまり，資産全体の含み損相当額をいう。

（注6）「支配関係事業年度以後の特定資産譲渡等損失相当額の当初発生額」とは，上記①の支配関係事業年度以後の特定資産譲渡等損失相当額に係る㈠に掲げる金額をいう。

（注7）「支配関係事業年度以後の特定資産譲渡等損失相当額のうち，簿価純資産超過額で構成される金額」とは，支配関係事業年度以後の特定資産譲渡等損失相当額の当初発生額のうち最も古いものから順次，簿価純資産超過額によって構成されるものとした場合に，その簿価純資産超過額に相当する金額を，上記①の支配関係事業年度以後の特定資産譲渡等損失相当額に係る㈠に掲げる金額として計算した支配関係事業年度以後の特定資産譲渡等損失相当額をいう。

第1部　グループ通算制度のM&A・組織再編成・清算に係る税務の概要

　また，関連法人において特定資産譲渡等損失相当欠損金額を計算する場合についても，含み損益の特例計算を適用することができる（上記①（※4）参照）。

　この場合，関連法人の支配関係事業年度の前事業年度末の時価純資産価額が簿価純資産価額以上である場合は，特定資産譲渡等損失相当欠損金額はないものとし，関連法人の支配関係事業年度の前事業年度末の時価純資産価額が簿価純資産価額に満たない場合で，かつ，「その満たない金額（簿価純資産超過額）＜関連法人の支配関係事業年度以後の特定資産譲渡等損失相当額の当初発生額の合計額」である場合は，関連法人の支配関係事業年度以後の特定資産譲渡等損失相当額のうち簿価純資産超過額で構成される金額を特定資産譲渡等損失相当欠損金額とする（法令113⑧⑨⑬，法規26の2の4③⑤）。

　この特例は，その加入法人の最初適用年度の確定申告書等に明細書の添付があり，かつ，時価純資産価額の算定の根拠書類を保存している場合に限り適用される（法令113⑨⑬，法規26の2の4③⑤）。

3　地方税の取扱い

(1)　住民税の取扱い

　住民税では，通算制度の加入前の繰越欠損金の切捨ての影響を遮断するための課税標準額の調整が必要となる。

　具体的には，法人にその事業年度開始日前10年以内に開始した事業年度において生じた通算適用前欠損金額（法人税で通算制度の開始・加入に伴い切り捨てられた繰越欠損金額）がある場合は，その事業年度の法人税割の課税標準となる法人税額から「控除対象通算適用前欠損調整額」を控除することとなる（地法53③，321の8③）。

　なお，年数「10年」については，2018年（平成30年）4月1日前に開始した事業年度において生じた法人税の繰越欠損金に係るものは「9年」となる（令2改地法附5⑦，13⑦，令2改地令附3⑫，5⑫）。

　この「控除対象通算適用前欠損調整額」とは，通算適用前欠損金額に，控除を受ける法人の繰越欠損金の切り捨てられた事業年度終了日におけるその法人の区分に応じ，普通法人は23.2％，協同組合等又は特定医療法人は19％の法人税の税率を乗じた金額となる（繰越欠損金の切り捨てられた事業年度終了日の法人の区分に応じた法人税率を適用する。地法53④，321の8④，地令8の14①，48の11の3①，地方税法附則8⑮）。

　この「控除対象通算適用前欠損調整額」の控除は，繰越欠損金の切り捨てられた事業年度において，通算制度の開始・加入に係る繰越欠損金の切捨ての規定（法法57⑥⑧）の適用があることを証する書類を添付した法人の道府県民税又は市町村民税の確定申告書を提出し，かつ，その後において連続して法人の道府県民税又は市町村民税の確定申告書を提出している場合に

限り，適用することができる（地法53⑥，321の8⑥，地令8の16の2，48の11の6）^(注1)。

（注1） 別表2（控除対象通算適用前欠損調整額の控除明細書）に係る添付書類について（東京都主税局ホームページ）

> 通算適用前欠損金額が生じた事業年度後最初の最初通算事業年度について，控除対象通算適用前欠損調整額がある場合には，必ず別表2に加えて，税務署に提出した以下の法人税別表の写しを提出してください。提出がない場合には，以後の事業年度において，控除対象通算適用前欠損調整額を法人税額から控除することはできなくなります（地方税法第53条第6項，同第321条の8第6項）。
> ■別表7(1)「欠損金の損金算入等に関する明細書」又は別表7(2)「通算法人の欠損金の翌期繰越額の計算及び控除未済欠損金額の調整計算に関する明細書」
> ※最初の最初通算事業年度の直前の事業年度のもの
> ■別表7(2)「通算法人の欠損金の翌期繰越額の計算及び控除未済欠損金額の調整計算に関する明細書」
> ※最初通算事業年度のもの

(2) 事業税の取扱い

事業税の繰越欠損金については，通算制度を適用しない場合と同様に，法人税の繰越欠損金とは区別して計算される。

そして，事業税の繰越欠損金については，通算制度の加入前の繰越欠損金の切り捨ては行われない（地法72の23①②）。

第7節　加入に係る特定資産譲渡等損失額の損金算入制限

時価評価除外法人に該当する加入法人について，支配関係5年継続要件及び共同事業性の要件のいずれも満たさない場合で，かつ，支配関係発生日以後に新たな事業を開始したときは，その加入法人の適用期間において生ずる特定資産譲渡等損失額は，その加入法人の各事業年度の所得の金額の計算上，損金の額に算入できない（法法64の14①）。

なお，その加入法人が最初通算事業年度終了日までに通算グループ外に離脱した場合は，特定資産譲渡等損失額の損金算入制限は課されない（法法64の14①）。

1　適用期間

損金算入制限が課される適用期間とは，通算承認の効力が生じた日と新たな事業を開始した日の属する事業年度開始日とのうちいずれか遅い日からその効力が生じた日以後3年を経過する日と支配関係発生日以後5年を経過する日とのうちいずれか早い日までの期間をいう（法法64の14①）。

なお，支配関係発生日とは，その加入法人が通算親法人との間に最後に支配関係を有することとなった日をいう（法法64の14①）。

第1部　グループ通算制度のM&A・組織再編成・清算に係る税務の概要

2　特定資産譲渡等損失額の損金算入制限が課されない要件

時価評価除外法人に該当する加入法人について，次のいずれかの要件を満たす場合，特定資産譲渡等損失額の損金算入制限は課されない（法法64の14①）。

---

❶　支配関係 5 年継続要件
❷　共同事業性の要件
❸　新たな事業の未開始要件

---

❶　支配関係 5 年継続要件

加入法人について，支配関係 5 年継続要件を満たす場合とは，次の①又は②の場合のいずれかに該当する場合とされている（法法64の14①，法令131の19①，131の 8 ①）。

①	【 5 年前の日からの支配関係継続要件】 その加入法人と通算親法人との間に，その加入法人について通算承認の効力が生じた日（通算承認日）の 5 年前の日（以下，「 5 年前の日」という）から継続して支配関係がある場合
②	【設立日からの支配関係継続要件】 その加入法人又は通算親法人が 5 年前の日後に設立された法人である場合※であって，その加入法人と通算親法人との間にその加入法人の設立日又は通算親法人の設立日のいずれか遅い日から継続して支配関係がある場合

※　次の i 又は ii の場合を除く（以下，「新設法人の除外規定」という）。
 i．その加入法人との間に支配関係（通算完全支配関係を除く）がある他の法人を被合併法人，分割法人，現物出資法人又は現物分配法人とする適格組織再編成等で，次のいずれかのものが行われていた場合（その加入法人が当該他の法人との間に最後に支配関係を有することとなった日（ b において「関係日」という）が 5 年前の日以前である場合を除く）
　　a　通算親法人を設立するもの
　　b　関係日以後に設立された通算親法人を合併法人，分割承継法人，被現物出資法人又は被現物分配法人とするもの
　　なお，適格組織再編成等とは，適格合併，非適格合併で譲渡損益調整資産の譲渡損益の繰延べ規定（法法61の11①）の適用があるもの，適格分割，適格現物出資又は適格現物分配をいう（以下，ii で同じ）。
 ii．他の通算法人との間に支配関係（通算完全支配関係を除く）がある他の法人を被合併法人，分割法人，現物出資法人又は現物分配法人とする適格組織再編成等で，次のいずれかのものが行われていた場合（当該他の通算法人が当該他の法人との間に最後に支配関係を有することとなった日（ b において「関係日」という）が 5 年前の日以前である場合を除く）
　　a　その加入法人を設立するもの
　　b　関係日以後に設立されたその加入法人を合併法人，分割承継法人，被現物出資法人又は被現物分配法人とするもの

❷　共同事業性の要件

時価評価除外法人の繰越欠損金の切捨てに係る共同事業性の要件と同じとなる（法法64の14①，法令131の19②，112の 2 ④，法規27の16の13，3 ①②。「第 6 節　加入に係る繰越欠損金

の切捨て」参照）。

❸　新たな事業の未開始要件

　時価評価除外法人の繰越欠損金の切捨てに係る新たな事業の未開始要件と同じとなる（法法64の14①，法基通12-1-9。「第6節　加入に係る繰越欠損金の切捨て」参照）。

3　特定資産譲渡等損失額の計算

(1)　特定資産譲渡等損失額の計算

　特定資産譲渡等損失額とは，以下の第一号に掲げる金額から第二号に掲げる金額を控除した金額をいう（法法64の14②，法令131の19④，123の8④⑤⑥⑦）。

　なお，適用期間内の各事業年度ごとに計算する。

一	その加入法人が有する資産で支配関係発生日の属する事業年度開始日前から有していたもの（特定資産[※1.2]）の譲渡，評価換え，貸倒れ，除却[※3]その他の事由による損失の額の合計額
二	特定資産の譲渡，評価換えその他の事由による利益の額の合計額

（※1）　特定資産は，次に掲げる資産は除かれる（法法64の14②，法令131の19③，123の8②，法規27の16の14②，27の15②）。

　なお，最初適用年度とは，通算承認日の属する事業年度（その事業年度終了日後に新たな事業を開始した場合は，その開始した日の属する事業年度）をいう。

①　棚卸資産（土地及び土地の上に存する権利（土地等）を除く）

②　短期売買商品等（法法61③）

③　売買目的有価証券（法法61の3①一）

④　最初適用年度開始日における税務上の帳簿価額又は取得価額が1,000万円に満たない資産

⑤　支配関係発生日の属する事業年度開始日における時価が同日における帳簿価額を下回っていない資産（最初適用年度の確定申告書等に時価及び帳簿価額に関する明細書の添付があり，かつ，時価の根拠資料を保存している場合に限る）

（※2）　通算法人が適格合併等により引き継いだ特定資産（特定移転資産）の取扱い

　その加入法人[注1]が最初適用年度開始日前から有する資産（上記(1)①から⑤までに掲げるものを除く）のうち，通算承認日の2年前の日から最初適用年度開始日の前日までの期間（支配関係発生日以後の期間に限る[注2]。「前二年以内期間」という）内に行われた1又は2以上の「みなし共同事業要件を満たさない適格合併・適格分割等（特定適格組織再編成等[注3]）」（その加入法人及び通算親法人との間に支配関係がある法人（関連法人[注4]）を被合併法人，分割法人，現物出資法人又は現物分配法人とし，その加入法人又は他の関連法人を合併法人，分割承継法人，被現物出資法人又は被現物分配法人とするものに限る）により移転があった資産で関連法人のいずれかが関連法人支配関係発生日[注5]の属する事業年度開始日前から有していたものは，その加入法人が支配関係発生日の属する事業年度開始日前から有していた資産とみなして，特定資産譲渡等損失額を計算する（法令131の19③，123の8③）。

　ただし，関連法人支配関係発生日の属する事業年度開始日における税務上の帳簿価額又は取得価額が1,000万円に満たない資産，関連法人支配関係発生日の属する事業年度開始日における時価が同日における帳簿価額を下回っていない資産（最初適用年度の確定申告書等に時価及び帳簿価額に関する明細書の添付があり，かつ，時価の根拠資料を保存している場合に限る）は除かれる（法令131の19③，123の8③，法規27の16の

第1部　グループ通算制度のM&A・組織再編成・清算に係る税務の概要

14③，27の15②）。
- （注1）　通算承認日前に通算親法人との間に最後に支配関係を有することとなったものに限る。
- （注2）　上記2❶の「新設法人の除外規定」のⅱの場合に該当しない場合には，支配関係発生日以後の期間に限る。
- （注3）　特定適格組織再編成等とは，適格合併，非適格合併で譲渡損益の繰延べの規定（法法61の11①）の適用があるもの，適格分割，適格現物出資，適格現物分配で，みなし共同事業要件を満たさないものをいう。
- （注4）　上記2❶の「新設法人の除外規定」のⅱの場合に該当する場合には，当該ⅱの他の法人を含む。
- （注5）　関連法人支配関係発生日とは，その加入法人及び通算親法人が関連法人との間に最後に支配関係を有することとなった日（上記（注4）の他の法人にあっては，その加入法人が当該他の法人との間に最後に支配関係を有することとなった日）をいう。
- （※3）　減価償却資産（ただし，その減価償却資産のその事業年度開始日における帳簿価額が，その減価償却資産につきその取得の日から当該事業年度において採用している償却の方法により償却を行ったものとした場合に計算される当該事業年度開始日における帳簿価額に相当する金額のおおむね2倍を超える場合におけるその減価償却資産を除く）の除却は除かれる。

(2)　含み損益の特例計算（特定資産譲渡等損失額の損金算入制限の免除又は緩和）

　加入法人の支配関係事業年度の前事業年度末において含み損益がある場合に特定資産譲渡等損失額の損金不算入が免除又は緩和される特例がある（法令131の19⑤，123の9①）。

　この特例を受けるには，その加入法人の最初適用年度（簿価純資産超過額の特例計算を適用する場合には，最初適用年度後の適用期間内の日の属する事業年度を含む）の確定申告書等に明細書の添付があり，かつ，時価純資産価額の算定の基礎となる事項を記載した書類を保存している場合に限り適用される（法令131の19⑤，123の9②，法規27の16の15①，27の15の2①）。

　具体的には次の取扱いとなる。

　なお，支配関係事業年度とは，加入法人の支配関係発生日の属する事業年度をいう（法令131の19⑤，123の9①）。

　また，支配関係発生日とは，加入法人が通算親法人との間に最後に支配関係を有することとなった日をいう。

[含み損益の特例計算（特定資産譲渡等損失額の損金算入制限の免除又は緩和）]

含み損益の状況	損金算入の制限額
時価純資産価額^(注1)≧簿価純資産価額^(注2)（含み損なし）	特定資産譲渡等損失額はないものとする。
時価純資産価額＜簿価純資産価額（含み損があり）	特定資産譲渡等損失額は，簿価純資産超過額^(注3)から次のⅰからⅲを控除した金額に達するまでの金額となる。 ⅰ　開始・加入前の繰越欠損金の切捨てに係る含み損益の特例計算により，特定資産譲渡等損失相当額とみなした金額 ⅱ　特定資産譲渡等損失額の損益通算制限に係る含み損益の特

34

| | 例計算により，特定資産譲渡等損失額とみなした金額
iii　適用期間で既に発生・充当した特定資産譲渡等損失額 |

(注1)　時価純資産価額とは，支配関係事業年度の前事業年度末におけるその有する資産の時価の合計額から
　　　その有する負債（新株予約権及び株式引受権に係る義務を含む）の時価の合計額を減算した金額をいう。な
　　　お，組織再編税制の含み損益の特例計算と同様の趣旨のものであるため，時価純資産価額は，自己創設の営
　　　業権を含めて計算するものと考えられる（『平成29年度版　改正税法のすべて（一般財団法人大蔵財務協会）』
　　　333頁）。
(注2)　簿価純資産価額とは，支配関係事業年度の前事業年度末におけるその有する資産の帳簿価額の合計額
　　　からその有する負債の帳簿価額の合計額を減算した金額をいう。
(注3)　簿価純資産超過額とは，時価純資産価額が簿価純資産価額に満たない部分の金額をいう。

　また，上記(1)の特定移転資産についても，関連法人の関連法人支配関係発生日の属する事業
年度の前事業年度末において含み損益がある場合に，特定移転資産に係る特定資産譲渡等損失
額の損金不算入が免除又は緩和される特例がある（法令131の19⑤，123の9④⑤，法規27の16
の15②，27の15の2①）。

　この特例を受けるには，その加入法人の最初適用年度（簿価純資産超過額の特例計算を適用
する場合には，最初適用年度後の適用期間内の日の属する事業年度を含む）の確定申告書等に
明細書の添付があり，かつ，時価純資産価額の算定の基礎となる事項を記載した書類を保存し
ている場合に限り適用される（法令131の19⑤，123の9⑤，法規27の16の15②，27の15の2①）。
　具体的には次の取扱いとなる。

[関連法人（特定移転資産）に係る含み損益の特例計算]

含み損益の状況	特定移転資産の損失額及び利益額
時価純資産価額≧簿価純資産価額 （含み損なし）	特定移転資産の損失額及び利益額はないものとする。
時価純資産価額＜簿価純資産価額 （含み損あり）	「特定移転資産の損失額から利益額を控除した金額」は，簿価純資産超過額から次のiからiiiを控除した金額に達するまでの金額となる。 i　加入前の繰越欠損金の切捨てに係る関連法人の含み損益の特例計算により，特定資産譲渡等損失相当欠損金額とみなした金額 ii　特定資産譲渡等損失額の損益通算制限に係る関連法人の含み損益の特例計算により，特定移転資産の損失額から利益額を控除した金額とみなした金額 iii　適用期間で既に発生・充当した関連法人の特定移転資産の損失額から利益額を控除した金額とみなした金額 なお，特定移転資産の利益額はないものとする。

第1部　グループ通算制度のM&A・組織再編成・清算に係る税務の概要

4　特定資産の譲渡等の損失額を損金不算入とする他の制度の取扱い

　通算承認に係る特定資産譲渡等損失額の損金算入制限について，同じく特定資産の譲渡等の損失額を損金不算入とする他の制度の取扱いは次のとおりとなる。

資産の譲渡等損失額を損金不算入とする他の制度	適用関係
欠損等法人の特定資産の譲渡等損失額の損金算入制限（法法60の3①）	通算法人が欠損等法人であり，かつ，欠損等法人の特定資産の譲渡等損失額の損金算入制限の適用期間内に通算承認の効力が生じたときは，その通算法人が有する資産については，その通算承認に係る特定資産譲渡等損失額の損金算入制限は，適用しない（法法64の14③）。つまり，欠損等法人の特定資産の譲渡等損失額の損金算入制限（法法60の3①）の適用を優先する形で重複適用を排除する。
	通算法人が通算承認の効力が生じた日以後に欠損等法人となり，かつ，欠損等法人の特定資産の譲渡等損失額の損金算入制限の適用期間が開始したときは，その通算承認に係る特定資産譲渡等損失額の損金算入制限の適用期間は，その欠損等法人の特定資産の譲渡等損失額の損金算入制限の適用期間開始日の前日に終了する（法法64の14④）。つまり，欠損等法人の特定資産の譲渡等損失額の損金算入制限（法法60の3①）の適用を優先する形で重複適用を排除する。
組織再編税制に係る特定資産譲渡等損失額の損金算入制限（法法62の7①）	●通算法人について通算承認の効力が生じた日以後にその通算法人と支配関係法人（その通算法人との間に支配関係がある法人をいう）との間でその通算法人を合併法人，分割承継法人，被現物出資法人，被現物分配法人とする適格組織再編成等が行われ，組織再編税制に係る特定資産譲渡等損失額の損金算入制限（法法62の7①）が適用される適用期間が開始したときは，その通算承認に係る特定資産譲渡等損失額の損金算入制限の適用期間は，その適用期間開始日の前日に終了する（法法64の14⑤）。つまり，通算承認に係る特定資産譲渡等損失額の損金算入制限（法法64の14①）と組織再編税制に係る特定資産譲渡等損失額の損金算入制限（法法62の7①）とでは，後から発動要件に該当した規定の適用を優先する形で重複適用を排除する。 ●また，この場合，組織再編税制に係る特定資産譲渡等損失額の損金算入制限において特定保有資産に係る含み損益の特例計算（法令123の9①⑦）を適用する際に簿価純資産超過額から控除することとされている前事業年度までの特定保有資産に係る特定資産譲渡等損失額の合計額（前期までの実現済額）には，通算承認に係る特定資産譲渡等損失額の損金算入制限において含み損益の特例計算の適用を受けていた場合の特定資産譲渡等損失額の合計額を含むこととする（法令123の9⑬一）。 ●通算承認に係る特定資産譲渡等損失額の損金算入制限における関連法人に係る特定移転資産について含み損益の特例計算の適用を受けていた場合も，組織再編税制に係る特定資産譲渡等損失額の損金算入制限における特定保有資産に含まれるその関連法人に係る特定移転資産について含み損益の特例計算（法令123の9④⑦）を適用する場合において同様の取扱いとする（法令123の9⑬二）。

第1章　グループ通算制度の加入・離脱・取りやめの税務

●内国法人について適格組織再編成等後に通算承認の効力が生じ，かつ，通算承認に係る特定資産譲渡等損失額の損金算入制限の適用期間が開始したときは，その適用期間開始日以後に開始する事業年度においては，その適格組織再編成等に係る組織再編税制に係る特定資産譲渡等損失額の損金算入制限において特定保有資産に係る特定資産譲渡等損失額は，ないものとする（法法62の7⑦）。つまり，通算承認に係る特定資産譲渡等損失額の損金算入制限（法法64の14①）と組織再編税制に係る特定保有資産の特定資産譲渡等損失額の損金算入制限（法法62の7①）とでは，後から発動要件に該当した規定の適用を優先する形で重複適用を排除する。
●ただし，特定引継資産については，この通算承認に係る特定資産譲渡等損失額の損金算入制限と対象が重複しないため，重複排除の措置は講じられていない。

第8節　加入に係る特定資産譲渡等損失額等の損益通算制限

　時価評価除外法人に該当する加入法人について，支配関係5年継続要件及び共同事業性の要件のいずれも満たさない場合，その加入法人では，次の金額は，損益通算の対象外とした上で特定欠損金とする（法法64の6①③，64の7②三）。

　ここで，支配関係5年継続要件及び共同事業性の要件は「第7節　加入に係る特定資産譲渡等損失額の損金算入制限」と同じ要件となる（法令131の8①②，112の2④，法規27の16の5，3①②，法基通12の7-1-4，12の7-1-5）。

[加入に係る特定資産譲渡等損失額等の損益通算制限]

	制度の種類	事業年度	損益通算の対象外となる金額
1	特定資産譲渡等損失額が生じる場合の損益通算の制限	下記2の事業年度及び特定資産譲渡等損失額の損金算入制限が適用される事業年度以外の事業年度	加入法人のその事業年度において生ずる通算前欠損金額のうちその事業年度の適用期間において生ずる特定資産譲渡等損失額に達するまでの金額
2	減価償却費割合が30％超の場合の損益通算の制限	減価償却費割合が30％を超える事業年度	加入法人の適用期間内の日を含むその事業年度において生ずる通算前欠損金額

　ここで，損益通算制限が課される適用期間とは，通算承認の効力が生じた日から同日以後3年を経過する日と支配関係発生日（その加入法人が通算親法人との間に最後に支配関係を有することとなった日）以後5年を経過する日とのうちいずれか早い日までの期間をいう。

　上記1，2の制限について，具体的な取扱いは次のとおりとなる。

第1部 グループ通算制度のM&A・組織再編成・清算に係る税務の概要

1 特定資産譲渡等損失額が生じる場合の損益通算の制限

(1) 特定資産譲渡等損失額の計算方法

特定資産譲渡等損失額の計算方法は，「第7節 加入に係る特定資産譲渡等損失額の損金算入制限」と同様の計算方法となる（なお，「最初適用年度開始日」は，「通算承認日」，「最初適用年度」は，「通算承認日の属する事業年度」と読み替える。法法64の6②，法令131の8③④，123の8②④⑤⑥⑦，法規27の16の6②，27の15②)。

この場合，加入法人が適格合併等により引き継いだ特定資産（特定移転資産）の取扱いについても，「第7節 加入に係る特定資産譲渡等損失額の損金算入制限」と同様の取扱いとなる（法法64の6②，法令131の8③，123の8③，法規27の16の6③，27の15②)。

(2) 含み損益の特例計算（特定資産譲渡等損失額の損益算入制限の免除又は緩和）

特定資産譲渡等損失額については含み損益の特例計算を適用することができる。

また，関連法人（特定移転資産）についても，含み損益の特例計算を適用することができる。

この場合，「第7節 加入に係る特定資産譲渡等損失額の損金算入制限」と同様の取扱いとなる（法令131の8⑤，123の9①②④⑤，法規27の16の7①②，27の15の2①)。

2 減価償却費割合が30%超の場合の損益通算の制限

(1) 減価償却費割合が30%を超える事業年度の判定

減価償却費割合が30％を超える事業年度とは，総原価及び総費用の合計に占める減価償却費の割合が30％超の事業年度をいう。

具体的には，次の要件に該当する事業年度となる（法令131の8⑥)。

[減価償却費割合が30%を超える事業年度の判定]

$$\frac{減価償却資産につき償却費として損金経理をした金額^{(注1)}の合計額}{当期の収益に係る原価及び当期の販売費，一般管理費その他の費用として確定決算において経理した金額の合計額^{(注2)}} > 30\%$$

(注1)「償却費として損金経理をした金額」は，損金経理の方法又は剰余金の処分により積立金として積み立てる方法により特別償却準備金として積み立てた金額を含み，法人税法第31条第4項の規定により損金経理額に含むものとされる金額（前事業年度から繰り越された償却限度超過額）を除く。また，「償却費として損金経理をした金額」については，会計上の減価償却費の額だけでなく，法人税基本通達7-5-1（償却費として損金経理をした金額の意義）又は同通達7-5-2（申告調整による償却費の損金算入の取扱い）により償却費として損金経理をした金額に該当するものとされる金額が含まれる（法基通12の7-1-6)。

(注2) 分母の金額は，確定した決算において原価及び費用として経理した金額，すなわち決算書（損益計算書）上に計上された金額となる。したがって，税務上，損金不算入となる費用の額や所得金額の計算上当期に帰属しないこととされる費用の額も含まれる。

⑵ 償却費として損金経理をした金額（分子）の範囲

分子の金額となる「償却費として損金経理をした金額」には，法人が償却費の科目をもって経理した金額のほか，損金経理をした次に掲げるような金額も含まれる（法基通12の7-1-6，7-5-1，7-5-2）。

---

① 法人税法施行令第54条第1項の規定により減価償却資産の取得価額に算入すべき付随費用の額のうち原価外処理をした金額

② 減価償却資産について法人税法又は租税特別措置法の規定による圧縮限度額を超えてその帳簿価額を減額した場合のその超える部分の金額

③ 修繕費として経理した金額のうち資本的支出に該当するものとして損金不算入となった金額

④ 無償又は低い価額で取得した減価償却資産につきその取得価額として法人の経理した金額が法人税法施行令第54条第1項の規定による取得価額に満たない場合のその満たない金額

⑤ 減価償却資産について計上した除却損又は評価損（減損損失を含む）のうち損金不算入となった金額

⑥ 少額な減価償却資産（おおむね60万円以下）又は耐用年数が3年以下の減価償却資産の取得価額を消耗品費等として損金経理をした場合のその損金経理をした金額

⑦ 法人税法施行令第54条第1項の規定によりソフトウエアの取得価額に算入すべき金額を研究開発費として損金経理をした場合のその損金経理をした金額

⑧ ファイナンス・リース取引においてリース資産の賃借人が賃借料として損金経理をした金額又はリースバック取引の譲渡人が賃借料として損金経理をした金額（グ通通趣旨説明2-25）

⑨ 確定申告書等に添付した減価償却に関する明細書（別表）に，減価償却資産の取得価額に計上しなかった金額を記載して申告調整をしている場合のその記載した金額

第9節　離脱等に係る時価評価

1　離脱等に係る時価評価

通算制度では，通算グループから離脱した法人が次に掲げる事由に該当する場合には，それぞれ次の資産については，離脱直前の事業年度において，時価評価により評価損益の計上を行う（法法64の13，法令131の17）。

［時価評価事由と時価評価資産］

時価評価を行う事由	対象となる資産
イ．離脱法人において，主要な事業（※1）を継続することが見込まれていない場合（※2.3）（離脱の直前における含み益の合計額が含み損の合計額以上である場合（※4）を除く）	固定資産，土地等，有価証券（売買目的有価証券等を除く），金銭債権及び繰延資産（これらの資産のうち帳簿価額が1,000万円未満のもの及びその含み損益が資本金等の額の2分の1又は1,000万円のいずれか少ない金額未満のもの等を除く）（※5）

第1部　グループ通算制度のM&A・組織再編成・清算に係る税務の概要

ロ．他の通算法人において離脱時後に（※6）離脱法人の株式の譲渡等（※7）による損失が生ずることが見込まれている場合（上記イに該当する場合を除く）	上記イの資産（※5）のうち税務上の帳簿価額（※8）が10億円を超えるもので離脱時後に譲渡等（※9）による損失が生じることが見込まれるもの（※10）

（※1）　事業が2以上ある場合において，そのいずれが「主要な事業」であるかは，それぞれの事業に属する収入金額又は損益の状況，従業者の数，固定資産の状況等を総合的に勘案して判定する（法基通12の7-3-17，12の7-3-9，1-4-5）。

（※2）　離脱法人との間に完全支配関係がある法人において引き続き行われることが見込まれている場合は除く。

（※3）　離脱時後に行われる適格合併又は離脱法人を分割法人，現物出資法人とする適格分割，適格現物出資（適格合併等）により主要な事業が合併法人，分割承継法人，被現物出資法人（合併法人等）に移転することが見込まれている場合における合併法人等及び合併法人等との間に完全支配関係がある法人において引き続き行われることが見込まれている場合は除く。

（※4）　「離脱の直前における含み益の合計額が含み損の合計額以上である場合」とは，離脱法人の離脱直前事業年度終了時に有する時価評価資産の評価益の合計額≧評価損の合計額である場合をいう。

　（注）　評価益の合計額には以下のⅰからⅲまでの金額を，評価損の合計額には以下のⅳ及びⅴの金額を，それぞれ含む。

　　ⅰ　譲渡損益調整額のうち1,000万円以上のもので譲渡利益額に係るもの

　　ⅱ　リース譲渡契約のうち繰延長期割賦損益額が1,000万円以上のものに係る収益の額（その事業年度以前に益金算入されるものを除く）

　　ⅲ　収用・特定の資産の買換え・特別新事業開拓事業者への出資に係る特別勘定の金額（1,000万円以上のものに限る）

　　ⅳ　譲渡損益調整額のうち1,000万円以上のもので譲渡損失額に係るもの

　　ⅴ　リース譲渡契約のうち繰延長期割賦損益額が1,000万円以上のものに係る費用の額（その事業年度以前に損金算入されるものを除く）

（※5）　時価評価資産は，固定資産・土地等・有価証券・金銭債権・繰延資産となる。ただし，次の資産を除く。

　①　離脱直前事業年度終了日の翌日の5年前の日以後に終了する離脱法人の各事業年度において法人税法又は租税特別措置法の圧縮記帳の規定（国庫補助金等，工事負担金，保険金等，転廃業助成金に係るもの）の適用を受けた減価償却資産

　②　売買目的有価証券（法法61の3①一）

　③　償還有価証券（法令119の14）

　④　税務上の帳簿価額が1,000万円に満たない資産（営業権を除く）

　⑤　評価損益の金額が離脱法人の資本金等の額の2分の1の金額又は1,000万円のいずれか少ない金額に満たない資産

　⑥　離脱法人との間に完全支配関係がある内国法人（清算中のもの，合併による解散以外の解散をすることが見込まれるもの又は離脱法人との間に完全支配関係がある内国法人との間で適格合併を行うことが見込まれるものに限る）の株式で，その時価がその帳簿価額に満たないもの

　⑦　離脱法人の有する他の通算法人（通算親法人を除く）の株式等

（※6）　離脱に際し株式の譲渡損が計上される場合も含まれる（法基通12の7-3-18，［通算制度］令和2年度税制改正の解説942頁）。

（※7）　譲渡又は評価換えをいう。

（※8）　時価評価する前の帳簿価額とする。

（※9）　譲渡，評価換え，貸倒れ，除却その他これらに類する事由をいう。

（※10）　譲渡等による損失が生じることが見込まれる場合が対象となるため，その事由が生ずることにより損金の額に算入される金額がない場合又はその事由が生ずることにより損金の額に算入される金額がその事由

が生ずることにより益金の額に算入される金額以下である場合を除くことになる。なお，有価証券の譲渡損益や時価評価損益の計算など，その譲渡等に係る対価の額と原価の額との差額を益金・損金算入する規定が適用されるものについては「事由が生ずることにより損金の額に算入される金額がない場合」に該当するかどうかについて判定し，固定資産の譲渡損益など，収益の額を益金の額に算入すべき金額とし，その収益に係る原価の額を損金の額に算入すべき金額とする所得金額の計算の通則が適用されるものについては，「事由が生ずることにより損金の額に算入される金額がその事由が生ずることにより益金の額に算入される金額以下である場合」に該当するかどうかについて判定することとなる（［通算制度］令和2年度税制改正の解説944頁）。

　上記について，時価評価の対象となる資産は，離脱法人の離脱直前事業年度終了時に有する資産であり，計上される評価損益は，その終了時の評価損益となる（法法64の13①）。

　ここで，離脱直前事業年度は，通算完全支配関係を有しなくなった日（離脱日）の前日の属する事業年度をいう。

　そのため，離脱日の前日が通算親法人の通算事業年度終了日と同日である場合は，時価評価損益は通算申告（損益通算及び繰越欠損金の通算可）で計上され，同日でない場合は，単体申告（損益通算及び繰越欠損金の通算不可）で計上されることになる。

　また，通算親法人が他の内国法人の100％子会社となった場合や通算子法人の離脱により通算法人が通算親法人のみとなった場合など，通算制度を取りやめることになった場合についても，その取りやめることになった通算法人（通算親法人を含む）において，通算終了直前事業年度に離脱等に係る時価評価が適用されることになる（法法64の13①）。

　ここで，通算終了直前事業年度とは，通算承認の効力を失う日の前日の属する事業年度をいう（法法64の13①）。

2　時価評価の対象外となる法人

　次の通算子法人には，離脱等に係る時価評価は適用されない（法法64の13①，法令131の17①）。

①　通算制度の開始・加入後，損益通算をせずに2か月以内に通算グループ外に離脱する法人（初年度離脱通算子法人）

②　通算グループ内合併又は残余財産の確定により通算承認の効力を失う法人

　初年度離脱通算子法人とは，通算子法人で通算親法人との間に通算完全支配関係を有することとなった日の属する通算親法人の事業年度終了日までにその通算完全支配関係を有しなくなるもののうち，その通算完全支配関係を有することとなった日以後2か月以内にその通算完全支配関係を有しなくなる（離脱する）ものをいう（法令131の17①，24の3①）(注1)。

(注1)　通算グループ内合併又は残余財産の確定によりその通算完全支配関係を有しなくなる通算子法人を除く。

第1部　グループ通算制度のM&A・組織再編成・清算に係る税務の概要

3　時価の意義

「第4節　加入に係る時価評価」の「4　時価の意義」で解説している。

4　他の繰延制度の実現処理

通算制度では，離脱法人（通算制度を取りやめることになった通算親法人を含む）が離脱前（通算終了前を含む）に有する譲渡損益調整資産の繰延譲渡損益等について，離脱等に係る時価評価により実現処理を行うことになる。

具体的には，離脱法人が離脱前に有する譲渡損益調整資産の繰延譲渡損益及びリース取引に係る延払損益で繰り延べているもの並びに特定資産の買換え等に係る特別勘定の金額については，次に掲げる場合の区分に応じそれぞれ次のとおりとする（法法61の11④，63④，措法65の8⑪等，法令122の12⑪，127①②，措令39の7㊲等）。

イ）その離脱法人で主要な事業を継続することが見込まれていない場合（離脱の直前における含み益の額が含み損の額以上である場合を除く）

離脱法人において，その繰り延べている損益（1,000万円未満のものを除く）の計上及びその特別勘定の金額（1,000万円未満のものを除く）の取崩しを行う。

ロ）その離脱法人で譲渡損益調整資産の譲渡損で繰り延べている金額が10億円を超えるものの戻入れが見込まれ，かつ，その離脱法人の株式の譲渡等による損失が計上されることが見込まれている場合

離脱法人において，その繰り延べている損失の計上を行う。

第10節　離脱等に係る投資簿価修正

1　投資簿価修正（本則規定）

(1)　投資簿価修正（本則規定）の概要

投資簿価修正では，通算グループからの離脱法人の株式の離脱直前の帳簿価額を離脱法人の簿価純資産価額に相当する金額とする。

具体的には，通算法人が有する株式を発行した通算子法人について通算承認の効力が失われる場合（通算終了事由）に，その通算子法人の株式の帳簿価額をその通算子法人の簿価純資産価額に相当する金額に修正を行うとともに，自己の利益積立金額につきその修正により増減した帳簿価額に相当する金額の増加又は減少の調整を行うこととなる（法令9六，119の3⑤，119の4①）。

また，通算子法人株式の帳簿価額とされるその通算子法人の「簿価純資産価額に相当する金額」については，その通算子法人の簿価純資産価額にその通算子法人株式の取得価額に含まれる取得時のプレミアム相当額を加算することができる措置（加算措置）が設けられている（下

42

記2参照）。

　なお，投資簿価修正は，通算承認の効力を失う日の前日に別表5(1)で行うこととなる。

［離脱法人株式の投資簿価修正後の帳簿価額（本則規定）］

| その通算法人が有する離脱法人株式の投資簿価修正後の帳簿価額（持株分）(注1) | ＝ | 離脱法人株式の通算終了事由が生じた時の直前の帳簿価額 | ＋ | 簿価純資産不足額 | － | 簿価純資産超過額 |
| | ＝ | 離脱法人株式の簿価純資産価額(注2) | | | | 別表5(1)での投資簿価修正額 |

（注1）　離脱法人が債務超過の場合など，簿価純資産価額がマイナスのときは，修正後の株式の帳簿価額もマイナスとなる。

（注2）　資産調整勘定等対応金額の加算措置を適用する場合は，資産調整勘定等対応金額が加算される。

［簿価純資産不足額（別表5(1)で別表4を通さずに利益積立金額を「増加」させる）］

| 簿価純資産不足額(注3)（マイナスの場合，0） | ＝ | 簿価純資産価額 | － | 離脱法人株式の通算終了事由が生じた時の直前の帳簿価額 |

（注3）　簿価純資産不足額又は簿価純資産超過額のいずれか一方しか計算されない。

［簿価純資産超過額（別表5(1)で別表4を通さずに利益積立金額を「減少」させる）］

| 簿価純資産超過額(注4)（マイナスの場合，0） | ＝ | 離脱法人株式の通算終了事由が生じた時の直前の帳簿価額 | － | 簿価純資産価額 |

（注4）　簿価純資産不足額又は簿価純資産超過額のいずれか一方しか計算されない。

［離脱法人株式の簿価純資産価額］

| 簿価純資産価額 | ＝ | （資産の帳簿価額の合計額(注1) | － | 負債の帳簿価額の合計額(注2)） | × | その通算法人が有するその通算子法人の株式の数 / その通算子法人の発行済株式等の総数 |

（注1）　その通算子法人の通算承認の効力を失った日の前日の属する事業年度終了時において有する資産の帳簿価額となる。資産の帳簿価額は，その通算終了事由に際し通算制度からの離脱等に伴う資産の時価評価の適用がある場合には，その適用後の帳簿価額となる（法基通2-3-21の2）。

（注2）　その通算子法人の通算承認の効力を失った日の前日の属する事業年度終了時において有する負債（新株予約権及び株式引受権に係る義務を含む）の帳簿価額となる。負債の帳簿価額は，その通算終了事由に際し通算制度からの離脱等に伴う資産の時価評価の適用がある場合には，その適用後の帳簿価額となる（法基

通2-3-21の2）。

　ここで，通算終了事由が生じたことに伴い2以上の通算法人がその有する他の通算法人の株式につき投資簿価修正を行う場合，これらの通算法人のうち，通算親法人から連鎖する資本関係が最も下位であるものについてこれを行い，順次，その上位のものについてこれを行うこととなる（法基通2-3-21の3）。

　なお，投資簿価修正の対象となる通算子法人の株式については，寄附修正事由が生じた場合の完全支配関係法人の株式の簿価修正（法令9七）は適用されない（寄附修正事由の簿価修正の対象となる完全支配関係について，通算完全支配関係は除かれている）。

　この点，投資簿価修正の対象とならない初年度離脱通算子法人の株式についても，寄附修正事由の簿価修正は適用されない。

　投資簿価修正の対象となる通算子法人の株式については，子会社株式簿価減額特例による簿価修正（法令119の3⑩）は適用されない（内国法人における簿価減額の対象となる他の法人の株式について，その内国法人が通算法人である場合には他の通算子法人の株式は除かれている）。

　ただし，投資簿価修正の対象とならない初年度離脱通算子法人の株式及び通算親法人の株式については，子会社株式簿価減額特例の適用対象となる（法令119の3⑩）。

(2)　投資簿価修正の修正事由

　投資簿価修正は，通算子法人について通算終了事由が生じた場合に行う（法令119の3⑤，119の4①）。

　ここで，「通算終了事由」とは通算承認の効力が失われることをいう。

　この点，通算終了事由の原因は問わず，例えば，次の事由が生じたときに通算子法人で通算承認の効力が失われる（法法64の10⑥）。

［通算子法人で通算終了事由が生じる場合］

- 通算子法人が通算親法人との間に通算親法人による通算完全支配関係を有しなくなる場合（第三者割当増資や株式譲渡により100％子法人でなくなる場合やその通算子法人の株主が通算制度から離脱する場合）
- 通算子法人が合併又は破産手続開始の決定により解散する場合
- 通算子法人の残余財産が確定する場合
- 通算親法人が他の内国法人の100％子会社となる場合
- 通算親法人が解散（合併による解散を除く）する場合

第1章　グループ通算制度の加入・離脱・取りやめの税務

- 通算親法人が合併により解散する場合
- 通算親法人が公益法人等に該当することとなった場合
- 通算親法人の100％親法人である内国法人（公共法人又は公益法人等に限る）が普通法人又は協同組合等に該当することとなった場合

(3)　修正対象となる通算子法人

　通算制度の開始・加入後，損益通算をせずに2か月以内に通算グループ外に離脱する法人（初年度離脱通算子法人）の株式については，投資簿価修正は行われない（法令119の3⑤，24の3）。

　また，通算親法人の株式についても投資簿価修正は行われない（法令119の3⑤）。

　初年度離脱通算子法人とは，通算子法人で通算親法人との間に通算完全支配関係を有することとなった日の属する通算親法人の事業年度終了日までにその通算完全支配関係を有しなくなるもののうち，その通算完全支配関係を有することとなった日以後2か月以内にその通算完全支配関係を有しなくなる（離脱する）ものをいう[注1]。

（注1）　通算グループ内合併又は残余財産の確定によりその通算完全支配関係を有しなくなる通算子法人を除く。

　また，連結納税から通算制度に移行した通算子法人についても，通算制度の投資簿価修正の対象となる。

2　投資簿価修正（加算措置）

　投資簿価修正の加算措置は次の取扱いとなる（法令119の3⑥⑦⑧，法規27①，令4改法令附6，令4改法規附2）。

［投資簿価修正の加算措置の概要］

　投資簿価修正について，通算子法人の通算終了事由が生じた時の直前においてその通算子法人の株式を有する各通算法人が，その株式（離脱法人株式）に係る資産調整勘定等対応金額について通算終了事由が生じた時の属する事業年度の確定申告書等にその計算に関する明細書を添付し，かつ，その計算の基礎となる事項を記載した書類を保存している場合には，通算終了事由が生じた時に離脱法人株式の帳簿価額とされる離脱法人の簿価純資産価額にその資産調整勘定等対応金額を加算することができる。

（1）　加算措置の対象となる離脱法人

①　加算措置の対象となる離脱法人からは，主要な事業が引き続き行われることが見込まれていないことにより通算制度からの離脱等に係る時価評価の適用を受ける法人を除く。

②　連結納税から通算制度に移行した通算子法人についても，加算措置の対象となる。

（2）　計算対象となる株式（対象株式）

45

① 資産調整勘定対応金額又は負債調整勘定対応金額（以下，「資産調整勘定対応金額等」という）の計算対象となる離脱法人の株式（対象株式）は，時価で取得した株式となる。

② 具体的には，対象株式とは，法人税法施行令第119条第1項の規定の適用がある同項第1号又は第27号に掲げる有価証券に該当する株式とされている（令119の3⑦二）。つまり，その購入の代価が取得価額となる購入した有価証券又はその取得の時におけるその有価証券の取得のために通常要する価額が取得価額となる交換等により取得した有価証券に該当する株式が対象株式に該当する。

③ 設立出資，増資（法令119①二）や有利発行（法令119①四）による取得は計算対象外となる。

④ 適格組織再編成等により被合併法人等から移転を受けた株式の帳簿価額による取得も計算対象外となる。

⑤ 組織再編成により被合併法人の株主，分割法人若しくはその株主，被現物分配法人，株式交換完全子法人の株主，株式移転完全子法人の株主が交付を受けたものは対象株式から除かれる。

(3) 資産調整勘定等対応金額を0とする事由

① 資産調整勘定等対応金額は，離脱法人を被合併法人等（被合併法人，分割法人，現物出資法人，譲渡法人）とする非適格合併等（非適格合併，非適格分割，非適格現物出資，事業譲渡）が行われた場合には0とする。

② この場合，各取得の時から非適格合併等が行われたときまでに生じている資産調整勘定等対応金額が0となる。

(4) 資産調整勘定等対応金額の計算方法

① 「資産調整勘定等対応金額」とは，離脱法人の通算完全支配関係発生日以前に通算法人が時価取得したその離脱法人の株式（対象株式）の取得価額について，その取得価額の100％持株相当額を合併対価（非適格合併等対価額に相当する金額）としてその対象株式の取得時にその離脱法人を被合併法人とする非適格合併を行うものとした場合に資産調整勘定又は負債調整勘定（以下，「資産調整勘定等」という）として計算される金額に相当する金額をいう。

② その取得に係る付随費用がある場合には，付随費用を加算した金額が対象株式の取得価額となる（法令119①一，法基通2-3-21の8）。この場合において，その対象株式の取得の時期が古いなどの理由により，購入手数料その他購入のために要した費用の把握が困難であると認められるときには，その購入の代価をその対象株式の取得価額として資産調整勘定対応金額等を計算することができる（法基通2-3-21の8）。

③ 合併時の資産調整勘定の金額とは法人税法第62条の8第1項に規定する資産調整勘定の金額をいい，具体的には，非適格合併等に係る非適格合併等対価額がその非適格合併等により移転を受けた資産及び負債の時価純資産価額を超える場合におけるその超える部分の金額（その移転を受けた資産の取得価額の合計額がその移転を受けた負債の額の合計額に満たない場合には，その満たない部分の金額を加算した金額）のうち資産等超過差額に相当する金額以外の金額とされている。合併時の負債調整勘定の金額とは，法人税法第62条の8第3項に規定する負債調整勘定の金額（差額負債調整勘定の金額）をいい，具体的には，非適格合併等に係る非適格合併等対価額がその非適格合併等により移転を受けた資産及び負債の時価純資産価額に満たない場合におけるその満たない部分の金額とされている。

④ 資産調整勘定対応金額等の計算の基礎となる時価純資産価額とは，対象株式の取得時において，その離脱法人が有する資産の時価の合計額から負債の時価の合計額を控除した金額をいう。

⑤ ここで，資産は，営業権にあっては，独立取引営業権（法人税法施行令第123条の10第3項に規定する独立取引営業権）に限ることとされている（法法62の8①，法令123の10③）。

⑥ 合併時の法人税法第62条の8第1項の規定においては，時価純資産価額の計算上，移転を受けた負債の額には，退職給与債務引受額及び短期重要債務見込額を含むこととされているが，

資産調整勘定対応金額等の計算では，これらの金額は負債の額に含まない（法基通2-3-21の6）。また，賞与引当金など税務上は負債として取り扱われないものも含まれない。

⑦ 資産等超過差額（その離脱法人の事業により見込まれる収益の額の状況その他の事情からみて実質的に離脱法人の欠損金額（その離脱法人の事業による収益の額によって補塡されると見込まれるものを除く）に相当する部分から成ると認められる金額等。法規27の16①）に相当する金額は資産調整勘定対応金額には含まれない。

⑧ 資産調整勘定対応金額等の計算上，離脱法人株式の時価による取得の時において，その離脱法人が，「ⅰ．資産調整勘定の金額又は負債調整勘定の金額に係る資産又は負債」又は「ⅱ．独立取引営業権以外の営業権」を有する場合，「ⅰ．その資産調整勘定の金額からその負債調整勘定の金額を減算した金額」又は「ⅱ．その営業権の帳簿価額」を資産の額又は負債の額の合計額に加算して資産調整勘定対応金額等を計算する。

⑨ 資産調整勘定対応金額等は，原則として，通算法人が対象株式を取得した時にその離脱法人が有する資産及び負債の時価を基礎として計算する（法令119の3⑥⑦）。ただし，その対象株式の取得日が，その通算子法人の決算日とは限らないため，その取得日に有する資産及び負債を把握するのが困難な場合が考えられることから，例えば，その取得した時の直前の月次決算期間又は会計期間の終了日（あるいは，その取得した日を含む月次決算期間又は会計期間の終了日）にその離脱法人が有する資産及び負債の同日における時価を基礎として計算している場合には，同日に有する資産及び負債の内訳とその対象株式の取得時に有する資産及び負債の内訳に著しい差異があるなどの課税上弊害がない限り，これを認めることとしている（法基通2-3-21の7，令和4年度法通趣旨説明2-3-21の7）。

⑩ その有する資産及び負債の時価については，一般的な意義である「その資産が使用収益されるものとしてその時において譲渡される場合に通常付される価額」（法基通4-1-3，9-1-3）によることとなる（令和4年度法通趣旨説明2-3-21の7）。この点，連結子会社化に際して行う時価評価に係る時価評価額は，一般的には，資産調整勘定対応金額等に係る時価純資産価額の計算の基礎となる離脱法人が有する資産及び負債の時価と概ね一致するものと考えられる（令和4年度法通趣旨説明2-3-21の7）。

⑪ 対象株式の取得後におけるその対象株式の保有割合が低い又はその取得の時期が古いなどの理由により，その取得の時における資産調整勘定対応金額等の計算が困難であると認められる場合，その取得の時において計算される資産調整勘定対応金額等を0とし，その取得後に追加取得したその離脱法人の対象株式で資産調整勘定対応金額等の計算が困難であると認められる場合以外のものについて各追加取得の時における資産調整勘定対応金額等を計算し，これらの計算された資産調整勘定対応金額等の計算の基礎となる事項を記載した書類を保存しているとき（他の要件を満たす場合に限る）は，課税上弊害がない限り，加算措置の適用を受けることができる（法基通2-3-21の4）。ただし，負債調整勘定対応金額が計算されることが見込まれる場合に，その計算が困難であるとして，これを0としているときには，課税上弊害があるため，この取扱いの適用はない（法基通2-3-21の4）。

⑫ 「資産調整勘定等対応金額」は，その離脱法人の株式の時価取得が段階的に行われていた場合には，各取得時における資産調整勘定対応金額の合計額から負債調整勘定対応金額の合計額を減算した金額とする。各取得時における資産調整勘定対応金額又は負債調整勘定対応金額は，資産調整勘定対応金額又は負債調整勘定対応金額の100％相当額に取得割合を乗じて計算した金額とする。

⑬ 「資産調整勘定等対応金額」は，離脱法人の株式の時価取得が通算グループ内の複数の法人により行われていた場合には，各通算法人の各取得時における資産調整勘定対応金額の合計額から各通算法人の各取得時における負債調整勘定対応金額の合計額を減算した金額（通算グ

第1部　グループ通算制度のM&A・組織再編成・清算に係る税務の概要

ループ全体の資産調整勘定等対応金額）とする。

⑭　上記⑬の通算グループ全体の資産調整勘定等対応金額は，その離脱法人の通算完全支配関係発生日においてその離脱法人の株式を有する通算法人が計算し，その通算完全支配関係発生日において有する株式数に対応する金額を計算する。

⑮　上記⑬の通算グループ全体の資産調整勘定等対応金額に保有割合を乗じて計算した金額について，離脱直前にその離脱法人の株式を有する通算法人で加算措置が適用される。なお，通算完全支配関係発生日後の通算グループ内での株式の移動により，通算完全支配関係発生日にその離脱法人の株式を有する通算法人（資産調整勘定対応金額等を計算する通算法人）と離脱直前にその離脱法人の株式を有する通算法人（投資簿価修正を行う法人）が異なる場合がある。

⑯　通算完全支配関係発生日おいて離脱法人の株式を有する通算法人が，その離脱法人の株式の取得後，通算完全支配関係発生日以前にその一部を譲渡した場合には，その譲渡の直前のときまでに生じている「各取得時の資産調整勘定対応金額又は負債調整勘定対応金額の合計額」からその譲渡分（譲渡割合を乗じて計算）を控除した金額を「各取得時の資産調整勘定対応金額又は負債調整勘定対応金額の合計額」とする。ここで「譲渡割合」とは，その譲渡の直前の時においてその通算法人が有する離脱法人の株式の数のうち，その譲渡をした株式の数の占める割合をいう。

(5)　通算内適格合併又は連結内適格合併をした場合の取扱い

①　資産調整勘定等対応金額（100％分）は，離脱法人を合併法人とする通算内適格合併又は連結内適格合併に係る被合併法人調整勘定対応金額がある場合には，その被合併法人調整勘定対応金額を加算した金額とする。

②　被合併法人調整勘定対応金額とは，通算内適格合併に係る被合併法人の対象株式につき加算措置の適用を受けた場合におけるその適用に係る資産調整勘定等対応金額に相当する金額をいう。

③　通算内適格合併とは，通算子法人の通算終了事由が生じた時前に行われた適格合併のうち，その適格合併の直前の時において通算親法人との間に通算完全支配関係がある法人を被合併法人及び合併法人とするもの並びにその通算親法人との間に通算完全支配関係がある法人のみを被合併法人とする合併で法人を設立するものをいう。

④　連結内適格合併とは，令和4年4月1日以後最初に開始する事業年度開始日以前に行われた適格合併のうち，経過対象子法人を被合併法人及び合併法人とするもの並びに経過対象子法人のみを被合併法人とする合併で法人を設立するものをいい，経過対象子法人とは，その適格合併の日の前日において連結納税から通算制度に移行した通算親法人との間に連結完全支配関係があった法人をいう。

⑤　この連結内適格合併に係る被合併法人調整勘定対応金額の引継ぎについては，連結親法人であった通算親法人が，令和4年4月1日以後最初に開始する事業年度終了日までに，この適用を受ける旨その他一定の事項を記載した書類を納税地の所轄税務署長に提出する必要がある。

(6)　加算措置の適用要件

①　加算措置は，その離脱法人株式を有する通算法人のすべてで別表14(5)「通算終了事由が生じた他の通算法人の株式につき資産調整勘定対応金額等がある場合の簿価純資産価額とする金額の計算に関する明細書」の添付が必要となり，その離脱法人株式を有する通算法人のいずれかで資産調整勘定等対応金額の算定根拠となる書類の保存が必要となる。

②　したがって，離脱法人の株式ごとに，その離脱法人の株式を有する通算法人全体で加算措置の適用の有無を任意に選択することができる（通算グループ全体では選択を統一する必要がある）。

③　その場合，加算措置を適用しない方が有利となる通算グループ全体で負債調整勘定対応金額が計算される場合でも不適用の選択をすることが可能となる。

[離脱法人株式の投資簿価修正後の帳簿価額（加算措置適用）]

$$
\begin{array}{l}
\text{加算措置の適用} \\
\text{後の簿価純資産} \\
\text{価額とする金額} \\
\text{（持株分）}
\end{array}
=
\left(
\begin{array}{l}
\text{離脱法人の離脱直} \\
\text{前の簿価純資産価} \\
\text{額（100％分）}^{（※1）}
\end{array}
+
\begin{array}{l}
\text{資産調整勘定} \\
\text{等対応金額} \\
\text{（100％分）}
\end{array}
\right)
\times
\dfrac{
\begin{array}{l}
\text{その通算法人が有する離} \\
\text{脱法人の株式の数}
\end{array}
}{
\begin{array}{l}
\text{離脱法人の通算承認の効} \\
\text{力を失う直前の発行済株} \\
\text{式等の総数}
\end{array}
}
$$

（※1）　簿価純資産価額の計算方法は，加算措置を適用しない場合と同じ計算方法となる。

[資産調整勘定等対応金額の計算方法]

$$
\begin{array}{l}
\text{資産調整勘定等対応金額} \\
\text{（100％分）} \\
\text{（マイナスの場合を含む）}
\end{array}
=
\begin{array}{l}
\text{各通算法人の各取得時} \\
\text{の資産調整勘定対応金} \\
\text{額（A）の合計額}
\end{array}
-
\begin{array}{l}
\text{各通算法人の各取得時} \\
\text{の負債調整勘定対応金} \\
\text{額（B）の合計額}
\end{array}
$$

A：資産調整勘定対応金額（通算法人ごと，かつ，取得時ごとに計算）

$$
\begin{array}{l}
\text{資産調整勘定対応金} \\
\text{額（取得株式数割合分）} \\
\text{（マイナスの場合は除く）}
\end{array}
=
\left(
\begin{array}{l}
\text{その取得時の離} \\
\text{脱法人株式の取} \\
\text{得価額（100％} \\
\text{相当額）}^{（※2）}
\end{array}
-
\begin{array}{l}
\text{離脱法人のその} \\
\text{取得時の資産及} \\
\text{び負債の時価純} \\
\text{資産価額}^{（※3）}
\end{array}
\right)
\times
\dfrac{
\begin{array}{l}
\text{その通算法人が取得} \\
\text{した離脱法人の株式} \\
\text{の数}
\end{array}
}{
\begin{array}{l}
\text{離脱法人のその取得} \\
\text{時の発行済株式等の} \\
\text{総数}
\end{array}
}
$$

B：負債調整勘定対応金額（通算法人ごと，かつ，取得時ごとに計算）

$$
\begin{array}{l}
\text{負債調整勘定対応金額} \\
\text{（取得株式数割合分）} \\
\text{（マイナスの場合は除く）}
\end{array}
=
\left(
\begin{array}{l}
\text{離脱法人のその} \\
\text{取得時の資産及} \\
\text{び負債の時価純} \\
\text{資産価額}^{（※3）}
\end{array}
-
\begin{array}{l}
\text{その取得時の離} \\
\text{脱法人株式の取} \\
\text{得価額（100％} \\
\text{相当額）}^{（※2）}
\end{array}
\right)
\times
\dfrac{
\begin{array}{l}
\text{その通算法人が取得} \\
\text{した離脱法人の株式} \\
\text{の数}
\end{array}
}{
\begin{array}{l}
\text{離脱法人のその取得} \\
\text{時の発行済株式等の} \\
\text{総数}
\end{array}
}
$$

（※2）　その取得時の離脱法人株式の取得価額（100％相当額）は，非適格合併等対価額に相当する金額となる。非適格合併等対価額に相当する金額とは，その取得時の離脱法人株式の取得価額を取得株式の数で除し，これにその離脱法人のその取得時の発行済株式等の総数を乗じて計算した金額となる。

（※3）　離脱法人のその取得時の資産及び負債の時価純資産価額とは，その対象株式の取得時において，その離脱法人が有する資産の時価の合計額から負債の時価の合計額を控除した金額となる。

第1部　グループ通算制度のM&A・組織再編成・清算に係る税務の概要

第11節　通算グループ内の通算子法人株式の譲渡損益の計上制限

　通算法人間で他の通算子法人株式^(※1)の譲渡^(※2)がある場合，譲渡法人では，当該他の通算子法人の株式の譲渡損益の計上は行われない（法法61の11⑧）。

　この場合，譲渡法人において，当該他の通算子法人の株式の譲渡損益の繰延処理も行われず，譲受法人による再譲渡や完全支配関係の消滅があった場合でもその戻入れを行わず，譲渡法人でその株式の譲渡損益を実現させないことになる（法法61の11⑧）^(※3)。

　具体的な税務処理は，他の通算法人に対する通算子法人株式の譲渡利益額（会計の計上額）について，別表4付表で「社外流出」として減算処理し，他の通算法人に対する通算子法人株式の譲渡損失額（会計の計上額）について，別表4付表で「社外流出」として加算処理する。この場合，その譲渡利益額又は譲渡損失額に相当する金額は，繰越損益金として利益積立金額に加算又は減算される（法令9一チ）。また，譲渡損益を計上しないこととされる他の通算子法人の株式の譲渡については，その譲渡利益額又は譲渡損失額に相当する譲渡損益調整勘定を譲渡法人の負債又は資産としない（法令122の12⑭）。

　なお，他の通算子法人株式で当該他の通算子法人以外の通算法人に譲渡されたものは，完全支配関係がある法人間の譲渡損益の繰延べの対象外となる「譲渡の直前の帳簿価額が1,000万円に満たない資産」から除外されている（法令122の12①三）。つまり，他の通算子法人株式を当該他の通算子法人以外の通算法人に譲渡する場合には，税務上の帳簿価額が1,000万円に満たないときであっても，上記の取扱いにより譲渡損益が計上されない。

（※1）　通算制度の開始・加入後，損益通算をせずに2か月以内に通算グループ外に離脱する法人（初年度離脱通算子法人）の株式は除く（法令24の3，122の12⑯）。また，通算親法人の株式も除く。初年度離脱通算子法人とは，通算子法人で通算親法人との間に通算完全支配関係を有することとなった日の属する通算親法人の事業年度終了日までにその通算完全支配関係を有しなくなるもののうち，その通算完全支配関係を有することとなった日以後2か月以内にその通算完全支配関係を有しなくなる（離脱する）ものをいう^(注1)。
　　（注1）　通算グループ内合併又は残余財産の確定によりその通算完全支配関係を有しなくなる通算子法人を除く。
（※2）　当該他の通算子法人に対する譲渡（自己株式の譲渡）を除く（法法61の11⑧）。
（※3）　この取扱いについて，特に経過措置は設けられていないため，連結納税下において，連結法人の株式を連結グループ内の他の連結法人に譲渡し，譲渡損益調整勘定の取崩しが終了していない法人は，通算制度に移行した場合において，譲渡損益額を計上すべき事由が生じたときは，譲渡損益額を計上することとなる。

第2章　グループ通算制度の組織再編税制

第1節　通算法人特有の組織再編税制の取扱い

通算法人特有の組織再編税制の取扱いは次のとおりとなる。

[通算法人特有の組織再編税制の取扱い]

対象法人	取扱項目		通算法人の取扱い
被合併法人等	みなし事業年度		離脱又は取りやめの事由が生じる場合，みなし事業年度が設定される。
	適格・非適格		単体法人と同じ取扱い。
合併法人等	繰越欠損金の引継制限及び利用制限	法人税	●通算法人間で適格組織再編成等を行う場合，合併法人等である通算法人において法人税の繰越欠損金の引継制限及び利用制限は課されない。 ●通算法人では，法人税，住民税，事業税ごとに繰越欠損金の引継ぎ及び利用制限の取扱いが異なる。 ●通算法人間の合併では，被合併法人の最終単体事業年度の欠損金額が合併法人で損金算入される。
		住民税	適格合併では，住民税特有の欠損金の引継ぎができる。
		事業税	単体法人と同じ取扱い。
	特定資産譲渡等損失額の損金算入制限		単体法人と同じ取扱い。
被合併法人等の株主	株主の税務		単体法人と同じ取扱い。

　なお，通算法人であっても，次に掲げる場合，通算法人としての単体申告を行うこととなる。

一．通算子法人が株式譲渡や第三者割当増資により通算制度から離脱する場合で，離脱直前事業年度において通算法人としての単体申告を行う場合

二．通算子法人が合併法人・分割承継法人等として合併・分割等の直後に通算制度から離脱する場合で，離脱直前事業年度において通算法人としての単体申告を行う場合

三．通算子法人が被合併法人として最終事業年度において通算法人としての単体申告を行う場合

四．通算子法人が残余財産確定法人として最終事業年度において通算法人としての単体申告を行う場合

また、本章では次の資本関係がある通算グループを想定して、その取扱いを解説している。

[**本章で想定するグループ関係図**]

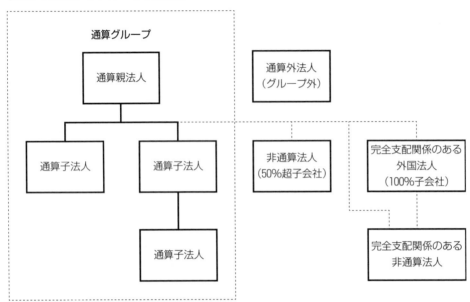

（法人の定義）

- 非通算法人

 通算親法人との間に通算親法人による通算完全支配関係がない法人（同じ通算グループに属する通算法人以外の法人）のうち、通算親法人又は通算子法人との間に支配関係（50％超の資本関係）がある内国法人（完全支配関係のある非通算法人を除く）をいう。

- 完全支配関係のある非通算法人

 通算親法人との間に通算親法人による通算完全支配関係がない法人（同じ通算グループに属する通算法人以外の法人）のうち、通算親法人との間に通算親法人による完全支配関係がある内国法人（完全支配関係のある外国法人又は通算除外法人によって株式の全部又は一部を所有されている内国法人）をいう。

- 通算外法人

 通算法人（通算親法人との間に通算親法人による通算完全支配関係がある法人）及び非通算法人以外の内国法人をいう。

- 完全支配関係のある外国法人

 通算親法人との間に通算親法人による完全支配関係がある外国法人又は通算除外法人をいう。

第2章　グループ通算制度の組織再編税制

第2節　組織再編成に係る事業年度の特例

1　単体法人の組織再編成に係るみなし事業年度

単体法人が合併により解散する場合，次のみなし事業年度が設定される（法法14①二，地法72の13⑤二）。

事業年度の期間	申告方法
最終事業年度： 事業年度開始日から合併日の前日までの期間	単体申告

2　通算法人の組織再編成に係るみなし事業年度

通算法人が組織再編成を行う場合に，通算法人でみなし事業年度が設定される事由とみなし事業年度が設定される通算法人は次のとおりとなる。

	みなし事業年度が設定される事由	みなし事業年度が設定される通算法人
ⅰ	通算法人が合併により解散する場合	合併により解散する通算法人
ⅱ	通算子法人が通算グループ外の法人に吸収合併されることに伴い，その通算子法人が株式を有する他の通算子法人が離脱する場合	離脱する通算子法人
ⅲ	通算親法人が合併により解散することにより，通算制度が取りやめとなる場合	通算子法人のすべて
ⅳ	再編対価として通算子法人の株式を通算グループ外の第三者に交付した結果，その通算子法人が離脱する場合	離脱する通算子法人
ⅴ	再編により通算子法人の株式を通算グループ外の第三者に移転した結果，その通算子法人が離脱する場合	離脱する通算子法人
ⅵ	上記ⅰ，ⅱ，ⅳ，ⅴにより，通算法人が通算親法人のみとなる場合	通算親法人

つまり，通算法人が組織再編成を行った場合に，通算法人において離脱又は取りやめの事由が生じることで，その通算法人でみなし事業年度が設定されることとなる。

具体的には次の場合にみなし事業年度が設定される。

(1)　組織再編成に伴う離脱に係る事業年度の特例

組織再編成に伴い離脱事由が生じた通算子法人の事業年度は，離脱日の前日に終了し，これに続く事業年度は，通算子法人の合併による解散又は残余財産の確定に基因して離脱する場合を除き，離脱日から開始することとなる（法法14③④二・⑦，64の10⑥五・六，地法72の13⑦⑧二・⑪）。

離脱法人のみなし事業年度は次のとおりとなる（法法14③④二・⑦，64の5①③，64の7①，

53

第1部　グループ通算制度のM&A・組織再編成・清算に係る税務の概要

64の10⑥五・六，地法72の13⑦⑧二・⑪）。

①　通算子法人が合併により解散する場合

事業年度の期間		申告方法
i	最終事業年度： 通算事業年度開始日から合併日の前日までの期間	通算法人の単体申告（合併日の前日が通算親法人の事業年度終了日と同日となる場合は，通算申告）

②　通算子法人が通算完全支配関係を有しなくなった場合

事業年度の期間		申告方法
i	離脱直前事業年度： 通算事業年度開始日から通算完全支配関係を有しなくなった日の前日までの期間	通算法人の単体申告（通算完全支配関係を有しなくなった日の前日が通算親法人の事業年度終了日と同日となる場合は，通算申告）
ii	離脱事業年度： 通算完全支配関係を有しなくなった日からその子法人の会計期間終了日までの期間（以後，その子法人の会計期間）	単体申告

⑵　組織再編成に伴う取りやめに係る事業年度の特例

　通算親法人について組織再編成に伴い取りやめ事由が生じたことにより通算承認が効力を失った場合には，通算親法人の事業年度は，その効力を失った日の前日に終了し，これに続く事業年度（取りやめ事由が通算親法人の合併による解散である場合の通算親法人を除く）は，その効力を失った日から開始することとなる（法法14①二・②，64の10⑥一・七，地法72の13⑤二・⑥）。

　この場合，通算子法人は，通算親法人が通算承認の効力を失った日において，通算親法人との間に通算完全支配関係を有しなくなるため，その有しなくなった日において通算承認の効力を失うこととなり，通算子法人の事業年度は，その有しなくなった日の前日に終了し，これに続く事業年度は，その有しなくなった日から開始することとなる（法法14③④二・⑦，地法72の13⑦⑧二・⑪）。

　したがって，通算事業年度開始日から通算親法人の通算承認の効力を失った日の前日までの期間を最後の通算事業年度として，通算親法人及び通算子法人は通算制度を適用する。

54

通算制度を取りやめる法人のみなし事業年度は次のとおりとなる（法法14①二・②③④二・⑦，64の5①③，64の7①，64の10⑥一・六・七，地法72の13⑤二・⑥⑦⑧二・⑪）。

　ここで，「取りやめ日」とは，通算親法人が組織再編成に伴い通算承認の効力を失った日をいう（法法64の10⑥一・七）。

① **通算親法人のみなし事業年度（取りやめ事由が通算親法人の合併による解散である場合を除く）**

	事業年度の期間	申告方法
ⅰ	取りやめ直前事業年度： 通算事業年度開始日から取りやめ日の前日までの期間	通算申告
ⅱ	取りやめ事業年度： 取りやめ日からその親法人の会計期間終了日までの期間（以後，その親法人の会計期間）	単体申告

② **通算親法人のみなし事業年度（取りやめ事由が通算親法人の合併による解散である場合に限る）**

	事業年度の期間	申告方法
ⅰ	取りやめ直前事業年度（最終事業年度）： 通算事業年度開始日から取りやめ日（合併日）の前日までの期間	通算申告

③ **通算子法人のみなし事業年度（離脱に係る事業年度が設定される場合は，その事業年度となる）**

	事業年度の期間	申告方法
ⅰ	取りやめ直前事業年度： 通算事業年度開始日から取りやめ日の前日までの期間	通算申告
ⅱ	取りやめ事業年度： 取りやめ日からその子法人の会計期間終了日までの期間（以後，その子法人の会計期間）	単体申告

第3節　組織再編成に係る時価評価

1　グループ通算制度と組織再編税制の適格・非適格の適用関係

　内国法人が組織再編成を行った場合の適格要件は，通算法人又は単体法人のいずれであっても変わらない。

　また，適格の処理と非適格の処理についても通算法人又は単体法人のいずれであっても変わらない。

　いずれも，通算法人間の組織再編成は，完全支配関係がある法人間の組織再編成と同じ取扱

第1部　グループ通算制度のM＆A・組織再編成・清算に係る税務の概要

いとなる。

2　適格・非適格の取扱い

(1)　適格と非適格の処理（合併・分割・現物出資・現物分配・株式分配）

①　適格の処理

　適格合併，適格分割，適格現物出資，適格現物分配，適格株式分配の場合，移転する資産と負債は，帳簿価額により移転され，移転元（被合併法人，分割法人，現物出資法人，現物分配法人，株式分配法人）では譲渡損益は発生しない（法法62の2①②④，62の3①②，62の4①②，62の5③，法令123の3①③，123の4，123の5，123の6①）。

　なお，適格合併により移転する資産が通算子法人株式の場合で，その適格合併に基因してその通算子法人に通算終了事由が生ずる場合には，その通算子法人株式の帳簿価額は投資簿価修正後の帳簿価額となる（法令123の3①）。

　また，事業譲渡については，適格要件はなく，譲渡資産又は譲渡負債は，通常の売買処理として取り扱われ，時価譲渡となる。

②　非適格の処理

　非適格合併，非適格分割，非適格現物出資，非適格現物分配，非適格株式分配により移転する資産と負債は，時価により移転され，移転元（被合併法人，分割法人，現物出資法人，現物分配法人，株式分配法人）では譲渡損益が発生する（法法62①）。

　この場合，合併，分割，現物出資については，資産，時価，譲渡損益は，のれん（＝交付対価の時価が移転する資産及び負債の時価純資産価額を超える場合の超過額）を含めて計算される（法法62①）。

　なお，事業譲渡については，適格要件はなく，譲渡資産又は譲渡負債は，通常の売買処理として取り扱われ，時価譲渡となる。

　非適格合併，非適格分割，非適格現物出資，事業譲渡（非適格分割，非適格現物出資，事業譲渡については，分割法人，現物出資法人，譲渡法人のその非適格分割等の直前において営む事業及びその事業に係る主要な資産又は負債のおおむね全部が分割承継法人，被現物出資法人，譲受法人に移転するものをいう）を行う場合は，合併法人，分割承継法人，被現物出資法人，譲受法人で資産調整勘定又は負債調整勘定が計上される（法法62の8①〜⑧，法令123の10①〜④⑥〜⑩⑫⑮〜⑰）。

　ここで，資産調整勘定とは再編対価となる資産の時価が時価純資産価額（退職給与負債調整勘定及び短期重要負債調整勘定を負債に含めた金額）を超える場合の税務上の正ののれんであ

56

第2章　グループ通算制度の組織再編税制

り，負債調整勘定とは，退職給与負債調整勘定，短期重要負債調整勘定，差額負債調整勘定（時価純資産価額が再編対価となる資産の時価を超える場合の税務上の負ののれん）である。

　また，抱合株式（合併法人が有する被合併法人株式）がある場合に，被合併法人では，抱合株式に対しても，合併対価（合併法人株式や金銭等）の割当があったものとみなして，被合併法人は合併法人から合併対価をその時の時価により取得し，直ちにその合併対価を被合併法人の株主に交付したものとして，被合併法人における譲渡損益を計算する（法法62①，24②）。

　ただし，合併法人では，抱合株式についても合併対価の割当があったものとしてみなし配当を計算するが（法法24②，法令23⑤），株式譲渡損益については，抱合株式の帳簿価額を譲渡対価とみなすため，抱合株式に係る株式譲渡損益は発生せず（法法61の2③），株式譲渡損益相当額が資本金等の額として処理される（法令8①五）。

(2)　適格と非適格の処理（株式交換等・株式移転）

①　適格の処理

　適格となる株式交換等又は株式移転（完全支配関係のある法人間の非適格株式交換又は非適格株式移転を含む）の場合，完全子法人が保有する資産と負債は時価による評価替えをせず，完全子法人では評価損益が発生しない（法法62の9①）。

②　非適格の処理

　非適格となる株式交換等又は株式移転（完全支配関係のある法人間の非適格株式交換又は非適格株式移転を除く。以下，②で同じ）により完全子法人が保有する資産と負債は，時価により評価替えを行い，評価益又は評価損を非適格株式交換等又は非適格株式移転の日の属する事業年度の所得の金額の計算上，益金の額又は損金の額に算入する（法法62の9①）。

　非適格株式交換等又は非適格株式移転において時価評価すべき資産は次のとおりとなる（法法62の9①）。

- 固定資産
- 土地（土地の上に存する権利を含み，固定資産に該当するものを除く）
- 有価証券
- 金銭債権
- 繰延資産

　ただし，次の資産は除かれる（法令123の11①）。

一．完全子法人が非適格株式交換等の日の属する事業年度開始日前5年以内に開始した各事業年度において，国庫補助金，工事負担金，保険金，転廃業助成金等の課税の特例の規定の適用を受けた減価償却資産

57

第1部　グループ通算制度のM&A・組織再編成・清算に係る税務の概要

二．売買目的有価証券（法法61の3①一）

三．償還有価証券（法令119の14）

四．税務上の帳簿価額が1,000万円未満の資産

　　つまり，自己創設営業権の評価は不要になる

五．資産の時価と帳簿価額との差額が完全子法人の資本金等の額の2分の1に相当する金額又は1,000万円のいずれか少ない金額に満たない場合の当該資産

六．株式交換等完全子法人又は株式移転完全子法人との間に完全支配関係がある他の内国法人（次に掲げるものに限る）の株式又は出資で，その時価がその帳簿価額に満たないもの

　　イ）清算中のもの

　　ロ）解散（合併による解散を除く）をすることが見込まれるもの

　　ハ）当該他の内国法人との間に完全支配関係がある内国法人との間で適格合併を行うことが見込まれるもの

七．完全子法人が通算法人である場合におけるその完全子法人が有する他の通算法人（初年度離脱通算子法人及び通算親法人を除く）の株式又は出資

　　初年度離脱通算子法人とは，通算子法人で通算親法人との間に通算完全支配関係を有することとなった日の属する通算親法人の事業年度終了日までにその通算完全支配関係を有しなくなるもののうち，その通算完全支配関係を有することとなった日以後2か月以内にその通算完全支配関係を有しなくなる（離脱する）ものをいう(注1)。

(注1)　通算グループ内合併又は残余財産の確定によりその通算完全支配関係を有しなくなる通算子法人を除く。

　　なお，譲渡損益調整資産の繰延譲渡損益については，株式交換等又は株式移転が非適格となる場合であっても，譲渡法人と譲受法人との間に完全支配関係を有しないこととなったときを除いて，株式交換等完全子法人又は株式移転完全子法人が譲渡法人又は譲受法人のいずれであっても，譲渡法人で繰延譲渡損益は実現しない。

　　また，時価は，実務上，売買実例価額がある場合は当該価額，それ以外は通算制度の時価評価に関する「法人税基本通達12の7-3-1（通算制度の開始に伴う時価評価資産等に係る時価の意義）」において定める「時価」を参考としていることが多いと考えられる。

　　本章以降で解説している「繰越欠損金の利用制限に係る含み損益の特例計算」，「特定資産譲渡等損失額の損金算入制限に係る含み損益の特例計算」，「支配関係事業年度開始日における時価が帳簿価額を下回っていない資産の特定資産からの除外特例」においても資産の時価が必要となるが，この時価の取扱いも同様の考え方によるものと考えられる。

58

第2章　グループ通算制度の組織再編税制

3　適格要件

⑴　合　併

合併の適格要件は次のとおりである（法法2十二の八，法令4の3①②③④）。

なお，無対価合併の場合の適格要件については，下記5で解説している。

また，本書では，新設合併は解説の対象外としている。

［適格合併の要件］

要件[注1] (列ごとに◎のすべてを満たす合併が適格合併となる)	グループ再編				M&A
	100%完全支配関係		50%超支配関係		共同事業要件 [注6]
	当事者間の完全支配関係[注2]	同一者による完全支配関係[注3]	当事者間の支配関係[注4]	同一者による支配関係[注5]	
①　対価要件	◎	◎	◎	◎	◎
②　完全支配関係継続要件又は支配関係継続要件		◎		◎	
③　事業関連性要件					◎
④　事業規模要件又は経営参画要件					◎
⑤　従業者引継要件			◎	◎	◎
⑥　事業継続要件			◎	◎	◎
⑦　株式継続保有要件					◎

(注1)　「同一者による完全支配関係」→「当事者間の完全支配関係」→「同一者による支配関係」→「当事者間の支配関係」→「共同事業要件」の順番に適格合併に該当するか判定する。

(注2)　被合併法人と合併法人との間にいずれか一方の法人による完全支配関係がある場合における完全支配関係をいう。

(注3)　合併前に被合併法人と合併法人との間に同一の者による完全支配関係がある場合における完全支配関係をいう。

(注4)　被合併法人と合併法人との間にいずれか一方の法人による支配関係がある場合における支配関係をいう。

(注5)　合併前に被合併法人と合併法人との間に同一の者による支配関係がある場合における支配関係をいう。

(注6)　「同一者による完全支配関係」「当事者間の完全支配関係」「同一者による支配関係」「当事者間の支配関係」に該当する適格合併以外の合併が判定対象となる。

①　対価要件

被合併法人の株主に合併法人株式又は合併親法人株式[注1]のいずれか一方の株式以外の資産[注2]が交付されないこと。

(注1)　合併親法人とは，合併法人との間に合併法人の発行済株式等の全部を直接又は間接に保有する関係がある法人をいう。

合併法人との間に合併法人の発行済株式等の全部を直接又は間接に保有する関係とは，合併の直前にその合併法人とその合併法人以外の法人との間にその法人による完全支配関係（直前完全支配関係）があり，かつ，その合併後にその合併法人とその法人（親法人）との間にその親法人による完全支配関係が継続すること（その合併後にその合併法人を被合併法人とする適格合併を行うことが見込まれている場合には，その合併の時

59

第1部　グループ通算制度のM&A・組織再編成・清算に係る税務の概要

からその適格合併の直前の時までその完全支配関係が継続すること）が見込まれている場合におけるその直前完全支配関係とする。

（注2）　以下の交付される金銭その他の資産を除く。
・その株主に対する剰余金の配当等（株式に係る剰余金の配当，利益の配当又は剰余金の分配をいう）として交付される金銭その他の資産
・合併に反対するその株主に対するその買取請求に基づく対価として交付される金銭その他の資産
・合併の直前において合併法人が被合併法人の発行済株式等の総数の2/3以上に相当する数の株式を有する場合におけるその合併法人以外の株主に交付される金銭その他の資産

②　完全支配関係継続要件又は支配関係継続要件

②-1　完全支配関係継続要件

> 合併後に同一の者と合併法人との間に同一の者による完全支配関係が継続すること[注1]が見込まれていること。

（注1）　合併後にその合併法人を被合併法人又は完全子法人（現物分配の直前において現物分配法人により発行済株式等の全部を保有されている法人）とする適格合併又は適格株式分配を行うことが見込まれている場合には，その合併の時からその適格合併又は適格株式分配の直前の時までその完全支配関係が継続することとする。

②-2　支配関係継続要件

> 合併後に同一の者と合併法人との間に同一の者による支配関係が継続すること[注1]が見込まれていること。

（注1）　合併後にその合併法人を被合併法人とする適格合併を行うことが見込まれている場合には，その合併の時からその適格合併の直前の時までその支配関係が継続することとする。

③　事業関連性要件

> 被合併法人の被合併事業[注1]と合併法人の合併事業[注2]とが相互に関連するものであること[注3]。

（注1）　被合併法人の合併前に行う主要な事業のうちのいずれかの事業をいう。
（注2）　合併法人の合併前に行う事業のうちのいずれかの事業をいう。
（注3）　事業関連性の判定基準は，下記4で解説している。

60

第2章　グループ通算制度の組織再編税制

④-1　事業規模要件

被合併法人の被合併事業と合併法人の合併事業（被合併事業と関連する事業に限る）のそれぞれの売上金額，被合併事業と合併事業のそれぞれの従業者[注1]の数，被合併法人と合併法人のそれぞれの資本金の額，これらに準ずるもの[注2]のいずれかの規模の割合がおおむね5倍を超えないこと[注3]。

（注1）　従業者の範囲は，⑤（注1）を参照（法基通1-4-4）。

（注2）　「これらに準ずるものの規模」とは，例えば，金融機関における預金量等，客観的・外形的にその事業の規模を表すものと認められる指標をいう（法基通1-4-6）。

（注3）　事業の規模の割合がおおむね5倍を超えないかどうかは，いずれか一の指標が要件を満たすかどうかにより判定する（法基通1-4-6）。

④-2　経営参画要件

合併前の被合併法人の特定役員[注1]のいずれかと合併法人の特定役員のいずれかとが合併後に合併法人の特定役員となることが見込まれていること。

（注1）　特定役員とは，社長，副社長，代表取締役，代表執行役，専務取締役若しくは常務取締役又はこれらに準ずる者[※1]で法人の経営に従事している者をいう。

（※1）　「これらに準ずる者」とは，役員又は役員以外の者で，社長，副社長，代表取締役，代表執行役，専務取締役又は常務取締役と同等に法人の経営の中枢に参画している者をいう（法基通1-4-7）。

⑤　従業者引継要件

被合併法人の合併の直前の従業者[注1]のうち，その総数のおおむね80%以上に相当する数の者が合併後に合併法人の業務[注2,3]に従事することが見込まれていること。

（注1）　「従業者」とは，役員，使用人その他の者で，合併の直前において被合併法人の合併前に行う事業に現に従事する者をいう（法基通1-4-4）。また，留意点は次のとおりとなる（法基通1-4-4）。

- これらの事業に従事する者であっても，例えば，日々雇い入れられる者で従事した日ごとに給与等の支払を受ける者について，法人が従業者の数に含めないこととしている場合は，これを認める。
- 出向により受け入れている者等であっても，被合併法人の合併前に行う事業に現に従事する者であれば従業者に含まれる。
- 下請先の従業員は，例えば自己の工場内でその業務の特定部分を継続的に請け負っている企業の従業員であっても，従業者には該当しない。

（注2）　合併により移転した事業に限らない（法基通1-4-9）。

（注3）　その合併法人との間に完全支配関係がある法人の業務並びにその合併後に行われる適格合併によりその被合併法人のその合併前に行う主要な事業[※1]（共同事業要件の場合，被合併事業）がその適格合併に係る合併法人に移転することが見込まれている場合におけるその適格合併に係る合併法人及びその適格合併に係る合併法人との間に完全支配関係がある法人の業務を含む。

（※1）　主要な事業の判定は，⑥（注1）を参照（法基通1-4-5）。

第1部　グループ通算制度のM&A・組織再編成・清算に係る税務の概要

⑥　事業継続要件

被合併法人の合併前に行う主要な事業(注1)（共同事業要件の場合，被合併事業（合併法人の合併事業と関連する事業に限る））が合併後に合併法人(注2)において引き続き行われることが見込まれていること。

（注1）　被合併法人の合併前に行う事業が2以上ある場合において，そのいずれが「主要な事業」であるかは，それぞれの事業に属する収入金額又は損益の状況，従業者の数，固定資産の状況等を総合的に勘案して判定する（法基通1-4-5）。
（注2）　その合併法人との間に完全支配関係がある法人並びにその合併後に行われる適格合併によりその主要な事業（共同事業要件の場合，被合併事業）がその適格合併に係る合併法人に移転することが見込まれている場合におけるその適格合併に係る合併法人及びその適格合併に係る合併法人との間に完全支配関係がある法人を含む。

⑦　株式継続保有要件

　合併の直前に被合併法人のすべてについて他の者との間に当該他の者による支配関係がない場合又は合併法人が資本若しくは出資を有しない法人である場合には，株式継続保有要件は不要となる。

合併により交付される合併法人株式又は合併親法人株式(注1)であって支配株主(注2)に交付されるもの（対価株式）(注3)の全部が支配株主(注4)により継続して保有されることが見込まれていること(注5)。

（注1）　議決権のないものを除く。
（注2）　支配株主とは，その合併の直前にその被合併法人と他の者との間に当該他の者による支配関係がある場合における当該他の者及び当該他の者による支配関係があるもの（その合併法人を除く）をいう。
（注3）　対価株式は，その合併が無対価合併である場合にあっては，支配株主がその合併の直後に保有するその合併法人の株式の数に支配株主がその無対価合併が適格合併に該当するものとした場合におけるその合併の直後に保有するその合併法人の株式の帳簿価額のうちに支配株主がその合併の直前に保有していたその被合併法人の株式の帳簿価額の占める割合を乗じて計算した数のその合併法人の株式とする（法規3の2①）。
（注4）　その合併後に行われる適格合併によりその対価株式がその適格合併に係る合併法人に移転することが見込まれている場合には，その適格合併に係る合併法人を含む（（注5）で同じ）。
（注5）　その合併後にその合併法人又は合併親法人のいずれかを被合併法人とする適格合併を行うことが見込まれている場合には，その合併の時からその適格合併の直前の時までその対価株式の全部が支配株主により継続して保有されることが見込まれていることとする。

(2)　分　割

①　分割型分割と分社型分割の定義

　分割については，税務上，分割型分割と分社型分割の2種類がある（法法2十二の九，十二の十，十二の十二，十二の十三）。

　それぞれの分割の定義は以下となる（法法2十二の九，十二の十）。

第2章　グループ通算制度の組織再編税制

［分割型と分社型の定義］

種類	定義
分割型分割	次に掲げる分割をいう。 イ）分割により分割法人が交付を受ける分割対価資産[注1]のすべてが分割の日において分割法人の株主に交付される場合又は分割により分割対価資産のすべてが分割法人の株主に直接に交付される場合のこれらの分割 ロ）分割対価資産がない分割（無対価分割）で，その分割の直前において，分割承継法人が分割法人の発行済株式等の全部を保有している場合又は分割法人が分割承継法人の株式を保有していない場合の当該無対価分割 （注1）分割対価資産は，分割により分割承継法人によって交付される分割承継法人の株式その他の資産をいう。
分社型分割	次に掲げる分割をいう。 イ）分割により分割法人が交付を受ける分割対価資産が分割の日において分割法人の株主に交付されない場合の当該分割（無対価分割を除く） ロ）無対価分割で，その分割の直前において分割法人が分割承継法人の株式を保有している場合（分割承継法人が分割法人の発行済株式等の全部を保有している場合を除く）の当該無対価分割

② 分割の適格要件

分割の適格要件は次のとおりである（法法2十二の十一イ～ハ，法令4の3⑤⑥⑦⑧）。

なお，無対価分割の場合の適格要件については，下記5で解説している。

また，本書では，分割対価資産の一部のみを分割法人の株主に交付をする分割（中間型分割）は解説の対象外としている[注1, 2]。

（注1）分割法人が分割により交付を受ける分割対価資産の一部のみをその分割法人の株主に交付をする分割（2以上の法人を分割法人とする分割で法人を設立するものを除く）が行われたときは，分割型分割と分社型分割の双方が行われたものとみなす（法法62の6①）。

（注2）2以上の法人を分割法人とする分割で法人を設立するものが行われた場合において，分割法人のうちに，次の各号のうち2以上の号に掲げる法人があるとき，又は第3号に掲げる法人があるときは，当該各号に掲げる法人を分割法人とする当該各号に定める分割がそれぞれ行われたものとみなす（法法62の6②）。

一．その分割により交付を受けた分割対価資産の全部をその株主に交付した法人：分割型分割

二．その分割により交付を受けた分割対価資産をその株主に交付しなかった法人：分社型分割

三．その分割により交付を受けた分割対価資産の一部のみをその株主に交付した法人：分割型分割及び分社型分割の双方

63

第1部　グループ通算制度のM&A・組織再編成・清算に係る税務の概要

［適格分割の要件］

要件(注1) （列ごとに◎のすべてを満たす分割が適格分割となる）	グループ再編				M&A
	100%完全支配関係		50%超支配関係		共同事業要件 (注6)
	当事者間の完全支配関係(注2)	同一者による完全支配関係(注3)	当事者間の支配関係(注4)	同一者による支配関係(注5)	
①　対価要件	◎	◎	◎	◎	◎
②　完全支配関係継続要件 　　又は支配関係継続要件	◎	◎	◎	◎	
③　事業関連性要件					◎
④　事業規模要件又は経営 　　参画要件					◎
⑤　資産負債引継要件			◎	◎	◎
⑥　従業者引継要件			◎	◎	◎
⑦　事業継続要件			◎	◎	◎
⑧　株式継続保有要件					◎

（注1）　「同一者による完全支配関係」→「当事者間の完全支配関係」→「同一者による支配関係」→「当事者間の支配関係」→「共同事業要件」の順番に適格分割に該当するか判定する。

（注2）　分割前(※1)に分割法人と分割承継法人(※2)との間にいずれか一方の法人による完全支配関係がある場合における完全支配関係をいう。

　（※1）　その分割が法人を設立する分割（新設分割）で一の法人のみが分割法人となるもの（単独新設分割）である場合は，「分割後」とする。

　（※2）　その分割が新設分割で単独新設分割に該当しないもの（複数新設分割）である場合は，「分割法人と他の分割法人」とする。

（注3）　分割前(※1)に分割法人と分割承継法人(※2)との間に同一の者による完全支配関係がある場合における完全支配関係をいう。

　（※1）　その分割が単独新設分割である場合は，「分割後」とする。

　（※2）　その分割が複数新設分割である場合は，「分割法人と他の分割法人」とする。

（注4）　分割前(※1)に分割法人と分割承継法人(※2)との間にいずれか一方の法人による支配関係がある場合における支配関係をいう。

　（※1）　その分割が単独新設分割である場合は，「分割後」とする。

　（※2）　その分割が複数新設分割である場合は，「分割法人と他の分割法人」とする。

（注5）　分割前(※1)に分割法人と分割承継法人(※2)との間に同一の者による支配関係がある場合における支配関係をいう。

　（※1）　その分割が単独新設分割である場合は，「分割後」とする。

　（※2）　その分割が複数新設分割である場合は，「分割法人と他の分割法人」とする。

（注6）　「同一者による完全支配関係」「当事者間の完全支配関係」「同一者による支配関係」「当事者間の支配関係」に該当する適格分割以外の分割が判定対象となる。

①　対価要件

> 分割対価資産として分割承継法人株式又は分割承継親法人株式(注1)のいずれか一方の株式以外の資産が交付されないこと(注2)。

（注1）　分割承継親法人とは，分割承継法人との間に分割承継法人の発行済株式等の全部を直接又は間接に保有する関係がある法人をいう。

　　分割承継法人との間に分割承継法人の発行済株式等の全部を直接又は間接に保有する関係とは，分割の直前

第2章　グループ通算制度の組織再編税制

にその分割承継法人とその分割承継法人以外の法人との間にその法人による完全支配関係（直前完全支配関係）があり，かつ，その分割後にその分割承継法人とその法人（親法人）との間にその親法人による完全支配関係が継続すること（その分割後に分割承継法人を被合併法人とする適格合併を行うことが見込まれている場合には，その分割の時からその適格合併の直前の時までその完全支配関係が継続すること）が見込まれている場合におけるその直前完全支配関係とする。

（注2）　その株式が交付される分割型分割にあっては，その株式が分割法人の発行済株式等の総数のうちに占めるその分割法人の各株主の有するその分割法人の株式の数の割合に応じて交付されるものに限る。

②　完全支配関係継続要件又は支配関係継続要件

②-1　完全支配関係継続要件（当事者間の完全支配関係）

> 分割前（単独新設分割である場合，分割後）に分割法人と分割承継法人（複数新設分割である場合，分割法人と他の分割法人）との間にいずれか一方の法人による完全支配関係がある分割で，次に掲げる区分に応じそれぞれ次に定める関係があること。

区分	関係
イ　新設分割以外の分割型分割のうち分割前に分割法人と分割承継法人との間に分割承継法人による完全支配関係があるもの	その完全支配関係
ロ　新設分割以外の分割（イの分割型分割を除く）のうち分割前に分割法人と分割承継法人との間にいずれか一方の法人による完全支配関係があるもの	その分割後にその分割法人と分割承継法人との間に当該いずれか一方の法人による完全支配関係が継続すること[※1]が見込まれている場合におけるその分割法人と分割承継法人との間の関係 （※1）　その分割後に他方の法人（その分割法人及び分割承継法人のうち，当該いずれか一方の法人以外の法人をいう）を被合併法人又は完全子法人とする適格合併又は適格株式分配を行うことが見込まれている場合には，その分割の時からその適格合併又は適格株式分配の直前の時までその完全支配関係が継続すること。
ハ　単独新設分割のうち分割後に分割法人と分割承継法人との間に分割法人による完全支配関係があるもの	その分割後にその完全支配関係が継続すること[※2]が見込まれている場合におけるその分割法人と分割承継法人との間の関係 （※2）　その分割後に分割承継法人を被合併法人又は完全子法人とする適格合併又は適格株式分配を行うことが見込まれている場合には，その分割の時からその適格合併又は適格株式分配の直前の時までその完全支配関係が継続すること。
ニ　複数新設分割のうち分割前に分割法人と他の分割法人との間にいずれか一方の法人による完全支配関係があるもの	次に掲げる場合の区分に応じそれぞれ次に定める要件に該当することが見込まれている場合におけるその分割法人及び他の分割法人と分割承継法人との間の関係 (1)　他方の法人（その分割法人及び他の分割法人のうち，当該いずれか一方の法人以外の法人をいう。(2)

65

第1部　グループ通算制度のM&A・組織再編成・清算に係る税務の概要

	で同じ）がその分割により交付を受けた分割対価資産の全部をその株主に交付した法人である場合
	その分割後に当該いずれか一方の法人とその分割承継法人との間に当該いずれか一方の法人による完全支配関係が継続すること（※3）
	（※3）　その分割後にその分割承継法人を被合併法人又は完全子法人とする適格合併又は適格株式分配を行うことが見込まれている場合には，その分割の時からその適格合併又は適格株式分配の直前の時までその完全支配関係が継続すること。
	(2)　(1)に掲げる場合以外の場合
	その分割後に他方の法人とその分割承継法人との間に当該いずれか一方の法人による完全支配関係が継続すること（※4）
	（※4）　その分割後に当該他方の法人又は分割承継法人を被合併法人又は完全子法人とする適格合併又は適格株式分配を行うことが見込まれている場合には，その分割の時からその適格合併又は適格株式分配の直前の時までその完全支配関係が継続すること。

②-2　完全支配関係継続要件（同一者による完全支配関係）

分割前（単独新設分割である場合，分割後）に分割法人と分割承継法人（複数新設分割である場合，分割法人と他の分割法人）との間に同一の者による完全支配関係がある分割の次に掲げる区分に応じそれぞれ次に定める関係があること。

区分	関係
イ　新設分割以外の分割型分割のうち分割前に分割法人と分割承継法人との間に同一の者による完全支配関係があるもの	その分割後に当該同一の者とその分割承継法人との間に当該同一の者による完全支配関係が継続すること（※1）が見込まれている場合におけるその分割法人と分割承継法人との間の関係 （※1）　その分割後にその分割承継法人を被合併法人又は完全子法人とする適格合併又は適格株式分配を行うことが見込まれている場合には，その分割の時からその適格合併又は適格株式分配の直前の時までその完全支配関係が継続すること。
ロ　新設分割以外の分割（イの分割型分割を除く）のうち分割前に分割法人と分割承継法人との間に同一の者による完全支配関係があるもの	その分割後にその分割法人と分割承継法人との間に当該同一の者による完全支配関係が継続すること（※2）が見込まれている場合におけるその分割法人と分割承継法人との間の関係 （※2）　その分割後にその分割法人又は分割承継法人を被合併法人又は完全子法人とする適格合併又は適格株式分配を行うことが見込まれている場合には，その分割の時

	からその適格合併又は適格株式分配の直前の時までその完全支配関係が継続すること。
ハ　単独新設分割のうち分割後に分割法人と分割承継法人との間に同一の者による完全支配関係があるもの	次に掲げる場合の区分に応じそれぞれ次に定める要件に該当することが見込まれている場合におけるその分割法人と分割承継法人との間の関係 (1)　その単独新設分割が分割型分割に該当する場合 その分割後に当該同一の者とその分割承継法人との間に当該同一の者による完全支配関係が継続すること(※3) (※3)　その分割後にその分割承継法人を被合併法人又は完全子法人とする適格合併又は適格株式分配を行うことが見込まれている場合には，その単独新設分割の時からその適格合併又は適格株式分配の直前の時までその完全支配関係が継続すること。 (2)　(1)に掲げる場合以外の場合 その分割後にその分割法人と分割承継法人との間に当該同一の者による完全支配関係が継続すること(※4) (※4)　その分割後にその分割法人又は分割承継法人を被合併法人又は完全子法人とする適格合併又は適格株式分配を行うことが見込まれている場合には，その分割の時からその適格合併又は適格株式分配の直前の時までその完全支配関係が継続すること。
ニ　複数新設分割のうちその分割前に分割法人と他の分割法人との間に同一の者による完全支配関係があるもの	その分割後にその分割法人及び他の分割法人（それぞれその分割により交付を受けた分割対価資産の全部をその株主に交付した法人を除く。ニで同じ）並びにその複数新設分割に係る分割承継法人と当該同一の者との間に当該同一の者による完全支配関係が継続すること(※5)が見込まれている場合におけるその分割法人及び他の分割法人とその分割承継法人との間の関係 (※5)　その分割後にその分割法人，他の分割法人又は分割承継法人を被合併法人又は完全子法人とする適格合併又は適格株式分配を行うことが見込まれている場合には，その分割の時からその適格合併又は適格株式分配の直前の時までその完全支配関係が継続すること。

②-3　支配関係継続要件（当事者間の支配関係）

分割前（単独新設分割である場合，分割後）に分割法人と分割承継法人（複数新設分割である場合，分割法人と他の分割法人）との間にいずれか一方の法人による支配関係がある分割の次に掲げる区分に応じそれぞれ次に定める関係があること。

第1部　グループ通算制度のM&A・組織再編成・清算に係る税務の概要

区分	関係
イ　新設分割以外の分割型分割のうち分割前に分割法人と分割承継法人との間に分割承継法人による支配関係があるもの	その支配関係
ロ　新設分割以外の分割（イの分割型分割を除く）のうち分割前に分割法人と分割承継法人との間にいずれか一方の法人による支配関係があるもの	その分割後にその分割法人と分割承継法人との間に当該いずれか一方の法人による支配関係が継続すること[※1]が見込まれている場合におけるその分割法人と分割承継法人との間の関係 （※1）　その分割後に他方の法人（その分割法人及び分割承継法人のうち，当該いずれか一方の法人以外の法人をいう）を被合併法人とする適格合併を行うことが見込まれている場合には，その分割の時からその適格合併の直前の時までその支配関係が継続すること。
ハ　単独新設分割のうち分割後に分割法人と分割承継法人との間に分割法人による支配関係があるもの	その分割後にその支配関係が継続すること[※2]が見込まれている場合におけるその分割法人と分割承継法人との間の関係 （※2）　その分割後にその分割承継法人を被合併法人とする適格合併を行うことが見込まれている場合には，その分割の時からその適格合併の直前の時までその支配関係が継続すること。
ニ　複数新設分割のうち分割前に分割法人と他の分割法人との間にいずれか一方の法人による支配関係があるもの	次に掲げる場合の区分に応じそれぞれ次に定める要件に該当することが見込まれている場合におけるその分割法人及び他の分割法人とその複数新設分割に係る分割承継法人との間の関係 (1)　他方の法人（その分割法人及び他の分割法人のうち，当該いずれか一方の法人以外の法人をいう。(2)で同じ）がその分割により交付を受けた分割対価資産の全部をその株主に交付した法人である場合 その分割後に当該いずれか一方の法人とその分割承継法人との間に当該いずれか一方の法人による支配関係が継続すること[※3] （※3）　その分割後にその分割承継法人を被合併法人とする適格合併を行うことが見込まれている場合には，その分割の時からその適格合併の直前の時までその支配関係が継続すること。 (2)　(1)に掲げる場合以外の場合 その分割後に他方の法人とその分割承継法人との間に当該いずれか一方の法人による支配関係が継続すること[※4] （※4）　その分割後に当該他方の法人又は分割承継法人を被合併法人とする適格合併を行うことが見込まれている場合には，その分割の時からその適格合併の直前の時までその支配関係が継続すること。

②-4　支配関係継続要件（同一者による支配関係）

> 分割前（単独新設分割である場合，分割後）に分割法人と分割承継法人（複数新設分割である場合，分割法人と他の分割法人）との間に同一の者による支配関係がある分割の次に掲げる区分に応じそれぞれ次に定める関係があること。

区分	関係
イ　新設分割以外の分割型分割のうち分割前に分割法人と分割承継法人との間に同一の者による支配関係があるもの	その分割後に当該同一の者とその分割承継法人との間に当該同一の者による支配関係が継続すること[※1]が見込まれている場合におけるその分割法人と分割承継法人との間の関係 （※1）　その分割後にその分割承継法人を被合併法人とする適格合併を行うことが見込まれている場合には，その分割の時からその適格合併の直前の時までその支配関係が継続すること。
ロ　新設分割以外の分割（イの分割型分割を除く）のうち分割前に分割法人と分割承継法人との間に同一の者による支配関係があるもの	その分割後にその分割法人と分割承継法人との間に当該同一の者による支配関係が継続すること[※2]が見込まれている場合におけるその分割法人と分割承継法人との間の関係 （※2）　その分割後にその分割法人又は分割承継法人を被合併法人とする適格合併を行うことが見込まれている場合には，その分割の時からその適格合併の直前の時までその支配関係が継続すること。
ハ　単独新設分割のうち分割後に分割法人と分割承継法人との間に同一の者による支配関係があるもの	次に掲げる場合の区分に応じそれぞれ次に定める要件に該当することが見込まれている場合におけるその分割法人と分割承継法人との間の関係 (1)　その単独新設分割が分割型分割に該当する場合 その分割後に当該同一の者とその分割承継法人との間に当該同一の者による支配関係が継続すること[※3] （※3）　その分割後にその分割承継法人を被合併法人とする適格合併を行うことが見込まれている場合には，その分割の時からその適格合併の直前の時までその支配関係が継続すること。 (2)　(1)に掲げる場合以外の場合 その分割後にその分割法人と分割承継法人との間に当該同一の者による支配関係が継続すること[※4] （※4）　その分割後にその分割法人又は分割承継法人を被合併法人とする適格合併を行うことが見込まれている場合には，その分割の時からその適格合併の直前の時までその支配関係が継続すること。
ニ　複数新設分割のうちその分割前に分割法人と他の分割法人との間に同一の者による支配関係があるもの	その分割後にその分割法人及び他の分割法人（それぞれその分割により交付を受けた分割対価資産の全部をその株主に交付した法人を除く。ニで同じ）並びにその複数新設分割に係る分割承継法人と当該同一の者と

第1部　グループ通算制度のM&A・組織再編成・清算に係る税務の概要

	の間に当該同一の者による支配関係が継続すること[※5]が見込まれている場合におけるその分割法人及び他の分割法人とその分割承継法人との間の関係 （※5）　その分割後にその分割法人，他の分割法人又は分割承継法人を被合併法人とする適格合併を行うことが見込まれている場合には，その分割の時からその適格合併の直前の時までその支配関係が継続すること。

③　事業関連性要件

> 分割法人の分割事業[注1]と分割承継法人の分割承継事業[注2]とが相互に関連するものであること。[注3]

（注1）　分割法人の分割前に行う事業のうち，その分割により分割承継法人において行われることとなるものをいう。

（注2）　分割承継法人の分割前に行う事業のうちのいずれかの事業をいう。その分割が複数新設分割である場合にあっては，他の分割法人の分割事業をいう。

（注3）　事業関連性の判定基準は，下記4で解説している。

④-1　事業規模要件

> 分割法人の分割事業と分割承継法人の分割承継事業[注1]のそれぞれの売上金額，分割事業と分割承継事業のそれぞれの従業者[注2]の数，これらに準ずるもの[注3]のいずれかの規模の割合がおおむね5倍を超えないこと[注4]。

（注1）　分割事業と関連する事業に限る。

（注2）　従業者の範囲は，⑥（注1）を参照（法基通1-4-4）。

（注3）　「これらに準ずるものの規模」とは，例えば，金融機関における預金量等，客観的・外形的にその事業の規模を表すものと認められる指標をいう（法基通1-4-6）。

（注4）　事業の規模の割合がおおむね5倍を超えないかどうかは，いずれか一の指標が要件を満たすかどうかにより判定する（法基通1-4-6）。

④-2　経営参画要件

> 分割前の分割法人の役員等[注1]のいずれかと分割承継法人の特定役員[注2,3]のいずれかとが分割後に分割承継法人の特定役員となることが見込まれていること。

（注1）　役員等とは，役員及びこれらに準ずる者[※1]で法人の経営に従事している者をいう。

　（※1）　「これらに準ずる者」とは，役員又は役員以外の者で，社長，副社長，代表取締役，代表執行役，専務取締役又は常務取締役と同等に法人の経営の中枢に参画している者をいう（法基通1-4-7）。

（注2）　分割が複数新設分割である場合には，他の分割法人の役員等とする。

（注3）　特定役員とは，社長，副社長，代表取締役，代表執行役，専務取締役若しくは常務取締役又はこれらに準ずる者[※2]で法人の経営に従事している者をいう。

70

第2章　グループ通算制度の組織再編税制

（※2）　「これらに準ずる者」とは，役員又は役員以外の者で，社長，副社長，代表取締役，代表執行役，専務取締役又は常務取締役と同等に法人の経営の中枢に参画している者をいう（法基通1-4-7）。

⑤　資産負債引継要件

分割により分割事業に係る主要な資産及び負債[注1]が分割承継法人に移転していること。

（注1）　分割事業に係る資産及び負債が主要なものであるかどうかは，分割法人が事業を行う上でのその資産及び負債の重要性のほか，その資産及び負債の種類，規模，事業再編計画の内容等を総合的に勘案して判定する（法基通1-4-8）。

⑥　従業者引継要件

分割法人の分割の直前の分割事業に係る従業者[注1]のうち，その総数のおおむね80％以上に相当する数の者が分割後に分割承継法人の業務[注2,3]に従事することが見込まれていること[注4]。

（注1）　「従業者」とは，役員，使用人その他の者で，分割の直前において分割事業に現に従事する者をいう（法基通1-4-4）。また，留意点は次のとおりとなる（法基通1-4-4）。
　●これらの事業に従事する者であっても，例えば，日々雇い入れられる者で従事した日ごとに給与等の支払を受ける者について，法人が従業者の数に含めないこととしている場合は，これを認める。
　●出向により受け入れている者等であっても，分割事業に現に従事する者であれば従業者に含まれる。
　●下請先の従業員は，例えば自己の工場内でその業務の特定部分を継続的に請け負っている企業の従業員であっても，従業者には該当しない。
　●分割事業とその他の事業とのいずれにも従事している者については，主としてその分割事業に従事しているかどうかにより判定する。
（注2）　分割事業に限らない（法基通1-4-9）。
（注3）　その分割承継法人との間に完全支配関係がある法人の業務並びにその分割後に行われる適格合併によりその分割事業がその適格合併に係る合併法人に移転することが見込まれている場合におけるその合併法人及びその合併法人との間に完全支配関係がある法人の業務を含む。
（注4）　「分割承継法人の業務に従事することが見込まれていること」には，分割法人の分割の直前の従業者が出向により分割承継法人の業務に従事する場合が含まれる（法基通1-4-10）。

⑦　事業継続要件

分割法人の分割事業[注1]が分割後に分割承継法人[注2]において引き続き行われることが見込まれていること。

（注1）　共同事業要件の場合，分割事業は，分割承継法人の分割承継事業と関連する事業に限る。
（注2）　その分割承継法人との間に完全支配関係がある法人並びにその分割後に行われる適格合併によりその分割事業がその適格合併に係る合併法人に移転することが見込まれている場合におけるその合併法人及びその合併法人との間に完全支配関係がある法人を含む。

71

第1部　グループ通算制度のM&A・組織再編成・清算に係る税務の概要

⑧　株式継続保有要件

次に掲げる分割の区分に応じそれぞれ次に定める要件とする。

ただし，分割が分割型分割である場合において，分割の直前に分割法人のすべてについて他の者との間に当該他の者による支配関係がないときは，株式継続保有要件は不要となる。

イ　分割型分割

> 分割型分割により交付される分割承継法人株式又は分割承継親法人株式のいずれか一方の株式[注1]であって支配株主[注2]に交付されるもの（対価株式）[注3]の全部が支配株主[注4]により継続して保有されることが見込まれていること[注5]。

（注1）　議決権のないものを除く。

（注2）　支配株主とは，その分割型分割の直前にその分割型分割に係る分割法人と他の者との間に当該他の者による支配関係がある場合における当該他の者及び当該他の者による支配関係があるもの（その分割承継法人を除く）をいう。

（注3）　対価株式は，その分割型分割が無対価分割である場合にあっては，支配株主がその分割型分割の直後に保有するその分割承継法人の株式の数に支配株主がその分割型分割の直後に保有するその分割承継法人の株式の帳簿価額として財務省令で定める金額[※1]のうちに支配株主がその分割型分割の直前に保有していたその分割法人の株式の帳簿価額のうちその分割型分割によりその分割承継法人に移転した資産又は負債に対応する部分の金額として財務省令で定める金額[※2]の占める割合を乗じて計算した数のその分割承継法人の株式とする。

（※1）　支配株主がその分割型分割の直後に保有するその分割承継法人の株式の帳簿価額として財務省令で定める金額は，無対価分割に該当する分割型分割が適格分割型分割に該当するものとした場合におけるその分割型分割の直後のその分割型分割に係る分割承継法人の株式の帳簿価額とする（法規3の2②）。

（※2）　分割承継法人に移転した資産又は負債に対応する部分の金額として財務省令で定める金額は，無対価分割に該当する分割型分割に係る分割純資産対応帳簿価額[※3]とする（法規3の2③）。

（※3）　分割純資産対応帳簿価額とは，所有株式を発行した法人の行った分割型分割の直前のその所有株式の帳簿価額にその分割型分割に係る分割割合[※4]を乗じて計算した金額とする（法法61の2④，法令119の8①）。

（※4）　分割割合とは，その分割法人のその分割型分割に係るイに掲げる金額のうちにロに掲げる金額の占める割合（ロに掲げる金額が0を超え，かつ，イに掲げる金額が0以下である場合には1とし，その割合に小数点以下3位未満の端数があるときはこれを切り上げる）をいう（法令23①二）。

　イ　分割型分割の日の属する事業年度の前事業年度（その分割型分割の日以前6月以内に仮決算による中間申告書を提出し，かつ，その提出の日からその分割型分割の日までの間に確定申告書を提出していなかった場合には，その中間申告書に係る期間）終了の時の資産の帳簿価額から負債（新株予約権及び株式引受権に係る義務を含む）の帳簿価額を減算した金額（その終了の時からその分割型分割の直前の時までの間に資本金等の額又は利益積立金額（当期の所得金額等に基づく留保金額に係るもの及び投資簿価修正額を除く）が増加し，又は減少した場合には，その増加した金額を加算し，又はその減少した金額を減算した金額）

　ロ　分割型分割の直前の移転資産（その分割型分割によりその分割法人から分割承継法人に移転した資産）の帳簿価額から移転負債（その分割型分割によりその分割法人からその分割承継法人に移転した負債）の帳簿価額を控除した金額（その金額がイに掲げる金額を超える場合（イに掲げる金額が0に満たない場合を除く）には，イに掲げる金額）

（注4）　その分割型分割後に行われる適格合併によりその対価株式がその適格合併に係る合併法人に移転することが見込まれている場合には，その合併法人を含む（イで同じ）。

（注5）　その分割型分割後にその分割承継法人又は分割承継親法人のいずれかを被合併法人とする適格合併を

72

行うことが見込まれている場合には，その分割型分割の時からその適格合併の直前の時までその対価株式の全部が支配株主により継続して保有されることが見込まれていることとする。

ロ　分社型分割

> 分社型分割により交付される分社型分割に係る分割承継法人株式又は分割承継親法人株式のいずれか一方の株式（対価株式）[注1]の全部が分割法人[注2]により継続して保有されることが見込まれていること[注3]。

(注1)　対価株式は，その分社型分割が無対価分割である場合にあっては，その分社型分割に係る分割法人がその分社型分割の直後に保有するその分割承継法人の株式の数にその無対価分割に該当する分社型分割が適格分社型分割に該当するものとした場合におけるその分割法人がその分社型分割の直後に保有するその分社型分割に係る分割承継法人の株式の帳簿価額のうちにその分割法人のその無対価分割に該当する分社型分割の直前の移転資産（その分社型分割により分割承継法人に移転した資産）の帳簿価額から移転負債（その分社型分割により分割承継法人に移転した負債）の帳簿価額を控除した金額の占める割合を乗じて計算した数のその分割承継法人の株式とする。（法規3の2④⑤）。

(注2)　その分社型分割後に行われる適格合併によりその対価株式の全部がその適格合併に係る合併法人に移転することが見込まれている場合には，その合併法人を含む（ロで同じ）。

(注3)　その分社型分割後にその分割承継法人又は分割承継親法人のいずれかを被合併法人とする適格合併を行うことが見込まれている場合には，その分社型分割の時からその適格合併の直前の時までその対価株式の全部がその分割法人により継続して保有されることが見込まれていることとする。

⑨　スピンオフ分割の適格要件

　分割法人が行っていた事業をその分割型分割（一の法人のみが分割法人となる分割に限る）により新たに設立する分割承継法人において独立して行うための分割，つまり，分割型分割に該当する分割で単独新設分割であるもののうち，次に掲げる要件のすべてに該当するものは，適格分割に該当する（法法2十二の十一ニ，法令4の3⑨）。

[スピンオフ適格分割の要件]

要件	内容
①　株式按分交付要件	分割に伴って分割法人の株主の持株数に応じて分割承継法人株式のみが交付されること。
②　非支配要件	分割の直前に分割法人と他の者[注1]との間に当該他の者による支配関係がなく，かつ，分割後に分割承継法人と他の者との間に当該他の者による支配関係があることとなることが見込まれていないこと。
③　役員引継要件	分割前の分割法人の役員等[注2]（分割法人の重要な使用人（分割法人の分割事業に係る業務に従事している者に限る）を含む）のいずれかが分割後に分割承継法人の特定役員[注3]となることが見込まれていること。
④　資産負債引継要件	分割により分割法人の分割事業に係る主要な資産及び負債[注4]が分割承継法人に移転していること。
⑤　従業者引継要件	分割法人の分割直前の分割事業に係る従業者[注5]のうち，その総数のおおむね80%以上に相当する数の者が分割後に分割承継法人の業務[注6]に従事することが見込まれていること[注7]。

第1部　グループ通算制度のM&A・組織再編成・清算に係る税務の概要

| ⑥　事業継続要件 | 分割法人の分割事業が分割後に分割承継法人において引き続き行われることが見込まれていること。 |

（注1）　その者（その者が個人である場合には，その個人との間に同族関係者の範囲（法令4①）に規定する特殊の関係のある者を含む）が締結している一定の組合契約に係る他の組合員である者を含む。

（注2）　役員等とは，役員及びこれらに準ずる者[※1]で法人の経営に従事している者をいう。

（※1）　「これらに準ずる者」とは，役員又は役員以外の者で，社長，副社長，代表取締役，代表執行役，専務取締役又は常務取締役と同等に法人の経営の中枢に参画している者をいう（法基通1-4-7）。

（注3）　特定役員とは，社長，副社長，代表取締役，代表執行役，専務取締役若しくは常務取締役又はこれらに準ずる者[※2]で法人の経営に従事している者をいう。

（※2）　「これらに準ずる者」とは，役員又は役員以外の者で，社長，副社長，代表取締役，代表執行役，専務取締役又は常務取締役と同等に法人の経営の中枢に参画している者をいう（法基通1-4-7）。

（注4）　分割事業に係る資産及び負債が主要なものであるかどうかは，分割法人が事業を行う上でのその資産及び負債の重要性のほか，その資産及び負債の種類，規模，事業再編計画の内容等を総合的に勘案して判定する（法基通1-4-8）。

（注5）　「従業者」とは，役員，使用人その他の者で，分割の直前において分割事業に現に従事する者をいう（法基通1-4-4）。また，留意点は次のとおりとなる（法基通1-4-4）。

● これらの事業に従事する者であっても，例えば，日々雇い入れられる者で従事した日ごとに給与等の支払を受ける者について，法人が従業者の数に含めないこととしている場合は，これを認める。

● 出向により受け入れている者等であっても，分割事業に現に従事する者であれば従業者に含まれる。

● 下請先の従業員は，例えば自己の工場内でその業務の特定部分を継続的に請け負っている企業の従業員であっても，従業者には該当しない。

● 分割事業とその他の事業とのいずれにも従事している者については，主としてその分割事業に従事しているかどうかにより判定する。

（注6）　分割事業に限らない（法基通1-4-9）。

（注7）　「分割承継法人の業務に従事することが見込まれていること」には，分割法人の分割の直前の従業者が出向により分割承継法人の業務に従事する場合が含まれる（法基通1-4-10）。

(3)　現物出資

現物出資の適格要件は次のとおりである（法法2二の十四，法令4の3⑩⑪⑫⑬⑭⑮）。

［適格現物出資の要件］

要件[注1] (列ごとに◎のすべてを満たす現物出資が適格現物出資となる)	グループ再編				M&A
	100%完全支配関係		50%超支配関係		共同事業要件 (注6)
	当事者間の完全支配関係[注2]	同一者による完全支配関係[注3]	当事者間の支配関係[注4]	同一者による支配関係[注5]	
①　対価要件	◎	◎	◎	◎	◎
②　完全支配関係継続要件又は支配関係継続要件	◎	◎	◎	◎	
③　事業関連性要件					◎
④　事業規模要件又は経営参画要件					◎
⑤　資産負債引継要件			◎	◎	◎
⑥　従業者引継要件			◎	◎	◎
⑦　事業継続要件			◎	◎	◎
⑧　株式継続保有要件					◎

（注１）　「同一者による完全支配関係」→「当事者間の完全支配関係」→「同一者による支配関係」→「当事者間の支配関係」→「共同事業要件」の順番に適格現物出資に該当するか判定する。

（注２）　現物出資前(※1)に現物出資法人と被現物出資法人(※2)との間にいずれか一方の法人による完全支配関係がある場合における完全支配関係をいう。

（※１）　その現物出資が法人を設立する分割（新設現物出資）で一の法人のみが現物出資法人となるもの（単独新設現物出資）である場合は，「現物出資後」とする。

（※２）　その現物出資が新設現物出資で単独現物出資に該当しないもの（複数新設現物出資）である場合は，「現物出資法人と他の現物出資法人」とする。

（注３）　現物出資前(※1)に現物出資法人と被現物出資法人(※2)との間に同一の者による完全支配関係がある場合における完全支配関係をいう。

（※１）　その現物出資が単独新設現物出資である場合は，「現物出資後」とする。

（※２）　その現物出資が複数新設現物出資である場合は，「現物出資法人と他の現物出資法人」とする。

（注４）　現物出資前(※1)に現物出資法人と被現物出資法人(※2)との間にいずれか一方の法人による支配関係がある場合における支配関係をいう。

（※１）　その現物出資が単独新設現物出資である場合は，「現物出資後」とする。

（※２）　その現物出資が複数新設現物出資である場合は，「現物出資法人と他の現物出資法人」とする。

（注５）　現物出資前(※1)に現物出資法人と被現物出資法人(※2)との間に同一の者による支配関係がある場合における支配関係をいう。

（※１）　その現物出資が単独新設現物出資である場合は，「現物出資後」とする。

（※２）　その現物出資が複数新設現物出資である場合は，「現物出資法人と他の現物出資法人」とする。

（注６）　「同一者による完全支配関係」「当事者間の完全支配関係」「同一者による支配関係」「当事者間の支配関係」に該当する適格現物出資以外の現物出資が判定対象となる。

① **対価要件**

> 現物出資法人に被現物出資法人株式のみが交付されること(注1)。

（注１）　次のイ‐ニに掲げる現物出資は除かれる。

　イ　被現物出資法人である外国法人に国内不動産等(※1)，国内事業所等（内国法人にあっては本店等をいい，外国法人にあっては恒久的施設をいう）を通じて行う事業に係る資産（外国法人の発行済株式等の総数の100分の25以上に相当する数の株式を有する場合におけるその外国法人の株式を除く）又は負債（国内資産等）又は内国法人の工業所有権，著作権等（無形資産等(※2)）の移転を行うもの(※3)

（※１）　国内にある不動産，国内にある不動産の上に存する権利，鉱業法及び採石法採石権とする。

（※２）　次に掲げる資産（その資産の譲渡若しくは貸付け（資産に係る権利の設定その他他の者に資産を使用させる一切の行為を含む）又はこれらに類似する取引が独立の事業者の間で通常の取引の条件に従って行われるとした場合にその対価の額が支払われるべきものに限る）とする。

　　一　工業所有権その他の技術に関する権利，特別の技術による生産方式又はこれらに準ずるもの（これらの権利に関する使用権を含む）

　　二　著作権（出版権及び著作隣接権その他これに準ずるものを含む）

（※３）　国内不動産等，国内資産等及び無形資産等の全部がその移転により被現物出資法人である外国法人の恒久的施設を通じて行う事業に係る資産又は負債となるもの(※4)を除く。

（※４）　被現物出資法人である外国法人に国内不動産等，国内資産等又は無形資産等の移転を行う現物出資のうちこれらの資産又は負債の全部がその移転によりその外国法人の恒久的施設を通じて行う事業に係る資産又は負債となる現物出資（次の各号に掲げる場合に該当する場合には，その各号に定める要件に該当するもの（次の各号に掲げる場合のいずれにも該当する場合には，その各号に定める要件のいずれにも該当するもの）に限る）とする。

　　一　その現物出資が国内不動産等又は国内源泉所得を生ずべき国内資産等の移転を行うものである場合　その国内不動産等又はその国内資産等につきその現物出資後にその恒久的施設による譲渡に相当する法人税法第138条第１項第１号に規定する内部取引がないことが見込まれていること。

第1部　グループ通算制度のM&A・組織再編成・清算に係る税務の概要

　　二　その現物出資が無形資産等の移転を行うものである場合
　　　　その無形資産等につきその現物出資後にその恒久的施設による譲渡に相当する事実で法人税法第139
　　　条第2項（租税条約に異なる定めがある場合の国内源泉所得）の規定により内部取引に含まれないも
　　　のとされるものが生じないことが見込まれていること。
　ロ　外国法人が内国法人又は他の外国法人に本店等（その外国法人の本店，支店，工場等であって恒久的施
　　　設以外のものをいう）を通じて行う事業に係る資産（国内不動産等を除く）又は負債（外国法人国外資産
　　　等）の移転を行うもの^(※5)
　　（※5）　当該他の外国法人に外国法人国外資産等の移転を行うものにあっては，その外国法人国外資産等
　　　　の全部又は一部がその移転により当該他の外国法人の恒久的施設を通じて行う事業に係る資産又は負債
　　　　となるものに限る。
　ハ　内国法人が外国法人に国外事業所等を通じて行う事業に係る資産又は負債（内国法人国外資産等）の移
　　　転を行うものでその内国法人国外資産等の全部又は一部がその移転によりその外国法人の本店等を通じて
　　　行う事業に係る資産又は負債となるもの^(※6)
　　（※6）　国内資産等の移転を行うものに準ずるもの^(※7)に限る。
　　（※7）　内国法人が外国法人に内国法人国外資産等（現金，預金，貯金，棚卸資産（不動産及び不動産の
　　　　上に存する権利を除く）及び有価証券を除く）でその現物出資の日以前1年以内に内部取引その他これ
　　　　に準ずるものにより内国法人国外資産等となったものの移転を行う現物出資とする。
　二　新株予約権付社債に付された新株予約権の行使に伴うその新株予約権付社債についての社債の給付

②　完全支配関係継続要件又は支配関係継続要件

②-1　完全支配関係継続要件（当事者間の完全支配関係）

> 現物出資前（単独新設現物出資である場合，現物出資後）に現物出資法人と被現物出資法人（複
> 数新設現物出資である場合，現物出資法人と他の現物出資法人）との間にいずれか一方の法人に
> よる完全支配関係がある現物出資で，次に掲げる区分に応じそれぞれ次に定める関係があること。

区分	関係
イ　新設現物出資以外の現物出資のうち現物出資前に現物出資法人と被現物出資法人との間にいずれか一方の法人による完全支配関係があるもの	その現物出資後にその現物出資法人と被現物出資法人との間に当該いずれか一方の法人による完全支配関係が継続すること^(※1)が見込まれている場合におけるその現物出資法人と被現物出資法人との間の関係 （※1）　その現物出資後に他方の法人（その現物出資法人及び被現物出資法人のうち，当該いずれか一方の法人以外の法人）を被合併法人又は完全子法人とする適格合併又は適格株式分配を行うことが見込まれている場合には，その現物出資の時からその適格合併又は適格株式分配の直前の時までその完全支配関係が継続すること。
ロ　単独新設現物出資のうち現物出資後に現物出資法人と被現物出資法人との間に現物出資法人による完全支配関係があるもの	その現物出資後にその完全支配関係が継続すること^(※2)が見込まれている場合におけるその現物出資法人と被現物出資法人との間の関係 （※2）　その現物出資後にその被現物出資法人を被合併法人又は完全子法人とする適格合併又は適格株式分配を行うことが見込まれている場合には，その現物出資の時からその適格合併又は適格株式分配の直前の時までその完

	全支配関係が継続すること。
ハ 複数新設現物出資のうち現物出資前に現物出資法人と他の現物出資法人との間にいずれか一方の法人による完全支配関係があるもの	その現物出資後に他方の法人（その現物出資法人及び他の現物出資法人のうち，当該いずれか一方の法人以外の法人）と被現物出資法人との間に当該いずれか一方の法人による完全支配関係が継続すること^(※3)が見込まれている場合におけるその現物出資法人及び他の現物出資法人とその被現物出資法人との間の関係 （※3） その現物出資後に当該他方の法人又は被現物出資法人を被合併法人又は完全子法人とする適格合併又は適格株式分配を行うことが見込まれている場合には，その現物出資の時からその適格合併又は適格株式分配の直前の時までその完全支配関係が継続すること。

②-2 完全支配関係継続要件（同一者による完全支配関係）

現物出資前（単独新設現物出資である場合，現物出資後）に現物出資法人と被現物出資法人（複数新設現物出資である場合，現物出資法人と他の現物出資法人）との間に同一の者による完全支配関係がある現物出資の次に掲げる区分に応じそれぞれ次に定める関係があること。

区分	関係
イ 新設現物出資以外の現物出資のうち現物出資前に現物出資法人と被現物出資法人との間に同一の者による完全支配関係があるもの	その現物出資後にその現物出資法人と被現物出資法人との間に当該同一の者による完全支配関係が継続すること^(※1)が見込まれている場合におけるその現物出資法人と被現物出資法人との間の関係 （※1） その現物出資後にその現物出資法人又は被現物出資法人を被合併法人又は完全子法人とする適格合併又は適格株式分配を行うことが見込まれている場合には，その現物出資の時からその適格合併又は適格株式分配の直前の時までその完全支配関係が継続すること。
ロ 単独新設現物出資のうちその現物出資後に現物出資法人と被現物出資法人との間に同一の者による完全支配関係があるもの	その現物出資後にその完全支配関係が継続すること^(※2)が見込まれている場合におけるその現物出資法人と被現物出資法人との間の関係 （※2） その現物出資後にその現物出資法人又は被現物出資法人を被合併法人又は完全子法人とする適格合併又は適格株式分配を行うことが見込まれている場合には，その現物出資の時からその適格合併又は適格株式分配の直前の時までその完全支配関係が継続すること。
ハ 複数新設現物出資のうちその現物出資前に現物出資法人と他の現物出資法人との間に同一の者による完全支配関係があるもの	その現物出資後にその現物出資法人，当該他の現物出資法人及びその被現物出資法人と当該同一の者との間に当該同一の者による完全支配関係が継続すること^(※3)が見込まれている場合におけるその現物出資法人及び他の現物出資法人とその被現物出資法人との間の関係

第1部　グループ通算制度のM&A・組織再編成・清算に係る税務の概要

	（※3）　その現物出資後にその現物出資法人，他の現物出資法人又は被現物出資法人を被合併法人又は完全子法人とする適格合併又は適格株式分配を行うことが見込まれている場合には，その現物出資の時からその適格合併又は適格株式分配の直前の時までその完全支配関係が継続すること。

②-3　支配関係継続要件（当事者間の支配関係）

現物出資前（単独新設現物出資である場合，現物出資後）に現物出資法人と被現物出資法人（複数新設現物出資である場合，現物出資法人と他の現物出資法人）との間にいずれか一方の法人による支配関係がある現物出資の次に掲げる区分に応じそれぞれ次に定める関係があること。

区分	関係
イ　新設現物出資以外の現物出資のうち現物出資前に現物出資法人と被現物出資法人との間にいずれか一方の法人による支配関係があるもの	その現物出資後にその現物出資法人と被現物出資法人との間に当該いずれか一方の法人による支配関係が継続すること（※1）が見込まれている場合におけるその現物出資法人と被現物出資法人との間の関係 （※1）　その現物出資後に他方の法人（その現物出資法人及び被現物出資法人のうち，当該いずれか一方の法人以外の法人）を被合併法人とする適格合併を行うことが見込まれている場合には，その現物出資の時からその適格合併の直前の時までその支配関係が継続すること。
ロ　単独新設現物出資のうちその現物出資後に現物出資法人と被現物出資法人との間に現物出資法人による支配関係があるもの	その現物出資後にその支配関係が継続すること（※2）が見込まれている場合におけるその現物出資法人と被現物出資法人との間の関係 （※2）　その現物出資後にその被現物出資法人を被合併法人とする適格合併を行うことが見込まれている場合には，その現物出資の時からその適格合併の直前の時までその支配関係が継続すること。
ハ　複数新設現物出資のうち現物出資前に現物出資法人と他の現物出資法人との間にいずれか一方の法人による支配関係があるもの	その現物出資後に他方の法人（その現物出資法人及び他の現物出資法人のうち，当該いずれか一方の法人以外の法人）と被現物出資法人との間に当該いずれか一方の法人による支配関係が継続すること（※3）が見込まれている場合におけるその現物出資法人及び他の現物出資法人とその被現物出資法人との間の関係 （※3）　その現物出資後に当該他方の法人又は被現物出資法人を被合併法人とする適格合併を行うことが見込まれている場合には，その現物出資の時からその適格合併の直前の時までその支配関係が継続すること。

②-4　支配関係継続要件（同一者による支配関係）

> 現物出資前（単独新設現物出資である場合，現物出資後）に現物出資法人と被現物出資法人（複数新設現物出資である場合，現物出資法人と他の現物出資法人）との間に同一の者による支配関係がある現物出資の次に掲げる区分に応じそれぞれ次に定める関係があること。

区分	関係
イ　新設現物出資以外の現物出資のうち現物出資前に現物出資法人と被現物出資法人との間に同一の者による支配関係があるもの	その現物出資後にその現物出資法人と被現物出資法人との間に当該同一の者による支配関係が継続すること[※1]が見込まれている場合におけるその現物出資法人と被現物出資法人との間の関係 （※1）　その現物出資後にその現物出資法人又は被現物出資法人を被合併法人とする適格合併を行うことが見込まれている場合には，その現物出資の時からその適格合併の直前の時までその支配関係が継続すること。
ロ　単独新設現物出資のうちその現物出資後に現物出資法人と被現物出資法人との間に同一の者による支配関係があるもの	その現物出資後にその支配関係が継続すること[※2]が見込まれている場合におけるその現物出資法人と被現物出資法人との間の関係 （※2）　その現物出資後にその現物出資法人又は被現物出資法人を被合併法人とする適格合併を行うことが見込まれている場合には，その現物出資の時からその適格合併の直前の時までその支配関係が継続すること。
ハ　複数新設現物出資のうちその現物出資前に現物出資法人と他の現物出資法人との間に同一の者による支配関係があるもの	その現物出資後にその現物出資法人，当該他の現物出資法人及び被現物出資法人と当該同一の者との間に当該同一の者による支配関係が継続すること[※3]が見込まれている場合におけるその現物出資法人及び他の現物出資法人とその被現物出資法人との間の関係 （※3）　その現物出資後にその現物出資法人，他の現物出資法人又は被現物出資法人を被合併法人とする適格合併を行うことが見込まれている場合には，その現物出資の時からその適格合併の直前の時までその支配関係が継続すること。

③　事業関連性要件

> 現物出資法人の現物出資事業[注1]と被現物出資法人の被現物出資事業[注2]とが相互に関連するものであること[注3]。

（注1）　現物出資法人の現物出資前に行う事業のうち，その現物出資により被現物出資法人において行われることとなるものをいう。

（注2）　その被現物出資法人の現物出資前に行う事業のうちのいずれかの事業をいう。その現物出資が複数新設現物出資である場合にあっては，他の現物出資法人の現物出資事業をいう。

（注3）　事業関連性の判定基準は，下記4で解説している。

第1部　グループ通算制度のM&A・組織再編成・清算に係る税務の概要

④-1　事業規模要件

現物出資法人の現物出資事業と被現物出資法人の被現物出資事業^(注1)のそれぞれの売上金額, 現物出資事業と被現物出資事業のそれぞれの従業者^(注2)の数, これらに準ずるもの^(注3)のいずれかの規模の割合がおおむね5倍を超えないこと^(注4)。

(注1)　現物出資事業と関連する事業に限る。
(注2)　従業者の範囲は, ⑥（注1）を参照（法基通1-4-4）。
(注3)　「これらに準ずるものの規模」とは, 例えば, 金融機関における預金量等, 客観的・外形的にその事業の規模を表すものと認められる指標をいう（法基通1-4-6）。
(注4)　事業の規模の割合がおおむね5倍を超えないかどうかは, いずれか一の指標が要件を満たすかどうかにより判定する（法基通1-4-6）。

④-2　経営参画要件

現物出資前の現物出資法人の役員等^(注1)のいずれかと被現物出資法人の特定役員^(注2,3)のいずれかとが現物出資後に被現物出資法人の特定役員となることが見込まれていること。

(注1)　役員等とは, 役員及びこれらに準ずる者^(※1)で法人の経営に従事している者をいう。
　（※1）　「これらに準ずる者」とは, 役員又は役員以外の者で, 社長, 副社長, 代表取締役, 代表執行役, 専務取締役又は常務取締役と同等に法人の経営の中枢に参画している者をいう（法基通1-4-7）。
(注2)　現物出資が複数新設現物出資である場合には, 他の現物出資法人の役員等とする。
(注3)　特定役員とは, 社長, 副社長, 代表取締役, 代表執行役, 専務取締役若しくは常務取締役又はこれらに準ずる者^(※2)で法人の経営に従事している者をいう。
　（※2）　「これらに準ずる者」とは, 役員又は役員以外の者で, 社長, 副社長, 代表取締役, 代表執行役, 専務取締役又は常務取締役と同等に法人の経営の中枢に参画している者をいう（法基通1-4-7）。

⑤　資産負債引継要件

現物出資により現物出資事業に係る主要な資産及び負債^(注1)が被現物出資法人に移転していること。

(注1)　現物出資事業に係る資産及び負債が主要なものであるかどうかは, 現物出資法人が事業を行う上でのその資産及び負債の重要性のほか, その資産及び負債の種類, 規模, 事業再編計画の内容等を総合的に勘案して判定する（法基通1-4-8）。

⑥　従業者引継要件

現物出資法人の現物出資の直前の現物出資事業に係る従業者^(注1)のうち, その総数のおおむね80%以上に相当する数の者が現物出資後に被現物出資法人の業務^(注2,3)に従事することが見込まれていること^(注4)。

(注1)　「従業者」とは, 役員, 使用人その他の者で, 現物出資の直前において現物出資事業に現に従事する

者をいう（法基通1-4-4）。また，留意点は次のとおりとなる（法基通1-4-4）。

- これらの事業に従事する者であっても，例えば，日々雇い入れられる者で従事した日ごとに給与等の支払を受ける者について，法人が従業者の数に含めないこととしている場合は，これを認める。
- 出向により受け入れている者等であっても，現物出資事業に現に従事する者であれば従業者に含まれる。
- 下請先の従業員は，例えば自己の工場内でその業務の特定部分を継続的に請け負っている企業の従業員であっても，従業者には該当しない。
- 現物出資事業とその他の事業とのいずれにも従事している者については，主としてその現物出資事業に従事しているかどうかにより判定する。

（注2）　現物出資事業に限らない（法基通1-4-9）。

（注3）　その被現物出資法人との間に完全支配関係がある法人の業務並びにその現物出資後に行われる適格合併によりその現物出資事業がその適格合併に係る合併法人に移転することが見込まれている場合におけるその合併法人及びその合併法人との間に完全支配関係がある法人の業務を含む。

（注4）　「被現物出資法人の業務に従事することが見込まれていること」には，現物出資法人の現物出資の直前の従業者が出向により被現物出資法人の業務に従事する場合が含まれる（法基通1-4-10）。

⑦　**事業継続要件**

> 現物出資法人の現物出資事業^(注1)が現物出資後に被現物出資法人^(注2)において引き続き行われることが見込まれていること。

（注1）　共同事業要件の場合，現物出資事業は，被現物出資法人の被現物出資事業と関連する事業に限る。

（注2）　その被現物出資法人との間に完全支配関係がある法人並びにその現物出資後に行われる適格合併によりその現物出資事業がその適格合併に係る合併法人に移転することが見込まれている場合におけるその合併法人及びその合併法人との間に完全支配関係がある法人を含む。

⑧　**株式継続保有要件**

> 現物出資により交付される被現物出資法人株式の全部が現物出資法人^(注1)により継続して保有されることが見込まれていること^(注2)。

（注1）　その現物出資後に行われる適格合併によりその株式の全部がその適格合併に係る合併法人に移転することが見込まれている場合には，その合併法人を含む。

（注2）　その現物出資後にその被現物出資法人を被合併法人とする適格合併を行うことが見込まれている場合には，その現物出資の時からその適格合併の直前の時までその株式の全部がその現物出資法人により継続して保有されることが見込まれていることとする。

(4)　現物分配

①　現物分配の定義

　現物分配とは，法人（公益法人等及び人格のない社団等を除く）がその株主に対しその法人の次に掲げる事由により金銭以外の資産の交付をすることをいう（法法2二の五の二，24①五～七，法令23③）。

イ）剰余金の配当（株式又は出資に係るものに限るものとし，分割型分割によるものを除く），利益の配当（分割型分割によるものを除く），剰余金の分配（出資に係るものに限る）

ロ）解散による残余財産の分配

ハ）次に掲げるみなし配当事由

一．自己の株式又は出資の取得

二．出資の消却（取得した出資について行うものを除く），出資の払戻し，社員その他法人の出資者の退社又は脱退による持分の払戻しその他株式又は出資をその発行した法人が取得することなく消滅させること。

三．組織変更（その組織変更に際してその組織変更をした法人の株式又は出資以外の資産を交付したものに限る）

② **現物分配の適格要件**

適格現物分配とは，内国法人を現物分配法人とする現物分配のうち，その現物分配により資産の移転を受ける者がその現物分配の直前においてその内国法人との間に完全支配関係がある内国法人（普通法人又は協同組合等に限る）のみであるものをいう（法法２十二の十五）。

(5) 株式分配

① **株式分配の定義**

株式分配とは，現物分配（剰余金の配当又は利益の配当に限る）のうち，その現物分配の直前において現物分配法人により発行済株式等の全部を保有されていた法人（完全子法人）のその発行済株式等の全部が移転するものをいう（法法２十二の十五の二）。

ただし，その現物分配によりその発行済株式等の移転を受ける者がその現物分配の直前においてその現物分配法人との間に完全支配関係がある者のみである場合におけるその現物分配は除かれる（法法２十二の十五の二）。

つまり，通算子法人が行う現物分配は，株式分配には該当しない。

② **株式分配の適格要件**

適格株式分配とは，完全子法人の株式のみが移転する株式分配のうち，完全子法人と現物分配法人とが独立して事業を行うための株式分配として，次に掲げる要件のすべてに該当するものをいう（法法２十二の十五の三，法令４の３⑯）。

第2章　グループ通算制度の組織再編税制

［適格株式分配の要件］

要件	内容
① 株式按分交付要件	株式分配に伴って現物分配法人の株主の持株数に応じて完全子法人株式が交付されること。
② 非支配要件	株式分配の直前に現物分配法人と他の者[注1]との間に当該他の者による支配関係がなく，かつ，株式分配後に株式分配に係る完全子法人と他の者との間に当該他の者による支配関係があることとなることが見込まれていないこと。
③ 役員引継要件	株式分配前の株式分配に係る完全子法人の特定役員[注2]のすべてが株式分配に伴って退任をするものでないこと。
④ 従業者引継要件	株式分配に係る完全子法人の株式分配の直前の従業者[注3]のうち，その総数のおおむね80%以上に相当する数の者が完全子法人の業務に引き続き従事することが見込まれていること。
⑤ 事業継続要件	株式分配に係る完全子法人の株式分配前に行う主要な事業[注4]が完全子法人において引き続き行われることが見込まれていること。

(注1) その者（その者が個人である場合には，その個人との間に同族関係者の範囲（法令4①）に規定する特殊の関係のある者を含む）が締結している一定の組合契約に係る他の組合員である者を含む。

(注2) 特定役員とは，社長，副社長，代表取締役，代表執行役，専務取締役若しくは常務取締役又はこれらに準ずる者[※1]で法人の経営に従事している者をいう。

　（※1）「これらに準ずる者」とは，役員又は役員以外の者で，社長，副社長，代表取締役，代表執行役，専務取締役又は常務取締役と同等に法人の経営の中枢に参画している者をいう（法基通1-4-7）。

(注3)「従業者」とは，役員，使用人その他の者で，株式分配の直前において株式分配に係る完全子法人の事業に現に従事する者をいう（法基通1-4-4）。また，留意点は次のとおりとなる（法基通1-4-4）。

●これらの事業に従事する者であっても，例えば，日々雇い入れられる者で従事した日ごとに給与等の支払を受ける者について，法人が従業者の数に含めないこととしている場合は，これを認める。

●出向により受け入れている者等であっても，完全子法人の事業に現に従事する者であれば従業者に含まれる。

●下請先の従業員は，例えば自己の工場内でその業務の特定部分を継続的に請け負っている企業の従業員であっても，従業者には該当しない。

(注4) 株式分配に係る完全子法人の株式分配前に行う事業が2以上ある場合において，そのいずれが「主要な事業」であるかは，それぞれの事業に属する収入金額又は損益の状況，従業者の数，固定資産の状況等を総合的に勘案して判定する（法基通1-4-5）。

(6)　株式交換

「株式交換等」とは，「株式交換」及び次に掲げる行為により，対象法人がイ，ロに規定する最大株主である法人，ハの一の株主である法人との間にこれらの法人による完全支配関係を有することとなることをいう（法法2①十二の十六）。

イ）全部取得条項付種類株式の端数処理

全部取得条項付種類株式[注1]に係る取得決議によりその取得の対価として対象法人の最大株主[注2]以外のすべての株主[注3]に一に満たない端数の株式以外の対象法人の株式が交付されないこととなる場合のその取得決議

(注1) 全部取得条項付種類株式とは，ある種類の株式について，これを発行した法人が株主総会その他これに類するものの決議（取得決議）によってその全部の取得をする旨の定めがある場合の当該種類の株式をい

83

第1部　グループ通算制度のM&A・組織再編成・清算に係る税務の概要

う。

（注2）　最大株主とは，対象法人以外の対象法人の株主のうちその有する対象法人の株式の数が最も多い者をいう（ロに同じ）。

（注3）　最大株主以外のすべての株主からは，対象法人及び最大株主との間に完全支配関係がある者は除かれる（ロに同じ）。

　実務上は，以下の手順により，買収会社が少数株主を排除し，対象法人を完全子法人とする行為をいう。

①　買収会社がTOBを含めた株式の買取り等により，対象法人の株式の一定数の議決権を確保する。

②　株主総会の特別決議により，対象法人の定款変更を行い，普通株式を全部取得条項付種類株式へ変更する。

③　全部取得条項付種類株式の取得決議を行い，取得の対価に係る交付比率の調整により，買収会社には1株以上，少数株主には1株未満の端数株式を交付する。

④　1株未満の端数株式を合計した整数株式を，裁判所の許可を得て，買収会社又は対象会社へ任意売却し，少数株主に1株未満の端数株式に対応する現金を交付することにより，買収会社が対象法人を完全子法人とする。

　この場合，買収会社とその100％子会社が共同で完全子法人化する場合も含まれるが，買収会社が完全支配関係のない会社と共同で完全子法人化する場合は，組織再編税制の対象となる株式交換等には該当しない（ロに同じ）。

　なお，本書では，この完全子法人化の手法を「全部取得条項付種類株式方式」ということとする。

ロ）株式併合の端数処理

　株式の併合で，対象法人の最大株主以外のすべての株主の有することとなる対象法人の株式の数が一に満たない端数となるもの

　実務上は，株主総会の特別決議により，対象法人が株式併合を行い，併合比率の調整により，買収会社には1株以上，少数株主には1株未満の端数株式（最終的には，1株未満の端数株式を合計した整数株式を，裁判所の許可を得て，買収会社又は対象会社へ任意売却し，1株未満の端数株式に対応する現金）を交付することにより，買収会社が対象法人を完全子法人とする行為をいう。

　なお，本書では，この完全子法人化の手法を「株式併合方式」ということとする。

ハ）株式売渡請求による端数処理

株式売渡請求(注1)に係る承認により法令の規定に基づき対象法人の発行済株式等(注2)の全部が対象法人の当該一の株主に取得されることとなる場合の当該承認

(注1) 対象法人の一の株主が対象法人の承認を得て対象法人の他の株主（対象法人及び当該一の株主との間に完全支配関係がある者を除く）のすべてに対して法令（外国の法令を含む）の規定に基づいて行う対象法人の株式の全部を売り渡すことの請求をいう。

(注2) 当該一の株主又は当該一の株主との間に完全支配関係がある者が有するものを除く。

実務上は，会社法179条の定めに従い，対象法人の総株主の議決権の90％以上を有する特別支配株主（完全支配関係のある者を含む）が，対象会社の取締役会の承認を得て，少数株主（対象法人及び完全支配関係のある者を除く）の全員に対して，その有する対象会社の株式の全部を売り渡すことを請求する行為をいう。

なお，本書では，この完全子法人化の手法を「株式売渡請求方式」ということとする。

また，「株式交換等完全子法人」とは，株式交換完全子法人及び株式交換等（株式交換を除く）に係る対象法人をいい，「株式交換等完全親法人」とは，「株式交換完全親法人」及び株式交換等（株式交換を除く）に係る「イ及びロに規定する最大株主である法人」並びに「ハの一の株主である法人」をいう（法法2十二の六，十二の六の二，十二の六の三，十二の六の四）。

「全部取得条項付種類株式方式」「株式併合方式」「株式売渡請求方式」は，株式交換等の前に株式交換等完全子法人と株式交換等完全親法人との間に当事者間の支配関係又は同一者による支配関係がある場合に適格要件を満たすことになる（法法2十二の十七ロ，法令4の3⑲）。

つまり，「当事者間の支配関係」又は「同一者による支配関係」がある場合のみ，株式交換等（株式交換を除く）は適格株式交換等となる。

株式交換等の適格要件は次のとおりである（法法2十二の十七，法令4の3⑰⑱⑲⑳）。

なお，本書では，株式交換のうち，適格株式交換等に該当するものを「適格株式交換」，非適格株式交換等に該当するものを「非適格株式交換」ということとする。

第1部　グループ通算制度のM&A・組織再編成・清算に係る税務の概要

［適格株式交換等の要件］

要件 (注1) (列ごとに◎のすべてを満たす株式交換等が適格株式交換等となる)	グループ再編				M&A
	100%完全支配関係		50%超支配関係		共同事業要件 (注6)
	当事者間の完全支配関係 (注2)	同一者による完全支配関係 (注3)	当事者間の支配関係 (注4)	同一者による支配関係 (注5)	
① 対価要件	◎	◎	◎	◎	◎
② 完全支配関係継続要件又は支配関係継続要件	◎	◎	◎	◎	
③ 事業関連性要件					◎
④ 事業規模要件又は経営参画要件					◎
⑤ 従業者継続要件			◎	◎	◎
⑥ 事業継続要件			◎	◎	◎
⑦ 株式交換完全子法人の株主の株式継続保有要件					◎
⑧ 株式交換完全親法人の株式継続保有要件					◎

（注1）　「同一者による完全支配関係」→「当事者間の完全支配関係」→「同一者による支配関係」→「当事者間の支配関係」→「共同事業要件」の順番に適格株式交換等に該当するか判定する。

（注2）　株式交換前に株式交換完全子法人と株式交換完全親法人との間に株式交換完全親法人による完全支配関係がある場合における完全支配関係をいう。→株式交換のみが対象となる。

（注3）　株式交換前に株式交換完全子法人と株式交換完全親法人との間に同一の者による完全支配関係がある場合における完全支配関係をいう。→株式交換のみが対象となる。

（注4）　株式交換等前に株式交換等完全子法人と株式交換等完全親法人との間にいずれか一方の法人による支配関係がある場合における支配関係をいう。

（注5）　株式交換等前に株式交換等完全子法人と株式交換等完全親法人との間に同一の者による支配関係がある場合における支配関係をいう。

（注6）　「同一者による完全支配関係」「当事者間の完全支配関係」「同一者による支配関係」「当事者間の支配関係」に該当する適格株式交換等以外の株式交換等が判定対象となる。→株式交換のみが対象となる。

①　対価要件

> 株式交換等完全子法人の株主に株式交換等完全親法人株式又は株式交換完全支配親法人株式 (注1) のいずれか一方の株式以外の資産 (注2) が交付されないこと。

（注1）　株式交換完全支配親法人とは，株式交換完全親法人との間に株式交換完全親法人の発行済株式等の全部を直接又は間接に保有する関係がある法人をいう。

株式交換完全親法人との間に株式交換完全親法人の発行済株式等の全部を直接又は間接に保有する関係とは，株式交換の直前に株式交換完全親法人と株式交換完全親法人以外の法人との間にその法人による完全支配関係（直前完全支配関係）があり，かつ，株式交換後に株式交換完全親法人とその法人（親法人）との間にその親法人による完全支配関係が継続すること（その株式交換後に株式交換完全親法人を被合併法人とする適格合併を行うことが見込まれている場合には，その株式交換の時からその適格合併の直前の時までその完全支配関係が継続すること）が見込まれている場合におけるその直前完全支配関係とする。

（注2）　以下の交付される金銭その他の資産を除く。

●その株主に対する剰余金の配当として交付される金銭その他の資産

- 株式交換等に反対するその株主に対するその買取請求に基づく対価として交付される金銭その他の資産
- 株式交換の直前において株式交換完全親法人が株式交換完全子法人の発行済株式（株式交換完全子法人が有する自己の株式を除く）の総数の２／３以上に相当する数の株式を有する場合における株式交換完全親法人以外の株主に交付される金銭その他の資産
- 全部取得条項付種類株式方式の取得の価格の決定の申立てに基づいて交付される金銭その他の資産
- 全部取得条項付種類株式方式に係る一に満たない端数の株式又は株式併合方式により生ずる対象法人の一に満たない端数の株式の取得の対価として交付される金銭その他の資産
- 株式売渡請求方式の取得の対価として交付される金銭その他の資産

② 完全支配関係継続要件又は支配関係継続要件

②-1 完全支配関係継続要件（当事者間の完全支配関係）

> 株式交換前に株式交換完全子法人と株式交換完全親法人との間に株式交換完全親法人による完全支配関係^(注1)があり，かつ，株式交換後に株式交換完全子法人と株式交換完全親法人との間に株式交換完全親法人による完全支配関係が継続すること^(注2)が見込まれていること。

（注1）　その株式交換が株式交換完全子法人の株主に株式交換完全親法人の株式その他の資産が交付されないもの（無対価株式交換）である場合におけるその完全支配関係を除く。

（注2）　その株式交換後にその株式交換完全子法人を被合併法人とする適格合併，その株式交換完全親法人を被合併法人とし，その株式交換完全子法人を合併法人とする適格合併又はその株式交換完全子法人を完全子法人とする適格株式分配（適格合併等）を行うことが見込まれている場合には，その株式交換の時からその適格合併等の直前の時までその完全支配関係が継続することとする。

②-2 完全支配関係継続要件（同一者による完全支配関係）

> 株式交換前に株式交換完全子法人と株式交換完全親法人との間に同一の者による完全支配関係があり，かつ，次に掲げるイ〜二の要件のすべてに該当することが見込まれていること。

> イ　その株式交換後に当該同一の者と株式交換完全親法人との間に当該同一の者による完全支配関係が継続すること^(注1)。

> ロ　その株式交換後に当該同一の者と株式交換完全子法人との間に当該同一の者による完全支配関係が継続すること^(注2)。

> ハ　その株式交換後に次に掲げる適格合併を行うことが見込まれている場合には，それぞれ次に定める要件に該当すること。
> 　(1)　当該同一の者又は株式交換完全親法人を被合併法人とする適格合併
> 　　　その株式交換の時からその適格合併の直前の時までその株式交換完全子法人と株式交換完全親法人との間にその株式交換完全親法人による完全支配関係が継続すること^(注3)。
> 　(2)　その株式交換完全親法人を被合併法人とする適格合併（当該同一の者とその適格合併に係る合併法人との間に当該同一の者による完全支配関係がない場合におけるその適格合併に限る。ハにおいて「特定適格合併」という）
> 　　　その株式交換の時からその特定適格合併の直前の時までその株式交換完全子法人と株式交換

完全親法人との間にその株式交換完全親法人による完全支配関係が継続し，その特定適格合併後にその特定適格合併に係る合併法人とその株式交換完全子法人との間にその合併法人による完全支配関係が継続すること^(注4)。

(3) その株式交換完全親法人（特定適格合併に係る合併法人を含む。(3)で同じ）又は株式交換完全子法人を被合併法人とする適格合併（その株式交換完全親法人を被合併法人とする適格合併にあっては，その株式交換完全子法人を合併法人とするものに限る）

その株式交換の時からその適格合併の直前の時までその株式交換完全子法人と株式交換完全親法人との間にその株式交換完全親法人による完全支配関係が継続すること。

ニ　株式交換後に株式交換完全親法人を完全子法人とする適格株式分配を行うことが見込まれている場合には，その株式交換後にその株式交換完全子法人と株式交換完全親法人との間にその株式交換完全親法人による完全支配関係が継続すること^(注5)。

(注1)　その株式交換後にその株式交換完全親法人又は株式交換完全子法人を被合併法人とする適格合併^(※1)又はその株式交換完全親法人を完全子法人とする適格株式分配を行うことが見込まれている場合には，その株式交換の時からその適格合併又は適格株式分配の直前の時まで当該同一の者とその株式交換完全親法人との間に当該同一の者による完全支配関係が継続することとする。

(※1)　その株式交換完全親法人を被合併法人とする適格合併にあっては，当該同一の者とその適格合併に係る合併法人との間に当該同一の者による完全支配関係がない場合又はその株式交換完全子法人を合併法人とする場合におけるその適格合併に限る。

(注2)　その株式交換後に（注1）に規定する適格合併^(※2)又は適格株式分配を行うことが見込まれている場合には，その株式交換の時からその適格合併又は適格株式分配の直前の時までその完全支配関係が継続することとする。

(※2)　その株式交換完全子法人を合併法人とするものを除く。

(注3)　その株式交換後に(2)又は(3)に掲げる適格合併を行うことが見込まれている場合には，それぞれ(2)又は(3)に定める要件に該当することとする。

(注4)　その株式交換後に(3)に掲げる適格合併を行うことが見込まれている場合には，(3)に定める要件に該当することとする。

(注5)　その株式交換後にその株式交換完全子法人を被合併法人とする適格合併を行うことが見込まれている場合には，その株式交換の時からその適格合併の直前の時までその完全支配関係が継続することとする。

②-3　支配関係継続要件（当事者間の支配関係）

株式交換等前に株式交換等完全子法人と株式交換等完全親法人との間にいずれか一方の法人による支配関係があり，かつ，株式交換等後に株式交換等完全子法人と株式交換等完全親法人との間に当該いずれか一方の法人による支配関係が継続すること^(注1)が見込まれていること。

(注1)　その株式交換等後に次に掲げる適格合併を行うことが見込まれている場合には，それぞれ次に定める要件に該当することとする。

イ　その株式交換等完全親法人を被合併法人とする適格合併（②-3において「特定適格合併」という）

その株式交換等の時からその特定適格合併の直前の時までその株式交換等完全子法人と株式交換等完全親法人との間にその株式交換等完全親法人による完全支配関係が継続し，その特定適格合併後にその株式交換等完全子法人とその特定適格合併に係る合併法人との間にその合併法人による完全支配関係が継続すること（その株式交換等後にロに掲げる適格合併を行うことが見込まれている場合には，ロに定める要件に該当すること）。

ロ　その株式交換等完全親法人（特定適格合併に係る合併法人を含む。ロで同じ）又は株式交換等完全子法人を被合併法人とする適格合併（その株式交換等完全親法人を被合併法人とする適格合併にあっては，その株式交換等完全子法人を合併法人とするものに限る）

　　その株式交換等の時からその適格合併の直前の時までその株式交換等完全子法人と株式交換等完全親法人との間にその株式交換等完全親法人による完全支配関係が継続すること。

②-4　支配関係継続要件（同一者による支配関係）

株式交換等前に株式交換等完全子法人と株式交換等完全親法人との間に同一の者による支配関係があり，かつ，次に掲げるイ～ハの要件のすべてに該当することが見込まれていること。
イ　その株式交換等後に当該同一の者とその株式交換等完全親法人との間に当該同一の者による支配関係が継続すること[注1]。
ロ　その株式交換等後に当該同一の者とその株式交換等完全子法人との間に当該同一の者による支配関係が継続すること[注2]。
ハ　その株式交換等後に次に掲げる適格合併を行うことが見込まれている場合には，それぞれ次に定める要件に該当すること。 ⑴　当該同一の者を被合併法人とする適格合併 　　その株式交換等の時からその適格合併の直前の時までその株式交換等完全子法人と株式交換等完全親法人との間にその株式交換等完全親法人による完全支配関係が継続すること[注3]。 ⑵　その株式交換等完全親法人を被合併法人とする適格合併（ハにおいて「特定適格合併」という） 　　その株式交換等の時からその特定適格合併の直前の時までその株式交換等完全子法人と株式交換等完全親法人との間にその株式交換等完全親法人による完全支配関係が継続し，その特定適格合併後にその特定適格合併に係る合併法人とその株式交換等完全子法人との間にその合併法人による完全支配関係が継続すること[注4]。 ⑶　その株式交換等完全親法人（特定適格合併に係る合併法人を含む。⑶で同じ）又は株式交換等完全子法人を被合併法人とする適格合併（その株式交換等完全親法人を被合併法人とする適格合併にあっては，その株式交換等完全子法人を合併法人とするものに限る） 　　その株式交換等の時からその適格合併の直前の時までその株式交換等完全子法人と株式交換等完全親法人との間にその株式交換等完全親法人による完全支配関係が継続すること。

（注1）　その株式交換等後にその株式交換等完全親法人又は株式交換等完全子法人を被合併法人とする適格合併を行うことが見込まれている場合には，その株式交換等の時からその適格合併の直前の時までその支配関係が継続することとする。

（注2）　その株式交換等後に（注1）に規定する適格合併[※1]を行うことが見込まれている場合には，その株式交換等の時からその適格合併の直前の時までその支配関係が継続することとする。

（※1）　その株式交換等完全子法人を合併法人とするものを除く。

（注3）　その株式交換等後に⑵又は⑶に掲げる適格合併を行うことが見込まれている場合には，それぞれ⑵又は⑶に定める要件に該当することとする。

（注4）　その株式交換等後に⑶に掲げる適格合併を行うことが見込まれている場合には，⑶に定める要件に該当することとする。

第1部　グループ通算制度のM&A・組織再編成・清算に係る税務の概要

③　事業関連性要件

株式交換完全子法人の子法人事業(注1)と株式交換完全親法人の親法人事業(注2)とが相互に関連するものであること(注3)。

(注1)　子法人事業とは，株式交換完全子法人の株式交換前に行う主要な事業のうちのいずれかの事業をいう。
(注2)　親法人事業とは，株式交換完全親法人の株式交換前に行う事業のうちのいずれかの事業をいう。
(注3)　事業関連性の判定基準は，下記4で解説している。

④-1　事業規模要件

株式交換完全子法人の子法人事業と株式交換完全親法人の親法人事業（子法人事業と関連する事業に限る）のそれぞれの売上金額，子法人事業と親法人事業のそれぞれの従業者(注1)の数，これらに準ずるもの(注2)のいずれかの規模の割合がおおむね5倍を超えないこと(注3)。

(注1)　従業者の範囲は，⑤（注1）を参照（法基通1-4-4）。
(注2)　「これらに準ずるものの規模」とは，例えば，金融機関における預金量等，客観的・外形的にその事業の規模を表すものと認められる指標をいう（法基通1-4-6）。
(注3)　事業の規模の割合がおおむね5倍を超えないかどうかは，いずれか一の指標が要件を満たすかどうかにより判定する（法基通1-4-6）。

④-2　経営参画要件

株式交換前の株式交換完全子法人の特定役員(注1)のすべてが株式交換に伴って退任をするものでないこと。

(注1)　特定役員とは，社長，副社長，代表取締役，代表執行役，専務取締役若しくは常務取締役又はこれらに準ずる者(※1)で法人の経営に従事している者をいう。
　（※1）　「これらに準ずる者」とは，役員又は役員以外の者で，社長，副社長，代表取締役，代表執行役，専務取締役又は常務取締役と同等に法人の経営の中枢に参画している者をいう（法基通1-4-7）。

⑤　従業者継続要件

株式交換等完全子法人の株式交換等の直前の従業者(注1)のうち，その総数のおおむね80%以上に相当する数の者が株式交換等完全子法人の業務(注2)に引き続き従事することが見込まれていること。

(注1)　「従業者」とは，役員，使用人その他の者で，株式交換等の直前において株式交換等完全子法人の事業に現に従事する者をいう（法基通1-4-4）。また，留意点は次のとおりとなる（法基通1-4-4）。
　●これらの事業に従事する者であっても，例えば，日々雇い入れられる者で従事した日ごとに給与等の支払を受ける者について，法人が従業者の数に含めないこととしている場合は，これを認める。
　●出向により受け入れている者等であっても，株式交換等完全子法人の事業に現に従事する者であれば従業者に含まれる。
　●下請先の従業員は，例えば自己の工場内でその業務の特定部分を継続的に請け負っている企業の従業員で

90

あっても，従業者には該当しない。

(注2) その株式交換等完全子法人との間に完全支配関係がある法人の業務並びにその株式交換等後に行われ
る適格合併又はその株式交換等完全子法人を分割法人若しくは現物出資法人とする適格分割若しくは適格現
物出資（⑤及び⑥において「適格合併等」という）によりその株式交換等完全子法人のその株式交換等前に
行う主要な事業(※1)（共同事業要件の場合，子法人事業）がその適格合併等に係る合併法人，分割承継法人
又は被現物出資法人（⑤及び⑥において「合併法人等」という）に移転することが見込まれている場合にお
けるその合併法人等及びその合併法人等との間に完全支配関係がある法人の業務を含む。

(※1) 主要な事業の判定は，⑥（注1）を参照（法基通1-4-5）。

⑥ 事業継続要件

株式交換等完全子法人の株式交換等前に行う主要な事業(注1)（共同事業要件の場合，子法人事業
（親法人事業と関連する事業に限る））が株式交換等完全子法人(注2)において引き続き行われるこ
とが見込まれていること。

(注1) 株式交換等完全子法人の株式交換等前に行う事業が2以上ある場合において，そのいずれが「主要な
事業」であるかは，それぞれの事業に属する収入金額又は損益の状況，従業者の数，固定資産の状況等を総
合的に勘案して判定する（法基通1-4-5）。

(注2) その株式交換等完全子法人との間に完全支配関係がある法人並びにその株式交換等後に行われる適格
合併又はその株式交換等完全子法人を分割法人若しくは現物出資法人とする適格分割若しくは適格現物出資
（適格合併等）によりその主要な事業（共同事業要件の場合，子法人事業）がその適格合併等に係る合併法人，
分割承継法人又は被現物出資法人（合併法人等）に移転することが見込まれている場合におけるその合併法
人等及びその合併法人等との間に完全支配関係がある法人を含む。

⑦ 株式交換完全子法人の株主の株式継続保有要件

株式交換の直前に株式交換完全子法人と他の者との間に当該他の者による支配関係がない場
合には，株式交換完全子法人の株主の株式継続保有要件は不要となる。

株式交換により交付される株式交換完全親法人株式又は株式交換完全支配親法人株式のいずれか
一方の株式(注1)であって支配株主(注2)に交付されるもの（対価株式)(注3)の全部が支配株主(注4)
により継続して保有されることが見込まれていること(注5)。

(注1) 議決権のないものを除く。

(注2) 支配株主とは，その株式交換の直前に株式交換完全子法人と他の者との間に当該他の者による支配関
係がある場合における当該他の者及び当該他の者による支配関係があるもの（その株式交換完全親法人を除
く）をいう。

(注3) 対価株式は，その株式交換が無対価株式交換である場合にあっては，支配株主がその株式交換の直後
に保有するその株式交換完全親法人の株式の数に支配株主がその株式交換の直後に保有するその株式交換完
全親法人の株式の帳簿価額のうちに支配株主がその株式交換の直前に保有していたその株式交換完全子法人
の株式の帳簿価額の占める割合を乗じて計算した数のその株式交換完全親法人の株式とする。

(注4) その株式交換後に行われる適格合併によりその対価株式がその適格合併に係る合併法人に移転するこ
とが見込まれている場合には，その合併法人を含む（（注5）で同じ）。

(注5) その株式交換後にその株式交換完全親法人又は株式交換完全支配親法人のいずれかを被合併法人とす
る適格合併を行うことが見込まれている場合には，その株式交換の時からその適格合併の直前の時までその

第1部　グループ通算制度のM&A・組織再編成・清算に係る税務の概要

対価株式の全部が支配株主により継続して保有されることが見込まれていることとする。

⑧　株式交換完全親法人の株式継続保有要件

株式交換後に株式交換完全親法人と株式交換完全子法人との間に株式交換完全親法人による完全支配関係が継続することが見込まれていること(注1)。

(注1)　その株式交換後にその株式交換完全親法人又は株式交換完全子法人を被合併法人とする適格合併(※1)を行うことが見込まれている場合にはその株式交換の時からその適格合併の直前の時までその株式交換完全親法人とその株式交換完全子法人との間にその株式交換完全親法人による完全支配関係が継続することが見込まれていることとし，その株式交換後にその株式交換完全子法人を合併法人等とする適格合併(※2)，適格分割(※3)又は適格現物出資（適格合併等）が行われることが見込まれている場合にはその株式交換の時からその適格合併等の直前の時までその株式交換完全親法人とその株式交換完全子法人との間にその株式交換完全親法人による完全支配関係が継続し，その適格合併等後にその株式交換完全親法人(※4)がその株式交換完全子法人のその適格合併等の直前の発行済株式等の全部に相当する数の株式を継続して保有することが見込まれていることとする。
（※1）　その株式交換完全親法人を被合併法人とする適格合併にあっては，その株式交換完全子法人を合併法人とするものに限る。
（※2）　合併親法人株式が交付されるもの及びその株式交換完全親法人を被合併法人とするものを除く。
（※3）　分割承継親法人株式が交付されるものを除く。
（※4）　その株式交換完全親法人による完全支配関係がある法人を含む。

(7)　株式移転

株式移転の適格要件は次のとおりである（法法２十二の十八，法令４の３㉑㉒㉓㉔）。

［適格株式移転の要件］

要件(注1) (列ごとに◎のすべてを満たす株式移転が適格株式移転となる)	グループ再編				M&A
	100%完全支配関係		50%超支配関係		共同事業要件(注6)
	一の法人のみが株式移転完全子法人となる株式移転(注2)	同一者による完全支配関係(注3)	当事者間の支配関係(注4)	同一者による支配関係(注5)	
①　対価要件	◎	◎	◎	◎	◎
②　完全支配関係継続要件又は支配関係継続要件	◎	◎	◎	◎	
③　事業関連性要件					◎
④　事業規模要件又は経営参画要件					◎
⑤　従業者継続要件			◎	◎	◎
⑥　事業継続要件			◎	◎	◎
⑦　株式移転完全子法人の株主の株式継続保有要件					◎

⑧ 株式移転完全親法人の株式継続保有要件					◎

(注1)　「一の法人のみが株式移転完全子法人となる株式移転」→「同一者による完全支配関係」→「同一者による支配関係」→「当事者間の支配関係」→「共同事業要件」の順番に適格株式移転に該当するか判定する。

(注2)　一の法人のみがその株式移転完全子法人となる株式移転をいう。

(注3)　株式移転前に株式移転完全子法人と他の株式移転完全子法人との間に同一の者による完全支配関係がある場合における完全支配関係をいう。

(注4)　株式移転前に株式移転完全子法人と他の株式移転完全子法人との間にいずれか一方の法人による支配関係がある場合における支配関係をいう。

(注5)　株式移転前に株式移転完全子法人と他の株式移転完全子法人との間に同一の者による支配関係がある場合における支配関係をいう。

(注6)　「一の法人のみが株式移転完全子法人となる株式移転」「同一者による完全支配関係」「同一者による支配関係」「当事者間の支配関係」に該当する適格株式移転以外の株式移転が判定対象となる。

① 対価要件

> 株式移転完全子法人の株主に株式移転完全親法人株式以外の資産[注1]が交付されないこと。

(注1)　株式移転に反対するその株主に対するその買取請求に基づく対価として交付される金銭その他の資産を除く。

② 完全支配関係継続要件又は支配関係継続要件

②-1　完全支配関係継続要件（一の法人のみが株式移転完全子法人となる株式移転）

> 一の法人のみがその株式移転完全子法人となる株式移転で，株式移転後に株式移転完全親法人と株式移転完全子法人との間に株式移転完全親法人による完全支配関係が継続すること[注1]が見込まれていること。

(注1)　その株式移転後にその株式移転完全子法人を被合併法人又は完全子法人とする適格合併又は適格株式分配を行うことが見込まれている場合にはその株式移転の時からその適格合併又は適格株式分配の直前の時までその完全支配関係が継続することとし，その株式移転後にその株式移転完全子法人を合併法人，分割承継法人又は被現物出資法人とする適格合併（合併親法人の株式が交付されるものを除く），適格分割（分割承継親法人の株式が交付されるものを除く）又は適格現物出資（適格合併等）が行われることが見込まれている場合にはその株式移転の時からその適格合併等の直前の時までその株式移転完全親法人と株式移転完全子法人との間にその株式移転完全親法人による完全支配関係が継続し，その適格合併等後にその株式移転完全親法人[※1]がその株式移転完全子法人のその適格合併等の直前の発行済株式等の全部に相当する数の株式を継続して保有することとする。

　（※1）　その株式移転完全親法人による完全支配関係がある法人を含む。

第1部　グループ通算制度のM&A・組織再編成・清算に係る税務の概要

②-2　完全支配関係継続要件（同一者による完全支配関係）

株式移転前に株式移転完全子法人と他の株式移転完全子法人との間に同一の者による完全支配関係があり，かつ，次に掲げる一号から六号の要件のすべてに該当することが見込まれていること。

一　その株式移転後に当該同一の者とその株式移転完全親法人との間に当該同一の者による完全支配関係が継続すること(注1)。

二　その株式移転後に当該同一の者とその株式移転完全子法人との間に当該同一の者による完全支配関係が継続すること(注2)。

三　その株式移転後に当該同一の者と当該他の株式移転完全子法人との間に当該同一の者による完全支配関係が継続すること(注3)。

四　その株式移転後に次に掲げる適格合併を行うことが見込まれている場合には，それぞれ次に定める要件に該当すること。
　イ　当該同一の者又はその株式移転完全親法人を被合併法人とする適格合併
　　その株式移転の時からその適格合併の直前の時までその株式移転完全親法人とその株式移転完全子法人との間にその株式移転完全親法人による完全支配関係が継続すること(注4)。
　ロ　特定適格合併
　　その株式移転の時からその特定適格合併の直前の時までその株式移転完全親法人と株式移転完全子法人との間にその株式移転完全親法人による完全支配関係が継続し，その特定適格合併後にその特定適格合併に係る合併法人とその株式移転完全子法人との間にその合併法人による完全支配関係が継続すること(注5)。
　ハ　その株式移転完全子法人を被合併法人とする適格合併
　　その株式移転の時からその適格合併の直前の時までその株式移転完全親法人(注6)と株式移転完全子法人との間にその株式移転完全親法人による完全支配関係が継続すること。

五　その株式移転後にその株式移転完全親法人を完全子法人とする適格株式分配を行うことが見込まれている場合には，その株式移転後にその株式移転完全親法人とその株式移転完全子法人との間にその株式移転完全親法人による完全支配関係が継続すること(注7)。

六　四号及び五号中「株式移転完全子法人」とあるのを「他の株式移転完全子法人」と読み替えた場合におけるこれらの号に掲げる要件

（注1）　その株式移転後にその株式移転完全親法人を被合併法人とする適格合併（当該同一の者とその適格合併に係る合併法人との間に当該同一の者による完全支配関係がない場合におけるその適格合併に限る。以下，②-2において「特定適格合併」という）又はその株式移転完全親法人を完全子法人とする適格株式分配を行うことが見込まれている場合には，その株式移転の時からその特定適格合併又は適格株式分配の直前の時までその完全支配関係が継続することとする。

（注2）　その株式移転後にその株式移転完全子法人若しくはその株式移転完全親法人を被合併法人とする適格合併（その株式移転完全親法人を被合併法人とする適格合併にあっては，特定適格合併に限る）又はその株式移転完全親法人を完全子法人とする適格株式分配を行うことが見込まれている場合には，その株式移転の時からその適格合併又は適格株式分配の直前の時までその完全支配関係が継続することとする。

（注3）　その株式移転後に当該他の株式移転完全子法人若しくはその株式移転完全親法人を被合併法人とする適格合併（その株式移転完全親法人を被合併法人とする適格合併にあっては，特定適格合併に限る）又はそ

第 2 章　グループ通算制度の組織再編税制

の株式移転完全親法人を完全子法人とする適格株式分配を行うことが見込まれている場合には，その株式移転の時からその適格合併又は適格株式分配の直前の時までその完全支配関係が継続することとする。

(注4)　その株式移転後にロ又はハに掲げる適格合併を行うことが見込まれている場合には，それぞれロ又はハに定める要件に該当することとする。

(注5)　その株式移転後にハに掲げる適格合併を行うことが見込まれている場合には，ハに定める要件に該当することとする。

(注6)　特定適格合併に係る合併法人を含む。

(注7)　その株式移転後にその株式移転完全子法人を被合併法人とする適格合併を行うことが見込まれている場合には，その株式移転の時からその適格合併の直前の時までその完全支配関係が継続することとする。

②-3　支配関係継続要件（当事者間の支配関係）

株式移転前に株式移転完全子法人と他の株式移転完全子法人との間にいずれか一方の法人による支配関係があり，かつ，次に掲げるイ及びロの要件のすべてに該当することが見込まれていること。

イ　その株式移転後にその株式移転に係る株式移転完全親法人とその株式移転完全子法人との間にその株式移転完全親法人による支配関係が継続すること(注1)。

ロ　イ中「その株式移転完全子法人」とあるのを「当該他の株式移転完全子法人」と，「当該他の株式移転完全子法人」とあるのを「その株式移転完全子法人」と読み替えた場合におけるイに掲げる要件

(注1)　その株式移転後に次に掲げる適格合併を行うことが見込まれている場合には，それぞれ次に定める要件に該当することとする。

⑴　その株式移転完全親法人を被合併法人とする適格合併（（注1）において「特定適格合併」という）

　　　その株式移転の時からその特定適格合併の直前の時までその株式移転完全親法人とその株式移転完全子法人との間にその株式移転完全親法人による完全支配関係が継続し，その特定適格合併後にその特定適格合併に係る合併法人とその株式移転完全子法人との間にその合併法人による完全支配関係が継続すること(※1)

　　　(※1)　その株式移転後に⑵に掲げる適格合併を行うことが見込まれている場合には，⑵に定める要件に該当することとする。

⑵　その株式移転完全子法人を被合併法人とする適格合併

　　　その株式移転の時からその適格合併の直前の時までその株式移転完全親法人(※2)とその株式移転完全子法人との間にその株式移転完全親法人による完全支配関係が継続すること

　　　(※2)　特定適格合併に係る合併法人を含む。

⑶　当該他の株式移転完全子法人を被合併法人とする適格合併

　　　その株式移転の時からその適格合併の直前の時までその株式移転完全親法人とその株式移転完全子法人との間にその株式移転完全親法人による完全支配関係が継続し，その適格合併後にその株式移転完全親法人とその株式移転完全子法人との間にその株式移転完全親法人による支配関係が継続すること(※3)

　　　(※3)　その株式移転後に⑴又は⑵に掲げる適格合併を行うことが見込まれている場合には，それぞれ⑴又は⑵に定める要件に該当することとする。

第1部　グループ通算制度のM&A・組織再編成・清算に係る税務の概要

②-4　支配関係継続要件（同一者による支配関係）

株式移転前に株式移転完全子法人と他の株式移転完全子法人との間に同一の者による支配関係があり，かつ，次に掲げるイからホの要件のすべてに該当することが見込まれていること。

イ　その株式移転後に当該同一の者とその株式移転完全親法人との間に当該同一の者による支配関係が継続すること(注1)。

ロ　その株式移転後に当該同一の者とその株式移転完全子法人との間に当該同一の者による支配関係が継続すること(注2)。

ハ　その株式移転後に当該同一の者と当該他の株式移転完全子法人との間に当該同一の者による支配関係が継続すること(注3)。

ニ　その株式移転後に次に掲げる適格合併を行うことが見込まれている場合には，それぞれ次に定める要件に該当すること。
　(1)　当該同一の者を被合併法人とする適格合併
　　その株式移転の時からその適格合併の直前の時までその株式移転完全親法人とその株式移転完全子法人との間にその株式移転完全親法人による完全支配関係が継続すること(注4)。
　(2)　特定適格合併
　　その株式移転の時からその特定適格合併の直前の時までその株式移転完全親法人とその株式移転完全子法人との間にその株式移転完全親法人による完全支配関係が継続し，その特定適格合併後にその特定適格合併に係る合併法人とその株式移転完全子法人との間にその合併法人による完全支配関係が継続すること(注5)。
　(3)　その株式移転完全子法人を被合併法人とする適格合併
　　その株式移転の時からその適格合併の直前の時までその株式移転完全親法人(注6)とその株式移転完全子法人との間にその株式移転完全親法人による完全支配関係が継続すること。

ホ　ニ中「株式移転完全子法人」とあるのを「他の株式移転完全子法人」と読み替えた場合におけるニに掲げる要件

（注1）　その株式移転後にその株式移転完全親法人を被合併法人とする適格合併（②-4において「特定適格合併」という）を行うことが見込まれている場合には，その株式移転の時からその特定適格合併の直前の時までその支配関係が継続することとする。

（注2）　その株式移転後にその株式移転完全子法人又はその株式移転完全親法人を被合併法人とする適格合併を行うことが見込まれている場合には，その株式移転の時からその適格合併の直前の時までその支配関係が継続することとする。

（注3）　その株式移転後に当該他の株式移転完全子法人又はその株式移転完全親法人を被合併法人とする適格合併を行うことが見込まれている場合には，その株式移転の時からその適格合併の直前の時までその支配関係が継続することとする。

（注4）　その株式移転後に(2)又は(3)に掲げる適格合併を行うことが見込まれている場合には，それぞれ(2)又は(3)に定める要件に該当することとする。

（注5）　その株式移転後に(3)に掲げる適格合併を行うことが見込まれている場合には，(3)に定める要件に該当することとする。

（注6）　特定適格合併に係る合併法人を含む。

③ 事業関連性要件

株式移転完全子法人の子法人事業[注1]と他の株式移転完全子法人の他の子法人事業[注2]とが相互に関連するものであること[注3]。

（注1） 子法人事業とは，株式移転完全子法人の株式移転前に行う主要な事業のうちのいずれかの事業をいう。
（注2） 他の子法人事業とは，当該他の株式移転完全子法人の株式移転前に行う事業のうちのいずれかの事業をいう。
（注3） 事業関連性の判定基準は，下記4で解説している。

④-1 事業規模要件

株式移転完全子法人の子法人事業と他の株式移転完全子法人の他の子法人事業（子法人事業と関連する事業に限る）のそれぞれの売上金額，子法人事業と他の子法人事業のそれぞれの従業者[注1]の数，これらに準ずるもの[注2]のいずれかの規模の割合がおおむね5倍を超えないこと[注3]。

（注1） 従業者の範囲は，⑤（注1）を参照（法基通1-4-4）。
（注2） 「これらに準ずるものの規模」とは，例えば，金融機関における預金量等，客観的・外形的にその事業の規模を表すものと認められる指標をいう（法基通1-4-6）。
（注3） 事業の規模の割合がおおむね5倍を超えないかどうかは，いずれか一の指標が要件を満たすかどうかにより判定する（法基通1-4-6）。

④-2 経営参画要件

株式移転前の株式移転完全子法人又は他の株式移転完全子法人のそれぞれの特定役員[注1]のすべてが株式移転に伴って退任をするものでないこと。

（注1） 特定役員とは，社長，副社長，代表取締役，代表執行役，専務取締役若しくは常務取締役又はこれらに準ずる者[※1]で法人の経営に従事している者をいう。
　（※1） 「これらに準ずる者」とは，役員又は役員以外の者で，社長，副社長，代表取締役，代表執行役，専務取締役又は常務取締役と同等に法人の経営の中枢に参画している者をいう（法基通1-4-7）。

⑤ 従業者継続要件

● 当事者間の支配関係又は同一者による支配関係

各株式移転完全子法人の株式移転の直前の従業者[注1]のうち，その総数のおおむね80%以上に相当する数の者が株式移転完全子法人の業務[注2]に引き続き従事することが見込まれていること。

第1部　グループ通算制度のM&A・組織再編成・清算に係る税務の概要

● 共同事業要件

> 株式移転完全子法人又は他の株式移転完全子法人の株式移転の直前の従業者^(注1)のうち，それぞれその総数のおおむね80％以上に相当する数の者が，それぞれ株式移転完全子法人又は他の株式移転完全子法人の業務^(注3)に引き続き従事することが見込まれていること。

（注1）　「従業者」とは，役員，使用人その他の者で，株式移転の直前においてそれぞれの株式移転完全子法人の事業に現に従事する者をいう（法基通1-4-4）。また，留意点は次のとおりとなる（法基通1-4-4）。
　　● これらの事業に従事する者であっても，例えば，日々雇い入れられる者で従事した日ごとに給与等の支払を受ける者について，法人が従業者の数に含めないこととしている場合は，これを認める。
　　● 出向により受け入れている者等であっても，それぞれの株式移転完全子法人の事業に現に従事する者であれば従業者に含まれる。
　　● 下請先の従業員は，例えば自己の工場内でその業務の特定部分を継続的に請け負っている企業の従業員であっても，従業者には該当しない。
（注2）　その株式移転完全子法人との間に完全支配関係がある法人の業務並びにその株式移転後に行われる適格合併又はその株式移転完全子法人を分割法人若しくは現物出資法人とする適格分割若しくは適格現物出資（⑤及び⑥において「適格合併等」という）によりその株式移転完全子法人のその株式移転前に行う主要な事業^(※1)がその適格合併等に係る合併法人，分割承継法人又は被現物出資法人（⑤及び⑥において「合併法人等」という）に移転することが見込まれている場合におけるその合併法人等及びその合併法人等との間に完全支配関係がある法人の業務を含む。
　　（※1）　主要な事業の判定は，⑥（注1）を参照（法基通1-4-5）。
（注3）　その株式移転完全子法人又は他の株式移転完全子法人との間に完全支配関係がある法人の業務並びにその株式移転後に行われる適格合併又はその株式移転完全子法人若しくは他の株式移転完全子法人を分割法人若しくは現物出資法人とする適格分割若しくは適格現物出資（⑤及び⑥において「適格合併等」という）によりその株式移転完全子法人又は他の株式移転完全子法人の子法人事業又は他の子法人事業がその適格合併等に係る合併法人，分割承継法人又は被現物出資法人（共同事業要件において「合併法人等」という）に移転することが見込まれている場合におけるその合併法人等及びその合併法人等との間に完全支配関係がある法人の業務を含む。

⑥　事業継続要件

● 当事者間の支配関係又は同一者による支配関係

> 各株式移転完全子法人の株式移転前に行う主要な事業^(注1)が株式移転完全子法人^(注2)において引き続き行われることが見込まれていること。

● 共同事業要件

> 株式移転完全子法人又は他の株式移転完全子法人の子法人事業又は他の子法人事業（相互に関連する事業に限る）が株式移転完全子法人又は他の株式移転完全子法人^(注3)において引き続き行われることが見込まれていること。

（注1）　株式移転完全子法人の株式移転前に行う事業が2以上ある場合において，そのいずれが「主要な事業」であるかは，それぞれの事業に属する収入金額又は損益の状況，従業者の数，固定資産の状況等を総合的に勘案して判定する（法基通1-4-5）。
（注2）　その株式移転完全子法人との間に完全支配関係がある法人並びにその株式移転後に行われる適格合併

等によりその主要な事業がその適格合併等に係る合併法人等に移転することが見込まれている場合における
その合併法人等及びその合併法人等との間に完全支配関係がある法人を含む。
(注3)　その株式移転完全子法人又は他の株式移転完全子法人との間に完全支配関係がある法人並びにその株
式移転後に行われる適格合併等によりその子法人事業又は他の子法人事業がその適格合併等に係る合併法人
等に移転することが見込まれている場合におけるその合併法人等及びその合併法人等との間に完全支配関係
がある法人を含む。

⑦　株式移転完全子法人の株主の株式継続保有要件

　株式移転の直前に株式移転完全子法人のすべてについて他の者との間に当該他の者による支
配関係がない場合には，株式移転完全子法人の株主の株式継続保有要件は不要となる。

> 株式移転により交付される株式移転完全親法人の株式^(注1)のうち支配株主^(注2)に交付されるもの
> （対価株式）の全部が支配株主^(注3)により継続して保有されることが見込まれていること^(注4)。

(注1)　議決権のないものを除く。
(注2)　支配株主とは，その株式移転の直前にその株式移転に係る株式移転完全子法人又は他の株式移転完全
子法人と他の者との間に当該他の者による支配関係がある場合における当該他の者及び当該他の者による支
配関係があるものをいう。
(注3)　その株式移転後に行われる適格合併によりその対価株式がその適格合併に係る合併法人に移転するこ
とが見込まれている場合には，その合併法人を含む。
(注4)　その株式移転後にその株式移転完全親法人を被合併法人とする適格合併を行うことが見込まれている
場合には，その株式移転の時からその適格合併の直前の時までその対価株式の全部が支配株主により継続し
て保有されることが見込まれていることとする。

⑧　株式移転完全親法人の株式継続保有要件

> 株式移転後に株式移転完全子法人と他の株式移転完全子法人との間に株式移転完全親法人による
> 完全支配関係が継続することが見込まれていること^(注1)。

(注1)　その株式移転後にイ又はロに掲げる適格合併を行うことが見込まれている場合にはそれぞれイ又はロ
に定める要件に該当することが見込まれていることとし，その株式移転後にハに掲げる適格合併等（適格合
併，適格分割又は適格現物出資をいう。ハにおいて同じ）が行われることが見込まれている場合にはハに定
める要件に該当することが見込まれていることとする。
イ　その株式移転完全子法人を被合併法人とする適格合併
　次に掲げる要件のすべてに該当すること
　⑴　その株式移転後にその株式移転完全親法人と当該他の株式移転完全子法人との間にその株式移転完全
親法人による完全支配関係が継続すること^(※1)
　⑵　その株式移転の時からその適格合併の直前の時までその株式移転完全親法人とその株式移転完全子法
人との間に当該株式移転完全親法人による完全支配関係が継続すること
　（※1）　その株式移転後にロに掲げる適格合併を行うことが見込まれている場合には，ロ⑵に掲げる要
件に該当することとする。
ロ　当該他の株式移転完全子法人を被合併法人とする適格合併
　次に掲げる要件のすべてに該当すること
　⑴　その株式移転後にその株式移転完全親法人とその株式移転完全子法人との間にその株式移転完全親法
人による完全支配関係が継続すること^(※2)

第1部　グループ通算制度のM&A・組織再編成・清算に係る税務の概要

(2)　その株式移転の時からその適格合併の直前の時までその株式移転完全親法人と当該他の株式移転完全子法人との間にその株式移転完全親法人による完全支配関係が継続すること

（※2）　その株式移転後にイに掲げる適格合併を行うことが見込まれている場合には，イ(2)に掲げる要件に該当することとする。

ハ　その株式移転完全子法人又は他の株式移転完全子法人を合併法人等とする適格合併等（イ又はロに掲げる適格合併及び合併親法人株式が交付される適格合併並びに分割承継親法人株式が交付される適格分割を除く）

その株式移転の時からその適格合併等の直前の時までその株式移転完全親法人とその株式移転完全子法人及び他の株式移転完全子法人との間にその株式移転完全親法人による完全支配関係が継続し，その適格合併等後に次に掲げる要件のすべてに該当すること。

(1)　その株式移転完全親法人 $^{（※3）}$ がその株式移転完全子法人又は他の株式移転完全子法人 $^{（※4）}$ のその適格合併等の直前の発行済株式等の全部に相当する数の株式を継続して保有すること

(2)　その株式移転完全親法人とその株式移転完全子法人又は他の株式移転完全子法人 $^{（※5）}$ との間にその株式移転完全親法人による完全支配関係が継続すること

（※3）　その株式移転完全親法人による完全支配関係がある法人を含む。

（※4）　その適格合併等に係る合併法人等となるものに限る。

（※5）　その適格合併等に係る合併法人等となるものを除く。

4　事業関連性要件の判定

適格組織再編成の共同事業要件における事業関連性要件の判定について，次に掲げる実態基準及び関連基準のいずれにも該当するときは，被合併事業等と合併事業等は，事業関連性要件を満たすものとする（法規3①②③）。

なお，用語の定義は以下のとおりとする。

- 合併等とは，事業関連性要件に係る合併，分割，現物出資，株式交換，株式移転をいう。
- 被合併法人等とは，事業関連性要件に係る被合併法人，分割法人，現物出資法人，株式交換完全子法人，株式移転完全子法人をいう。
- 合併法人等とは，事業関連性要件に係る合併法人，分割承継法人（新設分割の場合は他の分割法人），被現物出資法人（新設現物出資の場合は，他の現物出資法人），株式交換完全親法人，他の株式移転完全子法人をいう。
- 被合併事業等とは，事業関連性要件に係る被合併事業，分割事業，現物出資事業，子法人事業をいう。
- 合併事業等とは，事業関連性要件に係る合併事業，分割承継事業，被現物出資事業，親法人事業，他の子法人事業をいう。

実態基準	被合併法人等及び合併法人等が合併等の直前においてそれぞれ次に掲げる要件のすべてに該当すること。
	イ　事務所，店舗，工場その他の固定施設（その本店又は主たる事務所の所在地がある国又は地域にあるこれらの施設に限る。ハ(6)において「固定施設」という）を所有し，又は賃借していること。
	ロ　従業者（役員にあっては，その法人の業務に専ら従事するものに限る）があること。

第2章　グループ通算制度の組織再編税制

	ハ　自己の名義をもって，かつ，自己の計算において次に掲げるいずれかの行為をしていること。 ⑴　商品販売等（商品の販売，資産の貸付け又は役務の提供で，継続して対価を得て行われるものをいい，その商品の開発若しくは生産又は役務の開発を含む。以下，実態基準において同じ） ⑵　広告又は宣伝による商品販売等に関する契約の申込み又は締結の勧誘 ⑶　商品販売等を行うために必要となる資料を得るための市場調査 ⑷　商品販売等を行うに当たり法令上必要となる行政機関の許認可等（行政手続法（平成5年法律第88号）第2条第3号（定義）に規定する許認可等をいう）についての同号に規定する申請又は当該許認可等に係る権利の保有 ⑸　知的財産権（特許権，実用新案権，育成者権，意匠権，著作権，商標権その他の知的財産に関して法令により定められた権利又は法律上保護される利益に係る権利をいう。⑸において同じ）の取得をするための出願若しくは登録（移転の登録を除く）の請求若しくは申請（これらに準ずる手続を含む），知的財産権（実施権及び使用権を含むものとし，商品販売等を行うために必要となるものに限る。⑸及び関連基準のロにおいて「知的財産権等」という）の移転の登録（実施権及び使用権にあっては，これらの登録を含む）の請求若しくは申請（これらに準ずる手続を含む）又は知的財産権若しくは知的財産権等の所有 ⑹　商品販売等を行うために必要となる資産（固定施設を除く）の所有又は賃借 ⑺　⑴から⑹までに掲げる行為に類するもの
関連基準	被合併事業等と合併事業等との間に合併等の直前において次に掲げるいずれかの関係があること[(注1)]。 なお，被合併法人等の被合併事業等と合併法人等の合併事業等とが，合併等後に被合併事業等に係る商品，資産若しくは役務又は経営資源と合併事業等に係る商品，資産若しくは役務又は経営資源とを活用して一体として行われている場合には，被合併事業等と合併事業等とは，次に掲げる要件に該当するものと推定する。
	イ　被合併事業等と合併事業等とが同種のものである場合における被合併事業等と合併事業等との間の関係
	ロ　被合併事業等に係る商品，資産若しくは役務（それぞれ販売され，貸し付けられ，又は提供されるものに限る。以下，関連基準において同じ）又は経営資源（事業の用に供される設備，事業に関する知的財産権等，生産技術又は従業者の有する技能若しくは知識，事業に係る商品の生産若しくは販売の方式又は役務の提供の方式その他これらに準ずるものをいう。以下，関連基準において同じ）と合併事業等に係る商品，資産若しくは役務又は経営資源とが同一のもの又は類似するものである場合における被合併事業等と合併事業等との間の関係
	ハ　被合併事業等と合併事業等とが合併等後に被合併事業等に係る商品，資産若しくは役務又は経営資源と合併事業等に係る商品，資産若しくは役務又は経営資源とを活用して行われることが見込まれている場合における被合併事業等と合併事業等との間の関係

（注1）　国税庁／質疑応答事例「事業関連性要件における相互に関連するものについて」では，被合併事業と合併事業が『「相互に関連するものであること」というのは，例えば，「○×小売業と○×小売業というように同種の事業が行われているもの」，「製薬業における製造と販売のように，その業態が異なっても薬という同一の製品の製造と販売を行うなど，それぞれの事業が関連するもの」，「それぞれの事業が合併後において，合併法人において一体として行われている現状にあるもの」などがこれに該当すると考えられます。』とされている。

101

第1部　グループ通算制度のM&A・組織再編成・清算に係る税務の概要

5　無対価組織再編成

(1)　無対価合併

　無対価合併とは，被合併法人の株主に合併法人の株式その他の資産が交付されない合併をいう（法令4の3②一）。

　この無対価合併が適格合併に該当するには，適格要件における完全支配関係又は支配関係が，次のような合併法人と被合併法人間の資本関係を満たす必要がある（法令4の3②③④）。

　そして，この資本関係を満たす無対価合併について，完全支配関係継続要件又は支配関係継続要件を含めた他の適格要件を満たす場合に適格合併に該当することとなる。

　一方，合併法人と被合併法人が，この資本関係を満たさない場合の無対価合併は，非適格となる。

［無対価合併が適格となる資本関係］

グループ再編				M&A
当事者間の完全支配関係	同一者による完全支配関係	当事者間の支配関係	同一者による支配関係	共同事業要件
無対価合併における完全支配関係は，(イ)の関係に限る。	無対価合併における完全支配関係は，(イ)(ロ)のいずれかの関係がある場合における完全支配関係に限る。	無対価合併における支配関係は，(ロ)の関係がある場合における支配関係に限る。	無対価合併における支配関係は(イ)(ロ)のいずれかの関係がある場合における支配関係に限る。	無対価合併が適格合併に該当するためには，(ロ)の関係があるもの，被合併法人のすべて又は合併法人が資本又は出資を有しない法人であるものに限る。

(イ)　合併法人が被合併法人の発行済株式等の全部を保有する関係
(ロ)　被合併法人及び合併法人の株主^(注1)のすべてについて，以下の割合が等しい場合における被合併法人と合併法人との間の関係（以下，本書において「株主均等割合保有関係」という）
　i　その者が保有する被合併法人の株式の数の被合併法人の発行済株式等^(注2)の総数のうちに占める割合
　ii　その者が保有する合併法人の株式の数の合併法人の発行済株式等^(注3)の総数のうちに占める割合
　　（注1）　その被合併法人及び合併法人を除く。
　　（注2）　合併法人が保有する被合併法人の株式を除く。
　　（注3）　被合併法人が保有する合併法人の株式を除く。

[図表] 無対価合併が適格となる資本関係

合併法人が被合併法人の発行済株式等の
全部を保有する関係（イに該当）

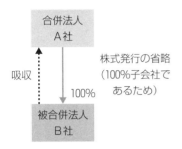

一の者が被合併法人及び合併法人の発行済株式等の全部
を保有する関係（ロに該当）

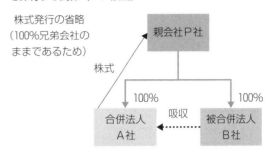

合併法人及びその合併法人の発行済株式等の全部を保有
する者が被合併法人の発行済株式等の全部を保有する関
係（ロに該当）

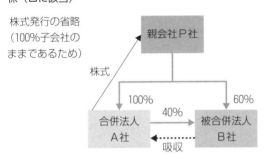

合併法人及び被合併法人の発行済株式等の全部を保有す
る者が合併法人の発行済株式等の全部を保有する関係
（ロに該当）

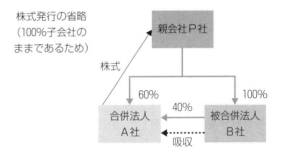

つまり，対価となる株式を発行しても発行しなくても合併後の資本関係が同じとなる場合に無対価でも適格要件を満たすこととなる。

(2) 無対価分割

分割は，その分割が，分社型分割に該当するのか，分割型分割に該当するのかにより，適格要件が異なることとなる（法法２十二の十一，法令４の３⑥⑦⑧⑨）。

無対価分割とは，分割対価資産がない分割をいう（法法２十二の九ロ）。

この無対価分割が，分割型分割と分社型分割のいずれに該当するかは，法人税法上は次のように定義されている（法法２十二の九・十二の十）。

① 無対価の分割型分割

次のいずれかに該当する無対価分割は分割型分割となる。

第1部　グループ通算制度のM&A・組織再編成・清算に係る税務の概要

Ⅰ	その分割の直前において，分割承継法人が分割法人の発行済株式等の全部を保有している場合の無対価分割
Ⅱ	その分割の直前において，分割法人が分割承継法人の株式を保有していない場合の無対価分割

②　無対価の分社型分割

次に該当する無対価分割は分社型分割となる。

Ⅲ	その分割の直前において，分割法人が分割承継法人の株式を保有している場合の無対価分割（Ⅰの無対価分割を除く）

この無対価分割が適格分割に該当するには，適格要件における完全支配関係又は支配関係が，次のような分割法人と分割承継法人間の資本関係を満たす必要がある（法令4の3⑥⑦⑧）。

そして，この資本関係を満たす無対価分割について，完全支配関係継続要件又は支配関係継続要件を含めた他の適格要件を満たす場合に適格分割に該当することとなる。

一方，分割法人と分割承継法人が，この資本関係を満たさない場合の無対価分割は，非適格となる。

［無対価分割の適格要件］

グループ再編				M&A
当事者間の完全支配関係	同一者による完全支配関係	当事者間の支配関係	同一者による支配関係	共同事業要件
無対価分割における完全支配関係は，分割型分割にあっては(イ)の関係がある場合における完全支配関係に限る。分社型分割にあっては(ハ)の関係がある場合における完全支配関係に限る。	無対価分割における完全支配関係は，分割型分割にあっては(イ)(ロ)のいずれかの関係がある場合における完全支配関係に限る。分社型分割にあっては(ハ)の関係がある場合における完全支配関係に限る。	無対価分割における支配関係は，分割型分割にあっては(ロ)の関係がある場合における支配関係に限る。分社型分割にあっては(ハ)の関係がある場合における支配関係に限る。	無対価分割における支配関係は，分割型分割にあっては(イ)(ロ)のいずれかの関係がある場合における支配関係に限る。分社型分割にあっては(ハ)の関係がある場合における支配関係に限る。	無対価分割が適格分割に該当するためには，分割型分割にあっては(ロ)の関係がある分割型分割，分割法人のすべてが資本又は出資を有しない法人である分割型分割に限る。分社型分割にあっては(ハ)の関係がある分社型分割に限る。

(イ)　分割承継法人が分割法人の発行済株式等の全部を保有する関係
(ロ)　分割法人の株主[注1]及び分割承継法人の株主[注2]のすべてについて，以下の割合が等しい場合における分割法人と分割承継法人との間の関係（以下，本書において「株主均等割合保有関係」という）
　i　その者が保有する分割法人の株式の数の分割法人の発行済株式等[注3]の総数のうちに占める割合

104

ⅱ　その者が保有する分割承継法人の株式の数の分割承継法人の発行済株式等の総数のうちに占める割合
(ハ)　分割法人が分割承継法人の発行済株式等の全部を保有する関係
　(注１)　その分割法人及び分割承継法人を除く。
　(注２)　その分割承継法人を除く。
　(注３)　その分割承継法人が保有するその分割法人の株式を除く。

[図表]　無対価分割が適格となる資本関係

分割承継法人が分割法人の発行済株式等の全部を保有する関係（イに該当）

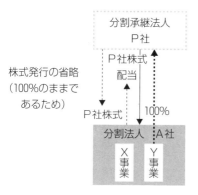

一の者が分割法人及び分割承継法人の発行済株式等の全部を保有する関係（ロに該当）

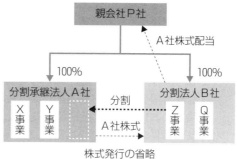

分割法人が分割承継法人の発行済株式等の全部を保有する関係（ハに該当）

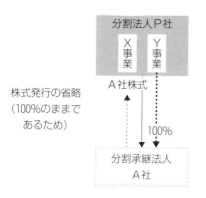

分割承継法人及び分割承継法人の発行済株式等の全部を保有する者が分割法人の発行済株式等の全部を保有する関係（ロに該当）

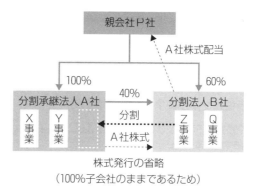

(3)　無対価株式交換

　無対価株式交換とは，株式交換完全子法人の株主に株式交換完全親法人の株式その他の資産が交付されないものをいう（法令４の３⑱）。

　この無対価株式交換が適格株式交換に該当するには，適格要件における完全支配関係又は支配関係が，次のような株式交換完全親法人と株式交換完全子法人間の資本関係を満たす必要がある（法令４の３⑱⑲⑳）。

そして，この資本関係を満たす無対価株式交換について，完全支配関係継続要件又は支配関係継続要件を含めた他の適格要件を満たす場合に適格株式交換に該当することとなる。

一方，株式交換完全親法人と株式交換完全子法人が，この資本関係を満たさない場合の無対価株式交換は非適格となる。

[無対価株式交換が適格となる資本関係]

グループ再編				M&A
当事者間の完全支配関係	同一者による完全支配関係	当事者間の支配関係	同一者による支配関係	共同事業要件
無対価株式交換は完全支配関係を満たさない。	無対価株式交換における完全支配関係は，株主均等割合保有関係がある場合における完全支配関係に限る。	無対価株式交換における支配関係は，株主均等割合保有関係がある場合における支配関係に限る。	無対価株式交換における支配関係は，株主均等割合保有関係がある場合における支配関係に限る。	無対価株式交換が適格株式交換に該当するためには，株主均等割合保有関係があるものに限る。

株主均等割合保有関係とは，株式交換完全子法人の株主[注1]及び株式交換完全親法人の株主[注2]のすべてについて，以下の割合が等しい場合における株式交換完全子法人と株式交換完全親法人との間の関係をいう。
ⅰ　その者が保有する株式交換完全子法人の株式の数の株式交換完全子法人の発行済株式等[注3]の総数のうちに占める割合
ⅱ　その者が保有する株式交換完全親法人の株式の数の株式交換完全親法人の発行済株式等の総数のうちに占める割合
（注1）　その株式交換完全子法人及び株式交換完全親法人を除く。
（注2）　その株式交換完全親法人を除く。
（注3）　その株式交換完全親法人が保有するその株式交換完全子法人の株式を除く。

[図表]　無対価株式交換が適格となる資本関係
　　一の者が株式交換完全子法人及び株式交換完全親法人の発行済株式等の全部を保有する関係
　　（株主均等割合保有関係に該当）

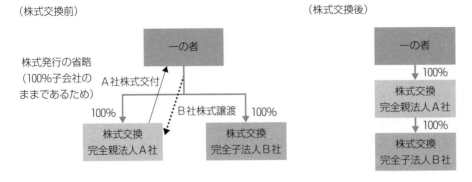

株式交換完全親法人及び株式交換完全親法人の発行済株式等の全部を保有する者が株式交換完全子
法人の発行済株式等の全部を保有する関係（株主均等割合保有関係に該当）

（株式交換前）　　　　　　　　　　　　　　　　　　　　（株式交換後）

一の者

株式発行の省略
（100％子会社の
ままであるため）

A社株式交付

B社株式
60％譲渡

100%　　　　　　　　　　　　　　　60%

株式交換
完全親法人A社　　40%　　株式交換
完全子法人B社

一の者

100%

株式交換
完全親法人A社

100%

株式交換
完全子法人B社

6　完全支配関係のある法人間の非適格組織再編成の取扱い

(1)　合併に係る譲渡損益の繰延べ

　完全支配関係のある法人間で非適格合併を行った場合，被合併法人で発生する譲渡損益調整資産に係る譲渡損益は，100％グループ内法人間の譲渡損益調整資産の譲渡取引と同様に繰り延べられる（法法61の11①⑦，法令122の12②）。

　この場合，最終事業年度（被合併法人の合併日の前日の属する事業年度）に被合併法人において計上される譲渡利益額又は譲渡損失額を損金又は益金に算入する（法法61の11①）。

　また，この場合，合併法人において，譲渡損益調整資産に係る譲渡利益額は合併法人のその譲渡損益調整資産の取得価額に算入しないものとし，その譲渡損益調整資産に係る譲渡損失額はその合併法人のその譲渡損益調整資産の取得価額に算入するものとする（法法61の11①⑦）。つまり，税務上，合併法人の譲渡損益調整資産に係る帳簿価額は被合併法人の帳簿価額となる。

　なお，非適格合併の場合は，被合併法人の「のれん」を含むすべての資産が時価で譲渡されるため，譲渡損益調整資産以外の資産に係る譲渡損益は通常どおり実現する（法法62）。

　ただし，通算法人間の非適格合併においても，通算子法人株式の他の通算法人に対する譲渡損益の計上制限（法法61の11⑧）が適用されることとなる。

　つまり，通算法人間の非適格合併において，被合併法人である通算法人が，他の通算子法人の株式を合併法人である他の通算法人に対して譲渡（当該他の通算子法人に対する譲渡を除く）する場合，被合併法人である通算法人の最終事業年度において，当該他の通算子法人の株式の譲渡損益は実現させないこととする（法法61の11①⑧）。

　具体的には，被合併法人である通算法人において計上される当該他の通算子法人の株式に係る譲渡利益額又は譲渡損失額を別表4で社外流出により損金又は益金に算入し，別表5(1)で繰越損益金又は留保金額として利益積立金額に加算又は減算させることとなる（法令9一チ，法法61の11①⑧）。

第1部　グループ通算制度のM&A・組織再編成・清算に係る税務の概要

　また，合併法人である通算法人では，非適格合併により被合併法人である他の通算法人から譲り受けた当該他の通算子法人の株式について，時価で受け入れることとする。

　なお，他の通算子法人の株式で当該他の通算子法人以外の通算法人に譲渡されたものは，完全支配関係がある法人間の譲渡損益の繰延べの対象外となる「譲渡の直前の帳簿価額が1,000万円に満たない資産」から除外されている（法令122の12①三）。つまり，非適格合併により，他の通算子法人の株式を当該他の通算子法人以外の通算法人に譲渡する場合には，税務上の帳簿価額が1,000万円に満たないときであっても，この取扱いが適用されることとなる。

(2)　非適格分割，非適格現物出資，非適格現物分配，事業譲渡に係る譲渡損益の繰延べ

　完全支配関係のある法人間で非適格分割を行った場合，分割法人で発生する譲渡損益調整資産に係る譲渡損益は，通常の譲渡と同様に繰り延べられる（法法61の11①，法令122の12②）。この場合，譲渡損益が発生する分割法人の分割事業年度（分割日の属する事業年度）に，分割法人において譲渡利益額又は譲渡損失額を損金又は益金に算入する。

　なお，非適格分割の場合は，分割事業の「のれん」を含むすべての資産が時価で譲渡されるため，譲渡損益調整資産以外の資産に係る譲渡損益は通常どおり実現する（法法62①）。

　また，分割承継法人と分割法人の株主との間に完全支配関係がある非適格分割型分割の場合で，分割承継法人により交付される分割対価資産が譲渡損益調整資産である場合には，分割承継法人から分割法人の株主に対して分割対価資産である譲渡損益調整資産が譲渡されたものとみなして，譲渡損益の繰延べが行われることとなる（法令122の14⑮）。

　ただし，通算法人間の非適格分割においても，通算子法人株式の他の通算法人に対する譲渡損益の計上制限（法法61の11⑧）が適用されることとなる。

　つまり，通算法人間の非適格分割において，分割法人である通算法人が，他の通算子法人の株式を分割承継法人である他の通算法人に対して譲渡（当該他の通算子法人に対する譲渡を除く）する場合，分割法人である通算法人の分割事業年度において，当該他の通算子法人の株式の譲渡損益は実現させないこととする（法法61の13①⑧）。

　具体的には，分割法人である通算法人において計上される当該他の通算子法人の株式に係る譲渡利益額又は譲渡損失額を別表4で社外流出により損金又は益金に算入し，別表5(1)で繰越損益金又は留保金額として利益積立金額に加算又は減算させることとなる（法令9一チ，法法61の11①⑧）。

　また，分割承継法人である通算法人では，非適格分割により分割法人である他の通算法人から譲り受けた当該他の通算子法人の株式について，時価で受け入れることとする。

108

第2章　グループ通算制度の組織再編税制

　なお，他の通算子法人の株式で当該他の通算子法人以外の通算法人に譲渡されたものは，完全支配関係がある法人間の譲渡損益の繰延べの対象外となる「譲渡の直前の帳簿価額が1,000万円に満たない資産」から除外されている（法令122の12①三）。つまり，非適格分割により，他の通算子法人の株式を当該他の通算子法人以外の通算法人に譲渡する場合には，税務上の帳簿価額が1,000万円に満たないときであっても，この取扱いが適用されることとなる。

　以上の譲渡損益の繰延べの取扱いは，完全支配関係のある法人間の非適格現物出資，非適格現物分配，事業譲渡（事業の譲受）についても非適格分割と同様に適用される。

(3)　非適格株式交換の時価評価からの除外

　株式交換直前に株式交換完全親法人と株式交換完全子法人との間に完全支配関係があった場合の株式交換は，時価評価制度の対象から除外されるため，完全支配関係のある法人間の株式交換は非適格であっても，株式交換完全子法人の有する資産を時価評価する必要はない（法法62の9①）。

(4)　非適格株式移転の時価評価からの除外

　株式移転直前に株式移転完全子法人と他の株式移転完全子法人との間に完全支配関係があった場合の株式移転は，時価評価制度の対象から除外されるため，完全支配関係のある株式移転完全子法人と他の株式移転完全子法人との間の株式移転は非適格であっても，株式移転完全子法人及び他の株式移転完全子法人の有する資産を時価評価する必要はない（法法62の9①）。

7　純資産の部と税務仕訳

　ここでは，純資産の部の取扱いに焦点を当てるため，以下を前提として解説している。
- 税務仕訳において，譲渡損益調整資産の譲渡損益の繰延べの規定（法法61の11①）の適用については扱っていない。この点は，上記6を参照してほしい。
- 組織再編成に伴い通算子法人で通算終了事由が生じた場合，その通算子法人株式の投資簿価修正後の帳簿価額に基づき組織再編成に係る処理が行われるが，税務仕訳において，この取扱いは省略している。この点は，第1章第10節を参照してほしい。
- 税務仕訳において，非適格組織再編成（現物分配又は株式分配を除く）に係る再編対価の時価譲渡に伴う譲渡損益の計上は省略している。
- 税務仕訳において，株式の取得価額には，株式の取得価額に含まれる付随費用は考慮していない。
- 税務仕訳において，配当等に係る所得税の源泉徴収は考慮していない。なお，みなし配当については，所得税の源泉徴収が必要となる（所法24①，25①，174①二，212③）。ただし，適格現物分配

109

第1部　グループ通算制度のM&A・組織再編成・清算に係る税務の概要

又は適格株式分配に係る配当については，所得税の源泉徴収は不要となる（所法24①，25①，174①二，212③）。また，内国法人が支払を受ける配当等（みなし配当を含む）について，完全子法人株式等[注1]又は関連法人株式等[注2]に係る配当等に該当する場合，源泉徴収は不要となる（所法177①②，所令301①②）。

● 再編対価として，金銭（現預金），再編当事者の株式（合併法人株式等），親法人株式（合併親法人株式等）以外の資産の交付はないものとする。また，再編対価はそのいずれかとする（現金＋合併法人株式などの併用は想定していない）。

● 無対価再編の場合は，上記5の適格となる資本関係を有するものとする（ただし，他の要件を満たさない場合は非適格となる）。

● 新設合併，中間型分割，非按分型の分割型分割[注3]及び非按分型の株式分配[注4]は解説の対象外としている。

（注1）　ここでいう完全子法人株式等は，受取配当金の益金不算入の規定（法法23①⑤）に係る完全子法人株式等と定義が同じとなる（所法177①，所令301①）。

（注2）　ここでいう関連法人株式等とは，内国法人が他の内国法人の発行済株式等の総数の1／3超の株式等を配当基準日等において有している場合の当該他の内国法人の株式等をいう。1／3超保有を各株主単独で判定するため，受取配当金の益金不算入の規定（法法23①④）に係る関連法人株式等（100％グループで判定）と定義が異なる点に注意する。

（注3）　分割型分割のうち，分割対価資産が分割法人の発行済株式等の総数のうちに占める分割法人の各株主の有する分割法人の株式の数の割合に応じて交付されないものをいう。

（注4）　株式分配のうち，完全子法人株式が現物分配法人の発行済株式等の総数のうちに占める現物分配法人の各株主の有する現物分配法人の株式の数の割合に応じて交付されないものをいう。

(1)　合併法人

合併において，合併法人の純資産の部を含めた税務仕訳は，次のとおりとなる（法法24①②，61の2①③⑥㉓，62の2④，法令8①五，法令9①二，23①一・⑤，119の11の2，123の3③）。

①　非適格合併（抱合株式がない場合）

非適格合併（抱合株式がない場合）において，合併法人の純資産の部は次のように計算される。

純資産の部	計算方法
資本金	契約書の定め
資本金等（上記資本金を除く）[注]	合併対価資産の時価[※1]－合併により増加する資本金の額－合併交付金銭等の額[※2] （※1）　無対価合併で株主均等割合保有関係があるものは，移転資産（営業権にあっては，独立取引営業権に限る）の時価（資産調整勘定の金額を含む）から移転負債の時価（負債調整勘定の金額を含む）を控除した金額とする。 （※2）　ここでは，交付する金銭の額又は合併親法人株式の時価（交付時に株式譲渡損益が発生する）とする。なお，内国法人が，自己を合併法人とする合併

110

により親法人株式を交付しようとする場合において，合併契約日に親法人株式を有していたとき，又は合併契約日後にその内国法人を合併法人とする適格合併等により親法人株式の移転を受けたときは，その合併契約日又はその移転を受けた日（合併契約日等）において，これらの親法人株式（その交付しようとすることが見込まれる数を超える部分の数に相当するものを除く）をその合併契約日等における時価により譲渡し，かつ，これらの親法人株式をその時価により取得したものとみなして，その内国法人の各事業年度の所得の金額を計算する。ここで，親法人株式とは，その内国法人との間にその内国法人の発行済株式等の全部を直接又は間接に保有する関係がある法人に該当することがその合併契約日において見込まれる法人の株式をいう。

利益積立金	増加しない

(注)　資本金等（上記資本金を除く）の額は，被合併法人のすべて又は合併法人が資本又は出資を有しない法人である場合には，0とする。

　合併法人の税務仕訳は次のとおりとなる。

借方	金額の根拠	貸方	金額の根拠
資産[注1]	時価[注3]	負債[注1,2]	時価
		資本金	契約書の定め
		合併交付金銭等	時価
		資本金等（上記資本金を除く）	差額

(注1)　資産調整勘定及び負債調整勘定を含む（法法62の8①②③）。
(注2)　合併により移転する負債には，未払法人税等（法人税，地方法人税，住民税）で申告書の提出期限が合併日以後であるものが含まれる（法令123②）。
(注3)　被合併法人が譲渡損益調整資産の譲渡損益の繰延べの規定の適用を受けた場合，その譲渡損益調整資産に係る繰延譲渡益は，合併法人のその譲渡損益調整資産の取得価額に算入しない（繰延譲渡損は，その取得価額に算入する。法法61の11①⑦，法令122の12②）。

② **非適格合併（抱合株式がある場合）**

　非適格合併（抱合株式がある場合）において，合併法人の純資産の部は次のように計算される。

純資産の部	計算方法
資本金	契約書の定め
資本金等（上記資本金を除く）[注]	合併対価資産の時価[※1,2]－合併により増加する資本金の額－合併交付金銭等の額[※3]－抱合株式の帳簿価額－抱合株式に係るみなし配当の額 （※1）　抱合株式に対して交付されたものとみなされる合併対価資産を含む。 （※2）　無対価合併で株主均等割合保有関係があるものは，移転資産（営業権にあっては，独立取引営業権に限る）の時価（資産調整勘定の金額を含む）から

111

第1部　グループ通算制度のM&A・組織再編成・清算に係る税務の概要

	移転負債の時価（負債調整勘定の金額を含む）を控除した金額とする。 （※3）　ここでは，交付する金銭の額又は合併親法人株式の時価（交付時に株式譲渡損益が発生する）とする。親法人株式の取扱いについては，上記(1)①（※2）と同じ。
利益積立金	増加しない

（注）　資本金等（上記資本金を除く）の額は，被合併法人のすべて又は合併法人が資本又は出資を有しない法人である場合には，0とする。

　抱合株式に係る株式譲渡損益及びみなし配当は次のように計算される。

株式譲渡損益	発生しない（帳簿価額での譲渡となる）。
みなし配当	みなし配当の額＝合併対価資産の時価[※1]－被合併法人の合併日の前日の属する事業年度終了時の資本金等の額×合併法人が合併直前に有していた被合併法人株式の数／発行済株式等の総数 （※1）　抱合株式に対して交付されたものとみなされる合併対価資産の時価とする。

　合併法人の税務仕訳は次のとおりとなる。

借方	金額の根拠	貸方	金額の根拠
資産[注1]	時価[注3]	負債[注1,2]	時価
		資本金	契約書の定め
		合併交付金銭等	時価
		抱合株式	帳簿価額
		抱合株式に係るみなし配当	計算額
		資本金等（上記資本金を除く）	差額

（注1）　資産調整勘定及び負債調整勘定を含む（法法62の8①②③）。
（注2）　合併により移転する負債には，未払法人税等（法人税，地方法人税，住民税）で申告書の提出期限が合併日以後であるものが含まれる（法令123②）。
（注3）　被合併法人が譲渡損益調整資産の譲渡損益の繰延べの規定の適用を受けた場合，その譲渡損益調整資産に係る繰延譲渡益は，合併法人のその譲渡損益調整資産の取得価額に算入しない（繰延譲渡損は，その取得価額に算入する。法法61の11①⑦，法令122の12②）。

③　適格合併（抱合株式がない場合）

　適格合併（抱合株式がない場合）において，合併法人の純資産の部は次のように計算される。

112

純資産の部	計算方法
資本金	契約書の定め
資本金等（上記資本金を除く）[注]	被合併法人の適格合併の日の前日の属する事業年度終了時における資本金等の額 − 合併により増加した資本金の額 − 合併交付金銭等の額[※1] （※1）　ここでは，交付する金銭の額又は金銭等不交付合併[注1]に該当する場合は，合併親法人株式の適格合併の直前の帳簿価額（交付時に株式譲渡損益が発生しない）とする。親法人株式の取扱いについては，上記(1)①（※2）と同じ。 （注1）　金銭等不交付合併とは，合併対価資産として合併法人株式又は合併親法人株式のいずれか一方の株式以外の資産が交付されなかったものをいう。
利益積立金	被合併法人の適格合併の日の前日の属する事業年度終了時の資産の帳簿価額 − 負債の帳簿価額 − 適格合併により増加した資本金等の額 − 合併交付金銭等の額

（注）　資本金等（上記資本金を除く）の額は，被合併法人のすべて又は合併法人が資本又は出資を有しない法人である場合には，0とする。

合併法人の税務仕訳は次のとおりとなる。

借方	金額の根拠	貸方	金額の根拠
資産	帳簿価額[注1]	負債	帳簿価額[注1]
		資本金	契約書の定め
		合併交付金銭等	上記（※1）
		利益積立金	差額
		資本金等（上記資本金を除く）	上記計算

（注1）　被合併法人の適格合併の日の前日の属する事業年度終了時の帳簿価額をいう。

④　適格合併（抱合株式がある場合）

適格合併（抱合株式がある場合）において，合併法人の純資産の部は次のように計算される。

純資産の部	計算方法
資本金	契約書の定め
資本金等（上記資本金を除く）[注]	被合併法人の適格合併の日の前日の属する事業年度終了時における資本金等の額 − 合併により増加した資本金の額 − 合併交付金銭等の額[※1] − 抱合株式の帳簿価額 （※1）　ここでは，交付する金銭の額又は金銭等不交付合併に該当する場合は，合併親法人株式の適格合併の直前の帳簿価額（交付時に株式譲渡損益が発生しない）とする。親法人株式の取扱いについては，上記(1)①（※2）と同じ。

第1部　グループ通算制度のM&A・組織再編成・清算に係る税務の概要

利益積立金	被合併法人の適格合併の日の前日の属する事業年度終了時の資産の帳簿価額－負債の帳簿価額－適格合併により増加した資本金等の額－合併交付金銭等の額－抱合株式の帳簿価額

（注）　資本金等（上記資本金を除く）の額は，被合併法人のすべて又は合併法人が資本又は出資を有しない法人である場合には，0とする。

抱合株式に係る株式譲渡損益及びみなし配当は次のように計算される。

株式譲渡損益	発生しない（帳簿価額での譲渡となる）。
みなし配当	発生しない。

合併法人の税務仕訳は次のとおりとなる。

借方	金額の根拠	貸方	金額の根拠
資産	帳簿価額(注1)	負債	帳簿価額(注1)
		資本金	契約書の定め
		合併交付金銭等	上記（※1）
		抱合株式	帳簿価額
		資本金等（上記資本金を除く）	上記計算
		利益積立金	差額

（注1）　被合併法人の適格合併の日の前日の属する事業年度終了時の帳簿価額をいう。

(2)　被合併法人

合併において，被合併法人の税務仕訳は，次のとおりとなる（法法62①，62の2①）。

①　非適格合併

借方	金額の根拠	貸方	金額の根拠
負債	帳簿価額(注1)	資産	帳簿価額(注1)
未払法人税等(注2)	計算(注3)	合併譲渡益	計算(注3,4)
合併対価資産	時価		
資本金等	別表5(1)(注5)	合併対価資産	時価
利益積立金	別表5(1)(注5)		

（注1）　被合併法人の適格合併の日の前日の属する事業年度終了時の帳簿価額をいう。
（注2）　合併により移転する負債には，未払法人税等（法人税，地方法人税，住民税）で申告書の提出期限が

合併日以後であるものが含まれる（法令123②）。

（注3）　循環計算となる。

（注4）　完全支配関係法人間の取引に係る譲渡損益の繰延べの規定が適用されるものは繰り延べられる（法法61の11①，法令122の12②）。

（注5）　被合併法人の適格合併の日の前日の属する事業年度終了時の金額をいう。

②　適格合併

借方	金額の根拠	貸方	金額の根拠
負債(注2)	帳簿価額(注1)	資産	帳簿価額(注1)
合併対価資産	差額(注4)		
資本金等	別表5(1)(注3)	合併対価資産	差額(注4)
利益積立金	別表5(1)(注3)		

（注1）　被合併法人の適格合併の日の前日の属する事業年度終了時の帳簿価額をいう。

（注2）　合併により移転する負債には，未払法人税等（法人税，地方法人税，住民税）で申告書の提出期限が合併日以後であるものが含まれる（法令123②）。

（注3）　被合併法人の適格合併の日の前日の属する事業年度終了時の金額をいう。

（注4）　合併対価資産が合併法人株式の場合は，資産の帳簿価額から負債の帳簿価額を減算した金額となり，現預金の場合は，交付する金銭等の額となり，合併親法人株式の場合は，適格合併の直前の帳簿価額とする。

(3)　分割承継法人

　　分割において，分割承継法人の純資産の部を含めた税務仕訳は，次のとおりとなる（法法24①二・③，61の2①④⑦⑰，62の2④，62の3②，法令8①六・七・十五・二十一イ・二十二，9①三，23①二・⑥二・⑦，119①六・二十七，119の3㉑，119の4①，119の8①②，123の3③，123の4）。

①　非適格分社型分割

　　非適格分社型分割において，分割承継法人の純資産の部は次のように計算される。

純資産の部	計算方法
資本金	契約書の定め
資本金等（上記資本金を除く）	分割対価資産の時価(※1)－分割により増加する資本金の額－分割交付金銭等の額(※2) （※1）　次に掲げる非適格分社型分割の区分に応じそれぞれ次に定める金額をいう。 　　イ）ロ及びハ以外の非適格分社型分割 　　　　非適格分社型分割により分割法人に交付した分割承継法人の株式その他の資産の時価の合計額 　　ロ）非適格分社型分割のうち，「分割法人の非適格分割の直前において行う事業

115

第1部　グループ通算制度のM&A・組織再編成・清算に係る税務の概要

	及びその事業に係る主要な資産又は負債のおおむね全部がその非適格分割により分割承継法人に移転をするもの（法法62の8①，法令123の10①）」に該当しないもの（無対価分割に該当するものを除く） 　移転資産の時価から移転負債の時価を減算した金額 ハ）非適格分社型分割のうち，無対価分割で分割法人が分割承継法人の発行済株式等の全部を保有する関係があるもの 　移転資産（営業権にあっては，独立取引営業権に限る）の時価（資産調整勘定の金額を含む）から移転負債の時価（負債調整勘定の金額を含む）を控除した金額 （※2）　ここでは，交付する金銭の額又は分割承継親法人株式の時価（交付時に株式譲渡損益が発生する）とする。
利益積立金	増加しない

　分割承継法人の税務仕訳は次のとおりとなる。

借方	金額の根拠	貸方	金額の根拠
資産（注1）	時価	負債（注1）	時価
		資本金	契約書の定め
		分割交付金銭等	時価
		資本金等（上記資本金を除く）	差額（＝上記計算）

（注1）　資産調整勘定及び負債調整勘定を含む（法法62の8①②③）。

②　適格分社型分割

　適格分社型分割において，分割承継法人の純資産の部は次のように計算される。

純資産の部	計算方法
資本金	契約書の定め
資本金等（上記資本金を除く）	分割法人の移転簿価純資産価額（※1）－分割により増加する資本金の額（※2） （※1）　分割法人の適格分社型分割の直前の移転資産の帳簿価額から移転負債の帳簿価額を減算した金額をいう。 （※2）　適格分社型分割により分割法人に分割承継親法人株式を交付した場合には，その交付した分割承継親法人株式の適格分社型分割の直前の帳簿価額を減算する。
利益積立金	増加しない

　分割承継法人の税務仕訳は次のとおりとなる。

借方	金額の根拠	貸方	金額の根拠
資産	帳簿価額[注1]	負債	帳簿価額[注1]
		資本金	契約書の定め
		資本金等（上記資本金を除く）	差額[注2]

（注1） 分割法人の適格分社型分割の直前の移転資産及び負債の帳簿価額をいう。

（注2） 適格分社型分割により分割法人に分割承継親法人株式を交付した場合には，その交付した分割承継親法人株式の適格分社型分割の直前の帳簿価額を貸方に計上する。

③ 非適格分割型分割

非適格分割型分割において，分割承継法人の純資産の部は次のように計算される。

純資産の部	計算方法
資本金	契約書の定め
資本金等（上記資本金を除く）[注]	分割対価資産の時価[※1] － 分割により増加する資本金の額 － 分割交付金銭等の額[※2] （※1） 次に掲げる非適格分割型分割の区分に応じそれぞれ次に定める金額をいう。 　イ）ロ及びハ以外の非適格分割型分割 　　　分割型分割により分割法人（分割対価資産のすべてが分割法人の株主に直接に交付される分割型分割にあっては，その株主）に交付した分割承継法人の株式その他の資産の時価の合計額 　ロ）非適格分割型分割のうち，「分割法人の非適格分割の直前において行う事業及びその事業に係る主要な資産又は負債のおおむね全部がその非適格分割により分割承継法人に移転をするもの（法法62の8①，法令123の10①）」に該当しないもの（無対価分割に該当するものを除く） 　　　移転資産の時価から移転負債の時価を減算した金額 　ハ）非適格分割型分割のうち，無対価分割で株主均等割合保有関係があるもの 　　　移転資産（営業権にあっては，独立取引営業権に限る）の時価（資産調整勘定の金額を含む）から移転負債の時価（負債調整勘定の金額を含む）を控除した金額 （※2） ここでは，交付する金銭の額又は分割承継親法人株式の時価（株式譲渡損益が発生する）とする。
利益積立金	増加しない

（注） 資本金等（上記資本金を除く）の額は，分割承継法人が資本又は出資を有しない法人である場合には，0とする。

分割承継法人が分割の直前に有していた分割法人株式に係る株式譲渡損益及びみなし配当の額は次のように計算される。

117

第1部　グループ通算制度のM&A・組織再編成・清算に係る税務の概要

株式譲渡損益	❶　金銭等不交付分割型分割^(※1)

株式譲渡損益

❶　金銭等不交付分割型分割^(※1)
- 株式譲渡損益は発生しない。
- 分割法人株式の分割純資産対応帳簿価額^(※2)及びみなし配当の額が分割承継法人株式（分割承継親法人株式）の帳簿価額に付け替わる。
- 付け替わった分割承継法人株式の帳簿価額が資本金等の額から減額される。

❷　無対価分割で株主均等割合保有関係がある分割型分割
- 株式譲渡損益は発生しない。
- 分割法人株式の分割純資産対応帳簿価額及びみなし配当の額を資本金等の額から減額する。

❸　金銭等不交付分割型分割以外の分割型分割（❷を除く）
- 株式譲渡損益が発生する。
- ただし，完全支配関係法人間の非適格分割型分割の場合，株式譲渡損益は発生せず，株式譲渡損相当額が資本金等の額から減額される（株式譲渡益相当額を資本金等の額に加算する）。
- 分割法人株式の分割純資産対応帳簿価額が株式譲渡原価となる。
- 分割対価資産の時価から株式譲渡原価及びみなし配当の額の合計額を減算した金額が株式譲渡損益（株式譲渡損益相当額）となる。

（※1）　金銭等不交付分割型分割とは，分割対価資産として分割承継法人株式又は分割承継親法人株式のいずれか一方の株式以外の資産が交付されなかったもの（その株式が分割法人の発行済株式等の総数のうちに占める分割法人の各株主の有する分割法人の株式の数の割合に応じて交付されたものに限る）をいう。

（※2）　分割法人株式の分割純資産対応帳簿価額は，次の計算による。
分割法人株式の分割純資産対応帳簿価額＝分割直前の分割法人株式の帳簿価額×分割割合^(注1)

（注1）　分割割合は，下記のみなし配当の（※1）の（注3）と同じ。

みなし配当	発生する^(※1)。

みなし配当

発生する^(※1)。

（※1）　みなし配当の額は，次の計算による。
みなし配当の額＝分割対価資産の時価^(注1) − 分割法人の分割資本金等の額^(注2) ×分割承継法人が分割型分割の直前に有していた分割法人株式の数／分割法人の分割型分割の直前の発行済株式等の総数

（注1）　分割対価資産の時価は，分割承継法人が交付を受けた分割承継法人の株式その他の資産の時価の合計額とする。また，非適格分割型分割のうち，無対価分割で株主均等割合保有関係があるものにあっては，移転資産（営業権にあっては，独立取引営業権に限る）の時価（資産調整勘定の金額を含む）から移転負債の時価（負債調整勘定の金額を含む）を控除した金額を分割法人の分割型分割の直前の発行済株式等の総数で除し，これにその分割法人の株主がその分割型分割の直前に有していたその分割法人の株式の数を乗じて計算した金額とする。

（注2）　分割法人の分割資本金等の額＝分割法人の分割型分割の直前の資本金等の額×分割割合^(注3)

（注3）　分割割合^(注4)＝分割法人の移転簿価純資産価額^(注5)／分割法人の簿価純資産総額^(注6)

（注4）　分割型分割の直前の資本金等の額が0以下である場合には0と，分割型分割の直前の資本金等の額及び分子の金額が0を超え，かつ，分母の金額

118

第2章　グループ通算制度の組織再編税制

<table>
<tr><td rowspan="2"></td><td>が0以下である場合には1とし，その割合に小数点以下3位未満の端数があるときはこれを切り上げる。なお，分割法人は，分割法人の株主に対し，分割割合を通知しなければならない。</td></tr>
<tr><td>（注5）　分割法人の移転簿価純資産価額とは，分割法人の分割型分割の直前の移転資産の帳簿価額から移転負債の帳簿価額を控除した金額（その金額が分母の金額を超える場合（分母の金額が0に満たない場合を除く）には，分母の金額）をいう。
（注6）　分割法人の簿価純資産総額とは，分割法人の分割型分割の日の属する事業年度の前事業年度（その分割型分割の日以前6月以内に仮決算による中間申告書を提出し，かつ，その提出の日からその分割型分割の日までの間に確定申告書を提出していなかった場合には，その中間申告書に係る期間）終了時の資産の帳簿価額から負債（新株予約権及び株式引受権に係る義務を含む）の帳簿価額を減算した金額（その終了時からその分割型分割の直前の時までの間に資本金等の額又は利益積立金額（当期の所得金額等に基づく留保金額に係るもの及び投資簿価修正額を除く）が増加し，又は減少した場合には，その増加した金額を加算し，又はその減少した金額を減算した金額）をいう。</td></tr>
</table>

分割承継法人の税務仕訳は次のとおりとなる。

なお，分割対価は分割承継法人株式とする又は無対価分割（分割承継法人が分割法人の発行済株式等の全部を保有する関係又は株主均等割合保有関係があるものに限る）とする。

借方	金額の根拠	貸方	金額の根拠
資産^{（注1）}	時価	負債^{（注1）}	時価
		資本金	契約書の定め
		資本金等（上記資本金を除く）	上記計算
資本金等^{（注2）}	差額	分割法人株式	分割純資産対応帳簿価額
		みなし配当	上記計算

（注1）　資産調整勘定及び負債調整勘定を含む（法法62の8①②③）。
（注2）　分割対価が分割承継親法人株式の場合は，分割承継親法人株式の帳簿価額に付け替わる。

④　適格分割型分割

適格分割型分割において，分割承継法人の純資産の部は次のように計算される。

純資産の部	計算方法
資本金	契約書の定め
資本金等（上記資本金を除く）^{（注）}	分割法人の分割資本金等の額^{（※1）}－分割により増加する資本金の額^{（※2）} （※1）　分割法人の分割資本金等の額の計算方法は，上記③と同じ。 （※2）　適格分割型分割により分割法人に分割承継親法人株式を交付した場合，

119

第1部　グループ通算制度のM&A・組織再編成・清算に係る税務の概要

	その交付した分割承継親法人株式の適格分割型分割の直前の帳簿価額とする。
利益積立金	分割法人の移転簿価純資産価額[※1] − 分割により増加した資本金等の額[※2,3] （※1）　分割法人の移転簿価純資産価額とは，分割法人の適格分割型分割の直前の移転資産の帳簿価額から移転負債の帳簿価額を減算した金額をいう。 （※2）　新設分割にあっては，その設立の時における資本金等の額とする。 （※3）　適格分割型分割により分割法人に分割承継親法人株式を交付した場合，分割承継親法人株式の適格分割型分割の直前の帳簿価額を減算する。

（注）　資本金等（上記資本金を除く）の額は，分割承継法人が資本又は出資を有しない法人である場合には，0とする。

　分割承継法人が分割の直前に有していた分割法人の株式に係る株式譲渡損益及びみなし配当の額は次のように計算される。

株式譲渡損益	株式譲渡損益は発生しない。 ●分割法人株式の分割純資産対応帳簿価額[※1]が分割承継法人株式（分割承継親法人株式）の帳簿価額に付け替わる。 ●付け替わった分割承継法人株式の帳簿価額が資本金等の額から減額される。 ●無対価分割で分割承継法人が分割法人の発行済株式等の全部を保有する関係又は株主均等割合保有関係がある分割型分割についても，株式譲渡損益は発生せず，分割法人株式の分割純資産対応帳簿価額を資本金等の額から減額する。 （※1）　分割法人株式の分割純資産対応帳簿価額は，上記③と同じ。
みなし配当	発生しない。

　分割承継法人の税務仕訳は次のとおりとなる。

　なお，分割対価は分割承継法人株式とする又は無対価分割（分割承継法人が分割法人の発行済株式等の全部を保有する関係又は株主均等割合保有関係があるものに限る）とする。

借方	金額の根拠	貸方	金額の根拠
資産	帳簿価額[注1]	負債	帳簿価額[注1]
		資本金	契約書の定め
		資本金等（上記資本金を除く）[注2]	上記計算
		利益積立金	差額
資本金等[注3]	右記金額	分割法人株式	分割純資産対応帳簿価額

（注1）　分割法人の適格分割型分割の直前の移転資産及び負債の帳簿価額をいう。

120

第2章　グループ通算制度の組織再編税制

（注2）　分割対価が分割承継親法人株式の場合は，分割承継親法人株式の適格分割型分割の直前の帳簿価額となる。

（注3）　分割対価が分割承継親法人株式の場合は，分割承継親法人株式の帳簿価額に付け替わる。

(4)　分割法人

分割において，分割法人の純資産の部を含めた税務仕訳は，次のとおりとなる（法法62①，62の2②③，62の3①，法令8①十五，9①九・十，119①七・二十七，122の13，123の3②）。

①　非適格分社型分割

借方	金額の根拠	貸方	金額の根拠
負債	帳簿価額^(注1)	資産	帳簿価額^(注1)
分割対価資産	時価	分割譲渡損益	差額^(注2)

（注1）　分割法人の非適格分社型分割の直前の移転資産及び負債の帳簿価額をいう。

（注2）　完全支配関係法人間の取引に係る譲渡損益の繰延べの規定が適用されるものは繰り延べられる（法法61の11①，法令122の12②）。

②　適格分社型分割

借方	金額の根拠	貸方	金額の根拠
負債	帳簿価額^(注1)	資産	帳簿価額^(注1)
分割承継法人株式	差額		

（注1）　分割法人の適格分社型分割の直前の移転資産及び負債の帳簿価額をいう。

③　非適格分割型分割

非適格分割型分割において，分割法人の純資産の部は次のように計算される。

純資産の部	計算方法
資本金	契約書の定め
資本金等（上記資本金を除く）	分割法人の分割資本金等の額^(※1)－分割による資本金の減少額 （※1）　分割法人の分割資本金等の額の計算方法は，上記(3)③と同じ。ただし，その計算した金額が非適格分割型分割により分割法人が分割法人の株主に交付した分割承継法人の株式その他の資産の時価^(注1)を超えるときは，その超える部分の金額を減算した金額とする。 （注1）　特定分割型分割にあっては，分割法人が分割法人の株主に交付したものとされる分割対価資産又は分割承継法人の株式の時価^(注2)とする。特定分割型分割とは，分割対価資産のすべてが分割法人の株主に直接に交付される分割型分割及び無対価分割で分割法人の株主に対する分割承継法人の株式の交付が省略されたと認められる株主均等割合保有関係がある分割型分割をいう。

121

	（注2） 非適格分割型分割のうち，無対価分割で株主均等割合保有関係があるものにあっては，移転資産（営業権にあっては，独立取引営業権に限る）の時価（資産調整勘定の金額を含む）から移転負債の時価（負債調整勘定の金額を含む）を控除した金額とする。
利益積立金	分割交付資産の時価[※1]－分割による資本金等の額の減少額 （※1） 特定分割型分割にあっては，分割法人が分割法人の株主に交付したものとされる分割対価資産又は分割承継法人の株式の時価とする。

分割法人の税務仕訳は次のとおりとなる。

借方	金額の根拠	貸方	金額の根拠
負債	帳簿価額[注1]	資産	帳簿価額[注1]
分割交付資産	時価	分割譲渡損益	差額[注2]
資本金	契約書の定め	分割交付資産	時価
資本金等（上記資本金を除く）	上記計算		
利益積立金	差額		

（注1） 分割法人の非適格分割型分割の直前の移転資産及び負債の帳簿価額をいう。
（注2） 完全支配関係法人間の取引に係る譲渡損益の繰延べの規定が適用されるものは繰り延べられる（法法61の11①，法令122の12②）。

④　適格分割型分割

適格分割型分割において，分割法人の純資産の部は次のように計算される。

純資産の部	計算方法
資本金	契約書の定め
資本金等（上記資本金を除く）	分割法人の分割資本金等の額[※1]－分割による資本金の減少額 （※1） 分割法人の分割資本金等の額の計算方法は，上記(3)③と同じ。
利益積立金	分割法人の移転簿価純資産価額[※1]－分割による資本金等の額の減少額 （※1） 分割法人の適格分割型分割の直前の移転資産の帳簿価額から移転負債の帳簿価額を減算した金額をいう。

分割法人の税務仕訳は次のとおりとなる。

借方	金額の根拠	貸方	金額の根拠
負債	帳簿価額[注1]	資産	帳簿価額[注1]
分割承継法人株式又は分割承継親法人株式	分割法人の移転簿価純資産価額		

資本金	契約書の定め	分割承継法人株式又は分割承継親法人株式	分割法人の移転簿価純資産価額
資本金等（上記資本金を除く）	上記計算		
利益積立金	差額		

（注1）　分割法人の適格分割型分割の直前の移転資産及び負債の帳簿価額をいう。

⑸　事業譲受法人

事業譲渡において，事業譲受法人の純資産の部を含めた税務仕訳は，次のとおりとなる。

借方	金額の根拠	貸方	金額の根拠
資産(注1)	時価	負債(注1)	時価
		現預金	時価

（注1）　資産調整勘定及び負債調整勘定を含む（法法62の8①②③）。

⑹　事業譲渡法人

事業譲渡において，事業譲渡法人の純資産の部を含めた税務仕訳は，次のとおりとなる。

借方	金額の根拠	貸方	金額の根拠
負債	帳簿価額(注1)	資産	帳簿価額(注1)
現預金	時価	事業譲渡損益(注2)	差額

（注1）　事業譲渡法人の譲渡直前の移転資産及び負債の帳簿価額をいう。
（注2）　完全支配関係法人間の取引に係る譲渡損益の繰延べの規定が適用されるものは繰り延べられる（法法61の11①，法令122の12②）。

⑺　被現物出資法人

現物出資において，被現物出資法人の純資産の部を含めた税務仕訳は，次のとおりとなる（法法62の4②，法令8①一・八・九，123の5）。

①　非適格現物出資

非適格現物出資において，被現物出資法人の純資産の部は次のように計算される。

純資産の部	計算方法
資本金	契約書の定め
資本金等（上記資本金を除く）	現物出資対価資産の時価(※1)－現物出資により増加する資本金の額 （※1）　現物出資対価資産の時価とは，次のとおりとなる。

第1部　グループ通算制度のM＆A・組織再編成・清算に係る税務の概要

	イ　ロ以外の場合 　現物出資された資産の時価 ロ　非適格現物出資のうち，現物出資法人の非適格現物出資の直前において行う事業及びその事業に係る主要な資産又は負債のおおむね全部がその非適格現物出資により被現物出資法人に移転をするもの（法法62の8①，123の10①） 　現物出資法人に交付した被現物出資法人の株式の非適格現物出資の時の時価
利益積立金	増加しない

被現物出資法人の税務仕訳は次のとおりとなる。

借方	金額の根拠	貸方	金額の根拠
資産(注1)	時価	負債(注1)	時価
		資本金	契約書の定め
		資本金等（上記資本金を除く）	差額

（注1）　資産調整勘定及び負債調整勘定を含む（法法62の8①②③）。

②　適格現物出資

適格現物出資において，被現物出資法人の純資産の部は次のように計算される。

純資産の部	計算方法
資本金	契約書の定め
資本金等（上記資本金を除く）	現物出資法人の移転簿価純資産価額(※1)－現物出資により増加する資本金の額 （※1）　現物出資法人の適格現物出資の直前の移転資産の帳簿価額から現物出資法人の適格現物出資の直前の移転負債の帳簿価額を減算した金額をいう。
利益積立金	増加しない

被現物出資法人の税務仕訳は次のとおりとなる。

借方	金額の根拠	貸方	金額の根拠
資産	帳簿価額(注1)	負債	帳簿価額(注1)
		資本金	契約書の定め
		資本金等（上記資本金を除く）	差額

（注1）　現物出資法人の適格現物出資の直前の移転資産及び負債の帳簿価額をいう。

(8) 現物出資法人

現物出資において，現物出資法人の純資産の部を含めた税務仕訳は，次のとおりとなる（法法62の4①，法令119①二・七）。

① 非適格現物出資

借方	金額の根拠	貸方	金額の根拠
負債	帳簿価額^(注1)	資産	帳簿価額^(注1)
被現物出資法人株式	時価	現物出資譲渡益	差額^(注2)

（注1）　現物出資法人の非適格現物出資の直前の移転資産及び負債の帳簿価額をいう。
（注2）　完全支配関係法人間の取引に係る譲渡損益の繰延べの規定が適用されるものは繰り延べられる（法法61の11①，法令122の12②）。

② 適格現物出資

借方	金額の根拠	貸方	金額の根拠
負債	帳簿価額^(注1)	資産	帳簿価額^(注1)
被現物出資法人株式	帳簿価額		

（注1）　現物出資法人の適格現物出資の直前の移転資産及び負債の帳簿価額をいう。

(9) 被現物分配法人

現物分配（剰余金の配当，利益の配当，剰余金の分配に限る）において，被現物分配法人の税務仕訳は，次のとおりとなる（法法23①，62の5④⑥，法令9①四，123の6①）。

① 非適格現物分配

借方	金額の根拠	貸方	金額の根拠
資産	時価	受取配当金	差額

② 適格現物分配

借方	金額の根拠	貸方	金額の根拠
資産	帳簿価額	受取配当金^(注1)	差額

（注1）　内国法人が適格現物分配により資産の移転を受けたことにより生ずる収益の額は，その内国法人の各事業年度の所得の金額の計算上，益金の額に算入しない。また，適格現物分配の場合には所得税の源泉徴収は要しない（所法24①，174①二，212③）。

第1部　グループ通算制度のM&A・組織再編成・清算に係る税務の概要

⑽　現物分配法人

現物分配（剰余金の配当，利益の配当，剰余金の分配に限る）において，現物分配法人の純資産の部を含めた税務仕訳は，次のとおりとなる（法法62の5③，法令9①八）。

①　非適格現物分配

非適格現物分配において，現物分配法人の純資産の部は次のように計算される。

純資産の部	計算方法
資本金	変化しない
資本金等（上記資本金を除く）	変化しない
利益積立金	現物分配資産の時価

現物分配法人の税務仕訳は次のとおりとなる。

借方	金額の根拠	貸方	金額の根拠
利益積立金	時価	資産	帳簿価額
		現物分配譲渡益[注1]	差額

（注1）　完全支配関係法人間の取引に係る譲渡損益の繰延べの規定が適用されるものは繰り延べられる（法法61の11①，法令122の12②）。

②　適格現物分配

適格現物分配において，現物分配法人の純資産の部は次のように計算される。

純資産の部	計算方法
資本金	変化しない
資本金等（上記資本金を除く）	変化しない
利益積立金	現物分配資産の帳簿価額

現物分配法人の税務仕訳は次のとおりとなる。

借方	金額の根拠	貸方	金額の根拠
利益積立金	差額	資産[注1]	帳簿価額

（注1）　適格現物分配の場合には所得税の源泉徴収は要しない（所法24①，174①二，212③）。

126

⑾　被株式分配法人

　株式分配において，被株式分配法人の純資産の部を含めた税務仕訳は，次のとおりになる（法法23①，24①三，61の2⑧，法令23①三，119①八，119の8の2①②）。

　なお，金銭等不交付株式分配を対象とする。

　ここで，金銭等不交付株式分配とは，完全子法人株式以外の資産が交付されないもの（その完全子法人株式が現物分配法人の発行済株式等の総数のうちに占める現物分配法人の各株主の有する現物分配法人の株式の数の割合に応じて交付されたものに限る）をいう。

①　非適格株式分配

借方	金額の根拠	貸方	金額の根拠
完全子法人株式	差額	現物分配法人株式	完全子法人株式対応帳簿価額[注1]
		みなし配当	別途計算[注2]

（注1）　完全子法人株式対応帳簿価額は，次の計算による。
　完全子法人株式対応帳簿価額＝分配直前の現物分配法人株式の帳簿価額×分配割合[※1]
　（※1）　分配割合[※2]＝完全子法人株式の帳簿価額[※3]／株式分配法人の簿価純資産総額[※4]
　（※2）　分配割合は，分子が0を超え，かつ，分母が0以下である場合には1とし，その割合に小数点以下3位未満の端数があるときはこれを切り上げる。なお，株式分配法人から被株式分配法人に対して分配割合は通知される。
　（※3）　現物分配法人の株式分配の直前の完全子法人の株式の帳簿価額（その金額が0以下である場合には0とし，その金額が分母の金額を超える場合（分母の金額が0に満たない場合を除く）には分母の金額）とする。
　（※4）　株式分配法人の簿価純資産総額とは，株式分配法人の株式分配の日の属する事業年度の前事業年度（その株式分配の日以前6月以内に仮決算による中間申告書を提出し，かつ，その提出の日からその株式分配の日までの間に確定申告書を提出していなかった場合には，その中間申告書に係る期間）終了時の資産の帳簿価額から負債（新株予約権及び株式引受権に係る義務を含む）の帳簿価額を減算した金額（その終了時からその株式分配の直前の時までの間に資本金等の額又は利益積立金額（当期の所得金額等に基づく留保金額に係るもの及び投資簿価修正額を除く）が増加し，又は減少した場合には，その増加した金額を加算し，又はその減少した金額を減算した金額）をいう。
（注2）　みなし配当の額は，次の計算による。
　みなし配当の額＝完全子法人株式の時価－（株式分配法人の分配資本金等の額[※5]×被株式分配法人が株式分配の直前に有していた現物分配法人株式の数／現物分配法人の株式分配の直前の発行済株式等の総数）
　（※5）　株式分配法人の分配資本金等の額は，次の計算による。
　株式分配法人の分配資本金等の額＝株式分配の直前の資本金等の額×分配割合[※6]
　（※6）　分配割合[※7]＝完全子法人株式の帳簿価額[※8]／株式分配法人の簿価純資産総額[※8]
　（※7）　分配割合は，株式分配の直前の資本金等の額が0以下である場合には0と，株式分配の直前の資本金等の額及び分子の金額が0を超え，かつ，分母の金額が0以下である場合には1とし，その割合に小数点以下三位未満の端数があるときはこれを切り上げる。なお，株式分配法人から被株式分配法人に対して分配割合は通知される。
　（※8）　（注1）の（※3）（※4）と同じ。

第1部　グループ通算制度のM&A・組織再編成・清算に係る税務の概要

② 適格株式分配

借方	金額の根拠	貸方	金額の根拠
完全子法人株式	差額(注1)	現物分配法人株式	完全子法人株式対応帳簿価額(注1)

（注1）　完全子法人株式対応帳簿価額は，上記①と同様の計算方法による。また，適格株式分配の場合には所得税の源泉徴収は要しない（所法24①，174①二，212③）。

⑿　株式分配法人

株式分配において，株式分配法人の純資産の部を含めた税務仕訳は，次のとおりになる（法法62の5③，法令8①十六・十七，9①十一）。

なお，金銭等不交付株式分配を対象とする（上記⑾参照）。

① 非適格株式分配

借方	金額の根拠	貸方	金額の根拠
完全子法人株式	時価	完全子法人株式	帳簿価額
		株式譲渡益	差額
資本金等	別途計算(注1)	完全子法人株式	時価
利益積立金	差額		

（注1）　資本金等の額の減少額は，次の計算による。
　資本金等の額の減少額＝現物分配法人の分配直前の資本金等の額×分配割合(※1)
　（※1）　分配割合は，上記⑾①と同様の計算方法とする。

② 適格株式分配

借方	金額の根拠	貸方	金額の根拠
資本金等	差額	完全子法人株式(注1)	帳簿価額

（注1）　適格株式分配の場合には所得税の源泉徴収は要しない（所法24①，174①二，212③）。

⒀　株式交換完全親法人

株式交換において，株式交換完全親法人の純資産の部を含めた税務仕訳は，次のとおりとなる（法法61の2⑩，法令8①十，119①十，二十七，法規26の13）。

なお，無対価株式交換については，株主均等割合保有関係があるものを解説の対象としている。

また，株式交換完全子法人の株式交換により消滅をした新株予約権に代えて株式交換完全親

法人の新株予約権を交付した場合に該当しないものとする。

① 非適格株式交換

非適格株式交換で，純資産の部は次のように計算される。

純資産の部	計算方法
資本金	契約書の定め
資本金等（上記資本金を除く）	株式交換完全子法人株式の取得価額[※1]−株式交換により増加する資本金の額−株式交換交付金銭等の額[※2] （※1）　ここでは，株式の取得価額に含まれる付随費用の額を控除した金額とする。 （※2）　ここでは，交付する金銭の額又は株式交換完全支配親法人株式の時価（交付時に株式譲渡損益が発生する）とする。
利益積立金	増加しない

株式交換完全子法人株式の取得価額は，「その取得の時におけるその有価証券の取得のために通常要する価額」となる。具体的には，株式交換完全子法人株式の時価（株式交換完全子法人の株式の取得をするために要した費用がある場合には，その費用の額を加算した金額）となる。

ただし，非適格株式交換（無対価株式交換にあっては，株主均等割合保有関係があるものに限る）で株式交換の直前に株式交換完全親法人と株式交換完全子法人との間に完全支配関係があった場合における株式交換については，下記②の適格株式交換と同様の計算方法で株式交換完全子法人株式の取得価額を計算する。

株式交換完全親法人の税務仕訳は次のとおりとなる。

借方	金額の根拠	貸方	金額の根拠
株式交換完全子法人株式	上記計算[注1]	資本金	契約書の定め
		株式交換交付金銭等	時価[注2]
		資本金等（上記資本金を除く）	差額

（注1）　株式の取得価額に含まれる付随費用の額は除く。
（注2）　株式交換完全支配親法人株式を交付する場合，時価（交付時に株式譲渡損益が発生する）とする。

② 適格株式交換

適格株式交換で，純資産の部は次のように計算される。

第1部　グループ通算制度のM&A・組織再編成・清算に係る税務の概要

純資産の部	計算方法
資本金	契約書の定め
資本金等（上記資本金を除く）	株式交換完全子法人株式の取得価額[※1]－株式交換により増加する資本金の額－株式交換交付金銭等の額[※2] （※1）　ここでは，株式の取得価額に含まれる付随費用の額を控除した金額とする。 （※2）　ここでは，交付する金銭の額又は株式交換完全支配親法人株式の適格株式交換等の直前の帳簿価額（交付時に株式譲渡損益が発生しない）とする。
利益積立金	増加しない

　株式交換完全子法人株式の取得価額は，次のように計算される。

　ここで，金銭等不交付株式交換とは，株式交換完全子法人の株主に株式交換完全親法人株式又は株式交換完全支配親法人株式のいずれか一方の株式以外の資産（その株主に対する剰余金の配当として交付された金銭その他の資産及び株式交換に反対するその株主に対するその買取請求に基づく対価として交付される金銭その他の資産を除く）が交付されないものをいう。

A）金銭等不交付株式交換以外

　株式交換完全子法人株式の取得価額は，「その取得の時におけるその有価証券の取得のために通常要する価額」となる。具体的には，株式交換完全子法人株式の時価（株式交換完全子法人の株式の取得をするために要した費用がある場合には，その費用の額を加算した金額）となる。

B）金銭等不交付株式交換

株式交換直前の株式交換完全子法人の株主の数	株式交換完全子法人株式の取得価額
50人未満	株式交換完全子法人の株主が有していた株式交換完全子法人株式の適格株式交換の直前の帳簿価額[注1]の合計額[注2]とする。 （注1）　その株主が公益法人等又は人格のない社団等であり，かつ，株式交換完全子法人株式がその収益事業以外の事業に属するものであった場合には株式交換完全子法人株式の価額としてその内国法人の帳簿に記載された金額とし，その株主が個人である場合にはその個人が有していた株式交換完全子法人株式の適格株式交換の直前の取得価額とする。 （注2）　株式交換完全子法人株式の取得をするために要した費用（付随費用）がある場合，その費用の額を加算した金額とする。
50人以上	株式交換完全子法人の適格株式交換の日の属する事業年度の前事業年度[注1]終了時の資産の帳簿価額から負債の帳簿価額を減算した金額[注2]とする[注3, 4]。 （注1）　適格株式交換の日以前6月以内に仮決算による中間申告書を提出し，か

つ，その提出の日からその適格株式交換の日までの間に確定申告書を提出していなかった場合には，その中間申告書に係る期間とする。

（注2） その終了時から適格株式交換の直前の時までの間に資本金等の額又は利益積立金額（当期の所得金額等に基づく留保金額に係るもの及び投資簿価修正額を除く）が増加し，又は減少した場合には，その増加した金額を加算し，又はその減少した金額を減算した金額とする。

（注3） 適格株式交換の直前に株式交換完全子法人株式を有していた場合にはその金額に株式交換完全子法人の適格株式交換の直前の発行済株式等の総数のうちに適格株式交換により取得をした株式交換完全子法人株式の数の占める割合を乗ずる方法により計算した金額とする。

（注4） 株式交換完全子法人株式の取得をするために要した費用（付随費用）がある場合，その費用の額を加算した金額とする。

株式交換完全親法人の税務仕訳は次のとおりとなる。

借方	金額の根拠	貸方	金額の根拠
株式交換完全子法人株式	上記計算[注1]	資本金	契約書の定め
		株式交換交付金銭等	時価[注2]
		資本金等（上記資本金を除く）	差額

（注1） 株式の取得価額に含まれる付随費用の額は除く。

（注2） 株式交換完全支配親法人株式を交付する場合は，適格株式交換の直前の帳簿価額（交付時に株式譲渡損益が発生しない）とする。

⑭ 株式移転完全親法人

株式移転において，株式移転完全親法人の純資産の部を含めた税務仕訳は，次のとおりとなる（法令8①十一，119①十二，二十七）。

なお，株式移転完全子法人の株式移転により消滅をした新株予約権に代えて株式移転完全親法人の新株予約権を交付した場合に該当しないものとする。

① 非適格株式移転

非適格株式移転で，純資産の部は次のように計算される。

純資産の部	計算方法
資本金	契約書の定め
資本金等（上記資本金を除く）	株式移転完全子法人株式の取得価額[※1, 2] − 株式移転の時の資本金の額 （※1） ここでは，株式の取得価額に含まれる付随費用の額を控除した金額とする。 （※2） 各株式移転完全子法人株式の取得価額の合計額となる。

利益積立金	増加しない

　株式移転完全子法人株式の取得価額は，「その取得の時におけるその有価証券の取得のために通常要する価額」となる。具体的には，株式移転完全子法人株式の時価（株式移転完全子法人の株式の取得をするために要した費用がある場合には，その費用の額を加算した金額）となる。

　ただし，非適格株式移転で株式移転の直前に株式移転完全子法人と他の株式移転完全子法人との間に完全支配関係があった場合における株式移転については，下記②の適格株式移転と同様の計算方法で株式移転完全子法人株式の取得価額を計算する。

　株式移転完全親法人の税務仕訳は次のとおりとなる。

借方	金額の根拠	貸方	金額の根拠
株式移転完全子法人株式	上記計算(注1)	資本金	契約書の定め
		資本金等（上記資本金を除く）	差額

（注1）　株式の取得価額に含まれる付随費用の額は除く。

②　適格株式移転

　適格株式移転で，純資産の部は次のように計算される。

純資産の部	計算方法
資本金	契約書の定め
資本金等（上記資本金を除く）	株式移転完全子法人株式の取得価額(※1, 2)－株式移転の時の資本金の額 （※1）　ここでは，株式の取得価額に含まれる付随費用の額を控除した金額とする。 （※2）　各株式移転完全子法人株式の取得価額の合計額となる。
利益積立金	増加しない

　株式移転完全子法人株式の取得価額は，次のように計算される。

株式移転直前の株式移転完全子法人の株主の数	株式移転完全子法人株式の取得価額
50人未満	株式移転完全子法人の株主が有していた株式移転完全子法人株式の適格株式移転の直前の帳簿価額(注1)の合計額(注2)とする。 （注1）　その株主が公益法人等又は人格のない社団等であり，かつ，株式移転完全子法人株式がその収益事業以外の事業に属するものであった場合には株式移転完全子法人株式の価額としてその内国法人の帳簿に記載された金額とし，そ

第2章　グループ通算制度の組織再編税制

	の株主が個人である場合にはその個人が有していた株式移転完全子法人株式の適格株式移転の直前の取得価額とする。 （注2）　株式移転完全子法人の株式の取得をするために要した費用（付随費用）がある場合，その費用の額を加算した金額とする。
50人以上	株式移転完全子法人の適格株式移転の日の属する事業年度の前事業年度[注1]終了時の資産の帳簿価額から負債の帳簿価額を減算した金額[注2]とする[注3]。 （注1）　適格株式移転の日以前6月以内に仮決算による中間申告書を提出し，かつ，その提出の日からその適格株式移転の日までの間に確定申告書を提出していなかった場合には，その中間申告書に係る期間とする。 （注2）　その終了時から適格株式移転の直前の時までの間に資本金等の額又は利益積立金額（当期の所得金額等に基づく留保金額に係るもの及び投資簿価修正額を除く）が増加し，又は減少した場合には，その増加した金額を加算し，又はその減少した金額を減算した金額とする。 （注3）　株式移転完全子法人の株式の取得をするために要した費用（付随費用）がある場合，その費用の額を加算した金額とする。

　株式移転完全親法人の税務仕訳は次のとおりとなる。

借方	金額の根拠	貸方	金額の根拠
株式移転完全子法人株式	上記計算[注1]	資本金	契約書の定め
		資本金等（上記資本金を除く）	差額

（注1）　株式の取得価額に含まれる付随費用の額は除く。

第4節　組織再編成に係る繰越欠損金の利用制限

1　組織再編成に係る繰越欠損金の利用制限（まとめ）

⑴　合併法人等が通算法人の場合

　通算法人が合併法人，分割承継法人，被現物出資法人，被現物分配法人となる場合の繰越欠損金の利用制限を当事者，繰越欠損金の種類，資本関係，適格・非適格の区別でまとめると次のとおりとなる。

133

［合併］

当事者	法人の種類	繰越欠損金の種類 (注1,2,3)	支配関係がある法人間の再編				支配関係がない法人間の再編	
			通算法人間の合併		通算法人と非通算法人間の合併		通算法人と通算外法人間の合併	
			適格	非適格	適格	非適格	適格	非適格
合併法人	通算法人	法人税	○	○	△	○(注4)	○	○
		住民税	○	○	○	○	○	○
		事業税	△	○(注4)	△	○(注4)	○	○
被合併法人	他の通算法人，非通算法人，通算外法人のいずれか	法人税	○	×	△	×	○	×
		住民税	○	×	○	×	○	×
		事業税	△	×	△	×	○	×

○：利用可能　△：要件有り　×：切捨て

（注1）　法人税の繰越欠損金とは，法人税の課税標準となる所得金額の計算において控除される繰越欠損金をいう（以下，⑴⑵で同じ）。

（注2）　住民税の繰越欠損金とは，住民税特有の欠損金（控除対象通算対象所得調整額，控除対象配賦欠損調整額等）をいう（以下，⑴⑵で同じ）。非通算法人又は通算外法人は，過去に通算制度を適用していた場合に住民税特有の欠損金を有することとなる。

（注3）　事業税の繰越欠損金とは，事業税の課税標準となる所得金額の計算において控除される繰越欠損金をいう（以下，⑴⑵で同じ）。

（注4）　譲渡損益の繰延べの規定（法法61の11①）の適用がある非適格合併については，合併法人の繰越欠損金の利用に要件充足が必要となる。

［分割］

当事者	法人の種類	繰越欠損金の種類	支配関係がある法人間の再編				支配関係がない法人間の再編	
			通算法人間の分割		通算法人と非通算法人間の分割		通算法人と通算外法人間の分割	
			適格	非適格	適格	非適格	適格	非適格
分割承継法人	通算法人	法人税	○	○	△	○	○	○
		住民税	○	○	○	○	○	○
		事業税	△	○	△	○	○	○
分割法人	他の通算法人，非通算法人，通算外法人のいずれか	法人税	－	－	－	－	－	－
		住民税	－	－	－	－	－	－
		事業税	－	－	－	－	－	－

○：利用可能　△：要件有り　×：切捨て

［現物出資］

当事者	法人の種類	繰越欠損金の種類	支配関係がある法人間の再編				支配関係がない法人間の再編	
			通算法人間の現物出資		通算法人と非通算法人間の現物出資		通算法人と通算外法人間の現物出資	
			適格	非適格	適格	非適格	適格	非適格
被現物出資法人	通算法人	法人税	○	○	△	○	○	○
		住民税	○	○	○	○	○	○
		事業税	△	○	△	○	○	○
現物出資法人	他の通算法人，非通算法人，通算外法人のいずれか	法人税	—	—	—	—	—	—
		住民税	—	—	—	—	—	—
		事業税	—	—	—	—	—	—

○：利用可能　△：要件有り　×：切捨て

［現物分配］

当事者	法人の種類	繰越欠損金の種類	支配関係がある法人間の再編				支配関係がない法人間の再編	
			通算法人間の現物分配		通算法人と非通算法人間の現物分配		通算法人と通算外法人間の現物分配	
			適格	非適格	適格	非適格	適格	非適格
被現物分配法人	通算法人	法人税	○	—	△	○	○	○
		住民税	○	—	○	○	○	○
		事業税	△	—	△	○	○	○
現物分配法人	他の通算法人，非通算法人，通算外法人のいずれか	法人税	—	—	—	—	—	—
		住民税	—	—	—	—	—	—
		事業税	—	—	—	—	—	—

○：利用可能　△：要件有り　×：切捨て

「△：要件有り」では，次の①②のいずれかを満たす場合，繰越欠損金の利用制限が生じない（適格現物分配は②を除く）。

① 支配関係5年継続要件
② みなし共同事業要件

上記①②のいずれも満たさない場合，次の繰越欠損金に利用制限が生じる。

利用制限1	被合併法人又は合併法人等の支配関係事業年度前の繰越欠損金
利用制限2	被合併法人又は合併法人等の支配関係事業年度以後の特定資産譲渡等損失相当額

ただし，この場合でも，含み損益の特例計算が適用できる場合，利用制限が免除又は緩和される。

第1部　グループ通算制度のM&A・組織再編成・清算に係る税務の概要

(2) 被合併法人等が通算法人の場合

　通算法人が被合併法人，分割法人，現物出資法人，現物分配法人となる場合の繰越欠損金の利用制限を当事者，繰越欠損金の種類，資本関係，適格・非適格の区別でまとめると次のとおりとなる。

[合併]

当事者	法人の種類	繰越欠損金の種類	支配関係がある法人間の再編				支配関係がない法人間の再編	
			通算法人間の合併		非通算法人と通算法人間の合併		通算外法人と通算法人間の合併	
			適格	非適格	適格	非適格	適格	非適格
合併法人	他の通算法人，非通算法人，通算外法人のいずれか	法人税	○	○	△	○(注1)	○	○
		住民税	○	○	○	○	○	○
		事業税	△	○(注1)	△	○(注1)	○	○
被合併法人	通算法人	法人税	○	×	△	×	○	×
		住民税	○	×	○	×	○	×
		事業税	△	×	△	×	○	×

○：利用可能　△：要件有り　×：切捨て

（注１）　譲渡損益の繰延べの規定（法法61の11①）の適用がある非適格合併については，合併法人の繰越欠損金の利用に要件充足が必要となる。

[分割]

当事者	法人の種類	繰越欠損金の種類	支配関係がある法人間の再編				支配関係がない法人間の再編	
			通算法人間の分割		非通算法人と通算法人間の分割		通算外法人と通算法人間の分割	
			適格	非適格	適格	非適格	適格	非適格
分割承継法人	他の通算法人，非通算法人，通算外法人のいずれか	法人税	○	○	△	○	○	○
		住民税	○	○	○	○	○	○
		事業税	△	○	△	○	○	○
分割法人	通算法人	法人税	−	−	−	−	−	−
		住民税	−	−	−	−	−	−
		事業税	−	−	−	−	−	−

○：利用可能　△：要件有り　×：切捨て

[現物出資]

当事者	法人の種類	繰越欠損金の種類	支配関係がある法人間の再編				支配関係がない法人間の再編	
			通算法人間の現物出資		非通算法人と通算法人間の現物出資		通算外法人と通算法人間の現物出資	
			適格	非適格	適格	非適格	適格	非適格
被現物出資法人	他の通算法人，非通算法人，通算外法人のいずれか	法人税	○	○	△	○	○	○
		住民税	○	○	○	○	○	○
		事業税	△	○	△	○	○	○
現物出資法人	通算法人	法人税	－	－	－	－	－	－
		住民税	－	－	－	－	－	－
		事業税	－	－	－	－	－	－

○：利用可能　△：要件有り　×：切捨て

[現物分配]

当事者	法人の種類	繰越欠損金の種類	支配関係がある法人間の再編				支配関係がない法人間の再編	
			通算法人間の現物分配		非通算法人と通算法人間の現物分配		通算外法人と通算法人間の現物分配	
			適格	非適格	適格	非適格	適格	非適格
被現物分配法人	他の通算法人，非通算法人，通算外法人のいずれか	法人税	○	－	△	○	○	○
		住民税	○	－	○	○	○	○
		事業税	△	－	△	○	○	○
現物分配法人	通算法人	法人税	－	－	－	－	－	－
		住民税	－	－	－	－	－	－
		事業税	－	－	－	－	－	－

○：利用可能　△：要件有り　×：切捨て

　「△：要件有り」については，上記(1)と同じ取扱いとなる。

2　被合併法人の繰越欠損金の引継制限

(1)　被合併法人の繰越欠損金の引継ぎ

①　適格合併

　適格合併の場合，原則として，合併法人は，被合併法人の繰越欠損金を引き継ぐことができる。

　被合併法人の適格合併の日前10年以内に開始した各事業年度（前10年内事業年度）に生じた繰越欠損金を，合併法人において，前10年内事業年度開始日の属する合併法人の各事業年度（合併法人の合併事業年度（適格合併の日の属する事業年度）開始日以後に開始した被合併法人の

第1部　グループ通算制度のM&A・組織再編成・清算に係る税務の概要

前10年内事業年度において生じた繰越欠損金については，合併事業年度の前事業年度）において生じた繰越欠損金とみなして，合併法人の合併事業年度以後の各事業年度において繰越控除することとなる（法法57②）。

　また，上記の「10年」については，2018年（平成30年）4月1日前に開始した事業年度において生じた繰越欠損金については「9年」とする（平27改所法等附27①）。

　なお，合併法人の設立が間もないため，合併法人において被合併法人の繰越欠損金が帰属する事業年度がない場合，被合併法人の繰越欠損金の生じた事業年度（合併法人の設立日の前日の属する期間にあっては，被合併法人の当該前日の属する事業年度開始日から当該前日までの期間）を合併法人の事業年度とみなして，被合併法人の繰越欠損金の帰属事業年度が決定される（法令112②）。

　ただし，支配関係がある法人間の適格合併で，支配関係5年継続要件及びみなし共同事業要件のいずれも満たさない場合，被合併法人の繰越欠損金の全部又は一部に引継制限が生じる（下記(2)参照）。

② **非適格合併**

　非適格合併の場合，被合併法人の繰越欠損金は引き継げない（法法57②）。

(2)　**被合併法人の繰越欠損金の引継制限**

　支配関係がある法人間の適格合併で，次に掲げる要件のいずれも満たさない場合，被合併法人の繰越欠損金のうち次に掲げるものに引継制限が生じる（法法57②③，法令112③④）。

[被合併法人の繰越欠損金に引継制限が課されないための要件]

①　支配関係5年継続要件 ②　みなし共同事業要件

[引継制限が生じる繰越欠損金の範囲]

引継制限額1	被合併法人の支配関係事業年度前に生じた繰越欠損金
引継制限額2	被合併法人の支配関係事業年度以後の特定資産譲渡等損失相当額

　また，支配関係がない法人間の適格合併の場合，被合併法人の繰越欠損金の引継制限は生じない（法法57②③）。

138

なお，通算法人間の適格合併では，被合併法人の繰越欠損金に引継制限は生じない（法法57
②，法令112の2⑥）。

(3) 支配関係5年継続要件

支配関係5年継続要件を満たす場合とは，被合併法人と合併法人との間に5年前の日，被合併法人の設立日，合併法人の設立日のうち，最も遅い日から継続して支配関係がある場合をいう。

具体的には，次に掲げる場合のいずれかに該当する場合とする（法法57③，法令112④）。

①	【5年前の日からの支配関係継続要件】 被合併法人と合併法人との間に合併法人の適格合併の日の属する事業年度開始日の5年前の日（5年前の日）から継続して支配関係がある場合
②	【設立日からの支配関係継続要件】 被合併法人又は合併法人が5年前の日後に設立された法人である場合※であって，被合併法人と合併法人との間に被合併法人の設立日又は合併法人の設立日のいずれか遅い日から継続して支配関係がある場合

※　次のi，ii，iiiの場合を除く（以下，「新設法人の除外規定」という）。
　i　その合併法人との間に支配関係がある他の内国法人を被合併法人とする適格合併で，次のいずれかのものが行われていた場合（その合併法人が当該他の内国法人との間に最後に支配関係を有することとなった日（bにおいて「関係日」という）が5年前の日以前である場合を除く）
　　a　その被合併法人を設立するもの
　　b　関係日以後に設立されたその被合併法人を合併法人とするもの
　ii　その合併法人が他の内国法人との間に最後に支配関係を有することとなった日以後に設立されたその被合併法人との間に繰越欠損金の引継ぎが可能となる完全支配関係がある当該他の内国法人（その合併法人との間に支配関係があるものに限る）でその被合併法人が発行済株式の全部又は一部を有するものの残余財産が確定していた場合（同日が当該5年前の日以前である場合を除く）
　iii　その被合併法人との間に支配関係がある他の法人を被合併法人，分割法人，現物出資法人，現物分配法人とする適格組織再編成等で，次のいずれかのものが行われていた場合（その被合併法人が当該他の法人との間に最後に支配関係を有することとなった日（bにおいて「関係日」という）が5年前の日以前である場合を除く）
　　a　その合併法人を設立するもの
　　b　関係日以後に設立されたその合併法人を合併法人，分割承継法人，被現物出資法人，被現物分配法人とするもの

なお，適格組織再編成等とは，適格合併，非適格合併で譲渡損益調整資産の譲渡損益の繰延べ規定（法法61の11①）の適用があるもの，適格分割，適格現物出資又は適格現物分配をいう。

(4) みなし共同事業要件

みなし共同事業要件を満たす場合とは，次の条件1又は条件2のいずれかを満たす場合をいう（法令112③）。

第1部　グループ通算制度のM&A・組織再編成・清算に係る税務の概要

・条件1：以下の❶❷❸❹の要件に該当

・条件2：以下の❶❺の要件に該当

要件	内容
❶　事業関連性要件	被合併法人の被合併事業（被合併法人の適格合併の前に行う主要な事業(注1)のうちのいずれかの事業をいう）と合併法人の合併事業（合併法人の適格合併の前に行う事業のうちのいずれかの事業をいう）とが相互に関連するものであること(注2)。
❷　事業規模要件	次の規模の割合のいずれかがおおむね5倍を超えないこと。 ●被合併事業と合併事業(注3)のそれぞれの売上金額 ●被合併事業と合併事業(注3)のそれぞれの従業者(注4)の数 ●被合併法人と合併法人のそれぞれの資本金の額 ●これらに準ずるもの(注5)
❸　被合併事業の規模継続要件	●被合併事業が被合併法人が合併法人との間に最後に支配関係を有することとなった時（被合併法人支配関係発生時）(注6,9)から適格合併の直前の時まで継続して行われており，かつ， ●被合併法人支配関係発生時と適格合併の直前の時における被合併事業の規模（❷の規模の割合の計算の基礎とした指標に係るものに限る）の割合がおおむね2倍を超えないこと。
❹　合併事業の規模継続要件	●合併事業(注3)が被合併法人が合併法人との間に最後に支配関係を有することとなった時（合併法人支配関係発生時）(注7,9)から適格合併の直前の時まで継続して行われており，かつ， ●合併法人支配関係発生時と適格合併の直前の時における合併事業(注3)の規模（❷の規模の割合の計算の基礎とした指標に係るものに限る）の割合がおおむね2倍を超えないこと。
❺　経営参画要件	適格合併に係る次のイに掲げる者とロに掲げる者とが，適格合併の後に合併法人の特定役員(注8)となることが見込まれていること。 イ）被合併法人の適格合併の前における特定役員である者のいずれかの者（被合併法人が合併法人との間に最後に支配関係を有することとなった日(注9)前（支配関係が被合併法人となる法人又は合併法人となる法人の設立により生じたものである場合には，同日。以下，❺において同じ）において被合併法人の役員又は当該これらに準ずる者（同日において被合併法人の経営に従事していた者に限る）であった者に限る） ロ）合併法人の適格合併の前における特定役員である者のいずれかの者（被合併法人が合併法人との間に最後に支配関係を有することとなった日前において合併法人の役員又は当該これらに準ずる者（同日において合併法人の経営に従事していた者に限る）であった者に限る）

(注1)　被合併法人の合併前に行う事業が2以上ある場合において，そのいずれが「主要な事業」であるかは，それぞれの事業に属する収入金額又は損益の状況，従業者の数，固定資産の状況等を総合的に勘案して判定する（法基通1-4-5，12-1-3）。

(注2)　次に掲げる実態基準及び関連基準のいずれにも該当するときは，被合併事業と合併事業は，事業関連性要件を満たすものとする（法規3①②，26）。

140

実態基準	被合併法人及び合併法人が合併の直前においてそれぞれ次に掲げる要件のすべてに該当すること。
	イ）事務所，店舗，工場その他の固定施設（※1）を所有し，又は賃借していること。
	ロ）従業者（役員にあっては，その法人の業務に専ら従事するものに限る）があること。
	ハ）自己の名義をもって，かつ，自己の計算において次に掲げるいずれかの行為をしていること。 　①　商品販売等（※2） 　②　広告又は宣伝による商品販売等に関する契約の申込み又は締結の勧誘 　③　商品販売等を行うために必要となる資料を得るための市場調査 　④　商品販売等を行うにあたり法令上必要となる行政機関の許認可等（行政手続法（平成5年法律第88号）第2条第3号（定義）に規定する許認可等をいう）についての同号に規定する申請又は当該許認可等に係る権利の保有 　⑤　知的財産権（※3）の取得をするための出願若しくは登録（移転の登録を除く）の請求若しくは申請（これらに準ずる手続を含む），知的財産権（実施権及び使用権を含むものとし，商品販売等を行うために必要となるものに限る。⑤及び関連基準のロにおいて「知的財産権等」という）の移転の登録（実施権及び使用権にあっては，これらの登録を含む）の請求若しくは申請（これらに準ずる手続を含む）又は知的財産権若しくは知的財産権等の所有 　⑥　商品販売等を行うために必要となる資産（固定施設を除く）の所有又は賃借 　⑦　①から⑥までに掲げる行為に類するもの
関連基準	被合併事業と合併事業との間に合併の直前において次に掲げるいずれかの関係があること。
	イ）被合併事業と合併事業とが同種のものである場合における被合併事業と合併事業との間の関係
	ロ）被合併事業に係る商品，資産若しくは役務（※4）又は経営資源（※5）と合併事業に係る商品，資産若しくは役務又は経営資源とが同一のもの又は類似するものである場合における被合併事業と合併事業との間の関係
	ハ）被合併事業と合併事業とが合併後に被合併事業に係る商品，資産若しくは役務又は経営資源と合併事業に係る商品，資産若しくは役務又は経営資源とを活用して行われることが見込まれている場合における被合併事業と合併事業との間の関係
	なお，被合併事業と合併事業とが，合併後に被合併事業に係る商品，資産若しくは役務又は経営資源と合併事業に係る商品，資産若しくは役務又は経営資源とを活用して一体として行われている場合には，被合併事業と合併事業とは，関連基準に該当するものと推定する。

（※1）　その本店又は主たる事務所の所在地がある国又は地域にあるこれらの施設に限る。実態基準のハの⑥において「固定施設」という。

（※2）　商品の販売，資産の貸付け又は役務の提供で，継続して対価を得て行われるものをいい，その商品の開発若しくは生産又は役務の開発を含む。実態基準において同じ。

（※3）　特許権，実用新案権，育成者権，意匠権，著作権，商標権その他の知的財産に関して法令により定められた権利又は法律上保護される利益に係る権利をいう。実態基準のハ⑤において同じ。

（※4）　それぞれ販売され，貸し付けられ，又は提供されるものに限る。関連基準において同じ。

（※5）　事業の用に供される設備，事業に関する知的財産権等，生産技術又は従業者の有する技能若しくは知識，事業に係る商品の生産若しくは販売の方式又は役務の提供の方式その他これらに準ずるものをいう。関連基準において同じ。

（注3）　被合併事業と関連する事業に限る。

（注4）　「従業者」とは，役員，使用人その他の者で，合併の直前において被合併事業又は合併事業に現に従事する者をいうものとする（法基通1-4-4，12-1-3）。留意点は以下のとおりとなる（法基通1-4-4，12-1-3）。

●これらの事業に従事する者であっても，例えば，日々雇い入れられる者で従事した日ごとに給与等の支払を受ける者について，法人が従業者の数に含めないこととしている場合は，これを認める。

第1部　グループ通算制度のM&A・組織再編成・清算に係る税務の概要

- 出向により受け入れている者等であっても，被合併事業又は合併事業に現に従事する者であれば従業者に含まれる。
- 下請先の従業員は，例えば自己の工場内でその業務の特定部分を継続的に請け負っている企業の従業員であっても，従業者には該当しない。
- 合併事業又は被合併事業とその他の事業とのいずれにも従事している者については，主として合併事業又は被合併事業に従事しているかどうかにより判定する。

(注5)　「これらに準ずるものの規模」とは，例えば，金融機関における預金量等，客観的・外形的にその事業の規模を表すものと認められる指標をいう（法基通1-4-6，12-1-3）。なお，事業の規模の割合がおおむね5倍を超えないかどうかは，❷に規定するいずれか一の指標が要件を満たすかどうかにより判定する（法基通1-4-6，12-1-3）。

(注6)　その被合併法人がその時からその適格合併の直前の時までの間にその被合併法人を合併法人，分割承継法人，被現物出資法人とする適格合併，適格分割，適格現物出資（適格合併等）により被合併事業の全部又は一部の移転を受けている場合には，「その適格合併等の時」とする。

(注7)　その合併法人がその時からその適格合併の直前の時までの間にその合併法人を合併法人，分割承継法人，被現物出資法人とする適格合併，適格分割，適格現物出資（適格合併等）により合併事業の全部又は一部の移転を受けている場合には，「その適格合併等の時」とする。

(注8)　特定役員とは，社長，副社長，代表取締役，代表執行役，専務取締役，常務取締役，これらに準ずる者(注10)で法人の経営に従事している者をいう。

(注9)　被合併法人が合併法人との間に最後に支配関係を有することとなった日とは，合併法人と被合併法人との間において，その合併の日の直前まで継続して支配関係がある場合のその支配関係を有することとなった日をいう（法基通12-1-5）。被合併法人が合併法人との間に最後に支配関係を有することとなった時についても同様であると考えられる。

(注10)　「これらに準ずる者」とは，役員又は役員以外の者で，社長，副社長，代表取締役，代表執行役，専務取締役又は常務取締役と同等に法人の経営の中枢に参画している者をいう（法基通1-4-7，12-1-3）。

(5)　引継制限が生じる繰越欠損金の範囲

　合併では，非適格合併の場合，被合併法人の繰越欠損金の全額が切り捨てられ，合併法人が引き継ぐことはできないが，適格合併の場合，原則として，被合併法人の繰越欠損金を合併法人が引き継ぐことができる（法法57②）。

　ただし，適格合併の場合でも，支配関係がある法人間の適格合併で，支配関係5年継続要件及びみなし共同事業要件のいずれも満たさない場合，被合併法人の繰越欠損金のうち次のものに引継制限が生じる（法法57③）。

　なお，ここでいう「被合併法人の繰越欠損金」とは，被合併法人の適格合併の日前10年以内に開始した各事業年度（前10年内事業年度）において生じた繰越欠損金(※)をいう（法法57②③）。

(※)　被合併法人が欠損金額（被合併法人又は残余財産確定法人から引き継いだものを含み，組織再編成や通算制度の開始・加入に伴い切り捨てられたもの，特例欠損金として損金算入されたもの，通算法人の青色申告の承認を取り消されたことにより切り捨てられたもの，白色申告書を提出した事業年度において生じた欠損金額でないものとされたものを除く）の生じた前10年内事業年度について確定申告書を提出し，かつ，その後において連続して確定申告書を提出している要件を満たしている場合における欠損金額に限るものとする（法法57①②④⑤⑥⑧⑨，58①，法令112①）。また，前10年内事業年度の所得の金額の計算上損金の額に算入されたもの及び繰戻還付の対象となったものを除く（法法57①，80）。

引継制限額1	被合併法人の支配関係事業年度前に生じた繰越欠損金
引継制限額2	被合併法人の支配関係事業年度以後の特定資産譲渡等損失相当額

　具体的には切り捨てられる繰越欠損金は以下のとおりとなる（法法57③，法令112⑤）。

　ここで，支配関係事業年度とは，被合併法人の支配関係発生日の属する事業年度をいう。

　また，支配関係発生日とは，被合併法人が合併法人との間に最後に支配関係を有することとなった日（適格合併の日の直前まで継続して支配関係がある場合のその支配関係を有することとなった日）をいう（法法53③，法基通12-1-5）。

［引継制限額1］　支配関係事業年度前に生じた繰越欠損金

被合併法人の支配関係事業年度前の各事業年度で前10年内事業年度に該当する事業年度において生じた欠損金額[※1]をいう。

（※1）　前10年内事業年度の所得の金額の計算上損金の額に算入されたもの及び繰戻還付の対象となったものを除く。

［引継制限額2］　支配関係事業年度以後の特定資産譲渡等損失相当額

被合併法人の支配関係事業年度以後の各事業年度で前10年内事業年度に該当する事業年度（対象事業年度）[※1]ごとに次の㈠から㈡を控除した金額とする。

㈠	対象事業年度に生じた欠損金額[※2]のうち，対象事業年度を特定資産譲渡等損失額の損金不算入の規定（法法62の7①）が適用される事業年度として，被合併法人が支配関係発生日の属する事業年度開始日前から有していた資産[※3,4]を特定資産として計算される特定資産譲渡等損失額[※5]となる金額に達するまでの金額[※6]
㈡	対象事業年度に生じた欠損金額のうち，被合併法人において前10年内事業年度の所得の金額の計算上損金の額に算入された金額等[※7]

（※1）　対象事業年度は，次に掲げる適用期間内の日の属する事業年度を除く。
- 組織再編税制に係る特定資産譲渡等損失額の損金不算入の規定（法法62の7①）の適用を受ける場合の損金不算入となる適用期間
- 欠損等法人の特定資産の譲渡等損失額の損金不算入の規定（法法60の3①）の適用を受ける場合の損金不算入となる適用期間
- 通算制度の開始・加入に係る特定資産譲渡等損失額の損金不算入の規定（法法64の14①）の適用を受ける場合の損金不算入となる適用期間

（※2）　被合併法人又は残余財産確定法人から引き継いだもの，組織再編成や通算制度の開始・加入に伴い切り捨てられたもの，特例欠損金として損金算入されたもの，通算法人の青色申告の承認を取り消されたことにより切り捨てられたものを含むものとし，法人税法第58条の規定の適用がある欠損金額（白色申告書を提出した事業年度において生じた欠損金額の全額），繰戻還付の適用を受けた災害損失欠損金額を除く（法法57②④⑤⑥⑧⑨，58①，80①⑤）。

（※3）　次に掲げる資産に該当するものを除く（法令123の8②一～五）。

第1部　グループ通算制度のM&A・組織再編成・清算に係る税務の概要

ⅰ　棚卸資産（土地及び土地の上に存する権利（土地等）を除く）

ⅱ　短期売買商品等（法法61③）

ⅲ　売買目的有価証券（法法61の3①一）

ⅳ　支配関係発生日の属する事業年度開始日における税務上の帳簿価額又は取得価額が1,000万円に満たない資産

ⅴ　支配関係発生日の属する事業年度開始日における時価が同日における帳簿価額を下回っていない資産（適格合併の日の属する事業年度の確定申告書等に時価及び帳簿価額に関する明細書の添付があり，かつ，時価の根拠資料を保存している場合に限る）

（※4）　特定支配関係法人（その被合併法人及びその合併法人との間に支配関係がある法人。（※6）に同じ）との間で，合併前2年以内期間（その適格合併の日以前2年以内の期間。支配関係発生日以後の期間に限る。（※6）に同じ）内に行われた「みなし共同事業要件を満たさない適格合併・適格分割等（特定適格組織再編成等）」により，その被合併法人が引き継いだ資産のうち，その特定支配関係法人（被合併法人・分割法人等）が支配関係発生日の属する事業年度開始日前から有していた資産は，その被合併法人が支配関係発生日の属する事業年度開始日前から有していたものとみなして，特定資産譲渡等損失相当額を計算する（法令112⑥）。

　　また，特定支配関係法人と他の特定支配関係法人との間で特定適格組織再編成等を繰り返すことによって，最終的にその被合併法人が引き継いだ資産についても同様の取扱いとなる。

　　ただし，合併前2年以内期間内に行われたみなし共同事業要件を満たす適格組織再編成等により移転があった資産，合併前2年以内期間内に行われた非適格合併により移転があった資産で譲渡損益の繰延べの対象となる譲渡損益調整資産以外の資産，支配関係発生日の属する事業年度開始日における税務上の帳簿価額又は取得価額が1,000万円に満たない資産，支配関係発生日の属する事業年度開始日における時価が同日における帳簿価額を下回っていない資産（その適格合併の日の属する事業年度の確定申告書等に時価及び帳簿価額に関する明細書の添付があり，かつ，時価の根拠資料を保存している場合に限る）は除かれる（法令112⑥，法規26の2①②）。

　　ここで，適格組織再編成等とは，適格合併，非適格合併で譲渡損益調整資産の譲渡損益の繰延べ規定（法法61の11①）の適用があるもの，適格分割，適格現物出資，適格現物分配をいい，特定適格組織再編成等とは，適格合併，非適格合併で譲渡損益調整資産の譲渡損益の繰延べ規定（法法61の11①）の適用があるもの，適格分割，適格現物出資，適格現物分配でみなし共同事業要件を満たさないものをいう（法法57④，62の7①）。

（※5）　特定資産譲渡等損失額とは，特定資産の譲渡，評価換え，貸倒れ，除却その他の事由による損失の額の合計額から特定資産の譲渡，評価換えその他の事由による利益の額の合計額を控除した金額をいう（法法62の7②）。

（※6）　関連法人（特定支配関係法人）との間で，合併前2年以内期間内に行われた「みなし共同事業要件を満たさない適格合併（合併前2年以内適格合併）又は残余財産の確定（合併前2年以内残余財産確定）」により，その被合併法人が引き継いだ繰越欠損金のうち，関連法人が支配関係発生日（その被合併法人及びその合併法人と関連法人との間に最後に支配関係があることとなった日）の属する事業年度開始日前から有していた資産（同日を特定適格組織再編成等の日とみなした場合に組織再編税制に係る特定資産譲渡等損失額の損金不算入の規定の対象外となる資産を除く。また，（※4）を準用した「みなし特定資産」を含む）を特定資産と仮定して，その関連法人において，関連法人対象事業年度（関連法人の支配関係発生日の属する事業年度以後の事業年度で合併前2年以内適格合併の日前10年以内に開始し，又は合併前2年以内残余財産確定の日の翌日前10年以内に開始した各事業年度。ただし，上記（※1）に掲げる適用期間内の日の属する事業年度を除く）ごとに特定資産譲渡等損失相当額に相当する金額（上記㈠に相当する金額から㈡に相当する金額を控除した金額。「特定資産譲渡等損失相当欠損金額」という）がある場合は，特定資産譲渡等損失相当欠損金額をその被合併法人の特定資産譲渡等損失相当額（上記㈠の金額）に加算する（法令112⑥⑦⑧，法規26の2②）。なお，関連法人と他の関連法人との間で合併前2年以内適格合併又は合併前2年以内残余財産確定を繰り返すことによって，最終的にその被合併法人が引き継いだ繰越欠損金についても同様の取扱いとなる。

第2章　グループ通算制度の組織再編税制

（※7）　被合併法人において前10年内事業年度の所得の金額の計算上損金の額に算入されたもの，繰戻還付の対象となったもの，組織再編成や通算制度の開始・加入に伴い切り捨てられたもの，特例欠損金として損金算入されたもの，通算法人の青色申告の承認を取り消されたことにより切り捨てられたものをいう（法法57①④⑤⑥⑧⑨，80）。

(6)　含み損益の特例計算（繰越欠損金の引継制限の免除又は緩和）

被合併法人の繰越欠損金の引継制限について，その被合併法人の支配関係事業年度の前事業年度末において含み損益がある場合，繰越欠損金の引継制限が免除又は緩和される特例がある（法令113①）。

この特例は，その合併法人の合併事業年度の確定申告書等に明細書の添付があり，かつ，時価純資産価額の算定の根拠書類を保存している場合に限り適用される（法令113②，法規26の2の4①）。

［含み損益の特例計算（繰越欠損金の引継制限の免除又は緩和)］

含み損益の状況	引継制限額
時価純資産超過額^(注1)≧支配関係前未処理欠損金額^(注2)の合計額又は時価純資産超過額がある場合で支配関係前未処理欠損金額がないとき	引継制限額は生じない。
時価純資産超過額＜支配関係前未処理欠損金額の合計額	支配関係事業年度前の繰越欠損金のうち，支配関係前未処理欠損金額の合計額から時価純資産超過額を控除した額（制限対象金額）^(注3)で構成される金額^(注4)に引継制限が生じる。 この場合，支配関係事業年度以後の特定資産譲渡等損失相当額に引継制限は生じない。
簿価純資産超過額^(注5)＜支配関係事業年度以後の特定資産譲渡等損失相当額の当初発生額^(注6)の合計額	次の①と②の合計額に引継制限が生じる。 ①　支配関係事業年度前の繰越欠損金 ②　支配関係事業年度以後の特定資産譲渡等損失相当額のうち，簿価純資産超過額で構成される金額^(注7)

（注1）　「時価純資産超過額」とは，支配関係事業年度の前事業年度末の時価純資産価額が簿価純資産価額以上である場合における時価純資産価額から簿価純資産価額を減算した金額をいう。つまり，資産全体の含み益相当額をいう（0円を含む）。ここで，時価純資産価額とは，その有する資産の時価の合計額からその有する負債（新株予約権及び株式引受権に係る義務を含む）の時価の合計額を減算した金額をいい，簿価純資産価額とは，その有する資産の帳簿価額の合計額からその有する負債（新株予約権及び株式引受権に係る義務を含む）の帳簿価額の合計額を減算した金額をいう。なお，時価純資産価額は，自己創設の営業権を含めて計算する（『平成29年度版　改正税法のすべて（一般財団法人大蔵財務協会）』333頁）。

（注2）　「支配関係前未処理欠損金額」とは，支配関係事業年度開始日前10年以内に開始した各事業年度において生じた繰越欠損金の支配関係事業年度の前事業年度末の残高^(※1)をいう。つまり，切捨て直前の繰越欠損金の残高ではなく，グループ化直前の繰越欠損金の残高とグループ化直前の含み損益の金額を比較して，

145

第1部　グループ通算制度のM&A・組織再編成・清算に係る税務の概要

この特例の適用の有無を判断する。
（※１）　具体的には，支配関係事業年度開始日前10年以内に開始した各事業年度において生じた欠損金額（支配関係事業年度開始の時までに被合併法人又は残余財産確定法人から引き継いだものを含み，支配関係事業年度前の各事業年度の所得の金額の計算上損金の額に算入されたもの，法人税法第58条の規定の適用がある欠損金額（白色申告書を提出した事業年度において生じた欠損金額の全額），繰戻還付の適用を受けたもの，支配関係事業年度開始の時までに組織再編成や通算制度の開始・加入に伴い切り捨てられたもの，特例欠損金として損金算入されたもの，通算法人の青色申告の承認を取り消されたことにより切り捨てられたものを除く（法法57①②④⑤⑥⑧⑨，58，80））をいう。

（注３）　「制限対象金額」は，支配関係前未処理欠損金額のうち，最も古いものから順次成るものとする。

（注４）　「支配関係事業年度前の繰越欠損金のうち，制限対象金額で構成される金額」とは，発生事業年度ごとに，制限対象金額から，支配関係事業年度からその適格合併の日の前日の属する事業年度までの各事業年度の損金算入額の合計額^(※２)を控除した金額をいう。

➡つまり，グループ化前の繰越欠損金のうち時価純資産超過額を超える分は切り捨てられるが，切捨て直前までに繰越控除された額は，優先的に切り捨て対象から使用したものとして，切捨額から除外している。

（※２）　支配関係事業年度からその被合併法人の適格合併の日の前日の属する事業年度までの各事業年度において組織再編成や通算制度の開始・加入に伴い切り捨てられたもの，特例欠損金として損金算入されたもの，通算法人の青色申告の承認を取り消されたことにより切り捨てられたものを含む。

（注５）　「簿価純資産超過額」とは，支配関係事業年度の前事業年度末の簿価純資産価額が時価純資産価額を超過する金額をいう。つまり，資産全体の含み損相当額をいう。

（注６）　「支配関係事業年度以後の特定資産譲渡等損失相当額の当初発生額」とは，支配関係事業年度以後の特定資産譲渡等損失相当額に係る㈠に掲げる金額をいう。

（注７）　「支配関係事業年度以後の特定資産譲渡等損失相当額のうち，簿価純資産超過額で構成される金額」とは，支配関係事業年度以後の特定資産譲渡等損失相当額の当初発生額のうち最も古いものから順次，簿価純資産超過額によって構成されるものとした場合に，その簿価純資産超過額に相当する金額を，支配関係事業年度以後の特定資産譲渡等損失相当額に係る㈠に掲げる金額として計算した支配関係事業年度以後の特定資産譲渡等損失相当額をいう。

　　また，関連法人において特定資産譲渡等損失相当欠損金額を計算する場合についても，含み損益の特例計算を適用することができる（上記(5)（※６）参照）。

　　この場合，関連法人の支配関係事業年度の前事業年度末の時価純資産価額が簿価純資産価額以上である場合は，特定資産譲渡等損失相当欠損金額はないものとし，関連法人の支配関係事業年度の前事業年度末の時価純資産価額が簿価純資産価額に満たない場合で，かつ，「その満たない金額（簿価純資産超過額）＜関連法人の支配関係事業年度以後の特定資産譲渡等損失相当額の当初発生額の合計額」である場合は，関連法人の支配関係事業年度以後の特定資産譲渡等損失相当額のうち簿価純資産超過額で構成される金額を特定資産譲渡等損失相当欠損金額とする（法令113⑧）。

　　この特例は，その合併法人の合併事業年度の確定申告書等に明細書の添付があり，かつ，時価純資産価額の算定の根拠書類を保存している場合に限り適用される（法令113⑨，法規26の２の４③）。

146

第2章　グループ通算制度の組織再編税制

(7)　通算法人が適格合併により通算完全支配関係のない法人から引き継いだ繰越欠損金のグループ通算制度における取扱い

　合併法人である通算法人が被合併法人である非通算法人，完全支配関係のある非通算法人，通算外法人（つまり，合併法人との間に通算完全支配関係のない法人）から適格合併により引き継いだ繰越欠損金は，通算制度において特定欠損金として取り扱われることとなる（法法64の7②二）。

(8)　通算法人間の合併に係る被合併法人の繰越欠損金の引継ぎ

　通算法人間の適格合併では，被合併法人の繰越欠損金に引継制限は課されない。

　つまり，適格合併の場合，合併法人である通算法人で被合併法人である通算法人の繰越欠損金の引継制限は生じない（法法57②，法令112の2⑥）。

　この場合，被合併法人の繰越欠損金のうち，特定欠損金額は，合併法人の特定欠損金額とみなされ，非特定欠損金額は，合併法人の非特定欠損金額とみなされる（法法64の7②二・③）。

　なお，被合併法人の繰越欠損金のうち，最終事業年度（合併日の前日が通算親法人の事業年度終了日となる場合を除く）で控除されたものは，特定欠損金額から優先的に使用されたものとする（法令131の9④）。

　一方，非適格合併の場合，合併法人である通算法人で被合併法人である通算法人の繰越欠損金は引き継げない（全額切捨て。法法57②）。

(9)　通算法人間の合併に係る「被合併法人の最終単体事業年度の欠損金額」の合併法人における損金算入

　被合併法人である通算子法人の合併日の前日の属する事業年度（合併日が通算親法人の事業年度開始日又は被合併法人である通算子法人が通算親法人との間に通算完全支配関係を有することとなった日である場合を除く）において欠損金額が生じたときは，その欠損金額に相当する金額は，その合併法人である通算法人の合併日の属する事業年度において損金の額に算入される（法法64の8，法令131の10②）。

　なお，被合併法人である通算子法人の発生欠損金額のうち，損益通算の対象外となる欠損金額（制限対象額）がある場合は，合併法人である通算法人の通算前欠損金額のうち，制限対象額に達するまでの金額は合併法人である通算法人でも損益通算の対象外とする（法法64の6④）。

　この取扱いは，通算法人間の合併が適格合併又は非適格合併のいずれであっても適用されることとなる。

　そして，この取扱いによって，被合併法人の欠損金額が通算グループ内で損益通算されたこ

147

とと同じ効果が生じる。

　この場合，当然に，合併法人で損金算入される被合併法人の欠損金額は，適格合併で合併法人が引き継ぐことができる被合併法人の繰越欠損金には含まれない。

[図表] 通算法人間で合併する場合の被合併法人の繰越欠損金の取扱い

＜ケース１＞　合併日が通算親法人の事業年度開始日以外の日となるケース

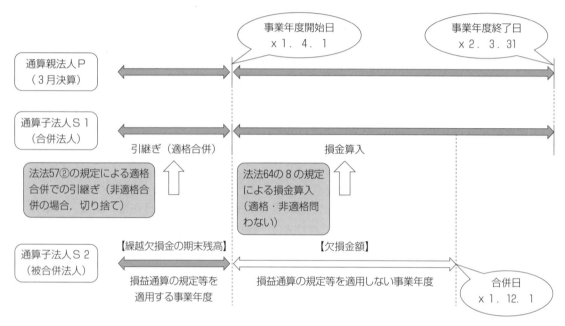

＜ケース２＞　合併日が通算親法人の事業年度開始日と同日になるケース

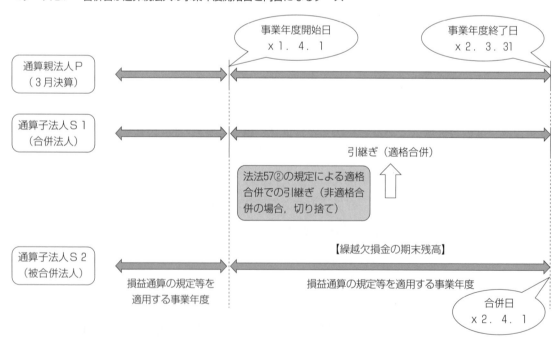

第2章　グループ通算制度の組織再編税制

　一方，事業税については，この取扱いは適用されない（地法72の23②）。そのため，事業税では，被合併法人の合併日の前日の属する事業年度の欠損金額は，原則どおり，適格合併で合併法人において引継ぎ対象となる事業税の繰越欠損金に含まれることとなる。

⑽　被合併法人の住民税特有の欠損金の引継ぎ

　内国法人が有する住民税特有の欠損金（「控除対象通算適用前欠損調整額」「控除対象合併等前欠損調整額」，「控除対象通算対象所得調整額」「控除対象配賦欠損調整額」「控除対象還付法人税額」「控除対象還付対象欠損調整額」「控除対象個別帰属調整額」「控除対象個別帰属税額」「控除対象個別帰属還付税額」）について，その内国法人を被合併法人とした適格合併が行われる場合には，合併法人において引き継ぐことが可能となる。

　つまり，被合併法人の適格合併の日前10年以内に開始した事業年度（前10年内事業年度）において生じた住民税特有の欠損金があるときは，合併法人の適格合併の日の属する事業年度（合併事業年度）以後の事業年度において，被合併法人の前10年内事業年度に係る住民税特有の欠損金は，被合併法人の前10年内事業年度開始日の属する合併法人の事業年度（合併法人の合併事業年度開始日以後に開始した被合併法人の前10年内事業年度で生じた住民税特有の欠損金は，合併事業年度の前事業年度）において生じた住民税特有の欠損金とみなされることとなる（地法53⑤⑦⑮㉑㉔㉘，321の8⑤⑦⑮㉑㉔㉘，令2改地法附5④⑤⑥，13④⑤⑥，令2改地令附3㉓㉙㉟，5㉓㉙㉟）。

　一方，その内国法人を被合併法人とした非適格合併が行われる場合には，合併法人において被合併法人の住民税特有の欠損金は引き継ぐことができず，全額切り捨てられることとなる。

⑾　被合併法人の事業税の繰越欠損金の引継ぎ

　事業税の繰越欠損金については，通算制度を適用しない場合と同様に，法人税の繰越欠損金とは区別して計算される（地法72の23①②）。

　そして，合併法人における被合併法人の事業税の繰越欠損金の引継ぎについては，法人税の繰越欠損金と同様の取扱いとなる（地法72の23①②，地令20の3，法法57②③）。

　この場合，事業税の繰越欠損金については，通算法人間の適格合併であっても特別な取扱い（上記⑺⑻⑼の取扱い）は適用されない（地令20の3）。

3　合併法人等の繰越欠損金の利用制限

⑴　合併法人等の繰越欠損金の利用制限

　支配関係がある法人間で，適格組織再編成等（適格合併，非適格合併で譲渡損益調整資産の譲渡損益の繰延べ規定（法法61の11①）の適用があるもの，適格分割，適格現物出資，適格現

149

第1部　グループ通算制度のM&A・組織再編成・清算に係る税務の概要

物分配）が行われた場合で，次に掲げる要件のいずれも満たさない場合，合併法人等（合併法人，分割承継法人，被現物出資法人，被現物分配法人）の組織再編成事業年度以後の各事業年度において，合併法人等の繰越欠損金のうち，次に掲げるものに利用制限が生じる（法法57④，法令112③④⑨⑩）。

　ここで，組織再編成事業年度とは，合併法人等の適格組織再編成等の日（適格組織再編成等が残余財産の全部の分配である場合には，その残余財産の確定の日の翌日）の属する事業年度をいう。

[合併法人等の繰越欠損金に利用制限が課されないための要件]

①　支配関係5年継続要件
②　みなし共同事業要件

[利用制限が生じる繰越欠損金の範囲]

利用制限額1	合併法人等の支配関係事業年度前に生じた繰越欠損金
利用制限額2	合併法人等の支配関係事業年度以後の特定資産譲渡等損失相当額

　なお，支配関係がない法人間の適格組織再編成等が行われる場合，合併法人等の繰越欠損金に利用制限は生じない（法法57④）。

　また，非適格組織再編成等（非適格合併で譲渡損益調整資産の譲渡損益の繰延べ規定（法法61の11①）の適用がないもの，非適格分割，非適格現物出資，非適格現物分配）が行われる場合，合併法人等の繰越欠損金に利用制限は生じない（法法57④）。

　さらに，通算法人間の適格組織再編成等では，合併法人等の繰越欠損金に利用制限は生じない（法法57②，法令112の2⑦）。

　なお，以下では，次の用語について，次の定義とする（法法57③④）。

用語	定義
合併法人等	合併法人，分割承継法人，被現物出資法人，被現物分配法人をいう。
被合併法人等	被合併法人，分割法人，現物出資法人，現物分配法人をいう。
適格組織再編成等	適格合併，非適格合併で譲渡損益調整資産の譲渡損益の繰延べ規定（法法61の11①）の適用があるもの，適格分割，適格現物出資，適格現物分配をいう。
組織再編成事業年度	合併法人等の適格組織再編成等の日（適格組織再編成等が残余財産の全部の分配である場合には，その残余財産の確定の日の翌日）の属する事業年度をいう。

支配関係発生日	合併法人等が被合併法人等との間に最後に支配関係を有することとなった日をいい，合併法人等が被合併法人等との間に最後に支配関係を有することとなった日とは，合併法人等と被合併法人等との間において，その適格組織再編成等の日の直前まで継続して支配関係がある場合のその支配関係を有することとなった日をいう（法基通12-1-5）。

(2) 支配関係5年継続要件

　支配関係5年継続要件を満たす場合とは，被合併法人等と合併法人等との間に5年前の日，被合併法人等の設立日，合併法人等の設立日のうち，最も遅い日から継続して支配関係がある場合をいう。

　具体的には，次に掲げる場合のいずれかに該当する場合とする（法法57④，法令112④⑨）。

①	【5年前の日からの支配関係継続要件】 被合併法人等と合併法人等との間に合併法人等の組織再編成事業年度開始日の5年前の日（5年前の日）から継続して支配関係がある場合
②	【設立日からの支配関係継続要件】 被合併法人等又は合併法人等が5年前の日後に設立された法人である場合※であって，被合併法人等と合併法人等との間に被合併法人等の設立日又は合併法人等の設立日のいずれか遅い日から継続して支配関係がある場合

※　次のi，ii，iiiの場合を除く（以下，「新設法人の除外規定」という）。
　i　その被合併法人等との間に支配関係がある他の内国法人を被合併法人とする適格合併で，次のいずれかのものが行われていた場合（その被合併法人等が当該他の内国法人との間に最後に支配関係を有することとなった日（bにおいて「関係日」という）が5年前の日以前である場合を除く）
　　a　その合併法人等を設立するもの
　　b　関係日以後に設立されたその合併法人等を合併法人とするもの
　ii　その被合併法人等が他の内国法人との間に最後に支配関係を有することとなった日以後に設立されたその合併法人等との間に繰越欠損金の引継ぎが可能となる完全支配関係がある当該他の内国法人（その被合併法人等との間に支配関係があるものに限る）でその合併法人等が発行済株式の全部又は一部を有するものの残余財産が確定していた場合（同日が当該5年前の日以前である場合を除く）
　iii　その合併法人等との間に支配関係がある他の法人を被合併法人，分割法人，現物出資法人，現物分配法人とする適格組織再編成等で，次のいずれかのものが行われていた場合（その合併法人等が当該他の法人との間に最後に支配関係を有することとなった日（bにおいて「関係日」という）が5年前の日以前である場合を除く）
　　a　その被合併法人等を設立するもの
　　b　関係日以後に設立されたその被合併法人等を合併法人，分割承継法人，被現物出資法人，被現物分配法人とするもの

　なお，適格組織再編成等とは，適格合併，非適格合併で譲渡損益調整資産の譲渡損益の繰延べ規定（法法61の11①）の適用があるもの，適格分割，適格現物出資又は適格現物分配をいう。

第1部　グループ通算制度のM&A・組織再編成・清算に係る税務の概要

(3)　みなし共同事業要件

みなし共同事業要件を満たす場合とは，次の条件1又は条件2のいずれかを満たす場合をいう（法令112③⑩）。

なお，適格現物分配にはみなし共同事業要件は定められていない。

条件1：以下の❶❷❸❹の要件に該当
条件2：以下の❶❺の要件に該当

また，以下では，次の用語について，次の定義とする。

用語	定義
適格組織再編成等	適格合併，非適格合併で譲渡損益調整資産の譲渡損益の繰延べ規定（法法61の11①）の適用があるもの，適格分割，適格現物出資をいう。
合併法人等	合併法人，分割承継法人，被現物出資法人をいう。合併法人，分割承継法人，被現物出資法人が適格組織再編成等により設立された法人である場合は，その適格組織再編成等に係る他の被合併法人等をいう。
被合併法人等	被合併法人，分割法人，現物出資法人をいう。

要件	内容
❶　事業関連性要件	被合併法人等の被合併等事業（被合併法人の適格合併の前に行う主要な事業[注1]のうちのいずれかの事業，分割事業，現物出資事業をいう）と合併法人等の合併等事業（合併法人等の適格組織再編成等の前に行う事業のうちのいずれかの事業をいう[注2]）とが相互に関連するものであること[注3]。
❷　事業規模要件	次の規模の割合のいずれかがおおむね5倍を超えないこと。 ● 被合併等事業と合併等事業[注4]のそれぞれの売上金額 ● 被合併等事業と合併等事業[注4]のそれぞれの従業者[注5]の数 ● 被合併法人と合併法人のそれぞれの資本金の額又は出資金の額（合併の場合のみ） ● これらに準ずるもの[注6]
❸　被合併等事業の規模継続要件	● 被合併等事業が被合併法人等が合併法人等との間に最後に支配関係を有することとなった時（被合併法人等支配関係発生時）[注7,12]から適格組織再編成等の直前の時まで継続して行われており，かつ， ● 被合併法人等支配関係発生時と適格組織再編成等の直前の時における被合併等事業の規模（❷の規模の割合の計算の基礎とした指標に係るものに限る）の割合がおおむね2倍を超えないこと。
❹　合併等事業の規模継続要件	● 合併等事業[注4]が合併法人等が被合併法人等との間に最後に支配関係を有することとなった時（合併法人等支配関係発生時）[注8,12]から適格組織再編成等の直前の時まで継続して行われており，かつ， ● 合併法人等支配関係発生時と適格組織再編成等の直前の時における合併等事業[注4]の規模（❷の規模の割合の計算の基礎とした指標に係るものに限る）の割合がおおむね2倍を超えないこと。

152

❺	経営参画要件	適格組織再編成等に係る次のイに掲げる者とロに掲げる者とが，適格組織再編成等の後に合併法人等^(注9)の特定役員^(注10)となることが見込まれていること。
		イ）被合併法人等の適格組織再編成等の前における特定役員等^(注11)である者のいずれかの者（被合併法人等が合併法人等との間に最後に支配関係を有することとなった日^(注12)前（その支配関係が被合併法人等となる法人又は合併法人等となる法人の設立により生じたものである場合には，同日。以下❺において同じ）において被合併法人等の役員又は当該これらに準ずる者（同日において被合併法人等の経営に従事していた者に限る）であった者に限る）
		ロ）合併法人等の適格組織再編成等の前における特定役員^(注10)である者のいずれかの者（被合併法人等が合併法人等との間に最後に支配関係を有することとなった日前において合併法人等の役員又は当該これらに準ずる者（同日において合併法人等の経営に従事していた者に限る）であった者に限る）

(注1)　被合併法人の合併前に行う事業が2以上ある場合において，そのいずれが「主要な事業」であるかは，それぞれの事業に属する収入金額又は損益の状況，従業者の数，固定資産の状況等を総合的に勘案して判定する（法基通1-4-5，12-1-3）。

(注2)　合併等事業は，合併法人等がその適格組織再編成等により設立された法人である場合は，その適格組織再編成等に係る他の被合併法人等の被合併等事業のうちのいずれかの事業をいう。

(注3)　次に掲げる実態基準及び関連基準のいずれにも該当するときは，被合併等事業と合併等事業は，事業関連性要件を満たすものとする（法規3①②，26）。

実態基準	被合併法人等及び合併法人等が適格組織再編成等の直前においてそれぞれ次に掲げる要件のすべてに該当すること。
	イ）事務所，店舗，工場その他の固定施設^(※1)を所有し，又は賃借していること。
	ロ）従業者（役員にあっては，その法人の業務に専ら従事するものに限る）があること。
	ハ）自己の名義をもって，かつ，自己の計算において次に掲げるいずれかの行為をしていること。 　①　商品販売等^(※2) 　②　広告又は宣伝による商品販売等に関する契約の申込み又は締結の勧誘 　③　商品販売等を行うために必要となる資料を得るための市場調査 　④　商品販売等を行うにあたり法令上必要となる行政機関の許認可等（行政手続法（平成5年法律第88号）第2条第3号（定義）に規定する許認可等をいう）についての同号に規定する申請又は当該許認可等に係る権利の保有 　⑤　知的財産権^(※3)の取得をするための出願若しくは登録（移転の登録を除く）の請求若しくは申請（これらに準ずる手続を含む），知的財産権（実施権及び使用権を含むものとし，商品販売等を行うために必要となるものに限る。⑤及び関連基準のロにおいて「知的財産権等」という）の移転の登録（実施権及び使用権にあっては，これらの登録を含む）の請求若しくは申請（これらに準ずる手続を含む）又は知的財産権若しくは知的財産権等の所有 　⑥　商品販売等を行うために必要となる資産（固定施設を除く）の所有又は賃借 　⑦　①から⑥までに掲げる行為に類するもの
関連基準	被合併等事業と合併等事業との間に適格組織再編成等の直前において次に掲げるいずれかの関係があること。
	イ）被合併等事業と合併等事業とが同種のものである場合における被合併等事業と合併等事業との間の関係

第1部　グループ通算制度のM&A・組織再編成・清算に係る税務の概要

ロ）被合併等事業に係る商品，資産若しくは役務$^{（※4）}$又は経営資源$^{（※5）}$と合併等事業に係る商品，資産若しくは役務又は経営資源とが同一のもの又は類似するものである場合における被合併等事業と合併等事業との間の関係
ハ）被合併等事業と合併等事業とが適格組織再編成等後に被合併等事業に係る商品，資産若しくは役務又は経営資源と合併等事業に係る商品，資産若しくは役務又は経営資源とを活用して行われることが見込まれている場合における被合併等事業と合併等事業との間の関係
なお，被合併等事業と合併等事業とが，適格組織再編成等後に被合併等事業に係る商品，資産若しくは役務又は経営資源と合併等事業に係る商品，資産若しくは役務又は経営資源とを活用して一体として行われている場合には，被合併等事業と合併等事業とは，関連基準に該当するものと推定する。

（※1）　その本店又は主たる事務所の所在地がある国又は地域にあるこれらの施設に限る。実態基準のハの⑥において「固定施設」という。

（※2）　商品の販売，資産の貸付け又は役務の提供で，継続して対価を得て行われるものをいい，その商品の開発若しくは生産又は役務の開発を含む。実態基準において同じ。

（※3）　特許権，実用新案権，育成者権，意匠権，著作権，商標権その他の知的財産に関して法令により定められた権利又は法律上保護される利益に係る権利をいう。実態基準のハ⑤において同じ。

（※4）　それぞれ販売され，貸し付けられ，又は提供されるものに限る。関連基準において同じ。

（※5）　事業の用に供される設備，事業に関する知的財産権等，生産技術又は従業者の有する技能若しくは知識，事業に係る商品の生産若しくは販売の方式又は役務の提供の方式その他これらに準ずるものをいう。関連基準において同じ。

（注4）　被合併等事業と関連する事業に限る。

（注5）　「従業者」とは，役員，使用人その他の者で，適格組織再編成等の直前において被合併等事業又は合併等事業に現に従事する者をいうものとする（法基通1-4-4，12-1-3）。留意点は以下のとおりとなる（法基通1-4-4，12-1-3）。

●これらの事業に従事する者であっても，例えば，日々雇い入れられる者で従事した日ごとに給与等の支払を受ける者について，法人が従業者の数に含めないこととしている場合は，これを認める。

●出向により受け入れている者等であっても，被合併等事業又は合併等事業に現に従事する者であれば従業者に含まれる。

●下請先の従業員は，例えば自己の工場内でその業務の特定部分を継続的に請け負っている企業の従業員であっても，従業者には該当しない。

●合併等事業又は被合併等事業とその他の事業とのいずれにも従事している者については，主として合併等事業又は被合併等事業に従事しているかどうかにより判定する。

（注6）　「これらに準ずるものの規模」とは，例えば，金融機関における預金量等，客観的・外形的にその事業の規模を表すものと認められる指標をいう（法基通1-4-6，12-1-3）。なお，事業の規模の割合がおおむね5倍を超えないかどうかは，❷に規定するいずれか一の指標が要件を満たすかどうかにより判定する（法基通1-4-6，12-1-3）。

（注7）　その被合併法人等がその時からその適格組織再編成等の直前の時までの間にその被合併法人等を合併法人，分割承継法人，被現物出資法人とする適格合併，適格分割，適格現物出資（適格合併等）により被合併等事業の全部又は一部の移転を受けている場合には，「その適格合併等の時」とする。

（注8）　その合併法人等がその時からその適格組織再編成等の直前の時までの間にその合併法人等を合併法人，分割承継法人，被現物出資法人とする適格合併，適格分割，適格現物出資（適格合併等）により合併等事業の全部又は一部の移転を受けている場合には，「その適格合併等の時」とする。

（注9）　その適格組織再編成等が法人を設立するものである場合には，その適格組織再編成等により設立された法人とする。

（注10）　特定役員とは，社長，副社長，代表取締役，代表執行役，専務取締役，常務取締役，これらに準ずる者$^{（注13）}$で法人の経営に従事している者をいう。

（注11）　特定役員等とは，合併にあっては社長，副社長，代表取締役，代表執行役，専務取締役若しくは常務

154

取締役又はこれらに準ずる者^(注13)で法人の経営に従事している者（特定役員）をいい，適格分割又は適格現物出資にあっては役員又は当該これらに準ずる者で法人の経営に従事している者をいう。

(注12)　被合併法人等が合併法人等との間に最後に支配関係を有することとなった日（合併法人等が被合併法人等との間に最後に支配関係を有することとなった日）とは，合併法人等と被合併法人等との間において，その適格組織再編成等の日の直前まで継続して支配関係がある場合のその支配関係を有することとなった日をいう（法基通12-1-5）。被合併法人等が合併法人等との間に最後に支配関係を有することとなった時（合併法人等が被合併法人等との間に最後に支配関係を有することとなった時）についても同様であると考えられる。

(注13)　「これらに準ずる者」とは，役員又は役員以外の者で，社長，副社長，代表取締役，代表執行役，専務取締役又は常務取締役と同等に法人の経営の中枢に参画している者をいう（法基通1-4-7，12-1-3）。

(4)　利用制限が生じる繰越欠損金の範囲

　支配関係がある法人間で，適格組織再編成等（適格合併，非適格合併で譲渡損益調整資産の譲渡損益の繰延べ規定（法法61の11①）の適用があるもの，適格分割，適格現物出資，適格現物分配）が行われた場合で，支配関係5年継続要件及びみなし共同事業要件のいずれも満たさない場合，合併法人等（合併法人，分割承継法人，被現物出資法人，被現物分配法人）の組織再編成事業年度以後の各事業年度において，合併法人等の繰越欠損金^(※)のうち，次に掲げるものに利用制限が生じる（法法57④，法令112③④⑨⑩）。

　なお，組織再編成事業年度とは，合併法人等の適格組織再編成等の日（適格組織再編成等が残余財産の全部の分配である場合には，その残余財産の確定の日の翌日）の属する事業年度をいう。

(※)　被合併法人又は残余財産確定法人から引き継いだものを含み，組織再編成や通算制度の開始・加入に伴い切り捨てられたもの，特例欠損金として損金算入されたもの，通算法人の青色申告の承認を取り消されたことにより切り捨てられたもの，白色申告書を提出した事業年度において生じた欠損金額でないものとされたものを除く。

| 利用制限額1 | 合併法人等の支配関係事業年度前に生じた繰越欠損金 |
| 利用制限額2 | 合併法人等の支配関係事業年度以後の特定資産譲渡等損失相当額 |

　具体的には繰越欠損金の利用制限額は以下のとおりとなる（法法57④，法令112⑤⑪）。

　ここで，支配関係事業年度とは，合併法人等の支配関係発生日の属する事業年度をいう。

　また，支配関係発生日とは，合併法人等が被合併法人等との間に最後に支配関係を有することとなった日（適格組織再編成等の日の直前まで継続して支配関係がある場合のその支配関係を有することとなった日）をいう（法法53④，法基通12-1-5）。

［利用制限額1］　支配関係事業年度前に生じた繰越欠損金

　合併法人等の支配関係事業年度前の各事業年度で前10年内事業年度^(※1)に該当する事業年度において生じた欠損金額^(※2)をいう。

(※1)　組織再編成事業年度開始日前10年以内に開始した各事業年度をいう。

第1部　グループ通算制度のM&A・組織再編成・清算に係る税務の概要

（※2）　前10年内事業年度の所得の金額の計算上損金の額に算入されたもの及び繰戻還付の対象となったものを除く。

［利用制限額2］　支配関係事業年度以後の特定資産譲渡等損失相当額

合併法人等の支配関係事業年度以後の各事業年度で前10年内事業年度に該当する事業年度（対象事業年度）^{（※1）}ごとに次の㈠から㈡を控除した金額とする。

㈠	対象事業年度に生じた欠損金額^{（※2）}のうち，対象事業年度を特定資産譲渡等損失額の損金不算入の規定（法法62の7①）が適用される事業年度として，合併法人等が支配関係発生日の属する事業年度開始日前から有していた資産^{（※3，4）}を特定資産として計算される特定資産譲渡等損失額^{（※5）}となる金額に達するまでの金額^{（※6）}
㈡	対象事業年度に生じた欠損金額のうち，合併法人等において前10年内事業年度の所得の金額の計算上損金の額に算入された金額等^{（※7）}

（※1）　対象事業年度は，次に掲げる適用期間内の日の属する事業年度を除く。
- 組織再編税制に係る特定資産譲渡等損失額の損金不算入の規定（法法62の7①）の適用を受ける場合の損金不算入となる適用期間
- 欠損等法人の特定資産の譲渡等損失額の損金不算入の規定（法法60の3①）の適用を受ける場合の損金不算入となる適用期間
- 通算制度の開始・加入に係る特定資産譲渡等損失額の損金不算入の規定（法法64の14①）の適用を受ける場合の損金不算入となる適用期間

（※2）　その適格組織再編成等の前に被合併法人又は残余財産確定法人から引き継いだもの，組織再編成や通算制度の開始・加入に伴い切り捨てられたもの，特例欠損金として損金算入されたもの，通算法人の青色申告の承認を取り消されたことにより切り捨てられたものを含むものとし，法人税法第58条の規定の適用がある欠損金額（白色申告書を提出した事業年度において生じた欠損金額の全額），繰戻還付の適用を受けた災害損失欠損金額を除く（法法57②④⑤⑥⑧⑨，58①，80①⑤）。

（※3）　次に掲げる資産に該当するものを除く（法令123の8②一～五）。
ⅰ　棚卸資産（土地及び土地の上に存する権利（土地等）を除く）
ⅱ　短期売買商品等（法法61③）
ⅲ　売買目的有価証券（法法61の3①一）
ⅳ　支配関係発生日の属する事業年度開始日における税務上の帳簿価額又は取得価額が1,000万円に満たない資産
ⅴ　支配関係発生日の属する事業年度開始日における時価が同日における帳簿価額を下回っていない資産（組織再編成事業年度の確定申告書等に時価及び帳簿価額に関する明細書の添付があり，かつ，時価の根拠資料を保存している場合に限る）

（※4）　特定支配関係法人（その合併法人等及びその被合併法人等との間に支配関係がある法人。（※6）に同じ）との間で，適格組織再編成等前2年以内期間（その適格組織再編成等の日以前2年以内の期間。支配関係発生日以後の期間に限る。（※6）に同じ）内に行われた「みなし共同事業要件を満たさない適格合併・適格分割等（特定適格組織再編成等）」により，その合併法人等が引き継いだ資産のうち，その特定支配関係法人（被合併法人・分割法人等）が支配関係発生日の属する事業年度開始日前から有していた資産は，その合併法人等が支配関係発生日の属する事業年度開始日前から有していたものとみなして，特定資産譲渡等損失相当額を計算する（法令112⑥⑪）。

　　また，特定支配関係法人と他の特定支配関係法人との間で特定適格組織再編成等を繰り返すことによって，最終的にその合併法人等が引き継いだ資産についても同様の取扱いとなる。

156

ただし，適格組織再編成等前2年以内期間内に行われたみなし共同事業要件を満たす適格組織再編成等により移転があった資産，適格組織再編成等前2年以内期間内に行われた非適格合併により移転があった資産で譲渡損益の繰延べの対象となる譲渡損益調整資産以外の資産，支配関係発生日の属する事業年度開始日における税務上の帳簿価額又は取得価額が1,000万円に満たない資産，支配関係発生日の属する事業年度開始日における時価が同日における帳簿価額を下回っていない資産（その適格組織再編成等の日の属する事業年度の確定申告書等に時価及び帳簿価額に関する明細書の添付があり，かつ，時価の根拠資料を保存している場合に限る）は除かれる（法令112⑥⑪，法規26の2①②③）。

　ここで，特定適格組織再編成等とは，適格合併，非適格合併で譲渡損益調整資産の譲渡損益の繰延べ規定（法法61の11①）の適用があるもの，適格分割，適格現物出資，適格現物分配でみなし共同事業要件を満たさないものをいう（法法62の7①）。

（※5）　特定資産譲渡等損失額とは，特定資産の譲渡，評価換え，貸倒れ，除却その他の事由による損失の額の合計額から特定資産の譲渡，評価換えその他の事由による利益の額の合計額を控除した金額をいう（法法62の7②）。

（※6）　関連法人（特定支配関係法人）との間で，適格組織再編成等前2年以内期間内に行われた「みなし共同事業要件を満たさない適格合併（適格組織再編成等前2年以内適格合併）又は残余財産の確定（適格組織再編成等前2年以内残余財産確定）」により，その合併法人等が引き継いだ繰越欠損金のうち，関連法人が支配関係発生日（その合併法人等及びその被合併法人等と関連法人との間に最後に支配関係があることとなった日）の属する事業年度開始日前から有していた資産（同日を特定適格組織再編成等の日とみなした場合に組織再編税制に係る特定資産譲渡等損失額の損金不算入の規定の対象外となる資産を除く。また，（※4）を準用した「みなし特定資産」を含む）を特定資産と仮定して，その関連法人において，関連法人対象事業年度（関連法人の支配関係発生日の属する事業年度以後の事業年度で適格組織再編成等前2年以内適格合併の日前10年以内に開始し，又は適格組織再編成等前2年以内残余財産確定の日の翌日前10年以内に開始した各事業年度。ただし，上記（※1）に掲げる適用期間内の日の属する事業年度を除く）ごとに特定資産譲渡等損失相当額に相当する金額（上記㈠に相当する金額から㈡に相当する金額を控除した金額。「特定資産譲渡等損失相当欠損金額」という）がある場合は，特定資産譲渡等損失相当欠損金額をその合併法人等の特定資産譲渡等損失相当額（上記㈠の金額）に加算する（法令112⑥⑦⑧⑪，法規26の2①②③）。なお，関連法人と他の関連法人との間で適格組織再編成等前2年以内適格合併又は適格組織再編成等前2年以内残余財産確定を繰り返すことによって，最終的にその合併法人等が引き継いだ繰越欠損金についても同様の取扱いとなる。

（※7）　合併法人等において前10年内事業年度の所得の金額の計算上損金の額に算入されたもの，繰戻還付の対象となったもの，組織再編成や通算制度の開始・加入に伴い切り捨てられたもの，特例欠損金として損金算入されたもの，通算法人の青色申告の承認を取り消されたことにより切り捨てられたものをいう（法法57①④⑤⑥⑧⑨，80）。

(5)　含み損益の特例計算（繰越欠損金の利用制限の免除又は緩和）

①　含み損益の特例計算

　合併法人等の繰越欠損金の利用制限について，その合併法人等の支配関係事業年度の前事業年度末において含み損益がある場合，繰越欠損金の利用制限が免除又は緩和される特例がある（法令113①④）。

　この特例は，その合併法人等の組織再編成事業年度の確定申告書等に明細書の添付があり，かつ，時価純資産価額の算定の根拠書類を保存している場合に限り適用される（法令113②④，法規26の2の4①）。

第1部　グループ通算制度のM&A・組織再編成・清算に係る税務の概要

［含み損益の特例計算（繰越欠損金の利用制限の免除又は緩和)］

含み損益の状況	利用制限額
時価純資産超過額^(注1)≧支配関係前未処理欠損金額^(注2)の合計額又は時価純資産超過額がある場合で支配関係前未処理欠損金額がないとき	利用制限額は生じない。
時価純資産超過額＜支配関係前未処理欠損金額の合計額	支配関係事業年度前の繰越欠損金のうち，支配関係前未処理欠損金額の合計額から時価純資産超過額を控除した額（制限対象金額）^(注3)で構成される金額^(注4)に利用制限が生じる。 この場合，支配関係事業年度以後の特定資産譲渡等損失相当額に利用制限は生じない。
簿価純資産超過額^(注5)＜支配関係事業年度以後の特定資産譲渡等損失相当額の当初発生額^(注6)の合計額	次の①と②の合計額に利用制限が生じる。 ①　支配関係事業年度前の繰越欠損金 ②　支配関係事業年度以後の特定資産譲渡等損失相当額のうち，簿価純資産超過額で構成される金額^(注7)

（注1）　「時価純資産超過額」とは，支配関係事業年度の前事業年度末の時価純資産価額が簿価純資産価額以上である場合における時価純資産価額から簿価純資産価額を減算した金額をいう。つまり，資産全体の含み益相当額をいう（0円を含む）。ここで，時価純資産価額とは，その有する資産の時価の合計額からその有する負債（新株予約権及び株式引受権に係る義務を含む）の時価の合計額を減算した金額をいい，簿価純資産価額とは，その有する資産の帳簿価額の合計額からその有する負債（新株予約権及び株式引受権に係る義務を含む）の帳簿価額の合計額を減算した金額をいう。なお，時価純資産価額は，自己創設の営業権を含めて計算する（『平成29年度版　改正税法のすべて（一般財団法人大蔵財務協会)』333頁）。

（注2）　「支配関係前未処理欠損金額」とは，支配関係事業年度開始日前10年以内に開始した各事業年度において生じた繰越欠損金の支配関係事業年度の前事業年度末の残高^(※1)をいう。つまり，切捨て直前の繰越欠損金の残高ではなく，グループ化直前の繰越欠損金の残高とグループ化直前の含み損益の金額を比較して，この特例の適用の有無を判断する。

（※1）　具体的には，支配関係事業年度開始日前10年以内に開始した各事業年度において生じた欠損金額（支配関係事業年度開始の時までに被合併法人又は残余財産確定法人から引き継いだものを含み，支配関係事業年度前の各事業年度の所得の金額の計算上損金の額に算入されたもの，法人税法第58条の規定の適用がある欠損金額（白色申告書を提出した事業年度において生じた欠損金額の全額)，繰戻還付の適用を受けたもの，支配関係事業年度開始の時までに組織再編成や通算制度の開始・加入に伴い切り捨てられたもの，特例欠損金として損金算入されたもの，通算法人の青色申告の承認を取り消されたことにより切り捨てられたものを除く（法法57①②④⑤⑥⑧⑨，58，80)）をいう。

（注3）　「制限対象金額」は，支配関係前未処理欠損金額のうち，最も古いものから順次成るものとする。

（注4）　「支配関係事業年度前の繰越欠損金のうち，制限対象金額で構成される金額」とは，発生事業年度ごとに，制限対象金額から，支配関係事業年度から組織再編成事業年度の前事業年度までの各事業年度の損金算入額の合計額^(※2)を控除した金額をいう。

➡つまり，グループ化前の繰越欠損金のうち時価純資産超過額を超える分は切り捨てられるが，切捨て直前までに繰越控除された額は，優先的に切捨て対象から使用したものとして，切捨額から除外している。

（※2）　支配関係事業年度から組織再編成事業年度の前事業年度までの各事業年度において組織再編成や通算制度の開始・加入に伴い切り捨てられたもの，特例欠損金として損金算入されたもの，通算法人の青色申告の承認を取り消されたことにより切り捨てられたものを含む。

（注5）　「簿価純資産超過額」とは，支配関係事業年度の前事業年度末の簿価純資産価額が時価純資産価額を

超過する金額をいう。つまり，資産全体の含み損相当額をいう。

(注6)　「支配関係事業年度以後の特定資産譲渡等損失相当額の当初発生額」とは，支配関係事業年度以後の特定資産譲渡等損失相当額に係る㈠に掲げる金額をいう。

(注7)　「支配関係事業年度以後の特定資産譲渡等損失相当額のうち，簿価純資産超過額で構成される金額」とは，支配関係事業年度以後の特定資産譲渡等損失相当額の当初発生額のうち最も古いものから順次，簿価純資産超過額によって構成されるものとした場合に，その簿価純資産超過額に相当する金額を，支配関係事業年度以後の特定資産譲渡等損失相当額に係る㈠に掲げる金額として計算した支配関係事業年度以後の特定資産譲渡等損失相当額をいう。

　また，関連法人において特定資産譲渡等損失相当欠損金額を計算する場合についても，含み損益の特例計算を適用することができる（上記(4)（※6）参照）。

　この場合，関連法人の支配関係事業年度の前事業年度末の時価純資産価額が簿価純資産価額以上である場合は，特定資産譲渡等損失相当欠損金額はないものとし，関連法人の支配関係事業年度の前事業年度末の時価純資産価額が簿価純資産価額に満たない場合で，かつ，「その満たない金額（簿価純資産超過額）＜関連法人の支配関係事業年度以後の特定資産譲渡等損失相当額の当初発生額の合計額」である場合は，関連法人の支配関係事業年度以後の特定資産譲渡等損失相当額のうち簿価純資産超過額で構成される金額を特定資産譲渡等損失相当欠損金額とする（法令113⑧⑨⑪，法規26の2の4③）。

　この特例は，その合併法人等の組織再編成事業年度の確定申告書等に明細書の添付があり，かつ，時価純資産価額の算定の根拠書類を保存している場合に限り適用される（法令113⑨，法規26の2の4③）。

②　事業が移転しない場合の含み損益の特例計算

　繰越欠損金の利用制限が生じる適格組織再編成等が，事業を移転しない適格分割，適格現物出資，適格現物分配（適格分割等）である場合において，次の各号に掲げる場合に該当するときは，分割承継法人，被現物出資法人，被現物分配法人（分割承継法人等）の繰越欠損金の利用制限額は，それぞれ次に定めるところによることができる（法令113⑤）。

　この事業が移転しない場合の含み損益の特例計算を適用する場合は，分割承継法人等は，上記①の含み損益の特例計算を適用することができない（法令113⑤）。

　なお，この特例は，分割承継法人等の適格分割等の日の属する事業年度の確定申告書等の明細書の添付があり，かつ，時価純資産価額の算定の根拠書類を保存している場合に限り適用される（法令113⑥，法規26の2の4②。ただし，分割承継法人等が適格分割等により移転を受けた資産が自己株式のみである場合を除く）。

　また，分割法人又は現物出資法人が分割承継法人又は被現物出資法人に対してその有する株式のみを移転する適格分割又は適格現物出資は，「事業を移転しない適格分割又は適格現物出

第1部　グループ通算制度のM&A・組織再編成・清算に係る税務の概要

資」に該当する（法基通12-1-6）。

［事業が移転しない場合の含み損益の特例計算（繰越欠損金の利用制限の免除又は緩和)]

含み損益の状況	利用制限額
移転を受けた資産の移転直前^(注1)の移転時価資産価額^(注2)が移転簿価資産価額^(注3)以下であるとき（含み益がない場合）	利用制限額は生じない。
移転時価資産超過額^(注4)が支配関係事業年度前の繰越欠損金の合計額以下であるとき（含み益≦支配関係事業年度前の繰越欠損金の合計額）	支配関係事業年度前の繰越欠損金のうち，移転時価資産超過額に相当する金額^(注5)に利用制限が生じる。 この場合，支配関係事業年度以後の特定資産譲渡等損失相当額は利用可能となる。
移転時価資産超過額が支配関係事業年度前の繰越欠損金の合計額を超えるとき（含み益＞支配関係事業年度前の繰越欠損金の合計額）	次の①と②の合計額に利用制限が生じる。 ①　支配関係事業年度前の繰越欠損金 ②　支配関係事業年度以後の特定資産譲渡等損失相当額のうち，移転時価資産超過額から①を控除した金額^(注6)

（注1）　適格現物分配（残余財産の全部の分配に限る）にあっては，その残余財産の確定の時とする。
（注2）　「移転時価資産価額」とは，その移転を受けた資産（分割承継法人等の株式を除く）の時価の合計額をいう。
（注3）　「移転簿価資産価額」とは，その移転を受けた資産（分割承継法人等の株式を除く）の帳簿価額の合計額をいう。
（注4）　「移転時価資産超過額」とは，移転時価資産価額が移転簿価資産価額を超える場合の超過額をいう。
（注5）　「移転時価資産超過額に相当する金額」は，支配関係事業年度前の繰越欠損金のうち，最も古いものからなるものとする。
（注6）　「支配関係事業年度以後の特定資産譲渡等損失相当額のうち，移転時価資産超過額から①を控除した金額」は，支配関係事業年度以後の特定資産譲渡等損失相当額のうち，最も古いものからなるものとする。

(6)　通算法人間の適格組織再編成等に係る合併法人等の繰越欠損金の利用について

通算法人間の適格組織再編成等では，合併法人等の繰越欠損金に利用制限は課されない。

つまり，通算法人間で適格組織再編成等を行う場合，合併法人等である通算法人の繰越欠損金の利用制限は生じない（法法57④，法令112の2⑦）。

ここで，適格組織再編成等とは，適格合併，非適格合併で譲渡損益調整資産の譲渡損益の繰延べ規定（法法61の11①）の適用があるもの，適格分割，適格現物出資，適格現物分配をいう。

合併法人等とは，合併法人，分割承継法人，被現物出資法人，被現物分配法人をいう。

(7)　合併法人等の住民税特有の欠損金の利用について

内国法人が有する住民税特有の欠損金（「控除対象通算適用前欠損調整額」「控除対象合併等

前欠損調整額」,「控除対象通算対象所得調整額」「控除対象配賦欠損調整額」「控除対象還付法
人税額」「控除対象還付対象欠損調整額」「控除対象個別帰属調整額」「控除対象個別帰属税額」
「控除対象個別帰属還付税額」）については，その内国法人を合併法人等とする適格組織再編成
等が行われる場合でも，合併法人等において利用制限は生じない。

　ここで，適格組織再編成等とは，適格合併，非適格合併で譲渡損益調整資産の譲渡損益の繰
延べ規定（法法61の11①）の適用があるもの，適格分割，適格現物出資，適格現物分配をいう。

　合併法人等とは，合併法人，分割承継法人，被現物出資法人，被現物分配法人をいう。

⑻　合併法人等の事業税の繰越欠損金の利用について

　事業税の繰越欠損金については，通算制度を適用しない場合と同様に，法人税の繰越欠損金
とは区別して計算される（地法72の23①②）。

　そして，組織再編成等が行われた場合における合併法人等の事業税の繰越欠損金の利用制限
については，法人税の繰越欠損金と同様の取扱いとなる（地法72の23①②，地令20の３，法法
57④）。

　この場合，事業税の繰越欠損金については，通算法人間の適格組織再編成等であっても特別
な取扱い（上記⑹の取扱い）は適用されない（地令20の３）。

4　組織再編成に係る欠損金の繰戻還付

　ここでは，災害損失欠損金額の繰戻還付制度（法法80⑤⑧⑬）は解説の対象外としている。

⑴　通常の欠損金の繰戻還付

　第３章第２節「4　清算に係る欠損金の繰戻還付」⑴で解説している。

⑵　解散等した場合の欠損金の繰戻還付

　第３章第２節「4　清算に係る欠損金の繰戻還付」⑵で解説している。

⑶　単体法人が組織再編成を行う場合の欠損金の繰戻還付

　第３章第２節「4　清算に係る欠損金の繰戻還付」⑵の［解散等した場合の欠損金の繰戻還
付の適用事由］から，単体法人（中小法人等に該当しないものに限る）が組織再編成を行った
場合に欠損金の繰戻還付が適用できる場合は，以下のとおりとなる。

- 非適格合併より解散する場合
- 事業の全部の譲渡
- 事業の全部の相当期間の休止又は重要部分の譲渡で，これらの事実が生じたことにより欠損

第1部　グループ通算制度のM&A・組織再編成・清算に係る税務の概要

金額につき欠損金の繰越控除の規定（法法57①）の適用を受けることが困難となると認められるもの

この場合，具体的な取扱いは，第3章第2節「4　清算に係る欠損金の繰戻還付」⑵で解説している。

⑷　通算親法人が組織再編成を行う場合の欠損金の繰戻還付

第3章第2節「4　清算に係る欠損金の繰戻還付」⑵の［解散等した場合の欠損金の繰戻還付の適用事由］から，通算親法人（中小法人等に該当しないものに限る）が組織再編成を行った場合に欠損金の繰戻還付が適用できる場合は，非適格合併より解散する場合となる。

つまり，通算親法人が非適格合併により解散する場合には，解散等した場合の欠損金の繰戻還付（第3章第2節「4　清算に係る欠損金の繰戻還付」⑵参照）を適用することができる（法法80④）。

この場合，欠損事業年度（合併日の前日前1年以内に終了したいずれかの事業年度又は最終事業年度（合併日の前日の属する事業年度））が通算事業年度（通算申告）に該当する場合，解散等した場合の青色申告の欠損金の繰戻還付の適用に当たって，第3章第2節「4　清算に係る欠損金の繰戻還付」⑴③に従い，通算法人の繰戻しの対象となる欠損事業年度の欠損金額（同⑴①の還付法人税額の計算式における分子の金額）は，各通算法人の欠損金額の合計額を，各通算法人の還付所得事業年度の所得金額の比で配分した金額とする（同⑴③［通常の欠損金の繰戻還付の対象となる通算法人の欠損事業年度の欠損金額の計算式］参照。法法80⑦）。

ただし，同⑴③［通常の欠損金の繰戻還付の対象となる通算法人の欠損事業年度の欠損金額の計算式］において，他の通算法人が大通算法人であるときは，当該他の通算法人の分母及び分子に係る前1年内所得合計額に係る所得金額は，ないものとされる（措法66の12②）。

つまり，通算親法人で解散等の場合の繰戻還付の対象となる事業年度に生じた欠損金額がある場合，大通算法人に該当する他の通算法人のすべてで繰戻還付の対象となる欠損金額の配分額は0となり，非適格合併により解散する通算親法人に繰戻還付の対象となる欠損金額が全額配分されることとなる。

なお，この解散等した場合の欠損金の繰戻還付が適用できる場合は，通常の欠損金の繰戻還付は適用できない（法法80①）。

⑸　通算子法人が組織再編成を行う場合の欠損金の繰戻還付

第3章第2節「4　清算に係る欠損金の繰戻還付」⑵の［解散等した場合の欠損金の繰戻還付の適用事由］から，通算子法人（中小法人等に該当しないものに限る）が組織再編成を行った場合に解散等した場合の欠損金の繰戻還付の適用事由は生じない。

162

第2章 グループ通算制度の組織再編税制

第5節　組織再編成に係る特定資産譲渡等損失額の損金算入制限

1　組織再編成に係る特定資産譲渡等損失額の損金算入制限（まとめ）

　内国法人が，合併法人，分割承継法人，被現物出資法人，被現物分配法人として，合併，分割，現物出資，現物分配を行う場合に適用される組織再編成に係る特定資産譲渡等損失額の損金算入制限については，その内国法人が通算法人であるか否かによって取扱いが異なることはない。

　この場合，通算法人間の組織再編成は，完全支配関係がある法人間の組織再編成と同じ取扱いとなる。

　そのため，組織再編成に係る特定資産譲渡等損失額の損金算入制限の適用範囲は，特定資産の種類ごと，グループ内外の区分，適格・非適格の区分ごとに次のようにまとめられる。

[合併]

資産の種類	支配関係がある法人間の再編		支配関係がない法人間の再編	
	適格	非適格	適格	非適格
特定保有資産	△	○(注)	○	○
特定引継資産	△	実現(注)	○	実現

○：利用可能　△：要件有り

(注)　譲渡損益の繰延べの規定の適用がある非適格合併については，特定資産譲渡等損失額の損金算入に要件充足が必要となる。

[分割]

資産の種類	支配関係がある法人間の再編		支配関係がない法人間の再編	
	適格	非適格	適格	非適格
特定保有資産	△	○	○	○
特定引継資産	△	実現	○	実現

○：利用可能　△：要件有り

[現物出資]

資産の種類	支配関係がある法人間の再編		支配関係がない法人間の再編	
	適格	非適格	適格	非適格
特定保有資産	△	○	○	○
特定引継資産	△	実現	○	実現

○：利用可能　△：要件有り

163

第1部　グループ通算制度のM&A・組織再編成・清算に係る税務の概要

[現物分配]

資産の種類	支配関係がある法人間の再編		支配関係がない法人間の再編	
	適格	非適格	適格	非適格
特定保有資産	△	○	○	○
特定引継資産	△	実現	○	実現

○：利用可能　△：要件有り

　「△：要件有り」では，次の①②のいずれかを満たす場合，特定資産譲渡等損失額の損金算入制限は生じない（適格現物分配は②を除く）。

①　支配関係5年継続要件
②　みなし共同事業要件

　ただし，特定資産譲渡等損失額の損金算入制限が課せられる場合でも，含み損益の特例計算が適用できる場合，損金算入制限が免除又は緩和される。

2　特定資産譲渡等損失額の損金算入制限の概要

　支配関係がある法人間で，適格組織再編成等（適格合併，非適格合併で譲渡損益調整資産の譲渡損益の繰延べ規定（法法61の11①）の適用があるもの，適格分割，適格現物出資，適格現物分配）が行われた場合で，次に掲げる要件のいずれも満たさない場合，合併法人等（合併法人，分割承継法人，被現物出資法人，被現物分配法人）において，適用期間に生ずる特定資産譲渡等損失額は各事業年度の所得の金額の計算上，損金の額に算入されない（法法62の7①）。

[合併法人等の特定資産譲渡等損失額の損金算入制限が課されないための要件]

①　支配関係5年継続要件
②　みなし共同事業要件

　なお，支配関係がある被合併法人等（被合併法人，分割法人，現物出資法人）と他の被合併法人等との間で法人を設立する適格組織再編成等が行われた場合については，その被合併法人等と他の被合併法人等との間で，支配関係5年継続要件及びみなし共同事業要件のいずれも満たさない場合，その適格組織再編成等により設立された内国法人において，適用期間に生ずる特定資産譲渡等損失額は各事業年度の所得の金額の計算上，損金の額に算入されない（法法62の7③）。

　一方，支配関係がない法人間の適格組織再編成等が行われる場合，合併法人等の特定資産譲

渡等損失額の損金算入制限は生じない（法法62の7①）。

　また，非適格組織再編成等（非適格合併で譲渡損益調整資産の譲渡損益の繰延べ規定（法法61の11①）の適用がないもの，非適格分割，非適格現物出資，非適格現物分配）が行われる場合，合併法人等の特定資産譲渡等損失額の損金算入制限は生じない（法法62の7①）。

　なお，以下では，次の用語について，次の定義とする（法法62の7①）。

用語	定義
合併法人等	合併法人，分割承継法人，被現物出資法人，被現物分配法人をいう。
被合併法人等	被合併法人，分割法人，現物出資法人，現物分配法人をいう。
適格組織再編成等	適格合併，非適格合併で譲渡損益調整資産の譲渡損益の繰延べ規定（法法61の11①）の適用があるもの，適格分割，適格現物出資，適格現物分配をいう。
組織再編成事業年度	合併法人等の適格組織再編成等の日（適格組織再編成等が残余財産の全部の分配である場合には，その残余財産の確定日の翌日）の属する事業年度をいう。
支配関係発生日	合併法人等が被合併法人等との間に最後に支配関係を有することとなった日をいう。合併法人等が被合併法人等との間に最後に支配関係を有することとなった日とは，合併法人等と被合併法人等との間において，その適格組織再編成等の日の直前まで継続して支配関係がある場合のその支配関係を有することとなった日をいう（法基通12-1-5，12の2-2-5）。

3　損金算入制限が生じる期間

　特定資産譲渡等損失額の損金算入制限が生じる場合の損金不算入となる期間（適用期間）は，合併法人等の組織再編成事業年度開始日から次のうちいずれか早い日までとなる（法法62の7①）。

① 　合併法人等の組織再編成事業年度開始日から同日以後3年を経過する日
② 　支配関係発生日以後5年を経過する日

　ただし，その期間に終了する各事業年度において，次の規定の適用を受ける場合には，組織再編成事業年度開始日からその適用を受ける事業年度終了日までの期間とする。

● 非適格株式交換等に係る株式交換完全子法人等の有する資産の時価評価（法法62の9①）
● 通算制度の開始に伴う資産の時価評価（法法64の11①）
● 通算制度の加入に伴う資産の時価評価（法法64の12①）
● 通算制度の離脱等に伴う資産の時価評価（法法64の13①）

第1部　グループ通算制度のM&A・組織再編成・清算に係る税務の概要

4　特定資産譲渡等損失額の計算方法

　特定資産譲渡等損失額は，次の金額の合計額となる（法法62の7②，法令123の8③⑨，法規27の15③④）。

［特定資産譲渡等損失額の計算方法］

> ①　合併法人等が被合併法人等から適格組織再編成等により移転を受けた資産で，被合併法人等が支配関係発生日の属する事業年度開始日前から有していたもの（特定引継資産）^(注1)の譲渡等による損失の額から特定引継資産の譲渡等による利益の額を控除した金額
>
> ②　合併法人等が有する資産で支配関係発生日の属する事業年度開始日前から有していたもの（特定保有資産）^(注2)の譲渡等による損失の額から特定保有資産の譲渡等による利益の額を控除した金額

（注1）　合併法人等が被合併法人等から適格組織再編成等により移転を受けた資産（特定資産から除かれる資産を除く）のうち，前2年以内期間^(※1)内に行われた一又は二以上の「みなし共同事業要件を満たさない前適格組織再編成等」^(※2)により移転があった資産で関連法人のいずれかが関連法人支配関係発生日^(※3)の属する事業年度開始日前から有していたもの（特定引継資産に係る特定移転資産）は，その被合併法人等が支配関係発生日の属する事業年度開始日前から有していたものとみなして，特定資産譲渡等損失額を計算する。

ただし，次に掲げる資産は特定移転資産から除かれる。

一．前2年以内期間内に行われた適格組織再編成等でみなし共同事業要件を満たすものにより移転があった資産

二．前2年以内期間内に行われた非適格合併により移転があった資産で譲渡損益の繰延べの対象となる譲渡損益調整資産以外の資産

三．関連法人支配関係発生日の属する事業年度開始日における税務上の帳簿価額又は取得価額が1,000万円に満たない資産

四．関連法人支配関係発生日の属する事業年度開始日における時価が同日における帳簿価額を下回っていない資産（合併法人等の組織再編成事業年度の確定申告書等に同日におけるその資産の時価及び帳簿価額に関する明細書の添付があり，かつ，時価の根拠資料を保存している場合に限る）

　（※1）　「前2年以内期間」とは，その適格組織再編成等の日以前2年以内の期間（支配関係5年継続要件に係る新設法人の除外規定のⅰの場合に該当しない場合には，支配関係発生日以後の期間に限る）をいう。

　（※2）　「みなし共同事業要件を満たさない前適格組織再編成等」とは，みなし共同事業要件を満たさない適格組織再編成等で関連法人^(※※1)を被合併法人，分割法人，現物出資法人，現物分配法人とし，その被合併法人等又は他の関連法人を合併法人，分割承継法人，被現物出資法人，被現物分配法人とする他のみなし共同事業要件を満たさない適格組織再編成等をいう。

　　（※※1）　「関連法人」とは，その合併法人等及びその被合併法人等との間に支配関係がある法人をいい，支配関係5年継続要件に係る新設法人の除外規定のⅰの場合に該当する場合にはⅰの場合で定める他の法人を含む。

　（※3）　その合併法人等及びその被合併法人等がその関連法人との間に最後に支配関係を有することとなった日（上記（※※1）の他の法人にあっては，その合併法人等が当該他の法人との間に最後に支配関係を有することとなった日）とする。

（注2）　合併法人等が適格組織再編成等の日の属する事業年度開始日から適格組織再編成等の直前の時までの間のいずれかの時において有する資産（特定資産から除かれる資産を除く）のうち，前2年以内期間^(※1)内に行われた一又は二以上の「みなし共同事業要件を満たさない前適格組織再編成等」^(※2)により移転が

166

あった資産で関連法人のいずれかが関連法人支配関係発生日[※3]の属する事業年度開始日前から有していたもの（特定保有資産に係る特定移転資産）は，その合併法人等が支配関係発生日の属する事業年度開始日前から有していたものとみなして，特定資産譲渡等損失額を計算する。ただし，上記（注1）の一号～四号までの資産を除く。

（※1）「前2年以内期間」とは，その適格組織再編成等の日以前2年以内の期間（支配関係5年継続要件に係る新設法人の除外規定のⅱの場合に該当しない場合には，支配関係発生日以後の期間に限る）をいう。

（※2）「みなし共同事業要件を満たさない前適格組織再編成等」とは，みなし共同事業要件を満たさない適格組織再編成等で関連法人[※※1]を被合併法人，分割法人，現物出資法人，現物分配法人とし，その合併法人等又は他の関連法人を合併法人，分割承継法人，被現物出資法人，被現物分配法人とする他のみなし共同事業要件を満たさない適格組織再編成等をいう。

　（※※1）「関連法人」とは，その合併法人等及びその被合併法人等との間に支配関係がある法人をいい，支配関係5年継続要件に係る新設法人の除外規定のⅱの場合に該当する場合にはⅱの場合で定める他の法人を含む。

（※3）　その合併法人等及びその被合併法人等がその関連法人との間に最後に支配関係を有することとなった日（上記（※※1）の他の法人にあっては，その被合併法人等が当該他の法人との間に最後に支配関係を有することとなった日）とする。

5　譲渡等の範囲

　特定資産譲渡等損失額が発生する「譲渡等」とは譲渡，評価替え（通算開始・加入・離脱に係る時価評価及び非適格株式交換等の時価評価を含む），貸倒れ，除却その他これらに類する事由（譲渡等特定事由）をいう（法法62の7②，法令123の8④⑥⑨）。

　ただし，減価償却資産（ただし，その減価償却資産のその事業年度開始日における帳簿価額が，その減価償却資産につきその取得の日からその事業年度において採用している償却の方法により償却を行ったものとした場合に計算されるその事業年度開始日における帳簿価額に相当する金額のおおむね2倍を超える場合におけるその減価償却資産を除く）の除却，災害による資産の滅失や損壊，更生期間資産譲渡等や再生等期間資産譲渡等は「譲渡等」には含まれない（法令123の8⑤⑦⑨）。

6　特定資産から除かれる資産

　特定資産（特定引継資産又は特定保有資産）は，次の資産を除いたものをいう（法令123の8②⑨）。

第1部　グループ通算制度のM&A・組織再編成・清算に係る税務の概要

[特定資産から除外される資産]

> ① 棚卸資産（土地等^(注1)を除く）
> ② 短期売買商品等（法法61③）
> ③ 売買目的有価証券（法法61の3①一）
> ④ 適格組織再編成等の日における税務上の帳簿価額又は取得価額^(注2)が1,000万円に満たない資産
> ⑤ 支配関係発生日の属する事業年度開始日における時価が同日における帳簿価額を下回っていない資産（合併法人等の組織再編成事業年度の確定申告書等に同日におけるその資産の時価及び帳簿価額に関する明細書の添付があり，かつ，時価の根拠資料を保存している場合に限る）（法規27の15②）
> ⑥ 非適格合併により移転を受けた資産で譲渡損益の繰延べの対象となる譲渡損益調整資産以外のもの（法法61の11①）

(注1)　「土地等」とは，土地（土地の上に存する権利を含む）をいう。
(注2)　帳簿価額又は取得価額は，資産を財務省令で定める単位に区分した後のそれぞれの資産の帳簿価額又は取得価額とする。財務省令で定める単位とは，資産の区分に応じて次のとおり区分した後の単位となる（法規27の15①）。

	資産の区分	財務省令で定める単位
A	金銭債権	一の債務者ごとに区分
B	建物	一棟ごと（区分所有権である場合は，区分所有権ごと）に区分
C	機械及び装置	一の生産設備又は一台若しくは一基（通常一組又は一式をもって取引の単位とされるものにあっては，一組又は一式）ごとに区分
D	その他の減価償却資産	B又はCに準じて区分
E	土地等	土地等を一筆（一体として事業の用に供される一団の土地等にあっては，その一団の土地等）ごとに区分
F	有価証券	その銘柄の異なるごとに区分
G	暗号資産	その種類の異なるごとに区分
H	その他の資産	通常の取引の単位を基準として区分

7　支配関係5年継続要件

　支配関係5年継続要件を満たす場合とは，合併法人等と被合併法人等との間に5年前の日，合併法人等の設立日，被合併法人等の設立日のうち，最も遅い日から継続して支配関係がある場合をいう。

　具体的には，次に掲げる場合のいずれかに該当する場合とする（法法62の7①，法令123の8①）。

①	【5年前の日からの支配関係継続要件】 合併法人等と被合併法人等との間に合併法人等の組織再編成事業年度開始日の5年前の日（5年前の日）から継続して支配関係がある場合
②	【設立日からの支配関係継続要件】 合併法人等又は被合併法人等が5年前の日後に設立された法人である場合※であって，合併法人等と被合併法人等との間に合併法人等の設立日又は被合併法人等の設立日のいずれか遅い日から継続して支配関係がある場合

※　次のi又はiiの場合を除く（以下，「新設法人の除外規定」という）。

i　その合併法人等との間に支配関係がある他の法人を被合併法人，分割法人，現物出資法人，現物分配法人とする適格組織再編成等で，次のいずれかのものが行われていた場合（その合併法人等が当該他の法人との間に最後に支配関係を有することとなった日（bにおいて「関係日」という）が5年前の日以前である場合を除く）

　a　その被合併法人等を設立するもの

　b　関係日以後に設立されたその被合併法人等を合併法人，分割承継法人，被現物出資法人，被現物分配法人とするもの

ii　その被合併法人等との間に支配関係がある他の法人を被合併法人，分割法人，現物出資法人，現物分配法人とする適格組織再編成等で，次のいずれかのものが行われていた場合（その被合併法人等が当該他の法人との間に最後に支配関係を有することとなった日（bにおいて「関係日」という）が5年前の日以前である場合を除く）

　a　その合併法人等を設立するもの

　b　関係日以後に設立されたその合併法人等を合併法人，分割承継法人，被現物出資法人，被現物分配法人とするもの

　なお，適格組織再編成等とは，適格合併，非適格合併で譲渡損益調整資産の譲渡損益の繰延べ規定（法法61の11①）の適用があるもの，適格分割，適格現物出資又は適格現物分配をいう。

8　みなし共同事業要件

　みなし共同事業要件は，合併法人等の繰越欠損金の利用制限に係るみなし共同事業要件と同じ内容となる（法法62の7①，57④，法令112③⑩）。

9　含み損益の特例計算

(1)　含み損益の特例計算

　特定資産譲渡等損失額の損金算入制限が生じる場合でも，合併法人等又は被合併法人等の支配関係事業年度の前事業年度末における含み損益を限度として，合併法人等において損金算入制限が免除又は緩和される特例がある（法令123の9①⑦）。

　この特例は，特定保有資産（合併法人等）と特定引継資産（被合併法人等）で区別して適用される（法令123の9①⑦）。

　また，この特例は，合併法人等の組織再編成事業年度（簿価純資産超過額がある場合の特例を適用する場合は，組織再編成事業年度後の適用期間内の日の属する事業年度（簿価純資産超

第1部　グループ通算制度のM＆A・組織再編成・清算に係る税務の概要

過額の残額が0を超える事業年度に限る）を含む）の確定申告書等に明細書の添付があり，かつ，時価純資産価額の算定の根拠書類を保存している場合に限り適用される（法令123の9②⑨，法規27の15の2①）。

[含み損益の特例計算（特定資産譲渡等損失額の損金算入制限の免除又は緩和)]

特定保有資産に係る特定資産譲渡等損失額と特定引継資産に係る特定資産譲渡等損失額について，合併法人等又は被合併法人等をそれぞれ区別して適用される。

含み損益の状況	損金算入の制限額
時価純資産価額(注1)≧簿価純資産価額(注2)（含み損なし）	特定資産譲渡等損失額はないものとする
時価純資産価額＜簿価純資産価額（含み損があり）	特定資産譲渡等損失額は，簿価純資産超過額(注3)から次のi及びiiを控除した金額に達するまでの金額となる。 i　組織再編税制に係る繰越欠損金の切捨てに係る含み損益の特例計算により，特定資産譲渡等損失相当額（切捨額）とみなした金額 ii　適用期間で既に発生・充当した特定資産譲渡等損失額

(注1)　時価純資産価額とは，支配関係事業年度の前事業年度終了時におけるその有する資産の時価の合計額からその有する負債（新株予約権及び株式引受権に係る義務を含む）の時価の合計額を減算した金額をいう。なお，時価純資産価額は，自己創設の営業権を含めて計算する（『平成29年度版　改正税法のすべて（一般財団法人大蔵財務協会)』333頁）。

(注2)　簿価純資産価額とは，支配関係事業年度の前事業年度終了時におけるその有する資産の帳簿価額の合計額からその有する負債の帳簿価額の合計額を減算した金額をいう。

(注3)　簿価純資産超過額とは，時価純資産価額が簿価純資産価額に満たない部分の金額をいう。

また，関連法人において特定引継資産又は特定保有資産に係る特定移転資産について特定資産譲渡等損失額を計算する場合についても，含み損益の特例計算を適用することができる（上記4（注1）（注2）参照）。

この場合，関連法人の関連法人支配関係事業年度（関連法人支配関係発生日の属する事業年度）の前事業年度終了時の時価純資産価額が簿価純資産価額以上である場合は，関連法人に係る特定移転資産の損失額及び利益額は，ないものとし，時価純資産価額が簿価純資産価額に満たない場合は，関連法人に係る特定移転資産の損失額は，その損失額から特定移転資産の利益額を控除した金額のうち簿価純資産超過額に達するまでの金額とし，特定移転資産の利益額はないものとされる（法令123の9④⑤⑦）。

170

第2章　グループ通算制度の組織再編税制

⑵　事業が移転しない場合の含み損益の特例計算

　事業を移転しない適格分割，適格現物出資，適格現物分配（適格分割等）である場合には，分割承継法人，被現物出資法人，被現物分配法人（分割承継法人等）は，適格分割等の日の属する事業年度以後の各事業年度（適用期間内の日の属する事業年度に限る）における特定保有資産に係る特定資産譲渡等損失額について，次に掲げる区分に応じ，次のように特定資産譲渡等損失額をそれぞれ次に定めるところによることができる（法令123の9⑩）。

　この事業が移転しない場合の含み損益の特例計算を適用する場合は，特定保有資産に係る含み損益の特例計算を適用することができない（法令123の9⑩）。

　なお，この特例は，分割承継法人等の適格分割等の日の属する事業年度（移転時価資産超過額が特例切捨欠損金額を超える場合の特例を適用する場合は，適格分割等の日の属する事業年度後の適用期間内の日の属する事業年度（移転時価資産超過額の残額が0を超える事業年度に限る）を含む）の確定申告書等に明細書の添付があり，かつ，移転時価資産価額の算定の根拠書類を保存している場合に限り適用される（法令123の9⑪，法規27の15の2③。ただし，分割承継法人等が適格分割等により移転を受けた資産が自己株式のみである場合を除く）。

［事業が移転しない場合の含み損益の特例計算（特定資産譲渡等損失額の損金算入制限の免除又は緩和）］

含み損益の状況	損金算入の制限額
次のいずれかの場合 ①　移転時価資産価額(注1)が移転簿価資産価額(注2)以下である場合（含み益がない場合） ②　移転時価資産超過額(注3)が，特例切捨欠損金額(注4)以下である場合（移転時価資産超過額≦特例切捨欠損金額）	特定保有資産に係る特定資産譲渡等損失額は，ないものとする。
移転時価資産超過額が特例切捨欠損金額を超える場合（移転時価資産超過額＞特例切捨欠損金額）	特定保有資産に係る特定資産譲渡等損失額は，その譲渡等損失額のうち，移転時価資産超過額から特例切捨欠損金額及び実現済額(注5)の合計額を控除した金額に達するまでの金額とする。

（注1）　「移転時価資産価額」とは，分割承継法人等が適格分割等により移転を受けた資産のその移転の直前（適格現物分配（残余財産の全部の分配に限る）にあっては，その残余財産の確定の時）のその移転を受けた資産（分割承継法人等の株式を除く）の時価の合計額をいう。
（注2）　「移転簿価資産価額」とは，分割承継法人等が適格分割等により移転を受けた資産（分割承継法人等の株式を除く）のその移転の直前のその移転を受けた資産の帳簿価額の合計額をいう。
（注3）　「移転時価資産超過額」とは，移転時価資産価額が移転簿価資産価額を超える場合の超過額をいう。
（注4）　「特例切捨欠損金額」とは，繰越欠損金の利用制限に係る事業が移転しない場合の含み損益の特例計算を適用した後の分割承継法人等の切捨対象となる欠損金額をいう。

171

第1部　グループ通算制度のM&A・組織再編成・清算に係る税務の概要

（注5）「実現済額」とは，その事業年度前の適用期間内の日の属する各事業年度の特定保有資産に係る特定
資産譲渡等損失額の合計額をいう。

10　特定資産の譲渡等の損失額を損金不算入とする他の制度の取扱い

組織再編成に係る特定資産譲渡等損失額の損金算入制限について，同じく資産の譲渡等の損失額を損金不算入とする他の制度の取扱いは次のとおりとなる。

資産の譲渡等損失額を損金不算入とする他の制度	適用関係
欠損等法人の資産の譲渡等損失額の損金算入制限（法法60の3①）	欠損等法人がその適用期間内に自己を被合併法人，分割法人，現物出資法人，現物分配法人（被合併法人等）とする適格組織再編成等によりその有する特定資産（評価損資産に該当するものに限る）を適格組織再編成等に係る合併法人，分割承継法人，被現物出資法人，被現物分配法人（合併法人等）に移転した場合には，その合併法人等を欠損等法人とみなして，欠損等法人の特定資産の譲渡等損失額の損金算入制限を適用する（法法60の3④）。そのため，被合併法人等が欠損等法人であり，かつ，欠損等法人の資産の譲渡等損失額の損金算入制限の適用期間内に適格組織再編成等が行われたときは，合併法人等が被合併法人等から適格組織再編成等により移転を受けた資産については，その組織再編成に係る特定資産譲渡等損失額の損金算入制限は，適用しない（法法62の7④）。つまり，欠損等法人の特定資産の譲渡等損失額の損金算入制限（法法60の3①）の適用を優先する形で重複適用を排除する。
	合併法人等が欠損等法人であり，かつ，欠損等法人の特定資産の譲渡等損失額の損金算入制限の適用期間内に適格組織再編成等が行われたときは，その合併法人等が有する資産については，その適格組織再編成等に係るその組織再編成に係る特定資産譲渡等損失額の損金算入制限は適用しない（法法62の7⑤）。つまり，欠損等法人の特定資産の譲渡等損失額の損金算入制限（法法60の3①）の適用を優先する形で重複適用を排除する。
	合併法人等が適格組織再編成等後に欠損等法人となり，かつ，欠損等法人の特定資産の譲渡等損失額の損金算入制限の適用期間が開始したときは，その組織再編成に係る特定資産譲渡等損失額の損金算入制限の適用期間は，その欠損等法人の特定資産の譲渡等損失額の損金算入制限の適用期間開始日の前日に終了することとなる（法法64の7⑥）。つまり，欠損等法人の特定資産の譲渡等損失額の損金算入制限（法法60の3①）の適用を優先する形で重複適用を排除する。
通算承認に係る特定資産譲渡等損失額の損金算入制限（法法64の14①）	●通算法人について通算承認の効力が生じた日以後にその通算法人と支配関係法人（その通算法人との間に支配関係がある法人をいう）との間でその通算法人を合併法人，分割承継法人，被現物出資法人，被現物分配法人とする適格組織再編成等が行われ，組織再編税制に係る特定資産譲渡等損失額の損金算入制限（法法62の7①）が適用される適用期間が開始したときは，その通算承認に係る特定資産譲渡等損失額の損金算入制限の適用期間は，その組織再編税制に係る特定資産譲渡等損失額の損金算入制限の適用

172

期間開始日の前日に終了する（法法64の14⑤）。つまり，通算承認に係る特定資産譲渡等損失額の損金算入制限（法法64の14①）と組織再編税制に係る特定資産譲渡等損失額の損金算入制限（法法62の7①）とでは，後から発動要件に該当した規定の適用を優先する形で重複適用を排除する。

- また，この場合，組織再編税制に係る特定資産譲渡等損失額の損金算入制限において特定保有資産に係る含み損益の特例計算（法令123の9①⑦）を適用する際に簿価純資産超過額から控除することとされている前事業年度までの特定保有資産に係る特定資産譲渡等損失額の合計額（前期までの実現済額）には，通算承認に係る特定資産譲渡等損失額の損金算入制限において含み損益の特例計算の適用を受けていた場合の特定資産譲渡等損失額の合計額を含むこととする（法令123の9⑬一）。

- 通算承認に係る特定資産譲渡等損失額の損金算入制限における関連法人に係る特定移転資産について含み損益の特例計算の適用を受けていた場合も，組織再編税制に係る特定資産譲渡等損失額の損金算入制限における特定保有資産に含まれるその関連法人に係る特定移転資産について含み損益の特例計算（法令123の9④⑦）を適用する場合において同様の取扱いとする（法令123の9⑬二）。

- 内国法人について適格組織再編成等後に通算承認の効力が生じ，かつ，通算承認に係る特定資産譲渡等損失額の損金算入制限の適用期間が開始したときは，その適用期間開始日以後に開始する事業年度においては，その適格組織再編成等に伴う組織再編税制に係る特定資産譲渡等損失額の損金算入制限において特定保有資産に係る特定資産譲渡等損失額は，ないものとする（法法62の7⑦）。つまり，通算承認に係る特定資産譲渡等損失額の損金算入制限（法法64の14①）と組織再編税制に係る特定保有資産の特定資産譲渡等損失額の損金算入制限（法法62の7①）とでは，後から発動要件に該当した規定の適用を優先する形で重複適用を排除する。

- ただし，特定引継資産については，この通算承認に係る特定資産譲渡等損失額の損金算入制限と対象が重複しないため，重複排除の措置は講じられていない。

第6節　株主の税務

ここでは，株主の課税関係に焦点を当てるため，以下を前提として解説している。

- 組織再編成に伴い通算子法人に通算終了事由が生じた場合，通算法人が有するその通算子法人の株式について，投資簿価修正後の帳簿価額に基づき株主としての処理が行われるが，この取扱いは省略している。この点は，第1章第10節を参照してほしい。

- 本書において，「みなし配当が生じる場合」とは，みなし配当事由に該当する場合を意味しており，計算した結果，みなし配当の額が0となる場合が含まれる。

第1部　グループ通算制度のM＆A・組織再編成・清算に係る税務の概要

1　合併に係る株主の税務

(1)　被合併法人の株主の税務

　被合併法人の株主の課税関係は，適格と非適格の区分ごと，金銭等の交付があるか否かにより，みなし配当及び株式譲渡損益が発生する（法法24①一，61の2①②，法令23①一，119①五・二十七，119の7の2①，所法25①一，所令61②一，112①，措法37の10①③一）。

[被合併法人の株主の税務]

	金銭等が交付されるケース		株式(注1)のみが交付されるケース	
	みなし配当	株式譲渡損益	みなし配当	株式譲渡損益
適格合併	×	◎(注2,3)	×	×(注6,8)
非適格合併	◎(注4)	◎(注3,5)	◎(注4)	×(注7,8)

◎：発生　×：発生しない　─：該当しない

(注1)　ここでいう株式とは，合併法人株式又は親法人株式をいう。親法人株式とは，合併の直前に合併法人と合併法人以外の法人との間に当該法人による完全支配関係がある場合の当該法人の株式をいう（なお，適格要件における合併親法人株式はさらにその完全支配関係が継続する見込みがあることが要件となる）。
(注2)　株式譲渡損益＝合併対価の時価－株式譲渡原価
(注3)　合併対価は時価で受け入れる。
(注4)　みなし配当＝合併対価の時価－持分対応資本金等の額(※1)
　(※1)　持分対応資本金等の額＝被合併法人の資本金等の額×被合併法人の株主の株式所有数／被合併法人の発行済株式等の総数
(注5)　株式譲渡損益＝持分対応資本金等の額－株式譲渡原価
(注6)　被合併法人株式の帳簿価額が，合併法人株式又は親法人株式の帳簿価額に付け替わる。また，株式の交付を受けるために要した費用を取得価額に加算する。
(注7)　合併法人株式又は親法人株式の帳簿価額は，被合併法人株式の帳簿価額にみなし配当を加算した金額となる。また，株式の交付を受けるために要した費用を取得価額に加算する。
(注8)　合併比率の関係で，整数株の他に，1株に満たない端数株式が生じ，それに対する金銭等の交付が行われた場合，いったん1株に満たない端数株式に相当する株式が交付され，その株式の売却代金が交付されるものとみなされる。そのため，その部分については，その端数株式に対応する部分の譲渡があったものとして，株式譲渡損益と新たに交付を受けた合併法人株式又は親法人株式の帳簿価額の計算を行う（法法61の2①，措法37の10①）。この場合，1株に満たない端数株式を合併法人が自己株式として買い取った場合でも，みなし配当は生じない（法法24①五，法令23③九，所法25①五，所令61①九）。

　ただし，（注5）について，被合併法人の株主と被合併法人との間に完全支配関係がある非適格合併では，株式譲渡損益について，被合併法人株式の帳簿価額を譲渡対価とみなすため，被合併法人株式に係る譲渡損益は発生せず，株式譲渡損相当額が資本金等の額から減額（株式譲渡益相当額の場合は増額）される（法法61の2⑰，法令8①二十二）。

　なお，スクイーズアウトにおける合併に反対する被合併法人の株主（少数株主）の買取請求に基づく買取り（裁判所への価格の決定の申立てをした場合を含む）は，自己株式の買取りであるが，みなし配当は生じず，株式譲渡損益のみが発生する（法法61の2①，24①五，法令23③八，所法25①五，所令61①八，措法37の10①）。

⑵ 無対価合併に係る株主の税務

　株主均等割合保有関係がある場合の無対価合併において，被合併法人の株主に合併法人株式その他資産が交付されなかったことにより被合併法人株式を有しなくなった場合，被合併法人の株主において譲渡損益は計上されない（法法61の2②，法令119の7の2②，所令112②）。

　また，適格合併となる場合，みなし配当は発生しないが，非適格合併となる場合，みなし配当が発生する（法法24①一・③，法令23⑥，所法25①一・②，所令61④）。

　この場合，被合併法人の株主では，合併時に被合併法人株式の帳簿価額を合併法人株式の帳簿価額に付け替えることになる（法令119の3⑳，119の4①，所令112②）。

　なお，みなし配当が生じる場合，合併法人株式の帳簿価額にみなし配当の額を加算する（法令119の3⑳，119の4①，所令112②）。

⑶ 抱合株式に係る株主の税務

　非適格合併において，抱合株式（合併法人が有する被合併法人株式）がある場合，合併法人では，抱合株式についても合併対価の割当があったものとしてみなし配当を計算する（法法24②，法令23⑤）。

　また，抱合株式の帳簿価額を譲渡対価とみなすため，抱合株式に係る株式譲渡損益は発生しない（法法61の2②③）。

　なお，抱合株式については，適格合併でも非適格合併でも，その帳簿価額（非適格合併の場合，みなし配当を加算）が資本金等の額から減額される（法令8①五）。

2　分割に係る株主の税務

⑴ 分割法人の株主の税務

　分割型分割における分割法人の株主の課税関係は，適格と非適格の区分ごと，金銭等の交付があるか否かにより，みなし配当及び株式譲渡損益が発生する（法法24①二，61の2①④，法令23①二，119①六・二十七，119の3㉓，119の4①，119の7の2③，119の8①②，所法25①二，61②二，113①③⑤，措法37の10①③二）。

　なお，分社型分割については分割法人の株主に分割対価が交付されないため，分割法人の株主に課税関係は発生しない。

第1部　グループ通算制度のM&A・組織再編成・清算に係る税務の概要

［分割法人の株主の税務］

	金銭等が交付されるケース		株式^(注1)のみが交付されるケース	
	みなし配当	株式譲渡損益	みなし配当	株式譲渡損益
適格分社型分割	－	－	－	－
非適格分社型分割	－	－	－	－
適格分割型分割	－	－	×	×^(注5)
非適格分割型分割	◎^(注2)	◎^(注3,4)	◎^(注2)	×^(注6)

◎：発生　×：発生しない　－：該当しない

（注1）　ここでいう株式とは，分割承継法人株式又は親法人株式をいう。親法人株式とは，分割の直前に分割承継法人と分割承継法人以外の法人との間に当該法人による完全支配関係がある場合の当該法人の株式をいう（適格要件における分割承継親法人株式はさらにその完全支配関係が継続する見込みがあることが要件となる）。

（注2）　みなし配当＝分割対価の時価－持分対応資本金等の額^(※1)

（※1）　持分対応資本金等の額＝分割資本金等の額^(※2)×分割法人の株主の株式所有数／分割法人の発行済株式等の総数

（※2）　分割資本金等の額＝分割法人の分割直前の資本金等の額×分割割合^(※3)

（※3）　分割割合^(※4)＝分割法人の移転簿価純資産価額^(※5)／分割法人の簿価純資産総額^(※6)

（※4）　分割割合は，分割直前の資本金等の額が0以下である場合には0と，分割直前の資本金等の額及び移転簿価純資産価額が0を超え，かつ，簿価純資産総額が0以下である場合には1とし，その割合に小数点以下3位未満の端数があるときはこれを切り上げる。なお，分割法人は，分割法人の株主等に対し，分割割合を通知しなければならない。

（※5）　分割法人の移転簿価純資産価額とは，分割法人の分割直前の移転資産の帳簿価額から移転負債の帳簿価額を控除した金額（その金額が分母の金額を超える場合（分母の金額が0に満たない場合を除く）には，分母の金額）をいう。

（※6）　分割法人の簿価純資産総額とは，分割法人の分割日の属する事業年度の前事業年度（その分割日以前6月以内に仮決算による中間申告書を提出し，かつ，その提出日からその分割日までの間に確定申告書を提出していなかった場合には，その中間申告書に係る期間）終了時の資産の帳簿価額から負債（新株予約権及び株式引受権に係る義務を含む）の帳簿価額を減算した金額（その終了時からその分割の直前の時までの間に資本金等の額又は利益積立金額（当期の所得金額等に基づく留保金額に係るもの及び投資簿価修正額を除く）が増加し，又は減少した場合には，その増加した金額を加算し，又はその減少した金額を減算した金額）をいう。

（注3）　株式譲渡損益＝持分対応資本金等の額－分割法人株式の分割純資産対応帳簿価額^(※7)

（※7）　分割法人株式の分割純資産対応帳簿価額＝分割直前の分割法人株式の帳簿価額×分割割合^(※8)

（※8）　分割割合は（注2）の（※3）と同じ。

（注4）　分割対価は時価で受け入れる。

（注5）　分割法人株式の分割純資産対応帳簿価額は分割承継法人株式又は親法人株式の帳簿価額に付け替わる。この場合，株式の交付を受けるために要した費用を取得価額に加算する。なお，分割直後の分割法人株式の帳簿価額は分割法人株式の分割純資産対応帳簿価額を控除した金額となる。

（注6）　分割承継法人株式又は親法人株式の帳簿価額は，分割法人株式の分割純資産対応帳簿価額にみなし配当を加算した金額となる。この場合，株式の交付を受けるために要した費用を取得価額に加算する。なお，分割直後の分割法人株式の帳簿価額は分割法人株式の分割純資産対応帳簿価額を控除した金額となる。

　ただし，（注3）について，分割法人の株主と分割法人との間に完全支配関係がある非適格分割型分割における株式譲渡損益については，分割法人株式の分割純資産対応帳簿価額を譲渡対価とみなすため，その所有する分割法人株式に係る譲渡損益は発生せず，株式譲渡損相当額が資本金等の額から減額（株式譲渡益相当額の場合は増額）される（法法61の2⑰，法令8①二十二）。

(2) 無対価分割に係る株主の税務

株主均等割合保有関係がある場合の無対価分割型分割において，分割法人の株主では，株式譲渡損益は生じない（法法24①二，61の2④，所法25①二，所令113②③）。

また，適格分割型分割となる場合，みなし配当は発生しないが，非適格分割型分割となる場合，みなし配当が発生する（法法24①二・③，法令23⑥，所法25①二・②，所令61④）。

この場合，分割法人株式の分割純資産対応帳簿価額が分割法人株式の帳簿価額から分割承継法人株式の帳簿価額に付け替わることとなる（法令119の3㉑㉒，119の4①，所令113②③）。

なお，みなし配当が生じる場合，分割承継法人株式の帳簿価額にみなし配当の額を加算する（法令119の3㉒，119の4①，所令113②）。

3　株式交換等又は株式移転に係る株主の税務

(1)　株式交換完全子法人又は株式移転完全子法人の株主の税務

株式交換完全親法人以外の株式交換完全子法人の株主（少数株主）又は株式移転完全子法人の株主の課税関係は，適格・非適格ではなく，金銭等の交付があったかどうかによって，次のとおりとなる（法法61の2①⑨⑪，119①九・十一，119の7の2④，所法57の4①②，所令167の7①④⑥，措法37の10①）。

[株式交換完全子法人又は株式移転完全子法人の株主の税務]

交付対価の種類	みなし配当	株式譲渡損益
完全親法人株式又は親法人株式(注1)のみ	×	×(注2，3)
金銭その他の資産	×	◎

◎：発生　×：発生しない

(注1)　親法人株式とは，株式交換の直前に株式交換完全親法人と株式交換完全親法人以外の法人との間に当該法人による完全支配関係がある場合の当該法人の株式をいう（適格要件における分割承継親法人株式はさらに完全支配関係が継続する見込みがあることが要件となる）。

(注2)　完全子法人株式の帳簿価額が，完全親法人株式又は親法人株式の帳簿価額に付け替わる。また，株式の交付を受けるために要した費用がある場合には，その費用の額を加算した金額が取得価額となる。

(注3)　交換比率の関係で，整数株の他に，1株に満たない端数株式が生じ，それに対する金銭等の交付が行われた場合，いったん1株に満たない端数株式に相当する株式が交付され，その株式の売却代金が交付されるものとみなされる。そのため，その部分については，その端数株式に対応する部分の譲渡があったものとして，株式譲渡損益と新たに交付を受けた完全親法人株式又は親法人株式の帳簿価額の計算を行う（法法61の2①，措法37の10①）。この場合，1株に満たない端数株式を完全親法人が自己株式として買い取った場合でも，みなし配当は生じない（法令23③九，所令61①九）。

なお，スクイーズアウトにおける株式交換に反対する株式交換完全子法人の株主（少数株主）の買取請求に基づく買取り（裁判所への価格の決定の申立てをした場合を含む）は，原則どおり，自己株式の買取りとして，みなし配当と株式譲渡損益が発生する（法法61の2①，24①五，

第1部　グループ通算制度のM＆A・組織再編成・清算に係る税務の概要

法令23③，所法25①五，所令61①，措法37の10①）。この点，全部取得条項付種類株式方式における取扱いと異なる。

(2)　全部取得条項付種類株式方式又は株式併合方式に係る株式交換等完全子法人の株主の税務

　全部取得条項付種類株式方式では，少数株主だけでなく，株式交換等完全親法人にも取得の対価が交付されることとなる。

　そして，全部取得条項付種類株式方式の場合，取得決議による旧株の譲渡については，株式交換等完全親法人の株式以外の資産が交付されない場合，譲渡損益が繰り延べられ，端数処理については通常の譲渡として譲渡損益が計上される（法法61の2①⑭三）。

　一方，株式併合方式は，株式併合そのものでは譲渡損益は発生せず，1単位当たりの帳簿価額の付替えのみが生じ（法令119の3⑰，119の4①），端数処理については通常の譲渡として譲渡損益が計上される（法法61の2①）。

　それぞれの課税関係は，次のとおりとなる（法法24①五，61の2①⑭三，法令23③九，119①一・十八，139の3①②，法基通2-3-1，2-3-25，所法25①五，57の4③三，所令61①九，167の7⑦四，所基通57の4の2，措法37の10①）。

[全部取得条項付種類株式方式又は株式併合方式に係る株式交換等完全子法人の株主の税務]

株式交換等完全子法人の株主	交付対価の種類	みなし配当	株式譲渡損益
株式交換等完全親法人	株式交換等完全子法人株式	×	×(注1,2)
少数株主	1株に満たない端数株式（それに対する金銭等の交付）	×	◎

◎：発生　×：発生しない

(注1)　新たに交付を受けた株式交換等完全子法人株式の帳簿価額は，その取得又は併合前の株式交換等完全子法人株式の帳簿価額のまま変わらない。また，株式の交付を受けるために要した費用がある場合には，その費用の額を加算した金額が取得価額となる。

(注2)　1株に満たない端数株式の買取者が株式交換等完全子法人である場合で，取得比率・併合比率の関係で，株式交換等完全親法人において，整数株の他に，1株に満たない端数株式が生じ，それに対する金銭等の交付が行われた場合，いったん1株に満たない端数株式に相当する株式が交付され，その株式の売却代金が交付されるものとみなされる。そのため，交付を受けた株式交換等完全子法人株式のうち，その端数株式に対応する部分の譲渡があったものとして，株式譲渡損益と新たに保有する株式交換等完全子法人株式の帳簿価額の計算を行う。この場合，1株に満たない端数株式を株式交換等完全子法人が自己株式として買い取った場合でもみなし配当は生じない。一方，1株に満たない端数株式の買取者が株式交換等完全親法人である場合は，株式交換等完全親法人では，自社で生じた1株に満たない端数株式の譲渡をしないため，株式交換等完全親法人において，それに係る譲渡損益は発生しないものと考えられる。この場合，株式交換等完全親法人における端数の合計数に相当する数の株式の取得価額は，その取得のために支払った金額となる。

　なお，スクイーズアウトにおける以下の自己株式の買取りは，みなし配当は生じず，株式譲

渡損益のみが発生する（法法61の2⑭三，24①五，法令23③九・十・十一，所法25①五，57の4③三，所令61①九・十・十一，措法37の10①）。

イ）全部取得条項付種類株式を発行する旨の定めを設ける定款の変更に反対する株主の買取請求に基づく買取り^(注1)

　（注1）　買取請求は，株主がその全部取得条項付種類株式の取得決議に係る取得対価の割当てに関する事項を知った後に行った場合で，買取請求をしないとすれば端数となる株式のみの交付を受けることとなる場合に行ったものに限る。

ロ）全部取得条項付種類株式の取得の価格の決定の申立てをした者で，その申立てをしないとしたならば取得の対価として交付されることとなる取得をする法人の株式の数が1に満たない端数となるものからの取得

ハ）株式併合に反対する株主の買取請求に基づく買取り（裁判所への価格の決定の申立てをした場合を含む）

(3)　株式売渡請求方式に係る株式交換等完全子法人の株主の税務

　株式売渡請求方式は，通常の株式の譲渡であるため，株式交換等完全子法人の株主（少数株主）の課税関係は，次のとおりとなる（法法61の2①，措法37の10①）。

［株式売渡請求方式に係る株式交換等完全子法人の株主の税務］

交付対価の種類	みなし配当	株式譲渡損益
金銭その他の資産	×	◎

◎：発生　×：発生しない

　なお，裁判所に対し，売買価格の決定の申立てをした場合についても同じ取扱いとなる。

(4)　無対価株式交換の株主の税務

　株主均等割合保有関係がある場合の無対価株式交換において，株式交換完全子法人の株主に株式交換完全親法人株式その他資産が交付されなかったことにより，株式交換完全子法人株式を有しなくなった場合は，株式交換完全子法人の株主において譲渡損益は計上されない（法法61の2⑨，119の7の2⑤，所法57の4①，所令167の7②）。

　そして，この場合，株式交換完全子法人の株主では，株式交換時に株式交換完全子法人株式の帳簿価額を株式交換完全親法人株式の帳簿価額に付け替えることになる（法令119の3㉕，119の4①，所令167の7⑤）。

179

第1部　グループ通算制度のM＆A・組織再編成・清算に係る税務の概要

第3章　グループ通算制度の清算課税

第1節　通算法人特有の清算課税の取扱い

通算法人特有の清算課税の取扱いは次のとおりとなる。

ここで，単体法人とは，通算制度が適用されない法人のうち，通算法人に該当しない法人をいう。

[通算法人特有の清算課税の取扱い]

対象法人	取扱項目		通算法人特有の取扱い
清算法人	みなし事業年度		●通算子法人は，解散日でみなし事業年度が設定されない。 ●残余財産の確定により離脱又は取りやめの事由が生じる場合，みなし事業年度が設定される。
	特例欠損金の損金算入		●基本的な取扱いは単体法人と同じ。 ●他の通算法人から受けた債務免除益・私財提供益は特別清算開始の命令があった場合の特例欠損金の損金算入の対象にならない。 ●特例欠損金の損金算入限度額は，損益通算後かつ繰越欠損金控除後の所得金額となる。
	欠損金の繰戻還付の適用		●通算子法人の解散は欠損金の繰戻還付の適用事由にならない。 ●通算子法人の清算中に終了する事業年度が通算事業年度に該当する場合，欠損金の繰戻還付の適用事由にならない。
	外形標準課税の取扱い		通算子法人は，解散日でみなし事業年度が設定されないため，外形標準課税の課税期間を単体法人と一致させるための調整を行う。
清算法人の株主	株式消滅処理		単体法人と同じ取扱い。
	残余財産確定法人の繰越欠損金の引継ぎ	法人税	●残余財産確定法人である通算子法人の法人税の繰越欠損金に引継制限は課されない。 ●残余財産確定法人である通算子法人の繰越欠損金の引継ぎについて，法人税，住民税，事業税ごとに取扱いが異なる。 ●残余財産確定法人である通算子法人の最終単体事業年度の欠損金額が残余財産確定法人の株主である通算法人で損金算入される。
		住民税	住民税特有の欠損金の引継ぎの取扱いが生じる。
		事業税	単体法人と同じ取扱い。

180

なお，通算法人であっても，次に掲げる場合，通算法人としての単体申告を行うこととなる。ここで，単体申告とは，損益通算や繰越欠損金の通算など通算制度が適用されない申告をいう。

一．通算子法人が株式譲渡や第三者割当増資により通算制度から離脱する場合で，離脱直前事業年度において通算法人としての単体申告を行う場合
二．通算子法人が合併法人・分割承継法人等として合併・分割等の直後に通算制度から離脱する場合で，離脱直前事業年度において通算法人としての単体申告を行う場合
三．通算子法人が被合併法人として最終事業年度において通算法人としての単体申告を行う場合
四．通算子法人が残余財産確定法人として最終事業年度において通算法人としての単体申告を行う場合

また，本章では次の資本関係がある通算グループを想定して，その取扱いを解説している。

[本章で想定するグループ関係図]

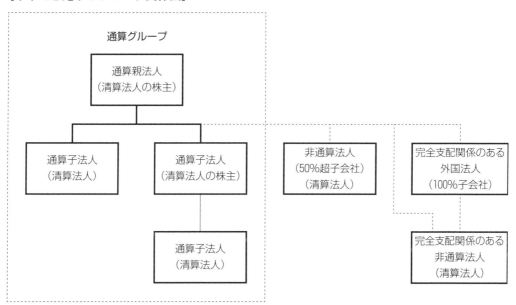

(法人の定義)
●非通算法人
　通算親法人との間に通算親法人による通算完全支配関係がない法人（同じ通算グループに属する通算法人以外の法人）のうち，通算親法人又は通算子法人との間に支配関係（50％超の資本関係）がある内国法人（完全支配関係のある非通算法人を除く）をいう。

● 完全支配関係のある非通算法人

　通算親法人との間に通算親法人による通算完全支配関係がない法人（同じ通算グループに属する通算法人以外の法人）のうち，通算親法人との間に通算親法人による完全支配関係がある内国法人（完全支配関係のある外国法人又は通算除外法人によって株式の全部又は一部を所有されている法人）をいう。

● 完全支配関係のある外国法人

　通算親法人との間に通算親法人による完全支配関係がある外国法人又は通算除外法人をいう。

第2節　清算法人の税務

[清算法人の税務]

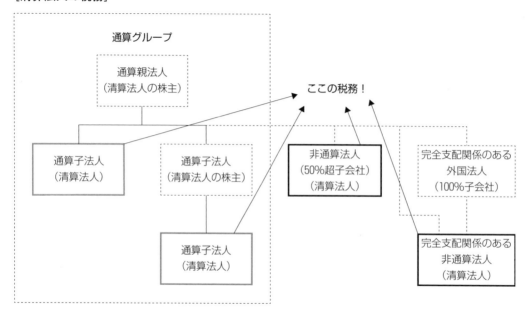

1　清算に係る事業年度の特例

(1) 単体法人が清算する場合のみなし事業年度

　単体法人が清算を行う場合，次のようにみなし事業年度が設定される（法法14①一・五，地法72の13⑤一・五）。

	事業年度の期間	申告方法
ⅰ	事業年度開始日から解散日までの期間（解散事業年度）	単体申告
ⅱ	解散日の翌日から清算事業年度(注1)終了日までの期間（清算事業年度）	単体申告
ⅲ	清算事業年度開始日から残余財産の確定日までの期間（残余財産確定事業年度）	単体申告

（注1） 解散後の事業年度（清算事業年度）は，定款の事業年度に関係なく，解散日の翌日から1年ごとの期間となる（会社法494①，法法13①，地法72の13①，法基通1-2-9）。

　ここで，「解散日」とは，株主総会その他これに準ずる総会等において解散日を定めたときはその定めた日，解散日を定めなかったときは解散の決議の日，解散事由の発生により解散した場合には当該事由発生の日をいう（法基通1-2-4）。

　また，残余財産の確定日とは，清算法人が財産をすべて処分した後に株主に対して分配する財産が確定した日をいう。この残余財産の確定日をいつにすべきかは，法人税法上規定されていない。したがって，実務上は，清算法人がすべての資産を現金に換価した後にすべての債務を弁済した日を残余財産の確定日とするなど，実態に応じて判断することになると考えられる。特に，債務超過会社が清算する場合，例えば，月の末日に残余財産の確定日を決めてから，その日又はその日の前日に親会社から債務免除を受けることで残余財産がないことを確定させるケースも少なくない。また，清算法人の資産の一部を換価せずに，残余財産の分配を現金以外の資産で行う場合，残余財産の分配直前の日あるいは清算結了総会において決算報告を行った日とすることも考えられる。

　そして，当該みなし事業年度において，継続企業と同様に損益計算書を作成し，課税所得及び税額を計算することになる。

　なお，単体法人が特別清算を行う場合も，通常清算を行う場合と同じ期間のみなし事業年度が設定される（法法14①一・五，地法72の13⑤一・五）。つまり，解散日後に特別清算開始の命令があってもその前後で清算事業年度を区切らない。

[図表]　単体申告法人が清算する場合のみなし事業年度
[ケース1]　解散後1年以内に残余財産が確定する場合

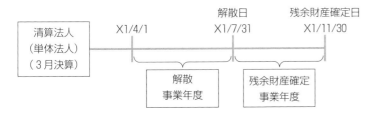

[ケース2]　解散後1年を超えて残余財産が確定する場合

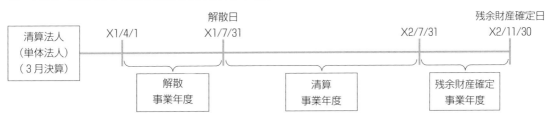

(2) 通算子法人が清算する場合のみなし事業年度

通算子法人の解散（合併又は破産手続開始の決定による解散を除く）は通算制度の離脱事由に該当しないため、単体法人と異なり、清算する通算子法人について、解散日までのみなし事業年度は設けない。

そして、通算子法人の残余財産が確定した場合、その通算子法人は、残余財産の確定日の翌日に通算承認の効力が失われるため、その通算子法人は、その通算事業年度開始日から残余財産の確定日までの期間についてみなし事業年度を設定することとなる（法法14④二、64の10⑥五、地法72の13⑧二）。

この場合、残余財産の確定日が通算親法人事業年度終了日である場合は、通算事業年度（通算申告）となり、それ以外の場合、単体事業年度（通算法人の単体申告）となる（法法64の5①③、64の7①）。

	事業年度の期間	申告方法
ⅰ	事業年度開始日から残余財産の確定日までの期間（残余財産確定事業年度）	通算法人の単体申告（残余財産の確定日が通算親法人の事業年度終了日と同日となる場合は、通算申告）

[図表] 通算子法人が清算する場合のみなし事業年度

[ケース1] 同一事業年度内に解散及び残余財産の確定が行われた場合

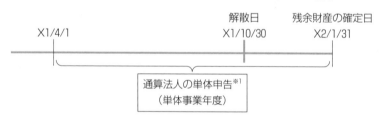

[ケース2] 解散日の属する事業年度の翌事業年度に残余財産の確定が行われた場合

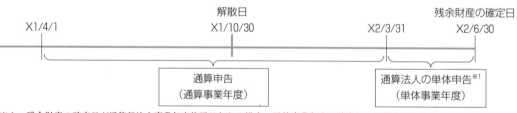

※1．残余財産の確定日が通算親法人事業年度終了日となる場合、通算事業年度に該当し、通算申告となる。

[図表] 通算子法人の残余財産が確定する場合のみなし事業年度と申告方法

[ケース１] 残余財産の確定日が通算親法人事業年度終了日以外の日である場合

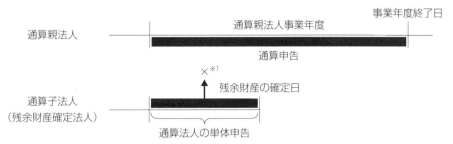

※１．但し，残余財産確定法人の「通算法人の単体申告」で生じた欠損金額は残余財産確定法人の株主となる他の通算法人で損金算入される。

[ケース２] 残余財産の確定日が通算親法人事業年度終了日である場合

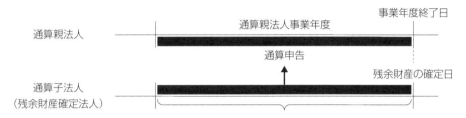

(3) 通算子法人の残余財産が確定したことにより，通算法人が通算親法人のみとなった場合のみなし事業年度

　通算グループが通算親法人と通算子法人１社のみで構成されている場合，通算子法人の残余財産が確定し，残余財産の確定日の翌日において通算承認の効力が失われると，通算子法人がなくなることになる（法法64の10⑥五）。

　そして，通算子法人がなくなったことにより，通算法人が通算親法人のみとなったことから，そのなくなった日において通算親法人の通算承認の効力が失われる（法法64の10⑥七）。

　この場合，通算親法人は，通算子法人がなくなった日（取りやめ日）の前日，つまり，通算子法人の残余財産の確定日までの期間の最終通算事業年度を設定することになる（法法14②）。

　そして，通算親法人は，取りやめ日から会計期間終了日までの期間及びそれ以後の会計期間で単体申告を行うこととなる。

　したがって，通算子法人の残余財産が確定したことにより，通算法人が通算親法人のみとなった場合，上記(2)の通算子法人の残余財産確定事業年度は，残余財産の確定日が通算親法人事業年度終了日である場合に該当し，通算事業年度（通算申告）となる。

[図表] 通算子法人の残余財産が確定したことにより，通算法人が通算親法人のみとなった場合のみなし事業年度

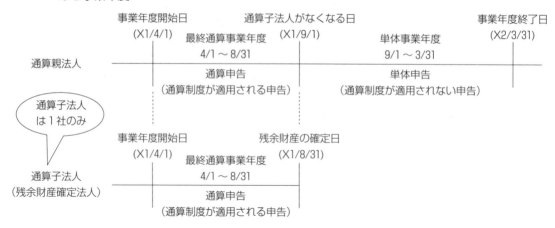

(4) 通算親法人が清算する場合のみなし事業年度

通算親法人が解散する場合，その解散日の翌日に通算親法人及び通算子法人のすべてについて通算承認の効力が失われる（法法64の10⑥一）。

この場合，通算親法人及び通算子法人について以下のみなし事業年度が設定される。

① 通算親法人のみなし事業年度

通算親法人では，単体法人が清算を行う場合と同様に，次のようにみなし事業年度が設定される（法法14①一・五，地法72の13⑤一・五）。

	事業年度の期間	申告方法
i	事業年度開始日から解散日までの期間（解散事業年度）	通算申告
ii	解散日の翌日から清算事業年度(注1)終了日までの期間（清算事業年度）	単体申告
iii	清算事業年度開始日から残余財産の確定日までの期間（残余財産確定事業年度）	単体申告

（注1） 解散後の事業年度（清算事業年度）は，定款の事業年度に関係なく，解散日の翌日から1年ごとの期間となる（会社法494①，法法13①，地法72の13①，法基通1-2-9）。

② 通算子法人のみなし事業年度

通算子法人では，通算承認の効力が失われることで，通算親法人との間に通算親法人による通算完全支配関係を有しなくなるため，以下のみなし事業年度が設定される（法法14④二）。

ここで，取りやめ日とは，通算承認の効力が失われる日，つまり，通算親法人の解散日の翌日となる（法法64の10⑥一）。

	事業年度の期間	申告方法
ⅰ	事業年度開始日から取りやめ日の前日までの期間	通算申告
ⅱ	取りやめ日からその子法人の会計期間終了日までの期間（以後，その子法人の会計期間）	単体申告

[図表] 通算親法人が清算する場合のみなし事業年度

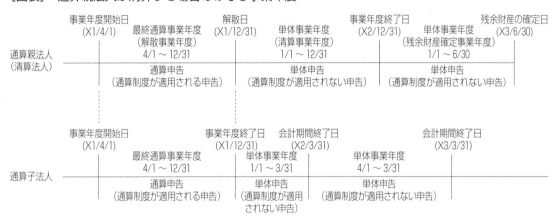

2 残余財産確定事業年度で生じた欠損金額の取扱い

(1) 残余財産確定法人が単体法人である場合

この場合，残余財産確定法人である単体法人の残余財産確定事業年度において生じた欠損金額は繰越欠損金を構成することとなる。

そして，残余財産確定法人の株主との間に完全支配関係がある場合，残余財産確定法人の株主において，残余財産確定法人の繰越欠損金の一部又は全部を引き継ぐこととなる（法法57②③）。

事業税も同様の取扱いとなる（地法72の23①②，地令20の3）。

(2) 残余財産確定法人が通算親法人である場合

通算親法人は，解散日の翌日以後，単体法人となっているため，上記(1)の取扱いとなる。

(3) 残余財産確定法人が通算子法人である場合

① 残余財産確定事業年度が通算事業年度（通算申告）となる場合（残余財産の確定日が通算親法人事業年度終了日となる場合）

この場合，残余財産確定法人である通算子法人は，残余財産確定事業年度において通算申告を行うため，損益通算後の欠損金額は繰越欠損金を構成することとなる。

第1部　グループ通算制度のM&A・組織再編成・清算に係る税務の概要

そして，残余財産確定法人の株主である他の通算法人において，残余財産確定法人の繰越欠損金を引き継ぐこととなる（法法57②，法令112の2⑥）。

事業税では，通算前欠損金額を基礎とした欠損金額が事業税の繰越欠損金となり，残余財産確定法人の株主である他の通算法人において，残余財産確定法人の事業税の繰越欠損金の一部又は全部を引き継ぐこととなる（地法72の23①②，地令20の3）。

② 残余財産確定事業年度が単体事業年度（通算法人の単体申告）となる場合（残余財産の確定日が通算親法人事業年度終了日以外の日となる場合）

この場合，残余財産確定法人である通算子法人は，残余財産確定事業年度において単体申告を行うが，その残余財産確定事業年度で生じた欠損金額については，残余財産確定法人の株主である他の通算法人の残余財産の確定日の翌日の属する事業年度の損金の額に算入されることになる（法法64の8）。

残余財産確定法人の株主である他の通算法人が複数ある場合は，それぞれの通算法人において，その欠損金額に株式所有割合を乗じて計算した金額を損金算入することになる（法法64の8）。

ここで，株式所有割合とは，残余財産確定法人の発行済株式等の総数に占める残余財産確定法人の株主の有する株式の数の割合をいう（法法64の8）。

また，事業税については，この取扱いは適用されないため，単体法人と同様に，残余財産確定事業年度で生じた欠損金額は，残余財産確定法人の株主への引継ぎ対象となる繰越欠損金に含まれることになる（地法72の23①②，地令20の3）。

3　特例欠損金の損金算入

内国法人について特別清算開始の命令があった場合又は内国法人が解散した場合において残余財産がないと見込まれる場合は，次の特例欠損金の損金算入の規定が適用されることとなる。

なお，特例欠損金の損金算入については，適用事由に応じて，以下の制度が設けられているが，本書では，特別清算開始の命令があった場合又は内国法人が解散した場合において残余財産がないと見込まれる場合に絞って解説することとする。

- 会社更生による債務免除等があった場合の特例欠損金の損金算入制度
- 評価損益の計上がある民事再生による債務免除等があった場合の特例欠損金の損金算入制度
- 評価損益の計上のない民事再生による債務免除等があった場合の特例欠損金の損金算入制度
- 解散の場合の特例欠損金の損金算入制度

第3章　グループ通算制度の清算課税

(1)　特別清算開始の命令があった場合の特例欠損金の損金算入制度

①　制度の概要

　内国法人について特別清算開始の命令があった場合において，その内国法人が次の各号に掲げる場合に該当するときは，その該当することとなった日の属する事業年度（適用年度）前の各事業年度において生じた欠損金額で一定の金額（特例欠損金）のうち，その各号に定める金額の合計額（その合計額がこの特例欠損金の損金算入（法法59③）及び残余財産の確定日の属する事業年度に係る事業税等の損金算入（法法62の5⑤）の規定を適用しないものとして計算した場合におけるその適用年度の所得の金額を超える場合には，その超える部分の金額を控除した金額）に達するまでの金額は，その適用年度の所得の金額の計算上，損金の額に算入する（法法59③，法令117の3，117の4）。

[特例欠損金の損金算入事由と特例欠損金の損金算入可能額（第一号～第二号の合計額）]

特例欠損金の損金算入事由	特例欠損金の損金算入可能額（第一号～第二号の合計額）
一．内国法人について特別清算開始の命令があった時において，その内国法人に対し，その特別清算開始前の原因に基づいて生じた債権を有する者（その内国法人が通算法人である場合（その適用年度終了日が通算親法人の事業年度終了日である場合に限る）には，他の通算法人でその適用年度終了日にその事業年度が終了するものを除く）からその債権につき債務の免除を受けた場合（その債権が債務の免除以外の事由により消滅した場合でその消滅した債務に係る利益の額が生ずるときを含む）	その債務の免除を受けた金額（その利益の額を含む）
二．特別清算開始の命令があったことに伴いその内国法人の役員等（役員若しくは株主等である者又はこれらであった者をいい，その内国法人が通算法人である場合（その適用年度終了日が通算親法人の事業年度終了日である場合に限る）には他の通算法人でその適用年度終了日にその事業年度が終了するものを除く）から金銭その他の資産の贈与を受けた場合	その贈与を受けた金銭の額及び金銭以外の資産の価額

②　通算法人が債務の免除等又は金銭その他の資産の贈与を受けた場合に特例欠損金の損金算入の対象となる金額

　通算法人の特例欠損金の損金算入の対象となる債務免除益又は私財提供益の金額について，その通算法人の適用年度終了日が通算親法人の事業年度終了日である場合，第一号の「債権を有する者」及び第二号の「株主等」から，その通算法人の適用年度終了日に事業年度が終了する他の通算法人が除かれることとなる。

　そのため，損益通算の対象となる事業年度の損益通算の対象となる他の通算法人からの債務

189

第1部　グループ通算制度のM&A・組織再編成・清算に係る税務の概要

免除益や私財提供益は特例欠損金の損金算入可能額から除外されることとなる。

③　特例欠損金の控除可能額の計算方法

　特別清算開始の命令があった場合の特例欠損金の損金算入において，特例欠損金は，❶に掲げる金額から❷（適用年度が繰越欠損金の通算の適用を受ける事業年度である場合には，❸）に掲げる金額を控除した金額とする（法令117の4）。

❶	適用年度終了時における前事業年度以前の事業年度から繰り越された欠損金額の合計額
❷	繰越欠損金の控除の規定（法法57①）により適用年度の所得の金額の計算上損金の額に算入される欠損金額
❸	適用年度に係る繰越欠損金の通算（法法64の7①四）に規定する損金算入欠損金額の合計額

　上記❶の「前事業年度以前の事業年度から繰り越された欠損金額の合計額」とは，法人税申告書別表5(1)の期首現在利益積立金額の合計額（マイナスの金額）をプラス表記したものとなる（法基通12-3-2）。ただし，その金額が法人税申告書別表7(1)の控除未済欠損金額（繰越欠損金の期首残高）に満たない場合は，繰越欠損金の期首残高とする（法基通12-3-2）。

　したがって，特例欠損金という場合，期限切れの欠損金と表現されることが多いが，実際には，特例欠損金は，期限切れの欠損金だけでなく，期限内の繰越欠損金の未使用額，組織再編で切り捨てられた繰越欠損金，通算制度の開始・加入により切り捨てられた繰越欠損金，交際費の損金不算入額等の社外流出額，未納法人税・住民税額等のマイナスの利益積立金額で構成されることになる。

　また，繰越欠損金の通算が適用される通算法人の場合，その通算法人の繰越欠損金のうちその通算法人における繰越欠損金の損金算入額ではなく，他の通算法人で損金算入された金額を含めた「損金算入欠損金額」を上記❸の金額として，上記❶の金額（マイナスの期首現在利益積立金額の合計額等）から控除をした金額を特例欠損金（期限切れ欠損金など欠損金額の残高）とすることに留意する必要がある。

　この❶の金額から❷の金額又は❸の金額を控除するということは，期限内の繰越欠損金が特例欠損金に優先して繰越控除されることを意味している。

　なお，特別清算開始の命令があった場合，繰越欠損金の損金算入限度額が欠損控除前所得金額の100%となる再建中の法人に該当することから，その内国法人は，中小法人，中小通算法人，新設法人に該当しない場合であっても，繰越欠損金の損金算入限度額が欠損控除前所得金額の100%となる（法法57⑪二，法令113の2④，117の3①一）。

　以上より，特例欠損金の控除可能額の計算式は次のとおりとなる。

第3章　グループ通算制度の清算課税

[特別清算開始の命令があった場合の特例欠損金の控除可能額の計算式（法法59③）]

特例欠損金の　　　　　別表5(1)の期首現在利益積立金　　①又は②のいずれかの金額
控除可能額　　＝　　額の合計額（マイナス金額をプ　－　①通算制度を適用しない場合
　　　　　　　　　　ラスで表記)(注1)　　　　　　　　　　→繰越欠損金の当期控除額
　　　　　　　　　　　　　　　　　　　　　　　　　　　　②通算制度を適用する場合
　　　　　　　　　　　　　　　　　　　　　　　　　　　　→損金算入欠損金額の合計額

（注1）　別表7(1)の控除未済欠損金額に満たない場合は，その控除未済欠損金額（つまり，繰越欠損金の期首残高）とする。

④　特例欠損金の控除限度額の計算方法

　特別清算開始の命令があった場合の特例欠損金の損金算入について，特例欠損金の控除可能額のうち，次の ⅰ 又は ⅱ のいずれか小さい金額を限度に特例欠損金は損金算入される（法法59③）。

ⅰ	控除限度となる利益の合計額	次の一号及び二号の合計額。 一　債務免除益 二　私財提供益
ⅱ	控除限度となる所得金額	「解散の場合の特例欠損金の損金算入規定（法法59④）及び残余財産確定事業年度に係る事業税の損金算入の特例規定（法法62の5⑤）を適用する前の所得金額」から「繰越欠損金の当期控除額」を控除した金額

　上記 ⅰ については，内国法人が通算法人である場合，通算制度が適用される事業年度において，通算制度が適用される通算グループ内の他の通算法人からの債務免除益や私財提供益は，第一号及び第二号の利益の合計額から除かれる。

⑤　特例欠損金損金算入後の所得金額の計算方法

　特別清算開始の命令があった場合の特例欠損金の損金算入後の所得金額は次のように計算される。

[特別清算開始の命令があった場合の特例欠損金の損金算入後の所得金額の計算式（法法59③）]

特例欠損金損金算入
後の所得金額（マイ　＝　（欠損控除前所得金額　－　繰越欠損金の当期控除額）　－　特例欠損金の
ナスとならない）　　　　　　　　　　　　　　　　　　　　　　　　　　　　　　　　　控除額

第1部　グループ通算制度のM&A・組織再編成・清算に係る税務の概要

⑥　特例欠損金の損金算入後の繰越欠損金額からないものとする金額

A）グループ通算制度を適用しない内国法人

　　内国法人が通算制度を適用しない場合（通算法人が離脱法人として単体申告する場合を含む），特別清算開始の命令があったときは，その内国法人は，繰越欠損金の損金算入限度額が欠損控除前所得金額の100％となる再建中の法人に該当することから，特別清算開始の命令があった場合の特例欠損金の損金算入の規定（法法59③）は繰越欠損金及び災害損失欠損金を全額使用した場合のみ適用されることとなる（法法57⑪二，法令113の2④，117の3①一）。

B）グループ通算制度を適用する内国法人

　　内国法人が通算制度を適用する場合，通算法人の損金算入限度額は各通算法人ごとに欠損控除前所得金額の50％又は100％とされるほか，特定欠損金額の控除に当たっては損金算入限度額を通算法人間でやりとりすること，非特定欠損金の控除に当たっては，他の通算法人の非特定欠損金を損金算入して自社の非特定欠損金を使わないことがあることから，特別清算開始の命令があった場合の特例欠損金の損金算入の規定（法法59③）の適用がある場合においても，繰越欠損金を全額使用しているとは限らない。

　　したがって，通算制度において，この特例欠損金の損金算入の規定（法法59③）の適用がある場合は，特例欠損金の損金算入額のうち繰越欠損金からないものとする金額を計算する必要がある。

　　具体的には，特別清算開始の命令があった場合の特例欠損金の損金算入の規定（法法59③）が適用された場合で，その通算法人の適用年度に係る各10年内事業年度に係る特定損金算入限度額及び非特定損金算入限度額の合計額がその適用年度の損金算入限度額（欠損控除前所得金額の100％）に満たない場合，特例欠損金の損金算入額は，まず，繰越欠損金から，かつ，古いものから先に使用されたものとして，それを超えた金額について，繰越欠損金以外の欠損金額（期限切れ欠損金等）が使用されたものとみなされる（法法57⑤，59③，法令112の2⑧）。

> 繰越欠損金額からないものとする金額　＝　❶又は（❷－❸）のいずれか少ない金額

❶：特例欠損金のうち適用年度の所得の金額の計算上損金の額に算入される金額
❷：繰越欠損金の期首残高
❸：その適用年度に係る繰越欠損金の損金算入欠損金額の合計額

　　また，そのないものとされる繰越欠損金額について，その発生事業年度に特定欠損金額と非特定欠損金額の両方がある場合は，特定欠損金額から先に使用されたものとしてその発生事業年度の特定欠損金額及び非特定欠損金額の翌期繰越額を計算する（法令131の9④）。

192

[図表] 特別清算開始の命令があった場合の特例欠損金の損金算入後の繰越欠損金の期末残高（グループ通算制度を適用する場合）

適用年度の繰越欠損金の期首残高

特定	非特定	前1年
特定	非特定	前2年
特定	非特定	前3年
特定	非特定	前4年
特定	非特定	前5年
特定	非特定	前6年
特定	非特定	前7年
特定	非特定	前8年
特定	非特定	前9年
特定	非特定	前10年

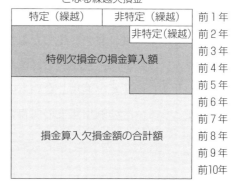

適用年度の翌事業年度から使用可能となる繰越欠損金

⑦ 書類添付要件

特別清算開始の命令があった場合の特例欠損金の損金算入の規定（法法59③）を適用するためには，「別表7⑷　民事再生等評価換えが行われる場合以外の再生等欠損金の損金算入及び解散の場合の欠損金の損金算入に関する明細書」，「別表7⑷付表　通算法人の民事再生等評価換えが行われる場合以外の再生等欠損金の損金算入及び解散の場合の欠損金の損金算入があった場合の欠損金の翌期繰越額の調整に関する明細書」及び以下に掲げる書類を確定申告書等に添付する必要がある（法法59⑥，法規26の6二）。

[法人税法第59条第3項の適用要件となる添付書類]

イ）	特別清算開始の命令があったことを証する書類
ロ）	次に掲げる事項を記載した書類
ⅰ	債務免除を受けた金額（債権が債務免除以外の事由により消滅した場合でその消滅した債務に係る利益の額が生ずるときのその利益の額を含む）並びにその贈与を受けた金銭の額及び金銭以外の資産の価額の明細
ⅱ	ⅰに規定する免除を受けた債務（ⅰに規定する消滅した債務を含む）に係る債権が特別清算開始前の原因に基づいて生じた債権であることの明細
ⅲ	その債務免除を行った者（ⅰに規定する消滅した債務に係る債権を特別清算開始の命令があった時において有していた者を含む）又は贈与を行った者の氏名又は名称，住所・居所又は本店・主たる事務所の所在地
ⅳ	ⅲに規定する贈与を行った者がその内国法人の役員又は株主等であることの明細
ⅴ	その他参考となるべき事項

第1部　グループ通算制度のM&A・組織再編成・清算に係る税務の概要

(2)　解散の場合の特例欠損金の損金算入制度

①　制度の概要

　内国法人が解散した場合において，残余財産がないと見込まれるときは，その清算中に終了する事業年度（他の特例欠損金の損金算入の規定の適用を受ける事業年度を除く。以下，「適用年度」という）前の各事業年度において生じた欠損金額で一定の金額（特例欠損金）は，この特例欠損金の損金算入（法法59④）及び残余財産の確定日の属する事業年度に係る事業税等の損金算入（法法62の5⑤）の規定を適用しないものとして計算した場合におけるその適用年度の所得の金額を限度として，その適用年度の所得の金額の計算上，損金の額に算入する（法法59④，法令117の5）。

②　適用年度

　解散した場合の特例欠損金の損金算入の規定は，清算中に終了する事業年度，つまり，解散日の翌日以後の清算事業年度又は残余財産確定事業年度に適用される。

　したがって，解散事業年度（解散日の属する事業年度）には適用されない。

　また，特別清算開始の命令があった場合の特例欠損金の損金算入の規定（法法59③）が適用される事業年度において，解散した場合の特例欠損金の損金算入規定（法法59④）は適用されない。

　したがって，清算手続が特別清算となる場合で，債務免除又は私財提供を受けた場合（その内国法人が通算法人である場合（その適用年度終了日が通算親法人の事業年度終了日である場合に限る）には，その適用年度終了日に事業年度が終了する他の通算法人に該当する債権者又は株主等から債務免除又は私財提供を受けた場合を除く），この解散した場合の特例欠損金の損金算入の規定（法法59④）ではなく，特別清算開始の命令があった場合の特例欠損金の損金算入の規定（法法59③）が適用されることになる。

③　残余財産がないと見込まれる場合と判断時期

　残余財産がないと見込まれる場合とは，処分価格ベースで債務超過である場合をいう（法基通12-3-8）。

　この場合，法人が債務超過かどうかを判定する実態貸借対照表を作成する場合における資産の価額は，その事業年度終了時における処分価格によるが，その法人の解散が事業譲渡等を前提としたものでその法人の資産が継続して他の法人の事業の用に供される見込みであるときには，その資産が使用収益されるものとしてその事業年度終了時において譲渡される場合に通常付される価額による（法基通12-3-9）。

　また，残余財産がないと見込まれるかどうかは，法人の清算中に終了する各事業年度終了時

に判定する（法基通12-3-7）。

　したがって，債務免除等により，課税所得が発生した場合に，当初，債務免除等の時点では残余財産がないと見込まれていた場合であっても，債務免除等の日の属する清算事業年度末に残余財産がないと見込まれなくなった場合，特例欠損金を利用できずに，債務免除益に課税が生じることとなる。

　したがって，資産の時価変動による予期せぬ課税負担を回避するためには，次の２つのタイミングを考慮して債務免除を行う必要がある。

| i | 残余財産がないことが確実になった期末に近い時点で，債務免除を受ける場合は特例欠損金を利用することが可能となる（債務免除後に残余財産がない場合に限る）。 |
| ii | すべての資産を処分して，残余財産がないことが確定した時点で，債務免除を受ける場合は特例欠損金を利用することが可能となる（債務免除後に残余財産がない場合に限る）。 |

④　特例欠損金の控除可能額の計算方法

　解散の場合の特例欠損金の損金算入において，特例欠損金は，❶に掲げる金額から❷（適用年度が繰越欠損金の通算の規定の適用を受ける事業年度である場合には，❸）に掲げる金額を控除した金額とする（法令117の５）。

❶	適用年度終了時における前事業年度以前の事業年度から繰り越された欠損金額の合計額（その適用年度終了時における資本金等の額が０以下である場合には，その欠損金額の合計額からそのマイナスの資本金等の額を減算した金額）
❷	繰越欠損金の控除の規定（法法57①）により適用年度の所得の金額の計算上損金の額に算入される欠損金額
❸	適用年度に係る繰越欠損金の通算（法法64の７①四）に規定する損金算入欠損金額の合計額

　上記❶の「前事業年度以前の事業年度から繰り越された欠損金額の合計額」とは，法人税申告書別表５⑴の期首現在利益積立金額の合計額（マイナスの金額）をプラス表記したものとなる（法基通12-3-2）。ただし，その金額が法人税申告書別表７⑴の控除未済欠損金額（繰越欠損金の期首残高）に満たない場合は，繰越欠損金の期首残高とする（法基通12-3-2）。

　また，解散した場合の特例欠損金の損金算入規定（法法59③）では，マイナスの資本金等の額が特例欠損金の対象となる（マイナスの資本金等の額をプラス表記して，欠損金額に加算した金額となる）。

　したがって，特例欠損金という場合，期限切れの欠損金と表現されることが多いが，実際には，特例欠損金は，期限切れの欠損金だけでなく，期限内の繰越欠損金の未使用額，組織再編で切り捨てられた繰越欠損金，通算制度の開始・加入により切り捨てられた繰越欠損金，交際費の損金不算入額等の社外流出額，未納法人税・住民税額等のマイナスの利益積立金額で構成

第1部　グループ通算制度のM&A・組織再編成・清算に係る税務の概要

されることになる。

　なお，繰越欠損金の通算が適用される通算法人の場合，その通算法人の繰越欠損金のうちその通算法人における繰越欠損金の損金算入額ではなく，他の通算法人で損金算入された金額を含めた「損金算入欠損金額」を上記❸の金額として，上記❶の金額（マイナスの期首現在利益積立金額の合計額等）から控除をした金額を特例欠損金（期限切れ欠損金など欠損金額の残高）とすることに留意する必要がある。

　この❶の金額から❷の金額又は❸の金額を控除するということは，期限内の繰越欠損金が特例欠損金に優先して控除されることを意味している。

　以上より，特例欠損金の控除可能額の計算式は次のとおりとなる。

［解散の場合の特例欠損金の控除可能額の計算式（法法59④）］

$$\text{特例欠損金の控除可能額} = \text{別表5(1)の期首現在利益積立金額の合計額（マイナス金額をプラスで表記）}^{(注1)} + \text{マイナスの資本金等の額（マイナス金額をプラスで表記）} - \begin{cases} \text{①又は②のいずれかの金額} \\ \text{①通算制度を適用しない場合} \\ \to \text{繰越欠損金の当期控除額} \\ \text{②通算制度を適用する場合} \\ \to \text{損金算入欠損金額の合計額} \end{cases}$$

（注1）　別表7(1)の控除未済欠損金額に満たない場合は，その控除未済欠損金額（つまり，繰越欠損金の期首残高）とする。

⑤　特例欠損金の控除限度額の計算方法

　特例欠損金の控除可能額は，「解散の場合の特例欠損金の損金算入規定（法法59④）及び残余財産確定事業年度に係る事業税の損金算入の特例規定（法法62の5⑤）を適用する前の所得金額」から「繰越欠損金の当期控除額」を控除した金額を控除限度額として損金算入することとなる（法法59④）。

　つまり，通算法人が解散の場合の特例欠損金の損金算入の適用を受ける場合における損金算入額の上限となる「その適用年度の所得の金額」は，損益通算後かつ繰越欠損金の控除後の所得金額となる（法法59④）。

⑥　特例欠損金損金算入後の所得金額の計算方法

　解散した場合の特例欠損金の損金算入後の所得金額は次のように計算される。

第3章　グループ通算制度の清算課税

[解散の場合の特例欠損金の損金算入後の所得金額の計算式（法法59④）]

> 特例欠損金損金算入後の所得金額（マイナスとならない）＝（欠損控除前所得金額　－　繰越欠損金の当期控除額）　－　特例欠損金の控除額

⑦　特例欠損金の損金算入後の繰越欠損金額からないものとする金額

　解散の場合の特例欠損金の損金算入が適用された場合，まず，繰越欠損金を古いものから先に使用されたものとして，それを超えた金額について，繰越欠損金以外の欠損金額（期限切れ欠損金等）が使用されたものとみなされる（法法57⑤，59④，法令112⑫）。

> 繰越欠損金額からないものとする金額　＝　❶又は（❷－❸）のいずれか少ない金額

❶：特例欠損金の損金算入額
❷：繰越欠損金の期首残高
❸：次のいずれかの金額
　A）繰越欠損金の通算を適用した事業年度：その適用年度に係る繰越欠損金の損金算入欠損金額の合計額
　B）上記以外の事業年度：その適用年度の繰越欠損金の損金算入額

　また，そのないものとされる繰越欠損金額について，その発生事業年度に特定欠損金額と非特定欠損金額の両方がある場合は，特定欠損金額から先に使用されたものとしてその発生事業年度の特定欠損金額及び非特定欠損金額の翌期繰越額を計算する（法令131の9④）。

[図表]　解散した場合の特例欠損金の損金算入後の繰越欠損金の期末残高

適用年度の繰越欠損金の期首残高[※1]

特定	非特定	前1年
特定	非特定	前2年
特定	非特定	前3年
特定	非特定	前4年
特定	非特定	前5年
特定	非特定	前6年
特定	非特定	前7年
特定	非特定	前8年
特定	非特定	前9年
特定	非特定	前10年

適用年度の翌事業年度から使用可能となる繰越欠損金[※1]

特定（繰越）	非特定（繰越）	前1年
	非特定（繰越）	前2年
特例欠損金の損金算入額		前3年
		前4年
		前5年
①又は②のいずれかの金額		前6年
①通算制度を適用しない場合		前7年
→繰越欠損金の当期控除額		前8年
②通算制度を適用する場合		前9年
→損金算入欠損金額の合計額		前10年

（※1）　通算制度を適用しない場合は，特定又は非特定の区別はない。

⑧　書類添付要件

　解散の場合の特例欠損金の損金算入の規定（法法59④）を適用するためには，「別表7⑷

197

民事再生等評価換えが行われる場合以外の再生等欠損金の損金算入及び解散の場合の欠損金の損金算入に関する明細書」,「別表7⑷付表　通算法人の民事再生等評価換えが行われる場合以外の再生等欠損金の損金算入及び解散の場合の欠損金の損金算入があった場合の欠損金の翌期繰越額の調整に関する明細書」及び「残余財産がないと見込まれることを説明する書類」を確定申告書等に添付する必要がある（法法59⑥，法規26の6三）。

　ここで，「残余財産がないと見込まれることを説明する書類」には，例えば，法人の清算事業年度又は残余財産確定事業年度終了時の実態貸借対照表（その法人の有する資産及び負債の時価により作成される貸借対照表）が該当する（法基通12-3-9）。

　なお，その法人が実態貸借対照表を作成する場合における資産の価額は，その事業年度終了時における処分価格によるが，その法人の解散が事業譲渡等を前提としたものでその法人の資産が継続して他の法人の事業の用に供される見込みであるときには，その資産が使用収益されるものとしてその事業年度終了時において譲渡される場合に通常付される価額による（法基通12-3-9）。

⑶　清算法人の特例欠損金の損金算入の規定の適用フローチャート

　上記⑴及び⑵で解説したとおり，内国法人で特例欠損金の損金算入の規定が適用される場合であっても，通常清算又は特別清算か，特別清算でも通算グループ外の者から債務免除等を受けるか，受けないか，によって，解散した場合の特例欠損金の損金算入の規定（法法59④）又は特別清算開始の命令があった場合の特例欠損金の損金算入の規定（法法59③）のいずれが適用されるか異なることになる。

　この適用関係をフローチャートで示すと以下のようになる。

[図表] 清算法人の特例欠損金の損金算入規定の適用フローチャート

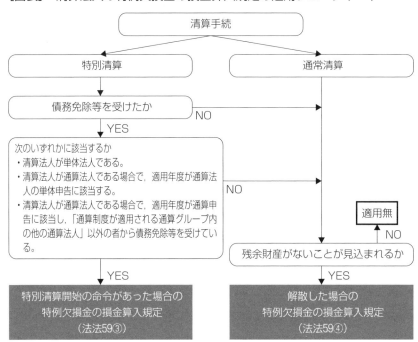

また，それぞれの取扱いの相違点は次のとおりとなる。

[法人税法第59条第3項と第4項の特例欠損金の損金算入規定の相違点]

	特別清算開始の命令があった場合の特例欠損金の損金算入規定（法法59③）	解散した場合の特例欠損金の損金算入規定（法法59④）
債務免除益及び私財提供益の合計額を限度とするか	限度とする	限度としない
所得限度額があるか	損益通算後・繰越欠損金控除後の所得金額を所得限度額とする	損益通算後・繰越欠損金控除後の所得金額を所得限度額とする
マイナスの資本金等の額が特例欠損金に含まれるか	含まれない	含まれる
優先控除される欠損金の種類	期限内の繰越欠損金	期限内の繰越欠損金
適用年度	債務免除又は私財提供を受けた事業年度	残余財産がないと見込まれる事業年度

したがって，損金算入額が債務免除益及び私財提供益の合計額を限度とする点，マイナスの資本金等の額が特例欠損金に含まれない点で，特別清算開始の命令があった場合の特例欠損金の損金算入規定（法法59③）の適用が不利となる場合がある。

第1部　グループ通算制度のM&A・組織再編成・清算に係る税務の概要

例えば，債務免除益及び私財提供益の合計額は10,000，繰越欠損金控除後の所得金額は15,000，特例欠損金の控除可能額17,000の場合，特別清算開始の命令があった場合の特例欠損金の損金算入規定（法法59③）が適用される場合，特例欠損金の損金算入額は10,000となるが，解散した場合の特例欠損金の損金算入の規定（法法59③）が適用される場合は，15,000が損金算入額となる。

また，資本金等の額が▲500の場合は，解散した場合の特例欠損金の損金算入の規定（法法59④）が適用される場合は500だけ特例欠損金の控除可能額が増えることになる。

ただし，特別清算開始の命令があった場合の特例欠損金の損金算入規定（法法59③）は，残余財産がないと見込まれる事業年度以外にも適用できる点で有利となる。

⑷　住民税における特例欠損金の損金算入の取扱い

住民税の法人税割の課税標準である法人税額の計算において，法人税の計算で適用された特例欠損金の損金算入額の調整は行われない（地法23①三・四，292①三・四）。

つまり，通常どおり，特例欠損金の損金算入の規定を適用して計算した法人税額をそのまま課税標準として住民税が計算されることになる。

以上は，単体法人又は通算法人のいずれも同じ取扱いとなる。

⑸　事業税における特例欠損金の損金算入の取扱い

以下，解散した場合の特例欠損金の損金算入の規定（法法59④）又は特別清算開始の命令があった場合の特例欠損金の損金算入の規定（法法59③）に限定して解説する。

①　所得割の課税標準である所得金額の計算

所得割の課税標準である所得金額の計算上，通算制度は適用されない（法法72の23①②）。

また，所得割の課税標準である所得金額の計算上，事業税の繰越欠損金は，各事業年度開始日前10年^(注1)以内に開始した事業年度に生じた欠損金額となり，法人税の繰越欠損金とは区別して計算される（法法72の23①②，地令20の3）。

(注1)　年数は，2018年（平成30年）4月1日前に開始した事業年度において生じた繰越欠損金については「9年」，2018年（平成30年）4月1日以後に開始した事業年度において生じた繰越欠損金については「10年」となる（地法72の23①②，平27改地法附1九の二・9②，令2改地令附4④）。

つまり，単体法人であっても，通算法人であっても，事業税の所得割の課税標準である所得金額の計算では，事業税の繰越欠損金を独自に計算し，単体法人の繰越欠損金の控除の規定（法法57①）に従って繰越控除が行われることになる。

そして，事業税においても，特例欠損金の損金算入の規定が適用される。

第3章　グループ通算制度の清算課税

　具体的には，単体法人又は通算法人のいずれであっても，事業税の所得割の課税標準である所得金額は，法人税の単体法人に係る特例欠損金の損金算入の規定（法法59）の例^(注2,3)によって計算する（法法72の23①②，地令20の3）。

（注2）　法人税の特別清算開始の命令があった場合の特例欠損金の損金算入の規定（法法59③）における『通算法人の特例欠損金の損金算入の対象となる債務免除益又は私財提供益の金額について，その通算法人の適用年度終了日が通算親法人の事業年度終了日である場合，第一号の「債権を有する者」及び第二号の「株主等」から，その通算法人の適用年度終了日に事業年度が終了する他の通算法人が除かれる』取扱いは，事業税においてもそのまま適用されることとなる（法法72の23②）。

（注3）　この場合，特例欠損金の控除可能額は，「法人税の別表5⑴の期首現在利益積立金額の合計額」に基づいて計算されるが，期限内の繰越欠損金の期首残高は，事業税の繰越欠損金の期首残高，つまり，地方税の第6号様式別表9の期首残高に基づくことになる。

　なお，法人税の確定申告書の別表及び添付書類のうち，次のものの写しを，地方税申告書の第6号様式別表11「民事再生等評価換えが行われる場合以外の再生等欠損金額等及び解散の場合の欠損金額等の控除明細書」に添付する必要がある（地方税法の施行に関する取扱いについて（道府県税関係）第3章第2節4の5の3⑶）。

［添付書類］

法人税の別表7⑷「民事再生等評価換えが行われる場合以外の再生等欠損金の損金算入及び解散の場合の欠損金の損金算入に関する明細書」
法人税の添付書類（法人税法施行規則第26条の6に規定する書類）

② 　付加価値割の単年度損益の計算

　付加価値割の課税標準である付加価値額を構成する単年度損益の計算上，繰越欠損金の繰越控除の規定は適用されない（地法72の18①②）。

　つまり，単年度損益は，繰越欠損金を控除する前の所得金額となる。

　ただし，特例欠損金の損金算入の規定（法法59）は，単年度損益の計算においても適用されることになる（地法72の18①②）。

　具体的には，単体法人又は通算法人のいずれであっても，事業税の付加価値割の単年度損益は，法人税の単体法人に係る特例欠損金の損金算入の規定（法法59）の例^(注4)によって計算する（法法72の18①②）。

（注4）　（注2，3）と同じ（法法72の18①②）。

　この場合，元々，単年度損益では，繰越欠損金の控除の規定が適用されないため，法人税及び事業税（所得割）と異なり，「適用年度終了時における前事業年度以前の事業年度から繰り越された欠損金額の合計額」（具体的には，「法人税の別表5⑴の期首現在利益積立金額の合計額」）となる。また，解散の場合の特例欠損金の損金算入については，マイナスの資本金等の額を減算し

201

第1部　グループ通算制度のM&A・組織再編成・清算に係る税務の概要

た金額となる）をそのまま特例欠損金の控除可能額とする（法法72の18①②，地令20の2の12）。

[単年度損益における特例欠損金の控除可能額の計算式（地令20の2の12）]

$$特例欠損金の控除可能額　=　\text{法人税の別表5(1)の期首現在利益積立金額の合計額（マイナス金額をプラスで表記）}^{(注1，2)}$$

（注1）　地方税第6号様式別表9の控除未済欠損金額等に満たない場合は，その控除未済欠損金額等（つまり，事業税の繰越欠損金の期首残高）とする。

（注2）　解散した場合の特例欠損金の損金算入の規定（法法59③）については，適用年度終了時における資本金等の額がマイナスである場合，その資本金等の額を減算した金額とする（つまり，マイナスの資本金等の額をプラス表記して加算した金額となる）。

[特例欠損金控除後の単年度損益の計算式（地令20の2の12）]

$$単年度損益（マイナスにはならない）　=　\text{控除前課税所得}^{(注1)}　-　\text{特例欠損金の控除額}^{(注2)}$$

（注1）　繰越欠損金の控除規定（法法57），特例欠損金の控除規定（法法59）及び残余財産確定事業年度に係る事業税の損金算入の特例規定（法法62の5⑤）を適用しないものとして計算した金額をいう。

（注2）　以下の場合ごとに控除額を計算する。

①　解散した場合の特例欠損金の損金算入の規定（法法59④）の例による場合：控除前課税所得を限度に控除額を計算する。

②　特別清算開始の命令があった場合の特例欠損金の損金算入の規定（法法59③）の例による場合：控除前課税所得と債務免除益及び私財提供益の合計額のいずれか少ない金額を限度に控除額を計算する。

(6)　通算申告における特例欠損金の控除額の計算例

ケース1	解散した場合の特例欠損金の損金算入の規定（法法59④）
	通算子法人が通常清算を行い，他の通算法人から債務免除を受けるケース

1．前提条件

● 清算法人：通算子法人A

　以下，清算法人である通算子法人Aに係る情報を記載する。

● 適用事業年度：2024年4月1日〜2025年3月31日（清算事業年度）

● 申告方法：通算申告

● 外形標準課税：適用（清算事業年度であるため，付加価値割が発生）

● 清算手続：通常清算

● 適用事業年度に債務免除を受けた相手先と金額：

相手先	金額
通算親法人P	500
合計	500

- 特例欠損金の損金算入規定の適用：有（法人税法第59条第4項。通常清算であるため）
- 法人税の繰越欠損金の控除限度割合：50％
- 適用事業年度前の法人税の繰越欠損金：

発生事業年度	通算親法人P		通算子法人A （清算法人）		計	
	非特定	特定	非特定	特定	非特定	特定
2023年3月期	0	0	0	200	0	200
2024年3月期	0	0	20	0	20	0
合計	0	0	20	200	20	200

- 事業税の繰越欠損金の控除限度割合：50％
- 適用事業年度前の事業税の繰越欠損金：

発生事業年度	金額
2023年3月期	200
2024年3月期	200
合計	400

- 適用事業年度前の税務上の純資産：

別表5(1)	金額
資本金等の額	▲100
利益積立金額	▲600
合計	▲700

- 適用事業年度の所得金額：

	通算親法人P	通算子法人A （清算法人）	合計
その他所得	100	200	300
貸倒損失（損金算入）	▲500	0	▲500
債務免除益（益金算入）	0	500	500
所得金額（損益通算通算前）	▲400	700	300
損益通算	400	▲400	0
所得金額（繰越欠損金控除前）	0	300	300
特定欠損金の当期控除額	0	▲150	▲150
非特定欠損金の当期控除額	0	0	0
所得金額（特例欠損金控除前）	0	150	150

2．法人税における特例欠損金の控除額の計算

(1) 控除可能な特例欠損金

① 前事業年度以前の事業年度から繰り越された欠損金額の合計額　600

② マイナスの資本金等の額　100

③ 控除される繰越欠損金　150

④ 控除可能な特例欠損金（①＋②－③）　550

(2) 控除される特例欠損金

① 繰越欠損金控除後の所得金額　150

② 控除可能な特例欠損金　550

③ 控除される特例欠損金（min①or②）　150

(3) 特例欠損金控除後の所得金額

	通算親法人Ｐ	通算子法人Ａ（清算法人）	合計
所得金額（特例欠損金控除前）	0	150	150
特例欠損金の控除額	0	▲150	▲150
所得金額（特例欠損金控除後）	0	0	0

(4) 適用事業年度後の繰越欠損金の期末残高

発生事業年度	期首残高		当期控除額		特例欠損金の控除額150のうち，未使用の繰越欠損金を構成する金額		期末残高	
	非特定	特定	非特定	特定	非特定	特定	特定	非特定
2023年3月期	0	200	0	150	0	50	0	0
2024年3月期	20	0	0	0	20	0	0	0
合計	20	200	0	150	20	50	0	0

　したがって，特例欠損金の損金算入額150の内訳は，期限内の繰越欠損金70，期限切れの欠損金等80となる。

3．事業税（所得割）における特例欠損金の控除額の計算

(1) 控除される繰越欠損金

① 損金算入限度額（通算前所得金額700×50％）　350

② 繰越欠損金の期首残高　400

③ 控除される繰越欠損金（min①or②）　350

(2) 控除可能な特例欠損金

① 前事業年度以前の事業年度から繰り越された欠損金額の合計額　600

② マイナスの資本金等の額　100

③ 控除される繰越欠損金　350

④ 控除可能な特例欠損金（①＋②－③）　350

(3) 控除される特例欠損金

① 繰越欠損金控除後の所得金額（700－350）　350

② 控除可能な特例欠損金　350

③ 控除される特例欠損金（min ① or ②）　350

(4) 特例欠損金控除後の所得金額

① 繰越欠損金控除後の課税所得　350

② 控除される特例欠損金　350

③ 特例欠損金控除後の所得金額（①－②）　0

(5) 適用年度後の繰越欠損金の期末残高

発生事業年度	期首残高	当期控除額	特例欠損金の控除額350のうち，未使用の繰越欠損金を構成する金額	期末残高
2023年3月期	200	200	0	0
2024年3月期	200	150	50	0
合計	400	350	50	0

したがって，特例欠損金の損金算入額350の内訳は，期限内の繰越欠損金50，期限切れの欠損金等300となる。

4．事業税（付加価値割）における特例欠損金の控除額の計算

(1) 控除可能な特例欠損金

① 前事業年度以前の事業年度から繰り越された欠損金額の合計額　600

② マイナスの資本金等の額　100

③ 控除可能な特例欠損金（①＋②）　700

(2) 控除される特例欠損金

① 繰越欠損金控除前の所得金額　700

② 控除可能な特例欠損金　700

③ 控除される特例欠損金（min①or②）　700

(3) 特例欠損金控除後の単年度損益

① 繰越欠損金控除前の所得金額　700

② 控除される特例欠損金　700

③ 特例欠損金控除後の単年度損益（①－②）　0

ケース2	特別清算開始の命令があった場合の特例欠損金の損金算入の規定（法法59③）
	通算子法人が特別清算を行い，他の通算法人以外の者から債務免除を受けるケース

第1部　グループ通算制度のM&A・組織再編成・清算に係る税務の概要

1．前提条件

● 清算法人：通算子法人A

　以下，清算法人である通算子法人Aに係る情報を記載する。

● 適用事業年度：2024年4月1日～2025年3月31日（清算事業年度）

● 申告方法：通算申告

● 清算法人の外形標準課税：適用（清算事業年度であるため，付加価値割が発生）

● 清算手続：特別清算

● 適用事業年度に債務免除を受けた相手先と金額：

相手先	金額
通算親法人P	500
通算親法人の親会社Q	100
合計	600

● 特例欠損金の損金算入規定の適用：有（法人税法第59条第3項。特別清算で，他の通算法人以外の者から債務免除を受けたため）。

● 法人税の繰越欠損金の控除限度割合：50％

● 適用事業年度前の法人税の繰越欠損金：

発生事業年度	通算親法人P		通算子法人A（清算法人）		計	
	非特定	特定	非特定	特定	非特定	特定
2023年3月期	0	0	0	200	0	200
2024年3月期	0	0	100	0	100	0
合計	0	0	100	200	100	200

● 事業税の繰越欠損金の控除限度割合：50％

● 適用事業年度前の事業税の繰越欠損金：

発生事業年度	金額
2023年3月期	200
2024年3月期	200
合計	400

● 適用事業年度前の税務上の純資産：

別表5(1)	金額
資本金等の額	100
利益積立金額	▲700
合計	▲600

● 適用事業年度の所得金額：

206

	通算親法人Ｐ	通算子法人Ａ （清算法人）	合計
その他所得	100	100	200
貸倒損失（損金算入）	▲500	0	▲500
債務免除益（益金算入）	0	600	600
所得金額（損益通算前）	▲400	700	300
損益通算	400	▲400	0
所得金額（繰越欠損金控除前）	0	300	300
特定欠損金の当期控除額	0	▲150	▲150
非特定欠損金の当期控除額	0	0	0
所得金額（特例欠損金控除前）	0	150	150

２．法人税における特例欠損金の控除額の計算

(1) 控除可能な特例欠損金

① 前事業年度以前の事業年度から繰り越された欠損金額の合計額　700

② 控除される繰越欠損金　150

③ 控除可能な特例欠損金（①－②）　550

(2) 控除される特例欠損金

① 繰越欠損金控除後の所得金額（300－150）　150

② 債務免除益及び私財提供益の合計額　100

③ 控除可能な特例欠損金　550

④ 控除される特例欠損金（min①or②or③）　100

(3) 特例欠損金控除後の所得金額

	通算親法人Ｐ	通算子法人Ａ （清算法人）	合計
所得金額（特例欠損金控除前）	0	150	150
特例欠損金の控除額	0	▲100	▲100
所得金額（特例欠損金控除後）	0	50	50

(4) 適用事業年度後の繰越欠損金の期末残高

発生事業年度	期首残高		当期控除額		特例欠損金の控除額 100のうち，未使用 の繰越欠損金を構成 する金額		期末残高	
	非特定	特定	非特定	特定	非特定	特定	非特定	特定
2023年3月期	0	200	0	150	0	50	0	0
2024年3月期	100	0	0	0	50	0	50	0
合計	100	200	0	150	50	50	50	0

第1部　グループ通算制度のM&A・組織再編成・清算に係る税務の概要

　したがって，特例欠損金の損金算入額100の内訳は，期限内の繰越欠損金100，期限切れの欠損金等0となる。

３．事業税（所得割）における特例欠損金の控除額の計算

⑴　控除される繰越欠損金

　　①　損金算入限度額（通算前所得金額700×50％）　350

　　②　繰越欠損金の期首残高　400

　　③　控除される繰越欠損金（min①or②）　350

⑵　控除可能な特例欠損金

　　①　前事業年度以前の事業年度から繰り越された欠損金額の合計額　700

　　②　控除される繰越欠損金　350

　　③　控除可能な特例欠損金（①－②）　350

⑶　控除される特例欠損金

　　①　繰越欠損金控除後の所得金額（700－350）　350

　　②　債務免除益及び私財提供益の合計額　100

　　③　控除可能な特例欠損金　350

　　④　控除される特例欠損金（min①or②or③）　100

⑷　特例欠損金控除後の所得金額

　　①　繰越欠損金控除後の所得金額　350

　　②　控除される特例欠損金　100

　　③　特例欠損金控除後の所得金額（①－②）　250

⑸　適用年度後の繰越欠損金の期末残高

発生事業年度	期首残高	当期控除額	特例欠損金の控除額100のうち，未使用の繰越欠損金を構成する金額	期末残高
2023年3月期	200	200	0	0
2024年3月期	200	150	50	0
合計	400	350	50	0

　したがって，特例欠損金の損金算入額100の内訳は，期限内の繰越欠損金50，期限切れの欠損金等50となる。

４．事業税（付加価値割）における特例欠損金の控除額の計算

⑴　控除可能な特例欠損金

208

①　前事業年度以前の事業年度から繰り越された欠損金額の合計額　700

　　②　控除可能な特例欠損金（①）　700

(2)　控除される特例欠損金

　　①　繰越欠損金控除前の所得金額　700

　　②　債務免除益及び私財提供益の合計額　100

　　③　控除可能な特例欠損金　700

　　④　控除される特例欠損金（min①or②or③）　100

(3)　特例欠損金控除後の単年度損益

　　①　繰越欠損金控除前の所得金額　700

　　②　控除される特例欠損金　100

　　③　特例欠損金控除後の単年度損益（①－②）　600

　このように，ケース2では，特別清算で他の通算法人以外の者から債務免除を受けることから，特別清算開始の命令があった場合の特例欠損金の損金算入規定（法法59③）が適用される。その結果，特例欠損金の損金算入額が親会社Qからの債務免除益100を限度とすることになり，特例欠損金の損金算入後の所得金額がプラスとなっている。

　一方，ケース2において，（例えば，解散時に主な債権者が債権放棄することを保証することで債務超過の疑いを回避し，）通常清算を行う場合，解散した場合の特例欠損金の損金算入規定（法法59④）が適用される。この場合，繰越欠損金の損金算入後の所得金額150を限度に特例欠損金を損金算入することができる。

　また，残余財産の確定日を通算親法人事業年度終了日以外の日とし，通算法人の単体申告となる残余財産確定事業年度に債務免除を受ける場合は，通算親法人Pからの債務免除益500を含めた債務免除益600を限度に特例欠損金を損金算入することができる（結果，繰越欠損金の損金算入後の所得金額150を限度に特例欠損金を損金算入することになる）。

4　清算に係る欠損金の繰戻還付

　ここでは，災害損失欠損金額の繰戻還付制度（法法80⑤⑧⑬）は解説の対象外としている。

(1)　通常の欠損金の繰戻還付

①　制度の概要

　内国法人の青色申告書である確定申告書を提出する事業年度において生じた欠損金額がある場合には，その内国法人は，その確定申告書の提出と同時に，納税地の所轄税務署長に対し，その欠損金額に係る事業年度（欠損事業年度）開始日前1年以内に開始したいずれかの事業年度の所得に対する法人税の額に，当該いずれかの事業年度（還付所得事業年度）の所得金額の

第1部　グループ通算制度のM&A・組織再編成・清算に係る税務の概要

うちに占める欠損事業年度の欠損金額に相当する金額の割合を乗じて計算した金額に相当する法人税の還付を請求することができる（法法80①②⑨）。

[還付法人税額の計算]

$$
還付法人税の額 \ = \ \begin{array}{c} 還付所得事業年度 \\ の法人税の額 \end{array} \ \times \ \frac{欠損事業年度の欠損金額}{還付所得事業年度の所得金額}
$$

なお，下記(2)の解散等した場合の欠損金の繰戻還付が適用できる場合は，通常の欠損金の繰戻還付は適用できない（法法80①）。

② 中小法人等以外の法人の欠損金の繰戻還付の不適用

上記①の通常の欠損金の繰戻還付は，次に掲げる法人（適用対象法人）以外の法人の平成4年4月1日から令和8年3月31日までの間に終了する各事業年度において生じた欠損金額については，適用できない（措法66の12①，法法66⑤二・三・⑥）。

ただし，清算中に終了する事業年度（通算子法人の清算中に終了する事業年度のうち通算親法人の事業年度終了日に終了するものを除く）については適用対象法人以外の法人についても通常の欠損金の繰戻還付を適用することができる（措法66の12①）。

また，解散等した場合の繰戻還付の対象となる事業年度に生じた欠損金額や災害損失欠損金額については，適用対象法人以外の法人を含めて，解散等した場合の欠損金の繰戻還付又は災害損失欠損金の繰戻還付を適用することができる（措法66の12①）。

[通常の欠損金の繰戻還付の適用対象法人]

一．普通法人のうち，その事業年度終了時において資本金の額若しくは出資金の額が1億円以下であるもの，又は，資本若しくは出資を有しないもの
　　ただし，その事業年度終了時において次に掲げる法人に該当するものを除く。
　イ）大法人（資本金の額又は出資金の額が5億円以上である法人，相互会社，外国相互会社及び法人課税信託に係る受託法人）との間にその大法人による完全支配関係がある普通法人
　ロ）普通法人との間に完全支配関係があるすべての大法人が有する株式及び出資の全部をそのすべての大法人のうちいずれか一の法人が有するものとみなした場合においてそのいずれか一の法人とその普通法人との間にそのいずれか一の法人による完全支配関係があることとなるときのその普通法人
　ハ）相互会社及び外国相互会社
　ニ）投資法人
　ホ）特定目的会社
　ヘ）大通算法人
二．公益法人等又は協同組合等
三．法人税法以外の法律によって公益法人等とみなされる法人（認可地縁団体等）
四．人格のない社団等

③　通算法人の通算事業年度における通常の欠損金の繰戻還付

　通算法人の通算事業年度（通算申告）において欠損金額が生じた場合で，上記①を適用する場合の繰戻しの対象となる欠損事業年度の欠損金額（上記①の還付法人税額の計算式における分子の金額）は，各通算法人の欠損金額の合計額を，各通算法人の還付所得事業年度の所得金額の比で配分した金額とする。

　具体的には，通常の欠損金の繰戻還付の適用において，通算法人の欠損事業年度の欠損金額は，次の計算式により計算した金額とする（法法80⑦）。

[通常の欠損金の繰戻還付の対象となる通算法人の欠損事業年度の欠損金額の計算式]

$$
\begin{pmatrix} その通算法人の欠損事業年度 \\ の欠損金額（上記①の還付法 \\ 人税額の計算式における分子 \\ の金額） \end{pmatrix} = \begin{pmatrix} 各通算法人の欠損事業年度 \\ ^{(注1)}において生じた欠損金 \\ 額^{(注2,3)}の合計額 \end{pmatrix} \times \dfrac{その通算法人の前1年内所得合計額^{(注3,4)}}{各通算法人の前1年内所得合計額^{(注3,4)}の合計額}
$$

（注1）　その通算法人の欠損事業年度又は他の通算法人のその欠損事業年度終了日に終了する事業年度とする。いずれも通算親法人の事業年度終了日に終了するものに限る。つまり，通算事業年度に該当する欠損事業年度となる。

（注2）　欠損事業年度の欠損金額につき災害損失欠損金の繰戻還付を適用する場合には，この計算式の「欠損金額」からは，欠損金額のうち災害損失欠損金の繰戻還付により還付を受ける金額の計算の基礎とする金額を控除する。

（注3）　欠損金額のうちに通算対象外欠損金額がある場合には，繰戻しの対象となる欠損事業年度の欠損金額は，❶欠損事業年度の通算対象外欠損金額と，❷この計算式の「欠損金額」及び「所得金額」から通算対象外欠損金額を除いて計算した金額との合計額（❶＋❷）となる。この場合において，これらの事業年度において生じた欠損金額について災害損失欠損金の繰戻還付を適用したときは，除くべき通算対象外欠損金額からは，通算対象外欠損金額のうち災害損失欠損金の繰戻還付により還付を受ける金額の計算の基礎とする金額を控除する。つまり，通算対象外欠損金額については，これを発生させた通算法人においてのみ繰戻しの対象とすることができる。

（注4）　通算法人の前1年内所得合計額とは，各通算法人の欠損事業年度開始日前1年以内に開始した各事業年度^{(注5)}の所得金額の合計額となる。

（注5）　各事業年度は，通算承認の効力が生じた日前に終了した事業年度を除く。したがって，欠損金の繰戻還付を適用して欠損金の繰戻しによる還付を請求する場合には，通算制度の開始・加入前の事業年度の法人税の額は還付の対象とならない^{(注6)}。また，離脱法人の離脱前の事業年度の法人税の額は，離脱法人において還付の対象となる。

（注6）　ただし，（注3）のとおり，通算対象外欠損金額については，これを発生させた通算法人においてのみ繰戻しの対象とすることができるが，この通算対象外欠損金額に対しては，通算制度の開始・加入前の事業年度の法人税の額を還付の対象とすることが可能となる。

　また，各通算法人の欠損事業年度において生じた欠損金額（発生欠損金額）について，通常の欠損金の繰戻還付を適用して還付の請求をした場合には，その通算法人の発生欠損金額に係る繰越欠損金から減額する「還付を受けるべき金額の計算の基礎となった金額（還付対象欠損

第1部　グループ通算制度のM&A・組織再編成・清算に係る税務の概要

金額)」は，次の計算式により計算した金額となる（法法80⑫）。

[通算法人の還付対象欠損金額の計算式]

$$
\begin{array}{l}
\text{通算法人の還付対象欠損金} \\
\text{額（繰越欠損金の対象外と} \\
\text{なる欠損金額）}
\end{array}
=
\begin{array}{l}
\text{その通算法人の発} \\
\text{生欠損金額}^{\text{(注1)}}
\end{array}
\times
\dfrac{
\begin{array}{l}
\text{各通算法人の欠損事業年度の欠損金額（配} \\
\text{分後）のうち還付法人税額の計算で使用さ} \\
\text{れた金額の合計額}
\end{array}
}{
\text{各通算法人の発生欠損金額}^{\text{(注2)}}\text{の合計額}
}
$$

（注1）　発生欠損金額とは，通算法人の欠損事業年度において生じた欠損金額をいう。また，欠損事業年度の
　　　欠損金額につき災害損失欠損金の繰戻還付を適用する場合には，この計算式の「発生欠損金額」からは，欠
　　　損金額のうち災害損失欠損金の繰戻還付により還付を受ける金額の計算の基礎とする金額を控除する。
（注2）　[通常の欠損金の繰戻還付の対象となる通算法人の欠損事業年度の欠損金額の計算式] の「各通算法
　　　人の欠損事業年度において生じた欠損金額の合計額」と同じ金額となる。

　ただし，各通算法人の発生欠損金額のうちに通算対象外欠損金額がある場合には，繰越控除
の対象外とされる「還付を受けるべき金額の計算の基礎となった金額」（還付対象欠損金額）は，
配分後のその通算法人の欠損事業年度の欠損金額で還付法人税額の計算で使用された金額（そ
の金額が発生欠損金額を超える場合には，その超える部分の金額を控除した金額）のうちその
通算法人の通算対象外欠損金額に達するまでの金額と，上記の計算式の各計算要素から各通算
法人の通算対象外欠損金額を控除して計算した金額との合計額となる。

　また，この発生欠損金額について災害損失欠損金の繰戻還付を適用したときは，通算対象外
欠損金額からは，その通算対象外欠損金額のうち災害損失欠損金の繰戻還付により還付を受け
る金額の計算の基礎となった金額を控除する。

　なお，通算制度では繰越欠損金は特定欠損金と非特定欠損金に区別されるが，還付対象欠損
金額のうち，通算対象外欠損金額に係るものについては，特定欠損金から減額し，通算対象欠
損金額に係るものについては，非特定欠損金から減額することとなる。

⑵　解散等した場合の欠損金の繰戻還付

　内国法人につき，次に掲げる事実が生じた場合において，その事実が生じた日前1年以内に
終了したいずれかの事業年度又は同日の属する事業年度において生じた欠損金額について，法
人税法第80条第4項で定める解散等した場合の欠損金の繰戻還付の規定が適用できる。

[解散等した場合の欠損金の繰戻還付の適用事由]

●解散（適格合併による解散を除くものとし，その内国法人が通算子法人である場合には破産手

続開始の決定による解散に限る）

● 事業の全部の譲渡（その内国法人が通算法人である場合における事業の全部の譲渡を除く）

● 更生手続の開始

● 事業の全部の相当期間の休止又は重要部分の譲渡で，これらの事実が生じたことにより欠損金額につき欠損金の繰越控除の規定（法法57①）の適用を受けることが困難となると認められるもの（その内国法人が通算法人である場合を除く）

● 再生手続開始の決定

　具体的には，内国法人につき，次に掲げる事実が生じた場合において，その事実が生じた日[注1]前1年以内に終了したいずれかの事業年度又は同日の属する事業年度において生じた欠損金額[注2]があるときは，その内国法人は，その事実が生じた日以後1年以内に，所轄税務署長に対し，その欠損金額に係る事業年度（欠損事業年度）開始日前1年以内に開始したいずれかの事業年度の所得に対する法人税の額に，当該いずれかの事業年度（還付所得事業年度）の所得金額のうちに占める欠損事業年度の欠損金額に相当する金額の割合を乗じて計算した金額に相当する法人税の還付を請求することができる（法法80①④⑨⑩）[注3]。

（注1）　「その事実が生じた日」は，非適格合併による解散の場合，「合併日の前日」になるものと考えられる。これは，合併日を「その事実が生じた日」とした場合，欠損事業年度となる「同日の属する事業年度」が存在しなくなるためである。この点，清算による解散について，解散日を「その事実が生じた日」とすることとも整合性が取れる。

（注2）　繰越控除の規定，合併法人等の利用制限の規定，特例欠損金の損金算入の規定（法法57①④⑤）の適用によりないものとされたものを除く。

（注3）　ただし，この解散等した場合の欠損金の繰戻還付は，還付所得事業年度から欠損事業年度までの各事業年度について連続して青色申告書である確定申告書を提出している場合に限り適用できる。

　この場合，還付法人税の額の計算は，通常の欠損金の繰戻還付（上記(1)①参照）と同様となる。また，欠損事業年度が通算事業年度（通算申告）に該当する場合の各通算法人の欠損事業年度の欠損金額の計算及び各通算法人の還付対象欠損金額の計算は，通常の欠損金の繰戻還付（上記(1)③参照）と同様となる。

　なお，この解散等した場合の欠損金の繰戻還付が適用できる場合は，通常の欠損金の繰戻還付は適用できない（法法80①）。

(3)　単体法人が清算する場合の欠損金の繰戻還付

①　解散事業年度

　上記(2)［解散等した場合の欠損金の繰戻還付の適用事由］から，内国法人（単体法人に限る。以下，(3)で同じ）が清算により解散する場合，解散日前1年以内に終了したいずれかの事業年度又は解散事業年度（解散日の属する事業年度）において生じた欠損金額について，法人税法第80条第4項で定める解散等した場合の欠損金の繰戻還付の規定が適用できる。

具体的には，内国法人（以下，(3)で「清算法人」という）が解散した場合において，清算法人が，解散日前1年以内に終了したいずれかの事業年度又は解散日の属する事業年度において生じた欠損金額[注1]があるときは，その清算法人は，解散日以後1年以内に，所轄税務署長に対し，その欠損金額に係る事業年度（欠損事業年度）開始日前1年以内に開始したいずれかの事業年度の所得に対する法人税の額に，当該いずれかの事業年度（還付所得事業年度）の所得金額のうちに占める欠損事業年度の欠損金額に相当する金額の割合を乗じて計算した金額に相当する法人税の還付を請求することができる（法法80①④⑨⑩）[注2]。

(注1) 繰越控除の規定，合併法人等の利用制限の規定，特例欠損金の損金算入の規定（法法57①④⑤）の適用によりないものとされたものを除く。

(注2) ただし，この解散等した場合の欠損金の繰戻還付は，還付所得事業年度から欠損事業年度までの各事業年度について連続して青色申告書である確定申告書を提出している場合に限り適用できる。

なお，この解散等した場合の欠損金の繰戻還付が適用できる場合は，通常の欠損金の繰戻還付は適用できない（法法80①）。

[ケース1] 解散事業年度の前事業年度に欠損金額が生じている場合

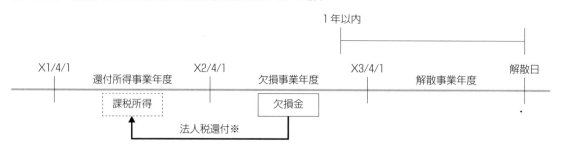

[ケース2] 解散事業年度に欠損金額が生じている場合

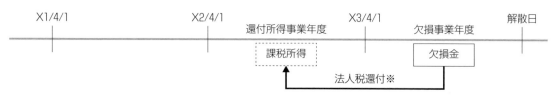

※還付法人税の額の計算方法

$$還付法人税の額 = 還付所得事業年度の法人税の額 \times \frac{欠損事業年度の欠損金額}{還付所得事業年度の所得金額}$$

② 清算事業年度及び残余財産確定事業年度

　清算中に終了する事業年度（清算事業年度及び残余財産確定事業年度）では，清算法人が中小法人等に該当しない場合であっても，法人税法第80条第１項で定める通常の欠損金の繰戻還付が適用できる。

　具体的には，清算法人の清算事業年度又は残余財産確定事業年度（青色申告書を提出する事業年度に限る。以下，(4)(5)で同じ）において生じた欠損金額がある場合には，清算法人は，確定申告書の提出と同時に，所轄税務署長に対し，その欠損金額に係る事業年度（欠損事業年度）開始日前１年以内に開始したいずれかの事業年度の法人税の額に，当該いずれかの事業年度（還付所得事業年度）の所得金額のうちに占める欠損事業年度の欠損金額に相当する金額の割合を乗じて計算した金額に相当する法人税の還付を請求することができる（法法80①⑨⑩，措法66の12①）。

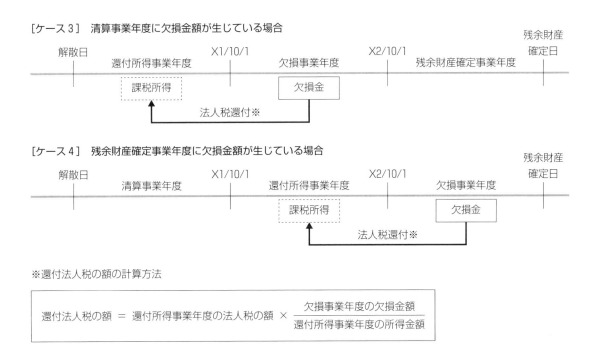

(4) 通算親法人が清算する場合の欠損金の繰戻還付

① 解散事業年度

　上記(2)［解散等した場合の欠損金の繰戻還付の適用事由］から，通算親法人が解散（適格合併による解散を除く）する場合には，上記(2)の解散等した場合の欠損金の繰戻還付を適用することができる（法法80④）。

　具体的には，上記(3)①と同様の取扱いとなるが，この場合，欠損事業年度（解散日前１年以内に終了したいずれかの事業年度又は解散事業年度（解散日の属する事業年度））が通算事業

年度（通算申告）に該当する場合，上記(2)の解散等した場合の欠損金の繰戻還付の適用に当たって，上記(1)③に従い，通算法人の繰戻しの対象となる欠損事業年度の欠損金額（上記(1)①の還付法人税額の計算式における分子の金額）は，各通算法人の欠損金額の合計額を，各通算法人の還付所得事業年度の所得金額の比で配分した金額とする（上記(1)③［通常の欠損金の繰戻還付の対象となる通算法人の欠損事業年度の欠損金額の計算式］参照。法法80⑦）。

　ただし，上記(1)③［通常の欠損金の繰戻還付の対象となる通算法人の欠損事業年度の欠損金額の計算式］において，通算親法人の欠損事業年度終了日において通算完全支配関係がある通算子法人が大通算法人であるときは，その通算子法人（その通算子法人で解散等した場合の欠損金の繰戻還付が適用できる場合で，繰戻還付の対象となる欠損金額が生じたものを除く）の分母及び分子に係る前1年内所得合計額に係る所得金額は，ないものとされる（措法66の12②）。

　つまり，通算親法人で解散等の場合の繰戻還付の対象となる事業年度に生じた欠損金額がある場合，大通算法人に該当する他の通算法人のすべてで繰戻還付の対象となる欠損金額の配分額は0となり，解散する通算親法人に繰戻還付の対象となる欠損金額が全額配分されることとなる。

　なお，この解散等した場合の欠損金の繰戻還付が適用できる場合は，通常の欠損金の繰戻還付は適用できない（法法80①）。

② **清算事業年度及び残余財産確定事業年度**

　通算親法人が解散する場合，通算親法人（以下，②において「清算法人」という）は，清算事業年度及び残余財産確定事業年度において，単体法人に該当しているため，清算法人が中小法人等に該当しない場合であっても，上記(1)①の通常の欠損金の繰戻還付が適用できる。

　具体的には，清算法人の清算事業年度又は残余財産確定事業年度において生じた欠損金額がある場合には，清算法人は，確定申告書の提出と同時に，所轄税務署長に対し，その欠損金額に係る事業年度（欠損事業年度）開始日前1年以内に開始したいずれかの事業年度の法人税の額に，当該いずれかの事業年度（還付所得事業年度）の所得金額のうちに占める欠損事業年度の欠損金額に相当する金額の割合を乗じて計算した金額に相当する法人税の還付を請求することができる（法法80①⑨⑩，措法66の12①）。

(5) 通算子法人が清算する場合の欠損金の繰戻還付

① 解散事業年度

　上記(2)［解散等した場合の欠損金の繰戻還付の適用事由］から，通算子法人が解散（破産手続開始の決定による解散を除く）する場合は，上記(2)の解散等した場合の欠損金の繰戻還付は適用できない（法法80④）。

つまり，通算子法人が中小通算法人に該当し，上記(1)の通常の欠損金の繰戻還付が適用されない限り，通算子法人で解散事業年度において生じた欠損金額について，欠損金の繰戻還付は適用されない。

② 清算事業年度及び残余財産確定事業年度

イ) 清算中に終了する事業年度が通算事業年度に該当する場合

通算子法人（中小法人等に該当しないものに限る）の清算中に終了する事業年度（清算事業年度及び残余財産確定事業年度）が通算親法人の事業年度終了日に終了するものである場合（つまり，通算申告となる場合），清算中に終了する事業年度において生じた欠損金額について，欠損金の繰戻還付は適用できない（措法66の12①）。

そのため，清算中に終了する事業年度（清算事業年度及び残余財産確定事業年度）が通算親法人の事業年度終了日に終了するものである場合は，通算子法人が中小通算法人に該当し，上記(1)の通常の欠損金の繰戻還付が適用されない限り，清算中に終了する事業年度において生じた欠損金額について，欠損金の繰戻還付は適用できない（措法66の12①）。

ロ) 残余財産確定事業年度が通算事業年度に該当しない場合

通算子法人（中小法人等に該当しないものに限る）の残余財産確定事業年度が通算親法人の事業年度終了日に終了するものでない場合（つまり，通算法人の単体申告となる場合），残余財産確定事業年度において生じた欠損金額について，上記(1)の通常の欠損金の繰戻還付を適用することができる（措法66の12①）。

ただし，残余財産確定法人である通算子法人の残余財産確定事業年度において生じた欠損金額のうち，残余財産確定法人の株主である他の通算法人の残余財産の確定日の翌日の属する事業年度の損金の額に算入される欠損金額（法法64の8）については，欠損金の繰戻還付は適用できない（法法80⑥）。

そのため，残余財産確定法人の株主である通算子法人が通算親法人事業年度の中途において離脱する場合など特定のケースを除いて，通算子法人の残余財産確定事業年度（通算事業年度に該当しないもの）において生じた欠損金額について，欠損金の繰戻還付は適用できない（法法80⑥，64の8，措法66の12①）。

(6) 地方法人税の取扱い

法人税において欠損金の繰戻還付を適用した場合，還付法人税の額に地方法人税率を乗じた金額が，還付法人税の額とともに還付されることになる（地方法法23①）。

この場合，税務署長から地方法人税の還付金額が通知されることになる（地方法令13）。

第1部　グループ通算制度のM&A・組織再編成・清算に係る税務の概要

(7)　住民税の取扱い

法人税で欠損金の繰戻還付を適用した場合，以下の住民税特有の欠損金が生じる。

①　控除対象還付法人税額（繰戻還付の対象となる欠損金額の生じた事業年度の翌事業年度以後に控除）

[控除対象還付法人税額の計算式]

> 控除対象還付法人税額　＝　単体申告の欠損金の繰戻還付を受けた法人税額

法人にその事業年度開始日前10年以内に開始した単体事業年度において生じた欠損金額について，欠損金の繰戻還付の適用により還付を受けた法人税額がある場合は，その事業年度の法人税割の課税標準となる法人税額から「控除対象還付法人税額」を控除することとなる（地法53㉓，321の8㉓）。

この場合，還付の対象となった欠損金額が生じた単体事業年度の翌事業年度（通算事業年度を含む）から控除が可能となる。

この「控除対象還付法人税額」の控除は，還付の対象となった欠損金額の生じた事業年度開始日の属する事業年度について法人の道府県民税又は市町村民税の確定申告書を提出し，かつ，その後において連続して法人の道府県民税又は市町村民税の確定申告書を提出している場合に限り，適用することができる（地法53㉕，321の8㉕）。

②　控除対象還付対象欠損調整額（還付対象欠損金額の生じた事業年度の翌事業年度以後に控除）

[控除対象還付対象欠損調整額の計算式]

> 控除対象還付対象欠損調整額　＝　還付対象欠損金額　×　法人税率（翌事業年度）

法人にその事業年度開始日前10年以内に開始した通算事業年度において生じた還付対象欠損金額がある場合は，その事業年度の法人税割の課税標準となる法人税額から「控除対象還付対象欠損調整額」を控除することとなる（地法53⑭㉖㉗，321の8⑭㉖㉗）。

ここで，還付対象欠損金額とは，その事業年度開始日前10年以内に開始した通算事業年度において生じた欠損金額のうち，法人税の繰戻還付（法法80⑫⑬）の適用対象となった金額（自社の発生欠損金額のうち通算制度の繰戻還付で解消された金額）をいい，具体的には上記(1)③[通算法人の還付対象欠損金額の計算式]に従って計算された金額をいう。

この場合，法人税で還付対象欠損金額が生じた事業年度の翌事業年度から控除対象還付対象欠損調整額の控除が可能となる。

この「控除対象還付対象欠損調整額」の控除は，還付対象欠損金額の生じた事業年度開始日

218

の属する事業年度について法人の道府県民税又は市町村民税の確定申告書を提出し，かつ，その後において連続して法人の道府県民税又は市町村民税の確定申告書を提出している場合に限り，適用することができる（地法53㉙，321の8㉙）。

⑻ 事業税の取扱い

事業税には，欠損金の繰戻還付の制度はない（地令21①）。

5 清算法人の外形標準課税の取扱い

⑴ 清算法人（単体法人）の外形標準課税の取扱い

内国法人は，事業税について，各事業年度終了日に資本金の額が１億円超の場合，所得割だけでなく，付加価値割及び資本割（外形標準課税）が課されることになる（地法72の2①②）[注1]。

（注1） 次のイ～ニの事業を行っている法人等は，それぞれ次の事業税が課されることとなる。なお，本書では，イ～ニの事業を行っている法人等は解説の対象外としている。

イ）送配電事業，導管ガス供給業，生命保険業，損害保険業，少額短期保険業及び貿易保険業（地法72の2①2号）：収入割

ロ）小売電気事業等，発電事業等又は特定卸供給事業を行う下記ハに掲げる法人以外の法人（地法72の2①3号イ）：収入割額，付加価値割額，資本割額

ハ）小売電気事業等，発電事業等又は特定卸供給事業を行う資本金の額が１億円以下の法人等（地法72の2①3号ロ）：収入割額，所得割額

ニ）特定ガス供給業を行う法人（地法72の2①4号）：収入割額，付加価値割額，資本割額

219

第 1 部　グループ通算制度のM&A・組織再編成・清算に係る税務の概要

［令和 6 年度税制改正］外形標準課税の対象法人の見直し

　令和 6 年度税制改正により、法人事業税の外形標準課税について、**現在の外形標準課税の対象法人（事業年度末日において資本金1億円超の法人）に加え、**下記 1・2 の法人が外形標準課税の対象となるとともに、下記 3 のとおり法人事業税の中間申告義務判定に関する改正が行われました。以下概要についてお知らせします。

> （凡例）「法」：　地方税法　　「令」：　地方税法施行令　　「規」：　地方税法施行規則
> 　　　　「改正法」：地方税法等の一部を改正する法律（令和 6 年法律第 4 号）

1　減資への対応（令和 7 年 4 月 1 日以後開始事業年度から適用）

　以下の要件をすべて満たす法人は、外形標準課税の対象となります。（法附則第 8 条の 3 の 3、令附則第 6 条（令和 8 年 4 月 1 日以後開始事業年度は令附則第 5 条の 7）、規附則第 2 条の 6 の 3）

> ○前事業年度が外形標準課税の対象法人
> ○事業年度末において、資本金の額又は出資金の額（以下「資本金」という。）が 1 億円以下
> ○事業年度末において、払込資本の額（資本金＋資本剰余金）が10億円超

※**経過措置**（改正法附則第 7 条第 2 項）
　施行日（令和7年4月1日）以後最初に開始する事業年度（以下「最初事業年度」という。）については、上記にかかわらず、以下の要件をすべて満たす法人は外形標準課税の対象となります。・・・**【経過措置の適用例】①、②**

> ○公布日（令和 6 年 3 月30日）を含む事業年度の前事業年度から、最初事業年度の前事業年度までのいずれかの事業年度が外形標準課税の対象法人
> ○最初事業年度末において、資本金が 1 億円以下
> ○最初事業年度末において、払込資本の額（資本金＋資本剰余金）が10億円超

　ただし、以下の要件をすべて満たす場合は、経過措置の対象外となり、外形標準課税の対象法人となりません。

・・・**【経過措置の適用例】③**

> ○公布日(令和6年 3 月30日)を含む事業年度の前事業年度が外形標準課税の対象法人
> ○公布日の前日(令和 6 年 3 月29日)の現況において資本金が 1 億円以下
> ○公布日(令和 6 年 3 月30日)以後に終了した各事業年度において外形標準課税の対象外

第3章　グループ通算制度の清算課税

2　100%子法人等への対応（令和8年4月1日以後開始事業年度から適用）

以下の要件をすべて満たす法人は、外形標準課税の対象となります。
（法第72条の2第1項第1号ロ、令第10条の2～第10条の5、規第3条の13の4）

○所得等課税法人(注1)以外の法人で、事業年度末日において資本金が1億円以下
○特定法人(注2)との間に当該特定法人による法人税法に規定する完全支配関係がある法人又は100%グループ内の複数の特定法人に発行済株式等の全部を保有されている法人
○事業年度末日において、払込資本の額（資本金＋資本剰余金）(注3)が2億円超

（親・外形対象法人）
[資本金＋資本剰余金]
50億円超

持株比率 100%

（子）資本金1億円以下、
[資本金＋資本剰余金]
2億円超

⇒ 外形対象法人

（注1）所得等課税法人…法第72条の4第1項各号に掲げる法人、第72条の5第1項各号に掲げる法人、第72条の24の7第7項各号に掲げる法人、第4項に規定する人格のない社団等、第5項に規定するみなし課税法人、投資法人、特定目的会社並びに一般社団法人（非営利型法人に該当するものを除く。）及び一般財団法人（非営利型法人に該当するものを除く。）（令和8年4月1日施行：法第72条の2第1項第1号ロ）

（注2）特定法人…払込資本の額（資本金＋資本剰余金）が50億円を超える法人（外形標準課税の対象外である法人を除く。）及び保険業法に規定する相互会社（外国相互会社を含む。）（令和8年4月1日施行：法第72条の2第1項第1号ロ(1)）

（注3）公布日(令和6年3月30日)以後に当該法人が行う一定の配当等により減少した払込資本の額を加算した額

※**負担変動軽減措置**（改正法附則第8条第2項、3項）
上記100%子法人等への対応により外形標準課税の対象となった法人に対して、次のように税負担が軽減されます。

事業年度	要件	法人事業税額からの控除額
令和8年4月1日から令和9年3月31日までの間に開始する各事業年度	「令和8年度分基準法人事業税額」(注4)が「比較法人事業税額」(注5)を超えること	当該超える金額の**3分の2**に相当する金額
令和9年4月1日から令和10年3月31日までの間に開始する各事業年度	「令和9年度分基準法人事業税額」(注6)が「比較法人事業税額」(注5)を超えること	当該超える金額の**3分の1**に相当する金額

（注4）「令和8年度分基準法人事業税額」…令和8年4月1日から令和9年3月31日までの間に開始する各事業年度分の法人事業税について申告納付すべき法人事業税額

（注5）「比較法人事業税額」…当該法人を外形標準課税の対象外である法人とみなした場合に申告納付すべき法人事業税額

（注6）「令和9年度分基準法人事業税額」…令和9年4月1日から令和10年3月31日までの間に開始する各事業年度分の法人事業税について申告納付すべき法人事業税額

※**特例措置**（令和8年4月1日施行：法附則第8条の3の4、令附則第6条）
産業競争力強化法の改正の日(未定)から令和9年3月31日までの間に特別事業再編計画に基づいて行われるM&Aにより100%子会社となった法人等については、上記にかかわらず、5年間、外形標準課税の対象外となります。

［出典］「外形標準課税の対象法人の見直し及び中間申告義務判定に関する改正について（東京都主税局ホームページ。令和6年5月）」（一部抜粋）

このように，付加価値割及び資本割を「外形標準課税」といい，資本金の額が1億円超の外形標準課税が課される法人を「外形標準課税法人」という。

単体法人が清算する場合の外形標準課税の取扱いは以下のとおりとなる。

① 解散事業年度

内国法人が清算する場合，解散していない法人と同様に，解散事業年度（解散日の属する事業年度）終了日に資本金の額が1億円以下の法人であるかどうか（従来の判定），前事業年度

第1部　グループ通算制度のM&A・組織再編成・清算に係る税務の概要

が外形標準課税の対象法人であるかどうか及び払込資本の額（資本金＋資本剰余金）が10億円を超える法人であるかどうか（減資への対応），特定法人との間に特定法人による完全支配関係がある法人又は100％グループ内の複数の特定法人に発行済株式等の全部を保有されている法人であるかどうか及び払込資本の額（資本金＋資本剰余金）が2億円を超える法人であるかどうか（100％子法人等への対応）の判定を行い，外形標準課税法人に該当する場合に，その解散事業年度において所得割，付加価値割，資本割が課されることになる（地法72の2①②，地方税法附則8の3の3）。

　また，100％子法人等への対応について，解散事業年度終了日に清算法人との間に完全支配関係がある他の法人がその解散事業年度において特定法人に該当するものであるかどうかの判定は，同日以前に最後に終了した当該他の法人の事業年度終了日（当該日がない場合には，当該他の法人の設立日）の現況によるものとする（地法72の2②）。

②　清算事業年度

　清算法人が清算事業年度（その清算中に終了する事業年度をいい，残余財産確定事業年度を除く）において外形標準課税法人に該当することになるかどうかは，解散日に資本金の額が1億円以下の法人であるかどうか（従来の判定），前事業年度が外形標準課税の対象法人であるかどうか及び払込資本の額（資本金＋資本剰余金）が10億円を超える法人であるかどうか（減資への対応），特定法人との間に特定法人による完全支配関係がある法人又は100％グループ内の複数の特定法人に発行済株式等の全部を保有されている法人であるかどうか及び払込資本の額（資本金＋資本剰余金）が2億円を超える法人であるかどうか（100％子法人等への対応）の判定を行い，外形標準課税法人に該当することになる場合，その清算事業年度において所得割，付加価値割のみ課されることになる（地法72の2①②，72の21①，72の29①，地方税法附則8の3の3）。また，100％子法人等への対応について，解散日に清算法人との間に完全支配関係がある他の法人がその清算事業年度において特定法人に該当するものであるかどうかの判定は，解散日以前に最後に終了した当該他の法人の事業年度終了日（当該日がない場合には，当該他の法人の設立日）の現況によるものとする（地法72の2②）。

　つまり，清算事業年度においては，外形標準課税法人に該当するかどうかは解散日に判定を行い，外形標準課税法人に該当する場合であっても資本割は課されない。

　なお，所得割，付加価値割の課税標準及び税額は解散をしていない法人と同様の計算方法となり，所得割，付加価値割の税率も，解散をしていない法人と同様の税率（各事業年度に対応する外形標準課税法人の税率）が適用される（地法72の29①，72の12，72の14～72の20，72の23～72の24，72の24の5，72の24の6，72の24の7①⑤）。

③ 残余財産確定事業年度

　清算法人が残余財産確定事業年度（残余財産の確定日の属する事業年度）において外形標準課税法人に該当することになるかどうかは，解散日に資本金の額が1億円以下の法人であるかどうか（従来の判定），前事業年度が外形標準課税の対象法人であるかどうか及び払込資本の額（資本金＋資本剰余金）が10億円を超える法人であるかどうか（減資への対応），特定法人との間に特定法人による完全支配関係がある法人又は100％グループ内の複数の特定法人に発行済株式等の全部を保有されている法人であるかどうか及び払込資本の額（資本金＋資本剰余金）が2億円を超える法人であるかどうか（100％子法人等への対応）の判定を行い，外形標準課税法人に該当することになる場合，その残余財産確定事業年度において所得割のみ課されることになる（地法72の2①②，72の29③，地方税法附則8の3の3）。また，100％子法人等への対応について，解散日に清算法人との間に完全支配関係がある他の法人がその残余財産確定事業年度において特定法人に該当するものであるかどうかの判定は，解散日以前に最後に終了した当該他の法人の事業年度終了日（当該日がない場合には，当該他の法人の設立日）の現況によるものとする（地法72の2②）。

　つまり，残余財産確定事業年度においては，外形標準課税法人に該当するかどうかは解散日に判定を行い，外形標準課税法人に該当する場合であっても付加価値割及び資本割は課されない。

　なお，所得割の課税標準及び税額は解散をしていない法人と同様の計算方法となり，所得割の税率も，解散をしていない法人と同様の税率（各事業年度に対応する外形標準課税法人の税率）が適用される（地法72の29③，72の12，72の23，72の24，72の24の6，72の24の7①⑤）。

[図表] 清算法人(単体法人)の外形標準課税の取扱い

[ケース1] 解散後1年以内に残余財産が確定する場合

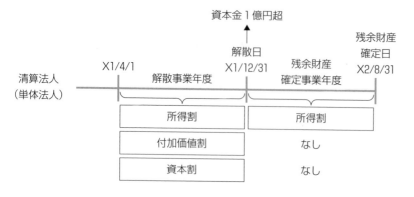

[ケース2] 解散後1年を超えて残余財産が確定する場合

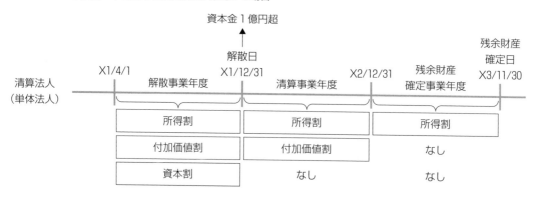

(2) 清算法人(通算子法人)の外形標準課税の取扱い

　内国法人は,事業税について,各事業年度終了日に資本金の額が1億円超の場合,所得割だけでなく,付加価値割及び資本割(外形標準課税)が課されることになる(地法72の2①②)(注1)。
(注1)　上記(1)の(注1)と同じ。

[令和6年度税制改正] 外形標準課税の対象法人の見直し

上記(1)と同じ。

　通算親法人が清算する場合,単体法人と同様に,解散日でみなし事業年度が設定されるため,外形標準課税について,単体法人と同じ取扱いとなる。
　通算子法人が清算する場合,単体法人と異なり,解散日でみなし事業年度が設定されないため,外形標準課税の課税期間を単体法人と一致させるため,次のような取扱いとなる。

第3章　グループ通算制度の清算課税

[外形標準課税の取扱い（単体vs通算）]

事業税の種類	単体法人	通算法人
所得割	解散日以後も残余財産の確定日まで継続して所得割が課される。	解散日以後も残余財産の確定日まで継続して所得割が課される。
資本割	資本割は解散日の翌日以後は課されない。つまり，解散事業年度終了日（解散日）まで課される。	資本割は解散日の翌日以後は課されない。そのため，清算事業年度又は残余財産確定事業年度の中途において解散日が設定される場合でも，解散日の翌日以後の期間は資本割は課されない。
付加価値割	付加価値割は，解散日の翌日以後も課されるが，残余財産確定事業年度には課されない。	付加価値割は，解散日の翌日以後も課されるが，残余財産確定事業年度には課されない。そのため，清算事業年度の中途において解散日が設定される場合，その清算事業年度では1年間に対して付加価値割が課されるが，残余財産確定事業年度では付加価値割は課されない。一方，残余財産確定事業年度の中途において解散日が設定される場合，その残余財産確定事業年度では，解散日の翌日以後の期間は付加価値割は課されない。

通算法人が清算する場合の外形標準課税の取扱いは以下のとおりとなる。

① **通算子法人が通算親法人事業年度終了日に解散する場合**

ⅰ　**解散事業年度**

通算子法人の解散日が通算親法人事業年度終了日と同日となる場合，解散していない法人と同様に，解散事業年度（解散日の属する事業年度）終了日に資本金の額が1億円以下の法人であるかどうか（従来の判定），前事業年度が外形標準課税の対象法人であるかどうか及び払込資本の額（資本金＋資本剰余金）が10億円を超える法人であるかどうか（減資への対応），特定法人との間に特定法人による完全支配関係がある法人又は100％グループ内の複数の特定法人に発行済株式等の全部を保有されている法人であるかどうか及び払込資本の額（資本金＋資本剰余金）が2億円を超える法人であるかどうか（100％子法人等への対応）の判定を行い，外形標準課税法人に該当する場合に，その解散事業年度の期間を通して，所得割，付加価値割，資本割が課されることになる（地法72の2①②，地方税法附則8の3の3）。また，100％子法人等への対応について，解散事業年度終了日に清算法人との間に完全支配関係がある他の法人がその解散事業年度において特定法人に該当するものであるかどうかの判定は，同日以前に最後に終了した当該他の法人の事業年度終了日（当該日がない場合には，当該他の法人の設立日）の現況によるものとする（地法72の2②）。

225

第1部　グループ通算制度のM&A・組織再編成・清算に係る税務の概要

ii　清算事業年度

　通算子法人が清算事業年度（その清算中に終了する事業年度をいい、残余財産確定事業年度を除く）において外形標準課税法人に該当することになるかどうかは、解散日に資本金の額が1億円以下の法人であるかどうか（従来の判定）、前事業年度が外形標準課税の対象法人であるかどうか及び払込資本の額（資本金＋資本剰余金）が10億円を超える法人であるかどうか（減資への対応）、特定法人との間に特定法人による完全支配関係がある法人又は100％グループ内の複数の特定法人に発行済株式等の全部を保有されている法人であるかどうか及び払込資本の額（資本金＋資本剰余金）が2億円を超える法人であるかどうか（100％子法人等への対応）の判定を行い、外形標準課税法人に該当することになる場合、その清算事業年度の期間を通して、所得割、付加価値割のみ課されることになる（地法72の2①②、72の21①、72の29①、地方税法附則8の3の3）。また、100％子法人等への対応について、解散日に清算法人との間に完全支配関係がある他の法人が清算事業年度において特定法人に該当するものであるかどうかの判定は、解散日以前に最後に終了した当該他の法人の事業年度終了日（当該日がない場合には、当該他の法人の設立日）の現況によるものとする（地法72の2②）。

　つまり、清算事業年度においては、外形標準課税法人に該当するかどうかは解散日に判定を行い、外形標準課税法人に該当する場合であっても資本割は課されない。

　なお、所得割、付加価値割の課税標準及び税額は解散をしていない法人と同様の計算方法となり、所得割、付加価値割の税率も、解散をしていない法人と同様の税率（各事業年度に対応する外形標準課税法人の税率）が適用される（地法72の29①、72の12、72の14〜72の20、72の23〜72の24、72の24の5、72の24の6、72の24の7①⑤）。

iii　残余財産確定事業年度

　通算子法人が残余財産確定事業年度（残余財産の確定日の属する事業年度）において外形標準課税法人に該当することになるかどうかは、解散日に資本金の額が1億円以下の法人であるかどうか（従来の判定）、前事業年度が外形標準課税の対象法人であるかどうか及び払込資本の額（資本金＋資本剰余金）が10億円を超える法人であるかどうか（減資への対応）、特定法人との間に特定法人による完全支配関係がある法人又は100％グループ内の複数の特定法人に発行済株式等の全部を保有されている法人であるかどうか及び払込資本の額（資本金＋資本剰余金）が2億円を超える法人であるかどうか（100％子法人等への対応）の判定を行い、外形標準課税法人に該当することになる場合、その残余財産確定事業年度の期間を通して、所得割のみ課されることになる（地法72の2①②、72の29③⑤、地方税法附則8の3の3）。また、100％子法人等への対応について、解散日に清算法人との間に完全支配関係がある他の法人がその残余財産確定事業年度において特定法人に該当するものであるかどうかの判定は、解散日以前に最後に終了した当該他の法人の事業年度終了日（当該日がない場合には、当該他の法人

226

の設立日）の現況によるものとする（地法72の2②）。

つまり，残余財産確定事業年度においては，外形標準課税法人に該当するかどうかは解散日に判定を行い，外形標準課税法人に該当する場合であっても付加価値割及び資本割は課されない。

なお，所得割の課税標準及び税額は解散をしていない法人と同様の計算方法となり，所得割の税率も，解散をしていない法人と同様の税率（各事業年度に対応する外形標準課税法人の税率）が適用される（地法72の29③⑤，72の12，72の23，72の24，72の24の6，72の24の7①⑤）。

[図表] 通算子法人が通算親法人事業年度終了日に解散する場合の外形標準課税の課税期間
[ケース1-1] 解散後1年以内に残余財産が確定する場合
（残余財産の確定日が通算親法人事業年度終了日でない場合）

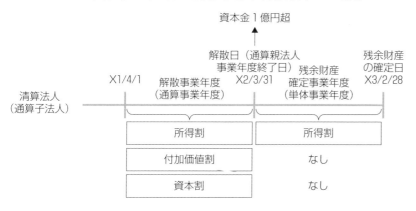

[ケース1-2] 解散後1年以内に残余財産が確定する場合
（残余財産の確定日が通算親法人事業年度終了日となる場合）

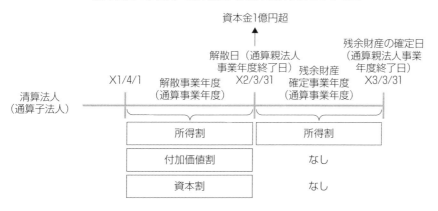

[ケース2-1] 解散後1年を超えて残余財産が確定する場合
（残余財産の確定日が通算親法人事業年度終了日でない場合）

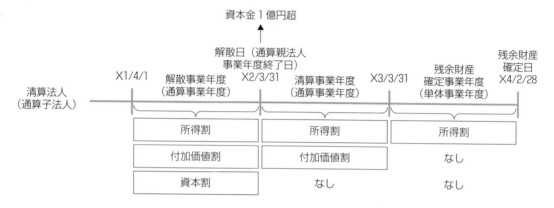

[ケース2-2] 解散後1年を超えて残余財産が確定する場合
（残余財産の確定日が通算親法人事業年度終了日となる場合）

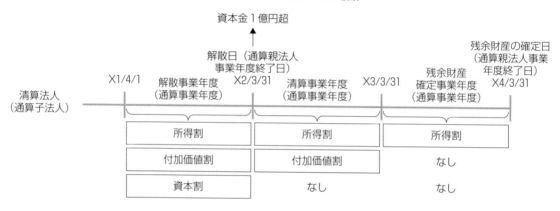

② 通算子法人が通算親法人事業年度の中途に解散し，清算事業年度の翌事業年度に残余財産が確定する場合

i 清算事業年度

通算子法人が通算親法人事業年度の中途に解散し，清算事業年度の翌事業年度に残余財産が確定する場合，解散日に資本金の額が1億円以下の法人であるかどうか（従来の判定），前事業年度が外形標準課税の対象法人であるかどうか及び払込資本の額（資本金＋資本剰余金）が10億円を超える法人であるかどうか（減資への対応），特定法人との間に特定法人による完全支配関係がある法人又は100％グループ内の複数の特定法人に発行済株式等の全部を保有されている法人であるかどうか及び払込資本の額（資本金＋資本剰余金）が2億円を超える法人であるかどうか（100％子法人等への対応）の判定を行い，外形標準課税法人に該当する場合に，所得割，付加価値割はその清算事業年度の期間を通して，資本割はその清算事業年度開始日から解散日までの期間に対して課されることになる（地法72の2①②，72の21①④，72の29①，72の30①，地方税法附則8の3の3）。また，100％子法人等への対応について，解散事業年度

終了日に清算法人との間に完全支配関係がある他の法人がその解散事業年度において特定法人に該当するものであるかどうかの判定は，同日以前に最後に終了した当該他の法人の事業年度終了日（当該日がない場合には，当該他の法人の設立日）の現況によるものとする（地法72の2②）。

資本割の課税標準は，資本金等の額（無償減資等の必要な調整を加えた後の金額）にその清算事業年度開始日から解散日までの期間の月数を乗じて得た額を12で除して計算した金額とする（地法72の21①④）。

この場合，課税標準の最低金額となる資本金及び資本準備金の合計額についても，同様の月数計算が行われる（地法72の21②④）。

また，資本金等の額が1,000億円を超える大規模法人についても，適用対象金額となる1,000億円について同様の月数計算が行われるとともに，率を乗じる資本金等の額（1兆円を含む）についても，同様の月数計算が行われる（地法72の21⑦⑨）。

いずれの場合も，月数計算の分子となる月数は，暦に従い計算し，1月に満たないときは1月とし，1月に満たない端数を生じたときは切り捨てる（地法72の21④⑨）。

なお，所得割，付加価値割の課税標準及び税額は解散をしていない法人と同様の計算方法となり，所得割，付加価値割の税率も，解散をしていない法人と同様の税率（各事業年度に対応する外形標準課税法人の税率）が適用される（地法72の29①，72の30①，72の12，72の14〜72の22，72の23〜72の24，72の24の5，72の24の6，72の24の7①⑤）。

ⅱ 残余財産確定事業年度

通算子法人が通算親法人事業年度の中途に解散し，清算事業年度の翌事業年度に残余財産が確定する場合，解散日に資本金の額が1億円以下の法人であるかどうか（従来の判定），前事業年度が外形標準課税の対象法人であるかどうか及び払込資本の額（資本金＋資本剰余金）が10億円を超える法人であるかどうか（減資への対応），特定法人との間に特定法人による完全支配関係がある法人又は100％グループ内の複数の特定法人に発行済株式等の全部を保有されている法人であるかどうか及び払込資本の額（資本金＋資本剰余金）が2億円を超える法人であるかどうか（100％子法人等への対応）の判定を行い，外形標準課税法人に該当する場合に，その残余財産確定事業年度の期間を通して，所得割のみ課されることになる（地法72の2①②，72の29③⑤，地方税法附則8の3の3）。また，100％子法人等への対応について，解散日に清算法人との間に完全支配関係がある他の法人がその残余財産確定事業年度において特定法人に該当するものであるかどうかの判定は，解散日以前に最後に終了した当該他の法人の事業年度終了日（当該日がない場合には，当該他の法人の設立日）の現況によるものとする（地法72の2②）。

つまり，残余財産確定事業年度においては，外形標準課税法人に該当するかどうかは解散日

に判定を行い、外形標準課税法人に該当する場合であっても付加価値割及び資本割は課されない。

なお、所得割の課税標準及び税額は解散をしていない法人と同様の計算方法となり、所得割の税率も、解散をしていない法人と同様の税率（各事業年度に対応する外形標準課税法人の税率）が適用される（地法72の29③⑤、72の30①、72の12、72の23、72の24、72の24の6、72の24の7①～⑤）。

[図表] 通算子法人が通算親法人事業年度の中途に解散し、清算事業年度の翌事業年度に残余財産が確定する場合の外形標準課税の課税期間

[ケース3-1] 残余財産の確定日が通算親法人事業年度終了日でない場合

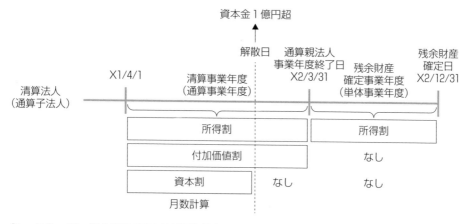

[ケース3-2] 残余財産の確定日が通算親法人事業年度終了日となる場合

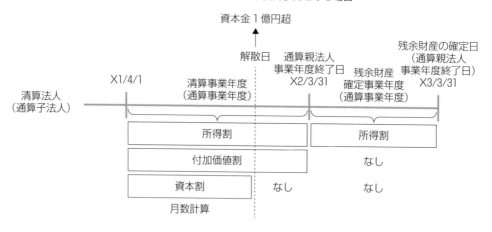

③ **通算子法人が通算親法人事業年度の中途に解散し、同一事業年度中に残余財産が確定した場合**

通算子法人が通算親法人事業年度の中途に解散し、同一事業年度中に残余財産が確定する場合、解散日に資本金の額が1億円以下の法人であるかどうか（従来の判定）、前事業年度が外形標準課税の対象法人であるかどうか及び払込資本の額（資本金＋資本剰余金）が10億円を超

える法人であるかどうか（減資への対応），特定法人との間に特定法人による完全支配関係が
ある法人又は100％グループ内の複数の特定法人に発行済株式等の全部を保有されている法人
であるかどうか及び払込資本の額（資本金＋資本剰余金）が2億円を超える法人であるかどう
か（100％子法人等への対応）の判定を行い，外形標準課税法人に該当する場合に，所得割は
その残余財産確定事業年度の期間を通して課されることになるが，付加価値割，資本割は，そ
の残余財産確定事業年度開始日から解散日までの期間に対して課されることになる（地法72の
2①②，72の21①④，72の29③⑤，72の30①，地方税法附則8の3の3）。[注1]また，100％子
法人等への対応について，解散日に清算法人との間に完全支配関係がある他の法人がその残余
財産確定事業年度において特定法人に該当するものであるかどうかの判定は，解散日以前に最
後に終了した当該他の法人の事業年度終了日（当該日がない場合には，当該他の法人の設立日）
の現況によるものとする（地法72の2②）。

(注1)　地方税法第72条の30「通算子法人が事業年度の中途において解散をした場合等の申告の特例」による
　　同法第72条の29の読み替えについて，通算子法人が，通算親法人事業年度の途中に解散し，同一事業年度中
　　に残余財産が確定した場合について，地方税法第72条の30第1項で読み替えられた地方税法第70条の29第3
　　項では，『清算中の法人は，その清算中に残余財産の確定の日の属する事業年度（当該法人が通算法人であ
　　る場合には，当該法人に係る通算親法人の事業年度終了の日に終了するものを除く。）が終了した場合には，
　　当該事業年度の解散の日以後の期間に対応する部分の所得を解散をしていない法人の所得とみなして，』と，
　　同法第72条の30第1項で読み替えられた同法第70条の29第5項では，『清算中の法人（通算法人に限る。）は，
　　その清算中に残余財産の確定の日の属する事業年度（当該法人に係る通算親法人の事業年度終了の日に終了
　　するものに限る。）が終了した場合には，当該事業年度の解散の日以後の期間に対応する部分の所得を解散
　　をしていない法人の所得とみなして，』（下線読み替え箇所）と記載されている。地方税法第20条の5第1項
　　では地方税法の期間について，民法第140条の定めにより期間の初日は算入しないと定めていることから，
　　読み替え後の「解散の日以後の期間」とは，「解散日の翌日以後の期間」と同義であると考えられるが，こ
　　の読み替え箇所から，解散日の翌日以後の期間について，所得割のみが課され（所得金額のみが計算され），
　　付加価値割及び資本割は課さない（付加価値額及び資本金等の額は計算されない），つまり，付加価値割及
　　び資本割は，「解散日までの期間」は課され，「解散日の翌日以後の期間」は課されないことがわかる。

　この場合，資本割の課税標準は，上記(2)②ⅰで解説した月数計算によって計算される（地法
72の21①②④⑦⑨）。

　また，付加価値割額は，地方税法第72の14において「各事業年度の報酬給与額，純支払利子
及び純支払賃借料の合計額と各事業年度の単年度損益との合計額による」とされているが，報
酬給与額，純支払利子，純支払賃借料は，地方税法第72の15〜17において「各事業年度の法人
税の所得の計算上損金に算入されるもの」と定められ，単年度損益については，地方税法第72
の18において「各事業年度の益金の額から損金の額を控除した金額によるものとし，法人税の
課税標準である所得の計算の例によって算定する」と定めらていることから，その残余財産確
定事業年度開始日から解散日までの期間の付加価値額についても，解散日を事業年度終了日と
みなした仮決算により，法人税の課税標準である所得の計算を行い，単年度損益，報酬給与額，

純支払利子，純支払賃借料を計算する必要がある（地法72の14，72の18①②）。

この場合，特例欠損金についても，解散日までの期間の単年度損益の計算において，上記3(5)②で解説した計算方法に従い控除されることになる。

ただし，この場合でも，申告書の提出と納税は，残余財産確定事業年度に係る申告において所得割と併せて行うことになる。

なお，所得割の課税標準及び税額は解散をしていない法人と同様の計算方法となり，所得割の税率も，解散をしていない法人と同様の税率（各事業年度に対応する外形標準課税法人の税率）が適用される（地法72の29③⑤，72の30①，72の12，72の23，72の24，72の24の6，72の24の7①⑤）。

[図表] 通算子法人が通算親法人事業年度の中途に解散し，同一事業年度中に残余財産が確定した場合の外形標準課税の課税期間

[ケース4−1] 残余財産の確定日が通算親法人事業年度終了日でない場合

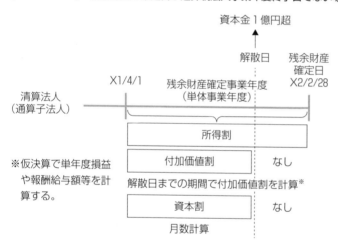

[ケース4−2] 残余財産の確定日が通算親法人事業年度終了日でない場合

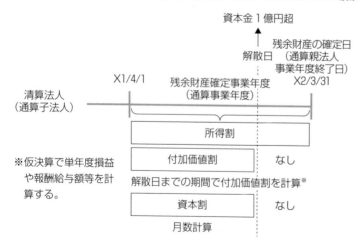

6 清算法人の申告期限

清算法人の法人税又は事業税の申告期限は以下のとおりとなる（法法74①②，75の2①③④⑪，地方法法19①②④，地法72の25①③⑤，72の28①，72の29①②③⑤⑥，72の30①，地令24の3⑥，24の4②，24の4の3①③）。

[清算法人の法人税又は事業税の申告期限]

	解散事業年度及び清算事業年度	残余財産確定事業年度
単体法人	事業年度終了日の翌日から2か月以内（申告期限の延長の承認を受けている場合は3か月以内）	残余財産が確定した日の翌日から1か月以内（当該翌日から1か月以内に残余財産の最後の分配又は引渡しが行われる場合には，その行われる日の前日まで）
通算親法人	事業年度終了日の翌日から2か月以内（申告期限の延長の承認を受けている場合は4か月以内）	残余財産が確定した日の翌日から1か月以内（当該翌日から1か月以内に残余財産の最後の分配又は引渡しが行われる場合には，その行われる日の前日まで）
通算子法人	事業年度終了日の翌日から2か月以内（申告期限の延長の承認を受けている場合は4か月以内）	イ）残余財産の確定日が通算親法人の事業年度終了日以外の日である場合 →事業年度終了日の翌日から1か月以内（その翌日から1か月以内に残余財産の最後の分配又は引渡しが行われる場合には，その行われる日の前日まで）
		ロ）残余財産の確定日が通算親法人の事業年度終了日である場合 →事業年度終了日の翌日から2か月以内（申告期限の延長の承認を受けている場合は4か月以内）

また，清算法人は，清算中に終了する事業年度（清算事業年度及び残余財産確定事業年度）について納付すべき事業税額がない場合であっても，申告書を提出する必要がある（地法72の29⑦）。

7 その他

(1) 清算法人の資産の処分

内国法人が清算する場合，解散事業年度，清算事業年度，残余財産確定事業年度において，その所有する資産を処分し，負債を返済することになるが，その資産の処分損益は，解散していない法人と同様に計算され，その事業年度の課税所得を構成することになる。

第1部　グループ通算制度のM&A・組織再編成・清算に係る税務の概要

　清算法人の資産の処分のうち，留意すべき事項は次のとおりとなる。

① 通算子法人株式の投資簿価修正

　清算法人となる通算子法人が，解散事業年度，清算事業年度，残余財産確定事業年度において，他の通算子法人株式を通算グループ外の者に売却する場合，当該他の通算子法人は離脱することとなり，通算終了事由が生じるため，その離脱日の前日に当該他の通算子法人株式の投資簿価修正を行い，その清算法人となる通算子法人は，投資簿価修正後の帳簿価額により当該他の通算子法人株式の譲渡損益を計算する（法法61の2①，法令9六，119の3⑤⑥⑦，119の4①）。

　一方，清算法人となる通算子法人が，他の通算子法人株式を通算グループ内の他の通算法人に売却する場合は，当該他の通算子法人は離脱せずに，通算終了事由が生じないため，その株式の売却に伴い投資簿価修正は行われない（また，②のとおり株式譲渡損益は社外流出になり，実現しない）。

　また，清算法人となる通算親法人が解散事業年度に，通算子法人株式を売却する場合も，清算法人となる通算子法人が他の通算子法人株式を売却する場合と同じ取扱いとなる。

　一方，通算親法人の解散事業年度終了日にすべての通算子法人株式について投資簿価修正が行われるため，通算親法人が清算事業年度又は残余財産確定事業年度に，通算子法人株式を売却する場合は，売却先が100％グループ内又は100％グループ外のいずれであっても，投資簿価修正後の帳簿価額によりその通算子法人株式の譲渡損益を計算する。

② 通算グループ内の通算子法人株式の譲渡

　清算法人となる通算法人が他の通算子法人株式を他の通算法人に譲渡した場合は，当該他の通算子法人株式の譲渡損益の計上は行われない（法法61の11⑧）。

　具体的な取扱いは，第1章第11節で解説している。

③ 譲渡損益調整資産の譲渡損益の繰延べ制度

　内国法人が譲渡損益調整資産を完全支配関係がある他の内国法人に譲渡した場合，その内国法人で計上される譲渡損益調整資産に係る譲渡利益額又は譲渡損失額は，譲渡をした事業年度において繰り延べられる（法法61の11①）。これを譲渡損益の繰延べ制度という。

　譲渡損益の繰延べは，会計又は税務調整で計上された譲渡損益について，譲渡利益額を損金に算入し，譲渡損失額を益金に算入することで行うこととなる。

　なお，資産を譲渡する内国法人を「譲渡法人」，資産を譲り受ける他の内国法人を「譲受法人」という（法法61の11①②）。

234

第3章　グループ通算制度の清算課税

　譲渡損益の繰延べの対象となる資産である「譲渡損益調整資産」は下記の資産のうち，譲渡直前の税務上の帳簿価額が1,000万円以上のものをいう（法法61の11①，法令122の12①三）。

- 固定資産
- 土地（土地の上に存する権利を含み，固定資産に該当するものを除く）
- 有価証券
- 金銭債権
- 繰延資産

　また，次の資産も譲渡損益調整資産から除外される（法令122の12①一・二）。

- 売買目的有価証券
- 譲受法人において売買目的有価証券とされる有価証券

　また，通算法人間で他の通算子法人株式の譲渡がある場合，譲渡法人では，当該他の通算子法人株式の譲渡損益の計上は行われない（法法61の11⑧）。この「通算グループ内の通算子法人株式の譲渡損益の計上制限」については，第1章第11節で解説している。

　譲渡法人において繰り延べた譲渡損益（繰延譲渡損益）は，譲渡後，譲受法人において，その資産の譲渡，償却，評価換え，貸倒れ，除却等の事由が生じた場合，当該事由が生じた日の属する譲受法人の事業年度終了日の属する譲渡法人の事業年度において益金又は損金に算入され実現する（法法61の11②④，法令122の12④⑥⑪）。

　したがって，過去に清算法人が完全支配関係のある他の内国法人から譲渡損益調整資産の譲渡を受けた場合（清算法人が譲受法人に該当する場合）について，清算法人が資産の処分を行った場合，その事由が生じた日の属する譲受法人の事業年度終了日の属する譲渡法人の事業年度において，その繰り延べた譲渡損益が実現する。

　また，譲渡法人と譲受法人との間に完全支配関係がなくなった場合，譲渡法人において，完全支配関係がなくなった日の前日の属する事業年度に繰り延べた譲渡損益を益金又は損金に算入する（法法61の11③）。

　そして，譲渡法人又は譲受法人の残余財産が確定した場合も，譲渡法人と譲受法人との間の完全支配関係がなくなったものとして，譲渡法人において繰り延べた譲渡損益を益金又は損金に算入する。

　この場合，完全支配関係がなくなった日は，残余財産が確定した日の翌日となる（平成22年版改正税法のすべて（一般社団法人大蔵財務協会）199頁）。

　したがって，清算法人が，解散事業年度，清算事業年度，残余財産確定事業年度において，譲渡損益調整資産を完全支配関係がある他の内国法人に譲渡し，その譲渡損益が繰り延べられる場合であっても，最終的には残余財産確定事業年度において，その繰り延べた譲渡損益が実

235

第1部 グループ通算制度のM&A・組織再編成・清算に係る税務の概要

現することになる。

　以上は，清算法人が単体法人でも通算法人でも同じ取扱いとなる。

(2) 残余財産確定事業年度に係る事業税の損金算入

　事業税（特別法人事業税を含む）は，申告納税方式による租税であるため，納税申告書が提出された日の属する事業年度に損金の額に算入される（法基通9-5-1）。

　また，当該事業年度の直前の事業年度分の事業税の額について，当該事業年度終了日までにその全部又は一部につき申告，更正又は決定がされていない場合であっても，当該事業年度の損金の額に算入することができる（法基通9-5-2）。

　このように，各事業年度に係る事業税は，当該各事業年度の翌事業年度に損金算入されることになるが，内国法人の残余財産が確定する場合，残余財産確定事業年度には翌事業年度が存在しない。

　そのため，残余財産確定法人は，単体法人であっても，通算法人であっても，残余財産確定事業年度に係る事業税の額を当該事業年度に損金の額に算入することになる（法法62の5⑤）。

　ただし，事業税に係る所得金額については，この取扱いは適用されない（地法72の23②）。

(3) 残余財産の分配が現物分配である場合

　内国法人の残余財産の分配が現物分配である場合で，その現物分配が非適格現物分配に該当する場合，現物分配資産は，残余財産の確定の時の時価により譲渡をしたものとされ，その譲渡損益が残余財産の確定日の属する事業年度の所得の金額の計算上，益金の額又は損金の額に算入される（法法62の5①②）。

　また，内国法人の残余財産の分配が現物分配である場合で，その現物分配が適格現物分配に該当する場合，現物分配資産は，その適格現物分配の直前の帳簿価額（その適格現物分配が残余財産の全部の分配である場合には，その残余財産の確定の時の帳簿価額）により譲渡したものとされる（法法62の5③）。

　この点，清算法人が，単体法人でも，通算法人でも同じ取扱いとなる。

　なお，通算法人が現物分配を受ける場合，清算法人が通算子法人である場合は適格現物分配に該当し，清算法人が非通算法人である場合は非適格現物分配に該当する。

第3節　清算法人の株主の税務

[清算法人の株主の税務]

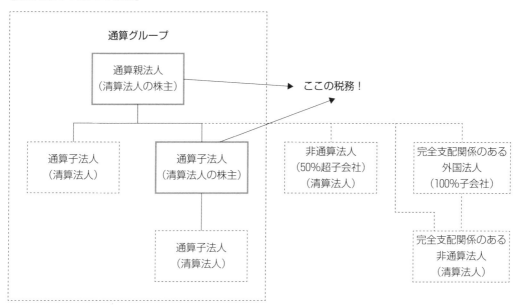

1　清算法人の株主の税務（清算法人が非通算法人である場合）

(1)　株式消滅処理（みなし配当と株式譲渡損益）

　完全支配関係のない非通算法人が残余財産の分配(※)をした場合（残余財産の分配を受けないことが確定した場合を含む），当該非通算法人株式を有する通算法人において当該非通算法人株式の消滅処理を行うこととなるが，残余財産の分配額が資本金等の額を上回る場合，みなし配当が生じる（法法24①，法令23①四）。

（※）　この(1)では，解散により残余財産の全部の分配を行う場合を前提としている。また，残余財産の分配は金銭の交付で行われることを前提としている。

　このみなし配当は，前回の配当等の基準日の翌日（当該翌日が6か月前の日以前の日である場合，6か月前の日の翌日，設立後最初の配当である場合は，6か月前の日の翌日又は設立日）から効力発生日（残余財産の分配の日又は残余財産の分配を受けないことが確定した日）の前日まで引き続き，完全支配関係グループ全体で1/3超の株式を保有している法人からの配当等に該当する場合，関連法人株式等に係る配当等に該当し，負債利子控除額を控除して益金不算入となる（法法23①④，法令22①②）。

　関連法人株式等に係る配当等に該当しない場合，その他の株式等に係る配当等に該当し，50％相当額が益金不算入となる（法法23①，法令22①②）。

　また，清算法人が非通算法人（清算法人の株主との間に完全支配関係がない法人に限る）で

第1部　グループ通算制度のM&A・組織再編成・清算に係る税務の概要

ある場合，残余財産確定法人と残余財産確定法人の株主との間に完全支配関係がないため，残余財産確定法人の株主である通算法人において，株式譲渡損益（株式消滅損益）が発生する（法法61の2①）。

なお，残余財産確定法人の株式の消滅処理をするタイミングは，残余財産の分配の日又は残余財産の分配を受けないことが確定した日となる（法法61の2①，法規27の3①十七）。

みなし配当の額と株式譲渡損益の計算方法は以下のとおりとなる（法法24①，61の2①，法令23①四）。

①　みなし配当

みなし配当の額[注1, 2]　＝　残余財産の分配額　−　持分対応資本金等の額[注3]

②　株式譲渡損益（株式消滅損益）

株式譲渡損益（マイナスの場合，譲渡損）　＝　$\left(\begin{array}{c} \text{残余財産の} \\ \text{分配額} \end{array} − \text{みなし配当} \right)$　−　株式譲渡原価

（注1）　マイナスの場合はみなし配当は0となる。

（注2）　みなし配当に対する源泉所得税については，関連法人株式等（内国法人が他の内国法人の発行済株式等の総数の3分の1を超える数の株式等を配当等の額に係る基準日等において有している場合の当該他の内国法人の株式等。受取配当金の益金不算入に係る関連法人株式等と定義が異なる点に注意する）に係るみなし配当に該当する場合は，源泉徴収は不要となる（所法24①，25①四，174①二，177②，212③，所令301②）。一方，関連法人株式等に該当しない場合は，みなし配当に対する源泉徴収が生じる（所法24①，25①四，174①二，177①②，181①，182，212③，213②，所令301①②，措法9の3の2①②，東日本大震災からの復興のための施策を実施するために必要な財源の確保に関する特別措置法28①②）。この場合，法人税の所得税額控除における控除額の計算上，所有期間按分をしない（法令140の2①）。

（注3）　持分対応資本金等の額の計算方法は以下のとおりとなる。

持分対応資本金等の額[注4]　＝　$\dfrac{\text{清算法人の分配直前の}}{\text{資本金等の額}}$　×　$\dfrac{\text{その株主が所有する株式の数}}{\text{清算法人の発行済株式等の総数}}$

（注4）　分配直前の資本金等の額が0以下である場合，持分対応資本金等の額を0とする。

［図表］みなし配当と株式譲渡損益の計算例
金銭等を交付する残余財産の分配があるケース（清算法人が完全支配関係のない非通算法人である場合）

● 1株当たりの資本金等の額　＞　譲渡したとみなされる株式の1株当たり帳簿価額のケース

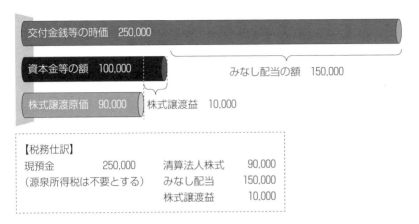

● 1株当たりの資本金等の額　＜　譲渡したとみなされる株式の1株当たり帳簿価額のケース

　また，残余財産の分配がない場合，みなし配当は生じず，株式譲渡損益のみが発生する（法法24①，61の2①）。

　例えば，債務超過のため残余財産の分配がない場合で，清算法人株式の税務上の帳簿価額を190,000とすると税務仕訳は以下のようになる。

借方	金額	貸方	金額
株式譲渡損	190,000	清算法人株式	190,000

(2)　繰越欠損金の引継ぎ

　清算法人が非通算法人（清算法人の株主との間に完全支配関係がない法人に限る）である場

第1部　グループ通算制度のM&A・組織再編成・清算に係る税務の概要

合，残余財産確定法人の株主と残余財産確定法人との間に完全支配関係がないため，残余財産
確定法人の法人税の繰越欠損金，住民税特有の欠損金，事業税の繰越欠損金の引継ぎは行われ
ない（法法57②，地法53⑤⑦⑮㉑㉔㉘，321の8⑤⑦⑮㉑㉔㉘，令2改地法附5④⑤⑥，13④
⑤⑥，令2改地令附則3㉓㉙㉟，5㉓㉙㉟，72の23①②）。

(3)　残余財産の分配が現物分配である場合

①　現物分配資産の取得価額

　通算法人が残余財産の分配として現物分配(※1)を受ける場合，清算法人が非通算法人である
場合は非適格現物分配に該当するため(※2)，被現物分配法人である通算法人では，残余財産の
確定の時の時価により現物分配資産を受け入れることになる（法法62の5①②）。

（※1）　この(3)では，解散により残余財産の全部の分配を行う場合を前提としている。また，残余財産の分配
　　　となる現物分配が，株式分配に該当しないものとする。

（※2）　清算法人が非通算法人である場合，その清算法人を現物分配法人とする現物分配は，「内国法人を現
　　　物分配法人とする現物分配のうち，その現物分配により資産の移転を受ける者がその現物分配の直前におい
　　　てその内国法人との間に完全支配関係がある内国法人（普通法人又は協同組合等に限る）のみであるもの」
　　　に該当しないため，非適格現物分配に該当する。

②　株式消滅処理（みなし配当と株式譲渡損益）

　みなし配当及び株式譲渡損益について，現物分配資産の残余財産の確定の時の時価を残余財
産の分配額として計算する（法法24①，61の2①，法令23①四）。

　この場合，残余財産確定法人の株主である通算法人における税務仕訳は以下のとおりとなる。

[残余財産の分配が非適格現物分配のケース（清算法人が完全支配関係のない非通算法人である場合）]

借方	金額の根拠	貸方	金額の根拠
現物分配資産	時価	みなし配当(注1，2)	別途計算(注3)
		清算法人株式	税務上の帳簿価額
		株式譲渡損益	別途計算(注4)

（注1）　受取配当金の益金不算入の取扱いが適用される（法法23①④，24①，法令22①②，23①四。上記(1)参
　　　照）。

（注2）　非適格現物分配の場合，みなし配当に対する源泉所得税については，関連法人株式等（内国法人が他
　　　の内国法人の発行済株式等の総数の3分の1を超える数の株式等を配当等の額に係る基準日等において有し
　　　ている場合の当該他の内国法人の株式等。受取配当金の益金不算入に係る関連法人株式等と定義が異なる点
　　　に注意する）に係るみなし配当に該当する場合は，源泉徴収は不要となる（所法24①，25①四，174①二，
　　　177②，212③，所令301②）。一方，関連法人株式等に該当しない場合は，みなし配当に対する源泉徴収が生
　　　じる（所法24①，25①四，174①二，177①②，181①，182，212③，213②，所令301①②，措法9の3の2
　　　①②，東日本大震災からの復興のための施策を実施するために必要な財源の確保に関する特別措置法28①
　　　②）。この場合，法人税の所得税額控除における控除額の計算上，所有期間按分をしない（法令140の2①）。

240

（注3）　みなし配当の額＝現物分配資産の時価－持分対応資本金等の額。計算方法は上記(1)参照。

（注4）　株式譲渡益＝（現物分配資産の時価－みなし配当の額）－株式譲渡原価。計算方法は上記(1)参照。

③　適格現物分配に係る規制

通算法人が現物分配を受ける場合，清算法人が非通算法人である場合は非適格現物分配に該当するため，被現物分配法人である通算法人では，繰越欠損金（法人税の繰越欠損金，住民税特有の欠損金，事業税の繰越欠損金）の利用制限及び特定資産譲渡等損失額の損金算入制限は課されない（法法57④，62の7①，地法72の23①②）。

2　清算法人の株主の税務（清算法人が完全支配関係のある非通算法人である場合）

(1)　株式消滅処理（みなし配当と資本金等の額）

完全支配関係のある非通算法人が残余財産の分配(※)をした場合（残余財産の分配を受けないことが確定した場合を含む），その非通算法人株式を有する通算法人においてその非通算法人株式の消滅処理を行うこととなるが，残余財産の分配額が資本金等の額を上回る場合，みなし配当が生じる（法法24①，法令23①四）。

（※）　この(1)では，解散により残余財産の全部の分配を行う場合を前提としている。また，残余財産の分配は金銭の交付で行われることを前提としている。

このみなし配当は，効力発生日（残余財産の分配の日又は残余財産の分配を受けないことが確定した日）の前日に完全支配関係がある法人からの配当に該当するため，完全子法人株式等に係る配当に該当し，全額益金不算入となる（法法23①，法令22の2①）。

また，清算法人が非通算法人（清算法人の株主との間に完全支配関係がある法人に限る）である場合，残余財産確定法人と残余財産確定法人の株主との間に完全支配関係があるため，残余財産確定法人の株主である通算法人において，株式譲渡損に相当する金額については，資本金等の額から減額（株式譲渡益に相当する金額については，資本金等の額が増額）される（法法61の2①⑰，法令8①二十二）。

なお，残余財産確定法人の株式の消滅処理をするタイミングは，残余財産の分配の日又は残余財産の分配を受けないことが確定した日となる（法法61の2①，法規27の3①十七）。

みなし配当の額と資本金等の額の増減額（株式譲渡損益相当額）は，完全支配関係がない法人が清算し，残余財産が分配される場合と同様の計算方法となる（法法24①，61の2①⑰，法令8①二十二，23①四）。

第1部　グループ通算制度のM&A・組織再編成・清算に係る税務の概要

① みなし配当

> みなし配当の額[注1,2] ＝ 残余財産の分配額 － 持分対応資本金等の額[注3]

② 資本金等の額の増減額（株式譲渡損益相当額）

$$資本金等の額^{[注4]} = \left[\begin{array}{c}残余財産の\\分配額\end{array} - みなし配当\right] - 株式譲渡原価$$

（注1）　マイナスの場合はみなし配当は0となる。

（注2）　みなし配当に対する源泉所得税については，完全子法人株式等に係るみなし配当に該当するため，源泉徴収は不要となる（所法24①，25①四，174①二，177①，212③，所令301①）。

（注3）　持分対応資本金等の額の計算方法は以下のとおりとなる。

$$持分対応資本金等の額^{[注5]} = \begin{array}{c}清算法人の分配直前の\\資本金等の額\end{array} \times \frac{その株主が所有する株式の数}{清算法人の発行済株式等の総数}$$

（注4）　マイナスの場合（株式譲渡損相当額）は，資本金等の額から減額される。プラスの場合（株式譲渡益相当額）は，資本金等の額が増額される。

（注5）　分配直前の資本金等の額が0以下である場合，持分対応資本金等の額を0とする。

　また，残余財産の分配がない場合は，みなし配当は生じず，資本金等の額の減額のみが行われる（法法61の2①⑰，法令8①二十二）。

　例えば，債務超過のため残余財産の分配がない場合で，清算法人株式の税務上の帳簿価額を190,000とすると税務仕訳は以下のようになる。

借方	金額	貸方	金額
資本金等の額	190,000	清算法人株式	190,000

[図表] みなし配当と資本金等の額の計算例

金銭等を交付する残余財産の分配があるケース（清算法人が完全支配関係のある非通算法人である場合）

● 1株当たりの資本金等の額 ＞ 譲渡したとみなされる株式の1株当たり帳簿価額のケース

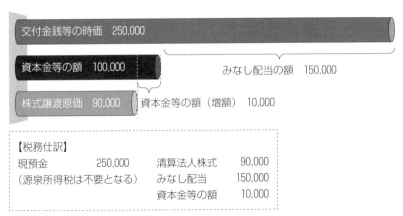

● 1株当たりの資本金等の額 ＜ 譲渡したとみなされる株式の1株当たり帳簿価額のケース

(2) 繰越欠損金の引継ぎ

① 法人税の繰越欠損金

i 残余財産確定法人の繰越欠損金の引継ぎ

完全支配関係のある非通算法人の残余財産が確定した場合，原則として，残余財産確定法人の株主は，残余財産確定法人の繰越欠損金を引き継ぐことができる。

通算親法人との間に完全支配関係のある非通算法人の残余財産が確定した場合，残余財産確定法人の残余財産の確定日の翌日前10年以内に開始した各事業年度（前10年内事業年度）に生じた繰越欠損金を，残余財産確定法人の株主である通算法人において，前10年内事業年度開始日の属する残余財産確定法人の株主である通算法人の各事業年度（残余財産確定法人の株主である通算法人の残余財産の確定日の翌日の属する事業年度開始日以後に開始した残余財産確定

法人の前10年内事業年度において生じた繰越欠損金については，その残余財産の確定日の翌日の属する事業年度の前事業年度）において生じた繰越欠損金とみなして，残余財産確定法人の株主である通算法人の残余財産の確定日の翌日の属する事業年度以後の各事業年度において繰越控除することとなる（法法57②）。

また，上記の「10年」については，2018年（平成30年）4月1日前に開始した事業年度において生じた繰越欠損金については「9年」とする（平27改所法等附27①）。

なお，残余財産確定法人の株主の設立が間もないため，残余財産確定法人の株主において残余財産確定法人の繰越欠損金が帰属する事業年度がない場合，残余財産確定法人の繰越欠損金の生じた事業年度（残余財産確定法人の株主の設立日の前日の属する期間にあっては，残余財産確定法人の当該前日の属する事業年度開始日から当該前日までの期間）を残余財産確定法人の株主の事業年度とみなして，残余財産確定法人の繰越欠損金の帰属事業年度が決定される（法令112②）。

ただし，支配関係5年継続要件を満たさない場合，残余財産確定法人の繰越欠損金の全部又は一部に引継制限が生じる（下記ⅲ参照）。

ⅱ　引継対象となる残余財産確定法人の範囲

清算法人が完全支配関係のある非通算法人である場合について，残余財産確定法人の株主として通算法人が繰越欠損金を引き継ぐことが可能となる残余財産確定法人は，次の①②③のすべてに該当する内国法人となる（法法57②）。

| ① 通算親法人との間に完全支配関係がある内国法人であること |
| ② 通算親法人又は通算子法人が発行済株式の全部又は一部を有する内国法人であること |
| ③ 通算親法人との間に通算完全支配関係がない内国法人であること |

上記①について，「通算親法人との間の完全支配関係」とは，「通算親法人による完全支配関係」（ケース1に該当）又は「一の者との間に当事者間の完全支配関係がある通算親法人と他の内国法人の相互の関係（法人税法第2条第12号の7の6に規定する相互の関係）」（ケース2に該当）をいう。

<ケース1>
通算法人において残余財産が確定する他の内国法人からの繰越欠損金の引継ぎがある場合の100％の親子関係（清算法人が完全支配関係のある非通算法人である場合）

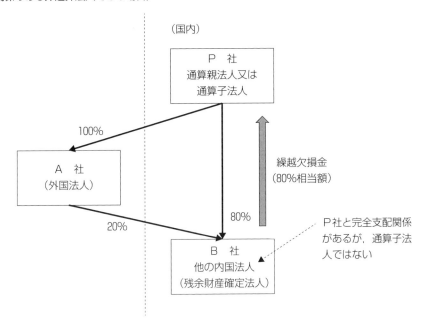

<ケース2>
通算法人において残余財産が確定する他の内国法人からの繰越欠損金の引継ぎがある場合の100％の相互の関係（清算法人が完全支配関係のある非通算法人である場合）

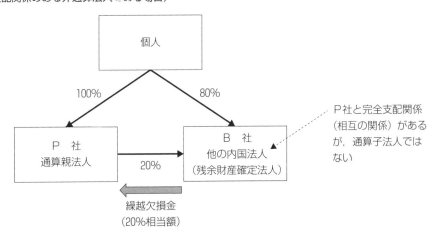

iii 残余財産確定法人の繰越欠損金の引継制限

　残余財産確定法人の株主及び残余財産確定法人との間で，「支配関係5年継続要件」を満たさない場合は，残余財産確定法人の繰越欠損金のうち次に掲げるものに引継制限が生じる（法法57②③，法令112④⑤）。

第1部　グループ通算制度のM&A・組織再編成・清算に係る税務の概要

［引継制限が生じる繰越欠損金の範囲］

引継制限額1	残余財産確定法人の支配関係事業年度前に生じた繰越欠損金
引継制限額2	残余財産確定法人の支配関係事業年度以後の特定資産譲渡等損失相当額

iv　支配関係5年継続要件

　支配関係5年継続要件を満たす場合とは，残余財産確定法人と残余財産確定法人の株主との間に5年前の日，残余財産確定法人の設立日，残余財産確定法人の株主の設立日のうち，最も遅い日から継続して支配関係がある場合をいう。

　具体的には，次に掲げる場合のいずれかに該当する場合とする（法法57③，法令112④）。

①	【5年前の日からの支配関係継続要件】 残余財産確定法人と残余財産確定法人の株主との間に残余財産確定法人の株主の残余財産の確定日の翌日の属する事業年度開始日の5年前の日（5年前の日）から継続して支配関係がある場合
②	【設立日からの支配関係継続要件】 残余財産確定法人又は残余財産確定法人の株主が5年前の日後に設立された法人である場合※であって，残余財産確定法人と残余財産確定法人の株主との間に残余財産確定法人の設立日又は残余財産確定法人の株主の設立日のいずれか遅い日から継続して支配関係がある場合

※　次のi，ii，iiiの場合を除く（以下，「新設法人の除外規定」という）。
　i　その残余財産確定法人の株主との間に支配関係がある他の内国法人を被合併法人とする適格合併で，次のいずれかのものが行われていた場合（その残余財産確定法人の株主が当該他の内国法人との間に最後に支配関係を有することとなった日（bにおいて「関係日」という）が5年前の日以前である場合を除く）
　　a　その残余財産確定法人を設立するもの
　　b　関係日以後に設立されたその残余財産確定法人を合併法人とするもの
　ii　その残余財産確定法人の株主が他の内国法人との間に最後に支配関係を有することとなった日以後に設立されたその残余財産確定法人との間に繰越欠損金の引継ぎが可能となる完全支配関係がある当該他の内国法人（その残余財産確定法人の株主との間に支配関係があるものに限る）でその残余財産確定法人が発行済株式又は出資の全部又は一部を有するものの残余財産が確定していた場合（同日が当該5年前の日以前である場合を除く）
　iii　その残余財産確定法人との間に支配関係がある他の法人を被合併法人，分割法人，現物出資法人，現物分配法人とする適格組織再編成等で，次のいずれかのものが行われていた場合（その残余財産確定法人が当該他の法人との間に最後に支配関係を有することとなった日（bにおいて「関係日」という）が5年前の日以前である場合を除く）
　　a　その残余財産確定法人の株主を設立するもの
　　b　関係日以後に設立されたその残余財産確定法人の株主を合併法人，分割承継法人，被現物出資法人，被現物分配法人とするもの
　　なお，適格組織再編成等とは，適格合併，非適格合併で譲渡損益調整資産の譲渡損益の繰延べ規定（法法61の11①）の適用があるもの，適格分割，適格現物出資又は適格現物分配をいう。

v　引継制限が生じる繰越欠損金の範囲

　完全支配関係のある非通算法人の残余財産が確定した場合，原則として，残余財産確定法人の株主は，残余財産確定法人の繰越欠損金を引き継ぐことができる（法法57②）。

246

ただし，残余財産確定法人の株主及び残余財産確定法人との間で，「支配関係5年継続要件」を満たさない場合は，残余財産確定法人の繰越欠損金のうち次に掲げるものに引継制限が生じる（法法57②③，法令112④⑤）。

　なお，ここでいう「残余財産確定法人の繰越欠損金」とは，残余財産確定法人の残余財産の確定日の翌日前10年以内に開始した各事業年度（前10年内事業年度）において生じた繰越欠損金[※]をいう（法法57②③）。

（※）　残余財産確定法人が欠損金額（被合併法人又は残余財産確定法人から引き継いだものを含み，組織再編成や通算制度の開始・加入に伴い切り捨てられたもの，特例欠損金として損金算入されたもの，通算法人の青色申告の承認を取り消されたことにより切り捨てられたもの，白色申告書を提出した事業年度において生じた欠損金額でないものとされたものを除く）の生じた前10年内事業年度について確定申告書を提出し，かつ，その後において連続して確定申告書を提出している要件を満たしている場合における欠損金額に限るものとする（法法57②④⑤⑥⑧⑨，58①，法令112①）。

　また，前10年内事業年度の所得の金額の計算上損金の額に算入されたもの及び繰戻還付の対象となったものを除く（法法57①，80）。

| 引継制限額1 | 残余財産確定法人の支配関係事業年度前に生じた繰越欠損金 |
| 引継制限額2 | 残余財産確定法人の支配関係事業年度以後の特定資産譲渡等損失相当額 |

　具体的には，繰越欠損金の引継制限額は以下のとおりとなる（法法57③，法令112⑤）。

　ここで，支配関係事業年度とは，残余財産確定法人の支配関係発生日の属する事業年度をいう。

　また，支配関係発生日とは，残余財産確定法人が残余財産確定法人の株主との間に最後に支配関係を有することとなった日（残余財産の確定日の直前まで継続して支配関係がある場合のその支配関係を有することとなった日）をいう（法法53③，法基通12-1-5）。

[引継制限額1] 支配関係事業年度前に生じた繰越欠損金

> 残余財産確定法人の支配関係事業年度前の各事業年度で前10年内事業年度に該当する事業年度において生じた欠損金額[※1]をいう。

（※1）　前10年内事業年度の所得の金額の計算上損金の額に算入されたもの及び繰戻還付の対象となったものを除く。

[引継制限額2] 支配関係事業年度以後の特定資産譲渡等損失相当額

> 残余財産確定法人の支配関係事業年度以後の各事業年度で前10年内事業年度に該当する事業年度（対象事業年度）[※1]ごとに次の㈠から㈡を控除した金額とする。

第1部　グループ通算制度のM&A・組織再編成・清算に係る税務の概要

(一)	対象事業年度に生じた欠損金額^(※2)のうち，対象事業年度を特定資産譲渡等損失額の損金不算入の規定（法法62の7①）が適用される事業年度として，残余財産確定法人が支配関係発生日の属する事業年度開始日前から有していた資産^(※3，4)を特定資産として計算される特定資産譲渡等損失額^(※5)となる金額に達するまでの金額^(※6)
(二)	対象事業年度に生じた欠損金額のうち，残余財産確定法人において前10年内事業年度の所得の金額の計算上損金の額に算入された金額等^(※7)

(※1)　対象事業年度は，次に掲げる適用期間内の日の属する事業年度を除く。
　●組織再編税制に係る特定資産譲渡等損失額の損金不算入の規定（法法62の7①）の適用を受ける場合の損金不算入となる適用期間
　●欠損等法人の特定資産の譲渡等損失額の損金不算入の規定（法法60の3①）の適用を受ける場合の損金不算入となる適用期間
　●通算制度の開始・加入に係る特定資産譲渡等損失額の損金不算入の規定（法法64の14①）の適用を受ける場合の損金不算入となる適用期間
(※2)　被合併法人又は残余財産確定法人から引き継いだもの，組織再編成や通算制度の開始・加入に伴い切り捨てられたもの，特例欠損金として損金算入されたもの，通算法人の青色申告の承認を取り消されたことにより切り捨てられたものを含むものとし，法人税法第58条の規定の適用がある欠損金額（白色申告書を提出した事業年度において生じた欠損金額の全額），繰戻還付の適用を受けた災害損失欠損金額を除く（法法57②④⑤⑥⑧⑨，58①，80①⑤）。
(※3)　次に掲げる資産に該当するものを除く（法令123の8②一～五）。
　ⅰ　棚卸資産（土地及び土地の上に存する権利（土地等）を除く）
　ⅱ　短期売買商品等（法法61③）
　ⅲ　売買目的有価証券（法法61の3①一）
　ⅳ　支配関係発生日の属する事業年度開始日における税務上の帳簿価額又は取得価額が1,000万円に満たない資産
　ⅴ　支配関係発生日の属する事業年度開始日における時価が同日における帳簿価額を下回っていない資産（残余財産の確定日の翌日の属する事業年度の確定申告書等に時価及び帳簿価額に関する明細書の添付があり，かつ，時価の根拠資料を保存している場合に限る）
(※4)　特定支配関係法人（その残余財産確定法人及びその残余財産確定法人の株主との間に支配関係がある法人。（※6）に同じ）との間で，残余財産確定前2年以内期間（その残余財産の確定日以前2年以内の期間。支配関係発生日以後の期間に限る。（※6）に同じ）内に行われた「みなし共同事業要件を満たさない適格合併・適格分割等（特定適格組織再編成等）」により，その残余財産確定法人が引き継いだ資産のうち，その特定支配関係法人（被合併法人・分割法人等）が支配関係発生日の属する事業年度開始日前から有していた資産は，その残余財産確定法人が支配関係発生日の属する事業年度開始日前から有していたものとみなして，特定資産譲渡等損失相当額を計算する（法令112⑥）。
　　また，特定支配関係法人と他の特定支配関係法人との間で特定適格組織再編成等を繰り返すことによって，最終的にその残余財産確定法人が引き継いだ資産についても同様の取扱いとなる。
　　ただし，残余財産確定前2年以内期間内に行われたみなし共同事業要件を満たす適格組織再編成等により移転があった資産，残余財産確定前2年以内期間内に行われた非適格合併により移転があった資産で譲渡損益の繰延べの対象となる譲渡損益調整資産以外の資産，支配関係発生日の属する事業年度開始日における税務上の帳簿価額又は取得価額が1,000万円に満たない資産，支配関係発生日の属する事業年度開始日における時価が同日における帳簿価額を下回っていない資産（その残余財産の確定日の翌日の属する事業年度の確定申告書等に時価及び帳簿価額に関する明細書の添付があり，かつ，時価の根拠資料を保存している場合に限る）は除かれる（法令112⑥，法規26の2①②）。
　　ここで，適格組織再編成等とは，適格合併，非適格合併で譲渡損益調整資産の譲渡損益の繰延べ規定（法

248

法61の11①）の適用があるもの，適格分割，適格現物出資，適格現物分配をいい，特定適格組織再編成等とは，適格合併，非適格合併で譲渡損益調整資産の譲渡損益の繰延べ規定（法法61の11①）の適用があるもの，適格分割，適格現物出資，適格現物分配でみなし共同事業要件を満たさないものをいう（法法57④，62の7①）。

（※5）　特定資産譲渡等損失額とは，特定資産の譲渡，評価換え，貸倒れ，除却その他の事由による損失の額の合計額から特定資産の譲渡，評価換えその他の事由による利益の額の合計額を控除した金額をいう（法法62の7②）。

（※6）　関連法人（特定支配関係法人）との間で，残余財産確定前2年以内期間内に行われた「みなし共同事業要件を満たさない適格合併（残余財産確定前2年以内適格合併）又は残余財産の確定（残余財産確定前2年以内残余財産確定）」により，その残余財産確定法人が引き継いだ繰越欠損金のうち，関連法人が支配関係発生日（その残余財産確定法人及びその残余財産確定法人の株主と関連法人との間に最後に支配関係があることとなった日）の属する事業年度開始日前から有していた資産（同日を特定適格組織再編成等の日とみなした場合に組織再編税制に係る特定資産譲渡等損失額の損金不算入の規定の対象外となる資産を除く。また，（※4）を準用した「みなし特定資産」を含む）を特定資産と仮定して，その関連法人において，関連法人対象事業年度（関連法人の支配関係発生日の属する事業年度以後の事業年度で残余財産確定前2年以内適格合併の日前10年以内に開始し，又は残余財産確定前2年以内残余財産確定の日の翌日前10年以内に開始した各事業年度。ただし，上記（※1）に掲げる適用期間内の日の属する事業年度を除く）ごとに特定資産譲渡等損失相当額に相当する金額（上記㈠に相当する金額から㈡に相当する金額を控除した金額。「特定資産譲渡等損失相当欠損金額」という）がある場合は，特定資産譲渡等損失相当欠損金額をその残余財産確定法人の特定資産譲渡等損失相当額（上記㈠の金額）に加算する（法令112⑥⑦⑧，法規26の2②）。なお，関連法人と他の関連法人との間で残余財産確定前2年以内適格合併又は残余財産確定前2年以内残余財産確定を繰り返すことによって，最終的にその残余財産確定法人が引き継いだ繰越欠損金についても同様の取扱いとなる。

（※7）　残余財産確定法人において前10年内事業年度の所得の金額の計算上損金の額に算入されたもの，繰戻還付の対象となったもの，組織再編成や通算制度の開始・加入に伴い切り捨てられたもの，特例欠損金として損金算入されたもの，通算法人の青色申告の承認を取り消されたことにより切り捨てられたものをいう（法法57①④⑤⑥⑧⑨，80）。

vi　含み損益の特例計算（繰越欠損金の引継制限の免除又は緩和）

残余財産確定法人の繰越欠損金の引継制限について，その残余財産確定法人の支配関係事業年度の前事業年度末において含み損益がある場合，繰越欠損金の引継制限が免除又は緩和される特例がある（法令113①）。

この特例は，その残余財産確定法人の株主の残余財産確定事業年度（残余財産の確定日の翌日の属する事業年度）の確定申告書等に明細書の添付があり，かつ，時価純資産価額の算定の根拠書類を保存している場合に限り適用される（法令113②，法規26の2の4①）。

[含み損益の特例計算（繰越欠損金の引継制限の免除又は緩和）]

含み損益の状況	引継制限額
時価純資産超過額^(注1)≧支配関係前未処理欠損金額^(注2)の合計額又は時価純資産超過額がある場合で支配関係前未処理欠損金額がないとき	引継制限額は生じない。

249

時価純資産超過額＜支配関係前未処理欠損金額の合計額	支配関係事業年度前の繰越欠損金のうち，支配関係前未処理欠損金額の合計額から時価純資産超過額を控除した額（制限対象金額）[注3]で構成される金額[注4]に引継制限が生じる。 この場合，支配関係事業年度以後の特定資産譲渡等損失相当額に引継制限は生じない。
簿価純資産超過額[注5]＜支配関係事業年度以後の特定資産譲渡等損失相当額の当初発生額[注6]の合計額	次の①と②の合計額に引継制限が生じる。 ①　支配関係事業年度前の繰越欠損金 ②　支配関係事業年度以後の特定資産譲渡等損失相当額のうち，簿価純資産超過額で構成される金額[注7]

(注1)　「時価純資産超過額」とは，支配関係事業年度の前事業年度末の時価純資産価額が簿価純資産価額以上である場合における時価純資産価額から簿価純資産価額を減算した金額をいう。つまり，資産全体の含み益相当額をいう（0円を含む）。ここで，時価純資産価額とは，その有する資産の時価の合計額からその有する負債（新株予約権及び株式引受権に係る義務を含む）の時価の合計額を減算した金額をいい，簿価純資産価額とは，その有する資産の帳簿価額の合計額からその有する負債（新株予約権及び株式引受権に係る義務を含む）の帳簿価額の合計額を減算した金額をいう。なお，時価純資産価額は，自己創設の営業権を含めて計算する（『平成29年度版　改正税法のすべて（一般財団法人大蔵財務協会）』333頁）。

(注2)　「支配関係前未処理欠損金額」とは，支配関係事業年度開始日前10年以内に開始した各事業年度において生じた繰越欠損金の支配関係事業年度の前事業年度末の残高[※1]をいう。つまり，切捨て直前の繰越欠損金の残高ではなく，グループ化直前の繰越欠損金の残高とグループ化直前の含み損益の金額を比較して，この特例の適用の有無を判断する。

　(※1)　具体的には，支配関係事業年度開始日前10年以内に開始した各事業年度において生じた欠損金額（支配関係事業年度開始の時までに被合併法人又は残余財産確定法人から引き継いだものを含み，支配関係事業年度前の各事業年度の所得の金額の計算上損金の額に算入されたもの，法人税法第58条の規定の適用がある欠損金額（白色申告書を提出した事業年度において生じた欠損金額の全額），繰戻還付の適用を受けたもの，支配関係事業年度開始の時までに組織再編成や通算制度の開始・加入に伴い切り捨てられたもの，特例欠損金として損金算入されたもの，通算法人の青色申告の承認を取り消されたことにより切り捨てられたものを除く（法法57①②④⑤⑥⑧⑨，58，80））をいう。

(注3)　「制限対象金額」は，支配関係前未処理欠損金額のうち，最も古いものから順次成るものとする。

(注4)　「支配関係事業年度前の繰越欠損金のうち，制限対象金額で構成される金額」とは，発生事業年度ごとに，制限対象金額から，支配関係事業年度からその残余財産の確定日の属する事業年度までの各事業年度の損金算入額の合計額[※2]を控除した金額をいう。

　➡つまり，グループ化前の繰越欠損金のうち時価純資産超過額を超える分は切り捨てられるが，切捨て直前までに繰越控除された額は，優先的に切捨て対象から使用したものとして，切捨額から除外している。

　(※2)　支配関係事業年度からその残余財産確定法人の残余財産の確定日の属する事業年度までの各事業年度において組織再編成や通算制度の開始・加入に伴い切り捨てられたもの，特例欠損金として損金算入されたもの，通算法人の青色申告の承認を取り消されたことにより切り捨てられたものを含む。

(注5)　「簿価純資産超過額」とは，支配関係事業年度の前事業年度未の簿価純資産価額が時価純資産価額を超過する金額をいう。つまり，資産全体の含み損相当額をいう。

(注6)　「支配関係事業年度以後の特定資産譲渡等損失相当額の当初発生額」とは，支配関係事業年度以後の特定資産譲渡等損失相当額に係る㈠に掲げる金額をいう。

(注7)　「支配関係事業年度以後の特定資産譲渡等損失相当額のうち，簿価純資産超過額で構成される金額」とは，支配関係事業年度以後の特定資産譲渡等損失相当額の当初発生額のうち最も古いものから順次，簿価純資産超過額によって構成されるものとした場合に，その簿価純資産超過額に相当する金額を，支配関係事業年度以後の特定資産譲渡等損失相当額に係る㈠に掲げる金額として計算した支配関係事業年度以後の特定

資産譲渡等損失相当額をいう。

　また，関連法人において特定資産譲渡等損失相当欠損金額を計算する場合についても，含み損益の特例計算を適用することができる（上記ｖ（※６）参照）。

　この場合，関連法人の支配関係事業年度の前事業年度末の時価純資産価額が簿価純資産価額以上である場合は，特定資産譲渡等損失相当欠損金額はないものとし，「簿価純資産超過額＜支配関係事業年度以後の特定資産譲渡等損失相当額の当初発生額の合計額」である場合は，関連法人の支配関係事業年度以後の特定資産譲渡等損失相当額のうち簿価純資産超過額で構成される金額を特定資産譲渡等損失相当欠損金額とする（法令113⑧⑨，法規26の２の４③）。

vii　残余財産確定法人に株主が複数いる場合の引継額

　残余財産確定法人に複数の株主がいる場合，残余財産確定法人の繰越欠損金の引継ぎは，それぞれの保有株数に応じた繰越欠損金を引き継ぐこととなる。

　つまり，残余財産確定法人に株主が２名以上いる場合，引き継ぎ可能な繰越欠損金を残余財産確定法人の発行済株式等の総数で除し，これにその株主の有する残余財産確定法人の株式の数を乗じて計算した金額に相当する繰越欠損金を各残余財産確定法人の株主が引き継ぐこととなる（法法57②）。

[残余財産確定法人の株主である通算法人の繰越欠損金の引継額]

$$\text{残余財産確定法人の株主である通算法人の繰越欠損金の引継額} = \text{引継可能な繰越欠損金の額} \times \dfrac{\text{残余財産確定法人の株主である通算法人が有する株式の数}}{\text{残余財産確定法人の発行済株式等の総数}}$$

viii　通算法人が残余財産の確定により非通算法人から引き継いだ繰越欠損金のグループ通算制度における取扱い

　通算法人が完全支配関係のある非通算法人から残余財産の確定により引き継いだ繰越欠損金は，通算制度において特定欠損金として取り扱われる（法法64の７②二）。

②　住民税特有の欠損金（控除対象通算対象所得調整額，控除対象配賦欠損調整額等）

　完全支配関係のある非通算法人の残余財産が確定した場合，残余財産確定法人の株主は，残余財産確定法人が有する住民税特有の欠損金（「控除対象通算適用前欠損調整額」「控除対象合併等前欠損調整額」，「控除対象通算対象所得調整額」「控除対象配賦欠損調整額」「控除対象還付法人税額」「控除対象還付対象欠損調整額」「控除対象個別帰属調整額」「控除対象個別帰属

第1部　グループ通算制度のM&A・組織再編成・清算に係る税務の概要

税額」「控除対象個別帰属還付税額」）を引き継ぐことができる。

　つまり，完全支配関係のある非通算法人の残余財産が確定した場合，残余財産確定法人の残余財産の確定日の翌日前10年以内に開始した事業年度（前10年内事業年度）において生じた住民税特有の欠損金があるときは，残余財産確定法人の株主の残余財産の確定日の翌日の属する事業年度以後の事業年度において，残余財産確定法人の前10年内事業年度に係る住民税特有の欠損金は，残余財産確定法人の前10年内事業年度開始日の属する残余財産確定法人の株主の事業年度（残余財産確定法人の株主の残余財産の確定日の翌日の属する事業年度開始日以後に開始した残余財産確定法人の前10年内事業年度で生じた住民税特有の欠損金は，その残余財産の確定日の翌日の属する事業年度の前事業年度）において生じた住民税特有の欠損金とみなされることとなる（地法53⑤⑦⑮㉑㉔㉘，321の8⑤⑦⑮㉑㉔㉘，令2改地法附5④⑤⑥，13④⑤⑥，令2改地令附3㉓㉙㉟，5㉓㉙㉟）。

　なお，残余財産確定法人に株主が2名以上いるときは，引き継ぎ可能な住民税特有の欠損金を残余財産確定法人の発行済株式等の総数で除し，これにその株主の有する残余財産確定法人の株式の数を乗じて計算した金額に相当する住民税特有の欠損金を，各残余財産確定法人の株主が引き継ぐこととなる（地法53⑤⑦⑮㉑㉔㉘，321の8⑤⑦⑮㉑㉔㉘，令2改地法附5④⑤⑥，13④⑤⑥，令2改地令附3㉓㉙㉟，5㉓㉙㉟）。

③　事業税の繰越欠損金

　事業税の繰越欠損金については，通算制度を適用しない場合と同様に，法人税の繰越欠損金とは区別して計算される（地法72の23①②）。

　そして，完全支配関係のある非通算法人の残余財産が確定した場合，残余財産確定法人の株主における残余財産確定法人の事業税の繰越欠損金の引継ぎについては，法人税の繰越欠損金と同様の取扱いとなる（地法72の23①②，法法57②③）。

(3)　残余財産の分配が現物分配である場合

①　現物分配資産の取得価額

　通算法人が残余財産の分配として現物分配(※1)を受ける場合，清算法人が非通算法人である場合は非適格現物分配に該当するため(※2)，被現物分配法人である通算法人では，残余財産の確定の時の時価により現物分配資産を受け入れることになる（法法62の5①②）。

(※1)　この(3)では，解散により残余財産の全部の分配を行う場合を前提としている。また，残余財産の分配となる現物分配が，株式分配に該当しないものとする。

(※2)　清算法人が完全支配関係のある非通算法人である場合，その清算法人を現物分配法人とする現物分配は，「内国法人を現物分配法人とする現物分配のうち，その現物分配により資産の移転を受ける者がその現物分配の直前においてその内国法人との間に完全支配関係がある内国法人（普通法人又は協同組合等に限

252

る）のみであるもの」に該当しないため，非適格現物分配に該当する。

② 株式消滅処理（みなし配当と資本金等の額）

みなし配当及び資本金等の額の増減額（株式譲渡損益相当額）について，現物分配資産の残余財産の確定の時の時価を残余財産の分配額として計算する（法法24①，61の2①⑰，法令8①二十二，23①四）。

この場合，残余財産確定法人の株主である通算法人における税務仕訳は以下のとおりとなる。

［残余財産の分配が非適格現物分配のケース（清算法人が完全支配関係のある非通算法人である場合）］

借方	金額の根拠	貸方	金額の根拠
現物分配資産	時価	みなし配当(注1，2)	別途計算(注3)
		清算法人株式	税務上の帳簿価額
		資本金等の額	別途計算(注4)

（注1） みなし配当は完全子法人株式等に係る配当に該当するため，全額益金不算入となる（法法23①⑤，24①，法令22の2①，23①四。上記(1)参照）。

（注2） 非適格現物分配の場合でも，みなし配当に対する源泉所得税については，完全子法人株式等に係るみなし配当に該当するため，源泉徴収は不要となる（所法24①，25①四，174①二，177①，212③，所令301①）。

（注3） みなし配当の額＝現物分配資産の時価−持分対応資本金等の額。計算方法は上記(1)参照。

（注4） 資本金等の額（増額）＝（現物分配資産の時価−みなし配当の額）−株式譲渡原価。計算方法は上記(1)参照。

③ 適格現物分配に係る規制

通算法人が現物分配を受ける場合，清算法人が非通算法人である場合は非適格現物分配に該当するため，被現物分配法人である通算法人では，繰越欠損金（法人税の繰越欠損金，住民税特有の欠損金，事業税の繰越欠損金）の利用制限及び特定資産譲渡等損失額の損金算入制限は課されない（法法57④，62の7①，地法72の23①②）。

3 清算法人の株主の税務（清算法人が通算子法人である場合）

(1) 通算子法人株式の投資簿価修正

清算法人が通算子法人である場合，通算子法人は残余財産の確定により，残余財産の確定日の翌日に通算承認の効力が失われることとなる（法法64の10⑥五）。

そのため，通算子法人では，残余財産の確定により，通算終了事由が生じることから，残余財産確定法人である通算子法人の株式について，その株式を有する通算法人で投資簿価修正を行うこととなる（法令9六，119の3⑤⑥⑦，119の4①）。

253

第1部　グループ通算制度のM&A・組織再編成・清算に係る税務の概要

　この場合，残余財産確定法人株式の確定直前の帳簿価額を残余財産確定法人の最終事業年度終了時の簿価純資産価額に相当する金額（加算措置を適用する場合は資産調整勘定等対応金額を加算した金額）とする。

　そして，投資簿価修正を行った後に，残余財産確定法人株式の消滅処理を行うこととなる。

⑵　株式消滅処理（みなし配当と資本金等の額）

　通算子法人が残余財産の分配[※]をした場合（残余財産の分配を受けないことが確定した場合を含む），その通算子法人株式を有する通算法人においてその通算子法人株式の消滅処理を行うこととなるが，残余財産の分配額が資本金等の額を上回る場合，みなし配当が生じる（法法24①，法令23①四）。

[※]　この⑴では，解散により残余財産の全部の分配を行う場合を前提としている。また，残余財産の分配は金銭の交付で行われることを前提としている。

　このみなし配当は，効力発生日（残余財産の分配の日又は残余財産の分配を受けないことが確定した日）の前日に完全支配関係がある法人からの配当に該当するため，完全子法人株式等に係る配当に該当し，全額益金不算入となる（法法23①，法令22の2①）。

　また，清算法人が通算子法人である場合，残余財産確定法人と残余財産確定法人の株主との間に完全支配関係があるため，残余財産確定法人の株主である通算法人において，株式譲渡損に相当する金額については，資本金等の額から減額（株式譲渡益に相当する金額については，資本金等の額が増額）される（法法61の2①⑰，法令8①二十二）。

　なお，残余財産確定法人の株式の消滅処理をするタイミングは，残余財産の分配の日又は残余財産の分配を受けないことが確定した日となる（法法61の2①，法規27の3①十七）。

　みなし配当の額と資本金等の額の増減額（株式譲渡損益相当額）は，完全支配関係がない法人が清算し，残余財産が分配される場合と同様の計算方法となる（法法24①，61の2①⑰，法令8①二十二，23①四）。

①　みなし配当

> みなし配当の額[注1, 2] ＝ 残余財産の分配額 － 持分対応資本金等の額[注3]

②　資本金等の額の増減額（株式譲渡損益相当額）

> 資本金等の額[注4] ＝ (残余財産の分配額 － みなし配当) － 株式譲渡原価

254

(注1) マイナスの場合はみなし配当は0となる。
(注2) みなし配当に対する源泉所得税については，完全子法人株式等に係るみなし配当に該当するため，源泉徴収は不要となる（所法24①，25①四，174①二，177①，212③，所令301①）。
(注3) 持分対応資本金等の額の計算方法は以下のとおりとなる。

$$\text{持分対応資本金等の額}^{(注5)} = \text{清算法人の分配直前の資本金等の額} \times \frac{\text{その株主が所有する株式の数}}{\text{清算法人の発行済株式等の総数}}$$

(注4) マイナスの場合（株式譲渡損相当額）は，資本金等の額から減額される。プラスの場合（株式譲渡益相当額）は，資本金等の額が増額される。
(注5) 分配直前の資本金等の額が0以下である場合，持分対応資本金等の額を0とする。

[図表] みなし配当と資本金等の額の計算例

金銭等を交付する残余財産の分配があるケース（清算法人が通算子法人である場合）

● 1株当たりの資本金等の額 ＞ 譲渡したとみなされる株式の1株当たり帳簿価額のケース

● 1株当たりの資本金等の額 ＜ 譲渡したとみなされる株式の1株当たり帳簿価額のケース

また，残余財産の分配がない場合は，みなし配当は生じず，資本金等の額の減額のみが行われる（法法61の2①⑰，法令8①二十二）。

例えば，債務超過のため残余財産の分配がない場合で，残余財産が確定する通算子法人株式の税務上の帳簿価額（投資簿価修正後）を190,000とすると税務仕訳は以下のようになる^(注)。

借方	金額	貸方	金額
資本金等の額	190,000	清算法人株式	190,000

（注）　残余財産確定法人が通算子法人の場合で，残余財産の分配がない場合，通常，通算終了直前事業年度終了時の簿価純資産価額は0となり，残余財産が確定する通算子法人株式の税務上の帳簿価額（投資簿価修正後）は0となる。ただし，資産調整勘定等対応金額が生じる場合（加算措置を適用する場合）は，その通算子法人株式の税務上の帳簿価額（投資簿価修正後）がプラスになる場合がある。

⑶　通算子法人の残余財産確定事業年度（単体事業年度）の欠損金額の残余財産確定法人の株主における損金算入

残余財産確定法人である通算子法人の残余財産の確定日の属する事業年度（残余財産の確定日が通算親法人の事業年度終了日である場合を除く）において欠損金額が生じたときは，その欠損金額に相当する金額（株主が複数いる場合は持株割合相当額）は，その残余財産確定法人の株主である通算法人の残余財産の確定日の翌日の属する事業年度において損金の額に算入される（法法64の8，法令131の10②）。

なお，残余財産確定法人である通算子法人の欠損金額のうち，損益通算の対象外となる欠損金額（制限対象額）がある場合は，残余財産確定法人の株主である通算法人の通算前欠損金額のうち，制限対象額（株主が複数いる場合は持株割合相当額）に達するまでの金額は残余財産確定法人の株主である通算法人でも損益通算の対象外とする（法法64の6④）。

この取扱いによって，残余財産確定法人の欠損金額が通算グループ内で損益通算されたことと同じ効果が生じる。

なお，残余財産確定法人の株主で損金算入される残余財産確定法人の欠損金額は，残余財産の確定で残余財産確定法人の株主が引き継ぐことができる残余財産確定法人の繰越欠損金には含まれない。

一方，事業税については，この取扱いは適用されない（地法72の23②）。そのため，事業税では，残余財産確定法人の残余財産の確定日の属する事業年度の欠損金額は，原則どおり，残余財産の確定で残余財産確定法人の株主において引継ぎ対象となる事業税の繰越欠損金に含まれることとなる。

[図表] 通算子法人の残余財産が確定する場合の残余財産確定法人の繰越欠損金の取扱い
＜ケース１＞ 残余財産の確定日が通算親法人の事業年度終了日以外の日となるケース

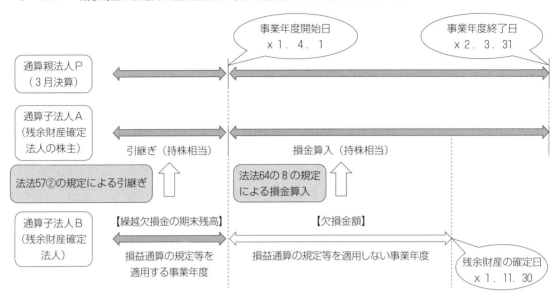

＜ケース２＞ 残余財産の確定日が通算親法人の事業年度終了日と同日になるケース

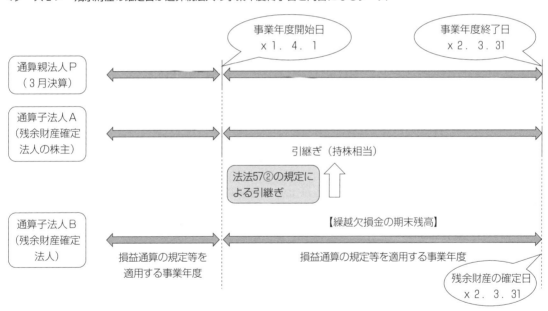

(4) 残余財産確定法人の繰越欠損金の引継ぎ

① 法人税の繰越欠損金

　残余財産確定法人の株主である通算法人で残余財産確定法人である通算子法人の繰越欠損金の引継制限は生じない（法法57②，法令112の２⑥）。

　この場合，残余財産確定法人の繰越欠損金のうち，特定欠損金額は，残余財産確定法人の株

主の特定欠損金額とみなされ，非特定欠損金額は，残余財産確定法人の株主の非特定欠損金額とみなされる（法法64の7②二・③）

　なお，残余財産確定法人の繰越欠損金のうち，残余財産確定事業年度（残余財産の確定日が通算親法人の事業年度終了日となる場合を除く）で控除されたものは，特定欠損金額から優先的に使用されたものとする（法令131の9④）。

②　住民税特有の欠損金（控除対象通算対象所得調整額，控除対象配賦欠損調整額等）

　通算子法人の残余財産が確定した場合，残余財産確定法人の株主は，残余財産確定法人が有する住民税特有の欠損金（「控除対象通算適用前欠損調整額」「控除対象合併等前欠損調整額」，「控除対象通算対象所得調整額」「控除対象配賦欠損調整額」「控除対象還付法人税額」「控除対象還付対象欠損調整額」「控除対象個別帰属調整額」「控除対象個別帰属税額」「控除対象個別帰属還付税額」）を引き継ぐことができる。

　つまり，通算子法人の残余財産が確定した場合，残余財産確定法人の残余財産の確定日の翌日前10年以内に開始した事業年度（前10年内事業年度）において生じた住民税特有の欠損金があるときは，残余財産確定法人の株主の残余財産の確定日の翌日の属する事業年度以後の事業年度において，残余財産確定法人の前10年内事業年度に係る住民税特有の欠損金は，残余財産確定法人の前10年内事業年度開始日の属する残余財産確定法人の株主の事業年度（残余財産確定法人の株主の残余財産の確定日の翌日の属する事業年度開始日以後に開始した残余財産確定法人の前10年内事業年度で生じた住民税特有の欠損金は，その残余財産の確定日の翌日の属する事業年度の前事業年度）において生じた住民税特有の欠損金とみなされることとなる（地法53⑤⑦⑮㉑㉔㉘，321の8⑤⑦⑮㉑㉔㉘，令2改地法附5④⑤⑥，13④⑤⑥，令2改地令附3㉓㉙㉟，5㉓㉙㉟）。

　なお，残余財産確定法人に株主が2名以上いるときは，引き継ぎ可能な住民税特有の欠損金を残余財産確定法人の発行済株式等の総数で除し，これにその株主の有する残余財産確定法人の株式の数を乗じて計算した金額に相当する住民税特有の欠損金を，各残余財産確定法人の株主が引き継ぐこととなる（地法53⑤⑦⑮㉑㉔㉘，321の8⑤⑦⑮㉑㉔㉘，令2改地法附5④⑤⑥，13④⑤⑥，令2改地令附3㉓㉙㉟，5㉓㉙㉟）。

③　事業税の繰越欠損金

　事業税の繰越欠損金については，通算制度を適用しない場合と同様に，法人税の繰越欠損金とは区別して計算される（地法72の23①②）。

　そして，残余財産確定法人の株主における残余財産確定法人の事業税の繰越欠損金の引継ぎについては，完全支配関係のある非通算法人の残余財産が確定した場合の残余財産確定法人の

法人税の繰越欠損金の引継ぎと同様の取扱いとなる（地法72の23①②，法法57②③）。

したがって，事業税の繰越欠損金については，法人税の繰越欠損金のように，通算子法人の残余財産が確定した場合に引継制限が課されない，という特別な取扱いは適用されない。

(5) 残余財産の分配が現物分配である場合

① 現物分配資産の取得価額

通算子法人の残余財産の分配が現物分配[※1]である場合，適格現物分配に該当するため[※2]，現物分配資産の取得価額は，現物分配法人である通算子法人の適格現物分配の直前の帳簿価額（その適格現物分配が残余財産の全部の分配である場合には，その残余財産の確定の時の帳簿価額）となる（法法２十二の十五，62の5③，法令123の6①）。

(※1)　この(5)では，解散により残余財産の全部の分配を行う場合を前提としている。また，残余財産の分配となる現物分配が，株式分配に該当しないものとする。

(※2)　清算法人が通算子法人である場合，その清算法人を現物分配法人とする現物分配は，「内国法人を現物分配法人とする現物分配のうち，その現物分配により資産の移転を受ける者がその現物分配の直前においてその内国法人との間に完全支配関係がある内国法人（普通法人又は協同組合等に限る）のみであるもの」に該当するため，適格現物分配に該当する。

また，適格現物分配（残余財産の全部の分配に限る）は，その残余財産の確定日の翌日に行われたものとされる（法令123の6②）。

② 株式消滅処理（みなし配当と資本金等の額）

みなし配当及び資本金等の額の増減額（株式譲渡損益相当額）について，現物分配資産の交付直前の帳簿価額を残余財産の分配額として計算する（法法24①，61の2①⑰，法令8①二十二，23①四）。

この場合，残余財産確定法人の株主である通算法人における税務仕訳は以下のとおりとなる。

[残余財産の分配が適格現物分配のケース（清算法人が通算子法人である場合)]

借方	金額の根拠	貸方	金額の根拠
現物分配資産	税務上の帳簿価額	みなし配当[注1,2]	別途計算[注3]
		通算子法人株式	税務上の帳簿価額[注4]
		資本金等の額	別途計算[注5]

(注1)　適格現物分配に係るみなし配当は，全額益金不算入となる（法法23①，62の5④，法令9①四）。

(注2)　適格現物分配の場合，みなし配当に対する源泉所得税は発生しないため，源泉徴収は不要となる（法法２十二の十五，所法24①，25①，174①二，212③）。

(注3)　みなし配当の額＝現物分配資産の帳簿価額−持分対応資本金等の額。計算方法は上記(2)参照。

(注4)　通算子法人株式の帳簿価額は，投資簿価修正後の帳簿価額となる（法令119の3⑤⑥⑦。上記(1)参照）。

第1部　グループ通算制度のM&A・組織再編成・清算に係る税務の概要

（注5）　資本金等の額（増額）＝（現物分配資産の帳簿価額－みなし配当の額）－株式譲渡原価。計算方法は上記(2)参照。

③　適格現物分配に係る規制

　通算子法人を現物分配法人とした適格現物分配が行われた場合，被現物分配法人となる他の通算法人において，法人税の繰越欠損金の利用制限は生じないが，支配関係5年継続要件を満たさない場合，事業税の繰越欠損金の利用制限及び特定資産譲渡等損失額の損金算入制限が生じることとなる（地法72の23①②，地令20の3，法法57④，62の7①）。具体的な取扱いは，通常の適格現物分配の場合と同様の取扱いとなる。

第4章 欠損等法人の制限規定

第1節 欠損等法人の繰越欠損金の切捨て

内国法人で他の者との間に当該他の者による特定支配関係を有することとなったもののうち，その特定支配関係を有することとなった日（支配日）の属する事業年度（特定支配事業年度）においてその特定支配事業年度前の各事業年度において生じた欠損金額又は評価損資産を有するもの（欠損等法人）が，支配日以後5年を経過した日の前日までに，特定事由に該当する場合には，その該当することとなった日の属する事業年度（適用事業年度）以後の各事業年度においては，その適用事業年度前の各事業年度において生じた欠損金額については，繰越欠損金の控除の規定は，適用しない（法法57の2①）。

上記について，欠損等法人の繰越欠損金の切捨ての取扱いのポイントは次のとおりとなる。

---

① 欠損等法人に適用されること
② 特定事由が生じる場合に適用されること
③ 一定の期間に特定事由が生じる場合に適用されること
④ 特定事由に該当することとなった日の属する事業年度以後に繰越欠損金の使用制限が生じること
⑤ 特定事由に該当することとなった日の属する事業年度前に生じた繰越欠損金が使えなくなること

以下，このポイントについて解説する。

1 欠損等法人とは

内国法人で他の者[注1]との間に当該他の者による特定支配関係[注2]を有することとなったもののうち，その特定支配関係を有することとなった日（支配日）の属する事業年度（特定支配事業年度）においてその特定支配事業年度前の各事業年度において生じた欠損金額[注3]又は評価損資産[注4]を有するものをいう（法法57の2①）。

(注1) 他の者には，内国法人，外国法人，個人のすべてが該当する。

(注2) 特定支配関係とは，当該他の者[※1]がその内国法人の発行済株式等の総数の50％を超える数の株式を直接又は間接に保有する関係をいう[※3]（法法57の2①，法令113の3①）。具体的には，特定支配関係とは，他の者と法人との間の当該他の者による支配関係[※2]となる（法令113の3①）。

　(※1) 他の者には，その者の組合関連者が含まれる。組合関連者とは，一の法人又は個人が締結している組合契約（民法第667条第1項（組合契約）に規定する組合契約，投資事業有限責任組合契約に関する法律第3条第1項（投資事業有限責任組合契約）に規定する投資事業有限責任組合契約及び有限責任事業組合契約に関する法律第3条第1項（有限責任事業組合契約）に規定する有限責任事業組合契約並びに外国におけるこれらの契約に類する契約をいい，次に掲げるものを含む）に係る他の組合員である者をいう（法令113の3④）。

一．その法人又は個人が締結している組合契約による組合（これに類するものを含む。次号及び第3号において同じ）が締結している組合契約
二．前号又は次号に掲げる組合契約による組合が締結している組合契約
三．前号に掲げる組合契約による組合が締結している組合契約

（※2）当該他の者とその法人との間に同一者支配関係がある場合におけるその支配関係を除く。同一者支配関係とは、当該他の者（法人に限る）とその法人との間に同一の者による支配関係がある場合におけるその支配関係をいう（法令113の3①②）。したがって、「P社の90％子会社であるA社」と「A社の90％子会社（P社の孫会社）であるB社」との間のA社とB社との間のA社による支配関係は特定支配関係に該当せずに（A社はB社の欠損等法人の判定において他の者に該当しない）、P社とB社の間のP社による支配関係が特定支配関係に該当することとなる（P社はB社の欠損等法人の判定において他の者に該当する。例2）。つまり、その判定対象となる内国法人の支配関係の連鎖の頂点に立つ個人又は法人が、その内国法人を買収した日が、その内国法人に係る特定支配関係を有することとなった日に該当することになる。なお、この場合、当該同一の者の組合関連者（当該同一の者が個人である場合には、その個人の同族関係者の組合関連者を含む）の有する当該他の者又はその法人の株式は、当該同一の者が有するものとみなされる（法令113の3③、4①）。

［特定支配関係の範囲］

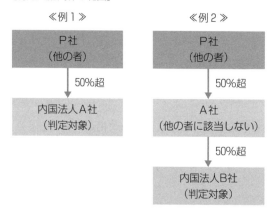

（※3）特定支配関係は、次に掲げる事由によって生じたものは除かれる（法令113の3⑤）。
一．適格合併、適格分割、適格現物出資、適格株式交換等、適格株式移転(※※1)
二．その内国法人について債務処理計画（更生手続開始の決定等に関して策定された債務処理に関する計画をいう）に基づいて行われるその内国法人の株式の発行又は譲渡
　（※※1）その内国法人（他の者との間に当該他の者による特定支配関係があるものに限る）が関連者（当該他の者との間に当該他の者による特定支配関係がある者をいう）との間にその関連者による特定支配関係に該当する支配関係を有することとなるものを除く。

（注3）欠損金額とは、被合併法人又は残余財産確定法人の繰越欠損金の引継規定（法法57②）によりその内国法人の欠損金額とみなされたものを含むものとし、繰越欠損金の控除の規定（法法57①）の適用があるものに限る。

（注4）評価損資産とは、その内国法人が特定支配事業年度開始日において有する次に掲げる資産（特定資産）で同日における時価(※1)がその帳簿価額(※1)に満たないものをいう（法法57の2①、法令113の3⑥）。ただし、その満たない金額がその内国法人の資本金等の額の2分の1に相当する金額と1,000万円とのいずれか少ない金額（基準額）に満たないものは評価損資産から除かれる（法令113の3⑥）。
●固定資産
●土地（土地の上に存する権利を含み、固定資産に該当するものを除く）
●有価証券（売買目的有価証券（法法61の3①一）、償還有価証券（法令119の14）、その内国法人が通算法

第4章　欠損等法人の制限規定

　　人である場合における他の通算法人（初年度離脱通算子法人及び通算親法人を除く）の株式又は出資を除く）

● 金銭債権
● 繰延資産
● 譲渡損益調整資産に係る譲渡損失額に相当する調整勘定に係る資産（法令122の14⑭）
● 資産調整勘定（法法62の8①）

（※1）　時価又は帳簿価額は，資産を財務省令で定める単位に区分した後のそれぞれの資産の時価又は帳簿価額となる。財務省令で定める単位とは，資産の区分に応じて次のとおり区分した後の単位となる（法令113の3⑥，法規26の5①，27の15①）。

	資産の区分	財務省令で定める単位
A	金銭債権	一の債務者ごとに区分
B	建物	一棟ごと（区分所有権である場合は，区分所有権ごと）に区分
C	機械及び装置	一の生産設備又は一台若しくは一基（通常一組又は一式をもって取引の単位とされるものにあっては，一組又は一式）ごとに区分
D	その他の減価償却資産	B又はCに準じて区分
E	土地等	土地等を一筆（一体として事業の用に供される一団の土地等にあっては，その一団の土地等）ごとに区分
F	有価証券	その銘柄の異なるごとに区分
G	暗号資産	その種類の異なるごとに区分
H	その他の資産	通常の取引の単位を基準として区分

2　特定事由とは

　欠損等法人の繰越欠損金の切捨ての規定（法法57の2）が適用されることになる特定事由とは，次に掲げる事由となる（法法57の2①，法令113の2⑩〜⑲）。

［特定事由］

号数	特定事由の内容
第1号事由	欠損等法人が支配日の直前において事業を営んでいない場合[注1]において，支配日以後に事業を開始すること[注2]。
第2号事由	欠損等法人が支配日の直前において営む事業（旧事業）のすべてを支配日以後に廃止し，又は廃止することが見込まれている場合において，旧事業の支配日の直前における事業規模[注3]のおおむね5倍を超える資金の借入れ又は出資による金銭その他の資産の受入れ（資金借入れ等）[注4]を行うこと。
第3号事由	当該他の者又は関連者[注5]が当該他の者及び関連者以外の者から欠損等法人に対する特定債権[注6]を取得している場合（特定債権が取得されている場合）[注7]において，欠損等法人が旧事業の支配日の直前における事業規模のおおむね5倍を超える資金借入れ等を行うこと。

263

第1部　グループ通算制度のM&A・組織再編成・清算に係る税務の概要

第4号事由	第1号若しくは第2号に規定する場合又は第3号の特定債権が取得されている場合において，欠損等法人が自己を被合併法人とする適格合併を行い，又は欠損等法人（他の内国法人との間に当該他の内国法人による完全支配関係があるものに限る）の残余財産が確定すること。
第5号事由	欠損等法人が特定支配関係を有することとなったことに基因して，欠損等法人の支配日の直前の役員(注8)のすべてが退任(注9)をし，かつ，支配日の直前において欠損等法人の業務に従事する使用人（旧使用人）の総数のおおむね20％以上に相当する数の者が欠損等法人の使用人でなくなった場合において，欠損等法人の非従事事業（旧使用人が支配日以後その業務に実質的に従事しない事業）の事業規模が旧事業の支配日の直前における事業規模のおおむね5倍を超えることとなること(注10)。

（注1）　清算中の場合を含む。

（注2）　清算中の欠損等法人が継続することを含む。

（注3）　事業規模とは，売上金額，収入金額その他の事業の種類に応じて定めるものいい，具体的には，次の各号に掲げる事業の区分に応じ各号に定める金額（その事業が2以上ある場合には，それぞれの事業の区分に応じ各号に定める金額の合計額）とする（法令113の3⑩）。第3号及び第5号において同じ。なお，計算上，月数は，暦に従って計算し，1月に満たない端数を生じたときは，これを1月とする（法令113の3⑪）。

事業区分	事業規模となる金額
資産の譲渡を主な内容とする事業	その事業の事業規模算定期間(※1)におけるその資産の譲渡による売上金額その他の収益の額の合計額(※2)（譲渡収益額）
資産の貸付けを主な内容とする事業	その事業の事業規模算定期間におけるその資産の貸付けによる収入金額その他の収益の額の合計額(※2)（貸付収益額）
役務の提供を主な内容とする事業	その事業の事業規模算定期間におけるその役務の提供による収入金額その他の収益の額の合計額(※2)（役務提供収益額）

　　また，資金借入れ等により行われることが見込まれる事業（新事業）の内容が明らかである場合には，欠損等法人が旧事業の事業規模のおおむね5倍を超える資金借入れ等を行ったかどうかの判定については，その旧事業の譲渡収益額，貸付収益額若しくは役務提供収益額又はその旧事業に係る事業資金額とその新事業の譲渡収益額，貸付収益額若しくは役務提供収益額又は新事業に係る事業資金額とを比較する方法により行うものとする（法令113の3⑫）。

　　具体的には，欠損等法人が旧事業の事業規模のおおむね5倍を超える資金借入れ等を行ったかどうかの判定については，旧事業と新事業（資金借入れ等により行われることが見込まれる事業）の区分に応じ，旧事業計数と新事業計数を比較して，新事業計数が旧事業計数のおおむね5倍を超えるものとなるかどうかにより判定を行う（法令113の3⑫⑬，法規26の5②）。

旧事業	旧事業計数	新事業	新事業計数
資産の譲渡による事業	旧事業による事業規模算定期間(※3)における譲渡収益額	資産の譲渡による事業	新事業による事業規模算定期間における譲渡収益額として合理的に見込まれる金額
資産の譲渡による事業	旧事業による事業規模算定期間における棚卸資産に係る譲渡原価の額と棚卸資産のその事業規模算定期間終了時における残高からその事業規模算定期間開始の時における残高	資産の譲渡による事業	資金借入れ等による金銭の額及び金銭以外の資産の価額の合計額(※4)（棚卸資産資金額）

264

	を控除した金額との合計額（原価所要額）		
資産の譲渡による事業	旧事業による事業規模算定期間における譲渡利益額（譲渡収益額からその売上原価その他の原価の額を控除した金額）	資産の貸付けによる事業	新事業による事業規模算定期間における貸付収益額として合理的に見込まれる金額
資産の譲渡による事業	旧事業による事業規模算定期間における原価所要額	資産の貸付けによる事業	資金借入れ等による金銭の額及び金銭以外の資産の価額の合計額(※5)（貸付資産資金額）
資産の譲渡による事業	旧事業による事業規模算定期間における譲渡利益額	役務の提供による事業	新事業による事業規模算定期間における役務提供収益額として合理的に見込まれる金額
資産の譲渡による事業	旧事業による事業規模算定期間における原価所要額	役務の提供による事業	資金借入れ等による金銭の額及び金銭以外の資産の価額の合計額(※6)（役務提供資金額）
資産の貸付けによる事業	旧事業による事業規模算定期間における貸付収益額	資産の譲渡による事業	新事業による事業規模算定期間における譲渡利益額として合理的に見込まれる金額
資産の貸付けによる事業	旧事業による事業規模算定期間終了時における貸付けの用に供していた資産の価額（貸付資産額）	資産の譲渡による事業	資金借入れ等による棚卸資産資金額
資産の貸付けによる事業	旧事業による事業規模算定期間における貸付収益額	資産の貸付けによる事業	新事業による事業規模算定期間における貸付収益額として合理的に見込まれる金額
資産の貸付けによる事業	旧事業による事業規模算定期間終了時における貸付資産額	資産の貸付けによる事業	資金借入れ等による貸付資産資金額
資産の貸付けによる事業	旧事業による事業規模算定期間における貸付収益額	役務の提供による事業	新事業による事業規模算定期間における役務提供収益額として合理的に見込まれる金額
資産の貸付けによる事業	旧事業による事業規模算定期間終了時における貸付資産額	役務の提供による事業	資金借入れ等による役務提供資金額
役務の提供による事業	旧事業による事業規模算定期間における役務提供収益額	資産の譲渡による事業	新事業による事業規模算定期間における譲渡利益額として合理的に見込まれる金額
役務の提供による事業	旧事業による事業規模算定期間における役務の提供の用に供していた資金の額（役務提供所要額）	資産の譲渡による事業	資金借入れ等による棚卸資産資金額
役務の提供による事業	旧事業による事業規模算定期間における役務提供収益額	資産の貸付けによる事業	新事業による事業規模算定期間における貸付収益額として合理的に見込まれる金額

役務の提供による事業	旧事業による事業規模算定期間における役務提供所要額	資産の貸付けによる事業	資金借入れ等による貸付資産資金額
役務の提供による事業	旧事業による事業規模算定期間における役務提供収益額	役務の提供による事業	新事業による事業規模算定期間における役務提供収益額として合理的に見込まれる金額
役務の提供による事業	旧事業による事業規模算定期間における役務提供所要額	役務の提供による事業	資金借入れ等による役務提供資金額

　この場合，その資金借入れ等を行った日の属する事業年度の確定申告書，修正申告書又は更正請求書に次に掲げる事項を記載した書類の添付がある場合に限り，適用する（法令113の3⑬，法規26の5④）。

一．旧事業の内容並びに新事業の内容及びその新事業が資金借入れ等により行われることについての説明

二．旧事業の事業規模算定期間の開始日及び終了日並びにその事業規模算定期間における旧事業の事業規模

三．新事業の事業規模算定期間の開始日及び終了日並びにその事業規模算定期間における事業規模

四．その他参考となるべき事項

（※1）　事業規模算定期間とは，第2号事由に規定する旧事業に係る事業の規模を算定する場合にあっては欠損等法人の支配日直前期間（欠損等法人の支配日の1年前の日から支配日までの期間）又は支配日直前事業年度（欠損等法人の支配日の属する事業年度の直前の事業年度）となる。第5号事由に規定する非従事事業に係る事業の規模を算定する場合にあっては支配日以後期間（欠損等法人の支配日以後の期間を1年ごとに区分した期間）又は支配日以後事業年度（欠損等法人の支配日の属する事業年度以後の事業年度）をいう。

（※2）　支配日直前事業年度又は支配日以後事業年度が1年に満たない場合には，その合計額を支配日直前事業年度又は支配日以後事業年度の月数で除し，これに12を乗じて計算した金額とする。

（※3）　事業規模算定期間とは，旧事業にあっては（※1）の事業規模算定期間をいい，新事業にあっては資金借入れ等の日以後の期間を1年ごとに区分した期間又は同日の属する事業年度以後の事業年度をいう。

（※4）　資金借入れ等が合併，分割又は現物出資（合併等）によるものである場合にあっては，その合併等により移転を受けた棚卸資産の価額と金銭の額及び金銭以外の預金，貯金，貸付金，売掛金その他の債権の価額（これらに対応する貸倒引当金勘定の金額がある場合には，これを控除した金額）（金銭等価額）との合計額とする。

（※5）　資金借入れ等が合併等によるものである場合にあっては，その合併等により移転を受けた貸付けの用に供されることが見込まれる資産の価額と金銭等価額との合計額とする。

（※6）　資金借入れ等が合併等によるものである場合にあっては，その合併等により移転を受けたその役務の提供の用に供することが見込まれる資産の価額と金銭等価額との合計額とする。

（注4）　合併又は分割による資産の受入れを含む。

（注5）　関連者とは，当該他の者との間に当該他の者による特定支配関係（欠損等法人との間の当該他の者による特定支配関係を除く）がある者をいう（法令113の3⑮）。

（注6）　特定債権とは，欠損等法人に対する債権でその取得の対価の額がその債権の額の50％に相当する金額に満たない場合で，かつ，その債権の額（欠損等法人の債権で当該他の者又は関連者が既に取得しているものの額を含む）のその取得の時における欠損等法人の債務の総額のうちに占める割合が50％を超える場合におけるその債権とする（法令113の3⑯）。

（注7）　特定債権が取得されている場合とは，支配日前に特定債権を取得している場合を含むものとし，特定債権につき支配日以後に債務の免除又は現物出資（これらの行為によって消滅する欠損等法人の債務の額がその行為の直前における債務の総額の50％に相当する金額を超える場合のその行為に限る）が行われることが見込まれる場合を除く（法令113の3⑰）。

（注8）　役員とは，社長，副社長，代表取締役，代表執行役，専務取締役若しくは常務取締役又はこれらに準ずる者で法人の経営に従事している者とする（法令113の3⑱）。

（注9）　業務を執行しないものとなることを含む。

（注10）　欠損等法人の事業規模算定期間における非従事事業の事業規模がその事業規模算定期間の直前の事業規模算定期間における非従事事業の事業規模のおおむね5倍を超えない場合は，第5号事由には該当しない（法令113の3⑲）。ここで，事業規模には，その事業規模算定期間において欠損等法人を合併法人，分割承継法人，被現物出資法人とする合併，分割，現物出資（それぞれ共同事業要件のすべてを満たすものに限る）（合併等）を行っている場合には，その合併等により移転を受けた事業に係る部分は除かれる（法令113の3⑲，4の3④⑧⑮）。

3　特定事由が生じる一定の期間とは

　欠損等法人の繰越欠損金の使用制限は，支配日以後5年を経過した日の前日までに特定事由に該当する場合に適用される（法法57の2①）。

　ここで，支配日とは，特定支配関係を有することとなった日をいう（法法57の2①）。

　また，次に掲げる事実（特定支配関係の喪失等の事実）が生じた場合は，これらの事実が生じた日までに特定事由に該当する場合に適用される（法法57の2①，法令113の2⑦⑧⑨）。

一．当該他の者が有する欠損等法人の株式が譲渡されたことその他の事由により，欠損等法人が当該他の者との間に当該他の者による特定支配関係を有しなくなった場合

二．欠損等法人の債務につき債務の免除その他の行為（債務免除等）^(注1)があったこと

三．欠損等法人について次に掲げる事実が生じた場合

　ⅰ　更生手続開始の決定等

　ⅱ　解散（解散後の継続，第2号事由に規定する資金借入れ等又は第4号事由に該当する残余財産の確定の見込みがないものに限り，欠損等法人の支配日前の解散及び合併による解散を除く）

（注1）　債務の免除その他の行為は，次に掲げる行為によって欠損等法人に生ずる債務の消滅による利益の額が欠損等法人のその行為の日の属する事業年度開始の時における欠損金額等^(注2)のおおむね90％に相当する金額を超える場合^(注3)におけるその行為とする。

　イ）欠損等法人がその債権者から受ける債務の免除（その債権者においてその免除により生ずる損失の額が寄附金の額に該当しないものに限る）

　ロ）欠損等法人がその債権者から受ける自己債権（欠損等法人に対する債権）の現物出資

（注2）　欠損等法人がその事業年度の直前の事業年度終了時において評価損資産を有している場合には，その評価損資産の評価損^(注4)の合計額^(注5)を含む。

（注3）　その行為によって消滅する債務の額が欠損等法人のその行為の直前における債務の総額の50％に相当する金額を超える場合には，その消滅による利益の額がその欠損金額等のおおむね50％に相当する金額を超えるときとする。

（注4）　その時の時価がその時の帳簿価額に満たない場合のその満たない部分の金額をいい，その金額が基準額（上記1の（注4）参照）に満たないものを除く。

（注5）　その時において有する特定資産を財務省令で定める単位（上記1の（注4）参照）に区分した後のそれぞれの資産のうちにその時の時価からその時の帳簿価額を控除した金額が基準額を超えるものがある場合には，その資産のその控除した金額の合計額を控除した金額とする。

第1部　グループ通算制度のM＆A・組織再編成・清算に係る税務の概要

4　繰越欠損金の使用制限が生じる事業年度

　欠損等法人の制限規定では，特定事由に該当することとなった日（該当日）の属する事業年度（適用事業年度）以後の事業年度から繰越欠損金が使えなくなる（法法57の2①）。

　この場合，特定事由が第4号事由（適格合併に係る部分に限る）に該当する場合は，適格合併の日の前日を該当日とする（法法57の2①）。

5　使用制限が課される繰越欠損金の範囲

　欠損等法人の制限規定では，その適用事業年度前の各事業年度において生じた繰越欠損金が切り捨てられることになる（法法57の2①）。

　つまり，組織再編税制や通算承認に係る繰越欠損金の切捨て規定のように，グループ化前の繰越欠損金や特定資産譲渡等損失相当額が切捨ての対象となるのではなく，特定事由に該当することとなった日の属する事業年度の前に生じた繰越欠損金が全額切り捨てられることになる。また，含み損益の特例計算など，免除や緩和の特例措置も用意されていない。

6　欠損等法人が該当日以後に合併法人として適格合併した場合の被合併法人の繰越欠損金の引継ぎについて

　欠損等法人は，該当日以後に他の法人を適格合併しても，被合併法人の繰越欠損金を引き継ぐことはできない（法法57の2②一）。

　ここで，該当日とは，特定事由に該当することとなった日をいい，適用事業年度とは該当日の属する事業年度をいう（法法57の2①）。

　具体的には，欠損等法人の該当日以後に欠損等法人を合併法人とする適格合併が行われる場合，その適格合併に係る被合併法人の最終事業年度以前の各事業年度において生じた欠損金額（その適格合併が欠損等法人の適用事業年度開始日以後3年を経過する日（その経過する日が支配日以後5年を経過する日後となる場合にあっては，同日）後に行われるものである場合には，その欠損金額のうちその生じた事業年度開始日がその適用事業年度開始日前であるものに限る）については，被合併法人の繰越欠損金の引継規定（法法57②③）が適用されない（法法57の2②一，法令113の3⑳）。

7　欠損等法人が該当日以後に株式を有する完全支配関係法人の残余財産が確定した場合の残余財産確定法人の繰越欠損金の引継ぎについて

　欠損等法人は，該当日以後にその株式を有する完全支配関係法人の残余財産が確定しても，残余財産確定法人の繰越欠損金を引き継ぐことはできない（法法57の2③）。

　ここで，該当日とは，特定事由に該当することとなった日をいい，適用事業年度とは該当日

の属する事業年度をいう（法法57の2①）。

　具体的には，欠損等法人の該当日以後に欠損等法人との間に完全支配関係（残余財産確定法人の繰越欠損金の引継ぎが可能となる完全支配関係に限る）がある内国法人で欠損等法人が発行済株式の全部又は一部を有するものの残余財産が確定する場合における当該内国法人の残余財産確定事業年度（最終事業年度）以前の各事業年度において生じた欠損金額（その残余財産の確定日が欠損等法人の適用事業年度開始日以後3年を経過する日（その経過する日が支配日以後5年を経過する日後となる場合にあっては，同日）以後である場合には，その欠損金額のうちその生じた事業年度開始日が欠損等法人の適用事業年度開始日前であるものに限る）については，残余財産確定法人の繰越欠損金の引継規定（法法57②③）が適用されない（法法57の2③，法令113の3⑳）。

8　欠損等法人が適格合併により解散する場合又は残余財産が確定する場合の被合併法人又は残余財産確定法人の繰越欠損金の引継ぎについて

　欠損等法人の適用事業年度前の繰越欠損金（つまり，特定事由に該当したため切捨てられた繰越欠損金）については，合併法人又は残余財産確定法人の株主であっても引き継ぐことはできない（法法57の2④）。

　ここで，該当日とは，特定事由に該当することとなった日をいい，適用事業年度とは該当日の属する事業年度をいう（法法57の2①）。

　具体的には，内国法人と欠損等法人との間でその内国法人を合併法人とする適格合併が行われる場合又は内国法人との間に完全支配関係（残余財産確定法人の繰越欠損金の引継ぎが可能となる完全支配関係に限る）がある他の内国法人である欠損等法人の残余財産が確定する場合，欠損等法人の適用事業年度前の各事業年度において生じた欠損金額については，被合併法人又は残余財産確定法人の繰越欠損金の引継規定（法法57②③）は適用されない（法法57の2④，法令113の3⑳）。

第2節　欠損等法人の特定資産の譲渡等損失額の損金算入制限

　欠損等法人の適用事業年度開始日から同日以後3年を経過する日（その経過する日が支配日以後5年を経過する日後となる場合にあっては，同日）までの期間（適用期間）[注1]において生ずる特定資産[注2]の譲渡，評価換え，貸倒れ，除却[注3]その他の事由（譲渡等特定事由）による損失の額からその譲渡等特定事由が生じた日の属する事業年度の適用期間において生ずる特定資産の譲渡，評価換えその他の事由による利益の額を控除した金額（譲渡等損失額）は，欠損等法人の各事業年度の所得の金額の計算上，損金の額に算入しないこととする（法法60の3①）。

第1部　グループ通算制度のM&A・組織再編成・清算に係る税務の概要

（注1）　その期間に終了する各事業年度において，非適格株式交換等に係る株式交換完全子法人等の有する資産の時価評価損益（法法62の9①），通算制度の開始に伴う資産の時価評価損益（法法64の11①），通算制度への加入に伴う資産の時価評価損益（法法64の12①），主要な事業が引き続き行われることが見込まれていない場合の通算制度からの離脱等に伴う資産の時価評価損益（法法64の13①一）の規定の適用を受ける場合には，適用事業年度開始日からその適用を受ける事業年度終了日までの期間とする。

（注2）　欠損等法人が支配日の属する事業年度開始日（支配事業年度開始日）において有する資産及び欠損等法人が適用事業年度開始日以後に行われる当該他の者を分割法人，現物出資法人とする適格分割，適格現物出資又は関連者を被合併法人，分割法人，現物出資法人，現物分配法人とする適格組織再編成等（適格合併，非適格合併で譲渡損益調整資産の譲渡損益の繰延べ規定（法法61の11①）の適用があるもの，適格分割，適格現物出資，適格現物分配）により移転を受けた資産のうち，次に掲げる資産をいう（法法60の3①，法令118の3①）。ただし，これらの資産のうち，支配事業年度開始日又はその適格分割等の日における時価^(※1)とその帳簿価額^(※1)との差額が支配事業年度開始日又はその適格分割等の日における欠損等法人の資本金等の額の2分の1に相当する金額と1,000万円とのいずれか少ない金額に満たないものは除かれる。

●固定資産^(※2)
●土地（土地の上に存する権利を含み，固定資産に該当するものを除く）^(※2)
●有価証券（売買目的有価証券（法法61の3①一），償還有価証券（法令119の14）を除く）^(※2)
●金銭債権^(※2)
●繰延資産^(※2)
●譲渡損益調整資産に係る譲渡損失額に相当する調整勘定に係る資産（法令122の14⑭）
●資産調整勘定（法法62の8①）

（※1）　時価又は帳簿価額は，資産を財務省令で定める単位（欠損等法人に係る評価損資産の評価差額を計算する際の単位）に区分した後のそれぞれの資産の時価又は帳簿価額となる（第1節1の（注4）参照）。

（※2）　非適格合併により移転を受けた資産にあっては，譲渡損益調整資産の譲渡損益の繰延べ規定（法法61の11①）の適用があるものに限る。

（注3）　減価償却資産（その減価償却資産のその事業年度開始日における帳簿価額が，その減価償却資産につきその取得の日からその事業年度において採用している償却の方法により償却を行ったものとした場合に計算されるその事業年度開始日における帳簿価額に相当する金額のおおむね2倍を超える場合におけるその減価償却資産を除く）の除却は除かれる（法令118の3②，123の8⑤五）。

　なお，欠損等法人がその適用期間^(注4)内に自己を被合併法人，分割法人，現物出資法人，現物分配法人とする適格組織再編成等^(注5)によりその有する特定資産（評価損資産に該当するものに限る）をその適格組織再編成等に係る合併法人，分割承継法人，被現物出資法人，被現物分配法人（合併法人等）に移転した場合には，今度は，その合併法人等を欠損等法人とみなして，「欠損等法人の特定資産の譲渡等損失額の損金算入制限（法法60の3①）」を適用する（法法60の3②）。

（注4）　適用期間とは，欠損等法人の適用事業年度開始日から同日以後3年を経過する日（その経過する日が支配日以後5年を経過する日後となる場合にあっては，同日）までの期間をいう（法法60の3①）。適用事業年度とは，特定事由に該当することとなった日の属する事業年度をいう（法法60の3①，57の2①）。

（注5）　適格組織再編成等とは，適格合併，非適格合併で譲渡損益調整資産の譲渡損益の繰延べ規定（法法61の11①）の適用があるもの，適格分割，適格現物出資，適格現物分配をいう（法法60の3①）。

　また，欠損等法人の特定資産の譲渡等損失額の損金算入制限について，同じく資産の譲渡等

の損失額を損金不算入とする他の制度の取扱いは次のとおりとなる。

資産の譲渡等損失額を損金不算入とする他の制度	適用関係
通算承認に係る特定資産譲渡等損失額の損金算入制限（法法64の14①）	通算法人が欠損等法人であり，かつ，欠損等法人の特定資産の譲渡等損失額の損金算入制限の適用期間内に通算承認の効力が生じたときは，その通算法人が有する資産については，通算承認に係る特定資産譲渡等損失額の損金算入制限は，適用しない（法法64の14③）。つまり，欠損等法人の特定資産の譲渡等損失額の損金算入制限（法法60の3①）の適用を優先する形で重複適用を排除する。
	通算法人が通算承認の効力が生じた日以後に欠損等法人となり，かつ，欠損等法人の特定資産の譲渡等損失額の損金算入制限の適用期間が開始したときは，その通算承認に係る特定資産譲渡等損失額の損金算入制限の適用期間は，その欠損等法人の特定資産の譲渡等損失額の損金算入制限の適用期間開始日の前日に終了する（法法64の14④）。つまり，欠損等法人の特定資産の譲渡等損失額の損金算入制限（法法60の3①）の適用を優先する形で重複適用を排除する。
組織再編税制に係る特定資産譲渡等損失額の損金算入制限（法法62の7①）	被合併法人等が特定適格組織再編成等の直前において欠損等法人であり，かつ，特定適格組織再編成等が欠損等法人の特定資産の譲渡等損失額の損金算入制限の適用期間内に行われたときは，合併法人等が被合併法人等から特定適格組織再編成等により移転を受けた資産については，組織再編税制に係る特定資産譲渡等損失額の損金算入制限は適用しない（法法62の7④）。ここで，特定適格組織再編成等とは，適格合併，非適格合併で譲渡損益調整資産の譲渡損益の繰延べ規定（法法61の11①）の適用があるもの，適格分割，適格現物出資，適格現物分配のうち，みなし共同事業要件を満たさないものをいう。つまり，合併法人等を欠損法人等とみなした欠損等法人の特定資産の譲渡等損失額の損金算入制限（法法60の3①）の適用を優先する形で重複適用を排除する。
	合併法人等が欠損等法人であり，かつ，欠損等法人の特定資産の譲渡等損失額の損金算入制限の適用期間内に特定適格組織再編成等が行われたときは，その合併法人等が有する資産については，組織再編税制に係る特定資産譲渡等損失額の損金算入制限は適用しない（法法62の7⑤）。つまり，欠損等法人の特定資産の譲渡等損失額の損金算入制限（法法60の3①）の適用を優先する形で重複適用を排除する。
	合併法人等が特定適格組織再編成等後に欠損等法人となり，かつ，欠損等法人の特定資産の譲渡等損失額の損金算入制限の適用期間が開始したときは，その組織再編税制に係る特定資産譲渡等損失額の損金算入制限の適用期間は，その欠損等法人の特定資産の譲渡等損失額の損金算入制限の適用期間開始日の前日に終了す

| | ることとなる（法法62の7⑥）。つまり，欠損等法人の特定資産の譲渡等損失額の損金算入制限（法法60の3①）の適用を優先する形で重複適用を排除する。 |

第3節　欠損等法人の地方税の取扱い

1　住民税

　住民税では，法人税割の課税標準額（法人税額）の計算において，法人税における欠損等法人の繰越欠損金の切捨てと特定資産の譲渡等損失額の損金不算入額に係る調整は行われない。

　つまり，欠損等法人の制限規定を適用した後の法人税額を住民税の課税標準とする。

2　事業税

　事業税では，事業税の繰越欠損金は，法人税の繰越欠損金とは区別して計算されるが，法人税法第57条の2が準用されるため，法人税と同様に，欠損等法人の繰越欠損金の切捨ての規定が適用される（地法72の23①②，地令20の3）。つまり，通常，法人税の繰越欠損金が切り捨てられる場合，事業税の繰越欠損金も切り捨てられることとなる。

　ただし，欠損等法人の判定に係る評価損資産について，法人税では，「その法人が通算法人である場合における他の通算法人（初年度離脱通算子法人及び通算親法人を除く）の株式又は出資」が特定資産から除外されているが，事業税では，当該他の通算法人の株式が特定資産に含まれることとなる（地令20の3，法令113の3⑥）。

　そのため，その法人が通算法人である場合で，その有する通算子法人株式に特定支配事業年度開始日に含み損がある場合は，法人税では欠損等法人（評価損資産）に該当しないが，事業税では欠損等法人（評価損資産）に該当する場合が生じることとなる。

　また，所得割及び付加価値割の課税標準額（所得金額）の計算において，法人税における欠損等法人の特定資産の譲渡等損失額の損金不算入額に係る調整は行われない。

　つまり，特定資産の譲渡等損失額を損金不算入とした後の通算前所得金額を事業税の課税標準とする。

第 **2** 部

グループ通算制度の M&A・組織再編成・ 清算のケース スタディ

第2部　グループ通算制度のM＆A・組織再編成・清算のケーススタディ

　通算法人がM＆A，組織再編成，清算を行う場合，第1部で解説した加入・離脱・取りやめの税務，組織再編税制，清算課税の個別規定が複合的に適用されることとなる。そこで，第2部では，通算法人がM＆A，組織再編成，清算を行う場合の税務上の取扱いをケースごとに整理することとする。

　なお，ここでは，税務上の取扱いの適用関係を整理することが目的であるため，その具体的な取扱いは第1部を参照してほしい。

　また，株式譲渡，組織再編成，清算により，譲渡損益調整資産の再譲渡や譲渡法人及び譲受法人間の完全支配関係の消失など繰延譲渡損益の実現事由が生じる場合のその実現処理の取扱い（法法61の11②③等）は解説を省略している。

　なお，本書において，「みなし配当が生じる場合」とは，みなし配当事由に該当する場合を意味しており，計算した結果，みなし配当の額が0となる場合が含まれる。

第1章　株式買取のケーススタディ

[Case 1]　非通算法人の株式のすべてを取得するケース

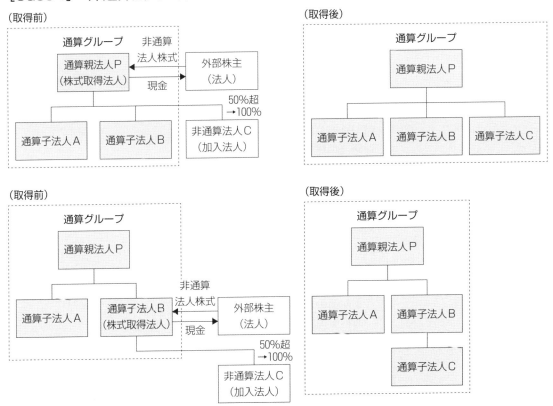

(前提)
- 加入法人は，加入日以後2か月以内，かつ，最初通算事業年度終了日までに離脱をしないものとする。
- 繰延譲渡損益の実現処理の取扱いは解説を省略している。
- 非通算法人は通算制度を適用していない（単体納税を採用している）ものとする。

(加入時の時価評価除外法人の判定)

　非通算法人は，支配関係のある加入法人に該当するため，次の要件のすべてに該当する場合，時価評価除外法人となる（法法64の12①，法令131の16③）。
- 完全支配関係継続要件
- 従業者継続要件
- 主要事業継続要件

第2部　グループ通算制度のM&A・組織再編成・清算のケーススタディ

❶　非通算法人（加入法人）の税務上の取扱い

取扱項目		時価評価除外法人の場合	時価評価対象法人の場合
みなし事業年度		加入に伴う次のみなし事業年度を設定する（法法14③④一・⑧一，64の9⑪，地法72の13⑦⑧一・⑫一）。加入日は，完全支配関係発生日又は加入時期の特例を適用する場合は，月次決算期間の末日の翌日又は会計期間の末日の翌日となる（法法64の9⑪）。 ①　加入直前事業年度：事業年度開始日から加入日の前日までの期間（単体申告） ②　加入事業年度：加入日から通算親法人事業年度終了日までの期間（通算申告）	同左
加入時の時価評価		時価評価不要	時価評価必要
加入法人の繰越欠損金の持込制限	法人税(注1)	●次の要件のいずれも満たさない場合，持込制限が生じる（法法57⑧，法令112の2③④）。 ①　支配関係5年継続要件 ②　共同事業性の要件 ③　新たな事業の未開始要件 ●ただし，含み損益の特例計算の適用がある（法令113①⑫）。 ●持ち込む繰越欠損金は，特定欠損金となる（法法64の7②一）。	全額切り捨てられる（法法57⑥）。
	住民税(注2)	●加入直前に有している控除対象通算対象所得調整額等は加入しても切り捨てられない。 ●加入により切り捨てられる法人税の繰越欠損金は，控除対象通算適用前欠損調整額となる（地法53③④，321の8③④）。	●加入直前に有している控除対象通算対象所得調整額等は加入しても切り捨てられない。 ●加入により切り捨てられる法人税の繰越欠損金は，控除対象通算適用前欠損調整額となる（地法53③④，321の8③④）。
	事業税(注3)	切り捨てられない（地法72の23①②）。	切り捨てられない（地法72の23①②）。
加入に係る特定資産譲渡等損失額の損金算入制限		次の要件のいずれも満たさない場合，損金算入制限が生じる（法法64の14①，法令131の19①②，131の8①，112の2④）。 ①　支配関係5年継続要件 ②　共同事業性の要件	損金算入制限は生じない（法法64の14①）。

	③ 新たな事業の未開始要件 ● ただし，含み損益の特例計算の適用がある（法令131の19⑤，123の9①）。	
加入に係る特定資産譲渡等損失額等の損益通算制限	● 次の要件のいずれも満たさない場合，「特定資産譲渡等損失額が生じる場合の損益通算の制限」又は「減価償却費割合が30％超の場合の損益通算の制限」が生じる（法法64の6①③，法令131の8①②，112の2④）。 ① 支配関係5年継続要件 ② 共同事業性の要件 ● 通算対象外欠損金額は特定欠損金となる（法法64の7②三）。	損益通算制限は生じない（法法64の6①③）。
加入法人の完全支配関係のある子法人（加入孫法人）の取扱い	加入孫法人についても，加入した場合の税務上の取扱いが適用される。	加入孫法人についても，加入した場合の税務上の取扱いが適用される。

(注1) 法人税の繰越欠損金をいうものとする（以下，本章で同じ）。

(注2) 住民税特有の欠損金（控除対象通算対象所得調整額，控除対象配賦欠損調整額等）をいうものとする（以下，本章で同じ）。

(注3) 事業税の繰越欠損金をいうものとする（以下，本章に同じ）。

❷ 通算法人（株式取得法人又は株式保有法人）の税務上の取扱い

取扱項目	時価評価除外法人の場合	時価評価対象法人の場合
加入時の離脱見込み法人株式の時価評価	離脱見込み法人株式の時価評価は適用されない（法法64の12②）。	加入法人が離脱見込み法人に該当する場合は，株式保有法人において加入日の前日の属する事業年度に離脱見込み法人株式の時価評価が行われる（法法64の12②，法令131の16③⑤）。
加入法人株式	● 株式の取得価額は，購入の代価（購入手数料その他その有価証券の購入のために要した費用がある場合には，その費用の額を加算した金額）となる（法令119①一）。 ● 将来の投資簿価修正に係る資産調整勘定対応金額等が発生する（法令119の3⑥⑦）。	● 株式の取得価額は，購入の代価（購入手数料その他その有価証券の購入のために要した費用がある場合には，その費用の額を加算した金額）となる（法令119①一）。 ● 将来の投資簿価修正に係る資産調整勘定対応金額等が発生する（法令119の3⑥⑦）。

❸ 外部株主（法人）の税務上の取扱い

取扱項目		時価評価除外法人の場合	時価評価対象法人の場合
非通算法人株式	みなし配当	みなし配当は生じない（法法24①）。	みなし配当は生じない（法法24①）。
	株式譲渡損益	株式譲渡損益が生じる（法法61の2①）。	株式譲渡損益が生じる（法法61の2①）。

[Case 2] 通算外法人の株式のすべてを取得するケース

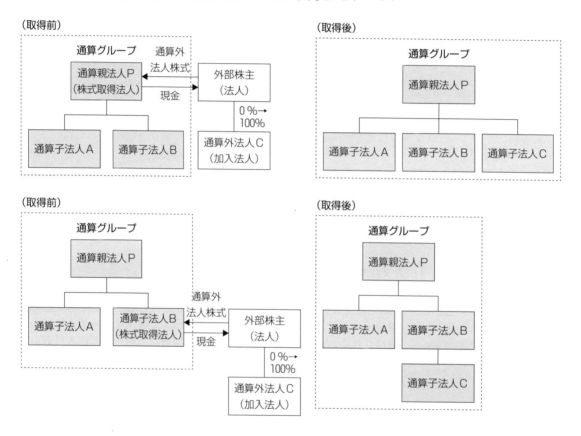

（前提）

- 加入法人は，加入日以後2か月以内，かつ，最初通算事業年度終了日までに離脱をしないものとする。
- 繰延譲渡損益の実現処理の取扱いは解説を省略している。
- 通算外法人は通算制度を適用していない（単体納税を採用している）ものとする。

第1章　株式買取のケーススタディ

（加入時の時価評価除外法人の判定）

　通算外法人は，支配関係のない加入法人に該当するため，次の要件のすべてに該当する場合，時価評価除外法人となる（法法64の12①，法令131の16③④）。

- ●完全支配関係継続要件
- ●事業関連性要件
- ●事業規模比5倍以内要件又は特定役員継続要件
- ●従業者継続要件
- ●主要事業継続要件

❶　通算外法人（加入法人）の税務上の取扱い

取扱項目		時価評価除外法人の場合	時価評価対象法人の場合
みなし事業年度		加入に伴う次のみなし事業年度を設定する（法法14③④一・⑧一，64の9⑪，地法72の13⑦⑧一・⑫一）。加入日は，完全支配関係発生日又は加入時期の特例を適用する場合は，月次決算期間の末日の翌日又は会計期間の末日の翌日となる（法法64の9⑪）。 ①　加入直前事業年度：事業年度開始日から加入日の前日までの期間（単体申告） ②　加入事業年度：加入日から通算親法人事業年度終了日までの期間（通算申告）	同左
加入時の時価評価		時価評価不要	時価評価必要
加入法人の繰越欠損金の持込制限	法人税	●持込制限は生じない（法法57⑧，法令112の2④）。 ●持ち込む繰越欠損金は，特定欠損金となる（法法64の7②一）。	全額切り捨てられる（法法57⑥）。
	住民税	加入直前に有している控除対象通算対象所得調整額等は加入しても切り捨てられない。	●加入直前に有している控除対象通算対象所得調整額等は加入しても切り捨てられない。 ●加入により切り捨てられる法人税の繰越欠損金は，控除対象通算適用前欠損調整額となる（地法53③④，321の8③④）。
	事業税	切り捨てられない（地法72の23①②）。	切り捨てられない（地法72の23①②）。

279

第2部　グループ通算制度のM&A・組織再編成・清算のケーススタディ

加入に係る特定資産譲渡等損失額の損金算入制限	損金算入制限は生じない（法法64の14①，法令131の19②，112の2④）。	損金算入制限は生じない（法法64の14①）。
加入に係る特定資産譲渡等損失額等の損益通算制限	損益通算制限は生じない（法法64の6①③，法令131の8②，112の2④）。	損益通算制限は生じない（法法64の6①③）。
加入法人の完全支配関係のある子法人（加入孫法人）の取扱い	加入孫法人についても，加入した場合の税務上の取扱いが適用される。	加入孫法人についても，加入した場合の税務上の取扱いが適用される。

❷　通算法人（株式取得法人又は株式保有法人）の税務上の取扱い

取扱項目	時価評価除外法人の場合	時価評価対象法人の場合
加入時の離脱見込み法人株式の時価評価	離脱見込み法人株式の時価評価は適用されない（法法64の12②）。	加入法人が離脱見込み法人に該当する場合は，株式保有法人において加入日の前日の属する事業年度に離脱見込み法人株式の時価評価が行われる（法法64の12②，法令131の16③⑤）。
加入法人株式	●株式の取得価額は，購入の代価（購入手数料その他その有価証券の購入のために要した費用がある場合には，その費用の額を加算した金額）となる（法令119①一）。 ●将来の投資簿価修正に係る資産調整勘定対応金額等が発生する（法令119の3⑥⑦）。	●株式の取得価額は，購入の代価（購入手数料その他その有価証券の購入のために要した費用がある場合には，その費用の額を加算した金額）となる（法令119①一）。 ●将来の投資簿価修正に係る資産調整勘定対応金額等が発生する（法令119の3⑥⑦）。

❸　外部株主（法人）の税務上の取扱い

取扱項目		時価評価除外法人の場合	時価評価対象法人の場合
通算外法人株式	みなし配当	みなし配当は生じない（法法24①）。	みなし配当は生じない（法法24①）。
	株式譲渡損益	株式譲渡損益が生じる（法法61の2①）。	株式譲渡損益が生じる（法法61の2①）。

280

第2章　株式売却のケーススタディ

[Case 1]　通算子法人の株式を通算グループ外に譲渡するケース

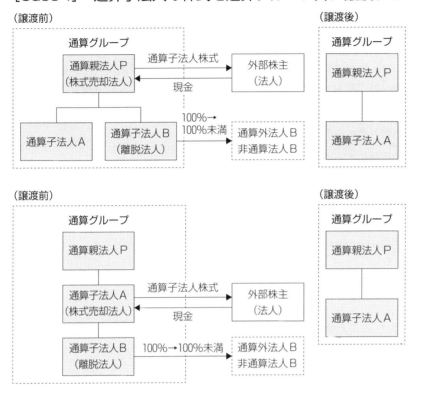

（前提）

- 離脱法人は，開始・加入日以後2か月以内，かつ，最初通算事業年度終了日までに離脱をするものには該当しないこととする。
- 繰延譲渡損益の実現処理の取扱いは解説を省略している。
- 外部株主（法人）は通算制度を適用していない（単体納税を採用している）ものとする。

❶　通算子法人（離脱法人）の税務上の取扱い

取扱項目	取扱い
みなし事業年度	離脱に伴う次のみなし事業年度を設定する（法法14③④二・⑦，64の10⑥六，地法72の13⑦⑧二・⑪）。離脱日の前日が通算親法人事業年度終了日と同日である場合は，離脱直前事業年度は通算申告となり，離脱日の前日が通算親法人事業年度終了日と同日でない場合は，離脱直前事業年度は通算法人の単体申告となる（法法64の5①③，64の7①）。離脱日とは，通算完全支配関係を有しなくなった日となる（法

281

第2部　グループ通算制度のM&A・組織再編成・清算のケーススタディ

		法64の10⑥六）。 ①　離脱直前事業年度：通算事業年度開始日から離脱日の前日までの期間 ②　離脱事業年度：離脱日から離脱法人の会計期間終了日までの期間
離脱時の時価評価		次の事由のいずれかに該当する場合，離脱直前事業年度において，一定の資産について時価評価を行う（法法64の13①，法令131の17②）。 イ）離脱法人で主要な事業を継続することが見込まれていない場合（含み益の合計額≧含み損の合計額である場合を除く） ロ）他の通算法人で離脱法人株式の譲渡損及び離脱法人で簿価10億円超の特定資産の譲渡損が生じることが見込まれている場合
離脱法人の繰越欠損金の引継ぎ	法人税(注1)	切り捨てられない。
	住民税(注2)	切り捨てられない。
	事業税(注3)	切り捨てられない。
離脱法人が株式を有する他の通算子法人の取扱い		離脱法人が株式を有する他の通算子法人についても，離脱した場合の税務上の取扱いが適用される。

(注1)　法人税の繰越欠損金をいうものとする（以下，本章で同じ）。
(注2)　住民税特有の欠損金（控除対象通算対象所得調整額，控除対象配賦欠損調整額等）をいうものとする（以下，本章で同じ）。
(注3)　事業税の繰越欠損金をいうものとする（以下，本章に同じ）。

❷　通算法人（株式売却法人）の税務上の取扱い

取扱項目		取扱い
投資簿価修正		適用される（法令119の3⑤⑥⑦）。
離脱法人株式	みなし配当	みなし配当は生じない（法法24①）。
	株式譲渡損益	株式譲渡損益が生じる（法法61の2①）。

❸　外部株主（法人）の税務上の取扱い

取扱項目	取扱い
離脱法人株式	株式の取得価額は，購入の代価（購入手数料その他その有価証券の購入のために要した費用がある場合には，その費用の額を加算した金額）となる（法令119①一）。

[Case 2] 通算子法人の株式を通算グループ内で譲渡するケース

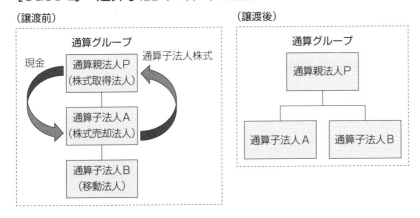

❶ 通算子法人（移動法人）の税務上の取扱い

取扱項目	取扱い
みなし事業年度	通算終了事由に該当しないため，移動法人株式の譲渡に伴い，みなし事業年度は設定されない。
移動法人が株式を有する他の通算子法人の取扱い	移動法人が株式を有する他の通算子法人についても，通算終了事由に該当しないため，移動法人株式の譲渡に伴い，税務上の取扱いは生じない。

❷ 通算法人（株式売却法人）の税務上の取扱い

取扱項目		取扱い
投資簿価修正		通算終了事由は生じないため，適用されない（法令119の3⑤）。
移動法人株式	みなし配当	みなし配当は生じない（法法24①）。
	株式譲渡損益	通算グループ内の通算子法人株式の譲渡であるため，株式の譲渡損益の計上は行われない（繰延べもされない。法法61の11⑧）。

❸ 通算法人（株式取得法人）の税務上の取扱い

取扱項目	取扱い
移動法人株式	株式の取得価額は，購入の代価（購入手数料その他その有価証券の購入のために要した費用がある場合には，その費用の額を加算した金額）となる（法令119①一）。

第3章 合併のケーススタディ

[Case 1] 通算親法人が通算子法人を吸収合併するケース

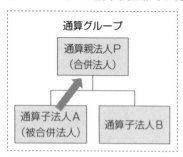

(前提)
- 通算親法人の株式の50％超を直接・間接に保有する者はいないものとする。
- 被合併法人である通算子法人は，最初通算事業年度に合併を行うものではないものとする。
- 繰延譲渡損益の実現処理の取扱いは解説を省略している。
- 合併法人（開始・加入時に時価評価除外法人に該当し，支配関係5年継続要件及び共同事業性の要件を満たさないものに限る）において，合併による被合併事業の引継ぎが新たな事業の未開始要件に抵触しないものとする。
- 合併法人又は被合併法人に欠損等法人の制限規定は適用されないこととする。

(適格要件)
100％親子間合併のため適格要件を満たす（法法2十二の八，法令4の3②）。

❶ 通算親法人（合併法人）の税務上の取扱い

取扱項目		適格の場合
資産の受入		簿価受入
被合併法人の最終事業年度の欠損金額の損金算入の取扱い		合併日の前日の属する事業年度（合併日が通算親法人事業年度開始日である場合を除く）の単体申告において発生した被合併法人の欠損金額は，合併法人の合併日の属する事業年度の損金に算入される（法法64の8）。
合併法人の繰越欠損金の利用制限	法人税(注1)	利用制限は生じない（法令112の2⑦）。
	住民税(注2)	利用制限は生じない。
	事業税(注3)	●次の要件のいずれも満たさない場合，利用制限が生じる（法法57④，法令112③④⑨⑩，地法72の23①②，地令20の3）。

		① 支配関係 5 年継続要件 ② みなし共同事業要件 ● ただし，含み損益の特例計算の適用がある（法令113①④，地法72の23①②，地令20の 3 ）。
被合併法人の繰越欠損金の引継制限	法人税^(注1)	● 引継制限は生じない（法法57②，法令112の 2 ⑥）。 ● 合併法人は，被合併法人の繰越欠損金のうち，特定欠損金と非特定欠損金の区分ごとに引き継ぐ（法法64の 7 ③）。 ● 被合併法人の繰越欠損金のうち，最終事業年度の単体申告で控除されたものは，特定欠損金から優先的に使用されたものとする（法令131の 9 ④）。 ● 被合併法人の最終事業年度の単体申告により発生した欠損金額は，合併法人の合併日の属する事業年度の損金に算入される（法法64の 8 ）。
	住民税^(注2)	引継制限は生じない（地法53⑤⑦⑮㉑㉔㉘，321の 8 ⑤⑦⑮㉑㉔㉘，令 2 改地法附 5 ④⑤⑥，13④⑤⑥，令 2 改地令附 3 ㉓㉙㉟， 5 ㉓㉙㉟）。
	事業税^(注3)	● 次の要件のいずれも満たさない場合，引継制限が生じる（法法57②③，法令112③④，地法72の23①②，地令20の 3 ）。 ① 支配関係 5 年継続要件 ② みなし共同事業要件 ● ただし，含み損益の特例計算の適用がある（法令113①，地法72の23①②，地令20の 3 ）。
組織再編に係る特定資産譲渡等損失額の損金算入制限		● 次の要件のいずれも満たさない場合，損金算入制限が生じる（法法62の 7 ①，57④，法令112③⑩，123の 8 ①）。 ① 支配関係 5 年継続要件 ② みなし共同事業要件 ● ただし，含み損益の特例計算の適用がある（法令123の 9 ①⑦）。
通算子法人株式の投資簿価修正		● 抱合株式について投資簿価修正が適用される（加算措置を含む。法令119の 3 ⑤⑥⑦）。 ● 抱合株式の帳簿価額は資本金等の額から減額される（法令 8 ①五）。
抱合株式	みなし配当	みなし配当は生じない（法法24①）。
	株式譲渡損益	株式譲渡損益は生じない（法法61の 2 ③）。

（注 1 ）　法人税の繰越欠損金をいうものとする（以下，本章で同じ）。
（注 2 ）　住民税特有の欠損金（控除対象通算対象所得調整額，控除対象配賦欠損調整額等）をいうものとする（以下，本章で同じ）。
（注 3 ）　事業税の繰越欠損金をいうものとする（以下，本章に同じ）。

❷ 通算子法人（被合併法人）の税務上の取扱い

取扱項目	適格の場合
資産の移転	簿価譲渡
みなし事業年度	最終事業年度：通算事業年度開始日から合併日の前日までの期間（通算法人の単体申告。合併日の前日が通算親法人事業年度終了日である場合は，通算申告。法法14③④二・⑦，64の5①③，64の7①，64の10⑥五，地法72の13⑦⑧二・⑪）。
被合併法人が有する通算子法人株式の取扱い	被合併法人が有する通算子法人株式について投資簿価修正は適用されない（法令119の3⑤）。

[Case 2] 通算親法人が非通算法人を吸収合併するケース（合併対価が合併法人株式の場合）

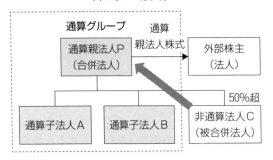

（前提）
- 通算親法人の株式の50％超を直接・間接に保有する者はいないものとする。
- 繰延譲渡損益の実現処理の取扱いは解説を省略している。
- 合併法人（開始・加入時に時価評価除外法人に該当し，支配関係5年継続要件及び共同事業性の要件を満たさないものに限る）において，合併による被合併事業の引継ぎが新たな事業の未開始要件に抵触しないものとする。
- 合併法人又は被合併法人に欠損等法人の制限規定は適用されないこととする。
- 非通算法人及び外部株主（法人）は通算制度を適用していない（単体納税を採用している）ものとする。

（適格要件）

当事者間の支配関係がある場合の適格要件を満たす場合，適格となる（法法2十二の八，法令4の3③）。
- 対価要件

- 従業者引継要件
- 事業継続要件

なお，支配関係がある場合の適格要件を満たさない場合でも共同事業要件を満たす場合は適格と判定される。

❶ 通算親法人（合併法人）の税務上の取扱い

取扱項目		適格の場合	非適格の場合
資産の受入		簿価受入	時価受入
合併法人の繰越欠損金の利用制限	法人税	●次の要件のいずれも満たさない場合，利用制限が生じる（法法57④，法令112③④⑨⑩）。 ① 支配関係5年継続要件 ② みなし共同事業要件 ●ただし，含み損益の特例計算の適用がある（法令113①④）。	利用制限は生じない。
	住民税	利用制限は生じない。	利用制限は生じない。
	事業税	法人税の繰越欠損金と同様の利用制限が生じる（法法57④，法令112③④⑨⑩，113①④，地法72の23①②，地令20の3）。	利用制限は生じない。
被合併法人の繰越欠損金の引継制限	法人税	●次の要件のいずれも満たさない場合，引継制限が生じる（法法57②③，法令112③④）。 ① 支配関係5年継続要件 ② みなし共同事業要件 ●ただし，含み損益の特例計算の適用がある（法令113①）。 ●引き継ぐ被合併法人の繰越欠損金は，特定欠損金となる（法法64の7②二）。	引継ぎはできない。
	住民税	引継制限は生じない（地法53⑤⑦⑮㉑㉔㉘，321の8⑤⑦⑮㉑㉔㉘，令2改地法附5④⑤⑥，13④⑤⑥，令2改地令附3㉓㉙㉟，5㉓㉙㉟）。	引継ぎはできない。
	事業税	法人税の繰越欠損金と同様の引継制限が生じる（法法57②③，法令112③④，113①，地法72の23①②，地令20の3）。	引継ぎはできない。

第2部　グループ通算制度のM&A・組織再編成・清算のケーススタディ

組織再編に係る特定資産譲渡等損失額の損金算入制限		● 次の要件のいずれも満たさない場合，損金算入制限が生じる（法法62の7①，57④，法令112③⑩，123の8①）。 ① 支配関係5年継続要件 ② みなし共同事業要件 ● ただし，含み損益の特例計算の適用がある（法令123の9①⑦）。	損金算入制限は生じない。
抱合株式	みなし配当	みなし配当は生じない（法法24①）。	みなし配当が生じる（法法24①②，法令23⑤）。
	株式譲渡損益	● 株式譲渡損益は生じない（法法61の2③）。 ● 抱合株式の帳簿価額は資本金等の額から減額される（法令8①五）。	● 株式譲渡損益は生じない（法法61の2③）。 ● 抱合株式の帳簿価額及びみなし配当の額は資本金等の額から減額される（法令8①五）。

❷　非通算法人（被合併法人）の税務上の取扱い

取扱項目	適格の場合	非適格の場合
資産の移転	簿価譲渡	時価譲渡
みなし事業年度	最終事業年度：事業年度開始日から合併日の前日までの期間（法法14①二）。	最終事業年度：事業年度開始日から合併日の前日までの期間（法法14①二）。
被合併法人の完全支配関係がある子法人の取扱い	被合併法人の完全支配関係がある子法人のうち，合併により通算子法人となる法人には，通算子法人が加入した場合の税務上の取扱いが適用される。	被合併法人の完全支配関係がある子法人のうち，合併により通算子法人となる法人には，通算子法人が加入した場合の税務上の取扱いが適用される。

❸　外部株主（法人）の税務上の取扱い

取扱項目		適格の場合	非適格の場合
被合併法人株式	みなし配当	みなし配当は生じない（法法24①）。	みなし配当が生じる（法法24①）。
	株式譲渡損益	● 株式譲渡損益は生じない（法法61の2②）。 ● 被合併法人株式の帳簿価額を合併法人株式の帳簿価額に付け替える（法令119①五）。	● 株式譲渡損益は生じない（法法61の2②）。 ● 被合併法人株式の帳簿価額及びみなし配当の額を合併法人株式の帳簿価額に付け替える（法令119①五）。

288

[Case 3] 通算親法人が通算外法人を吸収合併するケース（合併対価が合併法人株式の場合）

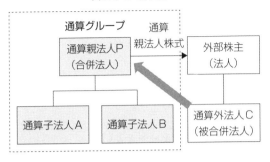

（前提）
- 通算親法人の株式の50％超を直接・間接に保有する者はいないものとする。
- 繰延譲渡損益の実現処理の取扱いは解説を省略している。
- 合併法人（開始又は加入時に時価評価除外法人に該当し、支配関係5年継続要件及び共同事業性の要件を満たさないものに限る）において、合併による被合併事業の引継ぎが新たな事業の未開始要件に抵触しないものとする。
- 合併法人又は被合併法人に欠損等法人の制限規定は適用されないこととする。
- 通算外法人及び外部株主（法人）は通算制度を適用していない（単体納税を採用している）ものとする。

（適格要件）

共同事業要件を満たす場合、適格となる（法法2十二の八、法令4の3④）。
- 対価要件
- 事業関連性要件
- 事業規模要件又は経営参画要件
- 従業者引継要件
- 事業継続要件
- 株式継続保有要件

❶ 通算親法人（合併法人）の税務上の取扱い

取扱項目	適格の場合	非適格の場合
資産の受入	簿価受入	時価受入

合併法人の繰越欠損金の利用制限	法人税	利用制限は生じない。	利用制限は生じない。
	住民税	利用制限は生じない。	利用制限は生じない。
	事業税	利用制限は生じない。	利用制限は生じない。
被合併法人の繰越欠損金の引継制限	法人税	●引継制限は生じない（法法57②③）。 ●引き継ぐ被合併法人の繰越欠損金は，特定欠損金となる（法法64の7②二）。	引継ぎはできない。
	住民税	引継制限は生じない（地法53⑤⑦⑮㉑㉔㉘，321の8⑤⑦⑮㉑㉔㉘，令2改地法附5④⑤⑥，13④⑤⑥，令2改地令附3㉓㉙㉟，5㉓㉙㉟）。	引継ぎはできない。
	事業税	引継制限は生じない（法法57②③，地法72の23①②，地令20の3）。	引継ぎはできない。
組織再編に係る特定資産譲渡等損失額の損金算入制限		損金算入制限は生じない。	損金算入制限は生じない。
抱合株式（所有している場合）	みなし配当	みなし配当は生じない（法法24①）。	みなし配当が生じる（法法24①②，法令23⑤）。
	株式譲渡損益	●株式譲渡損益は生じない（法法61の2③）。 ●抱合株式の帳簿価額は資本金等の額から減額される（法令8①五）。	●株式譲渡損益は生じない（法法61の2③）。 ●抱合株式の帳簿価額及びみなし配当の額は資本金等の額から減額される（法令8①五）。

❷　通算外法人（被合併法人）の税務上の取扱い

取扱項目	適格の場合	非適格の場合
資産の移転	簿価譲渡	時価譲渡
みなし事業年度	最終事業年度：事業年度開始日から合併日の前日までの期間（法法14①二）。	最終事業年度：事業年度開始日から合併日の前日までの期間（法法14①二）。
被合併法人の完全支配関係がある子法人の取扱い	被合併法人の完全支配関係がある子法人のうち，合併により通算子法人となる法人には，通算子法人が加入した場合の税務上の取扱いが適用される。	被合併法人の完全支配関係がある子法人のうち，合併により通算子法人となる法人には，通算子法人が加入した場合の税務上の取扱いが適用される。

第3章 合併のケーススタディ

❸ 外部株主（法人）の税務上の取扱い

取扱項目		適格の場合	非適格の場合
被合併法人株式	みなし配当	みなし配当は生じない（法法24①）。	みなし配当が生じる（法法24①）。
	株式譲渡損益	●株式譲渡損益は生じない（法法61の2②）。 ●被合併法人株式の帳簿価額を合併法人株式の帳簿価額に付け替える（法令119①五）。	●株式譲渡損益は生じない（法法61の2②）。 ●被合併法人株式の帳簿価額及びみなし配当の額を合併法人株式の帳簿価額に付け替える（法令119①五）。

[Case 4] 通算親法人が非通算法人を吸収合併するケース（合併対価が現金の場合）

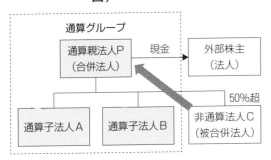

（前提）

- 通算親法人の株式の50％超を直接・間接に保有する者はいないものとする。
- 繰延譲渡損益の実現処理の取扱いは解説を省略している。
- 合併法人（開始・加入時に時価評価除外法人に該当し，支配関係5年継続要件及び共同事業性の要件を満たさないものに限る）において，合併による被合併事業の引継ぎが新たな事業の未開始要件に抵触しないものとする。
- 合併法人又は被合併法人に欠損等法人の制限規定は適用されないこととする。
- 非通算法人及び外部株主（法人）は通算制度を適用していない（単体納税を採用している）ものとする。

（適格要件）

当事者間の支配関係がある場合の適格要件を満たす場合，適格となる（法法2十二の八，法令4の3③）。

- 対価要件

第2部　グループ通算制度のM&A・組織再編成・清算のケーススタディ

- 従業者引継要件
- 事業継続要件

　なお，支配関係がある場合の適格要件を満たさない場合でも共同事業要件を満たす場合は適格と判定される。

❶　通算親法人（合併法人）の税務上の取扱い

取扱項目		適格の場合	非適格の場合
資産の受入		簿価受入	時価受入
合併法人の繰越欠損金の利用制限	法人税	● 次の要件のいずれも満たさない場合，利用制限が生じる（法法57④，法令112③④⑨⑩）。 ① 支配関係5年継続要件 ② みなし共同事業要件 ● ただし，含み損益の特例計算の適用がある（法令113①④）。	利用制限は生じない。
	住民税	利用制限は生じない。	利用制限は生じない。
	事業税	法人税の繰越欠損金と同様の利用制限が生じる（法法57④，法令112③④⑨⑩，113①④，地法72の23①②，地令20の3）。	利用制限は生じない。
被合併法人の繰越欠損金の引継制限	法人税	● 次の要件のいずれも満たさない場合，引継制限が生じる（法法57②③，法令112③④）。 ① 支配関係5年継続要件 ② みなし共同事業要件 ● ただし，含み損益の特例計算の適用がある（法令113①）。 ● 引き継ぐ被合併法人の繰越欠損金は，特定欠損金となる（法法64の7②二）。	引継ぎはできない。
	住民税	引継制限は生じない（地法53⑤⑦⑮㉑㉔㉘，321の8⑤⑦⑮㉑㉔㉘，令2改地法附5④⑤⑥，13④⑤⑥，令2改地令附3㉓㉙㉟，5㉓㉙㉟）。	引継ぎはできない。
	事業税	法人税の繰越欠損金と同様の引継制限が生じる（法法57②③，法令112③④，113①，地法72の23①②，地令20の3）。	引継ぎはできない。

組織再編に係る特定資産譲渡等損失額の損金算入制限		● 次の要件のいずれも満たさない場合，損金算入制限が生じる（法法62の7①，57④，法令112③⑩，123の8①）。 ① 支配関係5年継続要件 ② みなし共同事業要件 ● ただし，含み損益の特例計算の適用がある（法令123の9①⑦）。	損金算入制限は生じない。
抱合株式	みなし配当	みなし配当は生じない（法法24①）。	みなし配当が生じる（法法24①②，法令23⑤）。
	株式譲渡損益	● 株式譲渡損益は生じない（法法61の2③）。 ● 抱合株式の帳簿価額は資本金等の額から減額される（法令8①五）。	● 株式譲渡損益は生じない（法法61の2③）。 ● 抱合株式の帳簿価額及びみなし配当の額は資本金等の額から減額される（法令8①五）。

❷ 非通算法人（被合併法人）の税務上の取扱い

取扱項目	適格の場合	非適格の場合
資産の移転	簿価譲渡	時価譲渡
みなし事業年度	最終事業年度：事業年度開始日から合併日の前日までの期間（法法14①二）。	最終事業年度：事業年度開始日から合併日の前日までの期間（法法14①二）。
被合併法人の完全支配関係がある子法人の取扱い	被合併法人の完全支配関係がある子法人のうち，合併により通算子法人となる法人には，通算子法人が加入した場合の税務上の取扱いが適用される。	被合併法人の完全支配関係がある子法人のうち，合併により通算子法人となる法人には，通算子法人が加入した場合の税務上の取扱いが適用される。

❸ 外部株主（法人）の税務上の取扱い

取扱項目		適格の場合	非適格の場合
被合併法人株式	みなし配当	みなし配当は生じない（法法24①）。	みなし配当が生じる（法法24①）。
	株式譲渡損益	株式譲渡損益が生じる（法法61の2①）。	株式譲渡損益が生じる（法法61の2①）。

[Case 5] 通算親法人が通算外法人を吸収合併するケース（合併対価が現金の場合）

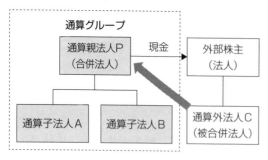

（前提）
- 通算親法人の株式の50％超を直接・間接に保有する者はいないものとする。
- 繰延譲渡損益の実現処理の取扱いは解説を省略している。
- 合併法人（開始・加入時に時価評価除外法人に該当し，支配関係5年継続要件及び共同事業性の要件を満たさないものに限る）において，合併による被合併事業の引継ぎが新たな事業の未開始要件に抵触しないものとする。
- 合併法人又は被合併法人に欠損等法人の制限規定は適用されないこととする。
- 通算外法人及び外部株主（法人）は通算制度を適用していない（単体納税を採用している）ものとする。

（適格要件）

合併法人が被合併法人の3分の2以上の株式を有しておらず，現金を対価とするため非適格となる（法法2十二の八）。

❶ 通算親法人（合併法人）の税務上の取扱い

取扱項目		非適格の場合
資産の受入		時価受入
合併法人の繰越欠損金の利用制限	法人税	利用制限は生じない。
	住民税	利用制限は生じない。
	事業税	利用制限は生じない。
被合併法人の繰越欠損金の引継制限	法人税	引継ぎはできない。
	住民税	引継ぎはできない。
	事業税	引継ぎはできない。

組織再編に係る特定資産譲渡等損失額の損金算入制限	損金算入制限は生じない。	
抱合株式（所有している場合）	みなし配当	みなし配当が生じる（法法24①②，法令23⑤）。
	株式譲渡損益	●株式譲渡損益は生じない（法法61の2③）。 ●抱合株式の帳簿価額及びみなし配当の額は資本金等の額から減額される（法令8①五）。

❷ 通算外法人（被合併法人）の税務上の取扱い

取扱項目	非適格の場合
資産の移転	時価譲渡
みなし事業年度	最終事業年度：事業年度開始日から合併日の前日までの期間（法法14①二）。
被合併法人の完全支配関係がある子法人の取扱い	被合併法人の完全支配関係がある子法人のうち，合併により通算子法人となる法人には，通算子法人が加入した場合の税務上の取扱いが適用される。

❸ 外部株主（法人）の税務上の取扱い

取扱項目	非適格の場合	
被合併法人株式	みなし配当	みなし配当が生じる（法法24①）。
	株式譲渡損益	株式譲渡損益が生じる（法法61の2①）。

[Case 6] 通算子法人が他の通算子法人を吸収合併するケース（合併対価が合併法人株式又は無対価の場合）

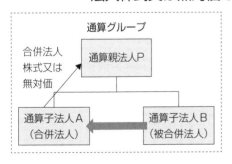

（前提）
● 通算親法人の株式の50％超を直接・間接に保有する者はいないものとする。

第 2 部　グループ通算制度のM&A・組織再編成・清算のケーススタディ

- 被合併法人である通算子法人は，最初通算事業年度に合併を行うものではないものとする。
- 繰延譲渡損益の実現処理の取扱いは解説を省略している。
- 合併法人（開始・加入時に時価評価除外法人に該当し，支配関係 5 年継続要件及び共同事業性の要件を満たさないものに限る）において，合併による被合併事業の引継ぎが新たな事業の未開始要件に抵触しないものとする。
- 合併法人又は被合併法人に欠損等法人の制限規定は適用されないこととする。

（適格要件）

　同一者による完全支配関係がある場合の適格要件を満たす場合，適格となる（法法 2 十二の八，法令 4 の 3 ②）。

- 対価要件
- 完全支配関係継続要件

　完全支配関係がある場合の適格要件を満たさない場合でも支配関係がある場合の適格要件又は共同事業要件を満たす場合は適格と判定される。

❶　通算子法人（合併法人）の税務上の取扱い

取扱項目		適格の場合	非適格の場合
資産の受入		簿価受入	時価受入 ただし，譲渡損益調整資産は簿価受入（法法61の11①⑦）。
被合併法人の最終事業年度の欠損金額の損金算入の取扱い		合併日の前日の属する事業年度（合併日が通算親法人事業年度開始日である場合を除く）の単体申告において発生した被合併法人の欠損金額は，合併法人の合併日の属する事業年度の損金に算入される（法法64の 8 ）。	合併日の前日の属する事業年度（合併日が通算親法人事業年度開始日である場合を除く）の単体申告において発生した被合併法人の欠損金額は，合併法人の合併日の属する事業年度の損金に算入される（法法64の 8 ）。
合併法人の繰越欠損金の利用制限	法人税	利用制限は生じない（法令112の 2 ⑦）。	利用制限は生じない（法令112の 2 ⑦）。
	住民税	利用制限は生じない。	利用制限は生じない。
	事業税	● 次の要件のいずれも満たさない場合，利用制限が生じる（法法57④，法令112③④⑨⑩，地法72の23①②，地令20の 3 ）。 ①　支配関係 5 年継続要件 ②　みなし共同事業要件 ● ただし，含み損益の特例計算の	利用制限は生じない。 ただし，譲渡損益の繰延規定（法法61の11①）の適用がある場合は，適格合併と同様の利用制限の規定が適用される（法法57④，法令112③④⑨⑩，地法72の23①②，地令20の 3 ）。

第3章　合併のケーススタディ

		適用がある（法令113①④，地法72の23①②，地令20の3）。	
被合併法人の繰越欠損金の引継制限	法人税	●引継制限は生じない（法法57②，法令112の2⑥）。 ●合併法人は，被合併法人の繰越欠損金のうち，特定欠損金と非特定欠損金の区分ごとに引き継ぐ（法法64の7③）。 ●被合併法人の繰越欠損金のうち，最終事業年度（合併日の前日が通算親法人事業年度終了日となる場合を除く）で控除されたものは，特定欠損金から優先的に使用されたものとする（法令131の9④）。 ●被合併法人の最終事業年度の単体申告により発生した欠損金額は，合併法人の合併日の属する事業年度の損金に算入される（法法64の8）。	引き継ぐことはできない。
	住民税	引継制限は生じない（地法53⑤⑦⑮㉑㉔㉘，321の8⑤⑦⑮㉑㉔㉘，令2改地法附5④⑤⑥，13④⑤⑥，令2改地令附3㉓㉙㉟，5㉓㉙㉟）。	引き継ぐことはできない。
	事業税	●次の要件のいずれも満たさない場合，引継制限が生じる（法法57②③，法令112③④，地法72の23①②，地令20の3）。 ①　支配関係5年継続要件 ②　みなし共同事業要件 ●ただし，含み損益の特例計算の適用がある（法令113①，地法72の23①②，地令20の3）。	引き継ぐことはできない。
組織再編に係る特定資産譲渡等損失額の損金算入制限		●次の要件のいずれも満たさない場合，損金算入制限が生じる（法法62の7①，57④，法令112③⑩，123の8①）。 ①　支配関係5年継続要件 ②　みなし共同事業要件 ●ただし，含み損益の特例計算の適用がある（法令123の9①⑦）。	損金算入制限が生じない。 ただし，譲渡損益の繰延規定（法法61の11①）の適用がある場合は，適格合併と同様の損金算入制限の規定が適用される（法法62の7①）。

297

第2部　グループ通算制度のM&A・組織再編成・清算のケーススタディ

❷　通算子法人（被合併法人）の税務上の取扱い

取扱項目	適格の場合	非適格の場合
資産の移転	簿価譲渡	時価譲渡 譲渡損益調整資産について譲渡損益が繰り延べられる（法法61の11①，法令122の12①②）。
みなし事業年度	最終事業年度：通算事業年度開始日から合併日の前日までの期間（通算法人の単体申告。合併日の前日が通算親法人事業年度終了日である場合は，通算申告。法法14③④二・⑦，64の5①③，64の7①，64の10⑥五，地法72の13⑦⑧二・⑪）。	最終事業年度：通算事業年度開始日から合併日の前日までの期間（通算法人の単体申告。合併日の前日が通算親法人事業年度終了日である場合は，通算申告。法法14③④二・⑦，64の5①③，64の7①，64の10⑥五，地法72の13⑦⑧二・⑪）。
被合併法人が有する通算子法人株式の取扱い	被合併法人が有する通算子法人株式について投資簿価修正は適用されない（法令119の3⑤）。	被合併法人が有する通算子法人株式について投資簿価修正は適用されない（法令119の3⑤）。

❸　通算親法人（被合併法人の株主）の税務上の取扱い

取扱項目		適格の場合	非適格の場合
通算子法人株式の投資簿価修正		●被合併法人株式について投資簿価修正が適用される（加算措置を含む。法令119の3⑤⑥⑦）。 ●通算内適格合併に該当するため，被合併法人株式につき加算措置を適用しなかった場合，被合併法人調整勘定対応金額を合併法人株式に係る資産調整勘定等対応金額に加算することはできない。	●被合併法人株式について投資簿価修正が適用される（加算措置を含む。法令119の3⑤⑥⑦）。 ●非適格合併に該当するため，被合併法人調整勘定対応金額を合併法人株式に係る資産調整勘定等対応金額に加算することはできない。
被合併法人株式	みなし配当	みなし配当は生じない（法法24①）。	みなし配当が生じる（法法24①③，法令23⑥一・⑦）。
	株式譲渡損益	●株式譲渡損益は生じない（法法61の2②）。 ●被合併法人株式の投資簿価修正後の帳簿価額を合併法人株式の帳簿価額に付け替える（法令119①五，119の3⑳，119の4①）。	●株式譲渡損益は生じない（法法61の2②）。 ●被合併法人株式の投資簿価修正後の帳簿価額及びみなし配当の額を合併法人株式の帳簿価額に付け替える（法令119①五，119の3⑳，119の4①）。

298

[Case 7] 通算子法人が非通算法人を吸収合併するケース（合併対価が通算親法人株式の場合）

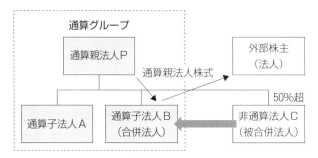

（前提）
- 通算親法人の株式の50％超を直接・間接に保有する者はいないものとする。
- 繰延譲渡損益の実現処理の取扱いは解説を省略している。
- 合併法人（開始・加入時に時価評価除外法人に該当し，支配関係5年継続要件及び共同事業性の要件を満たさないものに限る）において，合併による被合併事業の引継ぎが新たな事業の未開始要件に抵触しないものとする。
- 合併法人又は被合併法人に欠損等法人の制限規定は適用されないこととする。
- 非通算法人及び外部株主（法人）は通算制度を適用していない（単体納税を採用している）ものとする。

（適格要件）
　同一者による支配関係がある場合の適格要件を満たす場合，適格となる（法法2十二の八，法令4の3③）。
- 対価要件
- 支配関係継続要件
- 従業者引継要件
- 事業継続要件

　なお，支配関係がある場合の適格要件を満たさない場合でも共同事業要件を満たす場合は適格と判定される。

（合併親法人株式の定義）
　本ケースにおける合併対価となる通算親法人株式は，適格要件を満たす合併親法人株式に該当するものとする（法法2十二の八，法令4の3①。以下，本章において同じ）。また，本ケー

第2部　グループ通算制度のM&A・組織再編成・清算のケーススタディ

スでは，通算子法人は，合併親法人株式を所有していないものとし，通算親法人は，通算子法人に対して被合併法人の株主に交付するための合併対価として，通算親法人株式の発行をすることとする。したがって，合併親法人株式について譲渡損益は生じないこととする（法法61の2㉓，法令119の11の2）。なお，合併対価の範囲であれば，親会社株式の取得及び保有制限の規定は適用されない（会社法800①②）。

❶　通算子法人（合併法人）の税務上の取扱い

取扱項目		適格の場合	非適格の場合
資産の受入		簿価受入	時価受入
合併法人の繰越欠損金の利用制限	法人税	●次の要件のいずれも満たさない場合，利用制限が生じる（法法57④，法令112③④⑨⑩）。 ①　支配関係5年継続要件 ②　みなし共同事業要件 ●ただし，含み損益の特例計算の適用がある（法令113①④）。	利用制限は生じない。
	住民税	利用制限は生じない。	利用制限は生じない。
	事業税	法人税の繰越欠損金と同様の利用制限が生じる（法法57④，法令112③④⑨⑩，113①④，地法72の23①②，地令20の3）。	利用制限は生じない。
被合併法人の繰越欠損金の引継制限	法人税	●次の要件のいずれも満たさない場合，引継制限が生じる（法法57②③，法令112③④）。 ①　支配関係5年継続要件 ②　みなし共同事業要件 ただし，含み損益の特例計算の適用がある（法令113①）。 ●引き継ぐ被合併法人の繰越欠損金は，特定欠損金となる（法法64の7②二）。	引継ぎはできない。
	住民税	引継制限は生じない（地法53⑤⑦⑮㉑㉔㉘，321の8⑤⑦⑮㉑㉔㉘，令2改地法附5④⑤⑥，13④⑤⑥，令2改地令附3㉓㉙㉟，5㉓㉙㉟）。	引継ぎはできない。
	事業税	法人税の繰越欠損金と同様の引継制限が生じる（法法57②③，法令112③④，113①，地法72の23①②，	引継ぎはできない。

300

		地令20の3）。	
組織再編に係る特定資産譲渡等損失額の損金算入制限		●次の要件のいずれも満たさない場合，損金算入制限が生じる（法法62の7①，57④，法令112③⑩，123の8①）。 ① 支配関係5年継続要件 ② みなし共同事業要件 ●ただし，含み損益の特例計算の適用がある（法令123の9①⑦）。	損金算入制限は生じない。

❷ 非通算法人（被合併法人）の税務上の取扱い

取扱項目	適格の場合	非適格の場合
資産の移転	簿価譲渡	時価譲渡
みなし事業年度	最終事業年度：事業年度開始日から合併日の前日までの期間（法法14①二）。	最終事業年度：事業年度開始日から合併日の前日までの期間（法法14①二）。
被合併法人の完全支配関係がある子法人の取扱い	被合併法人の完全支配関係がある子法人のうち，合併により通算子法人となる法人には，通算子法人が加入した場合の税務上の取扱いが適用される。	被合併法人の完全支配関係がある子法人のうち，合併により通算子法人となる法人には，通算子法人が加入した場合の税務上の取扱いが適用される。

❸ 通算親法人（被合併法人の株主）の税務上の取扱い

取扱項目		適格の場合	非適格の場合
被合併法人株式	みなし配当	みなし配当は生じない（法法24①）。	みなし配当が生じる（法法24①）。
	株式譲渡損益	●株式譲渡損益は生じない（法法61の2②）。 ●被合併法人株式の帳簿価額を合併親法人株式の帳簿価額に付け替える（法令119①五）。この合併親法人株式の帳簿価額は，資本金等の額から減算される（法令8①二十一）。	●株式譲渡損益は生じない（法法61の2②）。 ●被合併法人株式の帳簿価額及びみなし配当の額を合併親法人株式の帳簿価額に付け替える（法令119①五）。この合併親法人株式の帳簿価額は，資本金等の額から減算される（法令8①二十一）。

❹ 外部株主（法人）の税務上の取扱い

取扱項目		適格の場合	非適格の場合
被合併法人株式	みなし配当	みなし配当は生じない（法法24①）。	みなし配当が生じる（法法24①）。
	株式譲渡損益	●株式譲渡損益は生じない（法法61の2②）。 ●被合併法人株式の帳簿価額を合併親法人株式の帳簿価額に付け替える（法令119①五）。	●株式譲渡損益は生じない（法法61の2②）。 ●被合併法人株式の帳簿価額及びみなし配当の額を合併親法人株式の帳簿価額に付け替える（法令119①五）。

[Case 8] 通算子法人が通算外法人を吸収合併するケース（合併対価が通算親法人株式の場合）

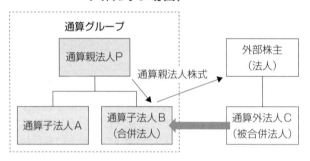

（前提）
- 通算親法人の株式の50％超を直接・間接に保有する者はいないものとする。
- 繰延譲渡損益の実現処理の取扱いは解説を省略している。
- 合併法人（開始・加入時に時価評価除外法人に該当し，支配関係5年継続要件及び共同事業性の要件を満たさないものに限る）において，合併による被合併事業の引継ぎが新たな事業の未開始要件に抵触しないものとする。
- 合併法人又は被合併法人に欠損等法人の制限規定は適用されないこととする。
- 通算外法人及び外部株主（法人）は通算制度を適用していない（単体納税を採用している）ものとする。

（適格要件）

共同事業要件を満たす場合，適格となる（法法2十二の八，法令4の3④）。
- 対価要件
- 事業関連性要件

- 事業規模要件又は経営参画要件

- 従業者引継要件

- 事業継続要件

- 株式継続保有要件

（合併親法人株式の定義）

　［Case7］と同じ。

❶　通算子法人（合併法人）の税務上の取扱い

取扱項目		適格の場合	非適格の場合
資産の受入		簿価受入	時価受入
合併法人の繰越欠損金の利用制限	法人税	利用制限は生じない。	利用制限は生じない。
	住民税	利用制限は生じない。	利用制限は生じない。
	事業税	利用制限は生じない。	利用制限は生じない。
被合併法人の繰越欠損金の引継制限	法人税	引継制限は生じない（法法57②③）。	引継ぎはできない。
	住民税	引継制限は生じない（地法53⑤⑦⑮㉑㉔㉘，321の8⑤⑦⑮㉑㉔㉘，令2改地法附5④⑤⑥，13④⑤⑥，令2改地令附3㉓㉙㉟，5㉓㉙㉟）。	引継ぎはできない。
	事業税	引継制限は生じない（法法57②③，地法72の23①②，地令20の3）。	引継ぎはできない。
組織再編に係る特定資産譲渡等損失額の損金算入制限		損金算入制限は生じない（法法62の7①）。	損金算入制限は生じない。

❷　通算外法人（被合併法人）の税務上の取扱い

取扱項目	適格の場合	非適格の場合
資産の移転	簿価譲渡	時価譲渡
みなし事業年度	最終事業年度：事業年度開始日から合併日の前日までの期間（法法14①二）。	最終事業年度：事業年度開始日から合併日の前日までの期間（法法14①二）。
被合併法人の完全支配関係がある子法人の取扱い	被合併法人の完全支配関係がある子法人のうち，合併により通算子法人となる法人には，通算子法人が加入した場合の税務上の取扱いが適用される。	被合併法人の完全支配関係がある子法人のうち，合併により通算子法人となる法人には，通算子法人が加入した場合の税務上の取扱いが適用される。

❸ 通算親法人（被合併法人の株主）の税務上の取扱い

取扱項目		適格の場合	非適格の場合
被合併法人株式（所有している場合）	みなし配当	みなし配当は生じない（法法24①）。	みなし配当が生じる（法法24①）。
	株式譲渡損益	● 株式譲渡損益は生じない（法法61の2②）。 ● 被合併法人株式の帳簿価額を合併親法人株式の帳簿価額に付け替える（法令119①五）。この合併親法人株式の帳簿価額は，資本金等の額から減算される（法令8①二十一）。	● 株式譲渡損益は生じない（法法61の2②）。 ● 被合併法人株式の帳簿価額及びみなし配当の額を合併親法人株式の帳簿価額に付け替える（法令119①五）。この合併親法人株式の帳簿価額は，資本金等の額から減算される（法令8①二十一）。

❹ 外部株主（法人）の税務上の取扱い

取扱項目		適格の場合	非適格の場合
被合併法人株式	みなし配当	みなし配当は生じない（法法24①）。	みなし配当が生じる（法法24①）。
	株式譲渡損益	● 株式譲渡損益は生じない（法法61の2②）。 ● 被合併法人株式の帳簿価額を合併親法人株式の帳簿価額に付け替える（法令119①五）。	● 株式譲渡損益は生じない（法法61の2②）。 ● 被合併法人株式の帳簿価額及びみなし配当の額を合併親法人株式の帳簿価額に付け替える（法令119①五）。

[Case 9] 通算子法人が非通算法人を吸収合併するケース（合併対価が現金の場合）

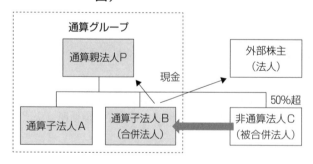

（前提）
● 通算親法人の株式の50％超を直接・間接に保有する者はいないものとする。

第3章　合併のケーススタディ

- 繰延譲渡損益の実現処理の取扱いは解説を省略している。
- 合併法人（開始・加入時に時価評価除外法人に該当し，支配関係5年継続要件及び共同事業性の要件を満たさないものに限る）において，合併による被合併事業の引継ぎが新たな事業の未開始要件に抵触しないものとする。
- 合併法人又は被合併法人に欠損等法人の制限規定は適用されないこととする。
- 非通算法人及び外部株主（法人）は通算制度を適用していない（単体納税を採用している）ものとする。

（適格要件）

　合併法人が被合併法人の3分の2以上の株式を有しておらず，現金を対価とするため非適格となる（法法2十二の八）。

❶　通算子法人（合併法人）の税務上の取扱い

取扱項目		非適格の場合
資産の受入		時価受入
合併法人の繰越欠損金の利用制限	法人税	利用制限は生じない。
	住民税	利用制限は生じない。
	事業税	利用制限は生じない。
被合併法人の繰越欠損金の引継制限	法人税	引継ぎはできない。
	住民税	引継ぎはできない。
	事業税	引継ぎはできない。
組織再編に係る特定資産譲渡等損失額の損金算入制限		損金算入制限は生じない。

❷　非通算法人（被合併法人）の税務上の取扱い

取扱項目	非適格の場合
資産の移転	時価譲渡
みなし事業年度	最終事業年度：事業年度開始日から合併日の前日までの期間（法法14①二）。
被合併法人の完全支配関係がある子法人の取扱い	被合併法人の完全支配関係がある子法人のうち，合併により通算子法人となる法人には，通算子法人が加入した場合の税務上の取扱いが適用される。

305

❸ 通算親法人（被合併法人の株主）の税務上の取扱い

取扱項目		非適格の場合
被合併法人株式	みなし配当	みなし配当が生じる（法法24①）。
	株式譲渡損益	株式譲渡損益が生じる（法法61の2①）。

❹ 外部株主（法人）の税務上の取扱い

取扱項目		非適格の場合
被合併法人株式	みなし配当	みなし配当が生じる（法法24①）。
	株式譲渡損益	株式譲渡損益が生じる（法法61の2①）。

[Case 10] 通算子法人が通算外法人を吸収合併するケース（合併対価が現金の場合）

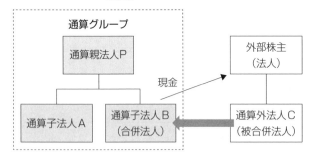

（前提）
- 通算親法人の株式の50％超を直接・間接に保有する者はいないものとする。
- 繰延譲渡損益の実現処理の取扱いは解説を省略している。
- 合併法人（開始・加入時に時価評価除外法人に該当し，支配関係5年継続要件及び共同事業性の要件を満たさないものに限る）において，合併による被合併事業の引継ぎが新たな事業の未開始要件に抵触しないものとする。
- 合併法人又は被合併法人に欠損等法人の制限規定は適用されないこととする。
- 通算外法人及び外部株主（法人）は通算制度を適用していない（単体納税を採用している）ものとする。

（適格要件）

合併法人が被合併法人の３分の２以上の株式を有しておらず，現金を対価とするため非適格となる（法法２十二の八）。

❶　通算子法人（合併法人）の税務上の取扱い

取扱項目		非適格の場合
資産の受入		時価受入
合併法人の繰越欠損金の利用制限	法人税	利用制限は生じない。
	住民税	利用制限は生じない。
	事業税	利用制限は生じない。
被合併法人の繰越欠損金の引継制限	法人税	引継ぎはできない。
	住民税	引継ぎはできない。
	事業税	引継ぎはできない。
組織再編に係る特定資産譲渡等損失額の損金算入制限		損金算入制限は生じない。

❷　通算外法人（被合併法人）の税務上の取扱い

取扱項目	非適格の場合
資産の移転	時価譲渡
みなし事業年度	最終事業年度：事業年度開始日から合併日の前日までの期間（法法14①二）。
被合併法人の完全支配関係がある子法人の取扱い	被合併法人の完全支配関係がある子法人のうち，合併により通算子法人となる法人には，通算子法人が加入した場合の税務上の取扱いが適用される。

❸　通算親法人（被合併法人の株主）の税務上の取扱い

取扱項目		非適格の場合
被合併法人株式（所有している場合）	みなし配当	みなし配当が生じる（法法24①）。
	株式譲渡損益	株式譲渡損益が生じる（法法61の２①）。

❹ 外部株主（法人）の税務上の取扱い

取扱項目		非適格の場合
被合併法人株式	みなし配当	みなし配当が生じる（法法24①）。
	株式譲渡損益	株式譲渡損益が生じる（法法61の2①）。

[Case 11] 通算子法人が非通算法人を吸収合併するケース（合併対価が合併法人株式の場合）

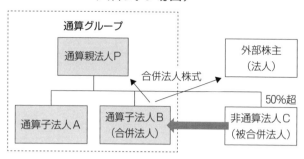

（前提）
- 通算親法人の株式の50％超を直接・間接に保有する者はいないものとする。
- 繰延譲渡損益の実現処理の取扱いは解説を省略している。
- 合併法人又は被合併法人に欠損等法人の制限規定は適用されないこととする。
- 非通算法人及び外部株主（法人）は通算制度を適用していない（単体納税を採用している）ものとする。

（適格要件）

同一者による支配関係がある場合の適格要件を満たす場合，適格となる（法法2十二の八，法令4の3③）。
- 対価要件
- 支配関係継続要件
- 従業者引継要件
- 事業継続要件

なお，支配関係がある場合の適格要件を満たさない場合でも共同事業要件を満たす場合は適格と判定される。

第3章　合併のケーススタディ

（通算制度からの離脱）

　合併法人である通算子法人が通算法人以外の者に株式を発行するため，その通算子法人は合併日に通算制度から離脱する（法法64の10⑥六）。離脱法人のみなし事業年度は次のとおりである（法法14③④二・⑦，64の5①③，64の7①，64の10⑥六，地法72の13⑦⑧二・⑪）。なお，離脱日は合併日となる。

種類	期間	申告方法
離脱直前事業年度	通算事業年度開始日から離脱日の前日までの期間	離脱日の前日が通算親法人事業年度終了日と同日である場合は，通算申告。離脱日の前日が通算親法人事業年度終了日と同日でない場合は，通算法人の単体申告。
離脱事業年度	離脱日から離脱法人の会計期間終了日までの期間	単体申告

❶　通算子法人（合併法人／離脱法人）の税務上の取扱い

取扱項目		適格の場合	非適格の場合
離脱時の時価評価		次の事由のいずれかに該当する場合，離脱直前事業年度において，一定の資産について時価評価を行う（法法64の13①，法令131の17②）。 イ）離脱法人で主要な事業を継続することが見込まれていない場合（含み益の合計額≧含み損の合計額である場合を除く） ロ）他の通算法人で離脱法人株式の譲渡損及び離脱法人で簿価10億円超の特定資産の譲渡損が生じることが見込まれている場合	次の事由のいずれかに該当する場合，離脱直前事業年度において，一定の資産について時価評価を行う（法法64の13①，法令131の17②）。 イ）離脱法人で主要な事業を継続することが見込まれていない場合（含み益の合計額≧含み損の合計額である場合を除く） ロ）他の通算法人で離脱法人株式の譲渡損及び離脱法人で簿価10億円超の特定資産の譲渡損が生じることが見込まれている場合
資産の受入		●簿価受入 ●受入処理は，離脱事業年度（合併日の属する事業年度）に行われる。	●時価受入 ●受入処理は，離脱事業年度（合併日の属する事業年度）に行われる。
合併法人の繰越欠損金の利用制限	法人税	●次の要件のいずれも満たさない場合，利用制限が生じる（法法57④，法令112③④⑨⑩）。 ①　支配関係5年継続要件 ②　みなし共同事業要件 ●ただし，含み損益の特例計算の適用がある（法令113①④）。	利用制限は生じない。

309

第2部　グループ通算制度のM&A・組織再編成・清算のケーススタディ

		●利用制限は，離脱事業年度（合併日の属する事業年度）に生じる。	
	住民税	利用制限は生じない。	利用制限は生じない。
	事業税	●法人税の繰越欠損金と同様の利用制限が生じる（法法57④，法令112③④⑨⑩，113①④，地法72の23①②，地令20の3）。 ●利用制限は，離脱事業年度（合併日の属する事業年度）に生じる。	利用制限は生じない。
被合併法人の繰越欠損金の引継制限	法人税	●次の要件のいずれも満たさない場合，引継制限が生じる（法法57②③，法令112③④）。 ①　支配関係5年継続要件 ②　みなし共同事業要件 ●ただし，含み損益の特例計算の適用がある（法令113①）。 ●引継ぎは，離脱事業年度（合併日の属する事業年度）に行われる。	引継ぎはできない。
	住民税	●引継制限は生じない（地法53⑤⑦⑮㉑㉔㉘，321の8⑤⑦⑮㉑㉔㉘，令2改地法附5④⑤⑥，13④⑤⑥，令2改地令附3㉓㉙㉟，5㉓㉙㉟）。 ●引継ぎは，離脱事業年度（合併日の属する事業年度）に行われる。	引継ぎはできない。
	事業税	●法人税の繰越欠損金と同様の引継制限が生じる（法法57②③，法令112③④，113①，地法72の23①②，地令20の3）。 ●引継ぎは，離脱事業年度（合併日の属する事業年度）に行われる。	引継ぎはできない。
組織再編に係る特定資産譲渡等損失額の損金算入制限		●次の要件のいずれも満たさない場合，損金算入制限が生じる（法法62の7①，57④，法令112③⑩，123の8①）。 ①　支配関係5年継続要件 ②　みなし共同事業要件 ●ただし，含み損益の特例計算の	損金算入制限は生じない。

第3章　合併のケーススタディ

	適用がある（法令123の9①⑦）。 ● 損金算入制限は，離脱事業年度 （合併日の属する事業年度）以 後に生じる。	
他の通算子法人株式の投資 簿価修正	合併法人が他の通算子法人株式を 有する場合，通算制度から離脱す る当該他の通算子法人株式につい て投資簿価修正が行われる（法令 119の3⑤⑥⑦）。	合併法人が他の通算子法人株式を 有する場合，通算制度から離脱す る当該他の通算子法人株式につい て投資簿価修正が行われる（法令 119の3⑤⑥⑦）。
再加入	再加入制限が生じる（法法64の9 ①十，法令131の11③一）。	再加入制限が生じる（法法64の9 ①十，法令131の11③一）。
合併法人が株式を有する他 の通算子法人	合併法人が他の通算子法人株式を 有する場合，合併により通算制度 から離脱する当該他の通算子法人 について，通算子法人が離脱した 場合の取扱いが適用される。	合併法人が他の通算子法人株式を 有する場合，合併により通算制度 から離脱する当該他の通算子法人 について，通算子法人が離脱した 場合の取扱いが適用される。

❷　非通算法人（被合併法人）の税務上の取扱い

取扱項目	適格の場合	非適格の場合
資産の移転	簿価譲渡	時価譲渡
みなし事業年度	最終事業年度：事業年度開始日か ら合併日の前日までの期間（法法 14①二）。	最終事業年度：事業年度開始日か ら合併日の前日までの期間（法法 14①二）。

❸　通算親法人（被合併法人の株主）の税務上の取扱い

取扱項目		適格の場合	非適格の場合
被合併法人株 式	みなし配当	みなし配当は生じない（法法24 ①）。	みなし配当が生じる（法法24①）。
	株式譲渡損 益	● 株式譲渡損益は生じない（法法 61の2②）。 ● 被合併法人株式の帳簿価額を合 併法人株式の帳簿価額に付け替 える（法令119①五）。	● 株式譲渡損益は生じない（法法 61の2②）。 ● 被合併法人株式の帳簿価額及び みなし配当の額を合併法人株式 の帳簿価額に付け替える（法令 119①五）。
通算子法人株式の投資簿価 修正		合併直前に有する合併法人株式に ついて投資簿価修正が行われる （法令119の3⑤⑥⑦）。	合併直前に有する合併法人株式に ついて投資簿価修正が行われる （法令119の3⑤⑥⑦）。

311

❹ 外部株主（法人）の税務上の取扱い

取扱項目		適格の場合	非適格の場合
被合併法人株式	みなし配当	みなし配当は生じない（法法24①）。	みなし配当が生じる（法法24①）。
	株式譲渡損益	●株式譲渡損益は生じない（法法61の2②）。 ●被合併法人株式の帳簿価額を合併法人株式の帳簿価額に付け替える（法令119①五）。	●株式譲渡損益は生じない（法法61の2②）。 ●被合併法人株式の帳簿価額及びみなし配当の額を合併法人株式の帳簿価額に付け替える（法令119①五）。

[Case 12] 通算子法人が通算外法人を吸収合併するケース（合併対価が合併法人株式の場合）

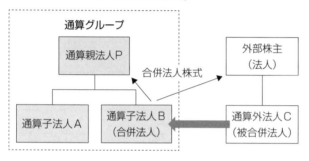

（前提）

- 通算親法人の株式の50％超を直接・間接に保有する者はいないものとする。
- 繰延譲渡損益の実現処理の取扱いは解説を省略している。
- 合併法人又は被合併法人に欠損等法人の制限規定は適用されないこととする。
- 通算外法人及び外部株主（法人）は通算制度を適用していない（単体納税を採用している）ものとする。

（適格要件）

共同事業要件を満たす場合，適格となる（法法2十二の八，法令4の3④）。

- 対価要件
- 事業関連性要件
- 事業規模要件又は経営参画要件
- 従業者引継要件
- 事業継続要件

第3章　合併のケーススタディ

● 株式継続保有要件

（通算制度からの離脱）

　合併法人である通算子法人が通算法人以外の者に株式を発行するため，その通算子法人は合併日に通算制度から離脱する（法法64の10⑥六）。離脱法人のみなし事業年度は次のとおりである（法法14③④二・⑦，64の5①③，64の7①，64の10⑥六，地法72の13⑦⑧二・⑪）。なお，離脱日は合併日となる。

種類	期間	申告方法
離脱直前事業年度	通算事業年度開始日から離脱日の前日までの期間	離脱日の前日が通算親法人事業年度終了日と同日である場合は，通算申告。離脱日の前日が通算親法人事業年度終了日と同日でない場合は，通算法人の単体申告。
離脱事業年度	離脱日から離脱法人の会計期間終了日までの期間	単体申告

❶　通算子法人（合併法人／離脱法人）の税務上の取扱い

取扱項目		適格の場合	非適格の場合
離脱時の時価評価		次の事由のいずれかに該当する場合，離脱直前事業年度において，一定の資産について時価評価を行う（法法64の13①，法令131の17②）。 イ）離脱法人で主要な事業を継続することが見込まれていない場合（含み益の合計額≧含み損の合計額である場合を除く） ロ）他の通算法人で離脱法人株式の譲渡損及び離脱法人で簿価10億円超の特定資産の譲渡損が生じることが見込まれている場合	次の事由のいずれかに該当する場合，離脱直前事業年度において，一定の資産について時価評価を行う（法法64の13①，法令131の17②）。 イ）離脱法人で主要な事業を継続することが見込まれていない場合（含み益の合計額≧含み損の合計額である場合を除く） ロ）他の通算法人で離脱法人株式の譲渡損及び離脱法人で簿価10億円超の特定資産の譲渡損が生じることが見込まれている場合
資産の受入		●簿価受入 ●受入処理は，離脱事業年度（合併日の属する事業年度）に行われる。	●時価受入 ●受入処理は，離脱事業年度（合併日の属する事業年度）に行われる。
合併法人の繰越欠損金の利用制限	法人税	利用制限は生じない。	利用制限は生じない。
	住民税	利用制限は生じない。	利用制限は生じない。
	事業税	利用制限は生じない。	利用制限は生じない。

313

被合併法人の繰越欠損金の引継制限	法人税	●引継制限は生じない（法法57②③）。 ●引継ぎは，離脱事業年度（合併日の属する事業年度）に行われる。	引継ぎはできない。
	住民税	●引継制限は生じない（地法53⑤⑦⑮㉑㉔㉘，321の８⑤⑦⑮㉑㉔㉘，令２改地令附３㉓㉙㉟，５㉓㉙㉟）。 ●引継ぎは，離脱事業年度（合併日の属する事業年度）に行われる。	引継ぎはできない。
	事業税	●引継制限は生じない（法法57②③，地法72の23①②，地令20の３）。 ●引継ぎは，離脱事業年度（合併日の属する事業年度）に行われる。	引継ぎはできない。
組織再編に係る特定資産譲渡等損失額の損金算入制限		損金算入制限は生じない。	損金算入制限は生じない。
他の通算子法人株式の投資簿価修正		合併法人が他の通算子法人株式を有する場合，通算制度から離脱する当該他の通算子法人株式について投資簿価修正が行われる（法令119の３⑤⑥⑦）。	合併法人が他の通算子法人株式を有する場合，通算制度から離脱する当該他の通算子法人株式について投資簿価修正が行われる（法令119の３⑤⑥⑦）。
再加入		再加入制限が生じる（法法64の９①十，法令131の11③一）。	再加入制限が生じる（法法64の９①十，法令131の11③一）。
合併法人が株式を有する他の通算子法人		合併法人が他の通算子法人株式を有する場合，合併により通算制度から離脱する当該他の通算子法人について，通算子法人が離脱した場合の取扱いが適用される。	合併法人が他の通算子法人株式を有する場合，合併により通算制度から離脱する当該他の通算子法人について，通算子法人が離脱した場合の取扱いが適用される。

❷　通算外法人（被合併法人）の税務上の取扱い

取扱項目	適格の場合	非適格の場合
資産の移転	簿価譲渡	時価譲渡
みなし事業年度	最終事業年度：事業年度開始日から合併日の前日までの期間（法法14①二）。	最終事業年度：事業年度開始日から合併日の前日までの期間（法法14①二）。

❸ 通算親法人（被合併法人の株主）の税務上の取扱い

取扱項目		適格の場合	非適格の場合
被合併法人株式（所有している場合）	みなし配当	みなし配当は生じない（法法24①）。	みなし配当が生じる（法法24①）。
	株式譲渡損益	●株式譲渡損益は生じない（法法61の2②）。 ●被合併法人株式の帳簿価額を合併法人株式の帳簿価額に付け替える（法令119①五）。	●株式譲渡損益は生じない（法法61の2②）。 ●被合併法人株式の帳簿価額及びみなし配当の額を合併法人株式の帳簿価額に付け替える（法令119①五）。
通算子法人株式の投資簿価修正		合併直前に有する合併法人株式について投資簿価修正が行われる（法令119の3⑤⑥⑦）。	合併直前に有する合併法人株式について投資簿価修正が行われる（法令119の3⑤⑥⑦）。

❹ 外部株主（法人）の税務上の取扱い

取扱項目		適格の場合	非適格の場合
被合併法人株式	みなし配当	みなし配当は生じない（法法24①）。	みなし配当が生じる（法法24①）。
	株式譲渡損益	●株式譲渡損益は生じない（法法61の2②）。 ●被合併法人株式の帳簿価額を合併法人株式の帳簿価額に付け替える（法令119①五）。	●株式譲渡損益は生じない（法法61の2②）。 ●被合併法人株式の帳簿価額及びみなし配当の額を合併法人株式の帳簿価額に付け替える（法令119①五）。

[Case 13] 通算子法人が株式の3分の2以上を保有する非通算法人を吸収合併するケース（合併対価が現金の場合）

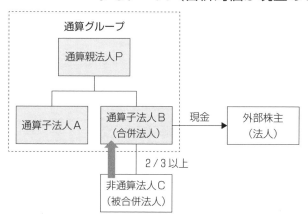

第2部　グループ通算制度のM&A・組織再編成・清算のケーススタディ

（前提）

● 通算親法人の株式の50％超を直接・間接に保有する者はいないものとする。

● 繰延譲渡損益の実現処理の取扱いは解説を省略している。

● 合併法人（開始又は加入時に時価評価除外法人に該当し，支配関係5年継続要件及び共同事業性の要件を満たさないものに限る）において，合併による被合併事業の引継ぎが新たな事業の未開始要件に抵触しないものとする。

● 合併法人又は被合併法人に欠損等法人の制限規定は適用されないこととする。

● 非通算法人及び外部株主（法人）は通算制度を適用していない（単体納税を採用している）ものとする。

（適格要件）

　同一者による支配関係がある場合の適格要件を満たす場合，適格となる（法法2十二の八，法令4の3③）。

● 対価要件

● 支配関係継続要件

● 従業者引継要件

● 事業継続要件

　なお，同一者による支配関係がある場合の適格要件を満たさない場合でも当事者間の支配関係がある場合の適格要件を満たす場合又は共同事業要件を満たす場合は適格と判定される。

❶　通算子法人（合併法人）の税務上の取扱い

取扱項目		適格の場合	非適格の場合
資産の受入		簿価受入	時価受入
合併法人の繰越欠損金の利用制限	法人税	● 次の要件のいずれも満たさない場合，利用制限が生じる（法法57④，法令112③④⑨⑩）。 ①　支配関係5年継続要件 ②　みなし共同事業要件 ● ただし，含み損益の特例計算の適用がある（法令113①④）。	利用制限は生じない。
	住民税	利用制限は生じない。	利用制限は生じない。
	事業税	法人税の繰越欠損金と同様の利用制限が生じる（法法57④，法令112③④⑨⑩，113①④，地法72の23①②，地令20の3）。	利用制限は生じない。

316

第3章　合併のケーススタディ

被合併法人の繰越欠損金の引継制限	法人税	●次の要件のいずれも満たさない場合，引継制限が生じる（法法57②③，法令112③④）。 ① 支配関係5年継続要件 ② みなし共同事業要件 ●ただし，含み損益の特例計算の適用がある（法令113①）。 ●引き継ぐ被合併法人の繰越欠損金は，特定欠損金となる（法法64の7②二）。	引継ぎはできない。
	住民税	引継制限は生じない（地法53⑤⑦⑮㉑㉔㉘，321の8⑤⑦⑮㉑㉔㉘，令2改地法附5④⑤⑥，13④⑤⑥，令2改地令附3㉓㉙㉟，5㉓㉙㉟）。	引継ぎはできない。
	事業税	法人税の繰越欠損金と同様の引継制限が生じる（法法57②③，法令112③④，113①，地法72の23①②，地令20の3）。	引継ぎはできない。
組織再編に係る特定資産譲渡等損失額の損金算入制限		●次の要件のいずれも満たさない場合，損金算入制限が生じる（法法62の7①，57④，法令112③⑩，123の8①）。 ① 支配関係5年継続要件 ② みなし共同事業要件 ●ただし，含み損益の特例計算の適用がある（法令123の9①⑦）。	損金算入制限は生じない。
抱合株式	みなし配当	みなし配当は生じない（法法24①）。	みなし配当が生じる（法法24①②，法令23⑤）。
	株式譲渡損益	●株式譲渡損益は生じない（法法61の2③）。 ●抱合株式の帳簿価額は資本金等の額から減額される（法令8①五）。	●株式譲渡損益は生じない（法法61の2③）。 ●抱合株式の帳簿価額及びみなし配当の額は資本金等の額から減額される（法令8①五）。

❷　非通算法人（被合併法人）の税務上の取扱い

取扱項目	適格の場合	非適格の場合
資産の移転	簿価譲渡	時価譲渡

317

みなし事業年度	最終事業年度：事業年度開始日から合併日の前日までの期間（法法14①二）。	最終事業年度：事業年度開始日から合併日の前日までの期間（法法14①二）。
被合併法人の完全支配関係がある子法人の取扱い	被合併法人の完全支配関係がある子法人のうち，合併により通算子法人となる法人には，通算子法人が加入した場合の税務上の取扱いが適用される。	被合併法人の完全支配関係がある子法人のうち，合併により通算子法人となる法人には，通算子法人が加入した場合の税務上の取扱いが適用される。

❸　外部株主（法人）の税務上の取扱い

取扱項目		適格の場合	非適格の場合
被合併法人株式	みなし配当	みなし配当は生じない（法法24①）。	みなし配当が生じる（法法24①）。
	株式譲渡損益	株式譲渡損益が生じる（法法61の2①）。	株式譲渡損益が生じる（法法61の2①）。

[Case 14]　通算子法人が50％超の株式を保有する非通算法人を吸収合併するケース（合併対価が合併法人株式の場合）

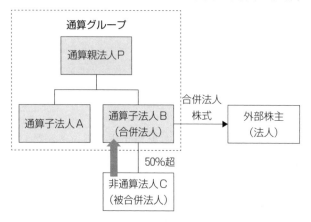

（前提）
- 通算親法人の株式の50％超を直接・間接に保有する者はいないものとする。
- 繰延譲渡損益の実現処理の取扱いは解説を省略している。
- 合併法人（開始・加入時に時価評価除外法人に該当し，支配関係5年継続要件及び共同事業性の要件を満たさないものに限る）において，合併による被合併事業の引継ぎが新たな事業の未開始要件に抵触しないものとする。

第3章　合併のケーススタディ

- 合併法人又は被合併法人に欠損等法人の制限規定は適用されないこととする。
- 非通算法人及び外部株主（法人）は通算制度を適用していない（単体納税を採用している）ものとする。

（適格要件）

　同一者による支配関係がある場合の適格要件を満たす場合，適格となる（法法2十二の八，法令4の3③）。

- 対価要件
- 支配関係継続要件
- 従業者引継要件
- 事業継続要件

　なお，同一者による支配関係がある場合の適格要件を満たさない場合でも当事者間の支配関係がある場合の適格要件を満たす場合又は共同事業要件を満たす場合は適格と判定される。

（通算制度からの離脱）

　合併法人である通算子法人が通算法人以外の者に株式を発行するため，その通算子法人は合併日に通算制度から離脱する（法法64の10⑥六）。離脱法人のみなし事業年度は次のとおりである（法法14③④二・⑦，64の5①③，64の7①，64の10⑥六，地法72の13⑦⑧二・⑪）。なお，離脱日は合併日となる。

種類	期間	申告方法
離脱直前事業年度	通算事業年度開始日から離脱日の前日までの期間	離脱日の前日が通算親法人事業年度終了日と同日である場合は，通算申告。離脱日の前日が通算親法人事業年度終了日と同日でない場合は，通算法人の単体申告。
離脱事業年度	離脱日から離脱法人の会計期間終了日までの期間	単体申告

❶　通算子法人（合併法人／離脱法人）の税務上の取扱い

取扱項目	適格の場合	非適格の場合
離脱時の時価評価	次の事由のいずれかに該当する場合，離脱直前事業年度において，一定の資産について時価評価を行う（法法64の13①，法令131の17②）。	次の事由のいずれかに該当する場合，離脱直前事業年度において，一定の資産について時価評価を行う（法法64の13①，法令131の17②）。

319

第2部　グループ通算制度のM&A・組織再編成・清算のケーススタディ

		イ）離脱法人で主要な事業を継続することが見込まれていない場合（含み益の合計額≧含み損の合計額である場合を除く） ロ）他の通算法人で離脱法人株式の譲渡損及び離脱法人で簿価10億円超の特定資産の譲渡損が生じることが見込まれている場合	イ）離脱法人で主要な事業を継続することが見込まれていない場合（含み益の合計額≧含み損の合計額である場合を除く） ロ）他の通算法人で離脱法人株式の譲渡損及び離脱法人で簿価10億円超の特定資産の譲渡損が生じることが見込まれている場合
資産の受入		●簿価受入 ●受入処理は，離脱事業年度（合併日の属する事業年度）に行われる。	●時価受入 ●受入処理は，離脱事業年度（合併日の属する事業年度）に行われる。
合併法人の繰越欠損金の利用制限	法人税	●次の要件のいずれも満たさない場合，利用制限が生じる（法法57④，法令112③④⑨⑩）。 ①　支配関係5年継続要件 ②　みなし共同事業要件 ●ただし，含み損益の特例計算の適用がある（法令113①④）。 ●利用制限は，離脱事業年度（合併日の属する事業年度）に生じる。	利用制限は生じない。
	住民税	利用制限は生じない。	利用制限は生じない。
	事業税	●法人税の繰越欠損金と同様の利用制限が生じる（法法57④，法令112③④⑨⑩，113①④，地法72の23①②，地令20の3）。 ●利用制限は，離脱事業年度（合併日の属する事業年度）に生じる。	利用制限は生じない。
被合併法人の繰越欠損金の引継制限	法人税	●次の要件のいずれも満たさない場合，引継制限が生じる（法法57②③，法令112③④）。 ①　支配関係5年継続要件 ②　みなし共同事業要件 ●ただし，含み損益の特例計算の適用がある（法令113①）。 ●引継ぎは，離脱事業年度（合併日の属する事業年度）に行われる。	引継ぎはできない。
	住民税	●引継制限は生じない（地法53⑤⑦⑮㉑㉔㉘，321の8⑤⑦⑮㉑	引継ぎはできない。

320

		㉔㉘，令2改地法附5④⑤⑥，13④⑤⑥，令2改地令附3㉓㉙㉟，5㉓㉙㉟）。 ●引継ぎは，離脱事業年度（合併日の属する事業年度）に行われる。	
	事業税	●法人税の繰越欠損金と同様の引継制限が生じる（法法57②③，法令112③④，113①，地法72の23①②，地令20の3）。 ●引継ぎは，離脱事業年度（合併日の属する事業年度）に行われる。	引継ぎはできない。
組織再編に係る特定資産譲渡等損失額の損金算入制限		●次の要件のいずれも満たさない場合，損金算入制限が生じる（法法62の7①，57④，法令112③⑩，123の8①）。 ① 支配関係5年継続要件 ② みなし共同事業要件 ●ただし，含み損益の特例計算の適用がある（法令123の9①⑦）。 ●損金算入制限は，離脱事業年度（合併日の属する事業年度）以後に生じる。	損金算入制限は生じない。
抱合株式	みなし配当	みなし配当は生じない（法法24①）。	みなし配当が生じる（法法24①②，法令23⑤）。
	株式譲渡損益	●株式譲渡損益は生じない（法法61の2③）。 ●抱合株式の帳簿価額は資本金等の額から減額される（法令8①五）。	●株式譲渡損益は生じない（法法61の2③）。 ●抱合株式の帳簿価額及びみなし配当の額は資本金等の額から減額される（法令8①五）。
他の通算子法人株式の投資簿価修正		合併法人が他の通算子法人株式を有する場合，通算制度から離脱する当該他の通算子法人株式について投資簿価修正が行われる（法令119の3⑤⑥⑦）。	合併法人が他の通算子法人株式を有する場合，通算制度から離脱する当該他の通算子法人株式について投資簿価修正が行われる（法令119の3⑤⑥⑦）。
再加入		再加入制限が生じる（法法64の9①十，法令131の11③一）。	再加入制限が生じる（法法64の9①十，法令131の11③一）。
合併法人が株式を有する他の通算子法人		合併法人が他の通算子法人株式を有する場合，合併により通算制度から離脱する当該他の通算子法人	合併法人が他の通算子法人株式を有する場合，合併により通算制度から離脱する当該他の通算子法人

第2部　グループ通算制度のM&A・組織再編成・清算のケーススタディ

| | について，通算子法人が離脱した場合の取扱いが適用される。 | について，通算子法人が離脱した場合の取扱いが適用される。 |

❷　非通算法人（被合併法人）の税務上の取扱い

取扱項目	適格の場合	非適格の場合
資産の移転	簿価譲渡	時価譲渡
みなし事業年度	最終事業年度：事業年度開始日から合併日の前日までの期間（法法14①二）。	最終事業年度：事業年度開始日から合併日の前日までの期間（法法14①二）。

❸　通算親法人の税務上の取扱い

取扱項目	適格の場合	非適格の場合
通算子法人株式の投資簿価修正	合併直前に有する合併法人株式について投資簿価修正が行われる（法令119の3⑤⑥⑦）。	合併直前に有する合併法人株式について投資簿価修正が行われる（法令119の3⑤⑥⑦）。

❹　外部株主（法人）の税務上の取扱い

取扱項目		適格の場合	非適格の場合
被合併法人株式	みなし配当	みなし配当は生じない（法法24①）。	みなし配当が生じる（法法24①）。
	株式譲渡損益	●株式譲渡損益は生じない（法法61の2②）。 ●被合併法人株式の帳簿価額を合併法人株式の帳簿価額に付け替える（法令119①五）。	●株式譲渡損益は生じない（法法61の2②）。 ●被合併法人株式の帳簿価額及びみなし配当の額を合併法人株式の帳簿価額に付け替える（法令119①五）。

322

[Case 15]　親会社が通算親法人を吸収合併するケース（合併対価が合併法人株式の場合）

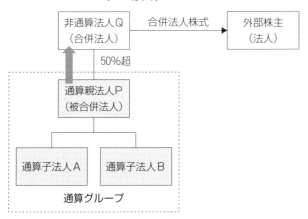

（前提）
- 非通算法人の株式の50％超を直接・間接に保有する者はいないものとする。
- 繰延譲渡損益の実現処理の取扱いは解説を省略している。
- 合併法人又は被合併法人に欠損等法人の制限規定は適用されないこととする。
- 非通算法人及び外部株主（法人）は通算制度を適用していない（単体納税を採用している）ものとする。

（適格要件）
　当事者間の支配関係がある場合の適格要件を満たす場合，適格となる（法法２十二の八，法令４の３③）。
- 対価要件
- 従業者引継要件
- 事業継続要件

　なお，支配関係がある場合の適格要件を満たさない場合でも共同事業要件を満たす場合は適格と判定される。

（通算制度の取りやめ）
　通算親法人が合併により解散する場合，合併日に通算制度が取りやめとなる（法法64の10⑥一）。通算親法人が合併により解散する場合の通算親法人又は通算子法人のみなし事業年度は次のとおりである（法法14①二・③④二・⑦，64の５①③，64の７①，64の10⑥一，地法72の13⑤二・⑦⑧二・⑪）。なお，取りやめ日は合併日となる。

323

第2部　グループ通算制度のM&A・組織再編成・清算のケーススタディ

① 通算親法人のみなし事業年度

種類	期間	申告方法
取りやめ直前事業年度（最終事業年度）	通算事業年度開始日から取りやめ日（合併日）の前日までの期間	通算申告

② 通算子法人のみなし事業年度

種類	期間	申告方法
取りやめ直前事業年度	通算事業年度開始日から取りやめ日の前日までの期間	通算申告
取りやめ事業年度	取りやめ日から子法人の会計期間終了日までの期間	単体申告

❶ 通算親法人（被合併法人）の税務上の取扱い

取扱項目	適格の場合	非適格の場合
離脱時の時価評価	合併法人で被合併法人の主要な事業が継続することが見込まれていない場合（含み益の合計額≧含み損の合計額である場合を除く），最終事業年度において，一定の資産について時価評価を行う（法法64の13①，法令131の17②）。	非適格合併であるため，離脱法人で主要な事業が継続することが見込まれていない場合に該当する。そのため，含み益の合計額≧含み損の合計額である場合を除いて，最終事業年度において，一定の資産について時価評価を行う（法法64の13①，法令131の17②）。ただし，結局のところ，非適格合併による時価譲渡が行われるため，その影響は生じない。
資産の移転	簿価譲渡（離脱時の時価評価が適用される場合は，時価評価後の帳簿価額で譲渡）	時価譲渡
通算子法人株式の投資簿価修正	通算子法人株式について投資簿価修正が行われる（法令119の3⑤⑥⑦）。当該通算子法人株式については，投資簿価修正後に合併による簿価譲渡の処理が行われる（法令123の3①）。なお，通算子法人株式は離脱時の時価評価の対象外となる（法令131の17③六）。	通算子法人株式について投資簿価修正が行われる（法令119の3⑤⑥⑦）。当該通算子法人株式については，投資簿価修正後に合併による時価譲渡の処理が行われる。なお，通算子法人株式は離脱時の時価評価の対象外となる（法令131の17③六）。

324

❷ 非通算法人（合併法人）の税務上の取扱い

取扱項目		適格の場合	非適格の場合
資産の受入		簿価受入	時価受入
合併法人の繰越欠損金の利用制限	法人税	●次の要件のいずれも満たさない場合，利用制限が生じる（法法57④，法令112③④⑨⑩）。 ① 支配関係5年継続要件 ② みなし共同事業要件 ●ただし，含み損益の特例計算の適用がある（法令113①④）。	利用制限は生じない。
	住民税	利用制限は生じない。	利用制限は生じない。
	事業税	法人税の繰越欠損金と同様の利用制限が生じる（法法57④，法令112③④⑨⑩，113①④，地法72の23①②，地令20の3）。	利用制限は生じない。
被合併法人の繰越欠損金の引継制限	法人税	●次の要件のいずれも満たさない場合，引継制限が生じる（法法57②③，法令112③④）。 ① 支配関係5年継続要件 ② みなし共同事業要件 ●ただし，含み損益の特例計算の適用がある（法令113①）。	引継ぎはできない。
	住民税	引継制限は生じない（地法53⑤⑦⑮㉑㉔㉘，321の8⑤⑦⑮㉑㉔㉘，令2改地法附5④⑤⑥，13④⑤⑥，令2改地令附3㉓㉙㉟，5㉓㉙㉟）。	引継ぎはできない。
	事業税	法人税の繰越欠損金と同様の引継制限が生じる（法法57②③，法令112③④，113①，地法72の23①②，地令20の3）。	引継ぎはできない。
組織再編に係る特定資産譲渡等損失額の損金算入制限		●次の要件のいずれも満たさない場合，損金算入制限が生じる（法法62の7①，57④，法令112③⑩，123の8①）。 ① 支配関係5年継続要件 ② みなし共同事業要件 ●ただし，含み損益の特例計算の適用がある（法令123の9①⑦）。	損金算入制限は生じない。

325

		適格の場合	非適格の場合
抱合株式	みなし配当	みなし配当は生じない（法法24①）。	みなし配当が生じる（法法24①②，法令23⑤）。
	株式譲渡損益	●株式譲渡損益は生じない（法法61の2③）。 ●抱合株式の帳簿価額は資本金等の額から減額される（法令8①五）。	●株式譲渡損益は生じない（法法61の2③）。 ●抱合株式の帳簿価額及びみなし配当の額は資本金等の額から減額される（法令8①五）。

❸ 通算子法人（取りやめ法人）の税務上の取扱い

取扱項目	適格の場合	非適格の場合
離脱時の時価評価	次の事由のいずれかに該当する場合，取りやめ直前事業年度において，一定の資産について時価評価を行う（法法64の13①，法令131の17②）。 イ）取りやめ法人で主要な事業を継続することが見込まれていない場合（含み益の合計額≧含み損の合計額である場合を除く） ロ）他の通算法人で取りやめ法人株式の譲渡損及び取りやめ法人で簿価10億円超の特定資産の譲渡損が生じることが見込まれている場合	次の事由のいずれかに該当する場合，取りやめ直前事業年度において，一定の資産について時価評価を行う（法法64の13①，法令131の17②）。 イ）取りやめ法人で主要な事業を継続することが見込まれていない場合（含み益の合計額≧含み損の合計額である場合を除く） ロ）他の通算法人で取りやめ法人株式の譲渡損及び取りやめ法人で簿価10億円超の特定資産の譲渡損が生じることが見込まれている場合
他の通算子法人株式の投資簿価修正	通算子法人が他の通算子法人株式を有する場合，当該他の通算子法人株式について投資簿価修正が行われる（法令119の3⑤⑥⑦）。	通算子法人が他の通算子法人株式を有する場合，当該他の通算子法人株式について投資簿価修正が行われる（法令119の3⑤⑥⑦）。

❹ 外部株主（法人）の税務上の取扱い

		適格の場合	非適格の場合
被合併法人株式	みなし配当	みなし配当は生じない（法法24①）。	みなし配当が生じる（法法24①）。
	株式譲渡損益	●株式譲渡損益は生じない（法法61の2②）。 ●被合併法人株式の帳簿価額を合併法人株式の帳簿価額に付け替える（法令119①五）。	●株式譲渡損益は生じない（法法61の2②）。 ●被合併法人株式の帳簿価額及びみなし配当の額を合併法人株式の帳簿価額に付け替える（法令119①五）。

[Case 16] 親会社が通算親法人を吸収合併するケース（合併対価が現金の場合）

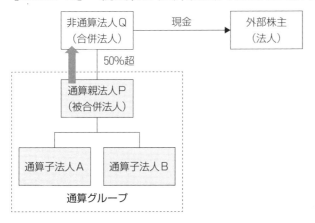

（前提）
- 非通算法人の株式の50％超を直接・間接に保有する者はいないものとする。
- 繰延譲渡損益の実現処理の取扱いは解説を省略している。
- 合併法人又は被合併法人に欠損等法人の制限規定は適用されないこととする。
- 非通算法人及び外部株主（法人）は通算制度を適用していない（単体納税を採用している）ものとする。

（適格要件）
　当事者間の支配関係がある場合の適格要件を満たす場合，適格となる（法法2十二の八，法令4の3③）。
- 対価要件
- 従業者引継要件
- 事業継続要件

　なお，支配関係がある場合の適格要件を満たさない場合でも共同事業要件を満たす場合は適格と判定される。

（通算制度の取りやめ）
　通算親法人が合併により解散する場合，合併日に通算制度が取りやめとなる（法法64の10⑥一）。通算親法人が合併により解散する場合の通算親法人又は通算子法人のみなし事業年度は次のとおりである（法法14①二・③④二・⑦，64の5①③，64の7①，64の10⑥一，地法72の13⑤二・⑦⑧二・⑪）。なお，取りやめ日は合併日となる。

第2部　グループ通算制度のM&A・組織再編成・清算のケーススタディ

① 通算親法人のみなし事業年度

種類	期間	申告方法
取りやめ直前事業年度（最終事業年度）	通算事業年度開始日から取りやめ日（合併日）の前日までの期間	通算申告

② 通算子法人のみなし事業年度

種類	期間	申告方法
取りやめ直前事業年度	通算事業年度開始日から取りやめ日の前日までの期間	通算申告
取りやめ事業年度	取りやめ日から子法人の会計期間終了日までの期間	単体申告

❶ 通算親法人（被合併法人）の税務上の取扱い

取扱項目	適格の場合	非適格の場合
離脱時の時価評価	合併法人で被合併法人の主要な事業が継続することが見込まれていない場合（含み益の合計額≧含み損の合計額である場合を除く），最終事業年度において，一定の資産について時価評価を行う（法法64の13①，法令131の17②）。	非適格合併であるため，離脱法人で主要な事業が継続することが見込まれていない場合に該当する。そのため，含み益の合計額≧含み損の合計額である場合を除いて，最終事業年度において，一定の資産について時価評価を行う（法法64の13①，法令131の17②）。ただし，結局のところ，非適格合併による時価譲渡が行われるため，その影響は生じない。
資産の移転	簿価譲渡（離脱時の時価評価が適用される場合は，時価評価後の帳簿価額で譲渡）	時価譲渡
通算子法人株式の投資簿価修正	通算子法人株式について投資簿価修正が行われる（法令119の3⑤⑥⑦）。当該通算子法人株式については，投資簿価修正後に合併による簿価譲渡の処理が行われる（法令123の3①）。なお，通算子法人株式は離脱時の時価評価の対象外となる（法令131の17③六）。	通算子法人株式について投資簿価修正が行われる（法令119の3⑤⑥⑦）。当該通算子法人株式については，投資簿価修正後に合併による時価譲渡の処理が行われる。なお，通算子法人株式は離脱時の時価評価の対象外となる（法令131の17③六）。

328

❷　非通算法人（合併法人）の税務上の取扱い

取扱項目		適格の場合	非適格の場合
資産の受入		簿価受入	時価受入
合併法人の繰越欠損金の利用制限	法人税	●次の要件のいずれも満たさない場合，利用制限が生じる（法法57④，法令112③④⑨⑩）。 ①　支配関係 5 年継続要件 ②　みなし共同事業要件 ●ただし，含み損益の特例計算の適用がある（法令113①④）。	利用制限は生じない。
	住民税	利用制限は生じない。	利用制限は生じない。
	事業税	法人税の繰越欠損金と同様の利用制限が生じる（法法57④，法令112③④⑨⑩，113①④，地法72の23①②，地令20の 3 ）。	利用制限は生じない。
被合併法人の繰越欠損金の引継制限	法人税	●次の要件のいずれも満たさない場合，引継制限が生じる（法法57②③，法令112③④）。 ①　支配関係 5 年継続要件 ②　みなし共同事業要件 ●ただし，含み損益の特例計算の適用がある（法令113①）。	引継ぎはできない。
	住民税	引継制限は生じない（地法53⑤⑦⑮㉑㉔㉘，321の 8 ⑤⑦⑮㉑㉔㉘，令 2 改地法附 5 ④⑤⑥，13④⑤⑥，令 2 改地令附 3 ㉓㉙㉟， 5 ㉓㉙㉟）。	引継ぎはできない。
	事業税	法人税の繰越欠損金と同様の引継制限が生じる（法法57②③，法令112③④，113①，地法72の23①②，地令20の 3 ）。	引継ぎはできない。
組織再編に係る特定資産譲渡等損失額の損金算入制限		●次の要件のいずれも満たさない場合，損金算入制限が生じる（法法62の 7 ①，57④，法令112③⑩，123の 8 ①）。 ①　支配関係 5 年継続要件 ②　みなし共同事業要件 ●ただし，含み損益の特例計算の適用がある（法令123の 9 ①⑦）。	損金算入制限は生じない。

第2部　グループ通算制度のM&A・組織再編成・清算のケーススタディ

抱合株式	みなし配当	みなし配当は生じない（法法24①）。	みなし配当が生じる（法法24①②，法令23⑤）。
	株式譲渡損益	●株式譲渡損益は生じない（法法61の2③）。 ●抱合株式の帳簿価額は資本金等の額から減額される（法令8①五）。	●株式譲渡損益は生じない（法法61の2③）。 ●抱合株式の帳簿価額及びみなし配当の額は資本金等の額から減額される（法令8①五）。

❸　通算子法人（取りやめ法人）の税務上の取扱い

取扱項目	適格の場合	非適格の場合
離脱時の時価評価	次の事由のいずれかに該当する場合，取りやめ直前事業年度において，一定の資産について時価評価を行う（法法64の13①，法令131の17②）。 イ）取りやめ法人で主要な事業を継続することが見込まれていない場合（含み益の合計額≧含み損の合計額である場合を除く） ロ）他の通算法人で取りやめ法人株式の譲渡損及び取りやめ法人で簿価10億円超の特定資産の譲渡損が生じることが見込まれている場合	次の事由のいずれかに該当する場合，取りやめ直前事業年度において，一定の資産について時価評価を行う（法法64の13①，法令131の17②）。 イ）取りやめ法人で主要な事業を継続することが見込まれていない場合（含み益の合計額≧含み損の合計額である場合を除く） ロ）他の通算法人で取りやめ法人株式の譲渡損及び取りやめ法人で簿価10億円超の特定資産の譲渡損が生じることが見込まれている場合
他の通算子法人株式の投資簿価修正	通算子法人が他の通算子法人株式を有する場合，当該他の通算子法人株式について投資簿価修正が行われる（法令119の3⑤⑥⑦）。	通算子法人が他の通算子法人株式を有する場合，当該他の通算子法人株式について投資簿価修正が行われる（法令119の3⑤⑥⑦）。

❹　外部株主（法人）の税務上の取扱い

取扱項目	適格の場合	非適格の場合
被合併法人株式	みなし配当	みなし配当は生じない（法法24①）。	みなし配当が生じる（法法24①）。
	株式譲渡損益	株式譲渡損益が生じる（法法61の2①）。	株式譲渡損益が生じる（法法61の2①）。

330

[Case 17] 非通算法人が通算子法人を吸収合併するケース（合併対価が合併法人株式の場合）

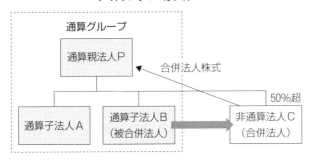

（前提）
- 通算親法人の株式の50％超を直接・間接に保有する者はいないものとする。
- 繰延譲渡損益の実現処理の取扱いは解説を省略している。
- 合併法人又は被合併法人に欠損等法人の制限規定は適用されないこととする。
- 非通算法人は通算制度を適用していない（単体納税を採用している）ものとする。

（適格要件）
　同一者による支配関係がある場合の適格要件を満たす場合，適格となる（法法2十二の八，法令4の3③）。
- 対価要件
- 支配関係継続要件
- 従業者引継要件
- 事業継続要件

　なお，同一者による支配関係がある場合の適格要件を満たさない場合でも共同事業要件を満たす場合は適格と判定される。

（通算制度からの離脱）
　通算子法人が合併により解散する場合，合併日に通算制度から離脱する（法法64の10⑥五）。最終事業年度は，通算事業年度開始日から合併日の前日までの期間となる（法法14③④二・⑦，64の10⑥五，地法72の13⑦⑧二・⑪）。この場合，合併日の前日が通算親法人事業年度終了日と同日でない場合は，通算法人の単体申告となり，合併日の前日が通算親法人事業年度終了日と同日となる場合は，通算申告となる（法法64の5①③，64の7①）。

第2部　グループ通算制度のM&A・組織再編成・清算のケーススタディ

❶　通算子法人（被合併法人）の税務上の取扱い

取扱項目	適格の場合	非適格の場合
離脱時の時価評価	合併法人で被合併法人の主要な事業が継続することが見込まれていない場合（含み益の合計額≧含み損の合計額である場合を除く），最終事業年度において，一定の資産について時価評価を行う（法法64の13①，法令131の17②）。	非適格合併であるため，離脱法人で主要な事業が継続することが見込まれていない場合に該当する。そのため，含み益の合計額≧含み損の合計額である場合を除いて，最終事業年度において，一定の資産について時価評価を行う（法法64の13①，法令131の17②）。ただし，結局のところ，非適格合併による時価譲渡が行われるため，その影響は生じない。
資産の移転	簿価譲渡（離脱時の時価評価が適用される場合は，時価評価後の帳簿価額で譲渡）	時価譲渡
他の通算子法人株式の投資簿価修正	被合併法人が他の通算子法人株式を有する場合，当該他の通算子法人株式について投資簿価修正が行われる（法令119の3⑤⑥⑦）。当該他の通算子法人株式については，投資簿価修正後に合併による簿価譲渡の処理が行われる（法令123の3①）。なお，通算子法人株式は離脱時の時価評価の対象外となる（法令131の17③六）。	被合併法人が他の通算子法人株式を有する場合，当該他の通算子法人株式について投資簿価修正が行われる（法令119の3⑤⑥⑦）。当該他の通算子法人株式については，投資簿価修正後に合併による時価譲渡の処理が行われる。なお，通算子法人株式は離脱時の時価評価の対象外となる（法令131の17③六）。
被合併法人が株式を有する他の通算子法人	被合併法人が他の通算子法人株式を有する場合，合併により通算制度から離脱する当該他の通算子法人について，通算子法人が離脱した場合の取扱いが適用される。	被合併法人が他の通算子法人株式を有する場合，合併により通算制度から離脱する当該他の通算子法人について，通算子法人が離脱した場合の取扱いが適用される。

❷　非通算法人（合併法人）の税務上の取扱い

取扱項目		適格の場合	非適格の場合
資産の受入		簿価受入	時価受入
合併法人の繰越欠損金の利用制限	法人税	●次の要件のいずれも満たさない場合，利用制限が生じる（法法57④，法令112③④⑨⑩）。 ①　支配関係5年継続要件 ②　みなし共同事業要件	利用制限は生じない。

332

第3章　合併のケーススタディ

		●ただし，含み損益の特例計算の適用がある（法令113①④）。	
	住民税	利用制限は生じない。	利用制限は生じない。
	事業税	法人税の繰越欠損金と同様の利用制限が生じる（法法57④，法令112③④⑨⑩，113①④，地法72の23①②，地令20の3）。	利用制限は生じない。
被合併法人の繰越欠損金の引継制限	法人税	●次の要件のいずれも満たさない場合，引継制限が生じる（法法57②③，法令112③④）。 ①　支配関係5年継続要件 ②　みなし共同事業要件 ●ただし，含み損益の特例計算の適用がある（法令113①）。	引継ぎはできない。
	住民税	引継制限は生じない（地法53⑤⑦⑮㉑㉔㉘，321の8⑤⑦⑮㉑㉔㉘，令2改地法附5④⑤⑥，13④⑤⑥，令2改地令附3㉓㉙㉟，5㉓㉙㉟）。	引継ぎはできない。
	事業税	法人税の繰越欠損金と同様の引継制限が生じる（法法57②③，法令112③④，113①，地法72の23①②，地令20の3）。	引継ぎはできない。
組織再編に係る特定資産譲渡等損失額の損金算入制限		●次の要件のいずれも満たさない場合，損金算入制限が生じる（法法62の7①，57④，法令112③⑩，123の8①）。 ①　支配関係5年継続要件 ②　みなし共同事業要件 ●ただし，含み損益の特例計算の適用がある（法令123の9①⑦）。	損金算入制限は生じない。

❸　通算親法人（被合併法人の株主）の税務上の取扱い

取扱項目		適格の場合	非適格の場合
通算子法人株式の投資簿価修正		被合併法人株式について投資簿価修正が適用される（加算措置を含む。法令119の3⑤⑥⑦）。	被合併法人株式について投資簿価修正が適用される（加算措置を含む。法令119の3⑤⑥⑦）。
被合併法人株式	みなし配当	みなし配当は生じない（法法24①）。	みなし配当が生じる（法法24①）。

333

株式譲渡損益	●株式譲渡損益は生じない（法法61の2②）。 ●被合併法人株式の投資簿価修正後の帳簿価額を合併法人株式の帳簿価額に付け替える（法令119①五）。	●株式譲渡損益は生じない（法法61の2②）。 ●被合併法人株式の投資簿価修正後の帳簿価額及びみなし配当の額を合併法人株式の帳簿価額に付け替える（法令119①五）。

[Case 18] 非通算法人が通算子法人を吸収合併するケース（合併対価が現金の場合）

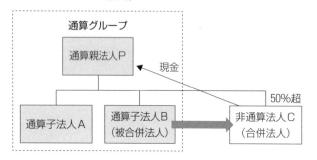

（前提）

- 通算親法人の株式の50％超を直接・間接に保有する者はいないものとする。
- 繰延譲渡損益の実現処理の取扱いは解説を省略している。
- 合併法人又は被合併法人に欠損等法人の制限規定は適用されないこととする。
- 非通算法人は通算制度を適用していない（単体納税を採用している）ものとする。

（適格要件）

　合併法人が被合併法人の3分の2以上の株式を有しておらず，現金を対価とするため非適格となる（法法2十二の八）。

（通算制度からの離脱）

　通算子法人が合併により解散する場合，合併日に通算制度から離脱する（法法64の10⑥五）。最終事業年度は，通算事業年度開始日から合併日の前日までの期間となる（法法14③④二・⑦，64の10⑥五，地法72の13⑦⑧二・⑪）。この場合，合併日の前日が通算親法人事業年度終了日と同日でない場合は，通算法人の単体申告となり，合併日の前日が通算親法人事業年度終了日と同日となる場合は，通算申告となる（法法64の5①③，64の7①）。

❶ 通算子法人（被合併法人）の税務上の取扱い

取扱項目	非適格の場合
離脱時の時価評価	非適格合併であるため，離脱法人で主要な事業が継続することが見込まれていない場合に該当する。そのため，含み益の合計額≧含み損の合計額である場合を除いて，最終事業年度において，一定の資産について時価評価を行う（法法64の13①，法令131の17②）。ただし，結局のところ，非適格合併による時価譲渡が行われるため，その影響は生じない。
資産の移転	時価譲渡
他の通算子法人株式の投資簿価修正	被合併法人が他の通算子法人株式を有する場合，当該他の通算子法人株式について投資簿価修正が行われる（法令119の3⑤⑥⑦）。当該他の通算子法人株式については，投資簿価修正後に合併による時価譲渡の処理が行われる。なお，通算子法人株式は離脱時の時価評価の対象外となる（法令131の17③六）。
被合併法人が株式を有する他の通算子法人	被合併法人が他の通算子法人株式を有する場合，合併により通算制度から離脱する当該他の通算子法人について，通算子法人が離脱した場合の取扱いが適用される。

❷ 非通算法人（合併法人）の税務上の取扱い

取扱項目		非適格の場合
資産の受入		時価受入
合併法人の繰越欠損金の利用制限	法人税	利用制限は生じない。
	住民税	利用制限は生じない。
	事業税	利用制限は生じない。
被合併法人の繰越欠損金の引継制限	法人税	引継ぎはできない。
	住民税	引継ぎはできない。
	事業税	引継ぎはできない。
組織再編に係る特定資産譲渡等損失額の損金算入制限		損金算入制限は生じない。

❸ 通算親法人（被合併法人の株主）の税務上の取扱い

取扱項目		非適格の場合
通算子法人株式の投資簿価修正		被合併法人株式について投資簿価修正が適用される（加算措置を含む。法令119の3⑤⑥⑦）。
被合併法人株式	みなし配当	みなし配当が生じる（法法24①）。
	株式譲渡損益	●株式譲渡損益は発生しない。 ●株式譲渡損相当額が資本金等の額から減額され，株式譲渡益相当額が資本金等の額に加算される（法法61の2⑰，法令8①二十二）。

第4章　分割のケーススタディ

[Case 1]　通算法人が他の通算法人に分社型分割を行うケース（分割対価が現金の場合）

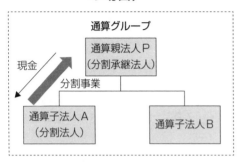
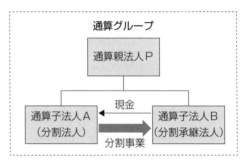
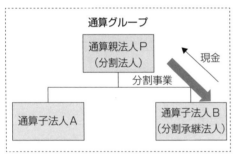

（前提）
- 繰延譲渡損益の実現処理の取扱いは解説を省略している。
- 分割承継法人（開始・加入時に時価評価除外法人に該当し，支配関係5年継続要件及び共同事業性の要件を満たさないものに限る）において，分割による分割事業の引継ぎが新たな事業の未開始要件に抵触しないものとする。
- 分割承継法人に欠損等法人の制限規定は適用されないこととする。

（適格要件）

現金を対価とするため非適格となる（法法2十二の十一）。

❶ 通算法人（分割承継法人）の税務上の取扱い

取扱項目		非適格の場合
資産の受入		時価受入 分割法人の分割直前において行う事業及びその事業に係る主要な資産又は負債のおおむね全部が分割承継法人に移転をする場合，資産調整勘定又は負債調整勘定が計上される（法法62の8①②③，法令123の10①）。
分割承継法人の繰越欠損金の利用制限	法人税(注1)	利用制限は生じない。
	住民税(注2)	利用制限は生じない。
	事業税(注3)	利用制限は生じない。
組織再編に係る特定資産譲渡等損失額の損金算入制限		損金算入制限は生じない。

(注1) 法人税の繰越欠損金をいうものとする（以下，本章で同じ）。
(注2) 住民税特有の欠損金（控除対象通算対象所得調整額，控除対象配賦欠損調整額等）をいうものとする（以下，本章で同じ）。
(注3) 事業税の繰越欠損金をいうものとする（以下，本章に同じ）。

❷ 通算法人（分割法人）の税務上の取扱い

取扱項目	非適格の場合
資産の移転	時価譲渡 譲渡損益調整資産について譲渡損益が繰り延べられる（法法61の11①，法令122の12②）。 ただし，分割資産に通算子法人株式が含まれている場合，株式の譲渡損益の計上は行われない（繰延べもされない。法法61の11⑧）。なお，分割資産に通算子法人株式が含まれている場合でも，当該通算子法人株式について投資簿価修正は適用されない（法令119の3⑤）。

[Case 2] 通算親法人が通算子法人に分社型分割を行うケース（分割対価が分割承継法人株式又は無対価の場合）

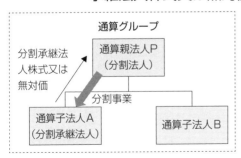

第2部　グループ通算制度のM&A・組織再編成・清算のケーススタディ

（前提）

● 通算親法人の株式の50％超を直接・間接に保有する者はいないものとする。

● 繰延譲渡損益の実現処理の取扱いは解説を省略している。

● 分割承継法人（開始・加入時に時価評価除外法人に該当し，支配関係5年継続要件及び共同事業性の要件を満たさないものに限る）において，分割による分割事業の引継ぎが新たな事業の未開始要件に抵触しないものとする。

● 分割承継法人に欠損等法人の制限規定は適用されないこととする。

（適格要件）

当事者間の完全支配関係がある場合の適格要件を満たす場合，適格となる（法法2十二の十一，法令4の3⑥）。

● 対価要件

● 完全支配関係継続要件

なお，完全支配関係がある場合の適格要件を満たさない場合でも支配関係がある場合の適格要件又は共同事業要件を満たす場合は適格と判定される。

❶　通算子法人（分割承継法人）の税務上の取扱い

取扱項目		適格の場合	非適格の場合
資産の受入		簿価受入	時価受入 分割法人の分割直前において行う事業及びその事業に係る主要な資産又は負債のおおむね全部が分割承継法人に移転をする場合，資産調整勘定又は負債調整勘定が計上される（法法62の8①②③，法令123の10①）。
分割承継法人の繰越欠損金の利用制限	法人税	利用制限は生じない（法令112の2⑦）。	利用制限は生じない。
	住民税	利用制限は生じない。	利用制限は生じない。
	事業税	● 次の要件のいずれも満たさない場合，利用制限が生じる（法法57④，法令112③④⑨⑩，地法72の23①②，地令20の3）。 ① 支配関係5年継続要件 ② みなし共同事業要件 ● ただし，含み損益の特例計算の適用がある（法令113①④⑤，	利用制限は生じない。

338

		地法72の23①②，地令20の3）。	
組織再編に係る特定資産譲渡等損失額の損金算入制限	●次の要件のいずれも満たさない場合，損金算入制限が生じる（法法62の7①，57④，法令112③⑩，123の8①）。 ① 支配関係5年継続要件 ② みなし共同事業要件 ●ただし，含み損益の特例計算の適用がある（法令123の9①⑦⑩）。	損金算入制限が生じない。	

❷ 通算親法人（分割法人）の税務上の取扱い

取扱項目	適格の場合	非適格の場合
資産の移転	簿価譲渡 分割資産に通算子法人株式が含まれている場合でも，当該通算子法人株式について投資簿価修正は適用されない（法令119の3⑤）。	時価譲渡 譲渡損益調整資産について譲渡損益が繰り延べられる（法法61の11①，法令122の12②）。ただし，分割資産に通算子法人株式が含まれている場合，株式の譲渡損益の計上は行われない（繰延べもされない。法法61の11⑧）。なお，分割資産に通算子法人株式が含まれている場合でも，当該通算子法人株式について投資簿価修正は適用されない（法令119の3⑤）。
分割承継法人株式	●交付を受けた分割承継法人株式の取得価額は，移転簿価純資産価額となる（法令119①七）。 ●無対価の場合は，移転簿価純資産価額を分割直前の分割承継法人株式の帳簿価額に加算する（法令119の3㉓）。	●交付を受けた分割承継法人株式の取得価額は，時価となる（法令119①二十七）。 ●無対価の場合は，移転資産（営業権にあっては，独立取引営業権に限る）の時価（資産調整勘定を含む）から移転負債の時価（負債調整勘定を含む）を控除した金額を分割直前の分割承継法人株式の帳簿価額に加算する（法令119の3㉓）。

[Case 3] 通算子法人が通算親法人に分割型分割を行うケース（分割対価が分割承継法人株式又は無対価の場合）

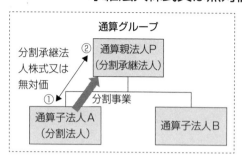

(前提)
- 通算親法人の株式の50％超を直接・間接に保有する者はいないものとする。
- 繰延譲渡損益の実現処理の取扱いは解説を省略している。
- 分割承継法人（開始・加入時に時価評価除外法人に該当し，支配関係5年継続要件及び共同事業性の要件を満たさないものに限る）において，分割による分割事業の引継ぎが新たな事業の未開始要件に抵触しないものとする。
- 分割承継法人に欠損等法人の制限規定は適用されないこととする。

(適格要件)
　新設分割以外の分割型分割のうち分割型分割前に分割法人と分割承継法人との間に分割承継法人による完全支配関係（無対価分割である場合にあっては，分割承継法人が分割法人の発行済株式等の全部を保有する関係に限る）があるものに該当するため，完全支配関係継続要件は不要となる。そして，対価要件（分割対価資産として分割承継法人株式又は分割承継親法人株式のいずれか一方の株式以外の資産が交付されないこと）を満たすため，適格となる（法法2二十二の十一，法令4の3⑥）。

❶　通算親法人（分割承継法人）の税務上の取扱い

取扱項目		適格の場合
資産の受入		簿価受入
分割承継法人の繰越欠損金の利用制限	法人税	利用制限は生じない（法令112の2⑦）。
	住民税	利用制限は生じない。
	事業税	●次の要件のいずれも満たさない場合，利用制限が生じる（法法57④，法令112③④⑨⑩，地法72の23①②，地令20の3）。 ①　支配関係5年継続要件

		② みなし共同事業要件 ●ただし，含み損益の特例計算の適用がある（法令113①④⑤，地法72の23①②，地令20の3）。
組織再編に係る特定資産譲渡等損失額の損金算入制限		●次の要件のいずれも満たさない場合，損金算入制限が生じる（法法62の7①，57④，法令112③⑩，123の8①）。 ① 支配関係5年継続要件 ② みなし共同事業要件 ●ただし，含み損益の特例計算の適用がある（法令123の9①⑦⑩）。
通算子法人株式の投資簿価修正		分割法人となる通算子法人株式について投資簿価修正は行われない（法令119の3⑤）。
分割法人株式	みなし配当	みなし配当は生じない（法法24①）。
	株式譲渡損益	●株式譲渡損益は生じない（法法61の2④）。 ●対価が発行される場合，分割法人株式の分割純資産対応帳簿価額の分割承継法人株式への付け替えが行われる（法令119①六，119の3㉑，119の4①，119の8①，23①二）。この分割承継法人株式の帳簿価額は，資本金等の額から減算される（法令8①二十一）。 ●対価が発行されない場合，分割直前の分割法人株式の帳簿価額から分割法人株式の分割純資産対応帳簿価額を減額する（法令119の3㉑，119の4①）。また，分割法人株式の分割純資産対応帳簿価額は資本金等の額から減算される（法令8①六）。

❷ 通算子法人（分割法人）の税務上の取扱い

取扱項目	適格の場合
資産の移転	簿価譲渡 分割資産に通算子法人株式が含まれている場合でも，当該通算子法人株式について投資簿価修正は適用されない（法令119の3⑤）。

[Case 4] 通算子法人が他の通算子法人に分割型分割を行うケース（分割対価が分割承継法人株式又は無対価の場合）

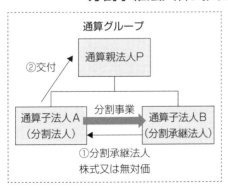

第2部　グループ通算制度のM&A・組織再編成・清算のケーススタディ

（前提）

● 通算親法人の株式の50％超を直接・間接に保有する者はいないものとする。

● 繰延譲渡損益の実現処理の取扱いは解説を省略している。

● 分割承継法人（開始・加入時に時価評価除外法人に該当し，支配関係5年継続要件及び共同事業性の要件を満たさないものに限る）において，分割による分割事業の引継ぎが新たな事業の未開始要件に抵触しないものとする。

● 分割承継法人に欠損等法人の制限規定は適用されないこととする。

（適格要件）

　同一者による完全支配関係がある場合の適格要件を満たす場合，適格となる（法法2十二の十一，法令4の3⑥）。

● 対価要件

● 完全支配関係継続要件

　なお，完全支配関係がある場合の適格要件を満たさない場合でも支配関係がある場合の適格要件又は共同事業要件を満たす場合は適格と判定される。

❶　通算子法人（分割承継法人）の税務上の取扱い

取扱項目		適格の場合	非適格の場合
資産の受入		簿価受入	時価受入 分割法人の分割直前において行う事業及びその事業に係る主要な資産又は負債のおおむね全部が分割承継法人に移転をする場合，資産調整勘定又は負債調整勘定が計上される（法法62の8①②③，法令123の10①）。
分割承継法人の繰越欠損金の利用制限	法人税	利用制限は生じない（法令112の2⑦）。	利用制限は生じない。
	住民税	利用制限は生じない。	利用制限は生じない。
	事業税	●次の要件のいずれも満たさない場合，利用制限が生じる（法法57④，法令112③④⑨⑩，地法72の23①②，地令20の3）。 ①　支配関係5年継続要件 ②　みなし共同事業要件 ●ただし，含み損益の特例計算の適用がある（法令113①④⑤，	利用制限は生じない。

342

		地法72の23①②, 地令20の3)。	
組織再編に係る特定資産譲渡等損失額の損金算入制限		● 次の要件のいずれも満たさない場合, 損金算入制限が生じる (法法62の7①, 57④, 法令112③⑩, 123の8①)。 ① 支配関係5年継続要件 ② みなし共同事業要件 ● ただし, 含み損益の特例計算の適用がある (法令123の9①⑦⑩)。	損金算入制限が生じない。

❷　通算子法人（分割法人）の税務上の取扱い

取扱項目	適格の場合	非適格の場合
資産の移転	簿価譲渡 分割資産に通算子法人株式が含まれている場合でも, 当該通算子法人株式について投資簿価修正は適用されない (法令119の3⑤)。	時価譲渡 譲渡損益調整資産について譲渡損益が繰り延べられる (法法61の11①, 法令122の12②)。ただし, 分割資産に通算子法人株式が含まれている場合, 株式の譲渡損益の計上は行われない (繰延べもされない。法法61の11⑧)。なお, 分割資産に通算子法人株式が含まれている場合でも, 当該通算子法人株式について投資簿価修正は適用されない (法令119の3⑤)。

❸　通算親法人（分割法人の株主）の税務上の取扱い

取扱項目		適格の場合	非適格の場合
通算子法人株式の投資簿価修正		分割法人となる通算子法人株式について投資簿価修正は行われない (法令119の3⑤)。	分割法人となる通算子法人株式について投資簿価修正は行われない (法令119の3⑤)。
分割法人株式	みなし配当	みなし配当は生じない (法法24①)。	みなし配当が生じる (法法24①)。
	株式譲渡損益	● 株式譲渡損益は生じない (法法61の2④)。 ● 分割法人株式の分割純資産対応帳簿価額の分割承継法人株式への付け替えが行われる (法法61の2④, 法令119①六, 119の3㉑㉒, 119の4①, 119の8①,	● 株式譲渡損益は生じない (法法61の2④)。 ● 分割法人株式の分割純資産対応帳簿価額及びみなし配当の額の分割承継法人株式への付け替えが行われる (法法61の2④, 法令119①六, 119の3㉑㉒, 119

343

| | | 23①二)。 | の4①，119の8①，23①二)。 |

[Case 5] 非通算法人又は通算外法人が通算法人に分社型分割を行うケース（分割対価が現金の場合）

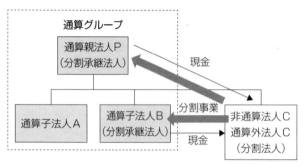

（前提）
- 通算親法人の株式の50％超を直接・間接に保有する者はいないものとする。
- 繰延譲渡損益の実現処理の取扱いは解説を省略している。
- 分割承継法人（開始・加入時に時価評価除外法人に該当し，支配関係5年継続要件及び共同事業性の要件を満たさないものに限る）において，分割による分割事業の引継ぎが新たな事業の未開始要件に抵触しないものとする。
- 分割承継法人に欠損等法人の制限規定は適用されないこととする。
- 非通算法人，通算外法人は，通算制度を適用していない（単体納税を採用している）ものとする。

（適格要件）
現金を対価とするため非適格となる（法法2十二の十一）。

❶ 通算法人（分割承継法人）の税務上の取扱い

取扱項目	非適格の場合
資産の受入	時価受入 分割法人の分割直前において行う事業及びその事業に係る主要な資産又は負債のおおむね全部が分割承継法人に移転をする場合，資産調整勘定又は負債調整勘定が計上される（法法62の8①②③，法令123の10①）。

分割承継法人	法人税	利用制限は生じない。
の繰越欠損金	住民税	利用制限は生じない。
の利用制限	事業税	利用制限は生じない。
組織再編に係る特定資産譲渡等損失額の損金算入制限		損金算入制限は生じない。

❷ 非通算法人又は通算外法人（分割法人）の税務上の取扱い

取扱項目	非適格の場合
資産の移転	時価譲渡
分割法人の完全支配関係がある子法人の取扱い	分割法人の完全支配関係がある子法人のうち，分割により通算子法人となる法人には，通算子法人が加入した場合の税務上の取扱いが適用される。

[Case 6]　非通算法人が通算親法人に分社型分割又は分割型分割を行うケース（分割対価が分割承継法人株式の場合）

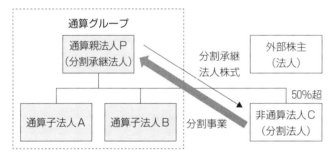

（前提）
- 通算親法人の株式の50％超を直接・間接に保有する者はいないものとする。
- 繰延譲渡損益の実現処理の取扱いは解説を省略している。
- 分割承継法人（開始・加入時に時価評価除外法人に該当し，支配関係5年継続要件及び共同事業性の要件を満たさないものに限る）において，分割による分割事業の引継ぎが新たな事業の未開始要件に抵触しないものとする。
- 分割承継法人に欠損等法人の制限規定は適用されないこととする。
- 非通算法人，外部株主（法人）は，通算制度を適用していない（単体納税を採用している）ものとする。

第2部　グループ通算制度のM&A・組織再編成・清算のケーススタディ

（適格要件）

当事者間の支配関係がある場合の適格要件を満たす場合，適格となる（法法2十二の十一，法令4の3⑦）。

- 対価要件
- 支配関係継続要件
- 資産負債引継要件
- 従業者引継要件
- 事業継続要件

なお，支配関係がある場合の適格要件を満たさない場合でも共同事業要件を満たす場合は適格と判定される。

❶　通算親法人（分割承継法人）の税務上の取扱い

取扱項目		適格の場合	非適格の場合
資産の受入		簿価受入	時価受入 分割法人の分割直前において行う事業及びその事業に係る主要な資産又は負債のおおむね全部が分割承継法人に移転をする場合，資産調整勘定又は負債調整勘定が計上される（法法62の8①②③，法令123の10①）。
分割承継法人の繰越欠損金の利用制限	法人税	● 次の要件のいずれも満たさない場合，利用制限が生じる（法法57④，法令112③④⑨⑩）。 ①　支配関係5年継続要件 ②　みなし共同事業要件 ● ただし，含み損益の特例計算の適用がある（法令113①④⑤）。	利用制限は生じない。
	住民税	利用制限は生じない。	利用制限は生じない。
	事業税	法人税の繰越欠損金と同様の利用制限が生じる（地法72の23①②，地令20の3）。	利用制限は生じない。
組織再編に係る特定資産譲渡等損失額の損金算入制限		● 次の要件のいずれも満たさない場合，損金算入制限が生じる（法法62の7①，57④，法令112③⑩，123の8①）。 ①　支配関係5年継続要件 ②　みなし共同事業要件	損金算入制限が生じない。

		● ただし，含み損益の特例計算の適用がある（法令123の9①⑦⑩）。	
分割法人株式	みなし配当	● 分社型分割の場合，課税関係は生じない。 ● 分割型分割の場合，みなし配当は生じない（法法24①）。	● 分社型分割の場合，課税関係は生じない。 ● 分割型分割の場合，みなし配当が生じる（法法24①）。
	株式譲渡損益	● 分社型分割の場合，課税関係は生じない。 ● 分割型分割の場合，株式譲渡損益は生じない（法法61の2④）。分割法人株式の分割純資産対応帳簿価額の分割承継法人株式への付け替えが行われる（法令119①六，119の3㉑，119の4①，119の8①，23①二）。この分割承継法人株式の帳簿価額は，資本金等の額から減算される（法令8①二十一）。	● 分社型分割の場合，課税関係は生じない。 ● 分割型分割の場合，株式譲渡損益は生じない（法法61の2④）。分割法人株式の分割純資産対応帳簿価額及びみなし配当の額の分割承継法人株式への付け替えが行われる（法令119①六，119の3㉑，119の4①，119の8①，23①二）。この分割承継法人株式の帳簿価額は，資本金等の額から減算される（法令8①二十一）。

❷ 非通算法人（分割法人）の税務上の取扱い

取扱項目	適格の場合	非適格の場合
資産の移転	簿価譲渡（適格分割型分割の場合，簿価引継。以下，適格分割型分割の資産の移転について同じ）	時価譲渡
分割承継法人株式	分社型分割の場合，分割承継法人株式の取得価額は，移転簿価純資産価額となる（法令119①七）。	分社型分割の場合，分割承継法人株式の取得価額は，時価となる（法令119①二十七）。
分割法人の完全支配関係がある子法人の取扱い	分割法人の完全支配関係がある子法人のうち，分割により通算子法人となる法人には，通算子法人が加入した場合の税務上の取扱いが適用される。	分割法人の完全支配関係がある子法人のうち，分割により通算子法人となる法人には，通算子法人が加入した場合の税務上の取扱いが適用される。

❸　外部株主（法人）（分割法人の株主）の税務上の取扱い

取扱項目		適格の場合	非適格の場合
分割法人株式	みなし配当	●分社型分割の場合，課税関係は生じない。 ●分割型分割の場合，みなし配当は生じない（法法24①）。	●分社型分割の場合，課税関係は生じない。 ●分割型分割の場合，みなし配当が生じる（法法24①）。
	株式譲渡損益	●分社型分割の場合，課税関係は生じない。 ●分割型分割の場合，株式譲渡損益は生じない（法法61の2④）。分割法人株式の分割純資産対応帳簿価額の分割承継法人株式への付け替えが行われる（法令119①六，119の3㉑，119の4①，119の8①，23①二）。	●分社型分割の場合，課税関係は生じない。 ●分割型分割の場合，株式譲渡損益は生じない（法法61の2④）。分割法人株式の分割純資産対応帳簿価額及びみなし配当の額の分割承継法人株式への付け替えが行われる（法令119①六，119の3㉑，119の4①，119の8①，23①二）。

[Case 7]　通算外法人が通算親法人に分社型分割又は分割型分割を行うケース（分割対価が分割承継法人株式の場合）

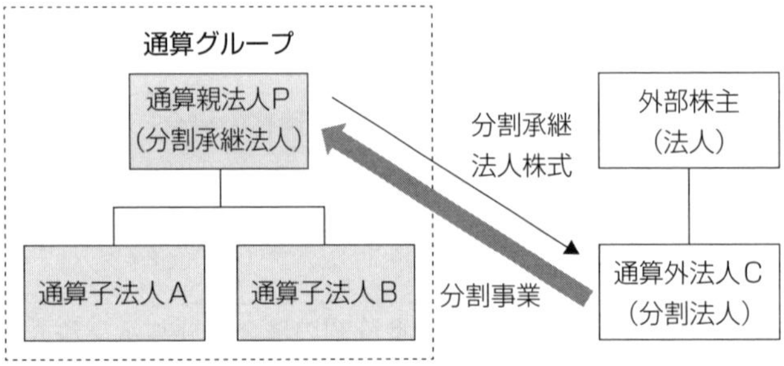

（前提）

- 通算親法人の株式の50%超を直接・間接に保有する者はいないものとする。
- 繰延譲渡損益の実現処理の取扱いは解説を省略している。
- 分割承継法人（開始又は加入時に時価評価除外法人に該当し，支配関係5年継続要件及び共同事業性の要件を満たさないものに限る）において，分割による分割事業の引継ぎが新たな事業の未開始要件に抵触しないものとする。
- 分割承継法人に欠損等法人の制限規定は適用されないこととする。
- 通算外法人，外部株主（法人）は，通算制度を適用していない（単体納税を採用している）ものとする。

第4章　分割のケーススタディ

（適格要件）

共同事業要件を満たす場合，適格となる（法法2十二の十一，法令4の3⑧）。

- 対価要件
- 事業関連性要件
- 事業規模要件又は経営参画要件
- 資産負債引継要件
- 従業者引継要件
- 事業継続要件
- 株式継続保有要件

❶　通算親法人（分割承継法人）の税務上の取扱い

取扱項目		適格の場合	非適格の場合
資産の受入		簿価受入	時価受入 分割法人の分割直前において行う事業及びその事業に係る主要な資産又は負債のおおむね全部が分割承継法人に移転をする場合，資産調整勘定又は負債調整勘定が計上される（法法62の8①②③，法令123の10①）。
分割承継法人の繰越欠損金の利用制限	法人税	利用制限は生じない。	利用制限は生じない。
	住民税	利用制限は生じない。	利用制限は生じない。
	事業税	利用制限は生じない。	利用制限は生じない。
組織再編に係る特定資産譲渡等損失額の損金算入制限		損金算入制限が生じない。	損金算入制限が生じない。
分割法人株式（所有している場合）	みなし配当	● 分社型分割の場合，課税関係は生じない。 ● 分割型分割の場合，みなし配当は生じない（法法24①）。	● 分社型分割の場合，課税関係は生じない。 ● 分割型分割の場合，みなし配当が生じる（法法24①）。
	株式譲渡損益	● 分社型分割の場合，課税関係は生じない。 ● 分割型分割の場合，株式譲渡損益は生じない（法法61の2④）。分割法人株式の分割純資産対応帳簿価額の分割承継法人株式への付け替えが行われる（法令119①六，119の3㉑，119の4①，119の8①，23①二）。この	● 分社型分割の場合，課税関係は生じない。 ● 分割型分割の場合，株式譲渡損益は生じない（法法61の2④）。分割法人株式の分割純資産対応帳簿価額及びみなし配当の額の分割承継法人株式への付け替えが行われる（法令119①六，119の3㉑，119の4①，119の8①，

349

		分割承継法人株式の帳簿価額は，資本金等の額から減算される（法令8①二十一）。	23①二）。この分割承継法人株式の帳簿価額は，資本金等の額から減算される（法令8①二十一）。

❷　通算外法人（分割法人）の税務上の取扱い

取扱項目	適格の場合	非適格の場合
資産の移転	簿価譲渡	時価譲渡
分割承継法人株式	分社型分割の場合，分割承継法人株式の取得価額は，移転簿価純資産価額となる（法令119①七）。	分社型分割の場合，分割承継法人株式の取得価額は，時価となる（法令119①二十七）。
分割法人の完全支配関係がある子法人の取扱い	分割法人の完全支配関係がある子法人のうち，分割により通算子法人となる法人には，通算子法人が加入した場合の税務上の取扱いが適用される。	分割法人の完全支配関係がある子法人のうち，分割により通算子法人となる法人には，通算子法人が加入した場合の税務上の取扱いが適用される。

❸　外部株主（法人）（分割法人の株主）の税務上の取扱い

取扱項目		適格の場合	非適格の場合
分割法人株式	みなし配当	●分社型分割の場合，課税関係は生じない。 ●分割型分割の場合，みなし配当は生じない（法法24①）。	●分社型分割の場合，課税関係は生じない。 ●分割型分割の場合，みなし配当が生じる（法法24①）。
	株式譲渡損益	●分社型分割の場合，課税関係は生じない。 ●分割型分割の場合，株式譲渡損益は生じない（法法61の2④）。分割法人株式の分割純資産対応帳簿価額の分割承継法人株式への付け替えが行われる（法令119①六，119の3㉑，119の4①，119の8①，23①二）。	●分社型分割の場合，課税関係は生じない。 ●分割型分割の場合，株式譲渡損益は生じない（法法61の2④）。分割法人株式の分割純資産対応帳簿価額及びみなし配当の額の分割承継法人株式への付け替えが行われる（法令119①六，119の3㉑，119の4①，119の8①，23①二）。

[Case 8] 非通算法人が通算子法人に分社型分割又は分割型分割を行うケース（分割対価が分割承継法人株式の場合）

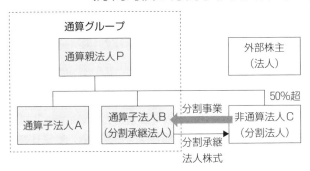

（前提）
- 通算親法人の株式の50％超を直接・間接に保有する者はいないものとする。
- 分割承継法人である通算子法人は，最初通算事業年度に分割を行うものではないものとする。
- 繰延譲渡損益の実現処理の取扱いは解説を省略している。
- 分割承継法人（開始・加入時に時価評価除外法人に該当し，支配関係5年継続要件及び共同事業性の要件を満たさないものに限る）において，分割による分割事業の引継ぎが新たな事業の未開始要件に抵触しないものとする。
- 分割承継法人に欠損等法人の制限規定は適用されないこととする。
- 非通算法人，外部株主（法人）は，通算制度を適用していない（単体納税を採用している）ものとする。

（適格要件）

同一者による支配関係がある場合の適格要件を満たす場合，適格となる（法法2十二の十一，法令4の3⑦）。
- 対価要件
- 支配関係継続要件
- 資産負債引継要件
- 従業者引継要件
- 事業継続要件

なお，支配関係がある場合の適格要件を満たさない場合でも共同事業要件を満たす場合は適格と判定される。

第2部　グループ通算制度のM&A・組織再編成・清算のケーススタディ

（通算制度からの離脱）

　分割承継法人である通算子法人が通算法人以外の者に株式を発行するため，その通算子法人は分割日に通算制度から離脱する（法法64の10⑥六）。離脱法人のみなし事業年度は次のとおりである（法法14③④二・⑦，64の5①③，64の7①，64の10⑥六，地法72の13⑦⑧二・⑪）。なお，離脱日は分割日となる。

種類	期間	申告方法
離脱直前事業年度	通算事業年度開始日から離脱日の前日までの期間	離脱日の前日が通算親法人事業年度終了日と同日である場合は，通算申告。離脱日の前日が通算親法人事業年度終了日と同日でない場合は，通算法人の単体申告。
離脱事業年度	離脱日から離脱法人の会計期間終了日までの期間	単体申告

❶　通算子法人（分割承継法人／離脱法人）の税務上の取扱い

取扱項目	適格の場合	非適格の場合
離脱時の時価評価	次の事由のいずれかに該当する場合，離脱直前事業年度において，一定の資産について時価評価を行う（法法64の13①，法令131の17②）。 イ）離脱法人で主要な事業を継続することが見込まれていない場合（含み益の合計額≧含み損の合計額である場合を除く） ロ）他の通算法人で離脱法人株式の譲渡損及び離脱法人で簿価10億円超の特定資産の譲渡損が生じることが見込まれている場合	次の事由のいずれかに該当する場合，離脱直前事業年度において，一定の資産について時価評価を行う（法法64の13①，法令131の17②）。 イ）離脱法人で主要な事業を継続することが見込まれていない場合（含み益の合計額≧含み損の合計額である場合を除く） ロ）他の通算法人で離脱法人株式の譲渡損及び離脱法人で簿価10億円超の特定資産の譲渡損が生じることが見込まれている場合
資産の受入	●簿価受入 ●受入処理は，離脱事業年度（分割日の属する事業年度）に行われる。	●時価受入 ●受入処理は，離脱事業年度（分割日の属する事業年度）に行われる。 ●分割法人の分割直前において行う事業及びその事業に係る主要な資産又は負債のおおむね全部が分割承継法人に移転をする場合，資産調整勘定又は負債調整勘定が計上される（法法62の8①②③，法令123の10①）。

352

分割承継法人の繰越欠損金の利用制限	法人税	●次の要件のいずれも満たさない場合，利用制限が生じる（法法57④，法令112③④⑨⑩）。 ① 支配関係5年継続要件 ② みなし共同事業要件 ●ただし，含み損益の特例計算の適用がある（法令113①④⑤）。 ●利用制限は，離脱事業年度（分割日の属する事業年度）に生じる。	利用制限は生じない。
	住民税	利用制限は生じない。	利用制限は生じない。
	事業税	●法人税の繰越欠損金と同様の利用制限が生じる（地法72の23①②，地令20の3）。 ●利用制限は，離脱事業年度（分割日の属する事業年度）に生じる。	利用制限は生じない。
組織再編に係る特定資産譲渡等損失額の損金算入制限		●次の要件のいずれも満たさない場合，損金算入制限が生じる（法法62の7①，57④，法令112③⑩，123の8①）。 ① 支配関係5年継続要件 ② みなし共同事業要件 ●ただし，含み損益の特例計算の適用がある（法令123の9①⑦⑩）。 ●損金算入制限は，離脱事業年度（分割日の属する事業年度）以後に生じる。	損金算入制限が生じない。
再加入		再加入制限が生じる（法法64の9①十，法令131の11③一）。	再加入制限が生じる（法法64の9①十，法令131の11③一）。
分割承継法人が株式を有する他の通算子法人		分割承継法人が他の通算子法人株式を有する場合，分割により通算制度から離脱する当該他の通算子法人について，通算子法人が離脱した場合の取扱いが適用される。	分割承継法人が他の通算子法人株式を有する場合，分割により通算制度から離脱する当該他の通算子法人について，通算子法人が離脱した場合の取扱いが適用される。

第2部　グループ通算制度のM&A・組織再編成・清算のケーススタディ

❷　非通算法人（分割法人）の税務上の取扱い

取扱項目	適格の場合	非適格の場合
資産の移転	簿価譲渡	時価譲渡
分割承継法人株式	分社型分割の場合，分割承継法人株式の取得価額は，移転簿価純資産価額となる（法令119①七）。	分社型分割の場合，分割承継法人株式の取得価額は，時価となる（法令119①二十七）。

❸　通算親法人（分割法人の株主）の税務上の取扱い

取扱項目		適格の場合	非適格の場合
分割法人株式	みなし配当	●分社型分割の場合，課税関係は生じない。 ●分割型分割の場合，みなし配当は生じない（法法24①）。	●分社型分割の場合，課税関係は生じない。 ●分割型分割の場合，みなし配当が生じる（法法24①）。
	株式譲渡損益	●分社型分割の場合，課税関係は生じない。 ●分割型分割の場合，株式譲渡損益は生じない（法法61の2④）。分割法人株式の分割純資産対応帳簿価額の分割承継法人株式への付け替えが行われる（法令119①六，119の3㉑，119の4①，119の8①，23①二）。	●分社型分割の場合，課税関係は生じない。 ●分割型分割の場合，株式譲渡損益は生じない（法法61の2④）。分割法人株式の分割純資産対応帳簿価額及びみなし配当の額の分割承継法人株式への付け替えが行われる（法令119①六，119の3㉑，119の4①，119の8①，23①二）。
通算子法人株式の投資簿価修正		分割直前に有する分割承継法人株式について投資簿価修正が行われる（法令119の3⑤⑥⑦）。	分割直前に有する分割承継法人株式について投資簿価修正が行われる（法令119の3⑤⑥⑦）。

❹　外部株主（法人）（分割法人の株主）の税務上の取扱い

取扱項目		適格の場合	非適格の場合
分割法人株式	みなし配当	●分社型分割の場合，課税関係は生じない。 ●分割型分割の場合，みなし配当は生じない（法法24①）。	●分社型分割の場合，課税関係は生じない。 ●分割型分割の場合，みなし配当が生じる（法法24①）
	株式譲渡損益	●分社型分割の場合，課税関係は生じない。 ●分割型分割の場合，株式譲渡損益は生じない（法法61の2④）。分割法人株式の分割純資産対応	●分社型分割の場合，課税関係は生じない。 ●分割型分割の場合，株式譲渡損益は生じない（法法61の2④）。分割法人株式の分割純資産対応

354

		帳簿価額の分割承継法人株式への付け替えが行われる（法令119①六，119の3㉑，119の4①，119の8①，23①二）。	帳簿価額及びみなし配当の額の分割承継法人株式への付け替えが行われる（法令119①六，119の3㉑，119の4①，119の8①，23①二）。

[Case 9]　通算外法人が通算子法人に分社型分割又は分割型分割を行うケース（分割対価が分割承継法人株式の場合）

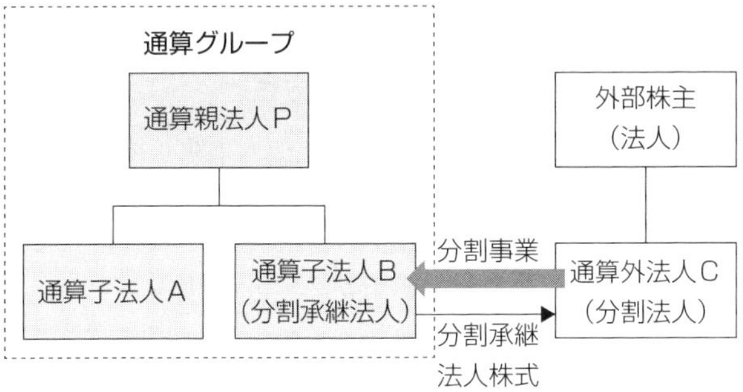

（前提）

- 通算親法人の株式の50％超を直接・間接に保有する者はいないものとする。
- 分割承継法人である通算子法人は，最初通算事業年度に分割を行うものではないものとする。
- 繰延譲渡損益の実現処理の取扱いは解説を省略している。
- 分割承継法人（開始・加入時に時価評価除外法人に該当し，支配関係5年継続要件及び共同事業性の要件を満たさないものに限る）において，分割による分割事業の引継ぎが新たな事業の未開始要件に抵触しないものとする。
- 分割承継法人に欠損等法人の制限規定は適用されないこととする。
- 通算外法人，外部株主（法人）は，通算制度を適用していない（単体納税を採用している）ものとする。

（適格要件）

共同事業要件を満たす場合，適格となる（法法2十二の十一，法令4の3⑧）。

- 対価要件
- 事業関連性要件
- 事業規模要件又は経営参画要件
- 資産負債引継要件
- 従業者引継要件

第2部　グループ通算制度のM&A・組織再編成・清算のケーススタディ

- 事業継続要件
- 株式継続保有要件

（通算制度からの離脱）

　分割承継法人である通算子法人が通算法人以外の者に株式を発行するため，その通算子法人は分割日に通算制度から離脱する（法法64の10⑥六）。離脱法人のみなし事業年度は次のとおりである（法法14③④二・⑦，64の5①③，64の7①，64の10⑥六，地法72の13⑦⑧二・⑪）。なお，離脱日は分割日となる。

種類	期間	申告方法
離脱直前事業年度	通算事業年度開始日から離脱日の前日までの期間	離脱日の前日が通算親法人事業年度終了日と同日である場合は，通算申告。離脱日の前日が通算親法人事業年度終了日と同日でない場合は，通算法人の単体申告。
離脱事業年度	離脱日から離脱法人の会計期間終了日までの期間	単体申告

❶　通算子法人（分割承継法人／離脱法人）の税務上の取扱い

取扱項目	適格の場合	非適格の場合
離脱時の時価評価	次の事由のいずれかに該当する場合，離脱直前事業年度において，一定の資産について時価評価を行う（法法64の13①，法令131の17②）。 イ）離脱法人で主要な事業を継続することが見込まれていない場合（含み益の合計額≧含み損の合計額である場合を除く） ロ）他の通算法人で離脱法人株式の譲渡損及び離脱法人で簿価10億円超の特定資産の譲渡損が生じることが見込まれている場合	次の事由のいずれかに該当する場合，離脱直前事業年度において，一定の資産について時価評価を行う（法法64の13①，法令131の17②）。 イ）離脱法人で主要な事業を継続することが見込まれていない場合（含み益の合計額≧含み損の合計額である場合を除く） ロ）他の通算法人で離脱法人株式の譲渡損及び離脱法人で簿価10億円超の特定資産の譲渡損が生じることが見込まれている場合
資産の受入	● 簿価受入 ● 受入処理は，離脱事業年度（分割日の属する事業年度）に行われる。	● 時価受入 ● 受入処理は，離脱事業年度（分割日の属する事業年度）に行われる。 ● 分割法人の分割直前において行う事業及びその事業に係る主要な資産又は負債のおおむね全部

356

			が分割承継法人に移転をする場合，資産調整勘定又は負債調整勘定が計上される（法法62の8①②③，法令123の10①）。
分割承継法人の繰越欠損金の利用制限	法人税	利用制限は生じない。	利用制限は生じない。
	住民税	利用制限は生じない。	利用制限は生じない。
	事業税	利用制限は生じない。	利用制限は生じない。
組織再編に係る特定資産譲渡等損失額の損金算入制限		損金算入制限が生じない。	損金算入制限が生じない。
再加入		再加入制限が生じる（法法64の9①十，法令131の11③一）。	再加入制限が生じる（法法64の9①十，法令131の11③一）。
分割承継法人が株式を有する他の通算子法人		分割承継法人が他の通算子法人株式を有する場合，分割により通算制度から離脱する当該他の通算子法人について，通算子法人が離脱した場合の取扱いが適用される。	分割承継法人が他の通算子法人株式を有する場合，分割により通算制度から離脱する当該他の通算子法人について，通算子法人が離脱した場合の取扱いが適用される。

❷　通算外法人（分割法人）の税務上の取扱い

取扱項目	適格の場合	非適格の場合
資産の移転	簿価譲渡	時価譲渡
分割承継法人株式	分社型分割の場合，分割承継法人株式の取得価額は，移転簿価純資産価額となる（法令119①七）。	分社型分割の場合，分割承継法人株式の取得価額は，時価となる（法令119①二十七）。

❸　通算親法人（分割法人の株主）の税務上の取扱い

取扱項目		適格の場合	非適格の場合
分割法人株式（所有している場合）	みなし配当	●分社型分割の場合，課税関係は生じない。 ●分割型分割の場合，みなし配当は生じない（法法24①）。	●分社型分割の場合，課税関係は生じない。 ●分割型分割の場合，みなし配当が生じる（法法24①）。
	株式譲渡損益	●分社型分割の場合，課税関係は生じない。 ●分割型分割の場合，株式譲渡損益は生じない（法法61の2④）。分割法人株式の分割純資産対応帳簿価額の分割承継法人株式への付け替えが行われる（法令119①六，119の3㉑，119の4	●分社型分割の場合，課税関係は生じない。 ●分割型分割の場合，株式譲渡損益は生じない（法法61の2④）。分割法人株式の分割純資産対応帳簿価額及びみなし配当の額の分割承継法人株式への付け替えが行われる（法令119①六，119

357

		①，119の8①，23①二)。	の3㉑，119の4①，119の8①，23①二)。
通算子法人株式の投資簿価修正		分割直前に有する分割承継法人株式について投資簿価修正が行われる（法令119の3⑤⑥⑦)。	分割直前に有する分割承継法人株式について投資簿価修正が行われる（法令119の3⑤⑥⑦)。

❹　外部株主（法人）（分割法人の株主）の税務上の取扱い

取扱項目		適格の場合	非適格の場合
分割法人株式	みなし配当	●分社型分割の場合，課税関係は生じない。 ●分割型分割の場合，みなし配当は生じない（法法24①)。	●分社型分割の場合，課税関係は生じない。 ●分割型分割の場合，みなし配当が生じる（法法24①)。
	株式譲渡損益	●分社型分割の場合，課税関係は生じない。 ●分割型分割の場合，株式譲渡損益は生じない（法法61の2④)。分割法人株式の分割純資産対応帳簿価額の分割承継法人株式への付け替えが行われる（法令119①六，119の3㉑，119の4①，119の8①，23①二)。	●分社型分割の場合，課税関係は生じない。 ●分割型分割の場合，株式譲渡損益は生じない（法法61の2④)。分割法人株式の分割純資産対応帳簿価額及びみなし配当の額の分割承継法人株式への付け替えが行われる（法令119①六，119の3㉑，119の4①，119の8①，23①二)。

[Case 10]　非通算法人が通算子法人に分社型分割又は分割型分割を行うケース（分割対価が通算親法人株式の場合）

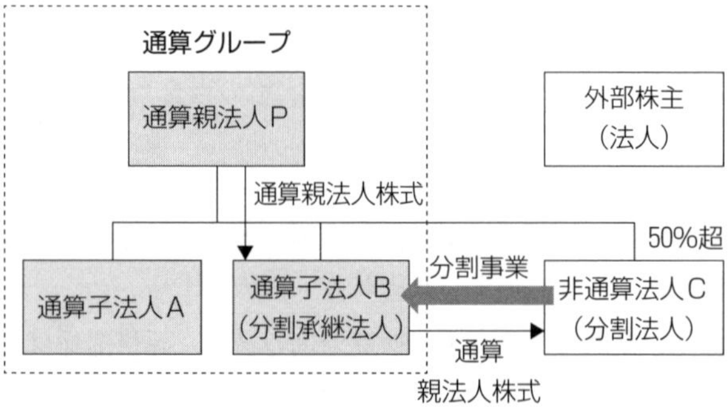

（前提）

- 通算親法人の株式の50%超を直接・間接に保有する者はいないものとする。
- 繰延譲渡損益の実現処理の取扱いは解説を省略している。

●分割承継法人（開始又は加入時に時価評価除外法人に該当し，支配関係５年継続要件及び共同事業性の要件を満たさないものに限る）において，分割による分割事業の引継ぎが新たな事業の未開始要件に抵触しないものとする。

●分割承継法人に欠損等法人の制限規定は適用されないこととする。

●非通算法人，外部株主（法人）は，通算制度を適用していない（単体納税を採用している）ものとする。

（適格要件）

同一者による支配関係がある場合の適格要件を満たす場合，適格となる（法法２十二の十一，法令４の３⑦）。

●対価要件

●支配関係継続要件

●資産負債引継要件

●従業者引継要件

●事業継続要件

なお，支配関係がある場合の適格要件を満たさない場合でも共同事業要件を満たす場合は適格と判定される。

（分割承継親法人株式の定義）

本ケースにおける分割対価となる通算親法人株式は，適格要件を満たす分割承継親法人株式に該当するものとする（法法２十二の十一，法令４の３⑤。以下，本章において同じ）。また，本ケースでは，通算子法人は，分割承継親法人株式を所有していないものとし，通算親法人は，通算子法人に対して分割法人又は分割法人の株主に交付するための分割対価として，通算親法人株式の発行をすることとする。したがって，分割承継親法人株式について譲渡損益は生じないこととする（法法61の２㉓，法令119の11の２）。なお，分割対価の範囲であれば，親会社株式の取得及び保有制限の規定は適用されない（会社法800①②）。

359

第2部　グループ通算制度のM&A・組織再編成・清算のケーススタディ

❶　通算子法人（分割承継法人）の税務上の取扱い

取扱項目		適格の場合	非適格の場合
資産の受入		簿価受入	時価受入 分割法人の分割直前において行う事業及びその事業に係る主要な資産又は負債のおおむね全部が分割承継法人に移転をする場合，資産調整勘定又は負債調整勘定が計上される（法法62の8①②③，法令123の10①）。
分割承継法人の繰越欠損金の利用制限	法人税	●次の要件のいずれも満たさない場合，利用制限が生じる（法法57④，法令112③④⑨⑩）。 ①　支配関係5年継続要件 ②　みなし共同事業要件 ●ただし，含み損益の特例計算の適用がある（法令113①④⑤）。	利用制限は生じない。
	住民税	利用制限は生じない。	利用制限は生じない。
	事業税	法人税の繰越欠損金と同様の利用制限が生じる（地法72の23①②，地令20の3）。	利用制限は生じない。
組織再編に係る特定資産譲渡等損失額の損金算入制限		●次の要件のいずれも満たさない場合，損金算入制限が生じる（法法62の7①，57④，法令112③⑩，123の8①）。 ①　支配関係5年継続要件 ②　みなし共同事業要件 ●ただし，含み損益の特例計算の適用がある（法令123の9①⑦⑩）。	損金算入制限が生じない。

❷　非通算法人（分割法人）の税務上の取扱い

取扱項目	適格の場合	非適格の場合
資産の移転	簿価譲渡	時価譲渡
分割承継親法人株式	分社型分割の場合，分割承継親法人株式の取得価額は，移転簿価純資産価額となる（法令119①七）。	分社型分割の場合，分割承継親法人株式の取得価額は，時価となる（法令119①二十七）。
分割法人の完全支配関係がある子法人の取扱い	分割法人の完全支配関係がある子法人のうち，分割により通算子法	分割法人の完全支配関係がある子法人のうち，分割により通算子法

360

第4章　分割のケーススタディ

		人となる法人には，通算子法人が加入した場合の税務上の取扱いが適用される。	人となる法人には，通算子法人が加入した場合の税務上の取扱いが適用される。

❸　通算親法人（分割法人の株主）の税務上の取扱い

取扱項目		適格の場合	非適格の場合
分割法人株式	みなし配当	●分社型分割の場合，課税関係は生じない。 ●分割型分割の場合，みなし配当は生じない（法法24①）。	●分社型分割の場合，課税関係は生じない。 ●分割型分割の場合，みなし配当が生じる（法法24①）。
	株式譲渡損益	●分社型分割の場合，課税関係は生じない。 ●分割型分割の場合，株式譲渡損益は生じない（法法61の2④）。分割法人株式の分割純資産対応帳簿価額の分割承継親法人株式への付け替えが行われる（法令119①六，119の3㉑，119の4①，119の8①，23①二）。この通算親法人株式の帳簿価額は，資本金等の額から減算される（法令8①二十一）。	●分社型分割の場合，課税関係は生じない。 ●分割型分割の場合，株式譲渡損益は生じない（法法61の2④）。分割法人株式の分割純資産対応帳簿価額及びみなし配当の額の分割承継親法人株式への付け替えが行われる（法令119①六，119の3㉑，119の4①，119の8①，23①二）。この通算親法人株式の帳簿価額は，資本金等の額から減算される（法令8①二十一）。

❹　外部株主（法人）（分割法人の株主）の税務上の取扱い

取扱項目		適格の場合	非適格の場合
分割法人株式	みなし配当	●分社型分割の場合，課税関係は生じない。 ●分割型分割の場合，みなし配当は生じない（法法24①）。	●分社型分割の場合，課税関係は生じない。 ●分割型分割の場合，みなし配当が生じる（法法24①）。
	株式譲渡損益	●分社型分割の場合，課税関係は生じない。 ●分割型分割の場合，株式譲渡損益は生じない（法法61の2④）。分割法人株式の分割純資産対応帳簿価額の分割承継親法人株式への付け替えが行われる（法令119①六，119の3㉑，119の4①，119の8①，23①二）。	●分社型分割の場合，課税関係は生じない。 ●分割型分割の場合，株式譲渡損益は生じない（法法61の2④）。分割法人株式の分割純資産対応帳簿価額及びみなし配当の額の分割承継親法人株式への付け替えが行われる（法令119①六，119の3㉑，119の4①，119の8①，23①二）。

361

[Case 11] 通算外法人が通算子法人に分社型分割又は分割型分割を行うケース（分割対価が通算親法人株式の場合）

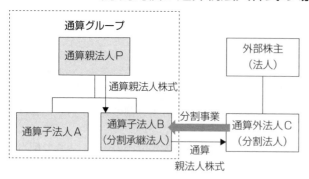

(前提)
- 通算親法人の株式の50％超を直接・間接に保有する者はいないものとする。
- 繰延譲渡損益の実現処理の取扱いは解説を省略している。
- 分割承継法人（開始・加入時に時価評価除外法人に該当し，支配関係5年継続要件及び共同事業性の要件を満たさないものに限る）において，分割による分割事業の引継ぎが新たな事業の未開始要件に抵触しないものとする。
- 分割承継法人に欠損等法人の制限規定は適用されないこととする。
- 通算外法人，外部株主（法人）は，通算制度を適用していない（単体納税を採用している）ものとする。

(適格要件)

共同事業要件を満たす場合，適格となる（法法2十二の十一，法令4の3⑧）。
- 対価要件
- 事業関連性要件
- 事業規模要件又は経営参画要件
- 資産負債引継要件
- 従業者引継要件
- 事業継続要件
- 株式継続保有要件

(分割承継親法人株式の定義)

［Case 10］と同じ。

第4章 分割のケーススタディ

❶ 通算子法人（分割承継法人）の税務上の取扱い

取扱項目		適格の場合	非適格の場合
資産の受入		簿価受入	時価受入 分割法人の分割直前において行う事業及びその事業に係る主要な資産又は負債のおおむね全部が分割承継法人に移転をする場合，資産調整勘定又は負債調整勘定が計上される（法法62の8①②③，法令123の10①）。
分割承継法人の繰越欠損金の利用制限	法人税	利用制限は生じない。	利用制限は生じない。
	住民税	利用制限は生じない。	利用制限は生じない。
	事業税	利用制限は生じない。	利用制限は生じない。
組織再編に係る特定資産譲渡等損失額の損金算入制限		損金算入制限が生じない。	損金算入制限が生じない。

❷ 通算外法人（分割法人）の税務上の取扱い

取扱項目	適格の場合	非適格の場合
資産の移転	簿価譲渡	時価譲渡
分割承継親法人株式	分社型分割の場合，分割承継親法人株式の取得価額は，移転簿価純資産価額となる（法令119①七）。	分社型分割の場合，分割承継親法人株式の取得価額は，時価となる（法令119①二十七）。
分割法人の完全支配関係がある子法人の取扱い	分割法人の完全支配関係がある子法人のうち，分割により通算子法人となる法人には，通算子法人が加入した場合の税務上の取扱いが適用される。	分割法人の完全支配関係がある子法人のうち，分割により通算子法人となる法人には，通算子法人が加入した場合の税務上の取扱いが適用される。

❸ 通算親法人（分割法人の株主）の税務上の取扱い

取扱項目		適格の場合	非適格の場合
分割法人株式（所有している場合）	みなし配当	●分社型分割の場合，課税関係は生じない。 ●分割型分割の場合，みなし配当は生じない（法法24①）。	●分社型分割の場合，課税関係は生じない。 ●分割型分割の場合，みなし配当が生じる（法法24①）。
	株式譲渡損益	●分社型分割の場合，課税関係は生じない。 ●分割型分割の場合，株式譲渡損益は生じない（法法61の2④）。	●分社型分割の場合，課税関係は生じない。 ●分割型分割の場合，株式譲渡損益は生じない（法法61の2④）。

363

| | | 分割法人株式の分割純資産対応帳簿価額の分割承継親法人株式への付け替えが行われる（法令119①六，119の3㉑，119の4①，119の8①，23①二）。この通算親法人株式の帳簿価額は，資本金等の額から減算される（法令8①二十一）。 | 分割法人株式の分割純資産対応帳簿価額及びみなし配当の額の分割承継親法人株式への付け替えが行われる（法令119①六，119の3㉑，119の4①，119の8①，23①二）。この通算親法人株式の帳簿価額は，資本金等の額から減算される（法令8①二十一）。 |

❹ 外部株主（法人）（分割法人の株主）の税務上の取扱い

取扱項目		適格の場合	非適格の場合
分割法人株式	みなし配当	●分社型分割の場合，課税関係は生じない。 ●分割型分割の場合，みなし配当は生じない（法法24①）。	●分社型分割の場合，課税関係は生じない。 ●分割型分割の場合，みなし配当が生じる（法法24①）。
	株式譲渡損益	●分社型分割の場合，課税関係は生じない。 ●分割型分割の場合，株式譲渡損益は生じない（法法61の2④）。分割法人株式の分割純資産対応帳簿価額の分割承継親法人株式への付け替えが行われる（法令119①六，119の3㉑，119の4①，119の8①，23①二）。	●分社型分割の場合，課税関係は生じない。 ●分割型分割の場合，株式譲渡損益は生じない（法法61の2④）。分割法人株式の分割純資産対応帳簿価額及びみなし配当の額の分割承継親法人株式への付け替えが行われる（法令119①六，119の3㉑，119の4①，119の8①，23①二）。

[Case 12] 通算親法人が新設分社型分割を行うケース

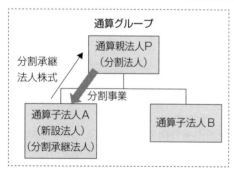

第4章　分割のケーススタディ

（前提）

- 通算親法人の株式の50％超を直接・間接に保有する者はいないものとする。
- 分割承継法人（開始・加入時に時価評価除外法人に該当し，支配関係5年継続要件及び共同事業性の要件を満たさないものに限る）において，分割による分割事業の引継ぎが新たな事業の未開始要件に抵触しないものとする。
- 繰延譲渡損益の実現処理の取扱いは解説を省略している。

（適格要件）

　当事者間の完全支配関係がある場合の適格要件を満たす場合，適格となる（法法2十二の十一，法令4の3⑥）。

- 対価要件
- 完全支配関係継続要件

　なお，完全支配関係がある場合の適格要件を満たさない場合でも支配関係がある場合の適格要件を満たす場合は適格と判定される。

（通算子法人の範囲）

　新設法人は，通算親法人と通算完全支配関係があるため，通算子法人に該当する（法法64の9①）。

❶　通算子法人（新設法人／分割承継法人）の税務上の取扱い

取扱項目		適格の場合	非適格の場合
資産の受入		簿価受入	時価受入 分割法人の分割直前において行う事業及びその事業に係る主要な資産又は負債のおおむね全部が分割承継法人に移転をする場合，資産調整勘定又は負債調整勘定が計上される（法法62の8①②③，法令123の10①）。
分割承継法人の繰越欠損金の利用制限	法人税	利用制限は生じない。	利用制限は生じない。
	住民税	利用制限は生じない。	利用制限は生じない。
	事業税	利用制限は生じない。	利用制限は生じない。
組織再編に係る特定資産譲渡等損失額の損金算入制限		損金算入制限が生じない。	損金算入制限が生じない。

365

❷ 通算親法人（分割法人）の税務上の取扱い

取扱項目	適格の場合	非適格の場合
資産の移転	簿価譲渡 分割資産に通算子法人株式が含まれている場合でも，当該通算子法人株式について投資簿価修正は適用されない（法令119の3⑤）。	時価譲渡 譲渡損益調整資産について譲渡損益が繰り延べられる（法法61の11①，法令122の12②）。ただし，分割資産に通算子法人株式が含まれている場合，株式の譲渡損益の計上は行われない（繰延べもされない。法法61の11⑧）。なお，分割資産に通算子法人株式が含まれている場合でも，当該通算子法人株式について投資簿価修正は適用されない（法令119の3⑤）。
分割承継法人株式	分割承継法人株式の取得価額は，移転簿価純資産価額となる（法令119①七）。	分割承継法人株式の取得価額は，時価となる（法令119①二十七）。

[Case 13] 通算親法人が新設分割型分割（スピンオフ）を行うケース

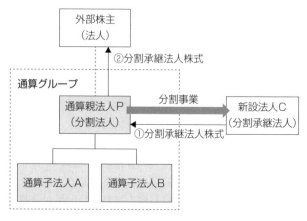

（適格要件）

① 外部株主と通算親法人との間に支配関係がある場合の適格要件

同一者による支配関係がある場合の適格要件を満たす場合，適格となる（法法2十二の十一，法令4の3⑦）。

- 対価要件
- 支配関係継続要件
- 資産負債引継要件

- 従業者引継要件
- 事業継続要件

② 外部株主と通算親法人との間に支配関係がない場合の要件

単独新設分割のうち，分割法人が行っていた事業をその分割型分割により新たに設立する分割承継法人において独立して行うための分割として次に掲げる要件を満たす場合，適格となる（法法2十二の十一二，法令4の3⑨）。

- 株式按分交付要件
- 非支配要件
- 役員引継要件
- 資産負債引継要件
- 従業者引継要件
- 事業継続要件

（通算子法人の範囲）

新設法人は，通算親法人と通算完全支配関係がないため，通算子法人に該当しない。

❶ 新設法人（分割承継法人）の税務上の取扱い

取扱項目		適格の場合	非適格の場合
資産の受入		簿価受入	時価受入 分割法人の分割直前において行う事業及びその事業に係る主要な資産又は負債のおおむね全部が分割承継法人に移転をする場合，資産調整勘定又は負債調整勘定が計上される（法法62の8①②③，法令123の10①）。
分割承継法人の繰越欠損金の利用制限	法人税	利用制限は生じない。	利用制限は生じない。
	住民税	利用制限は生じない。	利用制限は生じない。
	事業税	利用制限は生じない。	利用制限は生じない。
組織再編に係る特定資産譲渡等損失額の損金算入制限		損金算入制限が生じない。	損金算入制限が生じない。

第2部　グループ通算制度のM&A・組織再編成・清算のケーススタディ

❷　通算親法人（分割法人）の税務上の取扱い

取扱項目	適格の場合	非適格の場合
資産の移転	簿価譲渡 分割資産に通算子法人株式が含まれている場合，当該通算子法人株式について投資簿価修正後の帳簿価額で移転処理が行われる（法令119の3⑤⑥⑦）。	時価譲渡 分割資産に通算子法人株式が含まれている場合，当該通算子法人株式について投資簿価修正が行われる（法令119の3⑤⑥⑦）。当該通算子法人株式については，投資簿価修正後に分割による時価譲渡の処理が行われる。
分割資産に通算子法人株式が含まれている場合の離脱法人の取扱い	分割資産に通算子法人株式が含まれている場合，当該通算子法人及び当該通算子法人が株式を有する他の通算子法人について，通算制度から離脱した場合の税務上の取扱いが適用される。	分割資産に通算子法人株式が含まれている場合，当該通算子法人及び当該通算子法人が株式を有する他の通算子法人について，通算制度から離脱した場合の税務上の取扱いが適用される。

❸　外部株主（法人）（分割法人の株主）の税務上の取扱い

取扱項目		適格の場合	非適格の場合
分割法人株式	みなし配当	みなし配当は生じない（法法24①）。	みなし配当が生じる（法法24①）。
	株式譲渡損益	株式譲渡損益は生じない（法法61の2④）。分割法人株式の分割純資産対応帳簿価額の分割承継法人株式への付け替えが行われる（法令119①六，119の3㉑，119の4①，119の8①，23①二）。	株式譲渡損益は生じない（法法61の2④）。分割法人株式の分割純資産対応帳簿価額及びみなし配当の額の分割承継法人株式への付け替えが行われる（法令119①六，119の3㉑，119の4①，119の8①，23①二）。

368

[Case 14] 通算子法人が新設分社型分割又は新設分割型分割を行うケース

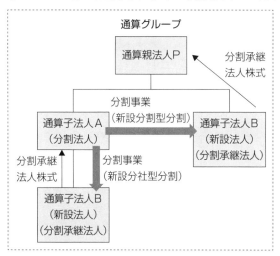

(前提)
- 通算親法人の株式の50％超を直接・間接に保有する者はいないものとする。
- 繰延譲渡損益の実現処理の取扱いは解説を省略している。

(適格要件)
当事者間又は同一者による完全支配関係がある場合の適格要件を満たす場合，適格となる（法法２十二の十一，法令４の３⑥）。
- 対価要件
- 完全支配関係継続要件

なお，完全支配関係がある場合の適格要件を満たさない場合でも支配関係がある場合の適格要件を満たす場合は適格と判定される。

(通算子法人の範囲)
新設法人は，通算親法人と通算完全支配関係があるため，通算子法人に該当する（法法64の９①）。

❶ 通算子法人（新設法人／分割承継法人）の税務上の取扱い

取扱項目	適格の場合	非適格の場合
資産の受入	簿価受入	時価受入 分割法人の分割直前において行う事業及びその事業に係る主要な資

第2部　グループ通算制度のM&A・組織再編成・清算のケーススタディ

			産又は負債のおおむね全部が分割承継法人に移転をする場合，資産調整勘定又は負債調整勘定が計上される（法法62の8①②③，法令123の10①）。
分割承継法人の繰越欠損金の利用制限	法人税	利用制限は生じない。	利用制限は生じない。
	住民税	利用制限は生じない。	利用制限は生じない。
	事業税	利用制限は生じない。	利用制限は生じない。
組織再編に係る特定資産譲渡等損失額の損金算入制限		損金算入制限が生じない。	損金算入制限が生じない。

❷　通算子法人（分割法人）の税務上の取扱い

取扱項目	適格の場合	非適格の場合
資産の移転	簿価譲渡 分割資産に通算子法人株式が含まれている場合でも，当該通算子法人株式について投資簿価修正は適用されない（法令119の3⑤）。	時価譲渡 譲渡損益調整資産について譲渡損益が繰り延べられる（法法61の11①，法令122の12②）。ただし，分割資産に通算子法人株式が含まれている場合，株式の譲渡損益の計上は行われない（繰延べもされない。法法61の11⑧）。なお，分割資産に通算子法人株式が含まれている場合でも，当該通算子法人株式について投資簿価修正は適用されない（法令119の3⑤）。
分割承継法人株式	分社型分割の場合，分割承継法人株式の取得価額は，移転簿価純資産価額となる（法令119①七）。	分社型分割の場合，分割承継法人株式の取得価額は，時価となる（法令119①二十七）。

❸　通算親法人（分割法人の株主）の税務上の取扱い

取扱項目		適格の場合	非適格の場合
分割法人株式	みなし配当	● 分社型分割の場合，課税関係は生じない。 ● 分割型分割の場合，みなし配当は生じない（法法24①）。	● 分社型分割の場合，課税関係は生じない。 ● 分割型分割の場合，みなし配当が生じる（法法24①）。
	株式譲渡損益	● 分社型分割の場合，課税関係は生じない。 ● 分割型分割の場合，株式譲渡損益は生じない（法法61の2④）。	● 分社型分割の場合，課税関係は生じない。 ● 分割型分割の場合，株式譲渡損益は生じない（法法61の2④）。

| | | 分割法人株式の分割純資産対応帳簿価額の分割承継法人株式への付け替えが行われる（法令119①六，119の3㉑，119の4①，119の8①，23①二）。 | 分割法人株式の分割純資産対応帳簿価額及びみなし配当の額の分割承継法人株式への付け替えが行われる（法令119①六，119の3㉑，119の4①，119の8①，23①二）。 |

[Case 15] 通算法人が非通算法人又は通算外法人に分社型分割を行うケース（分割対価が現金の場合）

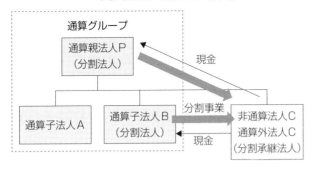

（前提）
- 繰延譲渡損益の実現処理の取扱いは解説を省略している。

（適格要件）

現金を対価とするため非適格となる（法法2十二の十一）。

❶ 通算法人（分割法人）の税務上の取扱い

取扱項目	非適格の場合
資産の移転	時価譲渡 分割資産に通算子法人株式が含まれている場合，当該通算子法人株式について投資簿価修正が行われる（法令119の3⑤⑥⑦）。当該通算子法人株式については，投資簿価修正後に分割による時価譲渡の処理が行われる。
分割資産に通算子法人株式が含まれている場合の離脱法人の取扱い	分割資産に通算子法人株式が含まれている場合，当該通算子法人及び当該通算子法人が株式を有する他の通算子法人について，通算制度から離脱した場合の税務上の取扱いが適用される。

❷ 非通算法人又は通算外法人（分割承継法人）の税務上の取扱い

取扱項目		非適格の場合
資産の受入		時価受入 分割法人の分割直前において行う事業及びその事業に係る主要な資産又は負債のおおむね全部が分割承継法人に移転をする場合，資産調整勘定又は負債調整勘定が計上される（法法62の8①②③，法令123の10①）。
分割承継法人の繰越欠損金の利用制限	法人税	利用制限は生じない。
	住民税	利用制限は生じない。
	事業税	利用制限は生じない。
組織再編に係る特定資産譲渡等損失額の損金算入制限		損金算入制限は生じない。

[Case 16] 通算親法人が非通算法人に分社型分割を行うケース（分割対価が分割承継法人株式の場合）

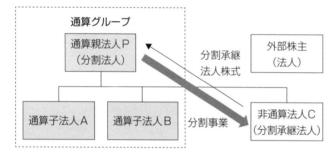

（前提）
- 通算親法人の株式の50％超を直接・間接に保有する者はいないものとする。
- 繰延譲渡損益の実現処理の取扱いは解説を省略している。
- 分割承継法人に欠損等法人の制限規定は適用されないこととする。
- 非通算法人，外部株主（法人）は，通算制度を適用していない（単体納税を採用している）ものとする。

（適格要件）
　当事者間の支配関係がある場合の適格要件を満たす場合，適格となる（法法2十二の十一，法令4の3⑦）。
- 対価要件

- 支配関係継続要件
- 資産負債引継要件
- 従業者引継要件
- 事業継続要件

なお，支配関係がある場合の適格要件を満たさない場合でも共同事業要件を満たす場合は適格と判定される。

❶　通算親法人（分割法人）の税務上の取扱い

取扱項目	適格の場合	非適格の場合
資産の移転	簿価譲渡 分割資産に通算子法人株式が含まれている場合，当該通算子法人株式について投資簿価修正が行われる（法令119の3⑤⑥⑦）。当該通算子法人株式については，投資簿価修正後に分割による簿価譲渡の処理が行われる。	時価譲渡 分割資産に通算子法人株式が含まれている場合，当該通算子法人株式について投資簿価修正が行われる（法令119の3⑤⑥⑦）。当該通算子法人株式については，投資簿価修正後に分割による時価譲渡の処理が行われる。
分割承継法人株式	分割承継法人株式の取得価額は，移転簿価純資産価額となる（法令119①七）。	分割承継法人株式の取得価額は，時価となる（法令119①二十七）。
分割資産に通算子法人株式が含まれている場合の離脱法人の取扱い	分割資産に通算子法人株式が含まれている場合，当該通算子法人及び当該通算子法人が株式を有する他の通算子法人について，通算制度から離脱した場合の税務上の取扱いが適用される。	分割資産に通算子法人株式が含まれている場合，当該通算子法人及び当該通算子法人が株式を有する他の通算子法人について，通算制度から離脱した場合の税務上の取扱いが適用される。

❷　非通算法人（分割承継法人）の税務上の取扱い

取扱項目	適格の場合	非適格の場合
資産の受入	簿価受入	時価受入 分割法人の分割直前において行う事業及びその事業に係る主要な資産又は負債のおおむね全部が分割承継法人に移転をする場合，資産調整勘定又は負債調整勘定が計上される（法法62の8①②③，法令123の10①）。

分割承継法人の繰越欠損金の利用制限	法人税	●次の要件のいずれも満たさない場合，利用制限が生じる（法法57④，法令112③④⑨⑩）。 ① 支配関係5年継続要件 ② みなし共同事業要件 ●ただし，含み損益の特例計算の適用がある（法令113①④⑤）。	利用制限は生じない。
	住民税	利用制限は生じない。	利用制限は生じない。
	事業税	法人税の繰越欠損金と同様の利用制限が生じる（地法72の23①②，地令20の3）。	利用制限は生じない。
組織再編に係る特定資産譲渡等損失額の損金算入制限		●次の要件のいずれも満たさない場合，損金算入制限が生じる（法法62の7①，57④，法令112③⑩，123の8①）。 ① 支配関係5年継続要件 ② みなし共同事業要件 ●ただし，含み損益の特例計算の適用がある（法令123の9①⑦⑩）。	損金算入制限が生じない。

[Case 17] 通算親法人が通算外法人に分社型分割を行うケース（分割対価が分割承継法人株式の場合）

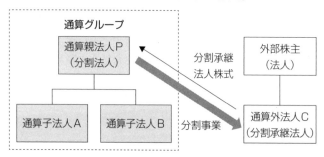

（前提）
- 通算親法人の株式の50％超を直接・間接に保有する者はいないものとする。
- 繰延譲渡損益の実現処理の取扱いは解説を省略している。
- 分割承継法人に欠損等法人の制限規定は適用されないこととする。
- 通算外法人，外部株主（法人）は，通算制度を適用していない（単体納税を採用している）ものとする。

第4章　分割のケーススタディ

（適格要件）

　共同事業要件を満たす場合，適格となる（法法2十二の十一，法令4の3⑧）。

- 対価要件
- 事業関連性要件
- 事業規模要件又は経営参画要件
- 資産負債引継要件
- 従業者引継要件
- 事業継続要件
- 株式継続保有要件

❶　通算親法人（分割法人）の税務上の取扱い

取扱項目	適格の場合	非適格の場合
資産の移転	簿価譲渡 分割資産に通算子法人株式が含まれている場合，当該通算子法人株式について投資簿価修正が行われる（法令119の3⑤⑥⑦）。当該通算子法人株式については，投資簿価修正後に分割による簿価譲渡の処理が行われる。	時価譲渡 分割資産に通算子法人株式が含まれている場合，当該通算子法人株式について投資簿価修正が行われる（法令119の3⑤⑥⑦）。当該通算子法人株式については，投資簿価修正後に分割による時価譲渡の処理が行われる。
分割承継法人株式	分割承継法人株式の取得価額は，移転簿価純資産価額となる（法令119①七）。	分割承継法人株式の取得価額は，時価となる（法令119①二十七）。
分割資産に通算子法人株式が含まれている場合の離脱法人の取扱い	分割資産に通算子法人株式が含まれている場合，当該通算子法人及び当該通算子法人が株式を有する他の通算子法人について，通算制度から離脱した場合の税務上の取扱いが適用される。	分割資産に通算子法人株式が含まれている場合，当該通算子法人及び当該通算子法人が株式を有する他の通算子法人について，通算制度から離脱した場合の税務上の取扱いが適用される。

❷　通算外法人（分割承継法人）の税務上の取扱い

取扱項目	適格の場合	非適格の場合
資産の受入	簿価受入	時価受入 分割法人の分割直前において行う事業及びその事業に係る主要な資産又は負債のおおむね全部が分割承継法人に移転をする場合，資産

375

			調整勘定又は負債調整勘定が計上される（法法62の8①②③，法令123の10①）。
分割承継法人の繰越欠損金の利用制限	法人税	利用制限は生じない。	利用制限は生じない。
	住民税	利用制限は生じない。	利用制限は生じない。
	事業税	利用制限は生じない。	利用制限は生じない。
組織再編に係る特定資産譲渡等損失額の損金算入制限		損金算入制限が生じない。	損金算入制限が生じない。

[Case 18] 通算子法人が非通算法人に分社型分割又は分割型分割を行うケース（分割対価が分割承継法人株式の場合）

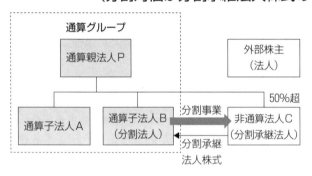

（前提）
- 通算親法人の株式の50％超を直接・間接に保有する者はいないものとする。
- 繰延譲渡損益の実現処理の取扱いは解説を省略している。
- 分割承継法人に欠損等法人の制限規定は適用されないこととする。
- 非通算法人，外部株主（法人）は，通算制度を適用していない（単体納税を採用している）ものとする。

（適格要件）
　同一者による支配関係がある場合の適格要件を満たす場合，適格となる（法法2十二の十一，法令4の3⑦）。
- 対価要件
- 支配関係継続要件
- 資産負債引継要件
- 従業者引継要件
- 事業継続要件

なお，支配関係がある場合の適格要件を満たさない場合でも共同事業要件を満たす場合は適格と判定される。

❶　通算子法人（分割法人）の税務上の取扱い

取扱項目	適格の場合	非適格の場合
資産の移転	簿価譲渡 分割資産に通算子法人株式が含まれている場合，当該通算子法人株式について投資簿価修正が行われる（法令119の3⑤⑥⑦）。当該通算子法人株式については，投資簿価修正後に分割による簿価譲渡の処理が行われる。	時価譲渡 分割資産に通算子法人株式が含まれている場合，当該通算子法人株式について投資簿価修正が行われる（法令119の3⑤⑥⑦）。当該通算子法人株式については，投資簿価修正後に分割による時価譲渡の処理が行われる。
分割承継法人株式	分社型分割の場合，分割承継法人株式の取得価額は，移転簿価純資産価額となる（法令119①七）。	分社型分割の場合，分割承継法人株式の取得価額は，時価となる（法令119①二十七）。
分割資産に通算子法人株式が含まれている場合の離脱法人の取扱い	分割資産に通算子法人株式が含まれている場合，当該通算子法人及び当該通算子法人が株式を有する他の通算子法人について，通算制度から離脱した場合の税務上の取扱いが適用される。	分割資産に通算子法人株式が含まれている場合，当該通算子法人及び当該通算子法人が株式を有する他の通算子法人について，通算制度から離脱した場合の税務上の取扱いが適用される。

❷　非通算法人（分割承継法人）の税務上の取扱い

取扱項目		適格の場合	非適格の場合
資産の受入		簿価受入	時価受入 分割法人の分割直前において行う事業及びその事業に係る主要な資産又は負債のおおむね全部が分割承継法人に移転をする場合，資産調整勘定又は負債調整勘定が計上される（法法62の8①②③，法令123の10①）。
分割承継法人の繰越欠損金の利用制限	法人税	●次の要件のいずれも満たさない場合，利用制限が生じる（法法57④，法令112③④⑨⑩）。 ①　支配関係5年継続要件 ②　みなし共同事業要件 ●ただし，含み損益の特例計算の適用がある（法令113①④⑤）。	利用制限は生じない。

第2部　グループ通算制度のM&A・組織再編成・清算のケーススタディ

	住民税	利用制限は生じない。	利用制限は生じない。
	事業税	法人税の繰越欠損金と同様の利用制限が生じる（地法72の23①②，地令20の３）。	利用制限は生じない。
組織再編に係る特定資産譲渡等損失額の損金算入制限		●次の要件のいずれも満たさない場合，損金算入制限が生じる（法法62の7①，57④，法令112③⑩，123の8①）。 ①　支配関係5年継続要件 ②　みなし共同事業要件 ●ただし，含み損益の特例計算の適用がある（法令123の9①⑦⑩）。	損金算入制限が生じない。

❸　通算親法人（分割法人の株主）の税務上の取扱い

取扱項目		適格の場合	非適格の場合
分割法人株式	みなし配当	●分社型分割の場合，課税関係は生じない。 ●分割型分割の場合，みなし配当は生じない（法法24①）。	●分社型分割の場合，課税関係は生じない。 ●分割型分割の場合，みなし配当が生じる（法法24①）。
	株式譲渡損益	●分社型分割の場合，課税関係は生じない。 ●分割型分割の場合，株式譲渡損益は生じない（法法61の2④）。分割法人株式の分割純資産対応帳簿価額の分割承継法人株式への付け替えが行われる（法令119①六，119の3㉑，119の4①，119の8①，23①二）。	●分社型分割の場合，課税関係は生じない。 ●分割型分割の場合，株式譲渡損益は生じない（法法61の2④）。分割法人株式の分割純資産対応帳簿価額及びみなし配当の額の分割承継法人株式への付け替えが行われる（法令119①六，119の3㉑，119の4①，119の8①，23①二）。

378

[Case 19] 通算子法人が通算外法人に分社型分割又は分割型分割を行うケース（分割対価が分割承継法人株式の場合）

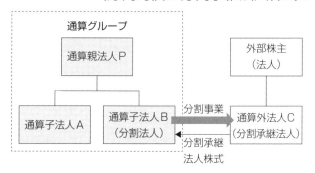

(前提)
- 通算親法人の株式の50％超を直接・間接に保有する者はいないものとする。
- 繰延譲渡損益の実現処理の取扱いは解説を省略している。
- 分割承継法人に欠損等法人の制限規定は適用されないこととする。
- 通算外法人、外部株主（法人）は、通算制度を適用していない（単体納税を採用している）ものとする。

(適格要件)
　共同事業要件を満たす場合、適格となる（法法２十二の十一、法令４の３⑧）。
- 対価要件
- 事業関連性要件
- 事業規模要件又は経営参画要件
- 資産負債引継要件
- 従業者引継要件
- 事業継続要件
- 株式継続保有要件

❶ 通算子法人（分割法人）の税務上の取扱い

取扱項目	適格の場合	非適格の場合
資産の移転	簿価譲渡 分割資産に通算子法人株式が含まれている場合、当該通算子法人株式について投資簿価修正が行われる（法令119の３⑤⑥⑦）。当該通	時価譲渡 分割資産に通算子法人株式が含まれている場合、当該通算子法人株式について投資簿価修正が行われる（法令119の３⑤⑥⑦）。当該通

第2部　グループ通算制度のM&A・組織再編成・清算のケーススタディ

	算子法人株式については，投資簿価修正後に分割による簿価譲渡の処理が行われる。	算子法人株式については，投資簿価修正後に分割による時価譲渡の処理が行われる。
分割承継法人株式	分社型分割の場合，分割承継法人株式の取得価額は，移転簿価純資産価額となる（法令119①七）。	分社型分割の場合，分割承継法人株式の取得価額は，時価となる（法令119①二十七）。
分割資産に通算子法人株式が含まれている場合の離脱法人の取扱い	分割資産に通算子法人株式が含まれている場合，当該通算子法人及び当該通算子法人が株式を有する他の通算子法人について，通算制度から離脱した場合の税務上の取扱いが適用される。	分割資産に通算子法人株式が含まれている場合，当該通算子法人及び当該通算子法人が株式を有する他の通算子法人について，通算制度から離脱した場合の税務上の取扱いが適用される。

❷　通算外法人（分割承継法人）の税務上の取扱い

取扱項目		適格の場合	非適格の場合
資産の受入		簿価受入	時価受入 分割法人の分割直前において行う事業及びその事業に係る主要な資産又は負債のおおむね全部が分割承継法人に移転をする場合，資産調整勘定又は負債調整勘定が計上される（法法62の8①②③，法令123の10①）。
分割承継法人の繰越欠損金の利用制限	法人税	利用制限は生じない。	利用制限は生じない。
	住民税	利用制限は生じない。	利用制限は生じない。
	事業税	利用制限は生じない。	利用制限は生じない。
組織再編に係る特定資産譲渡等損失額の損金算入制限		損金算入制限が生じない。	損金算入制限が生じない。

❸　通算親法人（分割法人の株主）の税務上の取扱い

取扱項目		適格の場合	非適格の場合
分割法人株式	みなし配当	●分社型分割の場合，課税関係は生じない。 ●分割型分割の場合，みなし配当は生じない（法法24①）。	●分社型分割の場合，課税関係は生じない。 ●分割型分割の場合，みなし配当が生じる（法法24①）。
	株式譲渡損益	●分社型分割の場合，課税関係は生じない。 ●分割型分割の場合，株式譲渡損	●分社型分割の場合，課税関係は生じない。 ●分割型分割の場合，株式譲渡損

		益は生じない（法法61の2④）。分割法人株式の分割純資産対応帳簿価額の分割承継法人株式への付け替えが行われる（法令119①六，119の3㉑，119の4①，119の8①，23①二）。	益は生じない（法法61の2④）。分割法人株式の分割純資産対応帳簿価額及びみなし配当の額の分割承継法人株式への付け替えが行われる（法令119①六，119の3㉑，119の4①，119の8①，23①二）。

第5章　事業譲渡のケーススタディ

[Case 1]　通算法人が他の通算法人に事業譲渡を行うケース

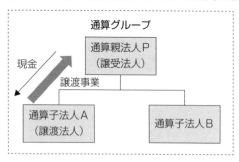
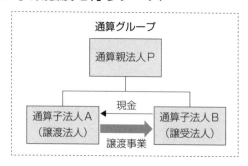
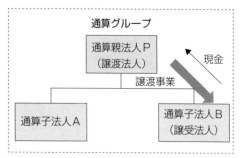

(前提)
- 繰延譲渡損益の実現処理の取扱いは解説を省略している。
- 譲受法人（開始・加入時に時価評価除外法人に該当し，支配関係5年継続要件及び共同事業性の要件を満たさないものに限る）において，事業譲渡による譲渡事業の引継ぎが新たな事業の未開始要件に抵触しないものとする。
- 譲受法人に欠損等法人の制限規定は適用されないこととする。

❶　通算法人（譲受法人）の税務上の取扱い

取扱項目	取扱い
資産の受入	時価受入 譲渡法人の譲渡直前において行う事業及びその事業に係る主要な資産又は負債のおおむね全部が譲受法人に移転をする場合，資産調整勘定又は負債調整勘定が計上される（法法62の8①②③，法令123の10①）。

譲受法人の繰越欠損金の利用制限	法人税(注1)	利用制限は生じない。
	住民税(注2)	利用制限は生じない。
	事業税(注3)	利用制限は生じない。
組織再編に係る特定資産譲渡等損失額の損金算入制限		損金算入制限は生じない。

(注1) 法人税の繰越欠損金をいうものとする（以下，本章で同じ）。
(注2) 住民税特有の欠損金（控除対象通算対象所得調整額，控除対象配賦欠損調整額等）をいうものとする（以下，本章で同じ）。
(注3) 事業税の繰越欠損金をいうものとする（以下，本章に同じ）。

❷ 通算法人（譲渡法人）の税務上の取扱い

取扱項目	取扱い
資産の移転	時価譲渡 譲渡損益調整資産について譲渡損益が繰り延べられる（法法61の11①，法令122の12②）。ただし，譲渡資産に通算子法人株式が含まれている場合，株式の譲渡損益の計上は行われない（繰延べもされない。法法61の11⑧）。なお，譲渡資産に通算子法人株式が含まれている場合でも，当該通算子法人株式について投資簿価修正は適用されない（法令119の3⑤）。

[Case 2] 非通算法人又は通算外法人が通算法人に事業譲渡を行うケース

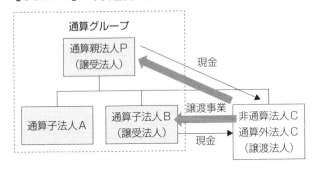

（前提）
- 繰延譲渡損益の実現処理の取扱いは解説を省略している。
- 譲受法人（開始・加入時に時価評価除外法人に該当し，支配関係5年継続要件及び共同事業性の要件を満たさないものに限る）において，事業譲渡による譲渡事業の引継ぎが新たな事業の未開始要件に抵触しないものとする。
- 譲受法人に欠損等法人の制限規定は適用されないこととする。

❶ 通算法人（譲受法人）の税務上の取扱い

取扱項目	取扱い
資産の受入	時価受入 譲渡法人の譲渡直前において行う事業及びその事業に係る主要な資産又は負債のおおむね全部が譲受法人に移転をする場合，資産調整勘定又は負債調整勘定が計上される（法法62の8①②③，法令123の10①）。
譲受法人の繰越欠損金の利用制限 — 法人税	利用制限は生じない。
譲受法人の繰越欠損金の利用制限 — 住民税	利用制限は生じない。
譲受法人の繰越欠損金の利用制限 — 事業税	利用制限は生じない。
組織再編に係る特定資産譲渡等損失額の損金算入制限	損金算入制限は生じない。

❷ 非通算法人又は通算外法人（譲渡法人）の税務上の取扱い

取扱項目	取扱い
資産の移転	時価譲渡
譲渡法人の完全支配関係がある子法人の取扱い	譲渡法人の完全支配関係がある子法人のうち，事業譲渡により通算子法人となる法人には，通算子法人が加入した場合の税務上の取扱いが適用される。

[Case 3] 通算法人が非通算法人又は通算外法人に事業譲渡を行うケース

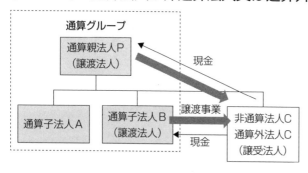

（前提）
- 繰延譲渡損益の実現処理の取扱いは解説を省略している。
- 譲受法人に欠損等法人の制限規定は適用されないこととする。

❶ 非通算法人又は通算外法人（譲受法人）の税務上の取扱い

取扱項目		取扱い
資産の受入		時価受入 譲渡法人の譲渡直前において行う事業及びその事業に係る主要な資産又は負債のおおむね全部が譲受法人に移転をする場合，資産調整勘定又は負債調整勘定が計上される（法法62の8①②③，法令123の10①）。
譲受法人の繰越欠損金の利用制限	法人税	利用制限は生じない。
	住民税	利用制限は生じない。
	事業税	利用制限は生じない。
組織再編に係る特定資産譲渡等損失額の損金算入制限		損金算入制限は生じない。

❷ 通算法人（譲渡法人）の税務上の取扱い

取扱項目	取扱い
資産の移転	時価譲渡
譲渡資産に通算子法人株式が含まれている場合の離脱法人の取扱い	譲渡資産に通算子法人株式が含まれている場合，当該通算子法人及び当該通算子法人が株式を有する他の通算子法人について，通算制度から離脱した場合の税務上の取扱いが適用される。

第6章 現物出資のケーススタディ

[Case 1] 通算親法人が通算子法人に現物出資を行うケース

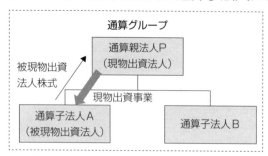

(前提)
- 通算親法人の株式の50％超を直接・間接に保有する者はいないものとする。
- 繰延譲渡損益の実現処理の取扱いは解説を省略している。
- 被現物出資法人（開始・加入時に時価評価除外法人に該当し，支配関係5年継続要件及び共同事業性の要件を満たさないものに限る）において，現物出資による現物出資事業の引継ぎが新たな事業の未開始要件に抵触しないものとする。
- 被現物出資法人に欠損等法人の制限規定は適用されないこととする。

(適格要件)
　当事者間の完全支配関係がある場合の適格要件を満たす場合，適格となる（法法2十二の十四，法令4の3⑬）。
- 対価要件
- 完全支配関係継続要件

　なお，完全支配関係がある場合の適格要件を満たさない場合でも支配関係がある場合の適格要件又は共同事業要件を満たす場合は適格と判定される。

❶ 通算子法人（被現物出資法人）の税務上の取扱い

取扱項目	適格の場合	非適格の場合
資産の受入	簿価受入	時価受入 現物出資法人の現物出資直前において行う事業及びその事業に係る主要な資産又は負債のおおむね全

			部が被現物出資法人に移転をする場合，資産調整勘定又は負債調整勘定が計上される（法法62の8①②③，法令123の10①）。
被現物出資法人の繰越欠損金の利用制限	法人税(注1)	利用制限は生じない（法令112の2⑦）。	利用制限は生じない。
	住民税(注2)	利用制限は生じない。	利用制限は生じない。
	事業税(注3)	●次の要件のいずれも満たさない場合，利用制限が生じる（法法57④，法令112③④⑨⑩，地法72の23①②，地令20の3）。 ① 支配関係5年継続要件 ② みなし共同事業要件 ●ただし，含み損益の特例計算の適用がある（法令113①④⑤，地法72の23①②，地令20の3）。	利用制限は生じない。
組織再編に係る特定資産譲渡等損失額の損金算入制限		●次の要件のいずれも満たさない場合，損金算入制限が生じる（法法62の7①，57④，法令112③⑩，123の8①）。 ① 支配関係5年継続要件 ② みなし共同事業要件 ●ただし，含み損益の特例計算の適用がある（法令123の9①⑦⑩）。	損金算入制限が生じない。

（注1） 法人税の繰越欠損金をいうものとする（以下，本章で同じ）。
（注2） 住民税特有の欠損金（控除対象通算対象所得調整額，控除対象配賦欠損調整額等）をいうものとする（以下，本章で同じ）。
（注3） 事業税の繰越欠損金をいうものとする（以下，本章に同じ）。

❷ 通算親法人（現物出資法人）の税務上の取扱い

取扱項目	適格の場合	非適格の場合
資産の移転	簿価譲渡 現物出資資産に通算子法人株式が含まれている場合でも，当該通算子法人株式について投資簿価修正は適用されない（法令119の3⑤）。	時価譲渡 譲渡損益調整資産について譲渡損益が繰り延べられる（法法61の11①，法令122の12②）。ただし，現物出資資産に通算子法人株式が含まれている場合，株式の譲渡損益の計上は行われない（繰延べもされない。法法61の11⑧）。なお，

		現物出資資産に通算子法人株式が含まれている場合でも，当該通算子法人株式について投資簿価修正は適用されない（法令119の3⑤）。
被現物出資法人株式	被現物出資法人株式の取得価額は，移転簿価純資産価額となる（法令119①七）。	被現物出資法人株式の取得価額は，時価となる（法令119①二十七）。

[Case 2] 通算子法人が他の通算子法人に現物出資を行うケース

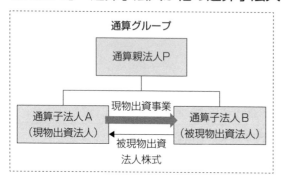

(前提)

- 通算親法人の株式の50％超を直接・間接に保有する者はいないものとする。
- 繰延譲渡損益の実現処理の取扱いは解説を省略している。
- 被現物出資法人（開始・加入時に時価評価除外法人に該当し，支配関係5年継続要件及び共同事業性の要件を満たさないものに限る）において，現物出資による現物出資事業の引継ぎが新たな事業の未開始要件に抵触しないものとする。
- 被現物出資法人に欠損等法人の制限規定は適用されないこととする。

(適格要件)

同一者による完全支配関係がある場合の適格要件を満たす場合，適格となる（法法2十二の十四，法令4の3⑬）。
- 対価要件
- 完全支配関係継続要件

なお，完全支配関係がある場合の適格要件を満たさない場合でも支配関係がある場合の適格要件又は共同事業要件を満たす場合は適格と判定される。

第6章　現物出資のケーススタディ

❶　通算子法人（被現物出資法人）の税務上の取扱い

取扱項目		適格の場合	非適格の場合
資産の受入		簿価受入	時価受入 現物出資法人の現物出資直前において行う事業及びその事業に係る主要な資産又は負債のおおむね全部が被現物出資法人に移転をする場合，資産調整勘定又は負債調整勘定が計上される（法法62の8①②③，法令123の10①）。
被現物出資法人の繰越欠損金の利用制限	法人税	利用制限は生じない（法令112の2⑦）。	利用制限は生じない。
	住民税	利用制限は生じない。	利用制限は生じない。
	事業税	●次の要件のいずれも満たさない場合，利用制限が生じる（法法57④，法令112③④⑨⑩，地法72の23①②，地令20の3）。 ①　支配関係5年継続要件 ②　みなし共同事業要件 ●ただし，含み損益の特例計算の適用がある（法令113①④⑤，地法72の23①②，地令20の3）。	利用制限は生じない。
組織再編に係る特定資産譲渡等損失額の損金算入制限		●次の要件のいずれも満たさない場合，損金算入制限が生じる（法法62の7①，57④，法令112③⑩，123の8①）。 ①　支配関係5年継続要件 ②　みなし共同事業要件 ●ただし，含み損益の特例計算の適用がある（法令123の9①⑦⑩）。	損金算入制限が生じない。

❷　通算子法人（現物出資法人）の税務上の取扱い

取扱項目	適格の場合	非適格の場合
資産の移転	簿価譲渡 現物出資資産に通算子法人株式が含まれている場合でも，当該通算子法人株式について投資簿価修正は適用されない（法令119の3⑤）。	時価譲渡 譲渡損益調整資産について譲渡損益が繰り延べられる（法法61の11①，法令122の12②）。ただし，現物出資資産に通算子法人株式が含まれている場合，株式の譲渡損益

389

		の計上は行われない（繰延べもされない。法法61の11⑧）。なお，現物出資資産に通算子法人株式が含まれている場合でも，当該通算子法人株式について投資簿価修正は適用されない（法令119の3⑤）。
被現物出資法人株式	被現物出資法人株式の取得価額は，移転簿価純資産価額となる（法令119①七）。	被現物出資法人株式の取得価額は，時価となる（法令119①二十七）。

[Case 3] 通算親法人が非通算法人に現物出資を行うケース

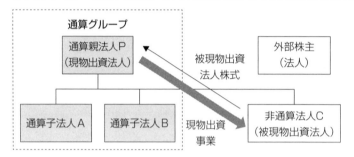

(前提)

- 通算親法人の株式の50％超を直接・間接に保有する者はいないものとする。
- 繰延譲渡損益の実現処理の取扱いは解説を省略している。
- 被現物出資法人に欠損等法人の制限規定は適用されないこととする。
- 非通算法人，外部株主（法人）は，通算制度を適用していない（単体納税を採用している）ものとする。

(適格要件)

当事者間の支配関係がある場合の適格要件を満たす場合，適格となる（法法2十二の十四，法令4の3⑭）。

- 対価要件
- 支配関係継続要件
- 資産負債引継要件
- 従業者引継要件
- 事業継続要件

なお，支配関係がある場合の適格要件を満たさない場合でも共同事業要件を満たす場合は適格と判定される。

❶　通算親法人（現物出資法人）の税務上の取扱い

取扱項目	適格の場合	非適格の場合
資産の移転	簿価譲渡 現物出資資産に通算子法人株式が含まれている場合，当該通算子法人株式について投資簿価修正後の帳簿価額で移転処理が行われる（法令119の3⑤⑥⑦）。	時価譲渡 現物出資資産に通算子法人株式が含まれている場合，当該通算子法人株式について投資簿価修正が行われる（法令119の3⑤⑥⑦）。当該通算子法人株式については，投資簿価修正後に現物出資による時価譲渡の処理が行われる。
被現物出資法人株式	被現物出資法人株式の取得価額は，移転簿価純資産価額となる（法令119①七）。	被現物出資法人株式の取得価額は，時価となる（法令119①二十七）。
現物出資資産に通算子法人株式が含まれている場合の離脱法人の取扱い	現物出資資産に通算子法人株式が含まれている場合，当該通算子法人及び当該通算子法人が株式を有する他の通算子法人について，通算制度から離脱した場合の税務上の取扱いが適用される。	現物出資資産に通算子法人株式が含まれている場合，当該通算子法人及び当該通算子法人が株式を有する他の通算子法人について，通算制度から離脱した場合の税務上の取扱いが適用される。

❷　非通算法人（被現物出資法人）の税務上の取扱い

取扱項目		適格の場合	非適格の場合
資産の受入		簿価受入	時価受入 現物出資法人の現物出資直前において行う事業及びその事業に係る主要な資産又は負債のおおむね全部が被現物出資法人に移転をする場合，資産調整勘定又は負債調整勘定が計上される（法法62の8①②③，法令123の10①）。
被現物出資法人の繰越欠損金の利用制限	法人税	●次の要件のいずれも満たさない場合，利用制限が生じる（法法57④，法令112③④⑨⑩）。 ①　支配関係5年継続要件 ②　みなし共同事業要件 ●ただし，含み損益の特例計算の適用がある（法令113①④⑤）。	利用制限は生じない。

	住民税	利用制限は生じない。	利用制限は生じない。
	事業税	法人税の繰越欠損金と同様の利用制限が生じる（地法72の23①②，地令20の3）。	利用制限は生じない。
組織再編に係る特定資産譲渡等損失額の損金算入制限		●次の要件のいずれも満たさない場合，損金算入制限が生じる（法法62の7①，57④，法令112③⑩，123の8①）。 ① 支配関係5年継続要件 ② みなし共同事業要件 ●ただし，含み損益の特例計算の適用がある（法令123の9①⑦⑩）。	損金算入制限が生じない。

[Case 4] 通算親法人が通算外法人に現物出資を行うケース

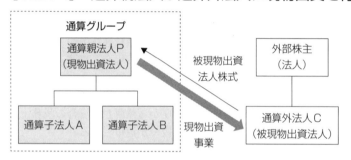

(前提)
- 通算親法人の株式の50％超を直接・間接に保有する者はいないものとする。
- 繰延譲渡損益の実現処理の取扱いは解説を省略している。
- 被現物出資法人に欠損等法人の制限規定は適用されないこととする。
- 通算外法人，外部株主（法人）は，通算制度を適用していない（単体納税を採用している）ものとする。

(適格要件)

共同事業要件を満たす場合，適格となる（法法2十二の十四，法令4の3⑮）。
- 対価要件
- 事業関連性要件
- 事業規模要件又は経営参画要件
- 資産負債引継要件

第6章　現物出資のケーススタディ

- 従業者引継要件
- 事業継続要件
- 株式継続保有要件

❶　通算親法人（現物出資法人）の税務上の取扱い

取扱項目	適格の場合	非適格の場合
資産の移転	簿価譲渡 現物出資資産に通算子法人株式が含まれている場合，当該通算子法人株式について投資簿価修正後の帳簿価額で移転処理が行われる（法令119の3⑤⑥⑦）。	時価譲渡 現物出資資産に通算子法人株式が含まれている場合，当該通算子法人株式について投資簿価修正が行われる（法令119の3⑤⑥⑦）。当該通算子法人株式については，投資簿価修正後に現物出資による時価譲渡の処理が行われる。
被現物出資法人株式	被現物出資法人株式の取得価額は，移転簿価純資産価額となる（法令119①七）。	被現物出資法人株式の取得価額は，時価となる（法令119①二十七）。
現物出資資産に通算子法人株式が含まれている場合の離脱法人の取扱い	現物出資資産に通算子法人株式が含まれている場合，当該通算子法人及び当該通算子法人が株式を有する他の通算子法人について，通算制度から離脱した場合の税務上の取扱いが適用される。	現物出資資産に通算子法人株式が含まれている場合，当該通算子法人及び当該通算子法人が株式を有する他の通算子法人について，通算制度から離脱した場合の税務上の取扱いが適用される。

❷　通算外法人（被現物出資法人）の税務上の取扱い

取扱項目		適格の場合	非適格の場合
資産の受入		簿価受入	時価受入 現物出資法人の現物出資直前において行う事業及びその事業に係る主要な資産又は負債のおおむね全部が被現物出資法人に移転をする場合，資産調整勘定又は負債調整勘定が計上される（法法62の8①②③，法令123の10①）。
被現物出資法人の繰越欠損金の利用制限	法人税	利用制限は生じない。	利用制限は生じない。
	住民税	利用制限は生じない。	利用制限は生じない。
	事業税	利用制限は生じない。	利用制限は生じない。

393

| 組織再編に係る特定資産譲渡等損失額の損金算入制限 | 損金算入制限が生じない。 | 損金算入制限が生じない。 |

[Case 5] 通算子法人が非通算法人に現物出資を行うケース

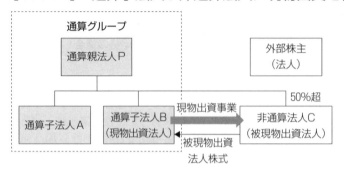

(前提)
- 通算親法人の株式の50％超を直接・間接に保有する者はいないものとする。
- 繰延譲渡損益の実現処理の取扱いは解説を省略している。
- 被現物出資法人に欠損等法人の制限規定は適用されないこととする。
- 非通算法人，外部株主（法人）は，通算制度を適用していない（単体納税を採用している）ものとする。

(適格要件)
　同一者による支配関係がある場合の適格要件を満たす場合，適格となる（法法２十二の十四，法令４の３⑭）。
- 対価要件
- 支配関係継続要件
- 資産負債引継要件
- 従業者引継要件
- 事業継続要件

　なお，支配関係がある場合の適格要件を満たさない場合でも共同事業要件を満たす場合は適格と判定される。

第6章　現物出資のケーススタディ

❶　通算子法人（現物出資法人）の税務上の取扱い

取扱項目	適格の場合	非適格の場合
資産の移転	簿価譲渡 現物出資資産に通算子法人株式が含まれている場合，当該通算子法人株式について投資簿価修正後の帳簿価額で移転処理が行われる（法令119の3⑤⑥⑦）。	時価譲渡 現物出資資産に通算子法人株式が含まれている場合，当該通算子法人株式について投資簿価修正が行われる（法令119の3⑤⑥⑦）。当該通算子法人株式については，投資簿価修正後に現物出資による時価譲渡の処理が行われる。
被現物出資法人株式	被現物出資法人株式の取得価額は，移転簿価純資産価額となる（法令119①七）。	被現物出資法人株式の取得価額は，時価となる（法令119①二十七）。
現物出資資産に通算子法人株式が含まれている場合の離脱法人の取扱い	現物出資資産に通算子法人株式が含まれている場合，当該通算子法人及び当該通算子法人が株式を有する他の通算子法人について，通算制度から離脱した場合の税務上の取扱いが適用される。	現物出資資産に通算子法人株式が含まれている場合，当該通算子法人及び当該通算子法人が株式を有する他の通算子法人について，通算制度から離脱した場合の税務上の取扱いが適用される。

❷　非通算法人（被現物出資法人）の税務上の取扱い

取扱項目		適格の場合	非適格の場合
資産の受入		簿価受入	時価受入 現物出資法人の現物出資直前において行う事業及びその事業に係る主要な資産又は負債のおおむね全部が被現物出資法人に移転をする場合，資産調整勘定又は負債調整勘定が計上される（法法62の8①②③，法令123の10①）。
被現物出資法人の繰越欠損金の利用制限	法人税	●次の要件のいずれも満たさない場合，利用制限が生じる（法法57④，法令112③④⑨⑩）。 ①　支配関係5年継続要件 ②　みなし共同事業要件 ●ただし，含み損益の特例計算の適用がある（法令113①④⑤）。	利用制限は生じない。
	住民税	利用制限は生じない。	利用制限は生じない。
	事業税	法人税の繰越欠損金と同様の利用制限が生じる（地法72の23①②，	利用制限は生じない。

395

	地令20の3）。	
組織再編に係る特定資産譲渡等損失額の損金算入制限	●次の要件のいずれも満たさない場合，損金算入制限が生じる（法法62の7①，57④，法令112③⑩，123の8①）。 ① 支配関係5年継続要件 ② みなし共同事業要件 ●ただし，含み損益の特例計算の適用がある（法令123の9①⑦⑩）。	損金算入制限が生じない。

[Case 6] 通算子法人が通算外法人に現物出資を行うケース

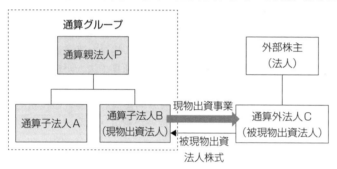

（前提）
- 通算親法人の株式の50％超を直接・間接に保有する者はいないものとする。
- 繰延譲渡損益の実現処理の取扱いは解説を省略している。
- 被現物出資法人に欠損等法人の制限規定は適用されないこととする。
- 通算外法人，外部株主（法人）は，通算制度を適用していない（単体納税を採用している）ものとする。

（適格要件）

共同事業要件を満たす場合，適格となる（法法2十二の十四，法令4の3⑮）。
- 対価要件
- 事業関連性要件
- 事業規模要件又は経営参画要件
- 資産負債引継要件
- 従業者引継要件
- 事業継続要件

第6章　現物出資のケーススタディ

● 株式継続保有要件

❶　通算子法人（現物出資法人）の税務上の取扱い

取扱項目	適格の場合	非適格の場合
資産の移転	簿価譲渡 現物出資資産に通算子法人株式が含まれている場合，当該通算子法人株式について投資簿価修正後の帳簿価額で移転処理が行われる（法令119の3⑤⑥⑦）。	時価譲渡 現物出資資産に通算子法人株式が含まれている場合，当該通算子法人株式について投資簿価修正が行われる（法令119の3⑤⑥⑦）。当該通算子法人株式については，投資簿価修正後に現物出資による時価譲渡の処理が行われる。
被現物出資法人株式	被現物出資法人株式の取得価額は，移転簿価純資産価額となる（法令119①七）。	被現物出資法人株式の取得価額は，時価となる（法令119①二十七）。
現物出資資産に通算子法人株式が含まれている場合の離脱法人の取扱い	現物出資資産に通算子法人株式が含まれている場合，当該通算子法人及び当該通算子法人が株式を有する他の通算子法人について，通算制度から離脱した場合の税務上の取扱いが適用される。	現物出資資産に通算子法人株式が含まれている場合，当該通算子法人及び当該通算子法人が株式を有する他の通算子法人について，通算制度から離脱した場合の税務上の取扱いが適用される。

❷　通算外法人（被現物出資法人）の税務上の取扱い

取扱項目		適格の場合	非適格の場合
資産の受入		簿価受入	時価受入 現物出資法人の現物出資直前において行う事業及びその事業に係る主要な資産又は負債のおおむね全部が被現物出資法人に移転をする場合，資産調整勘定又は負債調整勘定が計上される（法法62の8①②③，法令123の10①）。
被現物出資法人の繰越欠損金の利用制限	法人税	利用制限は生じない。	利用制限は生じない。
	住民税	利用制限は生じない。	利用制限は生じない。
	事業税	利用制限は生じない。	利用制限は生じない。
組織再編に係る特定資産譲渡等損失額の損金算入制限		損金算入制限が生じない。	損金算入制限が生じない。

397

[Case 7] 通算外法人が通算親法人に現物出資を行うケース

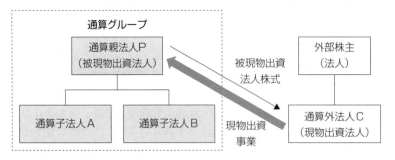

(前提)
- 通算親法人の株式の50%超を直接・間接に保有する者はいないものとする。
- 繰延譲渡損益の実現処理の取扱いは解説を省略している。
- 被現物出資法人（開始・加入時に時価評価除外法人に該当し，支配関係5年継続要件及び共同事業性の要件を満たさないものに限る）において，現物出資による現物出資事業の引継ぎが新たな事業の未開始要件に抵触しないものとする。
- 被現物出資法人に欠損等法人の制限規定は適用されないこととする。
- 通算外法人，外部株主（法人）は，通算制度を適用していない（単体納税を採用している）ものとする。

(適格要件)

共同事業要件を満たす場合，適格となる（法法2十二の十四，法令4の3⑮）。
- 対価要件
- 事業関連性要件
- 事業規模要件又は経営参画要件
- 資産負債引継要件
- 従業者引継要件
- 事業継続要件
- 株式継続保有要件

❶ 通算親法人（被現物出資法人）の税務上の取扱い

取扱項目		適格の場合	非適格の場合
資産の受入		簿価受入	時価受入 現物出資法人の現物出資直前において行う事業及びその事業に係る主要な資産又は負債のおおむね全部が被現物出資法人に移転をする場合，資産調整勘定又は負債調整勘定が計上される（法法62の8①②③，法令123の10①）。
被現物出資法人の繰越欠損金の利用制限	法人税	利用制限は生じない。	利用制限は生じない。
	住民税	利用制限は生じない。	利用制限は生じない。
	事業税	利用制限は生じない。	利用制限は生じない。
組織再編に係る特定資産譲渡等損失額の損金算入制限		損金算入制限が生じない。	損金算入制限が生じない。

❷ 通算外法人（現物出資法人）の税務上の取扱い

取扱項目	適格の場合	非適格の場合
資産の移転	簿価譲渡	時価譲渡
被現物出資法人株式	被現物出資法人株式の取得価額は，移転簿価純資産価額となる（法令119①七）。	被現物出資法人株式の取得価額は，時価となる（法令119①二十七）。
現物出資法人の完全支配関係がある子法人の取扱い	現物出資法人の完全支配関係がある子法人のうち，現物出資により通算子法人となる法人には，通算子法人が加入した場合の税務上の取扱いが適用される。	現物出資法人の完全支配関係がある子法人のうち，現物出資により通算子法人となる法人には，通算子法人が加入した場合の税務上の取扱いが適用される。

[Case 8] 非通算法人が通算子法人に現物出資を行うケース

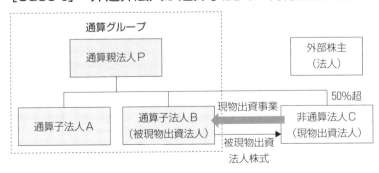

第2部　グループ通算制度のM&A・組織再編成・清算のケーススタディ

（前提）

- 通算親法人の株式の50%超を直接・間接に保有する者はいないものとする。
- 被現物出資法人である通算子法人は，最初通算事業年度に現物出資を行うものではないものとする。
- 繰延譲渡損益の実現処理の取扱いは解説を省略している。
- 被現物出資法人（開始・加入時に時価評価除外法人に該当し，支配関係5年継続要件及び共同事業性の要件を満たさないものに限る）において，現物出資による現物出資事業の引継ぎが新たな事業の未開始要件に抵触しないものとする。
- 被現物出資法人に欠損等法人の制限規定は適用されないこととする。
- 非通算法人，外部株主（法人）は，通算制度を適用していない（単体納税を採用している）ものとする。

（適格要件）

同一者による支配関係がある場合の適格要件を満たす場合，適格となる（法法2十二の十四，法令4の3⑭）。

- 対価要件
- 支配関係継続要件
- 資産負債引継要件
- 従業者引継要件
- 事業継続要件

なお，支配関係がある場合の適格要件を満たさない場合でも共同事業要件を満たす場合は適格と判定される。

（通算制度からの離脱）

被現物出資法人である通算子法人が通算法人以外の者に株式を発行するため，その通算子法人は現物出資日に通算制度から離脱する（法法64の10⑥六）。離脱法人のみなし事業年度は次のとおりである（法法14③④二・⑦，64の5①③，64の7①，64の10⑥六，地法72の13⑦⑧二・⑪）。なお，離脱日は現物出資日となる。

種類	期間	申告方法
離脱直前事業年度	通算事業年度開始日から離脱日の前日までの期間	離脱日の前日が通算親法人事業年度終了日と同日である場合は，通算申告。離脱日の前日が通算親法人事業年度終了日と同日でない場合は，通算法人の単体申告。

離脱事業年度	離脱日から離脱法人の会計期間終了日までの期間	単体申告

❶　通算子法人（被現物出資法人／離脱法人）の税務上の取扱い

取扱項目		適格の場合	非適格の場合
離脱時の時価評価		次の事由のいずれかに該当する場合，離脱直前事業年度において，一定の資産について時価評価を行う（法法64の13①，法令131の17②）。 イ）離脱法人で主要な事業を継続することが見込まれていない場合（含み益の合計額≧含み損の合計額である場合を除く） ロ）他の通算法人で離脱法人株式の譲渡損及び離脱法人で簿価10億円超の特定資産の譲渡損が生じることが見込まれている場合	次の事由のいずれかに該当する場合，離脱直前事業年度において，一定の資産について時価評価を行う（法法64の13①，法令131の17②）。 イ）離脱法人で主要な事業を継続することが見込まれていない場合（含み益の合計額≧含み損の合計額である場合を除く） ロ）他の通算法人で離脱法人株式の譲渡損及び離脱法人で簿価10億円超の特定資産の譲渡損が生じることが見込まれている場合
資産の受入		●簿価受入 ●受入処理は，離脱事業年度（現物出資日の属する事業年度）に行われる。	●時価受入 ●受入処理は，離脱事業年度（現物出資日の属する事業年度）に行われる。 ●現物出資法人の現物出資直前において行う事業及びその事業に係る主要な資産又は負債のおおむね全部が被現物出資法人に移転をする場合，資産調整勘定又は負債調整勘定が計上される（法法62の8①②③，法令123の10①）。
被現物出資法人の繰越欠損金の利用制限	法人税	●次の要件のいずれも満たさない場合，利用制限が生じる（法法57④，法令112③④⑨⑩）。 ①　支配関係5年継続要件 ②　みなし共同事業要件 ●ただし，含み損益の特例計算の適用がある（法令113①④⑤）。 ●利用制限は，離脱事業年度（現物出資日の属する事業年度）に生じる。	利用制限は生じない。
	住民税	利用制限は生じない。	利用制限は生じない。

第2部　グループ通算制度のM&A・組織再編成・清算のケーススタディ

	事業税	●法人税の繰越欠損金と同様の利用制限が生じる（地法72の23①②，地令20の3）。 ●利用制限は，離脱事業年度（現物出資日の属する事業年度）に生じる。	利用制限は生じない。
組織再編に係る特定資産譲渡等損失額の損金算入制限		●次の要件のいずれも満たさない場合，損金算入制限が生じる（法法62の7①，57④，法令112③⑩，123の8①）。 ①　支配関係5年継続要件 ②　みなし共同事業要件 ●ただし，含み損益の特例計算の適用がある（法令123の9①⑦⑩）。 ●損金算入制限は，離脱事業年度（現物出資日の属する事業年度）以後に生じる。	損金算入制限が生じない。
再加入		再加入制限が生じる（法法64の9①十，法令131の11③一）。	再加入制限が生じる（法法64の9①十，法令131の11③一）。
被現物出資法人が株式を有する他の通算子法人		被現物出資法人が他の通算子法人株式を有する場合，現物出資により通算制度から離脱する当該他の通算子法人について，通算子法人が離脱した場合の取扱いが適用される。	被現物出資法人が他の通算子法人株式を有する場合，現物出資により通算制度から離脱する当該他の通算子法人について，通算子法人が離脱した場合の取扱いが適用される。

❷　非通算法人（現物出資法人）の税務上の取扱い

取扱項目	適格の場合	非適格の場合
資産の移転	簿価譲渡	時価譲渡
被現物出資法人株式	被現物出資法人株式の取得価額は，移転簿価純資産価額となる（法令119①七）。	被現物出資法人株式の取得価額は，時価となる（法令119①二十七）。

❸　通算親法人（被現物出資法人の株主）の税務上の取扱い

取扱項目	適格の場合	非適格の場合
通算子法人株式の投資簿価修正	現物出資直前に有する被現物出資法人株式について投資簿価修正が行われる（法令119の3⑤⑥⑦）。	現物出資直前に有する被現物出資法人株式について投資簿価修正が行われる（法令119の3⑤⑥⑦）。

[Case 9] 通算外法人が通算子法人に現物出資を行うケース

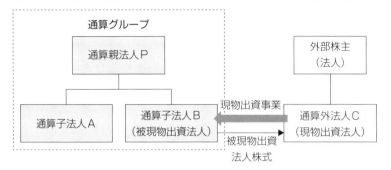

(前提)
- 通算親法人の株式の50％超を直接・間接に保有する者はいないものとする。
- 被現物出資法人である通算子法人は、最初通算事業年度に現物出資を行うものではないものとする。
- 繰延譲渡損益の実現処理の取扱いは解説を省略している。
- 被現物出資法人（開始・加入時に時価評価除外法人に該当し、支配関係5年継続要件及び共同事業性の要件を満たさないものに限る）において、現物出資による現物出資事業の引継ぎが新たな事業の未開始要件に抵触しないものとする。
- 被現物出資法人に欠損等法人の制限規定は適用されないこととする。
- 通算外法人、外部株主（法人）は、通算制度を適用していない（単体納税を採用している）ものとする。

(適格要件)
共同事業要件を満たす場合、適格となる（法法2十二の十四、法令4の3⑮）。
- 対価要件
- 事業関連性要件
- 事業規模要件又は経営参画要件
- 資産負債引継要件
- 従業者引継要件
- 事業継続要件
- 株式継続保有要件

(通算制度からの離脱)
被現物出資法人である通算子法人が通算法人以外の者に株式を発行するため、その通算子法

第2部　グループ通算制度のM&A・組織再編成・清算のケーススタディ

人は現物出資日に通算制度から離脱する（法法64の10⑥六）。離脱法人のみなし事業年度は次のとおりである（法法14③④二・⑦，64の5①③，64の7①，64の10⑥六，地法72の13⑦⑧二・⑪）。なお，離脱日は現物出資日となる。

種類	期間	申告方法
離脱直前事業年度	通算事業年度開始日から離脱日の前日までの期間	離脱日の前日が通算親法人事業年度終了日と同日である場合は，通算申告。離脱日の前日が通算親法人事業年度終了日と同日でない場合は，通算法人の単体申告。
離脱事業年度	離脱日から離脱法人の会計期間終了日までの期間	単体申告

❶　通算子法人（被現物出資法人／離脱法人）の税務上の取扱い

取扱項目	適格の場合	非適格の場合
離脱時の時価評価	次の事由のいずれかに該当する場合，離脱直前事業年度において，一定の資産について時価評価を行う（法法64の13①，法令131の17②）。 イ）離脱法人で主要な事業を継続することが見込まれていない場合（含み益の合計額≧含み損の合計額である場合を除く） ロ）他の通算法人で離脱法人株式の譲渡損及び離脱法人で簿価10億円超の特定資産の譲渡損が生じることが見込まれている場合	次の事由のいずれかに該当する場合，離脱直前事業年度において，一定の資産について時価評価を行う（法法64の13①，法令131の17②）。 イ）離脱法人で主要な事業を継続することが見込まれていない場合（含み益の合計額≧含み損の合計額である場合を除く） ロ）他の通算法人で離脱法人株式の譲渡損及び離脱法人で簿価10億円超の特定資産の譲渡損が生じることが見込まれている場合
資産の受入	●簿価受入 ●受入処理は，離脱事業年度（現物出資日の属する事業年度）に行われる。	●時価受入 ●受入処理は，離脱事業年度（現物出資日の属する事業年度）に行われる。 ●現物出資法人の現物出資直前において行う事業及びその事業に係る主要な資産又は負債のおおむね全部が被現物出資法人に移転をする場合，資産調整勘定又は負債調整勘定が計上される（法法62の8①②③，法令123の10①）。

被現物出資法人の繰越欠損金の利用制限	法人税	利用制限は生じない。	利用制限は生じない。
	住民税	利用制限は生じない。	利用制限は生じない。
	事業税	利用制限は生じない。	利用制限は生じない。
組織再編に係る特定資産譲渡等損失額の損金算入制限		損金算入制限が生じない。	損金算入制限が生じない。
再加入		再加入制限が生じる（法法64の9①十，法令131の11③一）。	再加入制限が生じる（法法64の9①十，法令131の11③一）。
被現物出資法人が株式を有する他の通算子法人		被現物出資法人が他の通算子法人株式を有する場合，現物出資により通算制度から離脱する当該他の通算子法人について，通算子法人が離脱した場合の取扱いが適用される。	被現物出資法人が他の通算子法人株式を有する場合，現物出資により通算制度から離脱する当該他の通算子法人について，通算子法人が離脱した場合の取扱いが適用される。

❷　通算外法人（現物出資法人）の税務上の取扱い

取扱項目	適格の場合	非適格の場合
資産の移転	簿価譲渡	時価譲渡
被現物出資法人株式	被現物出資法人株式の取得価額は，移転簿価純資産価額となる（法令119①七）。	被現物出資法人株式の取得価額は，時価となる（法令119①二十七）。

❸　通算親法人（被現物出資法人の株主）の税務上の取扱い

取扱項目	適格の場合	非適格の場合
通算子法人株式の投資簿価修正	現物出資直前に有する被現物出資法人株式について投資簿価修正が行われる（法令119の3⑤⑥⑦）。	現物出資直前に有する被現物出資法人株式について投資簿価修正が行われる（法令119の3⑤⑥⑦）。

第7章　現物分配のケーススタディ

[Case 1]　通算子法人が通算親法人に現物分配を行うケース

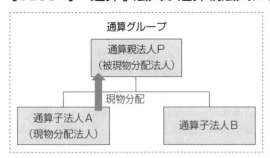

(前提)
- 繰延譲渡損益の実現処理の取扱いは解説を省略している。

(適格要件)
　現物分配により資産の移転を受ける者がその現物分配の直前において現物分配法人との間に完全支配関係がある内国法人のみであるため，適格となる（法法十二の十五）。

❶　通算親法人（被現物分配法人）の税務上の取扱い

取扱項目		適格の場合
資産の受入		簿価受入
被現物分配法人の繰越欠損金の利用制限	法人税(注1)	利用制限は生じない（法令112の2⑦）。
	住民税(注2)	利用制限は生じない。
	事業税(注3)	●支配関係5年継続要件を満たさない場合，利用制限が生じる（法法57④，法令112④⑨，地法72の23①②，地令20の3）。 ●ただし，含み損益の特例計算の適用がある（法令113①④⑤，地法72の23①②，地令20の3）。
組織再編に係る特定資産譲渡等損失額の損金算入制限		●支配関係5年継続要件を満たさない場合，損金算入制限が生じる（法法62の7①，57④，123の8①）。 ●ただし，含み損益の特例計算の適用がある（法令123の9①⑦⑩）。

(注1)　法人税の繰越欠損金をいうものとする（以下，本章で同じ）。
(注2)　住民税特有の欠損金（控除対象通算対象所得調整額，控除対象配賦欠損調整額等）をいうものとする（以下，本章で同じ）。
(注3)　事業税の繰越欠損金をいうものとする（以下，本章に同じ）。

❷ 通算子法人(現物分配法人)の税務上の取扱い

取扱項目	適格の場合
資産の移転	簿価譲渡 現物分配資産に通算子法人株式が含まれている場合でも，当該通算子法人株式について投資簿価修正は適用されない(法令119の3⑤)。

[Case 2] 完全支配関係のある非通算法人が通算親法人又は通算子法人に現物分配を行うケース

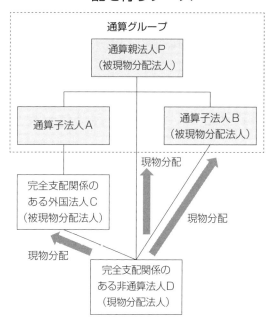

(前提)
● 繰延譲渡損益の実現処理の取扱いは解説を省略している。

(適格要件)

現物分配により資産の移転を受ける者が，その現物分配の直前において，現物分配法人との間に完全支配関係がある内国法人のみでないため，非適格となる(法法十二の十五)。

❶ 通算法人(被現物分配法人)の税務上の取扱い

取扱項目	非適格の場合
資産の受入	時価受入

被現物分配法人の繰越欠損金の利用制限	法人税	利用制限は生じない。
	住民税	利用制限は生じない。
	事業税	利用制限は生じない。
組織再編に係る特定資産譲渡等損失額の損金算入制限		損金算入制限は生じない。

❷ 完全支配関係のある非通算法人（現物分配法人）の税務上の取扱い

取扱項目	非適格の場合
資産の移転	時価譲渡 譲渡損益調整資産について譲渡損益が繰り延べられる（法法61の11①，法令122の12②）。

[Case 3] 通算親法人が通算子法人株式を株式分配（スピンオフ）するケース

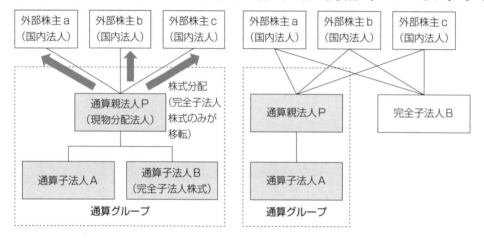

（前提）
- 繰延譲渡損益の実現処理の取扱いは解説を省略している。

（適格要件）

　現物分配により資産の移転を受ける者が，その現物分配の直前において，現物分配法人との間に完全支配関係がある内国法人のみでないため，完全子法人の発行済株式等の全部が移転する現物分配として，株式分配に該当する（法法２十二の十五の二）。

　完全子法人の株式のみが移転する株式分配のうち，完全子法人と現物分配法人とが独立して事業を行うための株式分配として次に掲げる要件を満たす場合，適格となる（法法２十二の十

五の三，法令4の3⑯）。

- 株式按分交付要件
- 非支配要件
- 役員引継要件
- 従業者引継要件
- 事業継続要件

（通算制度からの離脱）

通算子法人株式は株式分配されるため，その通算子法人は株式分配日に通算制度から離脱する（法法64の10⑥六）。離脱法人のみなし事業年度は次のとおりである（法法14③④二・⑦，64の5①③，64の7①，64の10⑥六，地法72の13⑦⑧二・⑪）。なお，離脱日は株式分配日となる。

種類	期間	申告方法
離脱直前事業年度	通算事業年度開始日から離脱日の前日までの期間	離脱日の前日が通算親法人事業年度終了日と同日である場合は，通算申告。離脱日の前日が通算親法人事業年度終了日と同日でない場合は，通算法人の単体申告。
離脱事業年度	離脱日から離脱法人の会計期間終了日までの期間	単体申告

❶　通算親法人（現物分配法人）の税務上の取扱い

取扱項目	適格の場合	非適格の場合
資産の移転	簿価譲渡	時価譲渡
通算子法人株式の投資簿価修正	完全子法人株式となる通算子法人株式について投資簿価修正が行われる（法令119の3⑤⑥⑦）。当該通算子法人株式については，投資簿価修正後に株式分配による簿価譲渡の処理が行われる（法令123の3①）。	完全子法人株式となる通算子法人株式について投資簿価修正が行われる（法令119の3⑤⑥⑦）。当該通算子法人株式については，投資簿価修正後に株式分配による時価譲渡の処理が行われる。

第2部　グループ通算制度のM&A・組織再編成・清算のケーススタディ

❷　通算子法人（完全子法人／離脱法人）の税務上の取扱い

取扱項目	適格の場合	非適格の場合
離脱時の時価評価	離脱法人で主要な事業を継続することが見込まれていない場合（含み益の合計額≧含み損の合計額である場合を除く），離脱直前事業年度において，一定の資産について時価評価を行う（法法64の13①，法令131の17②）。	次の事由のいずれかに該当する場合，離脱直前事業年度において，一定の資産について時価評価を行う（法法64の13①，法令131の17②）。 イ）離脱法人で主要な事業を継続することが見込まれていない場合（含み益の合計額≧含み損の合計額である場合を除く） ロ）通算親法人（現物分配法人）で離脱法人株式の譲渡損及び離脱法人で簿価10億円超の特定資産の譲渡損が生じることが見込まれている場合
他の通算子法人株式の投資簿価修正	完全子法人が通算子法人株式を有する場合，通算制度から離脱する当該通算子法人株式について投資簿価修正が行われる（法令119の3⑤⑥⑦）。	完全子法人が通算子法人株式を有する場合，通算制度から離脱する当該通算子法人株式について投資簿価修正が行われる（法令119の3⑤⑥⑦）。
再加入	再加入制限が生じる（法法64の9①十，法令131の11③一）。	再加入制限が生じる（法法64の9①十，法令131の11③一）。
完全子法人が株式を有する他の通算子法人	完全子法人が他の通算子法人株式を有する場合，株式分配により通算制度から離脱する当該他の通算子法人について，通算子法人が離脱した場合の取扱いが適用される。	完全子法人が他の通算子法人株式を有する場合，株式分配により通算制度から離脱する当該他の通算子法人について，通算子法人が離脱した場合の取扱いが適用される。

❸　外部株主（通算親法人の株主）の税務上の取扱い

取扱項目		適格の場合	非適格の場合
現物分配法人株式	みなし配当	みなし配当は生じない（法法24①）。	みなし配当が生じる（法法24①）。
	株式譲渡損益	●金銭等不交付株式分配であるため，株式譲渡損益は生じない（法法61の2⑧）。 ●現物分配法人株式の完全子法人株式対応帳簿価額の完全子法人	●金銭等不交付株式分配であるため，株式譲渡損益は生じない（法法61の2⑧）。 ●現物分配法人株式の完全子法人株式対応帳簿価額及びみなし配

| | | 株式への付け替えが行われる（法令119①八，119の3㉔，119の4①，119の8の2①，23①三）。 | 当の額の完全子法人株式への付け替えが行われる（法令119①八，119の3㉔，119の4①，119の8の2①，23①三）。 |

第8章 株式交換等のケーススタディ

[Case 1] 通算親法人が通算子法人と株式交換を行うケース(交換対価が株式交換完全親法人株式又は無対価の場合)

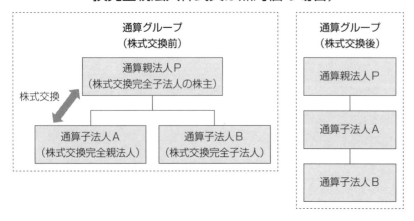

(適格要件)

同一者による完全支配関係がある場合の適格要件を満たす場合,適格となる(法法2十二の十七,法令4の3⑱)。
- 対価要件
- 完全支配関係継続要件

なお,完全支配関係がある場合の適格要件を満たさない場合でも支配関係がある場合の適格要件又は共同事業要件を満たす場合は適格と判定される。

❶ 通算子法人(株式交換完全親法人)の税務上の取扱い

取扱項目	適格の場合	非適格の場合
株式交換完全子法人株式の取得価額	通算親法人の株式交換完全子法人株式の帳簿価額(法令119①十)。	完全支配関係のある法人間の株式交換であるため,非適格となった場合でも,通算親法人の株式交換完全子法人株式の帳簿価額となる(法令119①十)。

❷　通算子法人（株式交換完全子法人）の税務上の取扱い

取扱項目	適格の場合	非適格の場合
株式交換等の時価評価	簿価評価（法法62の9①）	簿価評価（法法62の9①） 完全支配関係のある法人間の株式交換であるため，非適格となった場合でも株式交換完全子法人の時価評価は行われない。

❸　通算親法人（株式交換完全子法人の株主）の税務上の取扱い

取扱項目	適格の場合	非適格の場合
株式交換完全子法人株式	●株式譲渡損益は生じない（法法61の2⑨）。 ●株式交換完全子法人株式の帳簿価額が株式交換完全親法人株式の帳簿価額に付け替わる（法令119①九，119の3㉕，119の4①）。	●株式譲渡損益は生じない（法法61の2⑨）。 ●株式交換完全子法人株式の帳簿価額が株式交換完全親法人株式の帳簿価額に付け替わる（法令119①九，119の3㉕，119の4①）。
通算子法人株式の投資簿価修正	株式交換完全子法人に通算終了事由は生じないため，株式交換完全子法人である通算子法人株式について投資簿価修正は適用されない。	株式交換完全子法人に通算終了事由は生じないため，株式交換完全子法人である通算子法人株式について投資簿価修正は適用されない。

[Case 2] 通算親法人が非通算法人と株式交換を行うケース（交換対価が株式交換完全親法人株式の場合）

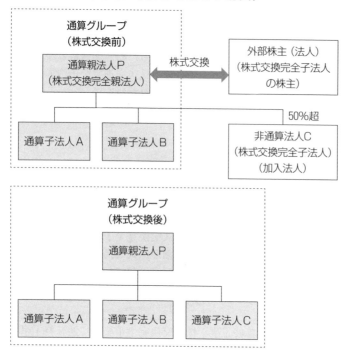

（前提）

- 通算親法人の株式の50％超を直接又は間接に保有する者はいないものとする。
- 繰延譲渡損益の実現処理の取扱いは解説を省略している。
- 株式交換完全子法人（加入法人）は，加入日以後2か月以内，かつ，最初通算事業年度終了日までに離脱をしないものとする。
- 加入法人に欠損等法人の制限規定は適用されないこととする。
- 非通算法人は通算制度を適用していない（単体納税を採用している）ものとする。

（適格要件）

当事者間の支配関係がある場合の適格要件を満たす場合，適格となる（法法2十二の十七，法令4の3⑲）。

- 対価要件
- 支配関係継続要件
- 従業者継続要件
- 事業継続要件

第8章　株式交換等のケーススタディ

　なお，支配関係がある場合の適格要件を満たさない場合でも共同事業要件を満たす場合は適格と判定される。

（通算制度への加入）

　株式交換完全子法人である非通算法人は，通算制度に加入する（法法64の9⑪）。

　加入法人のみなし事業年度は次のとおりである（法法14③④一・⑧一，64の9⑪，地法72の13⑦⑧一・⑫一）。なお，加入日は，株式交換日（完全支配関係発生日）又は加入時期の特例を適用する場合は完全支配関係発生日の前日の属する特例決算期間（会計期間又は月次決算期間）の末日の翌日となる（法法14⑧一，64の9⑪）。

種類	期間	申告方法
加入直前事業年度	事業年度開始日から加入日の前日までの期間	単体申告
加入事業年度	加入日から通算親法人事業年度終了日までの期間	通算申告

❶　通算親法人（株式交換完全親法人又は株式保有法人）の税務上の取扱い

取扱項目	適格の場合	非適格の場合
加入時の離脱見込み法人株式の時価評価	離脱見込み法人株式の時価評価は適用されない（法法64の12②）。	● 加入法人が時価評価除外法人に該当する場合は，株式保有法人において離脱見込み法人株式の時価評価は適用されない（法法64の12②）。 ● 加入法人が時価評価対象法人かつ離脱見込み法人に該当する場合は，株式保有法人において加入日の前日の属する事業年度に離脱見込み法人株式の時価評価が行われる（法法64の12②，法令131の16③⑤）。
株式交換完全子法人株式の取得価額	● 株式交換完全子法人の株主が50名未満の場合，株式交換完全子法人の株主の株式交換完全子法人株式の帳簿価額の合計額（法令119①十） ● 株式交換完全子法人の株主が50名以上の場合，株式交換完全子法人の簿価純資産価額の取得株数相当額（法令119①十，法規	時価（法令119①二十七）

415

第2部　グループ通算制度のM&A・組織再編成・清算のケーススタディ

	26の13）	

❷　非通算法人（株式交換完全子法人／加入法人）の税務上の取扱い

取扱項目	適格の場合	非適格の場合
株式交換等の時価評価	簿価評価（法法62の9①）	● 株式交換日の属する事業年度において株式交換直前に時価評価が行われる（法法62の9①）。 ● 加入時の時価評価が適用される場合，株式交換等の時価評価と加入時の時価評価の適用のタイミングは異なる場合があるが，時価評価資産の範囲は同じとなるため，基本的には株式交換等の時価評価と加入時の時価評価で差異は生じない。
加入時の時価評価	簿価評価（法法64の12①二） 適格株式交換等により加入した株式交換完全子法人は加入時の時価評価除外法人に該当する。	● 非適格株式交換等により加入した株式交換完全子法人のうち，対価要件を除くと適格株式交換等に該当するものは次の要件を満たす場合，加入時の時価評価除外法人に該当する（法法64の12①三）。 　イ）完全支配関係継続要件 　ロ）従業者継続要件 　ハ）主要事業継続要件 ● 非適格株式交換等により加入した株式交換完全子法人のうち，対価要件を除いても非適格株式交換等に該当するものは加入時の時価評価対象法人となる。 ● 上記により，加入時の時価評価除外法人に該当する場合，簿価評価となり，加入時の時価評価対象法人に該当する場合，加入直前事業年度においてその終了時に時価評価が行われる。 ● 加入時の時価評価対象法人に該当する場合，株式交換等の時価評価と加入時の時価評価の適用のタイミングは異なる場合があるが，時価評価資産の範囲は同じとなるため，基本的には株式

			交換等の時価評価と加入時の時価評価で差異は生じない。
加入法人の繰越欠損金の持込制限	法人税[注1]	●次の要件のいずれも満たさない場合，持込制限が生じる（法法57⑧，法令112の2③④）。 　① 支配関係5年継続要件 　② 共同事業性の要件 　③ 新たな事業の未開始要件 ●ただし，含み損益の特例計算の適用がある（法令113①⑫）。 ●持ち込む繰越欠損金は，特定欠損金となる（法法64の7②一）。	●加入時の時価評価除外法人に該当する場合で，次の要件のいずれも満たさない場合，持込制限が生じる（法法57⑧，法令112の2③④）。 　① 支配関係5年継続要件 　② 共同事業性の要件 　③ 新たな事業の未開始要件 ●ただし，含み損益の特例計算の適用がある（法令113①⑫）。 ●持ち込む繰越欠損金は，特定欠損金となる（法法64の7②一）。 ●加入時の時価評価対象法人に該当する場合，加入前の繰越欠損金は全額切り捨てられる（法法57⑥）。
	住民税[注2]	●加入直前に有している控除対象通算対象所得調整額等は加入しても切り捨てられない。 ●加入により切り捨てられる法人税の繰越欠損金は，控除対象通算適用前欠損調整額となる（地法53③④，321の8③④）。	●加入直前に有している控除対象通算対象所得調整額等は加入しても切り捨てられない。 ●加入により切り捨てられる法人税の繰越欠損金は，控除対象通算適用前欠損調整額となる（地法53③④，321の8③④）。
	事業税[注3]	切り捨てられない（地法72の23①②）。	切り捨てられない（地法72の23①②）。
加入に係る特定資産譲渡等損失額の損金算入制限		●次の要件のいずれも満たさない場合，損金算入制限が生じる（法法64の14①，法令131の19①②，131の8①，112の2④）。 　① 支配関係5年継続要件 　② 共同事業性の要件 　③ 新たな事業の未開始要件 ●ただし，含み損益の特例計算の適用がある（法令131の19⑤，123の9①）。	●加入時の時価評価除外法人に該当する場合で，次の要件のいずれも満たさない場合，損金算入制限が生じる（法法64の14①，法令131の19①②，131の8①，112の2④）。 　① 支配関係5年継続要件 　② 共同事業性の要件 　③ 新たな事業の未開始要件 ●ただし，含み損益の特例計算の適用がある（法令131の19⑤，123の9①）。 ●加入時の時価評価対象法人に該当する場合，損金算入制限は生じない（法法64の14①）。

加入に係る特定資産譲渡等損失額等の損益通算制限	● 次の要件のいずれも満たさない場合，「特定資産譲渡等損失額が生じる場合の損益通算の制限」又は「減価償却費割合が30％超の場合の損益通算の制限」が生じる（法法64の6①③，法令131の8①②，112の2④）。 ① 支配関係5年継続要件 ② 共同事業性の要件 ● 通算対象外欠損金額は特定欠損金となる（法法64の7②三）。	● 加入時の時価評価除外法人に該当する場合で，次の要件のいずれも満たさない場合，「特定資産譲渡等損失額が生じる場合の損益通算の制限」又は「減価償却費割合が30％超の場合の損益通算の制限」が生じる（法法64の6①③，法令131の8①②，112の2④）。 ① 支配関係5年継続要件 ② 共同事業性の要件 ● 通算対象外欠損金額は特定欠損金となる（法法64の7②三）。 ● 加入時の時価評価対象法人に該当する場合，損益通算制限は生じない（法法64の6①③）。
加入法人の完全支配関係のある子法人（加入孫法人）の取扱い	加入孫法人についても，通算制度に加入した場合の税務上の取扱いが適用される。	加入孫法人についても，通算制度に加入した場合の税務上の取扱いが適用される。

（注1） 法人税の繰越欠損金をいうものとする（以下，本章で同じ）。
（注2） 住民税特有の欠損金（控除対象通算対象所得調整額，控除対象配賦欠損調整額等）をいうものとする（以下，本章で同じ）。
（注3） 事業税の繰越欠損金をいうものとする（以下，本章に同じ）。

❸ 外部株主（株式交換完全子法人の株主）の税務上の取扱い

取扱項目	適格の場合	非適格の場合
株式交換完全子法人株式	● 株式譲渡損益は生じない（法法61の2⑨）。 ● 株式交換完全子法人株式の帳簿価額が株式交換完全親法人株式の帳簿価額に付け替わる（法令119①九）。	● 株式譲渡損益は生じない（法法61の2⑨）。 ● 株式交換完全子法人株式の帳簿価額が株式交換完全親法人株式の帳簿価額に付け替わる（法令119①九）。

[Case 3] 通算親法人が通算外法人と株式交換を行うケース（交換対価が株式交換完全親法人株式の場合）

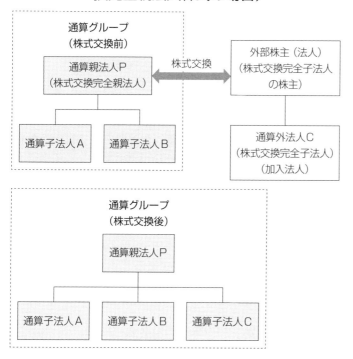

（前提）

- 通算親法人の株式の50％超を直接又は間接に保有する者はいないものとする。
- 繰延譲渡損益の実現処理の取扱いは解説を省略している。
- 株式交換完全子法人（加入法人）は，加入日以後2か月以内，かつ，最初通算事業年度終了日までに離脱をしないものとする。
- 加入法人に欠損等法人の制限規定は適用されないこととする。
- 通算外法人は通算制度を適用していない（単体納税を採用している）ものとする。

（適格要件）

　共同事業要件を満たす場合，適格となる（法法2十二の十七，法令4の3⑳）。
- 対価要件
- 事業関連性要件
- 事業規模要件又は経営参画要件
- 従業者継続要件
- 事業継続要件

第 2 部　グループ通算制度のM&A・組織再編成・清算のケーススタディ

- 株式交換完全子法人の株主の株式継続保有要件
- 株式交換完全親法人の株式継続保有要件

（通算制度への加入）

株式交換完全子法人である通算外法人は，通算制度に加入する（法法64の 9 ⑪）。

加入法人のみなし事業年度は次のとおりである（法法14③④一・⑧一，64の 9 ⑪，地法72の13⑦⑧一・⑫一）。なお，加入日は，株式交換日（完全支配関係発生日）又は加入時期の特例を適用する場合は完全支配関係発生日の前日の属する特例決算期間（会計期間又は月次決算期間）の末日の翌日となる（法法14⑧一，64の 9 ⑪）。

種類	期間	申告方法
加入直前事業年度	事業年度開始日から加入日の前日までの期間	単体申告
加入事業年度	加入日から通算親法人事業年度終了日までの期間	通算申告

❶　通算親法人（株式交換完全親法人又は株式保有法人）の税務上の取扱い

取扱項目	適格の場合	非適格の場合
加入時の離脱見込み法人株式の時価評価	● 離脱見込み法人株式の時価評価は適用されない（法法64の12②）。	● 加入法人が時価評価除外法人に該当する場合は，株式保有法人において離脱見込み法人株式の時価評価は適用されない（法法64の12②）。 ● 加入法人が時価評価対象法人かつ離脱見込み法人に該当する場合は，株式保有法人において加入日の前日の属する事業年度に離脱見込み法人株式の時価評価が行われる（法法64の12②，法令131の16③⑤）。
株式交換完全子法人株式の取得価額	● 株式交換完全子法人の株主が50名未満の場合，株式交換完全子法人の株主の株式交換完全子法人株式の帳簿価額の合計額（法令119①十） ● 株式交換完全子法人の株主が50名以上の場合，株式交換完全子法人の簿価純資産価額の取得株数相当額（法令119①十，法規	時価（法令119①二十七）

420

		26の13)	

❷ 通算外法人（株式交換完全子法人／加入法人）の税務上の取扱い

取扱項目	適格の場合	非適格の場合
株式交換等の時価評価	簿価評価（法法62の9①）	● 株式交換日の属する事業年度において株式交換直前に時価評価が行われる（法法62の9①）。 ● 加入時の時価評価が適用される場合，株式交換等の時価評価と加入時の時価評価の適用のタイミングは異なる場合があるが，時価評価資産の範囲は同じとなるため，基本的には株式交換等の時価評価と加入時の時価評価で差異は生じない。
加入時の時価評価	簿価評価（法法64の12①二） 適格株式交換等により加入した株式交換完全子法人は加入時の時価評価除外法人に該当する。	● 非適格株式交換等により加入した株式交換完全子法人のうち，対価要件を除くと適格株式交換等に該当するものは次の要件を満たす場合，加入時の時価評価除外法人に該当する（法法64の12①四，法令131の16④）。 イ）完全支配関係継続要件 ロ）事業関連性要件 ハ）事業規模比5倍以内要件又は特定役員継続要件 ニ）従業者継続要件 ホ）主要事業継続要件 ● 非適格株式交換等により加入した株式交換完全子法人のうち，対価要件を除いても非適格株式交換等に該当するものは加入時の時価評価対象法人となる。 ● 上記により，加入時の時価評価除外法人に該当する場合，簿価評価となり，加入時の時価評価対象法人に該当する場合，加入直前事業年度においてその終了時に時価評価が行われる。 ● 加入時の時価評価対象法人に該当する場合，株式交換等の時価評価と加入時の時価評価の適用

			のタイミングは異なる場合があるが，時価評価資産の範囲は同じとなるため，基本的には株式交換等の時価評価と加入時の時価評価で差異は生じない。
加入法人の繰越欠損金の持込制限	法人税	●次の要件のいずれも満たさない場合，持込制限が生じる（法法57⑧，法令112の2③④）。 ① 支配関係5年継続要件 ② 共同事業性の要件 ③ 新たな事業の未開始要件 ●ただし，含み損益の特例計算の適用がある（法令113①⑫）。 ●持ち込む繰越欠損金は，特定欠損金となる（法法64の7②一）。	●加入時の時価評価除外法人に該当する場合で，次の要件のいずれも満たさない場合，持込制限が生じる（法法57⑧，法令112の2③④）。 ① 支配関係5年継続要件 ② 共同事業性の要件 ③ 新たな事業の未開始要件 ●ただし，含み損益の特例計算の適用がある（法令113①⑫）。 ●持ち込む繰越欠損金は，特定欠損金となる（法法64の7②一）。 ●加入時の時価評価対象法人に該当する場合，加入前の繰越欠損金は全額切り捨てられる（法法57⑥）。
	住民税	●加入直前に有している控除対象通算対象所得調整額等は加入しても切り捨てられない。 ●加入により切り捨てられる法人税の繰越欠損金は，控除対象通算適用前欠損調整額となる（地法53③④，321の8③④）。	●加入直前に有している控除対象通算対象所得調整額等は加入しても切り捨てられない。 ●加入により切り捨てられる法人税の繰越欠損金は，控除対象通算適用前欠損調整額となる（地法53③④，321の8③④）。
	事業税	切り捨てられない（地法72の23①②）。	切り捨てられない（地法72の23①②）。
加入に係る特定資産譲渡等損失額の損金算入制限		●次の要件のいずれも満たさない場合，損金算入制限が生じる（法法64の14①，法令131の19①②，131の8①，112の2④）。 ① 支配関係5年継続要件 ② 共同事業性の要件 ③ 新たな事業の未開始要件 ●ただし，含み損益の特例計算の適用がある（法令131の19⑤，123の9①）。	●加入時の時価評価除外法人に該当する場合で，次の要件のいずれも満たさない場合，損金算入制限が生じる（法法64の14①，法令131の19①②，131の8①，112の2④）。 ① 支配関係5年継続要件 ② 共同事業性の要件 ③ 新たな事業の未開始要件 ●ただし，含み損益の特例計算の適用がある（法令131の19⑤，123の9①）。 ●加入時の時価評価対象法人に該

		当する場合，損金算入制限は生じない（法法64の14①）。
加入に係る特定資産譲渡等損失額等の損益通算制限	● 次の要件のいずれも満たさない場合，「特定資産譲渡等損失額が生じる場合の損益通算の制限」又は「減価償却費割合が30%超の場合の損益通算の制限」が生じる（法法64の6①③，法令131の8①②，112の2④）。 ① 支配関係5年継続要件 ② 共同事業性の要件 ● 通算対象外欠損金額は特定欠損金となる（法法64の7②三）。	● 加入時の時価評価除外法人に該当する場合で，次の要件のいずれも満たさない場合，「特定資産譲渡等損失額が生じる場合の損益通算の制限」又は「減価償却費割合が30%超の場合の損益通算の制限」が生じる（法法64の6①③，法令131の8①②，112の2④）。 ① 支配関係5年継続要件 ② 共同事業性の要件 ● 通算対象外欠損金額は特定欠損金となる（法法64の7②三）。 ● 加入時の時価評価対象法人に該当する場合，損益通算制限は生じない（法法64の6①③）。
加入法人の完全支配関係のある子法人（加入孫法人）の取扱い	加入孫法人についても，通算制度に加入した場合の税務上の取扱いが適用される。	加入孫法人についても，通算制度に加入した場合の税務上の取扱いが適用される。

❸ 外部株主（株式交換完全子法人の株主）の税務上の取扱い

取扱項目	適格の場合	非適格の場合
株式交換完全子法人株式	● 株式譲渡損益は生じない（法法61の2⑨）。 ● 株式交換完全子法人株式の帳簿価額が株式交換完全親法人株式の帳簿価額に付け替わる（法令119①九）。	● 株式譲渡損益は生じない（法法61の2⑨）。 ● 株式交換完全子法人株式の帳簿価額が株式交換完全親法人株式の帳簿価額に付け替わる（法令119①九）。

[Case 4] 通算子法人が非通算法人と株式交換を行うケース（交換対価が株式交換完全親法人株式の場合）

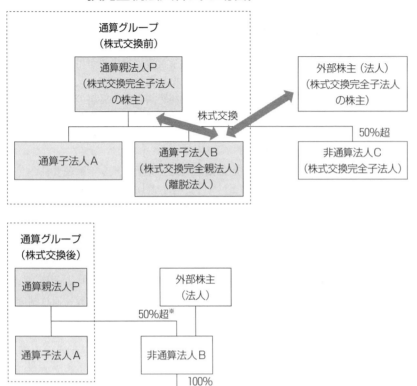

（注） 株式交換後，通算親法人が株式交換完全親法人の株式の50％超を保有する。

（前提）
- 通算親法人の株式の50％超を直接又は間接に保有する者はいないものとする。
- 繰延譲渡損益の実現処理の取扱いは解説を省略している。
- 離脱法人又は非通算法人に欠損等法人の制限規定は適用されないこととする。
- 非通算法人は通算制度を適用していない（単体納税を採用している）ものとする。

（適格要件）
　同一者による支配関係がある場合の適格要件を満たす場合，適格となる（法法２十二の十七，法令４の３⑲）。
- 対価要件
- 支配関係継続要件
- 従業者継続要件

● 事業継続要件

なお，支配関係がある場合の適格要件を満たさない場合でも共同事業要件を満たす場合は適格と判定される。

（通算制度からの離脱）

株式交換完全親法人である通算子法人が通算法人以外の者に株式を発行するため，その通算子法人は株式交換日に通算制度から離脱する（法法64の10⑥六）。離脱法人のみなし事業年度は次のとおりである（法法14③④二・⑦，64の5①③，64の7①，64の10⑥六，地法72の13⑦⑧二・⑪）。なお，離脱日は株式交換日となる。

種類	期間	申告方法
離脱直前事業年度	通算事業年度開始日から離脱日の前日までの期間	離脱日の前日が通算親法人事業年度終了日と同日である場合は，通算申告。離脱日の前日が通算親法人事業年度終了日と同日でない場合は，通算法人の単体申告。
離脱事業年度	離脱日から離脱法人の会計期間終了日までの期間	単体申告

❶ 通算子法人（株式交換完全親法人／離脱法人）の税務上の取扱い

取扱項目	適格の場合	非適格の場合
株式交換完全子法人株式の取得価額	● 株式交換完全子法人の株主が50名未満の場合，株式交換完全子法人の株主の株式交換完全子法人株式の帳簿価額の合計額（法令119①十） ● 株式交換完全子法人の株主が50名以上の場合，株式交換完全子法人の簿価純資産価額の取得株数相当額（法令119①十，法規26の13）	時価（法令119①二十七）
離脱時の時価評価	次の事由のいずれかに該当する場合，離脱直前事業年度において，一定の資産について時価評価を行う（法法64の13①，法令131の17②）。 イ）離脱法人で主要な事業を継続することが見込まれていない場合（含み益の合計額≧含み損の合計額である場合を除く）	次の事由のいずれかに該当する場合，離脱直前事業年度において，一定の資産について時価評価を行う（法法64の13①，法令131の17②）。 イ）離脱法人で主要な事業を継続することが見込まれていない場合（含み益の合計額≧含み損の合計額である場合を除く）

第2部　グループ通算制度のM&A・組織再編成・清算のケーススタディ

	ロ）他の通算法人で離脱法人株式の譲渡損及び離脱法人で簿価10億円超の特定資産の譲渡損が生じることが見込まれている場合	ロ）他の通算法人で離脱法人株式の譲渡損及び離脱法人で簿価10億円超の特定資産の譲渡損が生じることが見込まれている場合
他の通算子法人株式の投資簿価修正	株式交換完全親法人が通算子法人株式を有する場合，通算制度から離脱する当該通算子法人株式について投資簿価修正が行われる（法令119の3⑤⑥⑦）。	株式交換完全親法人が通算子法人株式を有する場合，通算制度から離脱する当該通算子法人株式について投資簿価修正が行われる（法令119の3⑤⑥⑦）。
再加入	再加入制限が生じる（法法64の9①十，法令131の11③一）。	再加入制限が生じる（法法64の9①十，法令131の11③一）。
株式交換完全親法人が株式を有する他の通算子法人	株式交換完全親法人が他の通算子法人株式を有する場合，株式交換により通算制度から離脱する当該他の通算子法人について，通算子法人が離脱した場合の取扱いが適用される。	株式交換完全親法人が他の通算子法人株式を有する場合，株式交換により通算制度から離脱する当該他の通算子法人について，通算子法人が離脱した場合の取扱いが適用される。

❷　非通算法人（株式交換完全子法人）の税務上の取扱い

取扱項目	適格の場合	非適格の場合
株式交換等の時価評価	簿価評価（法法62の9①）	株式交換日の属する事業年度において株式交換直前に時価評価が行われる（法法62の9①）。

❸　通算親法人（株式交換完全子法人の株主）の税務上の取扱い

取扱項目	適格の場合	非適格の場合
株式交換完全子法人株式	●株式譲渡損益は生じない（法法61の2⑨）。 ●株式交換完全子法人株式の帳簿価額が株式交換完全親法人株式の帳簿価額に付け替わる（法令119①九）。	●株式譲渡損益は生じない（法法61の2⑨）。 ●株式交換完全子法人株式の帳簿価額が株式交換完全親法人株式の帳簿価額に付け替わる（法令119①九）。
通算子法人株式の投資簿価修正	株式交換完全親法人に通算終了事由が生じるため，株式交換直前に有する株式交換完全親法人株式について投資簿価修正が行われる（法令119の3⑤⑥⑦）。	株式交換完全親法人に通算終了事由が生じるため，株式交換直前に有する株式交換完全親法人株式について投資簿価修正が行われる（法令119の3⑤⑥⑦）。

426

❹ 外部株主（株式交換完全子法人の株主）の税務上の取扱い

取扱項目	適格の場合	非適格の場合
株式交換完全子法人株式	● 株式譲渡損益は生じない（法法61の2⑨）。 ● 株式交換完全子法人株式の帳簿価額が株式交換完全親法人株式の帳簿価額に付け替わる（法令119①九）。	● 株式譲渡損益は生じない（法法61の2⑨）。 ● 株式交換完全子法人株式の帳簿価額が株式交換完全親法人株式の帳簿価額に付け替わる（法令119①九）。

[Case 5] 通算子法人が通算外法人と株式交換を行うケース（交換対価が株式交換完全親法人株式の場合）

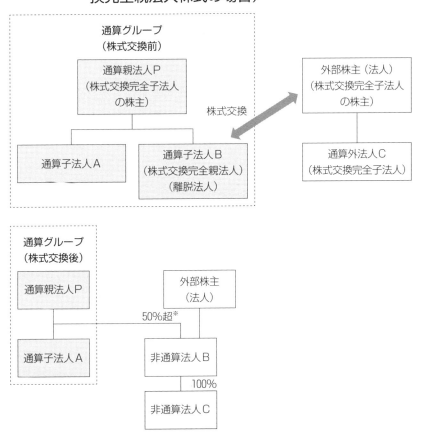

（注）株式交換後，通算親法人が株式交換完全親法人の株式の50％超を保有するものとする。

（前提）
- 通算親法人の株式の50％超を直接又は間接に保有する者はいないものとする。
- 繰延譲渡損益の実現処理の取扱いは解説を省略している。
- 離脱法人又は通算外法人に欠損等法人の制限規定は適用されないこととする。

第2部　グループ通算制度のM&A・組織再編成・清算のケーススタディ

● 通算外法人は通算制度を適用していない（単体納税を採用している）ものとする。

（適格要件）

　共同事業要件を満たす場合，適格となる（法法2十二の十七，法令4の3⑳）。

● 対価要件
● 事業関連性要件
● 事業規模要件又は経営参画要件
● 従業者継続要件
● 事業継続要件
● 株式交換完全子法人の株主の株式継続保有要件
● 株式交換完全親法人の株式継続保有要件

（通算制度からの離脱）

　株式交換完全親法人である通算子法人が通算法人以外の者に株式を発行するため，その通算子法人は株式交換日に通算制度から離脱する（法法64の10⑥六）。離脱法人のみなし事業年度は次のとおりである（法法14③④二・⑦，64の5①③，64の7①，64の10⑥六，地法72の13⑦⑧二・⑪）。なお，離脱日は株式交換日となる。

種類	期間	申告方法
離脱直前事業年度	通算事業年度開始日から離脱日の前日までの期間	離脱日の前日が通算親法人事業年度終了日と同日である場合は，通算申告。離脱日の前日が通算親法人事業年度終了日と同日でない場合は，通算法人の単体申告。
離脱事業年度	離脱日から離脱法人の会計期間終了日までの期間	単体申告

❶　通算子法人（株式交換完全親法人／離脱法人）の税務上の取扱い

取扱項目	適格の場合	非適格の場合
株式交換完全子法人株式の取得価額	● 株式交換完全子法人の株主が50名未満の場合，株式交換完全子法人の株主の株式交換完全子法人株式の帳簿価額の合計額（法令119①十） ● 株式交換完全子法人の株主が50名以上の場合，株式交換完全子	時価（法令119①二十七）

428

第8章　株式交換等のケーススタディ

	法人の簿価純資産価額の取得株数相当額（法令119①十，法規26の13）	
離脱時の時価評価	次の事由のいずれかに該当する場合，離脱直前事業年度において，一定の資産について時価評価を行う（法法64の13①，法令131の17②）。 イ）離脱法人で主要な事業を継続することが見込まれていない場合（含み益の合計額≧含み損の合計額である場合を除く） ロ）他の通算法人で離脱法人株式の譲渡損及び離脱法人で簿価10億円超の特定資産の譲渡損が生じることが見込まれている場合	次の事由のいずれかに該当する場合，離脱直前事業年度において，一定の資産について時価評価を行う（法法64の13①，法令131の17②）。 イ）離脱法人で主要な事業を継続することが見込まれていない場合（含み益の合計額≧含み損の合計額である場合を除く） ロ）他の通算法人で離脱法人株式の譲渡損及び離脱法人で簿価10億円超の特定資産の譲渡損が生じることが見込まれている場合
他の通算子法人株式の投資簿価修正	株式交換完全親法人が他の通算子法人株式を有する場合，通算制度から離脱する当該他の通算子法人株式について投資簿価修正が行われる（法令119の3⑤⑥⑦）。	株式交換完全親法人が他の通算子法人株式を有する場合，通算制度から離脱する当該他の通算子法人株式について投資簿価修正が行われる（法令119の3⑤⑥⑦）。
再加入	再加入制限が生じる（法法64の9①十，法令131の11③一）。	再加入制限が生じる（法法64の9①十，法令131の11③一）。
株式交換完全親法人が株式を有する他の通算子法人	株式交換完全親法人が他の通算子法人株式を有する場合，株式交換により通算制度から離脱する当該他の通算子法人について，通算子法人が離脱した場合の取扱いが適用される。	株式交換完全親法人が他の通算子法人株式を有する場合，株式交換により通算制度から離脱する当該他の通算子法人について，通算子法人が離脱した場合の取扱いが適用される。

❷　通算外法人（株式交換完全子法人）の税務上の取扱い

取扱項目	適格の場合	非適格の場合
株式交換等の時価評価	簿価評価（法法62の9①）	株式交換日の属する事業年度において株式交換直前に時価評価が行われる（法法62の9①）。

429

第2部　グループ通算制度のM&A・組織再編成・清算のケーススタディ

❸　通算親法人（株式交換完全子法人の株主）の税務上の取扱い

取扱項目	適格の場合	非適格の場合
株式交換完全子法人株式（所有している場合）	●株式譲渡損益は生じない（法法61の2⑨）。 ●株式交換完全子法人株式の帳簿価額が株式交換完全親法人株式の帳簿価額に付け替わる（法令119①九）。	●株式譲渡損益は生じない（法法61の2⑨）。 ●株式交換完全子法人株式の帳簿価額が株式交換完全親法人株式の帳簿価額に付け替わる（法令119①九）。
通算子法人株式の投資簿価修正	株式交換完全親法人に通算終了事由が生じるため，株式交換直前に有する株式交換完全親法人株式について投資簿価修正が行われる（法令119の3⑤⑥⑦）。	株式交換完全親法人に通算終了事由が生じるため，株式交換直前に有する株式交換完全親法人株式について投資簿価修正が行われる（法令119の3⑤⑥⑦）。

❹　外部株主（株式交換完全子法人の株主）の税務上の取扱い

取扱項目	適格の場合	非適格の場合
株式交換完全子法人株式	●株式譲渡損益は生じない（法法61の2⑨）。 ●株式交換完全子法人株式の帳簿価額が株式交換完全親法人株式の帳簿価額に付け替わる（法令119①九）。	●株式譲渡損益は生じない（法法61の2⑨）。 ●株式交換完全子法人株式の帳簿価額が株式交換完全親法人株式の帳簿価額に付け替わる（法令119①九）。

[Case 6] 通算子法人が非通算法人と株式交換を行うケース（交換対価が通算親法人株式の場合）

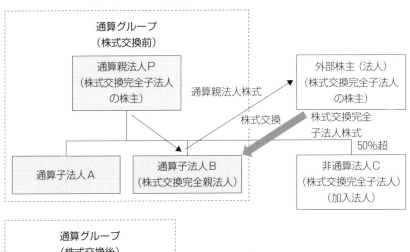

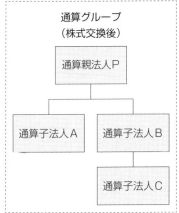

(前提)

- 通算親法人の株式の50％超を直接又は間接に保有する者はいないものとする。
- 繰延譲渡損益の実現処理の取扱いは解説を省略している。
- 株式交換完全子法人（加入法人）は，加入日以後２か月以内，かつ，最初通算事業年度終了日までに離脱をしないものとする。
- 加入法人に欠損等法人の制限規定は適用されないこととする。
- 非通算法人は通算制度を適用していない（単体納税を採用している）ものとする。

(適格要件)

　同一者による支配関係がある場合の適格要件を満たす場合，適格となる（法法２十二の十七，法令４の３⑲）。

- 対価要件

第2部　グループ通算制度のM&A・組織再編成・清算のケーススタディ

- 支配関係継続要件
- 従業者継続要件
- 事業継続要件

　なお，支配関係がある場合の適格要件を満たさない場合でも共同事業要件を満たす場合は適格と判定される。

（株式交換完全支配親法人株式の定義）

　本ケースにおける交換対価となる通算親法人株式は，適格要件を満たす株式交換完全支配親法人株式に該当するものとする（法法2十二の十七，法令4の3⑰。以下，本章において同じ）。

　また，本ケースでは，通算子法人は，株式交換完全支配親法人株式を所有していないものとし，通算親法人は，通算子法人に対して株式交換完全子法人の株主に交付するための交換対価として，通算親法人株式の発行をすることとする。したがって，株式交換完全支配親法人株式について譲渡損益は生じない（法法61の2㉓，法令119の11の2）。なお，交換対価の範囲であれば，親会社株式の取得及び保有制限の規定は適用されない（会社法800①②）。

（通算制度への加入）

　株式交換完全子法人である非通算法人は，通算制度に加入する（法法64の9⑪）。

　加入法人のみなし事業年度は次のとおりである（法法14③④一・⑧一，64の9⑪，地法72の13⑦⑧一・⑫一）。なお，加入日は，株式交換日（完全支配関係発生日）又は加入時期の特例を適用する場合は完全支配関係発生日の前日の属する特例決算期間（会計期間又は月次決算期間）の末日の翌日となる（法法14⑧一，64の9⑪）。

種類	期間	申告方法
加入直前事業年度	事業年度開始日から加入日の前日までの期間	単体申告
加入事業年度	加入日から通算親法人事業年度終了日までの期間	通算申告

❶　通算子法人（株式交換完全親法人）の税務上の取扱い

取扱項目	適格の場合	非適格の場合
加入時の離脱見込み法人株式の時価評価	離脱見込み法人株式の時価評価は適用されない（法法64の12②）。	● 加入法人が時価評価除外法人に該当する場合は，株式保有法人において離脱見込み法人株式の時価評価は適用されない（法法64の12②）。

| | | ●加入法人が時価評価対象法人かつ離脱見込み法人に該当する場合は，株式保有法人において加入日の前日の属する事業年度に離脱見込み法人株式の時価評価が行われる（法法64の12②，法令131の16③⑤）。 |
| 株式交換完全子法人株式の取得価額 | ●株式交換完全子法人の株主が50名未満の場合，株式交換完全子法人の株主の株式交換完全子法人株式の帳簿価額の合計額（法令119①十）
●株式交換完全子法人の株主が50名以上の場合，株式交換完全子法人の簿価純資産価額の取得株数相当額（法令119①十，法規26の13） | 時価（法令119①二十七） |

❷ 非通算法人（株式交換完全子法人／加入法人）の税務上の取扱い

取扱項目	適格の場合	非適格の場合
株式交換等の時価評価	簿価評価（法法62の9①）	●株式交換日の属する事業年度において株式交換直前に時価評価が行われる（法法62の9①）。 ●加入時の時価評価が適用される場合，株式交換等の時価評価と加入時の時価評価の適用のタイミングは異なる場合があるが，時価評価資産の範囲は同じとなるため，基本的には株式交換等の時価評価と加入時の時価評価で差異は生じない。
加入時の時価評価	簿価評価（法法64の12①二） 適格株式交換等により加入した株式交換完全子法人は加入時の時価評価除外法人に該当する。	●非適格株式交換等により加入した株式交換完全子法人のうち，対価要件を除くと適格株式交換等に該当するものは次の要件を満たす場合，加入時の時価評価除外法人に該当する（法法64の12①三）。 イ）完全支配関係継続要件 ロ）従業者継続要件 ハ）主要事業継続要件 ●非適格株式交換等により加入し

			●た株式交換完全子法人のうち，対価要件を除いても非適格株式交換等に該当するものは加入時の時価評価対象法人となる。 ●上記により，加入時の時価評価除外法人に該当する場合，簿価評価となり，加入時の時価評価対象法人に該当する場合，加入直前事業年度においてその終了時に時価評価が行われる。 ●加入時の時価評価対象法人に該当する場合，株式交換等の時価評価と加入時の時価評価の適用のタイミングは異なる場合があるが，時価評価資産の範囲は同じとなるため，基本的には株式交換等の時価評価と加入時の時価評価で差異は生じない。
加入法人の繰越欠損金の持込制限	法人税	●次の要件のいずれも満たさない場合，持込制限が生じる（法法57⑧，法令112の2③④）。 ① 支配関係5年継続要件 ② 共同事業性の要件 ③ 新たな事業の未開始要件 ●ただし，含み損益の特例計算の適用がある（法令113①⑫）。 ●持ち込む繰越欠損金は，特定欠損金となる（法法64の7②一）。	●加入時の時価評価除外法人に該当する場合で，次の要件のいずれも満たさない場合，持込制限が生じる（法法57⑧，法令112の2③④）。 ① 支配関係5年継続要件 ② 共同事業性の要件 ③ 新たな事業の未開始要件 ●ただし，含み損益の特例計算の適用がある（法令113①⑫）。 ●持ち込む繰越欠損金は，特定欠損金となる（法法64の7②一）。 ●加入時の時価評価対象法人に該当する場合，加入前の繰越欠損金は全額切り捨てられる（法法57⑥）。
	住民税	●加入直前に有している控除対象通算対象所得調整額等は加入しても切り捨てられない。 ●加入により切り捨てられる法人税の繰越欠損金は，控除対象通算適用前欠損調整額となる（地法53③④，321の8③④）。	●加入直前に有している控除対象通算対象所得調整額等は加入しても切り捨てられない。 ●加入により切り捨てられる法人税の繰越欠損金は，控除対象通算適用前欠損調整額となる（地法53③④，321の8③④）。
	事業税	切り捨てられない（地法72の23①②）。	切り捨てられない（地法72の23①②）。

434

加入に係る特定資産譲渡等損失額の損金算入制限	●次の要件のいずれも満たさない場合，損金算入制限が生じる（法法64の14①，法令131の19①②，131の8①，112の2④）。 ① 支配関係5年継続要件 ② 共同事業性の要件 ③ 新たな事業の未開始要件 ●ただし，含み損益の特例計算の適用がある（法令131の19⑤，123の9①）。	●加入時の時価評価除外法人に該当する場合で，次の要件のいずれも満たさない場合，損金算入制限が生じる（法法64の14①，法令131の19①②，131の8①，112の2④）。 ① 支配関係5年継続要件 ② 共同事業性の要件 ③ 新たな事業の未開始要件 ●ただし，含み損益の特例計算の適用がある（法令131の19⑤，123の9①）。 ●加入時の時価評価対象法人に該当する場合，損金算入制限は生じない（法法64の14①）。
加入に係る特定資産譲渡等損失額等の損益通算制限	●次の要件のいずれも満たさない場合，「特定資産譲渡等損失額が生じる場合の損益通算の制限」又は「減価償却費割合が30％超の場合の損益通算の制限」が生じる（法法64の6①③，法令131の8①②，112の2④）。 ① 支配関係5年継続要件 ② 共同事業性の要件 ●通算対象外欠損金額は特定欠損金となる（法法64の7②三）。	●加入時の時価評価除外法人に該当する場合で，次の要件のいずれも満たさない場合，「特定資産譲渡等損失額が生じる場合の損益通算の制限」又は「減価償却費割合が30％超の場合の損益通算の制限」が生じる（法法64の6①③，法令131の8①②，112の2④）。 ① 支配関係5年継続要件 ② 共同事業性の要件 ●通算対象外欠損金額は特定欠損金となる（法法64の7②三）。 ●加入時の時価評価対象法人に該当する場合，損益通算制限は生じない（法法64の6①③）。
加入法人の完全支配関係のある子法人（加入孫法人）の取扱い	加入孫法人についても，通算制度に加入した場合の税務上の取扱いが適用される。	加入孫法人についても，通算制度に加入した場合の税務上の取扱いが適用される。

❸ 通算親法人（株式交換完全子法人の株主）の税務上の取扱い

取扱項目	適格の場合	非適格の場合
株式交換完全子法人株式	●株式譲渡損益は生じない（法法61の2⑨）。 ●株式交換完全子法人株式の帳簿価額が株式交換完全支配親法人	●株式譲渡損益は生じない（法法61の2⑨）。 ●株式交換完全子法人株式の帳簿価額が株式交換完全支配親法人

	株式の帳簿価額に付け替わる（法令119①九）。この株式交換完全支配親法人株式の帳簿価額は，資本金等の額から減算される（法令8①二十一）。	株式の帳簿価額に付け替わる（法令119①九）。この株式交換完全支配親法人株式の帳簿価額は，資本金等の額から減算される（法令8①二十一）。

❹ 外部株主（株式交換完全子法人の株主）の税務上の取扱い

取扱項目	適格の場合	非適格の場合
株式交換完全子法人株式	●株式譲渡損益は生じない（法法61の2⑨）。 ●株式交換完全子法人株式の帳簿価額が株式交換完全支配親法人株式の帳簿価額に付け替わる（法令119①九）。	●株式譲渡損益は生じない（法法61の2⑨）。 ●株式交換完全子法人株式の帳簿価額が株式交換完全支配親法人株式の帳簿価額に付け替わる（法令119①九）。

[Case 7] 通算子法人が通算外法人と株式交換を行うケース（交換対価が通算親法人株式の場合）

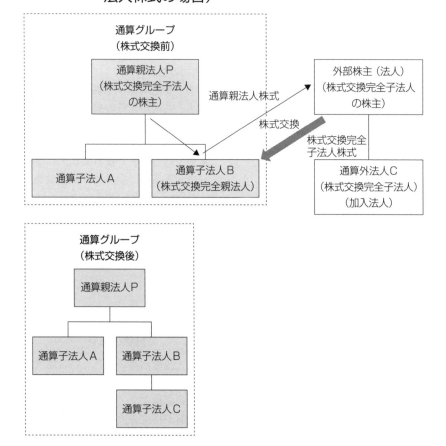

第8章　株式交換等のケーススタディ

（前提）

● 通算親法人の株式の50％超を直接又は間接に保有する者はいないものとする。

● 繰延譲渡損益の実現処理の取扱いは解説を省略している。

● 株式交換完全子法人（加入法人）は，加入日以後2か月以内，かつ，最初通算事業年度終了日までに離脱をしないものとする。

● 加入法人に欠損等法人の制限規定は適用されないこととする。

● 通算外法人は通算制度を適用していない（単体納税を採用している）ものとする。

（適格要件）

共同事業要件を満たす場合，適格となる（法法2十二の十七，法令4の3⑳）。

● 対価要件

● 事業関連性要件

● 事業規模要件又は経営参画要件

● 従業者継続要件

● 事業継続要件

● 株式交換完全子法人の株主の株式継続保有要件

● 株式交換完全親法人の株式継続保有要件

（株式交換完全支配親法人株式の定義）

［Case 6］と同じ。

（通算制度への加入）

株式交換完全子法人である通算外法人は，通算制度に加入する（法法64の9⑪）。

加入法人のみなし事業年度は次のとおりである（法法14③④一・⑧一，64の9⑪，地法72の13⑦⑧一・⑫一）。なお，加入日は，株式交換日（完全支配関係発生日）又は加入時期の特例を適用する場合は完全支配関係発生日の前日の属する特例決算期間（会計期間又は月次決算期間）の末日の翌日となる（法法14⑧一，64の9⑪）。

種類	期間	申告方法
加入直前事業年度	事業年度開始日から加入日の前日までの期間	単体申告
加入事業年度	加入日から通算親法人事業年度終了日までの期間	通算申告

437

第2部　グループ通算制度のM&A・組織再編成・清算のケーススタディ

❶　通算子法人（株式交換完全親法人）の税務上の取扱い

取扱項目	適格の場合	非適格の場合
加入時の離脱見込み法人株式の時価評価	離脱見込み法人株式の時価評価は適用されない（法法64の12②）。	● 加入法人が時価評価除外法人に該当する場合は，株式保有法人において離脱見込み法人株式の時価評価は適用されない（法法64の12②）。 ● 加入法人が時価評価対象法人かつ離脱見込み法人に該当する場合は，株式保有法人において加入日の前日の属する事業年度に離脱見込み法人株式の時価評価が行われる（法法64の12②，法令131の16③⑤）。
株式交換完全子法人株式の取得価額	● 株式交換完全子法人の株主が50名未満の場合，株式交換完全子法人の株主の株式交換完全子法人株式の帳簿価額の合計額（法令119①十） ● 株式交換完全子法人の株主が50名以上の場合，株式交換完全子法人の簿価純資産価額の取得株数相当額（法令119①十，法規26の13）	時価（法令119①二十七）

❷　通算外法人（株式交換完全子法人／加入法人）の税務上の取扱い

取扱項目	適格の場合	非適格の場合
株式交換等の時価評価	簿価評価（法法62の9①）	● 株式交換日の属する事業年度において株式交換直前に時価評価が行われる（法法62の9①）。 ● 加入時の時価評価が適用される場合，株式交換等の時価評価と加入時の時価評価の適用のタイミングは異なる場合があるが，時価評価資産の範囲は同じとなるため，基本的には株式交換等の時価評価と加入時の時価評価で差異は生じない。
加入時の時価評価	簿価評価（法法64の12①二） 適格株式交換等により加入した株式交換完全子法人は加入時の時価	● 非適格株式交換等により加入した株式交換完全子法人のうち，対価要件を除くと適格株式交換

438

第8章　株式交換等のケーススタディ

		評価除外法人に該当する。	等に該当するものは次の要件を満たす場合，加入時の時価評価除外法人に該当する（法法64の12①四，法令131の16④）。 ① 完全支配関係継続要件 ② 事業関連性要件 ③ 事業規模比5倍以内要件又は特定役員継続要件 ④ 従業者継続要件 ⑤ 主要事業継続要件 ●非適格株式交換等により加入した株式交換完全子法人のうち，対価要件を除いても非適格株式交換等に該当するものは加入時の時価評価対象法人となる。 ●上記により，加入時の時価評価除外法人に該当する場合，簿価評価となり，加入時の時価評価対象法人に該当する場合，加入直前事業年度においてその終了時に時価評価が行われる。 ●加入時の時価評価対象法人に該当する場合，株式交換等の時価評価と加入時の時価評価の適用のタイミングは異なる場合があるが，時価評価資産の範囲は同じとなるため，基本的には株式交換等の時価評価と加入時の時価評価で差異は生じない。
加入法人の繰越欠損金の持込制限	法人税	●次の要件のいずれも満たさない場合，持込制限が生じる（法法57⑧，法令112の2③④）。 ① 支配関係5年継続要件 ② 共同事業性の要件 ③ 新たな事業の未開始要件 ●ただし，含み損益の特例計算の適用がある（法令113①⑫）。 ●持ち込む繰越欠損金は，特定欠損金となる（法法64の7②一）。	●加入時の時価評価除外法人に該当する場合で，次の要件のいずれも満たさない場合，持込制限が生じる（法法57⑧，法令112の2③④）。 ① 支配関係5年継続要件 ② 共同事業性の要件 ③ 新たな事業の未開始要件 ●ただし，含み損益の特例計算の適用がある（法令113①⑫）。 ●持ち込む繰越欠損金は，特定欠損金となる（法法64の7②一）。 ●加入時の時価評価対象法人に該当する場合，加入前の繰越欠損金は全額切り捨てられる（法法57⑥）。

439

	住民税	●加入直前に有している控除対象通算対象所得調整額等は加入しても切り捨てられない。 ●加入により切り捨てられる法人税の繰越欠損金は，控除対象通算適用前欠損調整額となる（地法53③④，321の8③④）。	●加入直前に有している控除対象通算対象所得調整額等は加入しても切り捨てられない。 ●加入により切り捨てられる法人税の繰越欠損金は，控除対象通算適用前欠損調整額となる（地法53③④，321の8③④）。
	事業税	切り捨てられない（地法72の23①②）。	切り捨てられない（地法72の23①②）。
加入に係る特定資産譲渡等損失額の損金算入制限		次の要件のいずれも満たさない場合，損金算入制限が生じる（法法64の14①，法令131の19①②，131の8①，112の2④）。 ① 支配関係5年継続要件 ② 共同事業性の要件 ③ 新たな事業の未開始要件 ●ただし，含み損益の特例計算の適用がある（法令131の19⑤，123の9①）。	●加入時の時価評価除外法人に該当する場合で，次の要件のいずれも満たさない場合，損金算入制限が生じる（法法64の14①，法令131の19①②，131の8①，112の2④）。 ① 支配関係5年継続要件 ② 共同事業性の要件 ③ 新たな事業の未開始要件 ●ただし，含み損益の特例計算の適用がある（法令131の19⑤，123の9①）。 ●加入時の時価評価対象法人に該当する場合，損金算入制限は生じない（法法64の14①）。
加入に係る特定資産譲渡等損失額等の損益通算制限		●次の要件のいずれも満たさない場合，「特定資産譲渡等損失額が生じる場合の損益通算の制限」又は「減価償却費割合が30％超の場合の損益通算の制限」が生じる（法法64の6①③，法令131の8①②，112の2④）。 ① 支配関係5年継続要件 ② 共同事業性の要件 ●通算対象外欠損金額は特定欠損金となる（法法64の7②三）。	●加入時の時価評価除外法人に該当する場合で，次の要件のいずれも満たさない場合，「特定資産譲渡等損失額が生じる場合の損益通算の制限」又は「減価償却費割合が30％超の場合の損益通算の制限」が生じる（法法64の6①③，法令131の8①②，112の2④）。 ① 支配関係5年継続要件 ② 共同事業性の要件 ●通算対象外欠損金額は特定欠損金となる（法法64の7②三）。 ●加入時の時価評価対象法人に該当する場合，損益通算制限は生じない（法法64の6①③）。
加入法人の完全支配関係のある子法人（加入孫法人）の取扱い		加入孫法人についても，通算制度に加入した場合の税務上の取扱いが適用される。	加入孫法人についても，通算制度に加入した場合の税務上の取扱いが適用される。

❸　通算親法人（株式交換完全子法人の株主）の税務上の取扱い

取扱項目	適格の場合	非適格の場合
株式交換完全子法人株式（所有している場合）	●株式譲渡損益は生じない（法法61の2⑨）。 ●株式交換完全子法人株式の帳簿価額が株式交換完全支配親法人株式の帳簿価額に付け替わる（法令119①九）。この株式交換完全支配親法人株式の帳簿価額は，資本金等の額から減算される（法令8①二十一）。	●株式譲渡損益は生じない（法法61の2⑨）。 ●株式交換完全子法人株式の帳簿価額が株式交換完全支配親法人株式の帳簿価額に付け替わる（法令119①九）。この株式交換完全支配親法人株式の帳簿価額は，資本金等の額から減算される（法令8①二十一）。

❹　外部株主（株式交換完全子法人の株主）の税務上の取扱い

取扱項目	適格の場合	非適格の場合
株式交換完全子法人株式	●株式譲渡損益は生じない（法法61の2⑨）。 ●株式交換完全子法人株式の帳簿価額が株式交換完全支配親法人株式の帳簿価額に付け替わる（法令119①九）。	●株式譲渡損益は生じない（法法61の2⑨）。 ●株式交換完全子法人株式の帳簿価額が株式交換完全支配親法人株式の帳簿価額に付け替わる（法令119①九）。

[Case 8] 通算親法人が非通算法人を現金交付型株式交換により完全子法人化するケース（スクイーズアウトによる完全子法人化）

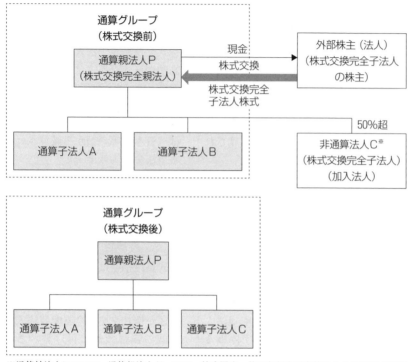

※通算外法人について，通算親法人が，TOB・株式買取・第三者割当増資等により支配権を確保して非通算法人とした後にスキームを実行する場合を含むものとする。

(前提)
- 通算親法人の株式の50％超を直接又は間接に保有する者はいないものとする。
- 繰延譲渡損益の実現処理の取扱いは解説を省略している。
- 株式交換完全子法人（加入法人）は，加入日以後2か月以内，かつ，最初通算事業年度終了日までに離脱をしないものとする。
- 加入法人に欠損等法人の制限規定は適用されないこととする。
- 非通算法人は通算制度を適用していない（単体納税を採用している）ものとする。

(適格要件)
　当事者間の支配関係がある場合の適格要件を満たす場合，適格となる（法法2十二の十七，法令4の3⑲）。
- 対価要件
- 支配関係継続要件
- 従業者継続要件

第8章　株式交換等のケーススタディ

● 事業継続要件

なお，支配関係がある場合の適格要件を満たさない場合でも共同事業要件を満たす場合は適格と判定される。

（通算制度への加入）

株式交換完全子法人である非通算法人は，通算制度に加入する（法法64の9⑪）。

加入法人のみなし事業年度は次のとおりである（法法14③④一・⑧一，64の9⑪，地法72の13⑦⑧一・⑫一）。なお，加入日は，株式交換日（完全支配関係発生日）又は加入時期の特例を適用する場合は完全支配関係発生日の前日の属する特例決算期間（会計期間又は月次決算期間）の末日の翌日となる（法法14⑧一，64の9⑪）。

種類	期間	申告方法
加入直前事業年度	事業年度開始日から加入日の前日までの期間	単体申告
加入事業年度	加入日から通算親法人事業年度終了日までの期間	通算申告

❶　通算親法人（株式交換完全親法人）の税務上の取扱い

取扱項目	適格の場合	非適格の場合
加入時の離脱見込み法人株式の時価評価	離脱見込み法人株式の時価評価は適用されない（法法64の12②）。	● 加入法人が時価評価除外法人に該当する場合は，株式保有法人において離脱見込み法人株式の時価評価は適用されない（法法64の12②）。 ● 加入法人が時価評価対象法人かつ離脱見込み法人に該当する場合は，株式保有法人において加入日の前日の属する事業年度に離脱見込み法人株式の時価評価が行われる（法法64の12②，法令131の16③⑤）。
株式交換完全子法人株式の取得価額	時価（法令119①二十七）	時価（法令119①二十七）

443

第2部　グループ通算制度のM＆A・組織再編成・清算のケーススタディ

❷　非通算法人（株式交換完全子法人／加入法人）の税務上の取扱い

取扱項目	適格の場合	非適格の場合
株式交換等の時価評価	簿価評価（法法62の9①）	● 株式交換日の属する事業年度において株式交換直前に時価評価が行われる（法法62の9①）。 ● 加入時の時価評価が適用される場合，株式交換等の時価評価と加入時の時価評価の適用のタイミングは異なる場合があるが，時価評価資産の範囲は同じとなるため，基本的には株式交換等の時価評価と加入時の時価評価で差異は生じない。
加入時の時価評価	簿価評価（法法64の12①二）適格株式交換等により加入した株式交換完全子法人は加入時の時価評価除外法人に該当する。	● 非適格株式交換等により加入した株式交換完全子法人のうち，対価要件を除くと適格株式交換等に該当するものは次の要件を満たす場合，加入時の時価評価除外法人に該当する（法法64の12①三）。 ①　完全支配関係継続要件 ②　従業者継続要件 ③　主要事業継続要件 ● 非適格株式交換等により加入した株式交換完全子法人のうち，対価要件を除いても非適格株式交換等に該当するものは加入時の時価評価対象法人となる。 ● 上記により，加入時の時価評価除外法人に該当する場合，簿価評価となり，加入時の時価評価対象法人に該当する場合，加入直前事業年度においてその終了時に時価評価が行われる。 ● 加入時の時価評価対象法人に該当する場合，株式交換等の時価評価と加入時の時価評価の適用のタイミングは異なる場合があるが，時価評価資産の範囲は同じとなるため，基本的には株式交換等の時価評価と加入時の時価評価で差異は生じない。

444

第 8 章 株式交換等のケーススタディ

加入法人の繰越欠損金の持込制限	法人税	●次の要件のいずれも満たさない場合，持込制限が生じる（法法57⑧，法令112の 2 ③④）。 ①　支配関係 5 年継続要件 ②　共同事業性の要件 ③　新たな事業の未開始要件 ●ただし，含み損益の特例計算の適用がある（法令113①⑫）。 ●持ち込む繰越欠損金は，特定欠損金となる（法法64の 7 ②一）。	●加入時の時価評価除外法人に該当する場合で，次の要件のいずれも満たさない場合，持込制限が生じる（法法57⑧，法令112の 2 ③④）。 ①　支配関係 5 年継続要件 ②　共同事業性の要件 ③　新たな事業の未開始要件 ●ただし，含み損益の特例計算の適用がある（法令113①⑫）。 ●持ち込む繰越欠損金は，特定欠損金となる（法法64の 7 ②一）。 ●加入時の時価評価対象法人に該当する場合，加入前の繰越欠損金は全額切り捨てられる（法法57⑥）。
	住民税	●加入直前に有している控除対象通算対象所得調整額等は加入しても切り捨てられない。 ●加入により切り捨てられる法人税の繰越欠損金は，控除対象通算適用前欠損調整額となる（地法53③④，321の 8 ③④）。	●加入直前に有している控除対象通算対象所得調整額等は加入しても切り捨てられない。 ●加入により切り捨てられる法人税の繰越欠損金は，控除対象通算適用前欠損調整額となる（地法53③④，321の 8 ③④）。
	事業税	切り捨てられない（地法72の23①②）。	切り捨てられない（地法72の23①②）。
加入に係る特定資産譲渡等損失額の損金算入制限		●次の要件のいずれも満たさない場合，損金算入制限が生じる（法法64の14①，法令131の19①②，131の 8 ①，112の 2 ④）。 ①　支配関係 5 年継続要件 ②　共同事業性の要件 ③　新たな事業の未開始要件 ●ただし，含み損益の特例計算の適用がある（法令131の19⑤，123の 9 ①）。	●加入時の時価評価除外法人に該当する場合で，次の要件のいずれも満たさない場合，損金算入制限が生じる（法法64の14①，法令131の19①②，131の 8 ①，112の 2 ④）。 ①　支配関係 5 年継続要件 ②　共同事業性の要件 ③　新たな事業の未開始要件 ●ただし，含み損益の特例計算の適用がある（法令131の19⑤，123の 9 ①）。 ●加入時の時価評価対象法人に該当する場合，損金算入制限は生じない（法法64の14①）。
加入に係る特定資産譲渡等損失額等の損益通算制限		●次の要件のいずれも満たさない場合，「特定資産譲渡等損失額が生じる場合の損益通算の制	●加入時の時価評価除外法人に該当する場合で，次の要件のいずれも満たさない場合，「特定資

445

第2部　グループ通算制度のM&A・組織再編成・清算のケーススタディ

<table>
<tr>
<td></td>
<td>限」又は「減価償却費割合が30％超の場合の損益通算の制限」が生じる（法法64の6①③，法令131の8①②，112の2④）。
①　支配関係5年継続要件
②　共同事業性の要件
●通算対象外欠損金額は特定欠損金となる（法法64の7②三）。</td>
<td>産譲渡等損失額が生じる場合の損益通算の制限」又は「減価償却費割合が30％超の場合の損益通算の制限」が生じる（法法64の6①③，法令131の8①②，112の2④）。
①　支配関係5年継続要件
②　共同事業性の要件
●通算対象外欠損金額は特定欠損金となる（法法64の7②三）。
●加入時の時価評価対象法人に該当する場合，損益通算制限は生じない（法法64の6①③）。</td>
</tr>
<tr>
<td>加入法人の完全支配関係のある子法人（加入孫法人）の取扱い</td>
<td>加入孫法人についても，通算制度に加入した場合の税務上の取扱いが適用される。</td>
<td>加入孫法人についても，通算制度に加入した場合の税務上の取扱いが適用される。</td>
</tr>
</table>

❸　外部株主（株式交換完全子法人の株主）の税務上の取扱い

取扱項目	適格の場合	非適格の場合
株式交換完全子法人株式	株式譲渡損益が生じる（法法61の2①）。	株式譲渡損益が生じる（法法61の2①）。

446

[Case 9] 通算親法人が非通算法人を全部取得条項付種類株式方式，株式併合方式，株式売渡請求方式により完全子法人化するケース（スクイーズアウトによる完全子法人化）

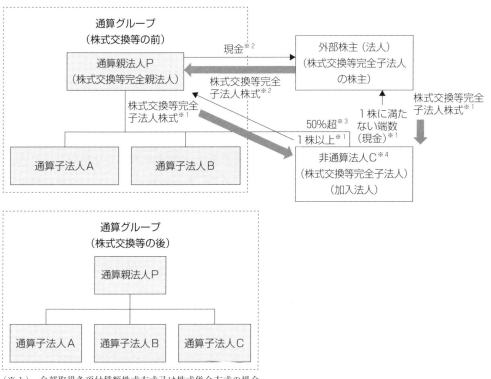

（※1） 全部取得条項付種類株式方式又は株式併合方式の場合
（※2） 株式売渡請求方式の場合
（※3） 株式売渡請求方式の場合，90％以上となる。
（※4） 通算外法人について，通算親法人が，TOB・株式買取・第三者割当増資等により支配権を確保して非通算法人とした後にスキームを実行する場合を含むものとする。

（前提）

- 通算親法人の株式の50％超を直接又は間接に保有する者はいないものとする。
- 繰延譲渡損益の実現処理の取扱いは解説を省略している。
- 株式交換等完全子法人（加入法人）は，加入日以後2か月以内，かつ，最初通算事業年度終了日までに離脱をしないものとする。
- 加入法人に欠損等法人の制限規定は適用されないこととする。
- 非通算法人は通算制度を適用していない（単体納税を採用している）ものとする。

（適格要件）

当事者間の支配関係がある場合の適格要件を満たす場合，適格となる（法法2十二の十七，法令4の3⑲）。

第2部　グループ通算制度のM&A・組織再編成・清算のケーススタディ

- 対価要件
- 支配関係継続要件
- 従業者継続要件
- 事業継続要件

（通算制度への加入）

　株式交換等完全子法人である非通算法人は，通算制度に加入する（法法64の9⑪）。

　加入法人のみなし事業年度は次のとおりである（法法14③④一・⑧一，64の9⑪，地法72の13⑦⑧一・⑫一）。なお，加入日は，株式交換等の日（完全支配関係発生日）又は加入時期の特例を適用する場合は完全支配関係発生日の前日の属する特例決算期間（会計期間又は月次決算期間）の末日の翌日となる（法法14⑧一，64の9⑪）。株式交換等の日とは，全部取得条項付種類株式方式又は株式併合方式の場合は端数処理の日，株式売渡請求方式の場合は，株式を取得する日として定めた日となる（法基通1-3の2-2，1-4-1）。

種類	期間	申告方法
加入直前事業年度	事業年度開始日から加入日の前日までの期間	単体申告
加入事業年度	加入日から通算親法人事業年度終了日までの期間	通算申告

❶　通算親法人（株式交換等完全親法人）の税務上の取扱い

取扱項目	適格の場合	非適格の場合
加入時の離脱見込み法人株式の時価評価	離脱見込み法人株式の時価評価は適用されない（法法64の12②）。	● 加入法人が時価評価除外法人に該当する場合は，株式保有法人において離脱見込み法人株式の時価評価は適用されない（法法64の12②）。 ● 加入法人が時価評価対象法人かつ離脱見込み法人に該当する場合は，株式保有法人において加入日の前日の属する事業年度に離脱見込み法人株式の時価評価が行われる（法法64の12②，法令131の16③⑤）。
株式交換等完全子法人株式の取得価額	● 全部取得条項付種類株式方式 その取得前から有していた株式交換等完全子法人株式の取得価額	● 全部取得条項付種類株式方式 その取得前から有していた株式交換等完全子法人株式の取得価額

448

第8章　株式交換等のケーススタディ

は，従来の帳簿価額のまま変わらない（法令119①十九）。また，株式譲渡損益は生じない（端数相当額を除く。法法61の2⑭三）。	は，従来の帳簿価額のまま変わらない（法令119①十九）。また，株式譲渡損益は生じない（端数相当額を除く。法法61の2⑭三）。
●**株式併合方式** その併合前から有していた株式交換等完全子法人株式の取得価額は，従来の帳簿価額のまま変わらない。また，株式譲渡損益は生じない（端数相当額を除く。法令119の3⑰，119の4①）。	●**株式併合方式** その併合前から有していた株式交換等完全子法人株式の取得価額は，従来の帳簿価額のまま変わらない。また，株式譲渡損益は生じない（端数相当額を除く。法令119の3⑰，119の4①）。
●**株式売渡請求方式** 追加で取得した株式交換等完全子法人株式の取得価額は，買取価額（時価）となる（法令119①一）。	●**株式売渡請求方式** 追加で取得した株式交換等完全子法人株式の取得価額は，買取価額（時価）となる（法令119①一）。

❷　非通算法人（株式交換等完全子法人／加入法人）の税務上の取扱い

取扱項目	適格の場合	非適格の場合
株式交換等の時価評価	簿価評価（法法62の9①）	●株式交換等の日の属する事業年度において株式交換等の直前に時価評価が行われる（法法62の9①）。 ●加入時の時価評価が適用される場合，株式交換等の時価評価と加入時の時価評価の適用のタイミングは異なる場合があるが，時価評価資産の範囲は同じとなるため，基本的には株式交換等の時価評価と加入時の時価評価で差異は生じない。
加入時の時価評価	簿価評価（法法64の12①二） 適格株式交換等により加入した株式交換等完全子法人は加入時の時価評価除外法人に該当する。	●非適格株式交換等により加入した株式交換等完全子法人のうち，対価要件を除くと適格株式交換等に該当するものは次の要件を満たす場合，加入時の時価評価除外法人に該当する（法法64の12①三）。 ①　完全支配関係継続要件 ②　従業者継続要件 ③　主要事業継続要件

449

第2部　グループ通算制度のM＆A・組織再編成・清算のケーススタディ

			● 非適格株式交換等により加入した株式交換等完全子法人のうち，対価要件を除いても非適格株式交換等に該当するものは加入時の時価評価対象法人となる。 ● 上記により，加入時の時価評価除外法人に該当する場合，簿価評価となり，加入時の時価評価対象法人に該当する場合，加入直前事業年度においてその終了時に時価評価が行われる。 ● 加入時の時価評価対象法人に該当する場合，株式交換等の時価評価と加入時の時価評価の適用のタイミングは異なる場合があるが，時価評価資産の範囲は同じとなるため，基本的には株式交換等の時価評価と加入時の時価評価で差異は生じない。
加入法人の繰越欠損金の持込制限	法人税	● 次の要件のいずれも満たさない場合，持込制限が生じる（法法57⑧，法令112の2③④）。 ① 支配関係5年継続要件 ② 共同事業性の要件 ③ 新たな事業の未開始要件 ● ただし，含み損益の特例計算の適用がある（法令113①⑫）。 ● 持ち込む繰越欠損金は，特定欠損金となる（法法64の7②一）。	● 加入時の時価評価除外法人に該当する場合で，次の要件のいずれも満たさない場合，持込制限が生じる（法法57⑧，法令112の2③④）。 ① 支配関係5年継続要件 ② 共同事業性の要件 ③ 新たな事業の未開始要件 ● ただし，含み損益の特例計算の適用がある（法令113①⑫）。 ● 持ち込む繰越欠損金は，特定欠損金となる（法法64の7②一）。 ● 加入時の時価評価対象法人に該当する場合，加入前の繰越欠損金は全額切り捨てられる（法法57⑥）。
	住民税	● 加入直前に有している控除対象通算対象所得調整額等は加入しても切り捨てられない。 ● 加入により切り捨てられる法人税の繰越欠損金は，控除対象通算適用前欠損調整額となる（地法53③④，321の8③④）。	● 加入直前に有している控除対象通算対象所得調整額等は加入しても切り捨てられない。 ● 加入により切り捨てられる法人税の繰越欠損金は，控除対象通算適用前欠損調整額となる（地法53③④，321の8③④）。

第8章　株式交換等のケーススタディ

	事業税	切り捨てられない（地法72の23①②）。	切り捨てられない（地法72の23①②）。
加入に係る特定資産譲渡等損失額の損金算入制限		●次の要件のいずれも満たさない場合，損金算入制限が生じる（法法64の14①，法令131の19①②，131の8①，112の2④）。 ①　支配関係5年継続要件 ②　共同事業性の要件 ③　新たな事業の未開始要件 ●ただし，含み損益の特例計算の適用がある（法令131の19⑤，123の9①）。	●加入時の時価評価除外法人に該当する場合で，次の要件のいずれも満たさない場合，損金算入制限が生じる（法法64の14①，法令131の19①②，131の8①，112の2④）。 ①　支配関係5年継続要件 ②　共同事業性の要件 ③　新たな事業の未開始要件 ●ただし，含み損益の特例計算の適用がある（法令131の19⑤，123の9①）。 ●加入時の時価評価対象法人に該当する場合，損金算入制限は生じない（法法64の14①）。
加入に係る特定資産譲渡等損失額等の損益通算制限		●次の要件のいずれも満たさない場合，「特定資産譲渡等損失額が生じる場合の損益通算の制限」又は「減価償却費割合が30％超の場合の損益通算の制限」が生じる（法法64の6①③，法令131の8①②，112の2④）。 ①　支配関係5年継続要件 ②　共同事業性の要件 ●通算対象外欠損金額は特定欠損金となる（法法64の7②三）。	●加入時の時価評価除外法人に該当する場合で，次の要件のいずれも満たさない場合，「特定資産譲渡等損失額が生じる場合の損益通算の制限」又は「減価償却費割合が30％超の場合の損益通算の制限」が生じる（法法64の6①③，法令131の8①②，112の2④）。 ①　支配関係5年継続要件 ②　共同事業性の要件 ●通算対象外欠損金額は特定欠損金となる（法法64の7②三）。 ●加入時の時価評価対象法人に該当する場合，損益通算制限は生じない（法法64の6①③）。
加入法人の完全支配関係のある子法人（加入孫法人）の取扱い		加入孫法人についても，通算制度に加入した場合の税務上の取扱いが適用される。	加入孫法人についても，通算制度に加入した場合の税務上の取扱いが適用される。

❸　外部株主（株式交換等完全子法人の株主）の税務上の取扱い

取扱項目	適格の場合	非適格の場合
株式交換等完全子法人株式	株式譲渡損益が生じる（法法61の2①）。	株式譲渡損益が生じる（法法61の2①）。

451

[Case 10] 通算子法人が非通算法人を現金交付型株式交換により完全子法人化するケース（スクイーズアウトによる完全子法人化）

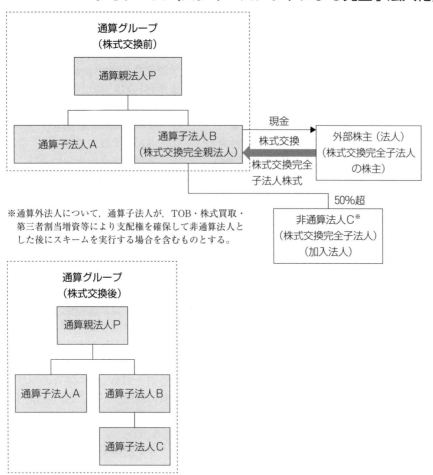

（前提）

- 通算親法人の株式の50％超を直接又は間接に保有する者はいないものとする。
- 繰延譲渡損益の実現処理の取扱いは解説を省略している。
- 株式交換完全子法人（加入法人）は，加入日以後2か月以内，かつ，最初通算事業年度終了日までに離脱をしないものとする。
- 加入法人に欠損等法人の制限規定は適用されないこととする。
- 非通算法人は通算制度を適用していない（単体納税を採用している）ものとする。

（適格要件）

同一者による支配関係がある場合の適格要件を満たす場合，適格となる（法法2十二の十七，

法令4の3⑲)。

- 対価要件
- 支配関係継続要件
- 従業者継続要件
- 事業継続要件

なお，同一者による支配関係がある場合の適格要件を満たさない場合でも当事者間の支配関係がある場合の適格要件を満たす場合又は共同事業要件を満たす場合は適格と判定される。

（通算制度への加入）

株式交換完全子法人である非通算法人は，通算制度に加入する（法法64の9⑪）。

加入法人のみなし事業年度は次のとおりである（法法14③④一・⑧一，64の9⑪，地法72の13⑦⑧一・⑫一）。なお，加入日は，株式交換日（完全支配関係発生日）又は加入時期の特例を適用する場合は完全支配関係発生日の前日の属する特例決算期間（会計期間又は月次決算期間）の末日の翌日となる（法法14⑧一，64の9⑪）。

種類	期間	申告方法
加入直前事業年度	事業年度開始日から加入日の前日までの期間	単体申告
加入事業年度	加入日から通算親法人事業年度終了日までの期間	通算申告

❶ 通算子法人（株式交換完全親法人）の税務上の取扱い

取扱項目	適格の場合	非適格の場合
加入時の離脱見込み法人株式の時価評価	離脱見込み法人株式の時価評価は適用されない（法法64の12②）。	● 加入法人が時価評価除外法人に該当する場合は，株式保有法人において離脱見込み法人株式の時価評価は適用されない（法法64の12②）。 ● 加入法人が時価評価対象法人かつ離脱見込み法人に該当する場合は，株式保有法人において加入日の前日の属する事業年度に離脱見込み法人株式の時価評価が行われる（法法64の12②，法令131の16③⑤）。
株式交換完全子法人株式の取得価額	時価（法令119①二十七）	時価（法令119①二十七）

第2部　グループ通算制度のM&A・組織再編成・清算のケーススタディ

❷　非通算法人（株式交換完全子法人／加入法人）の税務上の取扱い

取扱項目	適格の場合	非適格の場合
株式交換等の時価評価	簿価評価（法法62の9①）	● 株式交換日の属する事業年度において株式交換直前に時価評価が行われる（法法62の9①）。 ● 加入時の時価評価が適用される場合，株式交換等の時価評価と加入時の時価評価の適用のタイミングは異なる場合があるが，時価評価資産の範囲は同じとなるため，基本的には株式交換等の時価評価と加入時の時価評価で差異は生じない。
加入時の時価評価	簿価評価（法法64の12①二） 適格株式交換等により加入した株式交換完全子法人は加入時の時価評価除外法人に該当する。	● 非適格株式交換等により加入した株式交換完全子法人のうち，対価要件を除くと適格株式交換等に該当するものは次の要件を満たす場合，加入時の時価評価除外法人に該当する（法法64の12①三）。 　①　完全支配関係継続要件 　②　従業者継続要件 　③　主要事業継続要件 ● 非適格株式交換等により加入した株式交換完全子法人のうち，対価要件を除いても非適格株式交換等に該当するものは加入時の時価評価対象法人となる。 ● 上記により，加入時の時価評価除外法人に該当する場合，簿価評価となり，加入時の時価評価対象法人に該当する場合，加入直前事業年度においてその終了時に時価評価が行われる。 ● 加入時の時価評価対象法人に該当する場合，株式交換等の時価評価と加入時の時価評価の適用のタイミングは異なる場合があるが，時価評価資産の範囲は同じとなるため，基本的には株式交換等の時価評価と加入時の時価評価で差異は生じない。

454

加入法人の繰越欠損金の持込制限	法人税	●次の要件のいずれも満たさない場合，持込制限が生じる（法法57⑧，法令112の2③④）。 ① 支配関係5年継続要件 ② 共同事業性の要件 ③ 新たな事業の未開始要件 ●ただし，含み損益の特例計算の適用がある（法令113①⑫）。 ●持ち込む繰越欠損金は，特定欠損金となる（法法64の7②一）。	●加入時の時価評価除外法人に該当する場合で，次の要件のいずれも満たさない場合，持込制限が生じる（法法57⑧，法令112の2③④）。 ① 支配関係5年継続要件 ② 共同事業性の要件 ③ 新たな事業の未開始要件 ●ただし，含み損益の特例計算の適用がある（法令113①⑫）。 ●持ち込む繰越欠損金は，特定欠損金となる（法法64の7②一）。 ●加入時の時価評価対象法人に該当する場合，加入前の繰越欠損金は全額切り捨てられる（法法57⑥）。
	住民税	●加入直前に有している控除対象通算対象所得調整額等は加入しても切り捨てられない。 ●加入により切り捨てられる法人税の繰越欠損金は，控除対象通算適用前欠損調整額となる（地法53③④，321の8③④）。	●加入直前に有している控除対象通算対象所得調整額等は加入しても切り捨てられない。 ●加入により切り捨てられる法人税の繰越欠損金は，控除対象通算適用前欠損調整額となる（地法53③④，321の8③④）。
	事業税	切り捨てられない（地法72の23①②）。	切り捨てられない（地法72の23①②）。
加入に係る特定資産譲渡等損失額の損金算入制限		●次の要件のいずれも満たさない場合，損金算入制限が生じる（法法64の14①，法令131の19①②，131の8①，112の2④）。 ① 支配関係5年継続要件 ② 共同事業性の要件 ③ 新たな事業の未開始要件 ●ただし，含み損益の特例計算の適用がある（法令131の19⑤，123の9①）。	●加入時の時価評価除外法人に該当する場合で，次の要件のいずれも満たさない場合，損金算入制限が生じる（法法64の14①，法令131の19①②，131の8①，112の2④）。 ① 支配関係5年継続要件 ② 共同事業性の要件 ③ 新たな事業の未開始要件 ●ただし，含み損益の特例計算の適用がある（法令131の19⑤，123の9①）。 ●加入時の時価評価対象法人に該当する場合，損金算入制限は生じない（法法64の14①）。
加入に係る特定資産譲渡等損失額等の損益通算制限		●次の要件のいずれも満たさない場合，「特定資産譲渡等損失額が生じる場合の損益通算の制	●加入時の時価評価除外法人に該当する場合で，次の要件のいずれも満たさない場合，「特定資

	限」又は「減価償却費割合が30％超の場合の損益通算の制限」が生じる（法法64の6①③，法令131の8①②，112の2④）。 ① 支配関係5年継続要件 ② 共同事業性の要件 ●通算対象外欠損金額は特定欠損金となる（法法64の7②三）。	産譲渡等損失額が生じる場合の損益通算の制限」又は「減価償却費割合が30％超の場合の損益通算の制限」が生じる（法法64の6①③，法令131の8①②，112の2④）。 ① 支配関係5年継続要件 ② 共同事業性の要件 ●通算対象外欠損金額は特定欠損金となる（法法64の7②三）。 ●加入時の時価評価対象法人に該当する場合，損益通算制限は生じない（法法64の6①③）。
加入法人の完全支配関係のある子法人（加入孫法人）の取扱い	加入孫法人についても，通算制度に加入した場合の税務上の取扱いが適用される。	加入孫法人についても，通算制度に加入した場合の税務上の取扱いが適用される。

❸　外部株主（株式交換完全子法人の株主）の税務上の取扱い

取扱項目	適格の場合	非適格の場合
株式交換完全子法人株式	株式譲渡損益が生じる（法法61の2①）。	株式譲渡損益が生じる（法法61の2①）。

[Case 11] 通算子法人が非通算法人を全部取得条項付種類株式方式，株式併合方式，株式売渡請求方式により完全子法人化するケース（スクイーズアウトによる完全子法人化）

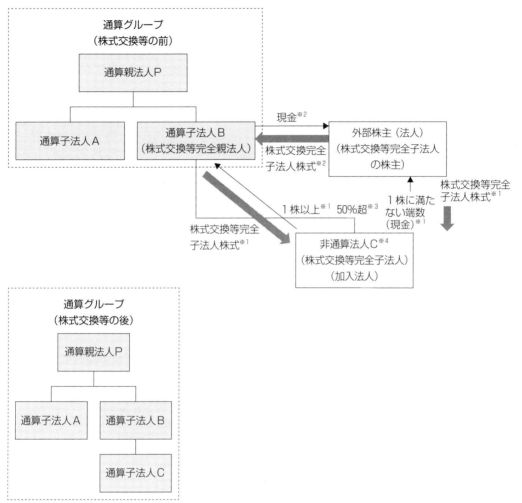

（※１） 全部取得条項付種類株式方式又は株式併合方式の場合
（※２） 株式売渡請求方式の場合
（※３） 株式売渡請求方式の場合，90％以上となる。
（※４） 通算外法人について，通算子法人が，TOB・株式買取・第三者割当増資等により支配権を確保して非通算法人とした後にスキームを実行する場合を含むものとする。

（前提）

- 通算親法人の株式の50％超を直接又は間接に保有する者はいないものとする。
- 繰延譲渡損益の実現処理の取扱いは解説を省略している。
- 株式交換等完全子法人（加入法人）は，加入日以後２か月以内，かつ，最初通算事業年度終了日までに離脱をしないものとする。

第 2 部　グループ通算制度のM&A・組織再編成・清算のケーススタディ

- 加入法人に欠損等法人の制限規定は適用されないこととする。
- 非通算法人は通算制度を適用していない（単体納税を採用している）ものとする。

（適格要件）

　同一者による支配関係がある場合の適格要件を満たす場合，適格となる（法法2十二の十七，法令4の3⑲）。

- 対価要件
- 支配関係継続要件
- 従業者継続要件
- 事業継続要件

（通算制度への加入）

　株式交換等完全子法人である非通算法人は，通算制度に加入する（法法64の9⑪）。

　加入法人のみなし事業年度は次のとおりである（法法14③④一・⑧一，64の9⑪，地法72の13⑦⑧一・⑫一）。なお，加入日は，株式交換等の日（完全支配関係発生日）又は加入時期の特例を適用する場合は完全支配関係発生日の前日の属する特例決算期間（会計期間又は月次決算期間）の末日の翌日となる（法法14⑧一，64の9⑪）。株式交換等の日とは，全部取得条項付種類株式方式又は株式併合方式の場合は端数処理の日，株式売渡請求方式の場合は，株式を取得する日として定めた日となる（法基通1-3の2-2，1-4-1）。

種類	期間	申告方法
加入直前事業年度	事業年度開始日から加入日の前日までの期間	単体申告
加入事業年度	加入日から通算親法人事業年度終了日までの期間	通算申告

❶　通算子法人（株式交換等完全親法人）の税務上の取扱い

取扱項目	適格の場合	非適格の場合
加入時の離脱見込み法人株式の時価評価	離脱見込み法人株式の時価評価は適用されない（法法64の12②）。	● 加入法人が時価評価除外法人に該当する場合は，株式保有法人において離脱見込み法人株式の時価評価は適用されない（法法64の12②）。 ● 加入法人が時価評価対象法人かつ離脱見込み法人に該当する場合は，株式保有法人において加

458

		入日の前日の属する事業年度に離脱見込み法人株式の時価評価が行われる（法法64の12②，法令131の16③⑤）。
株式交換等完全子法人株式の取得価額	●全部取得条項付種類株式方式 その取得前から有していた株式交換等完全子法人株式の取得価額は，従来の帳簿価額のまま変わらない（法令119①十九）。 また，株式譲渡損益は生じない（端数相当額を除く。法法61の2⑭三）。 ●株式併合方式 その併合前から有していた株式交換等完全子法人株式の取得価額は，従来の帳簿価額のまま変わらない。また，株式譲渡損益は生じない（端数相当額を除く。法令119の3⑰，119の4①）。 ●株式売渡請求方式 追加で取得した株式交換等完全子法人株式の取得価額は，買取価額（時価）となる（法令119①一）。	●全部取得条項付種類株式方式 その取得前から有していた株式交換等完全子法人株式の取得価額は，従来の帳簿価額のまま変わらない（法令119①十九）。 また，株式譲渡損益は生じない（端数相当額を除く。法法61の2⑭三）。 ●株式併合方式 その併合前から有していた株式交換等完全子法人株式の取得価額は，従来の帳簿価額のまま変わらない。また，株式譲渡損益は生じない（端数相当額を除く。法令119の3⑰，119の4①）。 ●株式売渡請求方式 追加で取得した株式交換等完全子法人株式の取得価額は，買取価額（時価）となる（法令119①一）。

❷ 非通算法人（株式交換等完全子法人／加入法人）の税務上の取扱い

取扱項目	適格の場合	非適格の場合
株式交換等の時価評価	簿価評価（法法62の9①）	●株式交換等の日の属する事業年度において株式交換等の直前に時価評価が行われる（法法62の9①）。 ●加入時の時価評価が適用される場合，株式交換等の時価評価と加入時の時価評価の適用のタイミングは異なる場合があるが，時価評価資産の範囲は同じとなるため，基本的には株式交換等の時価評価と加入時の時価評価で差異は生じない。
加入時の時価評価	簿価評価（法法64の12①二） 適格株式交換等により加入した株	●非適格株式交換等により加入した株式交換等完全子法人のう

459

		式交換等完全子法人は加入時の時価評価除外法人に該当する。	ち，対価要件を除くと適格株式交換等に該当するものは次の要件を満たす場合，加入時の時価評価除外法人に該当する（法法64の12①三）。 ① 完全支配関係継続要件 ② 従業者継続要件 ③ 主要事業継続要件 ●非適格株式交換等により加入した株式交換等完全子法人のうち，対価要件を除いても非適格株式交換等に該当するものは加入時の時価評価対象法人となる。 ●上記により，加入時の時価評価除外法人に該当する場合，簿価評価となり，加入時の時価評価対象法人に該当する場合，加入直前事業年度においてその終了時に時価評価が行われる。 ●加入時の時価評価対象法人に該当する場合，株式交換等の時価評価と加入時の時価評価の適用のタイミングは異なる場合があるが，時価評価資産の範囲は同じとなるため，基本的には株式交換等の時価評価と加入時の時価評価で差異は生じない。
加入法人の繰越欠損金の持込制限	法人税	●次の要件のいずれも満たさない場合，持込制限が生じる（法法57⑧，法令112の2③④）。 ① 支配関係5年継続要件 ② 共同事業性の要件 ③ 新たな事業の未開始要件 ●ただし，含み損益の特例計算の適用がある（法令113①⑫）。 ●持ち込む繰越欠損金は，特定欠損金となる（法法64の7②一）。	●加入時の時価評価除外法人に該当する場合で，次の要件のいずれも満たさない場合，持込制限が生じる（法法57⑧，法令112の2③④）。 ① 支配関係5年継続要件 ② 共同事業性の要件 ③ 新たな事業の未開始要件 ●ただし，含み損益の特例計算の適用がある（法令113①⑫）。 ●持ち込む繰越欠損金は，特定欠損金となる（法法64の7②一）。 ●加入時の時価評価対象法人に該当する場合，加入前の繰越欠損金は全額切り捨てられる（法法57⑥）。

	住民税	●加入直前に有している控除対象通算対象所得調整額等は加入しても切り捨てられない。 ●加入により切り捨てられる法人税の繰越欠損金は，控除対象通算適用前欠損調整額となる（地法53③④，321の8③④）。	●加入直前に有している控除対象通算対象所得調整額等は加入しても切り捨てられない。 ●加入により切り捨てられる法人税の繰越欠損金は，控除対象通算適用前欠損調整額となる（地法53③④，321の8③④）。
	事業税	切り捨てられない（地法72の23①②）。	切り捨てられない（地法72の23①②）。
加入に係る特定資産譲渡等損失額の損金算入制限		●次の要件のいずれも満たさない場合，損金算入制限が生じる（法法64の14①，法令131の19①②，131の8①，112の2④）。 ①　支配関係5年継続要件 ②　共同事業性の要件 ③　新たな事業の未開始要件 ●ただし，含み損益の特例計算の適用がある（法令131の19⑤，123の9①）。	●加入時の時価評価除外法人に該当する場合で，次の要件のいずれも満たさない場合，損金算入制限が生じる（法法64の14①，法令131の19①②，131の8①，112の2④）。 ①　支配関係5年継続要件 ②　共同事業性の要件 ③　新たな事業の未開始要件 ●ただし，含み損益の特例計算の適用がある（法令131の19⑤，123の9①）。 ●加入時の時価評価対象法人に該当する場合，損金算入制限は生じない（法法64の14①）。
加入に係る特定資産譲渡等損失額等の損益通算制限		●次の要件のいずれも満たさない場合，「特定資産譲渡等損失額が生じる場合の損益通算の制限」又は「減価償却費割合が30％超の場合の損益通算の制限」が生じる（法法64の6①③，法令131の8①②，112の2④）。 ①　支配関係5年継続要件 ②　共同事業性の要件 ●通算対象外欠損金額は特定欠損金となる（法法64の7②三）。	●加入時の時価評価除外法人に該当する場合で，次の要件のいずれも満たさない場合，「特定資産譲渡等損失額が生じる場合の損益通算の制限」又は「減価償却費割合が30％超の場合の損益通算の制限」が生じる（法法64の6①③，法令131の8①②，112の2④）。 ①　支配関係5年継続要件 ②　共同事業性の要件 ●通算対象外欠損金額は特定欠損金となる（法法64の7②三）。 ●加入時の時価評価対象法人に該当する場合，損益通算制限は生じない（法法64の6①③）。
加入法人の完全支配関係のある子法人（加入孫法人）の取扱い		加入孫法人についても，通算制度に加入した場合の税務上の取扱いが適用される。	加入孫法人についても，通算制度に加入した場合の税務上の取扱いが適用される。

第2部　グループ通算制度のM＆A・組織再編成・清算のケーススタディ

❸　外部株主（株式交換等完全子法人の株主）の税務上の取扱い

取扱項目	適格の場合	非適格の場合
株式交換等完全子法人株式	株式譲渡損益が生じる（法法61の2①）。	株式譲渡損益が生じる（法法61の2①）。

第9章　清算のケーススタディ

[Case 1]　通算子法人が清算するケース

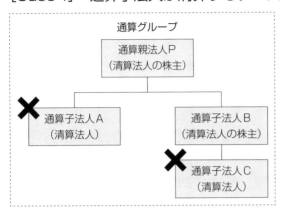

(前提)
- 通算親法人の株式の50％超を直接・間接に保有する者はいないものとする。
- 清算手続に伴う資産の移転の取扱いは，譲渡損益の繰延べ処理を含め解説を省略している。
- 繰延譲渡損益の実現処理の取扱いは解説を省略している。
- 清算法人に欠損等法人の制限規定は適用されないこととする。
- 通算子法人について，最初通算期間終了日の翌日以後に残余財産が確定することを前提としている。

(みなし事業年度)

清算法人である通算子法人のみなし事業年度と申告方法は次のとおりである（法法14③④二・⑦，64の5①③，64の7①，64の10⑥五，地法72の13⑦⑧二・⑪）。

種類	期間	申告方法
清算中に終了する事業年度（解散事業年度及び清算事業年度。残余財産確定事業年度を除く）	通算事業年度開始日から終了日までの期間	通算申告
残余財産確定事業年度	通算事業年度開始日から残余財産の確定日までの期間	通算法人の単体申告（残余財産の確定日が通算親法人事業年度終了日である場合，通算申告）

第2部　グループ通算制度のM&A・組織再編成・清算のケーススタディ

❶　通算子法人（清算法人）の税務上の取扱い

取扱項目	取扱い
特例欠損金の損金算入の取扱い	● 解散した場合又は特別清算開始の命令があった場合の特例欠損金の損金算入規定が適用できる（法法59③④，法令117の3，117の4，117の5）。 ● 事業税の所得割及び付加価値割の計算においても特例欠損金の損金算入規定が適用できる（地法72の18①②，72の23①②，地令20の3）。
清算法人の欠損金の繰戻還付の適用	● 通算子法人が解散する場合，解散等した場合の欠損金の繰戻還付の適用事由には該当しないため，その通算子法人が中小法人等に該当し，通常の欠損金の繰戻還付が適用されない限り，その通算子法人で解散日前1年以内に終了したいずれかの事業年度又は解散事業年度（解散日の属する事業年度）において生じた欠損金額について，欠損金の繰戻還付は適用されない（法法80①④）。 ● 通算子法人の清算中に終了する事業年度（清算事業年度及び残余財産確定事業年度）が通算親法人事業年度終了日に終了するものである場合，その通算子法人が中小法人等に該当し，通常の欠損金の繰戻還付が適用されない限り，清算中に終了する事業年度において生じた欠損金額について，欠損金の繰戻還付は適用できない（措法66の12①）。 ● 通算子法人（中小法人等に該当しないものに限る）の残余財産確定事業年度が通算親法人事業年度終了日に終了するものでない場合，残余財産確定事業年度において生じた欠損金額について，通常の欠損金の繰戻還付を適用することができる（措法66の12①）。ただし，残余財産確定法人である通算子法人の残余財産確定事業年度において生じた欠損金額のうち，残余財産確定法人の株主である他の通算法人の残余財産の確定日の翌日の属する事業年度の損金の額に算入される欠損金額（法法64の8）については，欠損金の繰戻還付は適用できない（法法80⑥）。そのため，残余財産確定法人の株主である通算子法人が通算親法人事業年度の中途において離脱する場合など特定のケースを除いて，通算子法人の残余財産確定事業年度（通算事業年度に該当しないもの）において生じた欠損金額について，欠損金の繰戻還付は適用できない（法法80⑥，64の8，措法66の12①）。
外形標準課税の取扱い	● 清算法人の解散事業年度，清算事業年度，残余財産確定事業年度は，それぞれ解散日の現況によって外形標準課税の対象になるかどうかが決定される（地法72の2①②，72の29①③⑤，地方税法附則8の3の3）。また，100％子法人等への対応に係る特定法人の判定は，解散日以前に最後に終了した当該他の法人の事業年度終了日（当該日がない場合には，当該他の法人の設立日）の現況による（地法72の2②）。 ● 解散日後も残余財産の確定日まで継続して所得割が課される（地法72の2①②，72の29①③⑤，72の30①）。 ● 資本割は解散日の翌日以後は課されない。清算事業年度又は残余財

464

産確定事業年度の中途において解散日が設定される場合でも，解散日の翌日以後の期間は資本割は課されない（地法72の21①④，72の29①③⑤，72の30①）。

- 付加価値割は，解散日の翌日以後も課されるが，残余財産確定事業年度には課されない（地法72の29①③⑤，72の30①）。清算事業年度の中途において解散日が設定される場合，その清算事業年度では１年間に対して付加価値割が課されるが，残余財産確定事業年度では付加価値割は課されない（地法72の29①③⑤，72の30①）。残余財産確定事業年度の中途において解散日が設定される場合，その残余財産確定事業年度では，解散日の翌日以後の期間は付加価値割は課されない（地法72の29③⑤，72の30①）。

❷　通算法人（清算法人の株主）の税務上の取扱い

取扱項目		取扱い
残余財産確定法人の最終事業年度の欠損金額の損金算入の取扱い		・残余財産確定法人の残余財産確定事業年度の単体申告で生じた欠損金額は，株式所有割合に応じて，残余財産確定法人の株主の残余財産の確定日の翌日の属する事業年度の損金の額に算入される（法法64の8）。 ・事業税についてはこの取扱いは適用されない。
残余財産確定法人の繰越欠損金の引継制限	法人税^(注1)	・残余財産確定法人の繰越欠損金は，株式所有割合に応じて，特定と非特定の区分ごとに，残余財産確定法人の株主に引き継がれる（法法57②，64の7③，法令112の2⑥）。 ・残余財産確定法人の繰越欠損金のうち，残余財産確定事業年度（残余財産の確定日が通算親法人事業年度終了日となる場合を除く）で控除されたものは，特定欠損金から優先的に使用されたものとする（法令131の9④）。 ・残余財産確定法人の残余財産確定事業年度の単体申告で生じた欠損金額は，株式所有割合に応じて，残余財産確定法人の株主の残余財産の確定日の翌日の属する事業年度の損金の額に算入される（法法64の8）。
	住民税^(注2)	残余財産確定法人の住民税特有の欠損金（控除対象通算対象所得調整額，控除対象配賦欠損調整額等）は，株式所有割合に応じて，残余財産確定法人の株主に引き継がれる（地法53⑤⑦⑮㉑㉔㉘，321の8⑤⑦⑮㉑㉔㉘，令2改地法附5④⑤⑥，13④⑤⑥，令2改地令附3㉓㉙㉟，5㉓㉙㉟）。
	事業税^(注3)	・支配関係5年継続要件を満たさない場合，引継制限が生じる（法法57②③，法令112④，地法72の23①②，地令20の3）。 ・ただし，含み損益の特例計算の適用がある（法令113①，地法72の23①②，地令20の3）。 ・残余財産確定法人の株主が複数いる場合は，株式所有割合に応じて引き継がれる（法法57②，地法72の23①②）。

		● 残余財産確定法人の残余財産確定事業年度の単体申告で生じた欠損金額も繰越欠損金として引継対象になる。
通算子法人株式の投資簿価修正		残余財産確定法人株式について投資簿価修正が適用される（加算措置を含む。法令119の3⑤⑥⑦）。
残余財産確定法人株式	みなし配当	● 残余財産の分配額が資本金等の額を上回る場合，みなし配当が生じる（法法24①，法令23①四）。 ● みなし配当は，完全子法人株式に係る配当に該当し，全額益金不算入となる（法法23①⑤，法令22の2①）。
	株式譲渡損益	● 株式譲渡損益は生じない（法法61の2⑰）。 ● 株式譲渡損に相当する金額について資本金等の額から減額される（株式譲渡益に相当する金額は資本金等の額を増額する。法法61の2①⑰，法令8①二十二）。

（注1） 法人税の繰越欠損金をいうものとする（以下，本章で同じ）。
（注2） 住民税特有の欠損金（控除対象通算対象所得調整額，控除対象配賦欠損調整額等）をいうものとする（以下，本章で同じ）。
（注3） 事業税の繰越欠損金をいうものとする（以下，本章に同じ）。

[Case 2] 非通算法人が清算するケース

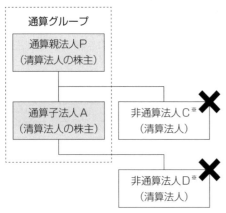

※完全支配関係のある非通算法人については[Case 3]参照。

（前提）
- 通算親法人の株式の50％超を直接・間接に保有する者はいないものとする。
- 清算手続に伴う資産の移転の取扱いは，譲渡損益の繰延べ処理を含め解説を省略している。
- 繰延譲渡損益の実現処理の取扱いは解説を省略している。
- 清算法人に欠損等法人の制限規定は適用されないこととする。
- 非通算法人は通算制度を適用していないものとする。ただし，非通算法人が通算制度を適用している場合，その非通算法人は他の通算グループの通算親法人に該当することになるが，

第9章　清算のケーススタディ

解散日の翌日に通算制度が取りやめとなり，その翌日以後，単体納税に移行することになるため，結果的に，単体納税を適用している場合と同じ課税関係となる。

（みなし事業年度）

清算法人である非通算法人のみなし事業年度と申告方法は次のとおりである（法法14①一・五，地法72の13⑤一・五）。

種類	期間	申告方法
解散事業年度	事業年度開始日から解散日までの期間	単体申告
清算事業年度	解散日の翌日から清算事業年度終了日までの期間(注1)	単体申告
残余財産確定事業年度	清算事業年度開始日から残余財産の確定日までの期間	単体申告

（注1）　解散後の事業年度（清算事業年度）は，定款の事業年度に関係なく，解散日の翌日から1年ごとの期間となる（会社法494①，法法13①，地法72の13①，法基通1-2-9）。

❶　非通算法人（清算法人）の税務上の取扱い

取扱項目	取扱い
特例欠損金の損金算入の取扱い	● 解散した場合又は特別清算開始の命令があった場合の特例欠損金の損金算入規定が適用できる（法法59③④，法令117の3，117の4，117の5）。 ● 事業税の所得割及び付加価値割の計算においても特例欠損金の損金算入規定が適用できる（法法72の18①②，72の23①②，地令20の3）。
清算法人の欠損金の繰戻還付の適用	● 単体法人が中小法人等に該当しない場合であっても，解散する場合は，解散等した場合の欠損金の繰戻還付が適用できる（法法80①④，措法66の12①）。 ● 単体法人が中小法人等に該当しない場合であっても，清算中に終了する事業年度において生じた欠損金額については，通常の欠損金の繰戻還付が適用できる（法法80①，措法66の12①）。
外形標準課税の取扱い	● 清算法人の解散事業年度，清算事業年度，残余財産確定事業年度は，それぞれ解散日の現況によって外形標準課税の対象になるかどうかが決定される（地法72の2①②，72の29①③，地方税法附則8の3の3）。また，100%子法人等への対応に係る特定法人の判定は，解散日以前に最後に終了した当該他の法人の事業年度終了日（当該日がない場合には，当該他の法人の設立日）の現況による（地法72の2②）。 ● 解散事業年度，清算事業年度，残余財産確定事業年度も継続して所得割が課される（地法72の2①②，72の29①③）。

467

		● 資本割は解散事業年度のみ課され，清算事業年度，残余財産確定事業年度は課されない（地法72の21①④，72の29①③）。 ● 付加価値割は，残余財産確定事業年度には課されない（地法72の29①③）。

❷ 通算法人（清算法人の株主）の税務上の取扱い

取扱項目		取扱い
残余財産確定法人の繰越欠損金の引継制限	法人税	引継ぎはできない（法法57②）。
	住民税	引継ぎはできない（地法53⑤⑦⑮㉑㉔㉘，321の8⑤⑦⑮㉑㉔㉘，令2改地法附5④⑤⑥，13④⑤⑥，令2改地令附3㉓㉙㉟，5㉓㉙㉟）。
	事業税	引継ぎはできない（法法57②，地法72の23①②）。
残余財産確定法人株式	みなし配当	● 残余財産の分配額が資本金等の額を上回る場合，みなし配当が生じる（法法24①，法令23①四）。 ● みなし配当の額は，関連法人株式に係る配当に該当する場合，負債利子控除額を除いて全額益金不算入となる（法法23①④，法令22①②）。 ● みなし配当の額は，関連法人株式等に係る配当等に該当しない場合，その他の株式等に係る配当等に該当し，50％相当額が益金不算入となる（法法23①，法令22①②）。
	株式譲渡損益	株式譲渡損益が生じる（法法61の2①）。

[Case 3] 完全支配関係のある非通算法人が清算するケース

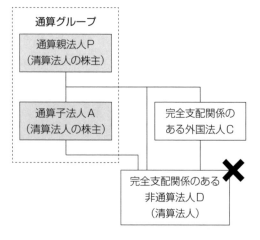

（前提）

● 通算親法人の株式の50％超を直接・間接に保有する者はいないものとする。

第9章 清算のケーススタディ

- 清算手続に伴う資産の移転の取扱いは，譲渡損益の繰延べ処理を含め解説を省略している。
- 繰延譲渡損益の実現処理の取扱いは解説を省略している。
- 清算法人に欠損等法人の制限規定は適用されないこととする。
- 非通算法人は通算制度を適用していないものとする。ただし，非通算法人が通算制度を適用している場合，その非通算法人は他の通算グループの通算親法人に該当することになるが，解散日の翌日に通算制度が取りやめとなり，その翌日以後，単体納税に移行することになるため，結果的に，単体納税を適用している場合と同じ課税関係となる。

（みなし事業年度）

清算法人である非通算法人のみなし事業年度と申告方法は次のとおりである（法法14①一・五，地法72の13⑤一・五）。

種類	期間	申告方法
解散事業年度	事業年度開始日から解散日までの期間	単体申告
清算事業年度	解散日の翌日から清算事業年度終了日までの期間^(注1)	単体申告
残余財産確定事業年度	清算事業年度開始日から残余財産の確定日までの期間	単体申告

（注1） 解散後の事業年度（清算事業年度）は，定款の事業年度に関係なく，解散日の翌日から1年ごとの期間となる（会社法494①，法法13①，地法72の13①，法基通1-2-9）。

❶ 非通算法人（清算法人）の税務上の取扱い

取扱項目	取扱い
特例欠損金の損金算入の取扱い	● 解散した場合又は特別清算開始の命令があった場合の特例欠損金の損金算入規定が適用できる（法法59③④，法令117の3，117の4，117の5）。 ● 事業税の所得割及び付加価値割の計算においても特例欠損金の損金算入規定が適用できる（法法72の18①②，72の23①②，地令20の3）。
清算法人の欠損金の繰戻還付の適用	● 単体法人が中小法人等に該当しない場合であっても，解散する場合は，解散等した場合の欠損金の繰戻還付が適用できる（法法80①④，措法66の12①）。 ● 単体法人が中小法人等に該当しない場合であっても，清算中に終了する事業年度において生じた欠損金額については，通常の欠損金の繰戻還付が適用できる（法法80①，措法66の12①）。

外形標準課税の取扱い	●清算法人の解散事業年度，清算事業年度，残余財産確定事業年度は，それぞれ解散日の現況によって外形標準課税の対象になるかどうかが決定される（地法72の2①②，72の29①③，地方税法附則8の3の3）。また，100％子法人等への対応に係る特定法人の判定は，解散日以前に最後に終了した当該他の法人の事業年度終了日（当該日がない場合には，当該他の法人の設立日）の現況による（地法72の2②）。 ●解散事業年度，清算事業年度，残余財産確定事業年度も継続して所得割が課される（地法72の2①②，72の29①③）。 ●資本割は解散事業年度のみ課され，清算事業年度，残余財産確定事業年度は課されない（地法72の21①④，72の29①③）。 ●付加価値割は，残余財産確定事業年度には課されない。（地法72の29①③）。

❷　通算法人（清算法人の株主）の税務上の取扱い

取扱項目		取扱い
残余財産確定法人の繰越欠損金の引継制限	法人税	●支配関係5年継続要件を満たさない場合，引継制限が生じる（法法57②③，法令112④）。 ●ただし，含み損益の特例計算の適用がある（法令113①）。 ●残余財産確定法人の株主が複数いる場合は，株式所有割合に応じて引き継がれる（法法57②）。 ●引き継ぐ残余財産確定法人の繰越欠損金は，特定欠損金となる（法法64の7②二）。
	住民税	引継制限は生じない（地法53⑤⑦⑮㉑㉔㉘，321の8⑤⑦⑮㉑㉔㉘，令2改地法附5④⑤⑥，13④⑤⑥，令2改地令附3㉓㉙㉟，5㉓㉙㉟）。
	事業税	法人税の繰越欠損金と同様の引継制限が生じる（法法57②③，法令112④，113①，地法72の23①②，地令20の3）。
残余財産確定法人株式	みなし配当	●残余財産の分配額が資本金等の額を上回る場合，みなし配当が生じる（法法24①，法令23①四）。 ●みなし配当は，完全子法人株式に係る配当に該当し，全額益金不算入となる（法法23①，法令22の2①）。
	株式譲渡損益	●株式譲渡損益は生じない（法法61の2⑰）。 ●株式譲渡損に相当する金額について資本金等の額から減額される（株式譲渡益に相当する金額は資本金等の額を増額する。法法61の2①⑰，法令8①二十二）。

第 **3** 部

実務上の個別論点
Q&A

実務では，通算法人がM＆A，組織再編成，清算を行う場合，税務上の取扱いについて様々な論点が生じることとなる。そこで，第3部では，通算法人がM＆A，組織再編成，清算を行う場合に生じる税務上の疑問点や問題点について検討してみたい。

第3部　実務上の個別論点Q&A

| Q&A1 | 完全支配関係を有することとなった法人が特例決算期間（会計期間）の末日の翌日に適格合併により消滅する場合について |

　通算親法人Ｐ社（３月決算）は，Ａ社の発行済株式の全部を取得したため，Ａ社とその100％子会社であるＢ社の２社との間にＰ社による完全支配関係が発生しました。完全支配関係発生日は，X1年７月１日となりますが，Ａ社（12月決算）において会計期間を特例決算期間とした加入時期の特例を適用しました（Ｐ社は，特例を適用するための書類をその提出期限内に納税地の所轄税務署長に提出しています）。この場合，Ａ社の通算制度への加入日（通算承認日）は，X2年１月１日となり，Ａ社の100％子会社であるＢ社（９月決算）についても同日に通算制度に加入することになるかと思います。ところが，その後，Ａ社の会計期間の末日の翌日，つまり，通算承認日（加入日）であるX2年１月１日にＰ社がＡ社を吸収合併することとなりました。この場合，Ａ社は通算制度に加入することになりますか。また，Ａ社及びＢ社の通算制度への加入日はいつになりますか。

A

　Ａ社は，特例決算期間の末日であるX1年12月31日までＰ社による完全支配関係を有することから，その翌日であるX2年１月１日に通算承認の効力が生ずることとなります。

　つまり，Ａ社は，特例決算期間の末日の翌日であるX2年１月１日に加入し，加入直後に合併により解散することとなります。

　この点，完全支配関係発生日からその完全支配関係発生日の前日の属する特例決算期間の末日まで継続して通算親法人による完全支配関係がある場合，特例決算期間の末日の翌日に通算承認があったものとみなすこととされますが，同日に通算子法人が合併により消滅し，通算承認の効力を失うこととなる場合に通算承認の効力が生じないとする特別な規定はありません（法法14⑧，64の9⑪）。

　このため，Ａ社は，通算承認があったものとみなされる日（X2年１月１日）に行われる本件合併により消滅し，通算承認の効力を失うこととなりますが，特例決算期間の末日であるX1年12月31日まで通算親法人であるＰ社とＡ社との間にはＰ社による完全支配関係があることから，その翌日であるX2年１月１日に通算承認の効力が生ずることとなります。

　したがって，本件合併により消滅するＡ社は，特例決算期間の末日の翌日（X2年１月１日）に通算承認の効力が生ずることとなるため，加入に係る時価評価や加入に係る繰越欠損金の切捨て等の加入に係る制限規定の適用を受けることとなります（法法57⑥⑧，64の12①）。

　また，Ｂ社についても，Ａ社の特例決算期間の末日の翌日（X2年１月１日）に通算承認の効力が生ずることとなります。

　なお，本ケースについては，［国税庁］質疑応答事例「通算親法人との間に完全支配関係を有することとなった法人が特例決算期間（会計期間）の末日の翌日に適格合併により消滅する場合について」においても同様の解説がされています。

473

[図表] 完全支配関係を有することとなった法人が特例決算期間（会計期間）の末日の翌日に適格合併により消滅する場合について

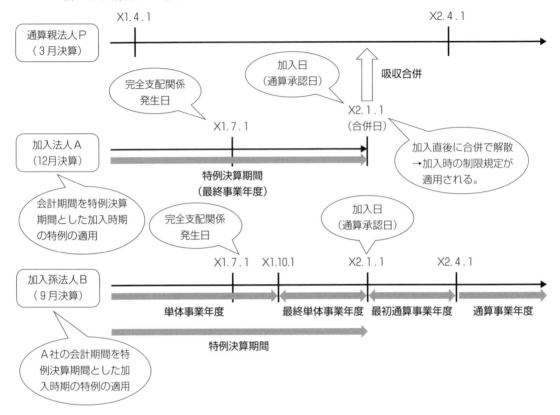

Q&A2　完全支配関係を有することとなった法人が特例決算期間（会計期間）の中途に通算グループ内の合併により消滅する場合について

通算親法人P社（3月決算）は，A社の発行済株式の全部を取得したため，A社とその100%子会社であるB社の2社との間にP社による完全支配関係が発生しました。完全支配関係発生日は，X1年7月1日となりますが，A社（12月決算）において会計期間を特例決算期間とした加入時期の特例を適用しました（P社は，特例を適用するための書類をその提出期限内に納税地の所轄税務署長に提出しています）。この場合，A社の通算制度への加入日は，X2年1月1日となり，A社の100%子会社であるB社（9月決算）についても同日に通算制度に加入することになるかと思います。ところが，その後，X1年11月1日にP社がA社を吸収合併することとなりました。この場合，A社は通算制度に加入することとなりますか。また，B社の通算制度への加入日はいつになりますか。

第3部 実務上の個別論点Q&A

[国税庁の見解]

令和5年度版の『「完全支配関係を有することとなった旨を記載した書類及びグループ通算制度への加入時期の特例を適用する旨を記載した書類」「e-Taxによる申告の特例に係る届出書」の記載要領(1)』(以下,「記載要領」という)において,以下の取扱いが示されています(https://www.nta.go.jp/law/tsutatsu/kobetsu/hojin/010705/pdf/r_03_219.pdf)。

> 3　留意事項
> (1)　～省略～
> (2)　通算子法人となる法人の特例決算期間としていた会計期間が決算期変更又は合併により異動する場合の取扱い
> 　次の場合には,それぞれ次の取扱いとなりますので,留意してください。
> 　イ　通算親法人又は通算親法人となる法人の会計期間に合わせて会計期間の末日を前倒しする会計期間の変更をした場合　特例決算期間の末日は変更後の会計期間の末日となり,その通算子法人となる法人には,変更後の会計期間の末日の翌日に通算承認の効力が生じます。
> 　ロ　通算子法人となる法人が合併により解散した場合　特例決算期間の末日まで完全支配関係が継続しないことから,その通算子法人となる法人には,通算承認の効力は生じません。

ここで,(2)ロ「通算子法人となる法人が合併により解散した場合　特例決算期間の末日まで完全支配関係が継続しないことから,その通算子法人となる法人には,通算承認の効力は生じません」と記載されております。

また,同様に,質疑応答事例『通算親法人との間に完全支配関係を有することとなった法人が特例決算期間(会計期間)の末日の翌日に適格合併により消滅する場合について』(以下,「質疑応答事例」という)において,以下の取扱いが示されています(https://www.nta.go.jp/law/shitsugi/hojin/36/06.htm)。

> …省略…
> 2　A社が特例決算期間の途中で適格合併に伴い消滅する場合には,特例決算期間の末日まで継続して貴社による完全支配関係がないため,上記1(2)のとおり,通算承認の効力が生ずることはありませんが,……(以下,省略)

ここで,完全支配関係を有することとなった法人が特例決算期間の途中で合併に伴い消滅する場合,特例決算期間の末日まで継続して通算親法人による完全支配関係がないこと,通算承認の効力が生ずることはないこと,が記載されております。

これらの記載要領及び質疑応答事例のとおりに取り扱った場合,本件のケースの取扱いは,A社,B社の特例決算期間は,当初想定していたA社の会計期間(X1年1月1日～X1年12月31日)のまま,ということであるため,A社は通算制度に加入せずに,合併で解散し,B社は

475

当初想定していたとおり，X2年１月１日に通算制度に加入することとなります。

そのため，納税者としては，この国税庁から示された考え方に従い，処理をすることでよいかと思います。

［国税庁の見解の疑問と問題］

筆者の考えについては，『グループ通算制度の実務Q＆A（第２版）』の「Q2-12　当初の特例決算期間の中途で合併により解散する場合又は残余財産が確定する場合の加入日の取扱い」に記載しているのですが，記載要領及び質疑応答事例の取扱いについては以下の疑問と問題があります。

まず，「［財務省］平成22年度税制改正の解説」271頁では，連結納税の月次決算期間を特例決算期間とした加入時期の特例について，「合併により解散した法人は，合併日の前日が月次決算期間の末日となります。したがって，合併をしなかったとした場合の月次決算期間の中途において合併により解散した法人は，上記イ(ニ)ではなく，上記イ(イ)から(ハ)までのいずれかに該当することとなり，上記イ(イ)の場合には，合併日に連結納税の承認を受け，その直後に連結納税の承認を取り消されることとなります。」と解説されています。

つまり，連結納税では，月次決算期間を特例決算期間とした場合には，合併日又は残余財産の確定日の翌日に通算承認の効力がいったん生じ，その直後に合併又は残余財産の確定により通算承認の効力が失われることになるとされています。

この点，通算制度と連結納税では，加入時期の特例について，趣旨も法令の定め方も同様となっており，通算制度において，会計期間（年次決算期間）を特例決算期間とした場合についても，連結納税と同様の考え方になるものと考えられます。

また，記載要領(2)イでは，「イ　通算親法人又は通算親法人となる法人の会計期間に合わせて会計期間の末日を前倒しする会計期間の変更をした場合　特例決算期間の末日は変更後の会計期間の末日となり，その通算子法人となる法人には，変更後の会計期間の末日の翌日に通算承認の効力が生じます。」とされており，イの決算期の前倒し変更の場合には，変更後の会計期間が特例決算期間となり，ロの合併の場合には，変更前の会計期間が特例決算期間となるため，特例決算期間が何を指すかについて，整合性が取れていないと言わざるを得ません。

そして，ここが一番の問題点ですが，仮に，記載要領及び質疑応答事例の取扱いに従った場合，本ケースのように，特例決算期間を適用し，特例決算期間内に他の通算法人に吸収合併される場合，通算制度に加入をしないため，加入時の時価評価課税は適用されません。そして，100％グループ内の吸収合併に該当するため，必ず適格合併に該当し（兄弟会社間の合併の場合は，完全支配関係継続要件が必要となります），合併時の時価評価は不要となります。

つまり，加入時期の特例を適用し，特例決算期間内に通算内合併を行う場合は，加入法人が

加入時の時価評価課税の適用をすり抜けて、通算グループに取り込まれる（≒加入する）こととなります。

この点、事実上、加入時の時価評価課税が骨抜きになるといえます。

もちろん、法人税法第132条の3（通算法人に係る行為又は計算の否認）が用意されているとはいえ、加入時期の特例を適用し、特例決算期間内に通算内合併を行うスキームは、実務上、頻繁に行われる行為であり、不自然な行為ではなく、また、事業上、合併をする必要があること（事業上の目的があること）を前提とすると、法人税法第132条の3を適用することは想定できません。

そのため、加入時の時価評価課税が実質的に機能しない状況となってしまいます。

納税者にとっては、記載要領及び質疑応答事例に示された取扱いは有利な取扱いとなるため、喜ばしいことかもしれませんが、将来、国税庁が見解を変更するなど、記載要領と異なる取扱いを示した場合、争いとなる可能性があるため、記載要領の取扱いについて、その考え方の根拠を含めて（特に、法令の文理解釈と「［財務省］平成22年度税制改正の解説」から何が変わったのかについて）、通達などで明確にしていただくことを期待します。

[図表] 完全支配関係を有することとなった法人が特例決算期間（会計期間）の中途に適格合併により消滅する場合について（国税庁の見解）

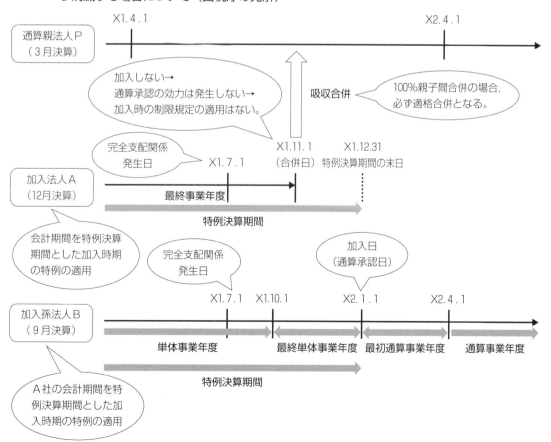

第3部　実務上の個別論点Q&A

Q&A3　完全支配関係を有することとなった法人が特例決算期間（会計期間）の中途に通算グループ外の法人との合併により消滅する場合について

　　通算親法人P社（3月決算）は，A社の発行済株式の全部を取得したため，A社との間にP社による完全支配関係が発生しました。完全支配関係発生日は，X1年7月1日となりますが，A社（12月決算）において会計期間を特例決算期間とした加入時期の特例を適用しました（P社は，特例を適用するための書類をその提出期限内に納税地の所轄税務署長に提出しています）。この場合，A社の通算制度への加入日は，X2年1月1日となります。ところが，その後，X1年11月1日に通算グループ外の法人Q社がA社を吸収合併することとなりました。この場合，A社は通算制度に加入することとなりますか。また，A社の通算制度への加入日はいつになりますか。

A　Q&A2に記載のとおり，国税庁の見解による場合，通算子法人となる法人が特例決算期間の中途に合併により解散した場合，特例決算期間の末日まで完全支配関係が継続しないことから，その通算子法人となる法人には，通算承認の効力は生じないこととなります。

　そのため，この場合，合併法人及び被合併法人において，単体法人を被合併法人とした合併に係る取扱いが適用されることとなります。

Q&A4　完全支配関係を有することとなった法人が特例決算期間（会計期間）の中途に清算により解散する場合について

　　通算親法人P社（3月決算）は，通算子法人ではない子会社A社を清算するため，A社の発行済株式の全部を取得し，A社との間にP社による完全支配関係が発生しました。完全支配関係発生日は，X1年10月1日となります。そして，A社（3月決算）において会計期間を特例決算期間とした加入時期の特例を適用しました（P社は，特例を適用するための書類をその提出期限内に納税地の所轄税務署長に提出しています）。この場合，A社は，X2年4月1日に通算制度に加入することになるかと思います。ただし，A社は，完全支配関係発生後，X1年12月31日に解散し，特例決算期間の末日であるX2年3月31日に残余財産が確定することとなりました。この場合，A社は通算制度に加入することになりますか。また，A社の通算制度への加入日はいつになりますか。

　A社は，通算制度に加入する前に清算により解散するため，以下のみなし事業年度が設定されることとなります（法法14①一・五・④二・⑦⑧）。

　ⅰ　解散事業年度

　　X1年4月1日～X1年12月31日（解散日）

　ⅱ　残余財産確定事業年度

　　X2年1月1日～X2年3月31日（残余財産の確定日＝通算親法人の事業年度終了日）

第3部　実務上の個別論点Q&A

　また，株式会社が解散をした場合における清算中の事業年度は，その株式会社が定款で定めた事業年度にかかわらず，会社法第494条第1項に規定する清算事務年度（解散日の翌日から始まる各1年の期間）になります（法基通1-2-9）。つまり，清算中の会社にあっては，「清算事務年度」が法人税法第13条に定める「法人の財産及び損益の計算の単位となる期間で，法令で定めるもの」に該当することとなります（平成19年3月13日付課法2-3ほか1課共同「法人税基本通達等の一部改正について」（法令解釈通達）の趣旨説明）。そのことから，裏を返すと，事業年度開始日から解散日までの期間は，法人税法第13条に定める「会計期間（法人の財産及び損益の計算の単位となる期間で，法令で定めるもの）」に該当するものと考えられます。

　したがって，本ケースでは，会計期間は，解散によって変更され，ⅰの期間となるため，特例決算期間は「X1年4月1日～X1年12月31日（解散日）」，特例決算期間の末日の翌日は「X2年1月1日（解散日の翌日）」になるものと考えらえます。その場合，加入日（通算承認日）はX2年1月1日（解散日の翌日）となり，ⅰの期間は単体事業年度（単体申告），ⅱの期間は通算事業年度（通算申告）となります。

　なお，残余財産の確定日が通算親法人の事業年度終了日の前日以前となる場合は，ⅱの残余財産確定事業年度は，通算法人としての単体申告となります。

　本ケースについては，特例決算期間を，変更後の会計期間でみるのか，変更前の会計期間でみるのか，によって結論が異なることとなります。

　その点，本ケースの場合，解散日の翌日以後も完全支配関係が継続することから，その法人が合併により消滅し，完全支配関係を有しなくなる場合と状況が異なるとともに，通算承認の効力発生前は解散日を事業年度終了日として申告をすることになるため，その解散事業年度を最終単体事業年度とすることで，加入時期の特例の適用の目的（通算制度の加入のためだけに会計期間又は月次決算期間の中途で申告することがないよう事務負担を軽減する目的）は実現されていることから，それ以上，加入日を伸ばす理由はなく，原則どおり，変更後の会計期間を特例決算期間とし，解散日の翌日を加入日（通算承認日）とすることで問題ないといえます。

　その意味で，Q&A2の記載要領の「イ　通算親法人又は通算親法人となる法人の会計期間に合わせて会計期間の末日を前倒しする会計期間の変更をした場合：特例決算期間の末日は変更後の会計期間の末日となり，その通算子法人となる法人には，変更後の会計期間の末日の翌日に通算承認の効力が生じます。」と同じ考え方になるものと考えられます。

　しかし，Q&A2の［国税庁の見解の疑問と問題］に記載したとおり，Q&A2の記載要領及び質疑応答事例等で示された国税庁の考え方では，決算期の前倒し変更の場合には，変更後の会計期間が特例決算期間となり，会計期間を延長する場合には，変更前の会計期間が特例決算期間となり，合併の場合には，変更前の会計期間が特例決算期間となることから，特例決算期間が何を指すかについて整合性が取れていません。つまり，法令の定めに関係なく，個別具

479

第3部　実務上の個別論点Q&A

体的な一つ一つの状況に応じて特例決算期間及び加入日（通算承認日）を決めていくことが国税庁のスタンスであるといえ，本ケースにおいても国税庁の考え方がどのようなものになるのか予見できません。そのため，実際にこのケースに遭遇した場合は，国税庁に事前照会をするなど事前に確認をすることをお勧めします。

Q&A5 通算親法人の会計期間に合わせて会計期間の末日を前倒しする会計期間の変更をした場合について

　通算親法人P社（3月決算）は，A社の発行済株式の全部を取得したため，A社とその100%子会社であるB社の2社との間にP社による完全支配関係が発生しました。完全支配関係発生日は，X1年10月1日となりますが，A社（6月決算）において会計期間を特例決算期間とした加入時期の特例を適用しました（P社は，特例を適用するための書類をその提出期限内に納税地の所轄税務署長に提出しています）。この場合，通常，A社の通算制度への加入日は，X2年7月1日となり，A社の100%子会社であるB社（5月決算）についても同日に通算制度に加入することになるかと思います。しかし，A社，B社では通算親法人の会計期間に合わせて会計期間の末日をX2年3月31日に前倒しする会計期間の変更をしました。この場合，A社及びB社の通算制度への加入日はいつになりますか。

A 　通算子法人となる法人が通算親法人の会計期間に合わせて会計期間の末日を前倒しする会計期間の変更をした場合，特例決算期間の末日は変更後の会計期間の末日となり，その通算子法人となる法人には，変更後の会計期間の末日の翌日に通算承認の効力が生じることとなります。

　この点，Q&A2の記載要領の3⑵イにおいて，以下の取扱いが示されています（下線は筆者。https://www.nta.go.jp/law/tsutatsu/kobetsu/hojin/010705/pdf/r_03_219.pdf）。

3　留意事項
⑴　～省略～
⑵　通算子法人となる法人の特例決算期間としていた会計期間が決算期変更又は合併により異動する場合の取扱い
　次の場合には，それぞれ次の取扱いとなりますので，留意してください。
　イ　通算親法人又は通算親法人となる法人の会計期間に合わせて会計期間の末日を前倒しする会計期間の変更をした場合　特例決算期間の末日は変更後の会計期間の末日となり，その通算子法人となる法人には，変更後の会計期間の末日の翌日に通算承認の効力が生じます。
　ロ　通算子法人となる法人が合併により解散した場合　特例決算期間の末日まで完全支配関係が継続しないことから，その通算子法人となる法人には，通算承認の効力は生じません。

　これは，特例決算期間とは会計期間（つまり，変更後の会計期間）を意味していることと，通算子法人となる法人は，変更後の会計期間で申告するため，加入日（通算承認日）が前倒し

され変更後の会計期間の末日の翌日となっても，加入時期の特例の適用の目的（通算制度の加入のためだけに会計期間又は月次決算期間の中途で申告することがないよう事務負担を軽減する目的）は実現されていることから，それ以上，加入日を伸ばす理由がないことを理由にしていると考えられます。

そのため，本ケースでは，A社及びB社の事業年度は以下のとおりとなります。

［A社の事業年度］

事業年度の期間	申告方法
X1年7月1日～X2年3月31日（変更後の決算日）	単体事業年度（単体申告）
X2年4月1日～X3年3月31日	通算事業年度（通算申告）

［B社の事業年度］

事業年度の期間	申告方法
X1年6月1日～X2年3月31日（変更後の決算日）	単体事業年度（単体申告）
X2年4月1日～X3年3月31日	通算事業年度（通算申告）

［図表］ 通算親法人の会計期間に合わせて会計期間の末日を前倒しする会計期間の変更をした場合について

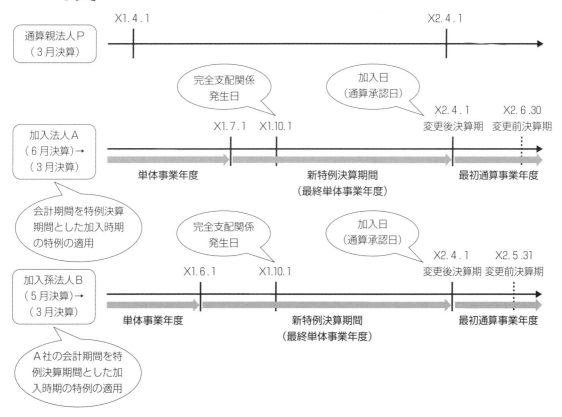

第3部　実務上の個別論点Q&A

Q&A6 通算親法人の会計期間に合わせて会計期間の末日を延長する会計期間の変更をした場合について

　通算親法人Ｐ社（３月決算）は，Ａ社の発行済株式の全部を取得したため，Ａ社とその100％子会社であるＢ社の２社との間にＰ社による完全支配関係が発生しました。完全支配関係発生日は，X1年10月１日となりますが，Ａ社（２月決算）において会計期間を特例決算期間とした加入時期の特例を適用しました（Ｐ社は，特例を適用するための書類をその提出期限内に納税地の所轄税務署長に提出しています）。この場合，通常，Ａ社の通算制度への加入日は，X2年３月１日となり，Ａ社の100％子会社であるＢ社（５月決算）についても同日に通算制度に加入することになるかと思います。しかし，Ａ社では通算親法人の会計期間に合わせて会計期間の末日をX2年３月31日に延長する会計期間の変更をしました。また，Ｂ社では通算親法人の会計期間に合わせて会計期間の末日をX2年３月31日に前倒しする会計期間の変更をしました。そのため，Ａ社は，X1年３月１日〜X2年３月31日が会計期間となり，13か月の変則決算となります。Ｂ社は，X1年６月１日〜X2年３月31日が会計期間となり，10か月の変則決算となります。この場合，Ａ社及びＢ社の通算制度への加入日はいつになりますか。

A 　会社法では，決算日を変更する場合，変更後の最初の会計期間は１年６ヶ月を超えることはできないとされています。そのため，決算日を変更する場合，変更後の最初の会計期間については，１年を超える決算が許容されており，決算期の変更初年度は13か月決算など変則的な決算を行うことができます。

> 会社法計算規則第59条（各事業年度に係る計算書類）
> ２　各事業年度に係る計算書類及びその附属明細書の作成に係る期間は，当該事業年度の前事業年度の末日の翌日（当該事業年度の前事業年度がない場合にあっては，成立の日）から当該事業年度の末日までの期間とする。この場合において，当該期間は，１年（事業年度の末日を変更する場合における変更後の最初の事業年度については，１年六箇月）を超えることができない。

　ただし，法人税法では，１年を超える期間での申告は認められず，会計期間が１年を超える場合でも，１年間で区切って申告を行うこととなります。

> 法人税法第13条（事業年度の意義）
> 　この法律において「事業年度」とは，法人の財産及び損益の計算の単位となる期間（以下この章において「会計期間」という。）で，法令で定めるもの又は法人の定款，寄附行為，規則，規約その他これらに準ずるもの（以下この章において「定款等」という。）に定めるものをいい，法令又は定款等に会計期間の定めがない場合には，次項の規定により納税地の所轄税務署長に届け出た会計期間又は第３項の規定により納税地の所轄税務署長が指定した会計期間若しくは第４項に規定する期間をいう。ただし，これらの期間が１年を超える場合は，当該期間をその開始の日以後１年ごとに区分した各期間（最後に１年未満の期間を生じたときは，その１年未満の期間）をいう。

482

そのため，本ケースのA社のように，通算親法人の会計期間に合わせて会計期間の末日を延長する会計期間の変更をした場合については，変更前の会計期間の末日の翌日を加入日（通算承認日）とするのか，変更後の会計期間の末日の翌日を加入日（通算承認日）とするのか問題となります。

この点，法令上，特例決算期間は会計期間を意味することから，会計期間の末日を前倒しする会計期間の変更をした場合と同様に，延長後の会計期間を特例決算期間，延長後の会計期間の末日の翌日を加入日（通算承認日）とすることが法人税法第14条第8項の定めに整合すると思われます。

しかし，筆者が，本ケースについて当局に照会をしたところ，結論，延長前の会計期間を特例決算期間，延長前の会計期間の末日の翌日を加入日（通算承認日）とする回答が得られています。

これは，通算子法人となる法人は，1年で区切った変更前の会計期間で申告をするため，加入日（通算承認日）が変更前の会計期間の末日の翌日となっても，加入時期の特例の適用の目的（通算制度の加入のためだけに会計期間又は月次決算期間の中途で申告することがないよう事務負担を軽減する目的）は実現されていることから，それ以上，加入日を伸ばす理由がないことが理由であると考えられます。

そのため，本ケースでは，A社及びB社の事業年度は以下のとおりとなります。

［A社の事業年度］

事業年度の期間	申告方法
X1年3月1日〜X2年2月28日（変更前の決算日）	単体事業年度（単体申告）
X2年3月1日〜X2年3月31日（変更後の決算日）	通算事業年度（通算申告）
X2年4月1日〜X3年3月31日	通算事業年度（通算申告）

［B社の事業年度］

事業年度の期間	申告方法
X1年6月1日〜X2年2月28日	単体事業年度（単体申告）
X2年3月1日〜X2年3月31日（変更後の決算日）	通算事業年度（通算申告）
X2年4月1日〜X3年3月31日	通算事業年度（通算申告）

[図表] 通算親法人の会計期間に合わせて会計期間の末日を延長する会計期間の変更をした場合について

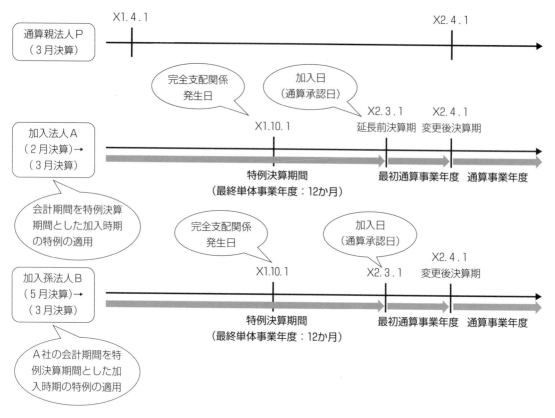

Q&A7　期首日に完全支配関係を有することとなる場合の加入時期の特例の適用について

通算親法人Ｐ社は，Ａ社（３月決算）の発行済株式のすべてをＸ１年４月１日に取得したため，Ｐ社の通算グループに加入することとなりました。そして，Ａ社の加入について，会計期間を特例決算期間とする加入時期の特例を適用するため，Ｐ社は一定の書類をその提出期限内に納税地の所轄税務署長に提出しました。しかし，Ｘ１年４月25日にＰ社がＡ社の株式の一部を通算グループ外の第三者へ売却したことから，Ａ社はＰ社による完全支配関係を有しないこととなりました。この場合，特例決算期間の末日までに完全支配関係を有しなくなった場合に該当し，Ａ社の加入及び離脱について，みなし事業年度を設定せずに，Ａ社の会計期間を継続して事業年度にすることができるでしょうか。

A 加入時期の特例とは，一定の手続の下，完全支配関係発生日の前日の属する特例決算期間（会計期間又は月次決算期間）の末日の翌日を加入日とすることができる取扱いです（法法14⑧一，法規8の3の3）。

また，法人税法第14条第8項第2号では，加入時期の特例を適用する場合で，特例決算期間

第3部　実務上の個別論点Q&A

の中途において，通算親法人との間に通算親法人による完全支配関係を有しないこととなった加入法人は，「完全支配関係発生日から完全支配関係発生日の前日の属する特例決算期間の末日まで継続して完全支配関係がある場合」に該当しないものとして，通算子法人とはならず，その加入法人の会計期間による事業年度のままとする取扱いを定めています（法法14⑧二，法規8の3の3）。つまり，この場合，加入法人は通算制度に一時も加入しないことになります。

　ただし，加入法人が会計期間の期首日（又は月次決算期間の期首日）に完全支配関係を有することとなった場合，完全支配関係発生日の前日の属する会計期間（又は月次決算期間）が完全支配関係発生日の前日に既に終了していることから，それぞれの加入時期の特例は適用できないものと考えられます。

　この点，「グループ通算制度に関する取扱通達の制定について」（法令解釈通達）の趣旨説明2-4では，法人税法第14条第8項第2号の適用について，「上記(1)に該当しない場合（加入日から加入日の前日の属する特例決算期間の末日までの間に完全支配関係を有しないこととなった場合）……」と記載されており，これは「完全支配関係発生日から完全支配関係発生日の前日の属する特例決算期間の末日までの間に完全支配関係を有しないこととなった場合」の意味となりますが，加入法人が会計期間の期首日（又は月次決算期間の期首日）に完全支配関係を有することとなった場合はこの下線部には該当しないこととなります。言い換えると，加入時期の特例は，完全支配関係発生日後に特例決算期間の末日の翌日が到来することを前提とした取扱いであると考えられます。

　したがって，加入法人が会計期間の期首日（又は月次決算期間の期首日）に完全支配関係を有することとなった場合で，完全支配関係発生日の属する会計期間（又は月次決算期間）内に離脱をすることになっても（本ケースのように，加入法人が3月決算で4月1日に完全支配関係を有することとなり，4月25日に完全支配関係を有しなくなった場合であっても），法人税法第14条第8項第2号は適用できず，必ず通算制度に一度加入することになるものと考えられます。

　そのため，本ケースでは，A社の事業年度は以下のとおりとなります。

［A社の事業年度］

事業年度の期間	申告方法
X0年4月1日～X1年3月31日	単体事業年度（単体法人の単体申告）
X1年4月1日～X1年4月24日	単体事業年度（通算法人の単体申告）
X1年4月25日～X2年3月31日	単体事業年度（単体法人の単体申告）

第3部 実務上の個別論点Q&A

> **Q&A8** 加入孫法人の加入時期の特例の適用について
>
> 　A社（12月決算）及びA社がその発行済株式のすべてを保有しているB社（9月決算）は，通算親法人P社（3月決算）がX1年6月10日にA社の発行済株式のすべてを取得したため，P社の通算グループに加入することとなりました。そして，A社の会計期間を特例決算期間とした加入時期の特例の適用を受ける予定です。この場合，A社の100％子会社であるB社についても加入時期の特例の適用を受けるのでしょうか。また，その場合，特例決算期間は，B社の月次決算期間又は会計期間のいずれで選択するのでしょうか，あるいは，A社の会計期間となるのでしょうか。

A 　加入法人がその子法人（いわゆる連れ子）とともに通算親法人との間に通算親法人による完全支配関係を有することとなる場合について，加入法人が加入時期の特例の適用を選択した場合にはその連れ子についても強制適用とされ，加入法人と同時期まで加入を遅らせることとなっています（法法14⑧）。そのため，本ケースでは，加入法人A社が会計期間を特例決算期間とした加入時期の特例の適用を選択する場合，その連れ子B社も強制適用となり，A社及びB社ともにA社の会計期間の末日の翌日（X2年1月1日）を通算承認日（加入日）として，次のようにみなし事業年度を設定することになります。

［A社の事業年度］

事業年度の期間	申告方法
X1年1月1日〜X1年12月31日	単体事業年度（単体申告）
X2年1月1日〜X2年3月31日	通算事業年度（通算申告）
X2年4月1日〜X3年3月31日	通算事業年度（通算申告）

［B社の事業年度］

事業年度の期間	申告方法
X0年10月1日〜X1年9月30日	単体事業年度（単体申告）
X1年10月1日〜X1年12月31日	単体事業年度（単体申告）
X2年1月1日〜X2年3月31日	通算事業年度（通算申告）
X2年4月1日〜X3年3月31日	通算事業年度（通算申告）

> **Q&A9** 加入時期の特例の適用と中小法人等の判定について
>
> 　加入法人について，加入時期の特例を適用する場合，加入直前事業年度終了日が完全支配関係発生日の前日ではなく，特例決算期間の末日となりますが，この場合，中小法人等の判定にどのような影響が生じますか。

486

第3部 実務上の個別論点Q&A

A　通算子法人となる法人の加入直前事業年度の申告における中小法人又は中小企業者の判定については，加入直前事業年度終了時（日）の現況によって判定することになるため，加入時期の特例を適用することで，その終了時（日）の株主が異なることとなり，加入法人の加入直前事業年度の申告における中小法人又は中小企業者について，結果が変わる場合があります（法法52①②，57⑪，66⑤，67①，措法42の3の2①，42の4④，措令27の4⑰，措通42の4(3)-1等）。

例えば，通算親法人P社（3月決算。資本金5億円）が，X1年9月22日に個人株主甲氏からA社の発行済株式のすべてを取得したため，A社（3月決算。資本金1億円）がP社の通算グループに加入することとなった場合について，A社が加入時期の特例を適用しない場合は，加入直前事業年度終了日（加入日の前日＝X1年9月21日）において，甲氏との間に甲氏による完全支配関係があるため，X1年4月1日〜X1年9月21日の期間の加入直前事業年度の単体申告において，中小法人又は中小企業者に該当します。

一方，A社が加入時期の特例を適用する場合，加入直前事業年度終了日（加入日の前日＝X1年9月30日又はX2年3月31日）において，資本金5億円以上の大法人P社との間にP社による完全支配関係があるため（中小企業者の判定の場合は，資本金1億円超の大規模法人が発行済株式等の1／2以上を所有するため），X1年4月1日〜X1年9月30日の期間又はX1年4月1日〜X2年3月31日の期間の加入直前事業年度の単体申告において，中小法人又は中小企業者に該当しないこととなります。

そのため，このようなケースでは，加入時期の特例を適用しない場合，加入直前事業年度の単体申告において，中小法人の特例措置又は中小企業者の特例措置の適用ができますが，加入時期の特例を適用する場合は，それらの特例措置を適用できないこととなります（逆のケースもあります）。

一方，特定同族会社の判定については，加入時期の特例を適用しない場合は特定同族会社に該当し，加入時期の特例を適用する場合は特定同族会社に該当しない場合があります（逆のケースもあります）。

Q&A10　加入時期の特例の適用と時価評価除外法人の判定時期について

> 加入法人について，加入時期の特例を適用する場合，時価評価除外法人の判定は，完全支配関係発生時又は通算承認時のいずれで判定しますか。

加入に伴う時価評価については，加入直前事業年度終了時に有する時価評価資産の評価損益を加入直前事業年度において益金の額又は損金の額に算入することになるため，

第3部　実務上の個別論点Q&A

時価評価を行うタイミングは，通算承認日の前日となります（法法64の12①）。

　ただし，加入時の時価評価除外法人は，完全支配関係発生時に判定を行うこととなります（法法64の12①）。

　したがって，完全支配関係発生時に時価評価除外法人に該当する場合は，完全支配関係発生日から通算承認日までの状況に関係なく加入直前事業年度において時価評価は行われません。また，完全支配関係発生時に時価評価除外法人に該当しない場合は，完全支配関係発生日から通算承認日までの状況に関係なく加入直前事業年度において時価評価が行われます。なお，完全支配関係発生時に時価評価除外法人に該当しない場合でも加入直前事業年度終了の時に時価評価資産を有しない場合は時価評価対象法人に該当しますが，結果的に時価評価損益は計上されないことになります。

　また，加入に伴う時価評価が適用される場合の時価評価資産以外の繰延譲渡損益等（譲渡損益調整資産の譲渡損益調整額，リース譲渡に係る繰延損益，特定の圧縮記帳等に係る特別勘定等）の実現処理も同様となります（法法61の11④，63④，措法64の2⑪，65の8⑪，66の13⑧）。

Q&A11　加入時期の特例の適用と支配関係5年継続要件及び共同事業性の要件の判定時期について

> 　加入法人について，加入時期の特例を適用する場合，支配関係5年継続要件及び共同事業性の要件の判定は，完全支配関係発生時又は通算承認時のいずれで判定しますか。

A　完全支配関係発生時の直前に支配関係がある時価評価除外法人について，繰越欠損金の切捨てや特定資産譲渡等損失額等の損金算入制限又は損益通算制限が課されないための「支配関係5年継続要件」又は「共同事業性の要件」については，通算承認時に判定を行うこととなります（法法57⑧，64の6①③，64の12①，64の14①，法令112の2③④，131の8①②，131の16③④，131の19①②）。

　したがって，例えば，完全支配関係発生日を加入日（通算承認日）とした場合は，支配関係発生日が完全支配関係発生日（通算承認日）の5年前の日後となる場合であっても，会計期間を特例決算期間とした加入時期の特例を適用した場合は，支配関係発生日が会計期間の末日の翌日（通算承認日）の5年前の日前になる場合があります。つまり，会計期間を特例決算期間とした加入時期の特例を適用しない場合は「支配関係5年継続要件」を満たしませんが，会計期間を特例決算期間とした加入時期の特例を適用する場合は「支配関係5年継続要件」を満たすケースも生じます。

　また，完全支配関係発生時に判断したときは共同事業性の要件を満たしていなかった場合であっても，特例決算期間中に状況が変わり，実際に，通算承認時（会計期間の末日の翌日）に

488

第3部　実務上の個別論点Q&A

共同事業性の要件を判断したときには要件を満たしているケースも生じます（逆のケースもあります）。

Q&A12　完全支配関係グループが通算グループに加入する場合の事業関連性要件の「主要な事業」の判定単位について

　完全支配関係グループが通算グループに加入する場合における時価評価除外法人の判定に係る共同事業要件の「事業関連性要件」と繰越欠損金の切捨て等に係る共同事業性の要件の「事業関連性要件」の判定単位について，子法人事業（加入法人又はその加入法人との間に完全支配関係がある他の法人の完全支配関係発生日前に行う事業のうちのいずれかの主要な事業）又は通算前事業（加入法人又はその加入法人との間に完全支配関係がある他の法人の通算承認日前に行う事業のうちのいずれかの主要な事業）は，その完全支配関係グループに属するいずれかの法人にとって主要な事業になるのでしょうか。あるいは，その完全支配関係グループにとって主要な事業になるのでしょうか。

A 　子法人事業（完全支配関係発生日前に行う事業のうちのいずれかの主要な事業）又は通算前事業（通算承認日前に行う事業のうちのいずれかの主要な事業）について，事業が2以上ある場合において，そのいずれが「主要な事業」であるかは，それぞれの事業に属する収入金額又は損益の状況，従業者の数，固定資産の状況等を総合的に勘案して判定します（法基通12-1-7，12の7-3-10，1-4-5）。

　また，子法人事業又は通算前事業について，完全支配関係グループ（加入法人及び加入法人との間に加入法人による完全支配関係がある法人によって構成されたグループ）が通算グループに加入する場合における「いずれかの主要な事業」とは，その完全支配関係グループに属するいずれかの法人にとって主要な事業ではなく，その完全支配関係グループにとって主要な事業であることをいいます（法基通12-1-8，12の7-3-11）。

　つまり，完全支配関係グループ（例えば，加入法人及びその100%子法人である加入孫法人）が加入する場合，選定される子法人事業又は通算前事業は，加入グループ全体（例えば，加入法人及び加入孫法人全体）にとって主要な事業であることが必要となります。

　なお，その完全支配関係グループにとって主要な事業が複数ある場合は，そのいずれかの事業を子法人事業又は通算前事業として，共同事業要件又は共同事業性の要件に該当するかどうかの判定を行うことになります（法基通12-1-8，12の7-3-11）。

489

Q&A13 グループ内で複数の法人が同種の事業を行っている場合の事業規模比5倍以内要件の規模の割合の集計単位について

時価評価除外法人の判定に係る共同事業要件の「事業規模比5倍以内要件」と繰越欠損金の切捨て等に係る共同事業性の要件の「事業規模比5倍以内要件」について，子法人事業又は通算前事業と親法人事業のそれぞれの規模の割合（売上金額，従業者の数等）は，加入グループ又は通算グループ内で複数の法人が同種の事業を行っている場合，グループ合計で集計するのでしょうか。

事業規模比5倍以内要件の内容は以下のとおりです（法令112の2④二，131の16④二）。

事業規模比5倍以内要件	要件の内容
時価評価除外法人の判定に係る共同事業要件の「事業規模比5倍以内要件」	子法人事業と親法人事業（その子法人事業と関連する事業に限る）のそれぞれの売上金額，その子法人事業とその親法人事業のそれぞれの従業者の数又はこれらに準ずるものの規模の割合がおおむね5倍を超えないこと。
繰越欠損金の切捨て等に係る共同事業性の要件の「事業規模比5倍以内要件」	通算前事業と親法人事業（その通算前事業と関連する事業に限る）のそれぞれの売上金額，その通算前事業とその親法人事業のそれぞれの従業者の数又はこれらに準ずるものの規模の割合がおおむね5倍を超えないこと。

そのため，子法人事業又は通算前事業と親法人事業のそれぞれの売上金額，従業者の数等で比較することとなります。

そして，子法人事業又は通算前事業と親法人事業の定義は次のとおりとなります（法令112の2④一，131の16④一）。

子法人事業	加入法人又はその加入法人が通算親法人との間に通算親法人による完全支配関係を有することとなる時の直前においてその加入法人との間に完全支配関係がある他の法人（その完全支配関係が継続することが見込まれているものに限る）の完全支配関係発生日前に行う事業のうちのいずれかの主要な事業
親法人事業（子法人事業に係るもの）	通算親法人又はその完全支配関係を有することとなる時の直前においてその通算親法人との間に通算完全支配関係がある他の通算法人（その通算完全支配関係が継続することが見込まれているものに限る）の完全支配関係発生日前に行う事業のうちのいずれかの事業
通算前事業	加入法人又は通算承認日の直前においてその加入法人との間に完全支配関係がある法人（その完全支配関係が継続することが見込まれているものに限る）の通算承認日前に行う事業のうちのいずれかの主要な事業
親法人事業（通算前事業に係るもの）	通算親法人又は通算承認日の直前において通算親法人との間に完全支配関係がある法人（その完全支配関係が継続することが見込まれているものに限るものとし，その通算法人を除く）の通算承認日前に行う事業のうちのいずれかの事業

第3部　実務上の個別論点Q&A

　つまり，子法人事業又は通算前事業と親法人事業は，加入グループ又は通算グループ内の1つの法人の1つの事業を指しているため，例えば，加入グループのA社及びB社がともに自動車部品の製造業を行っている場合でも，主要な事業となるA社（又はB社）の自動車部品の製造業のみを子法人事業又は通算前事業に選定し，A社（又はB社）の自動車部品の製造業のみの売上金額，従業者の数等で事業規模比5倍以内要件を判定します。この点，親法人事業も同様の考え方となります。

　なお，A社（又はB社）の自動車部品の製造業が「主要な事業」に該当するか否かについては，完全支配関係グループ（A社及びB社）全体にとって主要かどうかで判断されることとなります（Q&A12参照）。

Q&A14　持株会社と事業会社間の事業関連性要件の判定について

　通算親法人であるPホールディングス社は，80％子会社であったA社をX6年4月1日に完全子法人化したため，A社が通算制度に加入することになりました。A社は，時価評価除外法人に該当しますが，支配関係5年継続要件を満たさないため，共同事業性の要件を満たさない場合には繰越欠損金の切捨て等が課されることになります。この場合，共同事業性の要件のうちの一つである事業関連性要件について，次のことからすれば，両社の事業は相互に関連性があるものと考えて差し支えないでしょうか。
　ⅰ．Pホールディングス社は，A社の経営管理業務を行っている。
　ⅱ．A社は，Pホールディングス社の行う経営管理により事業活動を継続・維持している。

A　事業関連性要件において，事業が「相互に関連するものであること」というのは，組織再編税制に係る事業関連性要件と同様に，例えば，「○×小売業と○×小売業というように同種の事業が行われているもの」，「製薬業における製造と販売のように，その業態が異なっても薬という同一の製品の製造と販売を行うなど，それぞれの事業が関連するもの」，「それぞれの事業が通算承認日後において，一体として行われている現状にあるもの」などがこれに該当すると考えられます。

　また，持株会社の中には，単に株主としての立場のみしか有しないような場合がありますが，本ケースのように，Pホールディングス社が，A社の事業最適化等を踏まえた事業計画の策定や営業に関する指導及び監査業務などの経営管理業務を行うことによって，単に株主としての立場のみだけでなく，持株会社としてA社の財務面，監査面などを経営上監督する立場にあり，いわばPホールディングス社とA社が相まって一つの事業を営んでいる実態にあるような場合には，両社の事業は密接な関係を有していると認められ，Pホールディングス社の親法人事業とA社の通算前事業は相互に関連するものと解するのが相当と考えられます。

第3部　実務上の個別論点Q&A

　なお，上記については，組織再編税制の適格合併に係る事業関連性要件の判定における考え方と同様であるものとして，「質疑応答事例／法人税／持株会社と事業会社が合併する場合の事業関連性の判定について」に基づいて解説しています。

Q&A15　加入法人は時価評価除外法人に該当するが，加入孫法人は時価評価除外法人に該当しないケース

　直前に支配関係のないＡ社とその100％子会社Ｂ社が通算グループに加入する場合における時価評価除外法人に係る共同事業要件の判定について，加入子法人Ａ社のアパレル小売事業を子法人事業として加入子法人Ａ社が時価評価除外法人に該当する場合，加入孫法人Ｂ社も必ず時価評価除外法人に該当することになりますか。

A 　加入孫法人Ｂ社の時価評価除外法人に係る共同事業要件の判定において，加入子法人Ａ社のアパレル小売事業を子法人事業として判定することができますが，従業者継続要件（通算子法人となる法人が完全支配関係を有することとなる時の直前のその法人の従業者のうち，その総数のおおむね80％以上に相当する数の者がその法人の業務（完全支配関係法人の業務を含む）に引き続き従事することが見込まれていること）及び主要事業継続要件（通算子法人となる法人の完全支配関係発生日前に行う主要な事業がその法人（完全支配関係法人を含む）において引き続き行われることが見込まれていること）については，その加入孫法人の状況で判定することとなるため，加入子法人Ａ社が時価評価除外法人に該当するからといって，加入孫法人Ｂ社は必ずしも時価評価除外法人に該当するわけではありません（法令131の16④三・四）。

Q&A16　加入法人は共同事業性の要件に該当するが，加入孫法人は共同事業性の要件に該当しないケース

　直前に支配関係のあるＡ社とその100％子会社Ｂ社が通算グループに加入する場合における繰越欠損金の切捨て等に係る共同事業性の要件について，加入法人Ａ社のアパレル小売事業を通算前事業として加入法人Ａ社が共同事業性の要件を満たす場合，加入孫法人Ｂ社も必ず共同事業性の要件を満たすことになりますか。

A 　加入孫法人Ｂ社の共同事業性の要件の判定においても，加入法人Ａ社のアパレル小売事業を通算前事業として判定することができますが，次のように，事業規模拡大２倍以内要件又は特定役員継続要件について，通算親法人との間に最後に支配関係を有することとなった時（日）が，加入法人Ａ社と加入孫法人Ｂ社で異なる場合は，事業規模拡大２倍以内要件又は特定役員継続要件を満たさない場合もあることから，加入法人Ａ社が共同事業性の要件

492

を満たすからといって，加入孫法人Ｂ社が共同事業性の要件を必ず満たすわけではありません（法令112の2④三・四，131の8②，131の19②）。

要件	要件の内容	留意点
事業規模拡大2倍以内要件	一．通算前事業が通算法人支配関係発生時から通算承認日まで継続して行われており， 二．通算法人支配関係発生時と通算承認日における通算前事業の規模（事業規模比5倍以内要件を満たすいずれかの指標）の割合がおおむね2倍を超えないこと	ここで，通算法人支配関係発生時とは，その通算法人が通算親法人との間に最後に支配関係を有することとなった時をいう。また，通算前事業が，その通算法人の完全支配関係法人が行う事業である場合でも，その通算法人が通算親法人との間に最後に支配関係を有することとなった時から通算前事業が継続している必要がある。この点，例えば，加入孫法人Ｂを判定対象とする場合で，その100％親会社である加入法人Ａ（完全支配関係法人）の判定で使用した事業と同一の事業（例えば，Ａのアパレル小売事業）を通算前事業として，事業関連性要件及び事業規模比5倍以内要件を満たしていたとしても，ＡとＢで，通算法人支配関係発生時点が異なる場合，必ずしも加入孫法人Ｂでは事業規模拡大2倍以内要件を満たすとは限らないことに注意を要する。
特定役員継続要件	通算承認日の前日の通算前事業を行う法人の特定役員である者（その通算法人と通算親法人との間の支配関係発生日前（その支配関係が通算前事業を行う法人又は親法人事業を行う法人の設立により生じた場合は同日）において通算前事業を行う法人の役員であった者に限る）のすべてが開始・加入に伴って退任をするものでないこと	ここで，通算前事業が，その通算法人の完全支配関係法人が行う事業である場合でも，その通算法人が通算親法人との間に最後に支配関係を有することとなった日前においてその完全支配関係法人の役員であった者が対象になる。この点，例えば，加入孫法人Ｂを判定対象とする場合で，その100％親会社である加入法人（完全支配関係法人）の判定で使用した事業と同一の事業（例えば，Ａのアパレル小売事業）を通算前事業として事業関連性要件を満たしていたとしても，ＡとＢで，支配関係発生日が異なる場合，必ずしも加入孫法人Ｂでは特定役員継続要件を満たすとは限らないことに注意を要する。

Q&A17 時価評価除外法人に係る共同事業要件の判定例

直前に支配関係のないＡ社とその100％子会社Ｂ社が通算グループに加入する場合における時価評価除外法人に係る共同事業要件について，どのように判定しますか。

A 直前に支配関係のないＡ社（加入子法人）とその100％子会社Ｂ社（加入孫法人）が通算グループに加入する場合における時価評価除外法人に係る共同事業要件の判定例については，例えば，次の図表で表すことができます（法令131の16④）。

第3部　実務上の個別論点Q&A

[図表]　加入子法人の時価評価除外法人に係る共同事業要件の判定

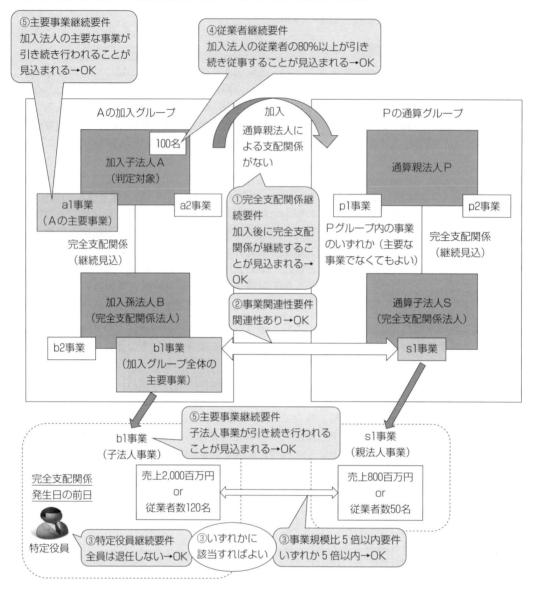

[図表] 加入孫法人の時価評価除外法人に係る共同事業要件の判定

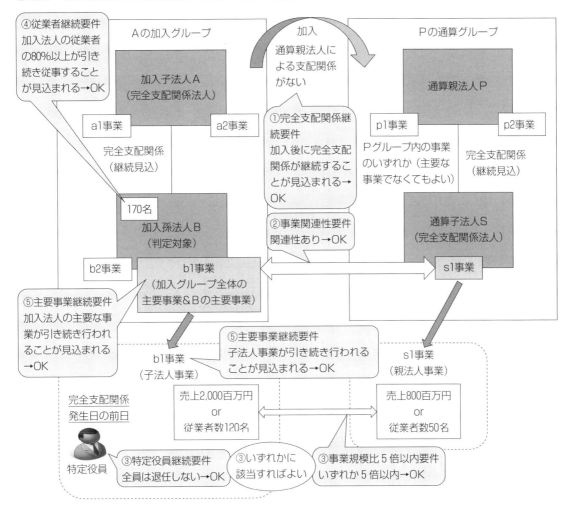

Q&A18　繰越欠損金の切捨て等に係る共同事業性の要件の判定例

直前に支配関係のあるA社とその100％子会社B社が通算グループに加入する場合における繰越欠損金の切捨て等に係る共同事業性の要件について、どのように判定しますか。

A　直前に支配関係のあるA社（加入子法人）とその100％子会社B社（加入孫法人）が通算グループに加入する場合における繰越欠損金の切捨て等に係る共同事業性の要件の判定例については、例えば、次の図表で表すことができます（法令112の2④、131の8②、131の19②）。

[図表] 加入子法人の共同事業性の要件の判定

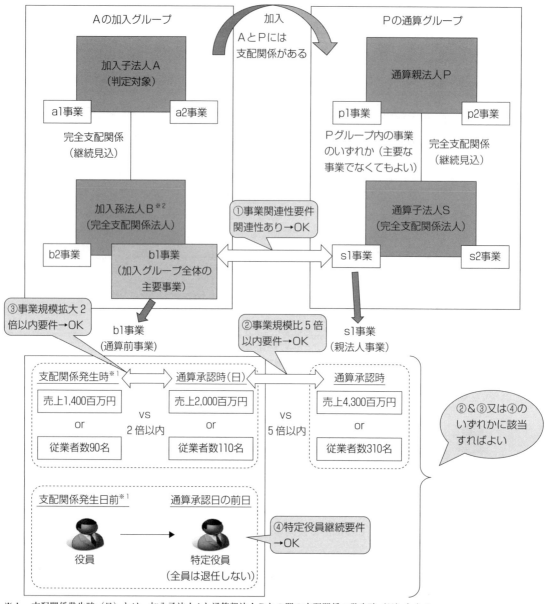

※1 支配関係発生時（日）とは，加入子法人Aと通算親法人Pとの間の支配関係の発生時（日）となる。
※2 加入孫法人Bも，b1事業とs1事業で事業関連性要件と事業規模比5倍以内要件を満たすことができる。ただし，加入孫法人Bと通算親法人Pとの間の支配関係発生時（日）を基準として事業規模拡大2倍以内要件又は特定役員継続要件を判定することになる。

第3部　実務上の個別論点Q&A

[図表]　加入孫法人の共同事業性の要件の判定

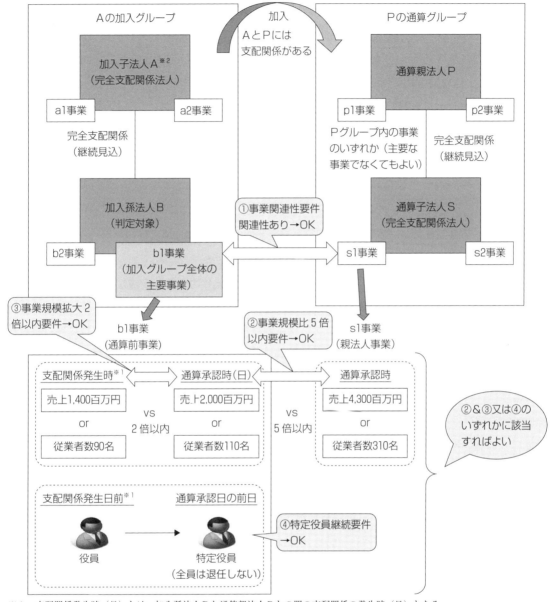

※1　支配関係発生時（日）とは，加入孫法人Bと通算親法人Pとの間の支配関係の発生時（日）となる。
※2　加入子法人Aも，b1事業とs1事業で事業関連性要件と事業規模比5倍以内要件を満たすことができる。ただし，加入子法人Aと通算親法人Pとの間の支配関係発生時（日）を基準として事業規模拡大2倍以内要件又は特定役員継続要件を判定することになる。

Q&A19　特定役員が1名を除いて退任する場合の特定役員継続要件の判定について

時価評価除外法人に係る共同事業要件又は繰越欠損金の切捨て等に係る共同事業性の要件の一つである特定役員継続要件について，対象となる特定役員のうち1名を除いて，通算制度の開始又は加入に伴って退任をすることになる場合，特定役員継続要件を満たしますか。

497

第3部　実務上の個別論点Q&A

A 　時価評価除外法人の判定に係る共同事業要件又は繰越欠損金の切捨て等に係る共同事業性の要件の一つである特定役員継続要件の充足は，「特定役員のすべてが通算親法人による完全支配関係（共同事業性の要件の場合は通算完全支配関係）を有することとなったことに伴って退任をするものでないこと」が条件となっています（法令112の2④四，131の8②，131の16④二，131の19②）。すなわち，加入前の加入法人の特定役員のうち一人でも加入後の加入法人に残留していれば，仮にそれ以外の特定役員が退任をしたとしても特定役員継続要件を満たすこととなります。この点，組織再編税制の適格株式交換等又は適格株式移転に係る特定役員継続要件の判定における考え方と同様であると考えられます（参考「質疑応答事例／法人税／株式移転における特定役員継続要件の判定」）。

Q&A20　みなし役員がいる場合の特定役員継続要件の判定について

　時価評価除外法人に係る共同事業要件又は繰越欠損金の切捨て等に係る共同事業性の要件の一つである特定役員継続要件について，加入法人において取締役の全員が退任し，事業本部長のみが加入後も加入法人の経営に従事することが見込まれています。なお，事業本部長は，加入法人における会社法上の役員ではありませんが，その経営の中枢に参画しており，また，今後，加入法人においても事業本部長として加入法人の経営の中枢に参画する見込みです。この場合において，事業本部長は特定役員に該当し，加入法人は特定役員継続要件を満たすと考えてよろしいでしょうか。

A 　時価評価除外法人に係る共同事業要件又は繰越欠損金の切捨て等に係る共同事業性の要件の一つである特定役員継続要件の充足は，「特定役員のすべてが通算親法人による完全支配関係（共同事業性の要件の場合は通算完全支配関係）を有することとなったことに伴って退任をするものでないこと」が条件となっています（法令112の2④四，131の8②，131の16④二，131の19②）。ここで，特定役員とは，社長，副社長，代表取締役，代表執行役，専務取締役若しくは常務取締役又はこれらに準ずる者で法人の経営に従事している者をいいます（法令112の2④四，131の8②，131の16④二，131の19②）。また，「これらに準ずる者」とは，役員又は役員以外の者で，社長，副社長，代表取締役，代表執行役，専務取締役又は常務取締役と同等に法人の経営の中枢に参画している者をいいます（法基通12-1-7，12の7-1-4，12の7-3-10，1-4-7）。本ケースでは，事業本部長は会社法上の役員ではありませんが，加入法人において法人の経営の中枢に参画しており，かつ，加入後も加入法人の経営の中枢に参画することが見込まれている場合，加入法人において特定役員に該当することとなります。そのため，事業本部長について他の要件を満たす場合は，特定役員継続要件を満たすこととなります。この点，組織再編税制の適格合併等に係る特定役員継続要件の判定における考え方と

第3部　実務上の個別論点Q&A

同様であると考えられます（参考「質疑応答事例／法人税／特定役員引継要件（みなし役員）の判定」）。ただし，本来，事業本部長は，形式的には特定役員には該当しないことから，事業本部長が経営の中枢に参画していることが見込まれるためには，例えば，社長，副社長，代表取締役，代表執行役，専務取締役，常務取締役と同じ経営会議体（常務会等）に参加し，その中で常務以上の役員と同様の発言権を有し，常務以上の役員と同様の職務と責任を有しており，さらに，それぞれが名目的かつ形式的ではない（実態が伴っている）など，事業本部長が経営の中枢に参画していることについて客観的に証明できることが必要になると考えられます。そして，実際には，常務以上の役員と同様にその職務を遂行していない場合（名目的，形式的に経営の中枢に参画しているだけの場合）は，当然に，その事業本部長は特定役員に該当しません。

Q&A21　常務以上の役員の全員が役のない取締役になる場合の特定役員継続要件について

時価評価除外法人に係る共同事業要件又は繰越欠損金の切捨て等に係る共同事業性の要件の一つである特定役員継続要件について，対象となる特定役員4名のうち，2名は加入に伴って取締役を退任し，残りの2名は加入に伴って常務取締役から役付きのない取締役となり，経営の中枢に参画しない予定です。この場合，取締役は退任しないため，特定役員継続要件を満たしますか。

A　時価評価除外法人に係る共同事業要件又は繰越欠損金の切捨て等に係る共同事業性の要件の一つである特定役員継続要件の充足は，「特定役員のすべてが通算親法人による完全支配関係（共同事業性の要件の場合は通算完全支配関係）を有することとなったことに伴って退任をするものでないこと」が条件となっています（法令112の2④四，131の8②，131の16④二，131の19②）。この特定役員継続要件は，組織再編税制の適格要件の一つである特定役員引継要件と同様に，「通算制度の加入時点において，加入法人の特定役員の1名でも加入後も引き続き特定役員となることが見込まれているのであれば，経営面からみて通算グループ内で共同事業が担保されることから，事業規模が5倍を超えているような法人間での通算制度の加入であっても事業規模比5倍以内要件に代わる要件として認められているもの」であると考えられます。以上より，本ケースでは，対象となる特定役員4名のうち，2名は加入に伴って取締役を退任し，残りの2名は加入に伴って常務取締役から役付きのない取締役となり，経営の中枢に参画しない予定であるため，特定役員継続要件は満たさないものと考えられます。

499

第 3 部　実務上の個別論点Q&A

| **Q&A22** | グループ化前の役員が通算承認日の前日までに既に全員退任している場合の特定役員継続要件について |

　繰越欠損金の切捨て等に係る共同事業性の要件の一つである特定役員継続要件について，支配関係発生日前において通算前事業を行う法人の役員が全員既に退任している場合は，特定役員継続要件を満たしますか。

A　繰越欠損金の切捨て等に係る共同事業性の要件の一つである特定役員継続要件は，「通算承認日の前日の通算前事業を行う法人の特定役員である者（その通算法人と通算親法人との間の支配関係発生日前（その支配関係が通算前事業を行う法人又は親法人事業を行う法人の設立により生じた場合は同日）において通算前事業を行う法人の役員であった者に限る）のすべてが通算完全支配関係を有することとなったことに伴って退任をするものでないこと」となります（法令112の2④四，131の8②，131の19②）。この特定役員継続要件は，グループ化前の役員で加入前に特定役員である者のうち少なくとも1名が加入後も引き続き特定役員として継続すれば通算グループと共同で事業を行う状況にあるとみなすことができるという趣旨であるといえるため，グループ化前の役員が通算承認日の前日までに既に全員退任している場合など，そもそも対象者がいない場合，この特定役員継続要件は満たさないものと考えられます。

| **Q&A23** | 新たな事業の未開始要件とその判定期間について |

　繰越欠損金の切捨て等に係る新たな事業の未開始要件について，新たな事業を開始したときとは，具体的にどのように判断するのでしょうか。また，新たな事業の未開始要件はいつまで判定する必要がありますか。

A　時価評価除外法人（支配関係5年継続要件及び共同事業性の要件を満たさないものに限る）が支配関係発生日（その通算法人が通算親法人との間に最後に支配関係を有することとなった日）以後に新たな事業を開始したときに，加入前の繰越欠損金の全部又は一部が切り捨てられることになります（法法57⑧）。

　ここで，「新たな事業を開始した場合」について，法人税基本通達12-1-9（新たな事業の開始の意義）では次の定めが設けられています。

法人税基本通達12-1-9（新たな事業の開始の意義）
　法第57条第8項《欠損金の繰越し》に規定する「新たな事業を開始した」とは，同項の通算法人が当該通算法人において既に行っている事業とは異なる事業を開始したことをいうのであるから，例えば，既に行っている事業において次のような事実があっただけではこれに該当しない。
(1)　新たな製品を開発したこと。

> (2) その事業地域を拡大したこと。

　具体的に考えてみると，例えば，通算法人が，既に行っているアパレル小売事業において，新しい商品を開発して販売したり，関東から関西に店舗を拡大しても，その事実があっただけでは，新しい事業を開始した場合に該当しないことになります。これは，これらの行為は，既存事業の延長線上にあるものに過ぎないからです（令和5年度版法人税通達逐条解説12-1-9）。

　そして，この通達からもわかるとおり，「新たな事業を開始する場合」とは，「既に行っている事業とは異なる事業を開始した場合」に該当します。

　そのため，「既に行っている事業とは異なる事業を開始した場合」とはどういう場合に該当するのかが問題となります。

　ここで，新たな事業を開始した場合に繰越欠損金が切り捨てられる理由は「欠損金又は含み損を有する法人を買収して通算グループに加入させると相前後して従前通算グループで行っていた黒字事業をその法人に移転すること又は新たに黒字事業をその法人において行うことによって特定欠損金の制度（通算前の欠損金を他の通算法人の所得から控除させない仕組み）を潜脱すること」を防止するためです（〔通算制度〕令和2年度税制改正の解説908頁）。したがって，少なくとも，その通算法人が他の法人（グループ内の法人を含む）から合併，事業譲渡，分割等により既に行っている事業とは異なる事業を引き継ぐ場合や会社が主観的又は客観的に既に行っている事業とは異なる事業を開始している場合などは，新たな事業を開始した場合に該当することになると考えられます（この場合，主観的とは稟議書，組織図，事業計画等の社内資料で既存事業と異なる事業を行うことを認識している場合をいい，客観的とは一般的な事業区分から考えて既存事業とは明らかに区別される事業を行っている場合をいいます）。

　この場合，〔通算制度〕令和2年度税制改正の解説では，黒字事業を引き継ぐ又は新たに黒字事業を行うことが記載されていますが，法人税法第57条第8項では，「新たな事業を開始したとき」とだけ定められており，通達でも「既に行っている事業とは異なる事業を開始したこと」とだけ規定されていることから，黒字事業，赤字事業のいずれも問わず，売上や従業者数などの規模の大小も問わないものと考えられます。一方，単発的な取引，例えば，固定資産（土地や投資有価証券等）を偶発的に売却した場合などは当然に新たな事業を開始した場合には該当しないものと考えられます。また，現在は休業中となっている事業を再開したような場合も，通常は新たな事業を開始した場合には該当しません（グ通通趣旨説明2-15）。

　このような考え方に従い，新たな事業を開始したときを具体的に判断することになります。

　ただし，実務上，その前提となる「事業」の該当性（その開始時期を含む）について問題となるケースも多いと思われます。

第3部　実務上の個別論点Q&A

　例えば，既に小売事業を行っている法人が，新たに店舗内にATMを設置して，当初は小売事業の範囲内として認識していましたが規模の拡大（導入店舗拡大や外部顧客への役務提供等）と収益性の目途が立った数年後に金融事業として独立させたらどうなるのでしょうか。この場合，独立事業としたときに「既に行っている小売事業とは異なる金融事業を開始した」とみなすべきだと考えられますが，そうすると，その法人の主観のみで新たな事業を開始したか否かを判断せざるを得ない状況になります。つまり，実務では，既存事業の範囲内で新しい取引を行い，新しい部署を設置し，事業計画を作り直すこともありますし，一定の規模になるまで会社が事業として認識しないケースもあり，簡単に判断できない状況が生じることが明らかです（その点で，欠損等法人の休眠会社の事業の開始より客観的に判断できないケースが多いものと思われます）。この点，事業関連性要件については，その事業関連性及びその前提となる事業の該当性についての判定基準が法人税法施行規則第3条において明確になっていますが，この「新たな事業を開始した場合」の該当性の判断基準についても，法令や通達，質疑応答事例などで，さらに具体的に明らかにされないと，納税者の予測可能性を確保することができず，また，納税者の主観によって判断せざるを得ず，通算制度の実務が混乱することになります（繰越欠損金の切捨ては金額的重要性も高いので，判断基準が明確にならない限り，税務当局への事前確認を行う必要が出てきます。また，事後の争いのもとになります）。

　以上より，本要件の該当性の判断基準について，実務の動向を見ながら，法令や通達等においてさらに踏み込んで明らかにされることを期待します。

　なお，「特定欠損金の制度（通算前の欠損金を他の通算法人の所得から控除させない仕組み）を潜脱すること」を目的とした行為は，既に行っている事業とは「異なる事業」か否か，「開始した」か否かという判断に関係なく，法人税法第132条の3（通算法人に係る行為又は計算の否認）の規定が適用され，繰越欠損金の切捨てが行われるものと考えられます。

　また，繰越欠損金の切り捨てられる事業年度は，最初通算事業年度（新たな事業を開始した日が翌事業年度以後の場合はその開始した日の属する事業年度）となりますが，法人税法第57条第8項によると，加入前の資産の含み損等の利用制限と異なり，制限期間は設けられていません。つまり，加入後，最長10年間，この制限が生じるかどうかの確認をする必要があることを意味しています。

　なお，法人税法第57条第8項では「支配関係発生日以後に新たな事業を開始したとき」と定められているため，通算制度の加入前に新たな事業を開始した場合も制限対象となることに注意が必要です。

　（参考）令和2年9月30日付課法2-33ほか2課共同「グループ通算制度に関する取扱通達の制定について」（法令解釈通達）の趣旨説明（主要項目）「2-15（新たな事業の開始の意義）」抜粋

第3部　実務上の個別論点Q&A

2　ここで，この「新たな事業を開始した」の意味するところについては，換言するならば，その法人自身が既に行っている事業とは異なる事業を開始したということであり，本通達の本文前半においてこのことを明らかにしている。

3　また，本通達の本文後半並びに本通達の(1)及び(2)では，この「新たな事業を開始した」ことに該当しない事実の具体例について，その法人が既に行っている事業において，①新たな製品を開発したこと，②その事業地域を拡大したこと，の2つを示すことにより明らかにしている。つまり，この2つに該当する事実しか認められない場合には，上記1の欠損金額の切捨ての対象とはならないということであり，また，あくまでこれらの事実は例示に過ぎないため，これら以外にも，例えば現在は休業中となっている事業を再開したような事実があった場合や，本通達に例示した事実に該当しなくてもその他の事実関係に照らして「新たな事業を開始した」とは認められないような場合には，上記1の欠損金額の切捨ての対象とはならないと考えられる。

このように，本要件に該当するか否かは，あくまで当該通算法人の行っている「事業」に係る個々の具体的事情を総合勘案して判定されるものであるから，本通達では，日本標準産業分類などの統計分類に基づく事業単位・事業区分などを基にした本要件に係る判定指標・判定方法や，売上金額や事業所数などに基づく事業規模の推移などに関する数値基準などといった，本要件の該当性を判定するに当たってのメルクマールを示したりはしていない。

Q&A24　特定資産の譲渡等による利益の額の取扱いについて

当社は通算法人ですが，時価評価除外法人に該当し，支配関係5年継続要件及び共同事業性の要件を満たさず，支配関係発生日以後に新たな事業を開始しているため，特定資産譲渡等損失額の損金算入制限が課されることになります。当事業年度の適用期間内に含み損のある土地Aを売却し，土地売却損が100発生しましたが，当事業年度の適用期間内に含み益のある投資有価証券Bを売却し，投資有価証券売却益も120発生しています。この場合，損金不算入となる特定資産譲渡等損失額はいくらになるでしょうか。なお，土地A及び投資有価証券Bのいずれも特定資産から除かれる資産には該当しません。

A　特定資産譲渡等損失額の損金算入制限では，適用期間内に生じた特定資産の譲渡等による損失の額及び特定資産の譲渡等による利益の額のうち，同一の事業年度に生じたものについて，特定資産の譲渡等による損失の額の合計額から特定資産の譲渡等による利益の額の合計額を控除した金額をその事業年度の特定資産譲渡等損失額とします（法法64の14①②）。

したがって，本ケースでは，適用期間内に含み損のある土地Aを売却することで土地売却損が100発生していますが，同じ事業年度の適用期間内に含み益のある投資有価証券Bを売却し，投資有価証券売却益が120発生しているため，その事業年度において特定資産譲渡等損失額が0（0＞100－120）となります。

そのため，土地Aの土地売却損100は損金算入されることになります。

503

第3部　実務上の個別論点Q&A

Q&A25　販売用不動産と特定資産から除かれる資産について

　当社は，不動産販売業をしている通算法人となります。特定資産譲渡等損失額の計算において，特定資産から除かれる資産として棚卸資産がありますが，当社の販売用不動産Ａについても特定資産から除外されるのでしょうか。なお，当社の販売用不動産Ａは，最初適用年度開始日における帳簿価額が1,000万円以上であり，支配関係発生日の属する事業年度開始日における時価が同日における帳簿価額を下回っています。

A　特定資産譲渡等損失額の計算の対象となる特定資産から棚卸資産は除かれますが，土地及び土地の上に存する権利については棚卸資産であっても特定資産の対象となります（法法64の14②，法令131の19③，123の8②一～五）。したがって，販売用不動産のうち，販売用建物は土地等以外の棚卸資産として特定資産から除かれますが，販売用土地は棚卸資産であっても特定資産に該当します。

Q&A26　含み損がないため特定資産から除外した資産の譲渡損益等の取扱いについて

　当社は通算制度を適用しており，特定資産譲渡等損失額の損金算入制限が課されています。また，当社は支配関係発生日の属する事業年度開始日前から有している資産として土地Ａと投資有価証券Ｂを保有しています。そのうち，土地Ａは特定資産から除かれる資産には該当しませんが，投資有価証券Ｂは，支配関係発生日の属する事業年度開始日における時価が同日における帳簿価額を下回っていない資産に該当するため，最初適用年度の確定申告書に必要な明細書を添付することで特定資産から除外しています（なお，関連書類を保存しています）。そして，当事業年度の適用期間内に土地Ａを売却し，土地売却損が100発生しましたが，当事業年度の適用期間内に含み益のある投資有価証券Ｂも売却し，投資有価証券売却益が120発生しています。この場合，特定資産譲渡等損失額はいくらになるでしょうか。

A　最初適用年度の確定申告書に必要な明細書を添付することで，支配関係発生日の属する事業年度開始日における時価が同日における帳簿価額を下回っていない資産として特定資産から除外したものについては，たとえ，適用期間内に譲渡等したことにより利益の額が生じても，特定資産譲渡等損失額に係る損失の額から控除（損失額と相殺）することはできません（法法64の14②，法令131の19③，123の8②五）。

　したがって，本ケースでは，投資有価証券Ｂは特定資産に該当しないため，投資有価証券売却益120は特定資産譲渡等損失額に係る損失の額である土地売却損100から控除することはできず，特定資産譲渡等損失額は100となり，土地売却損100は損金不算入となります。

504

第3部　実務上の個別論点Q&A

Q&A27　離脱時の時価評価が適用されるケース

　実務上，離脱時の時価評価が適用されるケースとしては，例えば，どのようなケースが想定できますか。また，実際に，離脱時の時価評価が適用される場合の計算はどのように行われますか。

　A　実務上，離脱時の時価評価が適用されるケースとしては，例えば，次のように，通算法人が離脱法人の株式を売却する際に，売却損が計上されることが見込まれ（売却損の金額の大小は適用要件に関係ない），買収時点で，買収会社が離脱法人の含み損資産（帳簿価額10億円超）の売却を予定しているケースなどが想定できます。

505

第3部　実務上の個別論点Q&A

① P，A，Bは3月決算とする。
② 買収会社は，PからB株式（100%分）をX1年10月1日に買い取る。
③ PのB株式の投資簿価修正前の帳簿価額を100とする。売却価額は156とする。
④ 買収会社は，買収後にBが保有する土地（帳簿価額10億円超）の売却を予定しており，土地売却損（120）が計上されることが見込まれている。
⑤ 投資簿価修正の加算措置に係る資産調整勘定等対応金額は0とする。

[手順1]　離脱時の時価評価が適用されない場合の処理（離脱法人株式の譲渡等による損失の計上の判定）

[所得金額及び法人税額の計算]

	通算親法人P	通算子法人A	通算合計
	X1/4/1~X2/3/31	X1/4/1~X2/3/31	
所得金額	500	500	1,000
土地売却損	0	0	0
株式売却損	▲84	0	▲84
所得金額（最終）	416	500	916
法人税等（30%）	125	150	275

	通算子法人B	離脱法人B	年度合計
	X1/4/1~X1/9/30（離脱直前事業年度）	X1/10/1~X2/3/31（離脱事業年度）	
所得金額	200	200	400
土地売却損	0	▲120	▲120
株式売却損	0	0	0
所得金額（最終）	200	80	280
法人税等（30%）	60	24	84

税額計　359

[B株式売却損益の計算]

X年度	通算親法人P
B株式の帳簿価額（投資簿価修正前）	100
投資簿価修正額	140
B株式の帳簿価額（投資簿価修正後）	240
B株式の売却価額	156
B株式の売却損益	▲84

税務上の帳簿価額が10億円を超えるもので離脱時後に譲渡等による損失が生じることが見込まれている。

離脱時後に離脱法人の株式の譲渡等による損失が生ずることが見込まれている。

[簿価純資産価額の計算]

	通算子法人B	離脱法人B
	X1/4/1~X1/9/30（離脱直前事業年度）	X1/10/1~X2/3/31（離脱事業年度）
簿価純資産価額（期首残高）	100	240
当期増減	140	56
簿価純資産価額（期末残高）	240	296

[手順2]　離脱時の時価評価が適用される場合の処理

[所得金額及び法人税額の計算]

	通算親法人P	通算子法人A	通算合計
	X1/4/1~X2/3/31	X1/4/1~X2/3/31	
所得金額	500	500	1,000
土地評価損	0	0	0
株式売却損	0	0	0
所得金額（最終）	500	500	1,000
法人税等（30%）	150	150	300

	通算子法人B	離脱法人B	年度合計
	X1/4/1~X1/9/30（離脱直前事業年度）	X1/10/1~X2/3/31（離脱事業年度）	
所得金額	200	200	400
土地評価損	▲120	0	▲120
株式売却損	0	0	0
所得金額（最終）	80	200	280
法人税等（30%）	24	60	84

税額計　384

[B株式売却損益の計算]

X年度	通算親法人P
B株式の帳簿価額（投資簿価修正前）	100
投資簿価修正額	56
B株式の帳簿価額（投資簿価修正後）	156
B株式の売却価額	156
B株式の売却損益	0

離脱直前事業年度終了時に時価評価を行う。

土地評価損120×（1－法人税等30%）＝84だけ投資簿価修正額が減少する。

離脱法人の株式の売却損が投資簿価修正により84減少する。

[簿価純資産価額の計算]

	通算子法人B	離脱法人B
	X1/4/1~X1/9/30（離脱直前事業年度）	X1/10/1~X2/3/31（離脱事業年度）
簿価純資産価額（期首残高）	100	156
当期増減	56	140
簿価純資産価額（期末残高）	156	296

第3部 実務上の個別論点Q&A

[図表] 離脱時の時価評価が適用されるケース

[手順1] 離脱時の時価評価が適用されない場合の処理（離脱法人株式の譲渡等による損失の計上の判定）

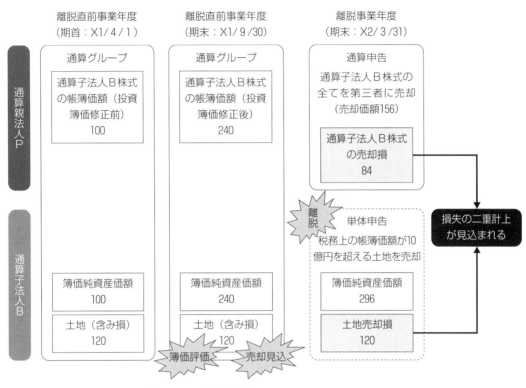

[手順2] 離脱時の時価評価が適用される場合の処理

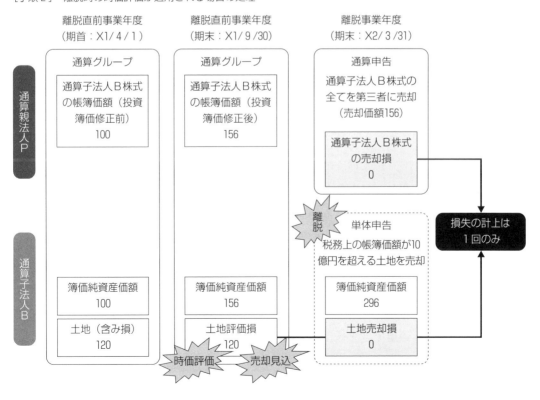

第3部　実務上の個別論点Q&A

Q&A28　中途離脱法人の中小通算法人等の判定について

　通算親法人の事業年度の中途で通算承認の効力が失われた通算法人（中途離脱法人）がいる場合，その中途離脱法人の離脱直前事業年度における大通算法人の判定はどのように行われますか。同様に，中途離脱法人の中小企業者の判定についてはどのように取り扱われますか。

A　通算親法人の事業年度の中途で通算承認の効力が失われた通算法人（中途離脱法人）の離脱日の前日の属する事業年度（離脱直前事業年度）終了時の判定については，その離脱直前事業年度終了日においてその中途離脱法人との間に通算完全支配関係がある他の通算法人を含めて判定し，通算制度を適用しない場合の中小法人に該当しない法人が通算グループ内に1社でもいる場合には，その中途離脱法人は中小通算法人に該当しないことになります（法基通16-5-3）。

　また，中途離脱法人の中小企業者の判定又は適用除外事業者（通算適用除外事業者を含む）の判定についても同様の取扱いとなります（措法42の4⑲八・八の二，措通42の4(3)-1）。

Q&A29　資産調整勘定対応金額等の計算の基礎となる資産及び負債と時価について

　資産調整勘定対応金額等を計算するための時価純資産価額について，その計算の基礎となる資産及び負債はどの時点の資産及び負債を使いますか。また，その時の資産及び負債の時価はどのような価額を使いますか。

A　資産調整勘定対応金額又は負債調整勘定対応金額（以下，「資産調整勘定対応金額等」という）は，取得の時における資産調整勘定対応金額等とされているため，原則として，離脱法人となる通算子法人の対象株式を取得した時にその通算子法人が有する資産及び負債の価額を基礎として計算します（法令119の3⑥⑦）。ただし，その対象株式の取得日が，その通算子法人の決算日とは限らないため，その取得日に有する資産及び負債を把握するのが困難な場合が考えられることから，例えば，その取得した時の直前の月次決算期間又は会計期間の終了日（あるいは，その取得した日を含む月次決算期間又は会計期間の終了日）にその通算子法人が有する資産及び負債の同日における価額を基礎として計算している場合には，同日に有する資産及び負債の内訳とその対象株式の取得時に有する資産及び負債の内訳に著しい差異があるなどの課税上弊害がない限り，これを認めることとしています（法基通2-3-21の7，令和4年度法通趣旨説明2-3-21の7）。なお，これらの日に有する資産及び負債の内訳とその対象株式の取得時に有する資産及び負債の内訳に著しい差異があるなど課税上の弊害が認められる場合には，この通達は適用できませんが，例えば，棚卸資産や売掛金などの流動資産につい

508

ては，行う事業の内容に違いがない限り，一般的には，著しい差異があるとはいえないと考えられ，建物，土地又は有価証券等について取得，譲渡，除却等の事実がある場合には，一般的に一定の調整が必要になると考えられます（令和4年度法通趣旨説明2-3-21の7）。

　以上が，資産調整勘定対応金額等に係る時価純資産価額の計算の基礎となる資産及び負債と時価の考え方ですが，通算開始前に取得した対象株式や段階的に取得した対象株式については，その取得日に有する資産及び負債とその時価を把握することが困難な場合が多いことが想定できます。それを踏まえると，資産調整勘定対応金額等の計算の基礎となる資産及び負債とその時価については，次のような実務対応になると考えられます。

区分	計算の基礎となる資産及び負債と時価
①　完全支配関係発生日を加入日とする場合（つまり，加入時期の特例を適用しない場合）の完全支配関係発生日に取得した対象株式に係る資産調整勘定対応金額等の計算	●原則として，その通算子法人の加入直前事業年度終了日に有する資産及び負債とその時価を基礎として計算する。 ●例外として，加入直前事業年度終了日の時価の算定が困難な場合は，その対象株式の取得時に最も近い月次決算期間又は会計期間終了日，あるいは，連結財務諸表のみなし取得日の資産及び負債とその時価を基礎として時価純資産価額を計算する。 ●これにより，仮に，課税上の弊害が生じてしまう場合は，その資産及び負債の内訳と時価を調整することで課税上の弊害がない合理的な時価純資産価額を計算する。
②　上記①以外の対象株式に係る資産調整勘定対応金額等の計算	●その対象株式の取得時に最も近い月次決算期間又は会計期間終了日，あるいは，連結財務諸表のみなし取得日の資産及び負債とその時価を基礎として時価純資産価額を計算する。 ●これにより，仮に，課税上の弊害が生じてしまう場合は，その資産及び負債の内訳と時価を調整することで課税上の弊害がない合理的な時価純資産価額を計算する。

　また，その有する資産及び負債の価額（時価）については，一般的な意義である「その資産が使用収益されるものとしてその時において譲渡される場合に通常付される価額」（法基通4-1-3，9-1-3）によることとなります（令和4年度法通趣旨説明2-3-21の7）。この点，連結子会社化に際して行う時価評価に係る時価評価額は，一般的には，資産調整勘定対応金額等に係る時価純資産価額の計算の基礎となる離脱法人である通算子法人が有する資産及び負債の価額（時価）と概ね一致するものと考えられます（令和4年度法通趣旨説明2-3-21の7）。

第3部　実務上の個別論点Q&A

| Q&A30 | 通算グループ内で適格合併があった場合における資産調整勘定等対応金額の加算措置の適用について |

> 通算子法人間で適格合併があった場合に，被合併法人である通算子法人の株式に係る資産調整勘定等対応金額は，合併法人である通算子法人の株式に引き継ぐことができますか。

A　通算子法人を合併法人とする通算内適格合併[注1]が行われた場合において，その通算内適格合併に係る被合併法人調整勘定対応金額[注2]があるときは，その通算子法人の株式に係る資産調整勘定等対応金額にその被合併法人調整勘定対応金額を加算することとなります（法令119の3⑥）[注3]。なお，通算内適格合併が行われた場合において，被合併法人である通算子法人の株式につき加算措置の適用を受けることを選択しなかったときには，その後，合併法人である通算子法人に通算終了事由が生じた際に加算措置の適用を受けたとしても，被合併法人調整勘定対応金額を合併法人株式に係る資産調整勘定等対応金額に加算することはできません。また，被合併法人である通算子法人の株式につき加算措置の適用を受けていた場合であっても，合併法人である通算子法人に通算終了事由が生じた際に加算措置の適用を受けることを選択しなかったときには，被合併法人調整勘定対応金額を含め，合併法人（離脱法人）の簿価純資産価額に加算される金額はないこととなります。

［通算内適格合併があった場合の加算措置の適用後の簿価純資産価額とする金額］

$$
\begin{pmatrix} 加算措置の適用 \\ 後の簿価純資産 \\ 価額とする金額 \\ （持株分） \end{pmatrix} = \left(\begin{matrix} 離脱法人の離 \\ 脱直前の簿価 \\ 純資産価額 \\ （100\%分） \end{matrix} + \begin{matrix} 離脱法人株式 \\ に係る資産調 \\ 整勘定等対応 \\ 金額（100\% \\ 分） \end{matrix} + \begin{matrix} 被合併法人 \\ 調整勘定対 \\ 応金額 \end{matrix} \right) \times \dfrac{その通算法人が有する離脱法人の株式の数}{離脱法人の通算承認の効力を失う直前の発行済株式等の総数}
$$

（注1）　通算内適格合併とは，通算子法人の通算終了事由が生じた時前に行われた適格合併のうち，その適格合併の直前の時において通算親法人との間に通算完全支配関係がある法人を被合併法人及び合併法人とするもの並びにその通算親法人との間に通算完全支配関係がある法人のみを被合併法人とする合併で法人を設立するものをいいます（法令119の3⑦）。

（注2）　被合併法人調整勘定対応金額とは，通算内適格合併に係る被合併法人の対象株式につき加算措置の適用を受けた場合におけるその適用に係る資産調整勘定等対応金額に相当する金額をいいます（法令119の3⑦）。

（注3）　通算内適格合併に係る被合併法人株式についての加算措置の適用に当たり，その被合併法人を合併法人とする他の通算内適格合併に係る被合併法人調整勘定対応金額がある場合には，その通算内適格合併に係る被合併法人調整勘定対応金額は，その被合併法人株式に係る資産調整勘定等対応金額に当該他の通算内適格合併に係る被合併法人調整勘定対応金額を加算した金額とします。例えば，T1社を合併法人，T2社を被合併法人とする通算内適格合併（後続合併）より前に，T2社を合併法人，T3社を被合併法人とする通算内適格合併（先行合併）があり，T3株式の投資簿価修正において加算措置の適用がある場合には，後続合併

に係る被合併法人調整勘定対応金額は，後続合併に係る被合併法人株式に係る資産調整勘定等対応金額（T2株式に係る資産調整勘定等対応金額）に先行合併に係る被合併法人株式に係る資産調整勘定等対応金額（T3株式に係る資産調整勘定等対応金額）を加算した金額とします。つまり，複数の通算内適格合併があった場合には，各通算内適格合併に係る被合併法人調整勘定対応金額は最終的な合併法人株式に係る投資簿価修正の計算上簿価純資産価額に加算されることとなります。

[図表] 通算内適格合併をした場合の取扱い

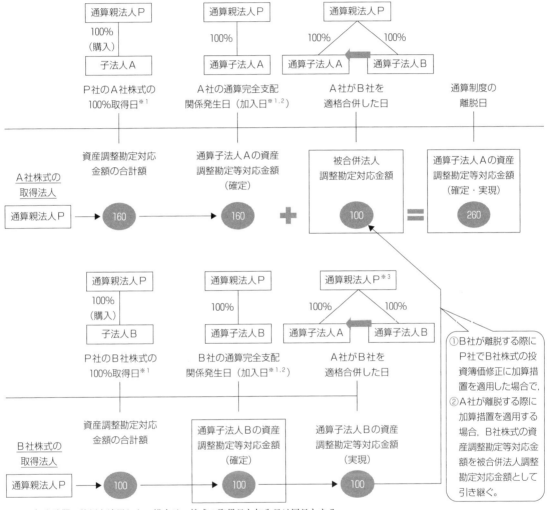

※1 加入時期の特例を適用しない場合は，株式の取得日と加入日は同日となる。
※2 通算制度を開始する場合も同じ取扱いとなる。
※3 P社では，B社株式の投資簿価修正後の帳簿価額を合併法人（A社）株式の帳簿価額に付け替える。

なお，被合併法人調整勘定対応金額を引き継ぐこととなる通算内適格合併は，その適格合併の直前の時において通算親法人との間に通算完全支配関係がある法人間の適格合併となるため，通算制度開始・加入前の完全支配関係法人間の適格合併の場合，その適格合併に係る被合併法人調整勘定対応金額が合併法人に引き継がれません。

そのため，例えば，単体納税の適用期間中に親法人P社の100％設立子法人（A社）と100％

第3部　実務上の個別論点Q&A

買収子法人（B社）が適格合併をした場合，A社（100％出資）とB社（100％買収）のいずれを合併法人としたかによって，通算制度開始後の資産調整勘定等対応金額が生じるかどうかが変わってきます。まず，A社を合併法人，B社を被合併法人とした場合，出資は対象株式に該当しないため，A社では資産調整勘定対応金額等は計算されず，また，単体納税の適用期間中の合併であるため，B社の被合併法人調整勘定対応金額はA社に引き継がれません。一方，A社を被合併法人，B社を合併法人とした場合，単体納税の適用期間中の合併であるため，A社の被合併法人調整勘定対応金額はB社に引き継がれませんが，B社の100％買収による対象株式の取得時の資産調整勘定対応金額等は生じることとなります。

Q&A31 連結内適格合併の経過措置の適用を受けるための届出書を提出していた場合の資産調整勘定等対応金額の加算措置の適用について

　連結内適格合併の経過措置の適用を受けるための届出書を提出していた場合，将来，連結内適格合併等に係る合併法人である通算子法人が離脱する際に，連結内適格合併等に係る被合併法人調整勘定対応金額は必ず加算されることとなりますか。この場合，連結内適格合併等に係る被合併法人調整勘定対応金額がマイナスの場合（負債調整勘定対応金額の場合）でも加算が強制されることとなりますか。

A 　連結納税から通算制度に移行した通算子法人（移行通算子法人）については，連結内適格合併の経過措置が用意されており，移行通算子法人が連結納税の適用期間中に自社を合併法人とした連結内適格合併（令和4年4月1日以後最初に開始する事業年度開始日以前に行われた連結法人間の適格合併）を行っていた場合は，その連結内適格合併を通算内適格合併とみなして，被合併法人である連結子法人の株式に係る被合併法人調整勘定対応金額を計算し，その移行通算子法人（合併法人）の株式に係る資産調整勘定等対応金額に加算することができます（令4改法令附6③）。この連結内適格合併の経過措置の適用を受けるためには，連結親法人であった通算親法人が，令和4年4月1日以後最初に開始する事業年度終了日までに「投資簿価修正における簿価純資産価額の特例計算に関する経過措置を適用する旨の届出書」を納税地の所轄税務署長に提出する必要があります（この届出により被合併法人である連結子法人の株式について，連結終了事由が生じた時に加算措置が適用されたものとみなされることとなる。令4改法令附6③）。この場合，将来，連結内適格合併等に係る合併法人である通算子法人が離脱する際に，その通算子法人が加算措置を適用する場合には，被合併法人である連結子法人株式に係る被合併法人調整勘定対応金額を加算することが強制されます。この点，連結内適格合併等に係る被合併法人調整勘定対応金額がマイナスの場合（負債調整勘定対応金額の場合）でも加算が強制されることとなります。一方，その通算子法人が加算措置を適用しな

512

い場合には，被合併法人である連結子法人株式に係る被合併法人調整勘定対応金額を加算することはありません。

[図表] 被合併法人調整勘定対応金額がプラスとなる場合で，連結内適格合併に係る届出書を提出した場合

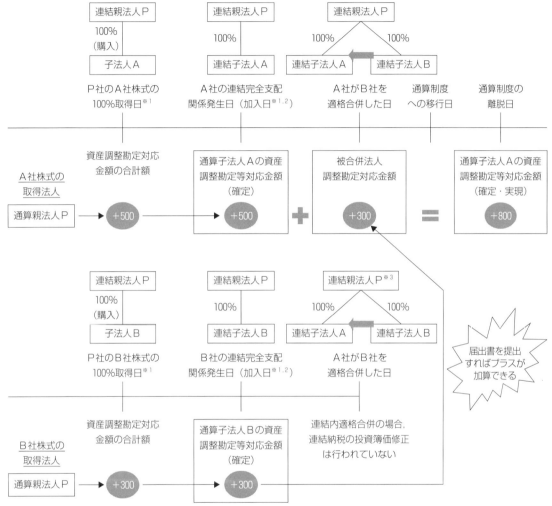

※1 加入時期の特例を適用しない場合は，株式の取得日と加入日は同日となる。
※2 連結納税を開始する場合も同じ取扱いとなる。
※3 P社では，B社株式の投資簿価修正前の帳簿価額を合併法人（A社）株式の帳簿価額に付け替える。

第3部 実務上の個別論点Q&A

[図表] 被合併法人調整勘定対応金額がマイナスとなる場合で，連結内適格合併に係る届出書を提出した場合

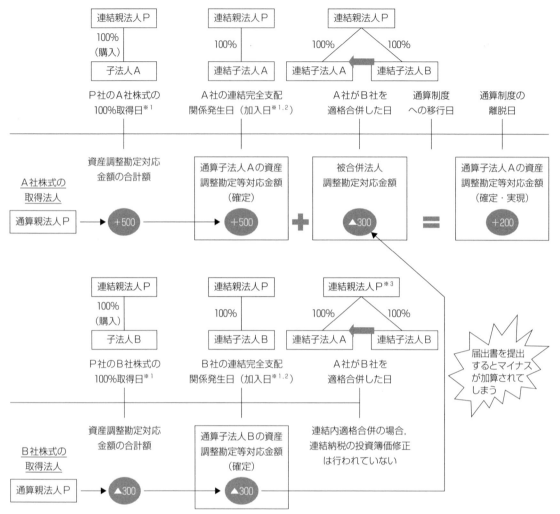

※1 加入時期の特例を適用しない場合は，株式の取得日と加入日は同日となる。
※2 連結納税を開始する場合も同じ取扱いとなる。
※3 P社では，B社株式の投資簿価修正前の帳簿価額を合併法人（A社）株式の帳簿価額に付け替える。

[図表] 被合併法人調整勘定対応金額がマイナスとなる場合で，連結内適格合併に係る届出書を提出しない場合

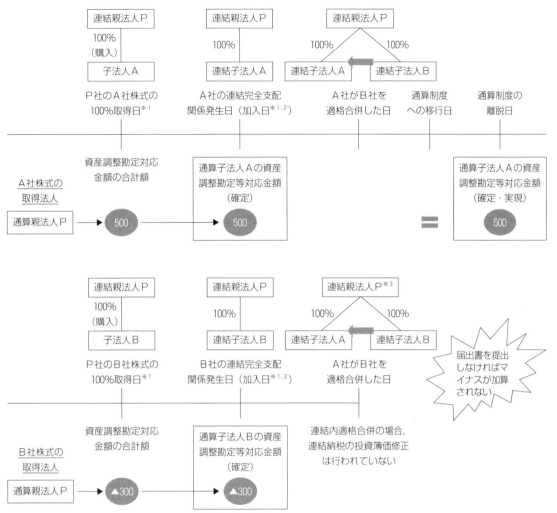

※1 加入時期の特例を適用しない場合は，株式の取得日と加入日は同日となる。
※2 連結納税を開始する場合も同じ取扱いとなる。
※3 P社では，B社株式の投資簿価修正前の帳簿価額を合併法人（A社）株式の帳簿価額に付け替える。

Q&A32 通算子法人株式を通算グループ内で譲渡した場合の資産調整勘定対応金額等の計算について

　通算子法人の株式について，通算法人が他の通算法人に譲渡した場合，その通算子法人株式に係る資産調整勘定対応金額等はどのように計算されますか。この場合，その通算グループ内の株式の譲渡について，その通算子法人の通算制度の開始・加入前に行う場合と開始・加入後に行う場合で取扱いは異なりますか。また，その株式の譲渡法人ではその株式に係る資産調整勘定対応金額等が減額される一方で，その株式の譲受法人では，その株式に係る資産調整勘定対応金額等が新たに発生するのでしょうか。

第3部 実務上の個別論点Q&A

A 通算子法人株式を通算グループ内で譲渡した場合の資産調整勘定対応金額等の計算については，その通算子法人の通算制度の開始・加入日以前に行う場合と開始・加入日後に行う場合で取扱いは異なります。

⑴ その通算子法人の開始・加入日後にその通算子法人株式を通算グループ内で譲渡した場合

資産調整勘定対応金額又は負債調整勘定対応金額（以下，「資産調整勘定対応金額等」という）は，その通算子法人の通算完全支配関係発生日においてその通算子法人株式を有する通算法人（株式等取得法人）が，通算完全支配関係発生日以前に取得をしたその通算子法人の対象株式について計算することから，通算終了事由が生じた時において，その株式等取得法人が通算完全支配関係発生日以前に取得をしたその通算子法人株式を有していない場合であっても，その取得をした対象株式は，資産調整勘定対応金額等の計算の対象となります（法基通2-3-21の5）。

したがって，その通算子法人株式に係る資産調整勘定等対応金額は，その通算子法人の通算制度の開始・加入日の入り口で確定され，その後の通算グループ内のその通算子法人株式の移動はその通算子法人株式に係る資産調整勘定等対応金額の金額には影響を与えません（非適格合併等がある場合を除く）。

⑵ その通算子法人の開始・加入日以前にその通算子法人株式を通算グループ内で譲渡した場合
① 通算子法人株式を譲渡する通算法人

その通算子法人の通算完全支配関係発生日おいてその通算子法人株式を有する通算法人がその通算完全支配関係発生日以前に取得をしたその通算子法人株式をその通算完全支配関係発生日以前に譲渡（適格分割型分割による分割承継法人への移転を含む）した場合には，「各取得時の資産調整勘定対応金額又は負債調整勘定対応金額の合計額」は，その合計額からその譲渡の直前の時においてその通算法人が有するその通算子法人の対象株式に係る資産調整勘定対応金額の合計額又は負債調整勘定対応金額の合計額をその直前の時においてその通算法人が有するその通算子法人の株式の数で除し，これにその譲渡をしたその通算子法人の株式の数を乗じて計算した金額の合計額を控除した金額とします（法令119の3⑥）。

② 通算子法人株式を譲り受ける通算法人

その通算子法人株式の取得が対象株式の取得に該当する場合（例えば，購入した場合）は，譲受法人である通算法人（その通算完全支配関係発生日にその通算子法人株式を有する通算法人に限る）で資産調整勘定対応金額等が発生することとなります。一方，その通算子法人株式の取得が対象株式の取得に該当しない場合（例えば，適格分割で移転を受けた場合）は，譲受法人である通算法人（その通算完全支配関係発生日にその通算子法人株式を有する通算法人に限る）で資産調整勘定対応金額等は発生しないこととなります。

[図表] 通算子法人の開始・加入日後にその通算子法人株式を通算グループ内で譲渡した場合

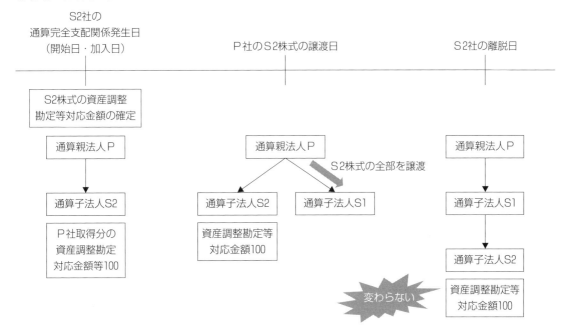

[図表] 通算子法人の開始・加入日以前にその通算子法人株式を通算グループ内で譲渡した場合（株式売却による譲渡のケース）

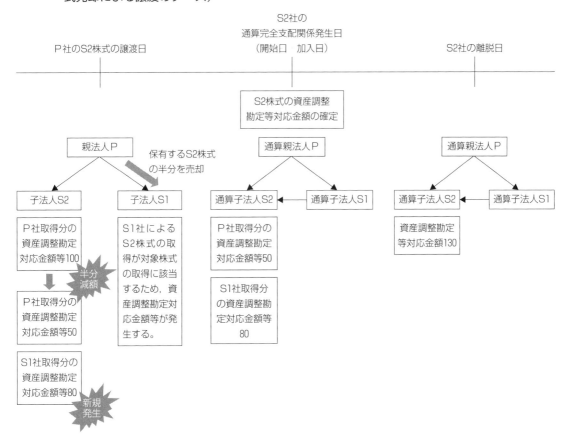

[図表] 通算子法人の開始・加入日以前にその通算子法人株式を通算グループ内で譲渡した場合（適格分割による譲渡のケース）

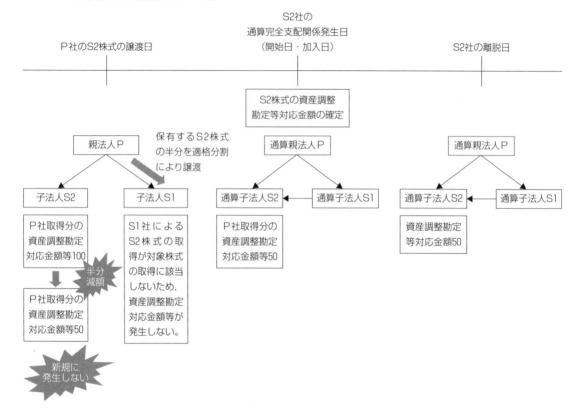

Q&A33　通算完全支配関係発生日に通算グループ内で株式の移動をした場合の資産調整勘定対応金額等の計算について

　次のように，通算完全支配関係発生日に通算グループ内で株式の移動をした場合の資産調整勘定対応金額等の発生はどのように考えればよいでしょうか。

[ケース1]

　P社（通算親法人）は，A1社との間に株式の購入により通算完全支配関係が発生しましたが，通算完全支配関係発生日にA1社の100％子会社であるA2社の株式を適格現物分配によりP社に移転しました。

[ケース2]

　P社（通算親法人）は，B1社を適格合併で吸収合併しましたが，B1社の100％子会社であるB2社の株式を通算完全支配関係発生日にS1社（通算子法人）に売却しました。

[ケース3]

　P社（通算親法人）は，C1社との間に株式の購入により通算完全支配関係が発生しましたが，通算完全支配関係発生日にC1社をS2社（通算子法人）が適格合併で吸収合併しました。

第3部 実務上の個別論点Q&A

　法人税法施行令第119条の3第6項では，資産調整勘定等対応金額の計算について，次の2つが定められています。

① 通算完全支配関係発生日において通算子法人の株式を有する法人（株式取得法人）が通算完全支配関係発生日以前に取得をしたその通算子法人の対象株式に係る各取得の時における資産調整勘定対応金額又は負債調整勘定対応金額（以下，「資産調整勘定対応金額等」という）を計算する。

② 株式取得法人が通算完全支配関係発生日以前にその通算子法人の株式の譲渡（適格分割型分割による分割承継法人への移転を含む）をした場合には，それまでに生じている資産調整勘定対応金額等のうち譲渡分に対応する金額を減額する。

そのため，通算完全支配関係発生日に通算グループ内で株式の移動をした場合，通算完全支配関係発生日の最後にその通算子法人の株式を有する通算法人がその通算子法人の資産調整勘定対応金額等を計算する株式取得法人に該当することになると考えられます。また，この場合，その取得事由から通算完全支配関係発生日に取得した通算子法人の株式について資産調整勘定対応金額等が生じるかが決まることとなります。3つのケースについてまとめると次のとおりとなります。

[通算完全支配関係発生日に通算グループ内で株式の移動をした場合の資産調整勘定対応金額等の計算]

ケース	加入法人	通算完全支配関係発生日においてその通算子法人の株式を有する法人（計算当事者）	取得事由	資産調整勘定対応金額等の発生の有無
ケース1	A1株式	P社	購入	発生する（対象株式の取得に該当する）
	A2株式	P社	適格現物分配の簿価取得	発生しない（対象株式の取得に該当しない）
ケース2	B1株式	なし	−	−
	B2株式	S1社	購入	発生する（対象株式の取得に該当する）
ケース3	C1株式	なし	−	−

519

第3部 実務上の個別論点Q&A

[ケース1] 通算完全支配関係発生日に通算グループ内で株式の移動をした場合

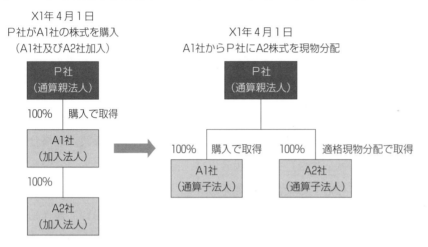

[ケース2] 通算完全支配関係発生日に通算グループ内で株式の移動をした場合

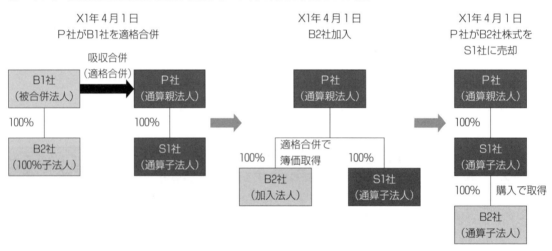

[ケース3] 通算完全支配関係発生日に通算グループ内で株式の移動をした場合

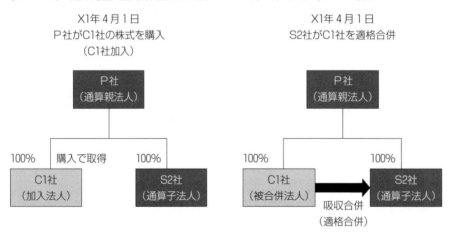

第3部　実務上の個別論点Q&A

Q&A34　通算子法人が事業譲渡・非適格分割等を行った場合の資産調整勘定等対応金額について

　先日，通算子法人S1が自社を分割法人とする非適格分割を行いました。ところで，通算子法人を被合併法人等とする非適格合併等が行われた場合，その非適格合併等前に取得したその通算子法人の対象株式に係る資産調整勘定対応金額等はないものとされるとのことですが，通算子法人S1の資産調整勘定対応金額等は0になるのでしょうか。

A　通算子法人を被合併法人等とする非適格合併等が行われた場合には，その非適格合併等前に取得したその通算子法人の対象株式に係る資産調整勘定対応金額又は負債調整勘定対応金額（以下，「資産調整勘定対応金額等」という）はないものとされます（法令119の3⑥二・⑦三・四）。具体的には，通算完全支配関係発生日からその通算終了事由が生じた時の直前までの間に離脱法人である通算子法人を被合併法人等とする非適格合併等が行われた場合には，その通算子法人の株式に係る資産調整勘定等対応金額は0となります。

　また，離脱法人である通算子法人の対象株式の取得の時から通算完全支配関係発生日の前日までの間にその通算子法人を被合併法人等とする非適格合併等が行われた場合は，その取得時までに生じた資産調整勘定対応金額等は0となります。

　つまり，離脱法人である通算子法人を被合併法人等とする非適格合併等が行われた場合には，それまでに生じていた資産調整勘定対応金額等が0となります。

　ここで，「非適格合併等」とは，資産調整勘定等が計上される法人税法第62条の8第1項（法人税法施行令第123条の10第1項を含む）に規定する「非適格合併及び非適格分割等」をいい，非適格分割等とは，非適格分割，非適格現物出資，事業譲渡のうち，分割法人，現物出資法人，譲渡法人のその非適格分割等の直前において行う事業及びその事業に係る主要な資産又は負債のおおむね全部が分割承継法人，被現物出資法人，譲受法人に移転をするものをいい，「被合併法人等」とは，資産調整勘定等が計上される法人税法第62条の8第1項（法人税法施行令第123条の10第2項を含む）に規定する被合併法人，分割法人，現物出資法人，譲渡法人をいいます。

　以上より，通算子法人S1が自社を分割法人とする非適格分割を行った場合で，その非適格分割が分割法人のその非適格分割等の直前において行う事業及びその事業に係る主要な資産又は負債のおおむね全部が分割承継法人に移転をするものである場合，①非適格分割が通算完全支配関係発生日からその通算終了事由が生じた時の直前までの間に行われた場合は，その通算子法人株式に係る資産調整勘定等対応金額（100％相当額）は0となり，②非適格分割が通算完全支配関係発生日の前日までの間に行われた場合は，その取得時までに生じていた資産調整勘定対応金額等が0となります。この点，事業譲渡や非適格分割等の規模も相手先も問わないことから，組織再編を頻繁に行う通算子法人については知らないうちにプレミアム相当額が消滅している場合もあり得るため，事業譲渡や非適格分割を行う場合（あるいは既に行っている

521

場合）は注意が必要となります。

[図表] 対象株式の取得の時から通算完全支配関係発生日の前日までの間に通算子法人が事業譲渡・非適格分割等を行った場合の資産調整勘定等対応金額の取扱い

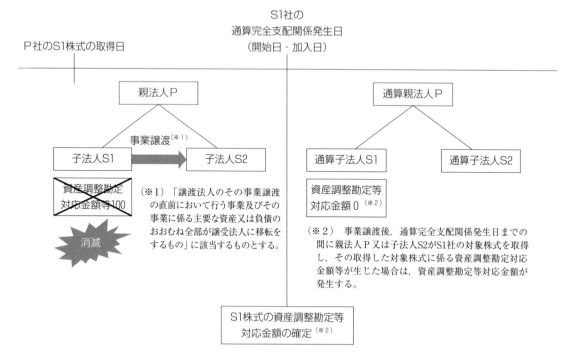

[図表] 通算完全支配関係発生日から通算終了事由が生じた時の直前までの間に通算子法人が事業譲渡・非適格分割等を行った場合の資産調整勘定等対応金額の取扱い

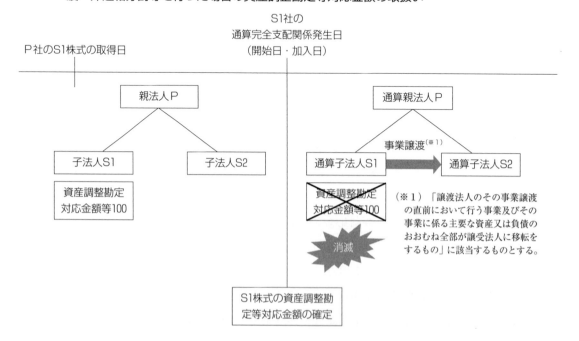

第3部　実務上の個別論点Q&A

| Q&A35 | 通算子法人が事業譲渡・非適格分割等を行った場合の被合併法人調整勘定対応金額について |

　通算子法人A社は，通算子法人B社を通算内適格合併しており，その通算子法人B社株式について，被合併法人調整勘定対応金額が生じています。ところで，通算子法人A社は，自社を分割法人とした非適格分割を行っております。

この場合，

①　通算完全支配関係発生日前に非適格分割を行っている場合

②　通算完全支配関係発生日から通算終了事由が生じた時の直前までの間に非適格分割を行っている場合

　それぞれにおいて，通算子法人B社株式に係る被合併法人調整勘定対応金額はどのような取扱いとなりますか。なお，非適格分割は，法人税法第62条の8第1項（非適格合併等により移転を受ける資産等に係る調整勘定の損金算入等）に規定する非適格合併等に該当します。

A 　通算子法人A社が通算完全支配関係発生日から通算子法人A社の通算終了事由が生じた時の直前までの間に自社を分割法人とした非適格分割[注1]を行っている場合は，通算子法人B社株式に係る被合併法人調整勘定対応金額は，通算子法人A社株式に係る資産調整勘定等対応金額とともに消滅します。

　この場合，通算内適格合併[注2]の時期と非適格分割の時期のいずれが先かは関係なく，通算完全支配関係発生日から通算終了事由が生じた時の直前までの間に非適格分割を行っていれば，通算内適格合併に係る被合併法人調整勘定対応金額は消滅します。

(注1)　非適格分割は，法人税法第62条の8第1項（非適格合併等により移転を受ける資産等に係る調整勘定の損金算入等）に規定する非適格合併等に該当するものとします（以下，「非適格分割」及び「非適格合併等」について同じ）。

(注2)　通算内適格合併とは，通算子法人の通算終了事由が生じた時前に行われた適格合併のうち，その適格合併の直前の時において通算親法人との間に通算完全支配関係がある法人を被合併法人及び合併法人とするもの並びにその通算親法人との間に通算完全支配関係がある法人のみを被合併法人とする合併で法人を設立するものをいいます。

　これは，法人税法施行令第119条の3第6項二号では「イ及びロに掲げる金額の合計額からハ及びニに掲げる金額の合計額を減算した金額（当該他の通算法人を合併法人とする通算内適格合併に係る被合併法人調整勘定対応金額がある場合には当該被合併法人調整勘定対応金額に相当する金額を加算した金額とし，通算完全支配関係発生日から当該通算終了事由が生じた時の直前までの間に当該他の通算法人を法第62条の8第1項（非適格合併等により移転を受ける資産等に係る調整勘定の損金算入等）に規定する被合併法人等とする同項に規定する非適格合併等が行われた場合には零とする。）」と定められているため，通算子法人が通算完全支配関係発生日からその通算子法人の通算終了事由が生じた時の直前までの間に自社を被合併法人等と

523

第3部　実務上の個別論点Q&A

する非適格合併等が行われた場合，その通算子法人株式に係る資産調整勘定等対応金額は被合併法人調整勘定対応金額を含めて0になることがわかります。

　一方，被合併法人調整勘定対応金額の加算は法人税法施行令第119条の3第6項二号でのみ定められているため，通算子法人A社が通算完全支配関係発生日前に自社を分割法人とした非適格分割を行っている場合は，通算子法人B社株式に係る被合併法人調整勘定対応金額は通算子法人A社株式に係る資産調整勘定等対応金額に加算する（引き継ぐ）こととなります。

　この点，被合併法人調整勘定対応金額は，合併時にその都度，引き継ぐ（発生する）という考え方ではなく，離脱時に過去の通算内適格合併に係る被合併法人調整勘定対応金額が発生するという考え方を採っていることになります。

　そのため，通算子法人が通算完全支配関係発生日前に自社を被合併法人等とする非適格合併等が行われた場合には，それまでに発生している資産調整勘定対応金額又は負債調整勘定対応金額は消滅しますが，通算内適格合併に係る被合併法人調整勘定対応金額については消滅せずに，その通算子法人株式に係る資産調整勘定等対応金額に加算する（引き継ぐ）こととなります。

Q&A36　通算子法人株式の譲渡時に配当を行う場合のタイミングと投資簿価修正額への影響

　当社（通算親法人P社。3月決算）は，［案件1］通算子法人A社の株式の通算グループ内の譲渡，［案件2］通算子法人B社の株式の通算グループ外への譲渡，を検討しています。

　［案件1］［案件2］について，［選択肢1］株式譲渡時に配当をせずに株式譲渡をする場合，［選択肢2］株式譲渡日の前日に配当をして翌日に株式譲渡をする場合，［選択肢3］株式譲渡日に配当をして，その直後に株式譲渡をする場合，のいずれかによって株式譲渡損益は異なりますか。

　詳細は次のとおりとなります。

［案件1］

- 譲渡株式：通算子法人A社の株式
- 譲渡法人：通算親法人P社
- 譲受法人：通算グループ内の通算子法人C社
- 決算日：P社，A社，C社いずれも3月31日
- 株式譲渡日：X1年10月1日
- 株式譲渡契約日：X1年10月1日
- 配当金額：400
- A社株式の譲渡価額（配当前）：時価純資産価額1,000
- A社株式の譲渡価額（配当後）：600（1,000－配当による現金減少額400）
- P社の譲渡直前のA社株式の帳簿価額（投資簿価修正前）：500
- A社の譲渡日の前日の簿価純資産価額（配当前）：850

524

第3部　実務上の個別論点Q&A

- ● Ａ社の譲渡日の前日の簿価純資産価額（配当後）：450
- ● Ａ社株式の資産調整勘定等対応金額：0
- ● Ａ社は初年度離脱通算子法人に該当しない。

［案件2］
- ● 譲渡株式：通算子法人Ｂ社の株式
- ● 譲渡法人：通算親法人Ｐ社
- ● 譲受法人：通算グループ外の法人Ｑ社
- ● 決算日：Ｐ社，Ｂ社，Ｑ社いずれも3月31日
- ● 株式譲渡日：X1年10月1日
- ● 株式譲渡契約日：X1年10月1日
- ● 配当金額：400
- ● Ｂ社株式の譲渡価額（配当前）：時価純資産価額1,000
- ● Ｂ社株式の譲渡価額（配当後）：600（1,000－配当による現金減少額400）
- ● Ｐ社の譲渡直前のＢ社株式の帳簿価額（投資簿価修正前）：500
- ● Ｂ社の離脱直前事業年度末の簿価純資産価額（配当前）：850
- ● Ｂ社の離脱直前事業年度末の簿価純資産価額（配当後）：450
- ● Ｂ社株式の資産調整勘定等対応金額：0
- ● Ｂ社は初年度離脱通算子法人に該当しない。

A　［案件1］については，通算終了事由が生じないことから投資簿価修正は行われません。また，そもそも，通算グループ内の通算子法人株式の譲渡に該当するため，株式譲渡損益は繰延も実現もしないことから所得金額には相違は生じません（法法61の11⑧，法令122の12⑯）。

さらに，配当をするかしないかで，株式の譲渡価額が異なる場合，株式譲受法人である通算法人における株式の取得価額が異なることになりますが，将来，その通算法人がその株式を譲渡する際は，その株式を発行した通算子法人の簿価純資産価額にその株式の帳簿価額が修正されることから，今回の株式譲受法人における将来の株式譲渡損益についても税務上の差異は生じないこととなります。なお，100％子会社からの配当に該当するため，完全子法人株式に係る配当に該当する場合，受取配当金は全額益金不算入となります（法法23①）。

［案件2］については，配当の額だけ株式の譲渡価額が修正されることになるため，現行の法令では，配当を譲渡日（離脱日）の前日に行う場合は配当額が投資簿価修正額に反映されるため，株式の譲渡価額と株式の帳簿価額が同額スライドすることとなり，配当をしない場合と比較して，結果的に株式譲渡損益は変わりません。

一方，現行の法令では，配当を譲渡日（離脱日）に行う場合は配当額が投資簿価修正額に反

525

第3部　実務上の個別論点Q&A

映されないため，株式の譲渡価額は修正されますが，株式の帳簿価額は配当をしない場合と同額のままであるため，配当をしない場合と比較して株式譲渡損益が変わることとなります。

　この点，投資簿価修正については，その趣旨からいっても，通算グループから離脱する直前の簿価純資産価額に基づいて計算されるべきであり，①株式譲渡日の前日に配当をして翌日に株式譲渡をする場合と株式譲渡日に配当をして，その直後に株式譲渡をする場合で，投資簿価修正額（株式譲渡損益）が異なるのは理論的ではありません。

　しかし，現行の法令では，離脱法人の「通算承認の効力を失った日の前日の属する事業年度終了の時において有する資産又は負債の帳簿価額」に基づいて，投資簿価修正額を計算することになっています。ここで，「通算承認の効力を失った日の前日の属する事業年度終了の時」とは，離脱直前事業年度終了の時であり，具体的には，離脱日の前日を終了日とした離脱直前事業年度の確定申告書におけるその事業年度終了時の資産又は負債の帳簿価額に基づき，投資簿価修正額を計算することを意味します。なお，「連結納税制度の見直しに関する法人税法等の改正（財務省）」951頁でも，「（注）通算終了事由とは，通算承認がその効力を失うことをいいます。したがって，上記の帳簿価額の修正は，通算承認の効力を失う日の前日に行うこととなります。」と解説されています。

　したがって，この取扱いは理論的ではないと考えられますが，現行の法令では，離脱日（株式譲渡日）の前日に配当を支払った場合は，離脱日の前日に現金が減少しているため，簿価純資産価額には含まれないこととなり（結果，株式の帳簿価額が減る＝株式譲渡益が増える），離脱日（株式譲渡日）に配当を支払った場合は，離脱日の前日に現金が減少していないため，簿価純資産価額に含まれることとなります（結果，株式の帳簿価額が増える＝株式譲渡益が減る）。

　なお，この論点は，連結納税制度から継続している問題となります。

［法人税法第119条の3第5項（一部抜粋）］
5　内国法人の有する株式（出資を含むものとし，移動平均法によりその1単位当たりの帳簿価額を算出するものに限る。第3号を除き，以下この項において同じ。）を発行した他の通算法人（第24条の3（資産の評価益の計上ができない株式の発行法人等から除外される通算法人）に規定する初年度離脱通算子法人及び通算親法人を除く。）について通算終了事由（法第64条の9第1項（通算承認）の規定による承認がその効力を失うことをいう。以下この項において同じ。）が生じた場合には，その株式の当該通算終了事由が生じた時の直後の移動平均法により算出した1単位当たりの帳簿価額は，当該通算終了事由が生じた時の直前の帳簿価額に簿価純資産不足額（当該帳簿価額が簿価純資産価額（第1号に掲げる金額から第2号に掲げる金額を減算した金額に第3号に掲げる割合を乗じて計算した金額をいう。以下この項において同じ。）に満たない場合におけるその満たない部分の金額をいう。）を加算し，又は当該直前の帳簿価額から簿価純資産超過額（当該帳簿価額が簿価純資産価額を超える場合におけるその超える部分の金額をいう。）を減算した金額をその株式の数で除して計算した金額とする。
一　当該他の通算法人の当該承認の効力を失った日の前日の属する事業年度終了の時において

526

第3部　実務上の個別論点Q&A

　　　有する資産の帳簿価額の合計額
　二　当該他の通算法人の当該承認の効力を失った日の前日の属する事業年度終了の時において有する負債（新株予約権及び株式引受権に係る義務を含む。）の帳簿価額の合計額
　三　当該他の通算法人の当該承認の効力を失う直前の発行済株式又は出資（当該他の通算法人が有する自己の株式又は出資を除く。第7項において「発行済株式等」という。）の総数又は総額のうちに当該内国法人が当該直前に有する当該他の通算法人の株式又は出資の数又は金額の占める割合

[図表]　通算子法人株式の譲渡時に配当を行う場合のタイミングと投資簿価修正額への影響
[案件1]　通算子法人A社の株式の通算グループ内の譲渡

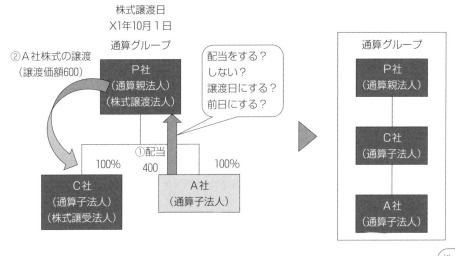

	選択肢1	選択肢2	選択肢3
	株式譲渡時に配当をせずに株式譲渡をする場合	株式譲渡日の前日に配当をして翌日に株式譲渡をする場合	株式譲渡日に配当をして、その直後に株式譲渡をする場合
A社の譲渡日の前日の簿価純資産価額	850	450	850
A社株式の帳簿価額（投資簿価修正はない）	500	500	500
A社株式の譲渡価額	1,000	600	600
A社株式の譲渡益相当額（繰延も実現もしない）	500	100	100

株式の譲渡損益は繰延も実現もしないため、選択肢によって税負担に差異は生じない。

C社のA社株式の取得価額は、今回のA社株式の譲渡価額によって異なるが、C社が最終的にA社株式を譲渡する場合には、A社株式の帳簿価額はA社の簿価純資産価額に修正されるため、将来、C社のA社株式の売却を考慮しても今回の選択肢によって差異は生じない。

527

[案件2] 通算子法人B社の株式の通算グループ外への譲渡

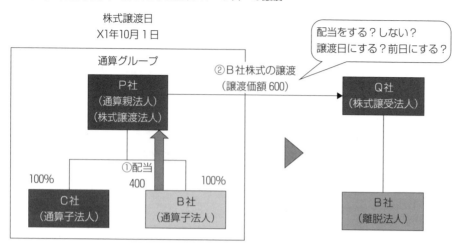

	選択肢1	選択肢2	選択肢3
	株式譲渡時に配当をせずに株式譲渡をする場合	株式譲渡日の前日に配当をして翌日に株式譲渡をする場合	株式譲渡日に配当をして、その直後に株式譲渡をする場合
B社の離脱直前事業年度末の簿価純資産価額	850	450	850
B社株式の帳簿価額（投資簿価修正後）	850	450	850
B社株式の譲渡価額	1,000	600	600
B社株式の譲渡損益（プラス：譲渡益，マイナス：譲渡損）	150	150	▲250

Q&A37 通算子法人株式の譲渡に際して，債権放棄を行う場合のタイミングと投資簿価修正額への影響

当社（通算親法人P社。3月決算）は，債務超過であり，業績不振の通算子法人A社の株式の全部を通算グループ外の法人Q社へ譲渡することを検討しています。ただし，Q社のA社株式の買取りは，P社が有するA社に対する貸付金を債権放棄して，A社の債務超過を解消することが条件となります。

そこで質問ですが，［選択肢1］株式譲渡日の前日に債権放棄をして翌日に株式譲渡をする場合，［選択肢2］株式譲渡日に債権放棄をして，その直後に株式譲渡をする場合，のいずれかによって株式譲渡損益は異なりますか。

なお，この債権放棄損については，法人税基本通達9−4−1（子会社等を整理する場合の損失負担等）で規定される「法人がその子会社等の経営権の譲渡等に伴い当該子会社等のために債権放棄等（損失負担等）をした場合において，その損失負担等をしなければ今後より大きな損失を蒙ることになることが社会通念上明らかであると認められるためやむを得ずその損失負担等をす

るに至った等そのことについて相当な理由があると認められる」ものとして，寄附金に該当しないと考えております。

詳細は次のとおりとなります。

- 譲渡株式：通算子法人Ａ社の株式
- 譲渡法人：通算親法人Ｐ社
- 譲受法人：通算グループ外の法人Ｑ社
- 株式譲渡日（離脱日）：X1年10月1日
- 株式譲渡契約日：X1年10月1日
- 債務放棄額（債務免除額）：400
- Ａ社株式の譲渡価額（債務免除後）：100
- Ｐ社の譲渡直前のＡ社株式の帳簿価額（投資簿価修正前）：500
- Ａ社の離脱直前事業年度末の簿価純資産価額（債務免除前）：▲400
- Ａ社の離脱直前事業年度末の簿価純資産価額（債務免除後）：0
- Ａ社の繰越欠損金：400
- Ａ社の繰越欠損金の控除限度割合：100％（中小通算法人）
- Ａ社の離脱直前事業年度の所得金額（債務免除益計上前）：0
- Ａ社の離脱直前事業年度の所得金額（債務免除益計上かつ繰越欠損金使用後）：0
- Ａ社株式の資産調整勘定等対応金額：0
- Ａ社は初年度離脱通算法人に該当しない。

A 　税務上の考え方は，「Q＆A36：通算子法人株式の譲渡時に配当を行う場合のタイミングと投資簿価修正額への影響」で解説したとおりとなります。

したがって，現行の法令では，離脱日（株式譲渡日）の前日に債務免除益が計上される場合は，離脱日の前日に借入金が減少しているため，簿価純資産価額が増加することとなり（結果，株式の帳簿価額が増える＝株式譲渡益が減る），離脱日（株式譲渡日）に債務免除益が計上される場合は，離脱日の前日に借入金が減少していないため，簿価純資産価額が減少することとなります（結果，株式の帳簿価額が減る＝株式譲渡益が増える）。

第3部 実務上の個別論点Q&A

[図表] 通算子法人株式の譲渡に際して、債権放棄を行う場合のタイミングと投資簿価修正額への影響

[案件] 通算子法人Ａ社の株式の通算グループ外への譲渡

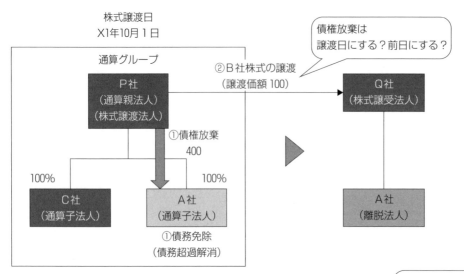

	選択肢1	選択肢2
	株式譲渡日の前日に債権放棄をして翌日に株式譲渡をする場合	株式譲渡日に債権放棄をして、その直後に株式譲渡をする場合
Ａ社の離脱直前事業年度末の簿価純資産価額	0	▲400
Ａ社株式の帳簿価額	0	▲400
Ａ社株式の譲渡価額	100	100
Ａ社株式の譲渡損益（プラス：譲渡益，マイナス：譲渡損）	100	500

[選択肢1]は，債務免除益の益金算入は，離脱直前事業年度に，[選択肢2]は，債務免除益の益金算入は，離脱事業年度に行われる。なお，Ｐ社の債権放棄損400が寄附金に該当しない場合，Ａ社で債務免除益400が益金算入される。また，中小通算法人として，繰越欠損金400を使用できることから離脱直前事業年度に課税所得は生じないものとしている。

Q&A38　加入時の離脱見込み法人株式の時価評価が適用されるケース（支配関係のない法人を加入させるケース）

　当社（通算親法人Ｐ）は，Ｂ社の株式の100％分を1,000で取得し，100％子会社化する予定です。その場合，Ｂ社は通算制度に加入することとなります。ただし，そのうち，20％分を業務提携を行う商社Ｑ社（通算グループ外）に200で売却することが予定されております。Ｂ社は，他の要件を満たすため，完全支配関係継続要件を満たすか否かにより時価評価除外法人に該当するかが変わります。また，完全支配関係継続要件を満たさない場合は，離脱見込み法人に該当するため，加入時の離脱見込み法人株式の時価評価が適用されることとなります。そのため，Ｂ社の株式の100％分を1,000で取得し完全子法人化した後に，20％分をＱ社（通算グループ外）に200で売却す

第3部　実務上の個別論点Q&A

るケースについて，以下の場合を比較すると税負担にどのような差異が生じるでしょうか。

［ケース1］完全支配関係継続要件を満たし，時価評価除外法人に該当する場合で，初年度離脱加入子法人に該当しない場合

［ケース2］完全支配関係継続要件を満たさず，初年度離脱加入子法人に該当する場合

［ケース3］完全支配関係継続要件を満たさず，特例決算期間の中途において完全支配関係を有しなくなる場合

［ケース4］完全支配関係継続要件を満たさず，初年度離脱加入子法人に該当しない場合

　なお，B社の加入日の前日の簿価純資産価額は600，土地の含み益は100，のれんは300とし，B社株式の時価は，1,000（100%分。P社のB社株式の取得価額から算出）とします。また，B社株式の資産調整勘定等対応金額は300（1,000－（600＋100））とします。さらに，B社の加入日の前日から離脱日の前日まで，土地評価益100に係る金額70（100×（1－税率30%））を除いて，簿価純資産価額は変動しないものとします。

A 　［ケース1］～［ケース4］の税務上の取扱いについて，図表で表すとそれぞれ次のとおりとなります（法法64の12①②，法令131の16①③⑤⑥）。

[ケース１] 支配関係のない法人について加入時の離脱見込み法人株式の時価評価が適用されないケース（完全支配関係継続要件を満たし，時価評価除外法人に該当する場合で，初年度離脱加入子法人に該当しない場合）

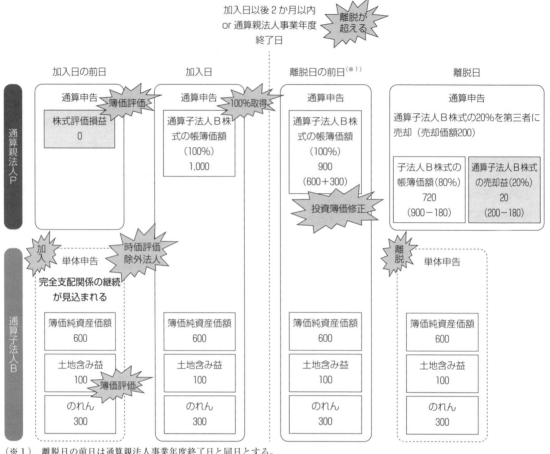

（※１） 離脱日の前日は通算親法人事業年度終了日と同日とする。

[ケース２] 支配関係のない法人について加入時の離脱見込み法人株式の時価評価が適用されないケース（完全支配関係継続要件を満たさず，初年度離脱加入子法人に該当する場合）

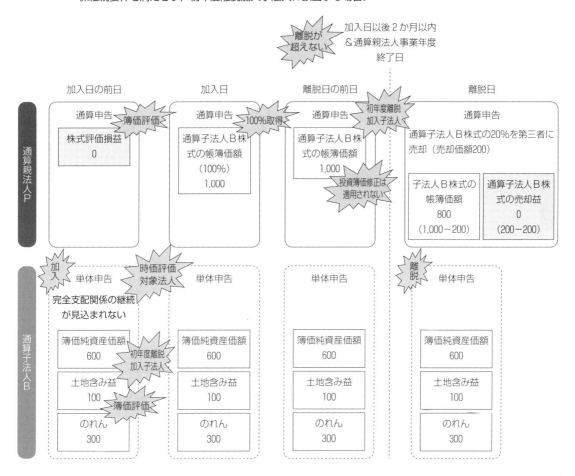

第3部 実務上の個別論点Q&A

[ケース3] 支配関係のない法人について加入時の離脱見込み法人株式の時価評価が適用されないケース（完全支配関係継続要件を満たさず，特例決算期間の中途に完全支配関係を有しなくなる場合）

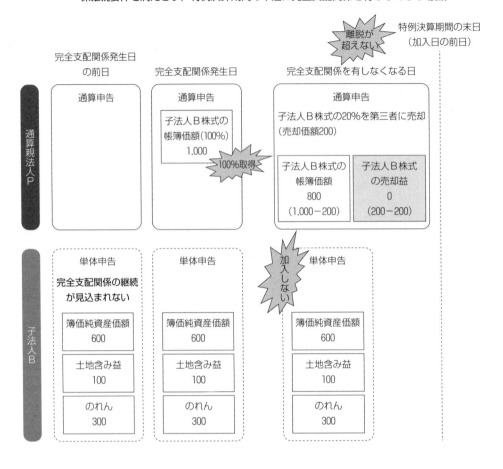

第3部 実務上の個別論点Q&A

[ケース4] 支配関係のない法人について加入時の離脱見込み法人株式の時価評価が適用されるケース（完全支配関係継続要件を満たさず，初年度離脱加入子法人に該当しない場合）

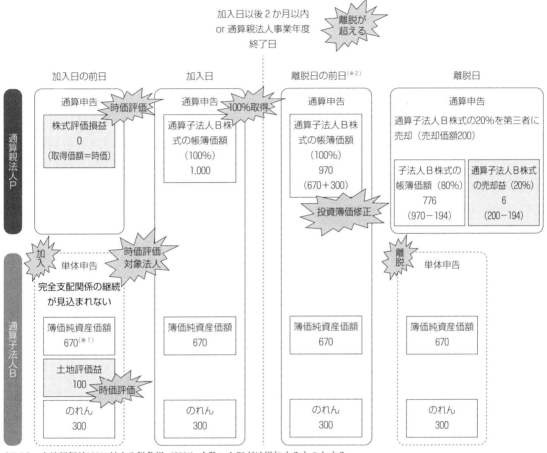

（※1） 土地評価益100に対する税負担（30%）を除いた70だけ増加するものとする。
（※2） 離脱日の前日は通算親法人事業年度終了日と同日とする。

第3部　実務上の個別論点Q&A

Q&A39 加入時の離脱見込み法人株式の時価評価が適用されるケース（支配関係のある法人を加入させるケース）

　当社（通算親法人Ｐ）は，Ｂ社の株式の90％分を帳簿価額720で所有していますが，今回，Ｂ社の株式10％分を少数株主から100で追加取得し，100％子会社化する予定です。その場合，Ｂ社は通算制度に加入することとなります。ただし，そのうち，20％分を業務提携を行う商社Ｑ社（通算グループ外）に200で売却することが予定されております。Ｂ社は，その他の要件を満たすため，完全支配関係継続要件を満たすか否かにより時価評価除外法人に該当するかが変わります。また，完全支配関係継続要件を満たさない場合は，離脱見込み法人に該当するため，加入時の離脱見込み法人株式の時価評価が適用されることとなります。そのため，Ｂ社の株式の10％分を少数株主から100で取得し完全子法人化した後に，20％分をＱ社（通算グループ外）に200で売却するケースについて，以下の場合を比較すると税負担にどのような差異が生じるでしょうか。

［ケース１］完全支配関係継続要件を満たし，時価評価除外法人に該当する場合で，初年度離脱加入子法人に該当しない場合

［ケース２］完全支配関係継続要件を満たさず，初年度離脱加入子法人に該当する場合

［ケース３］完全支配関係継続要件を満たさず，特例決算期間の中途において完全支配関係を有しなくなる場合

［ケース４］完全支配関係継続要件を満たさず，初年度離脱加入子法人に該当しない場合

　なお，Ｂ社の加入日の前日の簿価純資産価額は600，土地の含み益は100，のれんは300とし，Ｂ社株式の時価は，1,000（100％分。Ｑ社への売却価額200（20％分）から算出）とします。また，Ｂ社株式について，Ｐ社が既に所有している90％分については取得時期が古いため，資産調整勘定対応金額等を計算することが困難ですが，10％分については，資産調整勘定対応金額30（100－（600＋100）×10％）が発生するため，Ｂ社株式の資産調整勘定等対応金額は30とします。さらに，Ｂ社の加入日の前日から離脱日の前日まで，土地評価益100に係る金額70（100×（１－税率30％））を除いて，簿価純資産価額は変動しないものとします。

A ［ケース１］〜［ケース４］の税務上の取扱いについて，図表で表すとそれぞれ次のとおりとなります（法法64の12①②，法令131の16①③⑤⑥）。

536

[ケース1] 支配関係のある法人について加入時の離脱見込み法人株式の時価評価が適用されないケース（完全支配関係継続要件を満たし，時価評価除外法人に該当する場合で，初年度離脱加入子法人に該当しない場合）

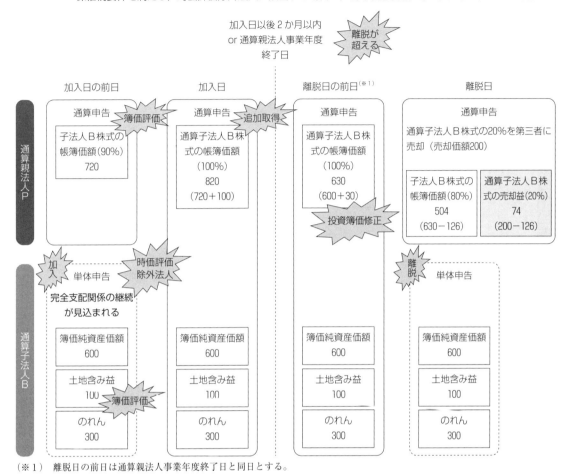

（※1） 離脱日の前日は通算親法人事業年度終了日と同日とする。

[ケース２] 支配関係のある法人について加入時の離脱見込み法人株式の時価評価が適用されないケース（完全支配関係継続要件を満たさず，初年度離脱加入子法人に該当する場合）

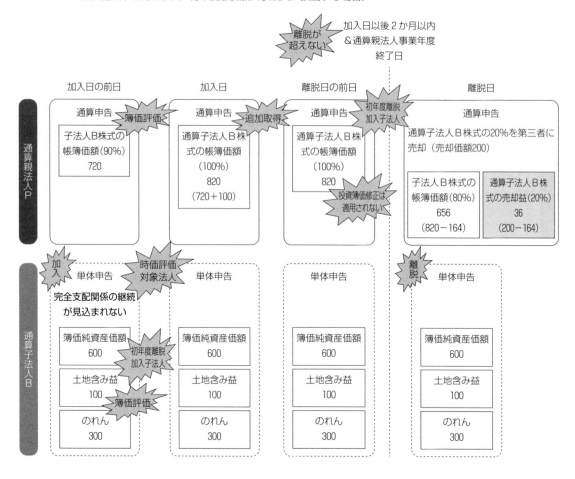

第3部　実務上の個別論点Q&A

[ケース3]　支配関係のある法人について加入時の離脱見込み法人株式の時価評価が適用されないケース（完全支配関係継続要件を満たさず，特例決算期間の中途に完全支配関係を有しなくなる場合）

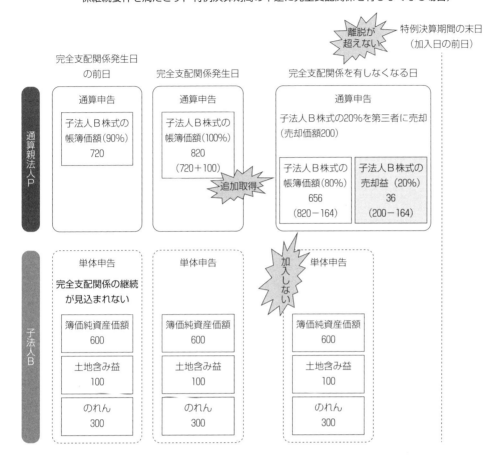

第3部　実務上の個別論点Q&A

[ケース4]　支配関係のある法人について加入時の離脱見込み法人株式の時価評価が適用されるケース（完全支配関係継続要件を満たさず，初年度離脱加入子法人に該当しない場合）

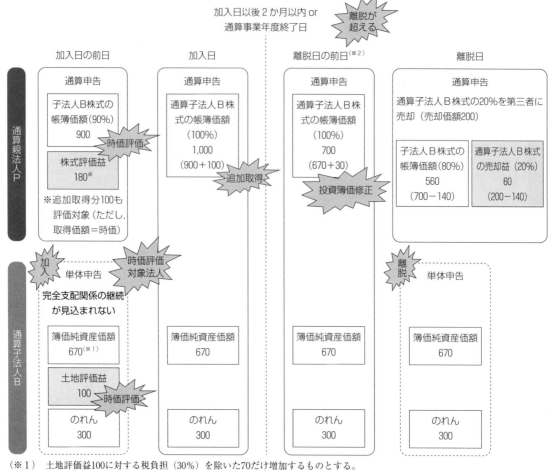

（※1）　土地評価益100に対する税負担（30％）を除いた70だけ増加するものとする。
（※2）　離脱日の前日は通算親法人事業年度終了日と同日とする。

Q&A40　完全支配関係発生日に取得した離脱見込み法人株式の時価評価について

完全支配関係発生日に取得した離脱見込み法人株式の時価評価について，時価評価は必要になりますか。

A　通算制度では，投資簿価修正において，開始・加入前の通算子法人の株式の含み益も計上しないため，この仕組みを悪用して，例えば，50％超100％未満の子会社を100％化して短期的に通算グループに開始・加入させてからすぐに売却すると，100％化する前の子会社株式の含み益に課税できないことになります。そのため，離脱見込み法人の株式について，開始・加入時に時価評価損益を計上することにしています（下記「財務省資料」参照）。

540

離脱見込み法人株式の開始・加入時時価評価

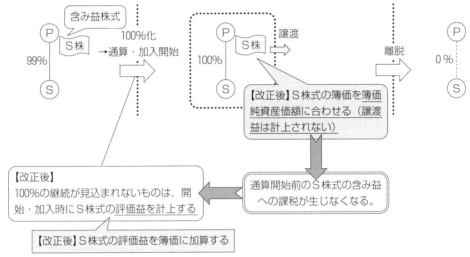

[出典] 財務省資料(租税研究2020年10月号)

　そのため,元々は,株式保有法人が完全支配関係発生日の前日に既に所有している通算子法人株式の含み損益を対象に離脱見込み法人株式の時価評価を適用することを想定しているものと推測できます。

　ただし,離脱見込み法人株式の時価評価の趣旨は,投資簿価修正の適用によって,結果的に開始・加入前の通算子法人株式の含み損益への課税が回避されてしまうことを避けることにあります。

　そう考えた場合,完全支配関係発生日に取得した株式を含めて,すべての離脱見込み法人株式について通算承認の効力発生時の時価に引き直すことで,その目的を達成することができることになると考えられます。

　そして,加入に伴う離脱見込み法人株式の時価評価について,法人税法第64条の12第2項では「(省略)通算承認の効力が生じた日において当該他の内国法人の株式又は出資を有する内国法人(以下この項において「株式等保有法人」という。)の当該株式又は出資(省略)の評価益の額(省略)又は評価損の額(省略)は,当該前日の属する当該株式等保有法人の事業年度の所得の金額の計算上,益金の額又は損金の額に算入する。」と規定されているため,法令を文言どおりに捉えると,通算承認の効力が生じた日(加入日)において所有する株式を時価評価することとなります。つまり,法令を文言どおりに読むと,時価評価の対象は,通算承認の効力が生じた日(加入日)において取得した株式が含まれることとなります。

541

第3部　実務上の個別論点Q&A

その一方で，時価評価する時期については，通算承認の効力が生じた時の時価評価損益を加入日の前日において計上する必要があります（法法64の12②，グ通通2－54，2－55）。

そのため，法令を文言どおりに捉えると，加入日（＝完全支配関係発生日）に取得した株式についてまで，つまり，加入日の前日に所有していない株式についてまで，加入日の前日に時価評価することとなります。

この点，加入日（＝完全支配関係発生日）に取得した株式の取得価額が時価であると考えられる場合は，加入日（＝完全支配関係発生日）に取得した株式（加入日の前日に所有していない株式）について結果的に評価損益は生じません。

つまり，加入日が完全支配関係発生日であれば，完全支配関係発生日に取得したものは時価評価の対象にはなりますが，時価評価損益は生じないことが想定されます。

なお，加入日が特例決算期間の末日の翌日であれば，特例決算期間の末日の翌日に所有しているもの（完全支配関係発生日に取得した株式を含む）が時価評価の対象になり，完全支配関係発生日に取得した株式についても時価評価損益が生じる場合があることになります。

また，適格組織再編成により被合併法人等の帳簿価額で取得した離脱見込み法人株式についても，その評価直前の帳簿価額（＝被合併法人等の帳簿価額）と通算承認の効力発生時の時価が乖離する場合は時価評価損益が生じることになります[注]。

(注)　このようなケースで，加入日（＝完全支配関係発生日）に取得した株式について時価評価を適用しない場合，投資簿価修正の適用によって，結果的に加入前のその離脱見込み法人株式の含み損益への課税が回避されてしまうことになります。その点からも，加入日（＝完全支配関係発生日）に取得した株式についても時価評価の対象にすべきであると考えられます。

| **Q&A41** | 短期間加入させるだけで離脱見込み法人株式の時価評価と投資簿価修正の適用により二重課税が生じるケース |

> 当社（通算親法人P）は，90％子会社であるB社の株式を買収会社に売却するため，いったん，B社の10％分の株式を少数株主から追加取得し，100％子会社化しました。買収会社へのB社株式（100％分）の売却価額は，少数株主から買い取る前に締結した基本合意書で定められた1,000となることが見込まれています。少数株主からの10％分の買取価額は100となっています（1,000×10％）。ここで，B社株式の売却時期ですが，完全子法人化から売却までに通算親法人の事業年度終了日を超えてしまう，あるいは，2か月を超えてしまう可能性があります。今回，完全子法人化によって，B社が短期間ですが，通算制度に加入すること，また，通算制度では，離脱見込み法人株式の時価評価や投資簿価修正などB社株式の帳簿価額及び株式譲渡損益に影響を与える取扱いがあることから，この一連の取引によって，当社の税負担がどのようになるのか教えてください。なお，従来から所有しているB社株式（90％分）は取得時期が古いため，資産調整勘定対応金額等の計算が困難であります。

542

第3部　実務上の個別論点Q&A

A 　通算制度の投資簿価修正は，開始・加入後に損益通算をせずに2か月以内に通算グループから離脱する法人の株式については適用されません（法令119の3，24の3）。

　しかし，本ケースのように，被買収会社をいったん100％子会社化した後に売却するようなケースで，いったん，通算制度に加入してしまい，その後，売却までに通算親法人の事業年度終了日をまたいでしまう場合や2か月を超えてしまう場合，通算グループに加入するのも短期間であり，その恩恵をほとんど受けていないにもかかわらず，株式の取得価額に含まれるのれん相当額が株式譲渡原価に算入されないことになります（ただし，資産調整勘定等対応金額の加算措置を適用することができる株式に係るのれん相当額は除きます）。

　さらに，このようなケースでは，通常，完全支配関係が継続する見込みがないため，加入時に離脱見込法人株式をいったん時価評価し，評価損益が計上された直後に，今度は，株式の帳簿価額を簿価純資産価額に修正することになり，時価と簿価純資産価額の差額が株式譲渡原価に含まれないことになってしまいます（法法64の12②，法令131の16①③⑤⑥）。

　例えば，本ケースでは，加入法人の「のれん相当額」について，加入時の株式評価益と離脱時の株式売却益で二度課税が生じることにより税負担が二重に生じることになります。

　そのため，本ケースでは，確実に2か月以内かつ通算親法人事業年度終了日までに売却を実行する，あるいは，会計期間を特例決算期間とした加入時期の特例を適用することで，特例決算期間の中途で売却することにより通算制度に加入させない，などの実務対応を検討する必要があります。

　以上の取扱いは，株式の取得価額又は売却価額が簿価純資産価額より小さい場合には逆の結果，つまり，株式売却損が大きくなる（株式売却益が小さくなる）場合もあるため，必ずしも不利益を受けるばかりではありませんが，通算制度を適用している法人がM&Aをする場合に注意すべき取扱いであることは間違いありません。

543

第3部 実務上の個別論点Q&A

[図表] 短期間加入させるだけで離脱見込み法人株式の時価評価と投資簿価修正の適用により二重課税が生じるケース

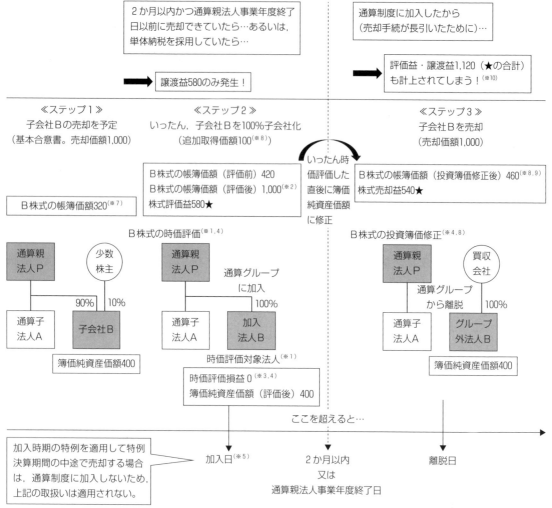

(※1) 完全支配関係が継続する見込みがないため、加入法人Bは、時価評価対象法人に該当する（※4）。通算親法人Pでも加入法人Bの株式を時価評価する（※4）。
(※2) B株式の売却が見込まれているため、直後に見込まれている売却価額を時価とする（※6）。
(※3) 時価評価資産には、自己創設営業権は含まれないため、保有資産に含み損益がない場合、時価評価損益は生じない。
(※4) 通算親法人事業年度終了日以前、かつ、加入日以後2か月以内に売却すれば時価評価及び投資簿価修正は行われない。
(※5) 加入日は、完全支配関係発生日又は特例決算期間の末日の翌日となる。
(※6) この点、離脱見込み法人の株式の時価については、法人税基本通達12の7-3-1（12の7-3-8）において、原則として「当該株式又は出資がその時において譲渡されるときに通常付される価額」によるが、課税上弊害がない場合、過去6か月間における売買事例価額や1株当たりの純資産価額等を参酌して通常取引されると認められる価額などが認められている。この通達の趣旨は、実務上、「その時において譲渡されるときに通常付される価額」の算定を行うことが必ずしも容易でない場合もあるため、課税上弊害がない場合に限って、他の価額を時価と認めることにあると考えられる。その点、基本合意書とはいえ、第三者との間で売却価額が仮決定されており、（加入日時点であるが）実際にその価額で少数株主から株式を買い取っている以上、その価額は「その時において譲渡されるときに通常付される価額」とみなさざるを得ないだろうし、事業売却で行われる非適格分割において分社事業の時価をその後の株式の売却価額とする組織再編税制の実務との整合性を考慮しても、基本合意書に明記された売却価額を離脱見込み法人株式の時価としてよい根拠は見いだせないだろう。
(※7) 本ケースでは、元々所有していたB株式の90%分の取得については、その取得の時期が古いため資産調整勘定対応金額等の計算が困難であるものとして、資産調整勘定対応金額等を0とする。
(※8) 追加取得したB株式の10%分の取得については、加入法人Bの時価純資産価額を400とした場合、資産調整勘定対応金額等は60（（取得価額100×100%／10%－時価純資産価額400）×10%）となる。

第3部　実務上の個別論点Q&A

（※9）　B株式の帳簿価額（投資簿価修正後）は，460（簿価純資産価額400＋資産調整勘定等対応金額60）となる。

（※10）　このケースの問題は，離脱見込み法人の株式を時価評価した際に，株式の取得ではないため（株式の評価換えであるため），資産調整勘定対応金額等が生じないことに起因している。

Q&A42　設立日からの支配関係継続要件の除外事由（加入に係る繰越欠損金の切捨て）

> 当社（P社。通算親法人）は通算制度を適用していますが，今回，新たにA社が通算制度に加入することとなりました。A社は元々，P社が60％分の出資をして設立した法人ですが，過去に兄弟会社であるB社を吸収合併しています。A社及びB社の資本関係の推移は次のとおりとなります。
>
> X2年8月1日：P社がB社の株式の60％分を取得
>
> X3年10月1日：P社が60％分の出資をしてA社を設立
>
> X4年9月1日：A社がB社を適格合併（合併後，P社のA社の持株割合は60％）
>
> X6年1月1日：P社がA社を完全子法人化
>
> この場合，加入法人A社の繰越欠損金の切捨てについて，A社は設立日（X3年10月1日）からP社による支配関係を有しているため，支配関係5年継続要件を満たすと考えてよいのでしょうか。

A社は，P社との間に通算承認の効力が生じた日（通算承認日）の5年前の日（X1年1月1日）から継続して支配関係がありませんが，A社は5年前の日の後に設立された法人で，P社との間に設立日（X3年10月1日）から継続して支配関係があります。

ただし，A社は「通算親法人（P社）との間に支配関係（通算完全支配関係を除く）がある他の内国法人（B社）を被合併法人とする適格合併で，通算親法人（P社）が当該他の内国法人（B社）との間に最後に支配関係を有することとなった日（関係日。X2年8月1日）以後に設立されたその加入法人（設立日：X3年10月1日）を合併法人とするものが行われていた場合，かつ，関係日が5年前の日以前でない場合」に該当するため，「その加入法人又は通算親法人が5年前の日後に設立された法人である場合（設立日からの支配関係継続要件）」に該当しないため，支配関係5年継続要件を満たさないこととなります（法令112の2③）。

545

第3部　実務上の個別論点Q&A

[図表]　設立日からの支配関係継続要件の除外事由（加入に係る繰越欠損金の切捨て）

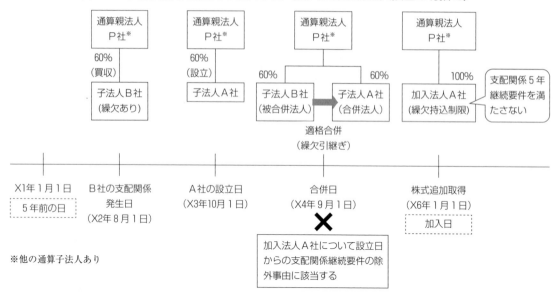

Q&A43　設立日からの支配関係継続要件の除外事由（加入に係る特定資産譲渡等損失額の損金算入制限）

> 当社（P社。通算親法人）は通算制度を適用していますが，今回，新たにA社が通算制度に加入することとなりました。A社は元々，P社が60％分の出資をして設立した法人ですが，過去に兄弟会社であるB社を吸収合併しています。A社及びB社の資本関係の推移は次のとおりとなります。
> X2年8月1日：P社がB社の株式の60％分を取得
> X3年10月1日：P社が60％分の出資をしてA社を設立
> X4年9月1日：A社がB社を適格合併（合併後，P社のA社の持株割合は60％）。
> X6年1月1日：P社がA社を完全子法人化（通算制度に加入）
> この場合，加入法人A社の特定資産譲渡等損失額の損金算入制限について，A社は設立日（X3年10月1日）からP社による支配関係を有しているため，支配関係5年継続要件を満たすと考えてよいのでしょうか。

A　A社は，P社との間に通算承認の効力が生じた日（通算承認日）の5年前の日（X1年1月1日）から継続して支配関係がありませんが，A社は5年前の日の後に設立された法人で，P社との間に設立日（X3年10月1日）から継続して支配関係があります。

　ただし，A社は「通算親法人（P社）との間に支配関係（通算完全支配関係を除く）がある他の法人（B社）を被合併法人とする適格合併で，通算親法人（P社）が当該他の法人（B社）との間に最後に支配関係を有することとなった日（関係日。X2年8月1日）以後に設立され

たその加入法人（A社。設立日：X3年10月1日）を合併法人とするものが行われていた場合，かつ，関係日が5年前の日以前でない場合」に該当することから，「その加入法人又は通算親法人が5年前の日後に設立された法人である場合（設立日からの支配関係継続要件）」に該当しないため，支配関係5年継続要件を満たさないこととなります（法法131の8①）。

[図表] 設立日からの支配関係継続要件の除外事由（加入に係る特定資産譲渡等損失額の損金算入制限）

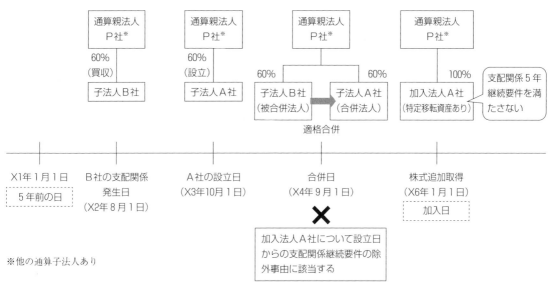

Q&A44　設立日からの支配関係継続要件の除外事由（他の通算法人が複数存在する場合）

当社（P社。通算親法人）は通算制度を適用していますが，今回，新たにC社が通算制度に加入することとなりました。C社は元々，通算子法人A社が60％分の出資をして設立した法人ですが，過去に兄弟会社であるB社を吸収合併しています。P社，A社，B社，C社の資本関係の推移は次のとおりとなります。

X1年5月1日：A社がB社の株式の60％分を取得
X2年8月1日：P社がA社の株式の100％分を取得
X3年10月1日：P社が60％分の出資をしてC社を設立
X4年9月1日：C社がB社を適格合併（合併後，A社のC社の持株割合は60％）
X7年1月1日：A社がC社を完全子法人化

この場合，加入法人C社の繰越欠損金の切捨てについて，C社は設立日（X3年10月1日）からP社による支配関係を有しており，さらに，被合併法人B社はA社との間に支配関係が5年超生じているため，支配関係5年継続要件を満たすと考えてよいのでしょうか。

547

第3部　実務上の個別論点Q&A

A　C社は，P社との間に通算承認の効力が生じた日（通算承認日）の5年前の日（X2年1月1日）から継続して支配関係がありませんが，C社は5年前の日の後に設立された法人で，P社との間に設立日（X3年10月1日）から継続して支配関係があります。

しかし，5年前の日の後に，B社を吸収合併しているため，新設法人の除外事由に該当するかどうかが問題となります。

具体的には，「他の通算法人との間に支配関係（通算完全支配関係を除く）がある他の内国法人を被合併法人とする適格合併で，当該他の通算法人が当該他の内国法人との間に最後に支配関係を有することとなった日（関係日）以後に設立されたその加入法人を合併法人とするものが行われていた場合（関係日が5年前の日以前である場合を除く）」に該当するかが問題となります（法令112の2③）。

①　「他の通算法人」をA社とした場合

この場合，「他の通算法人（A社）との間に支配関係（通算完全支配関係を除く）がある他の内国法人（B社）を被合併法人とする適格合併で，当該他の通算法人（A社）が当該他の内国法人（B社）との間に最後に支配関係を有することとなった日（関係日：X1年5月1日）以後に設立されたその加入法人（C社）を合併法人とするものが行われていた場合」に該当しますが，関係日（X1年5月1日）が5年前の日（X2年1月1日）以前である場合に該当するため，「他の通算法人」をA社とした場合は，新設法人の除外事由に該当しません。

②　「他の通算法人」をP社とした場合

この場合，「他の通算法人（P社）との間に支配関係（通算完全支配関係を除く）がある他の内国法人（B社）を被合併法人とする適格合併で，当該他の通算法人（P社）が当該他の内国法人（B社）との間に最後に支配関係を有することとなった日（関係日：X2年8月1日）以後に設立されたその加入法人（C社）を合併法人とするものが行われていた場合」に該当し，かつ，関係日（X2年8月1日）が5年前の日（X2年1月1日）以前である場合に該当しないため，「他の通算法人」をP社とした場合は，新設法人の除外事由に該当することとなります。

以上より，「他の通算法人」をいずれの法人とするかにより結果は異なりますが，いずれかの法人を「他の通算法人」とした場合に，新設法人の除外事由に該当する場合には，設立日からの支配関係継続要件を満たさないこととなります。したがって，本ケースにおいて，加入法人C社は，支配関係5年継続要件を満たしません。

このようなケースについては，「質疑応答事例／法人税／通算承認の効力が生じた日の5年前の日後に設立された法人を合併法人とする適格合併が行われた場合のその設立法人の欠損金額の切捨て（他の通算法人が複数存在する場合）」においても同様の解説がされています。

[図表] 設立日からの支配関係継続要件の除外事由（他の通算法人が複数存在する場合）

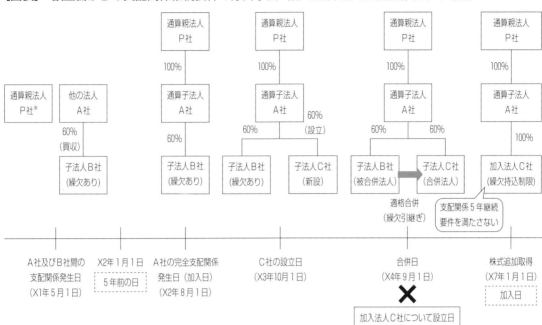

Q&A45 資産管理会社（ペーパーカンパニー）を加入させる場合と時価評価除外法人の判定について

通算親法人Ｐ社（３月決算）は，資産管理会社Ａ社の発行済株式の全部を取得したため，Ａ社とその100％子会社である事業会社Ｂ社の２社との間にＰ社による完全支配関係が発生しました。完全支配関係発生日は，Ｘ１年７月１日となります。事業会社Ｂ社は売上金額もあり，従業者も存在します。一方，資産管理会社Ａ社は，Ｂ社の株式を所有しているだけの会社であり，事業所など固定施設もなく，持株会社のようにＡ社の経営管理業務も行っておらず，売上は発生していません。資産管理会社のオーナー（Ａ社株式の売主）が代表取締役として存在するのみで従業者もおらず，人件費も発生していません。費用も住民税の均等割が発生しているのみとなります。このような状態にある資産管理会社Ａ社は時価評価除外法人に該当しますか。

A　本ケースにおける資産管理会社Ａ社は，事務所など固定施設もなく，従業者もなく，商品販売等も行っていないことから，事業そのものを行っていないため，いわば休眠会社（ペーパーカンパニー）の状態にあるといえます。

そのため，時価評価除外法人の判定要件の一つである主要事業継続要件（加入法人の完全支配関係発生日前に行う主要な事業が加入法人において引き続き行われることが見込まれていること）を満たさないことから，時価評価除外法人に該当しないものと考えられます（法法64の12①，法令131の16④）。

第3部　実務上の個別論点Q&A

以上より，資産管理会社Ａ社は，加入直前事業年度終了時において，時価評価資産に該当するＢ社株式について時価評価を行う必要があります。

Q&A46　清算予定の法人が加入する場合について

通算親法人Ｐ社（３月決算）は，不動産事業会社Ａ社の発行済株式の全部を取得して完全子法人化することになりました。そのため，Ａ社は通算制度に加入することになりますが，完全子法人化後にＡ社は不動産事業をＰ社に適格分割型分割で移転し，Ａ社は清算する予定となっています。この場合，清算予定の加入法人Ａ社は，時価評価除外法人に該当しますか。なお，仮に，Ａ社が時価評価除外法人に該当しない場合でも，Ａ社が加入時期の特例を適用し，特例決算期間終了日までに不動産事業をＰ社に適格分割型分割で移転する場合は，Ａ社の所有する不動産について時価評価は適用されませんか。

Ａ　時価評価除外法人の判定要件の一つである完全支配関係継続要件（通算承認の効力が生じた後に加入法人と通算親法人との間に通算親法人による完全支配関係が継続することが見込まれていること）について，通算承認の効力が生じた後に加入法人を被合併法人とする適格合併（通算親法人又は他の通算子法人で通算親法人による通算完全支配関係が継続することが見込まれているものを合併法人とするものに限る）を行うことが見込まれている場合には，通算承認の効力が生じた時から適格合併の直前の時まで完全支配関係が継続することが見込まれていれば要件を満たすことになります（法法64の12①，法令131の16③）。一方，残余財産の確定が見込まれる場合については，原則どおり，完全支配関係継続要件を満たさないことになります。

本ケースにおける不動産管理会社Ａ社は，完全支配関係発生時において清算することが予定されており，残余財産の確定により完全支配関係が継続することが見込まれていないことから，完全支配関係継続要件を満たさず，時価評価除外法人に該当しないものと考えられます。

そのため，資産管理会社Ａ社は，加入直前事業年度終了時において時価評価資産に該当する不動産について時価評価を行う必要があります。

ただし，Ａ社が加入時期の特例を適用し，特例決算期間終了日までに不動産事業をＰ社に適格分割型分割で移転する場合は，加入直前事業年度終了時において時価評価資産を有しないこととなるため，時価評価除外法人に該当しますが，結果的に時価評価損益は生じないこととなります。

なお，この場合，分割型分割に係る組織再編税制が適用されることとなり，本ケースでは，適格分割型分割に該当するため，Ａ社の不動産は帳簿価額で譲渡されることになりますが，分割承継法人Ｐ社において，一定の要件を満たさない場合，繰越欠損金の利用制限及び特定資産

550

譲渡等損失額の損金算入制限が課せられることになります（法法２十二の十一，57④，62の2②，62の7①，法令4の3⑥）。

Q&A47　通算親法人が通算子法人に逆さ合併されるケース

通算親法人Ｐ社は，通算子法人Ａ社に逆さ合併されることになりました。この場合の税務上の取扱いを教えてください。

　通算親法人が通算子法人に逆さ合併される場合の税務上の取扱いは以下のとおりとなります。

[図表]　通算親法人が通算子法人に逆さ合併されるケース

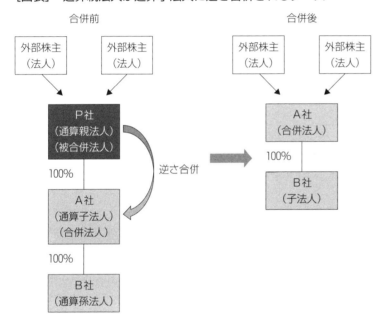

（前提）
- 通算親法人の株式の50％超を直接・間接に保有する者はいないものとする。
- 繰延譲渡損益の実現処理の取扱いは解説を省略している。
- 合併法人又は被合併法人に欠損等法人の制限規定は適用されないこととする。

（適格要件）
　100％親子間合併のため適格要件を満たす（法法２十二の八，法令4の3②）。

第3部　実務上の個別論点Q&A

（通算制度の取りやめ）

　通算親法人が合併により解散する場合，合併日に通算制度が取りやめとなる（法法64の10⑥一）。通算親法人が合併により解散する場合の通算親法人又は通算子法人のみなし事業年度は次のとおりである（法法14①二・③④二・⑦，64の5①③，64の7①，64の10⑥一，地法72の13⑤二・⑦⑧二・⑪）。なお，取りやめ日は合併日となる。

① 　通算親法人のみなし事業年度

種類	期間	申告方法
取りやめ直前事業年度（最終事業年度）	通算事業年度開始日から取りやめ日（合併日）の前日までの期間	通算申告

② 　通算子法人のみなし事業年度

種類	期間	申告方法
取りやめ直前事業年度	通算事業年度開始日から取りやめ日の前日までの期間	通算申告
取りやめ事業年度	取りやめ日から子法人の会計期間終了日までの期間	単体申告

❶ 　通算親法人（被合併法人）の税務上の取扱い

取扱項目	適格の場合
離脱時の時価評価	合併法人である通算子法人で被合併法人である通算親法人の主要な事業が継続することが見込まれていない場合（含み益の合計額≧含み損の合計額である場合を除く），最終事業年度において，一定の資産について時価評価を行う（法法64の13①，法令131の17②）。なお，通算子法人株式は離脱時の時価評価の対象外となる（法令131の17③六）。
資産の移転	簿価譲渡（離脱時の時価評価が適用される場合は，時価評価後の帳簿価額で譲渡）
通算子法人株式の投資簿価修正	●合併法人株式である通算子法人株式について投資簿価修正が行われる（法令119の3⑤⑥⑦）。 ●投資簿価修正後に合併法人株式の移転が行われる（法法62の2①，法令123の3①。なお，通算子法人株式は離脱時の時価評価の対象外となる）。

第3部　実務上の個別論点Q&A

❷　通算子法人（合併法人）の税務上の取扱い

取扱項目		適格の場合
資産の受入		簿価受入
離脱時の時価評価		主要な事業を継続することが見込まれていない場合（含み益の合計額≧含み損の合計額である場合を除く），離脱直前事業年度において，一定の資産について時価評価を行う（法法64の13①，法令131の17②）。
合併法人の繰越欠損金の利用制限	法人税	合併直後に通算承認の効力が失われるため，通算法人間の適格合併に該当するものと考えられる。その場合，利用制限は生じない（法令112の2⑦）。
	住民税	利用制限は生じない。
	事業税	●次の要件のいずれも満たさない場合，利用制限が生じる（法法57④，法令112③④⑨⑩，地法72の23①②，地令20の3）。 ①　支配関係5年継続要件 ②　みなし共同事業要件 ●ただし，含み損益の特例計算の適用がある（法令113①④，地法72の23①②，地令20の3）。
被合併法人の繰越欠損金の引継制限	法人税	合併直後に通算承認の効力が失われるため，通算法人間の適格合併に該当するものと考えられる。その場合，引継制限は生じない（法法57②，法令112の2⑥）。
	住民税	引継制限は生じない（地法53⑤⑦⑮㉑㉔㉘，321の8⑤⑦⑮㉑㉔㉘，令2改地法附5④⑤⑥，13④⑤⑥，令2改地令附3㉓㉙㉟，5㉓㉙㉟）。
	事業税	●次の要件のいずれも満たさない場合，引継制限が生じる（法法57②③，法令112③④，地法72の23①②，地令20の3）。 ①　支配関係5年継続要件 ②　みなし共同事業要件 ●ただし，含み損益の特例計算の適用がある（法令113①，地法72の23①②，地令20の3）。
組織再編に係る特定資産譲渡等損失額の損金算入制限		●次の要件のいずれも満たさない場合，損金算入制限が生じる（法法62の7①，57④，法令112③⑩，123の8①）。 ①　支配関係5年継続要件 ②　みなし共同事業要件 ●ただし，含み損益の特例計算の適用がある（法令123の9①⑦）。 ●離脱時の時価評価は，損金算入制限の適用期間開始日（適格合併の日の属する事業年度開始日）の前日に終了する離脱直前事業年度に適用されるため，損金算入制限の解除事由にはならない。
自己株式の取得		投資簿価修正後の帳簿価額により移転を受けた被合併法人が有していた合併法人株式は自己株式の取得に該当するため，その帳簿価額が資本金等の額から減額される（法令8①二十一）。
他の通算子法人株式の投資簿価修正		通算子法人が他の通算子法人株式を有する場合，当該他の通算子法人株式について投資簿価修正が行われる（法令119の3⑤⑥⑦）。

553

第3部　実務上の個別論点Q&A

❸　通算孫法人（離脱法人）の税務上の取扱い

取扱項目	適格の場合
離脱時の時価評価	次の事由のいずれかに該当する場合（含み益の合計額≧含み損の合計額である場合を除く），離脱直前事業年度において，一定の資産について時価評価を行う（法法64の13①，法令131の17②）。 イ）主要な事業を継続することが見込まれていない場合 ロ）離脱法人株式の譲渡損及び簿価10億円超の特定資産の譲渡損が生じることが見込まれている場合
他の通算子法人株式の投資簿価修正	通算子法人が他の通算子法人株式を有する場合，当該他の通算子法人株式について投資簿価修正が行われる（法令119の3⑤⑥⑦）。
再加入の制限	通算親法人が通算承認の効力を失ったことに起因して通算子法人が通算承認の効力を失った場合は，その通算子法人であった法人は通算制度の再加入の制限は課されない（法令131の11③一）。したがって，通算子法人であった合併法人を通算親法人として通算制度を再開始することは可能となる。

❹　外部株主（法人）の税務上の取扱い

取扱項目		適格の場合
被合併法人株式	みなし配当	みなし配当は生じない（法法24①）。
	株式譲渡損益	株式譲渡損益は生じない（法法61の2②）。

> **Q&A48**　**通算子法人が通算孫法人に逆さ合併されるケース**
>
> 　通算子法人A社は，通算孫法人B社に逆さ合併されることになりました。この場合の税務上の取扱いを教えてください。

A　通算子法人が通算孫法人に逆さ合併される場合の税務上の取扱いは以下のとおりとなります。

554

[図表] 通算子法人が通算孫法人に逆さ合併されるケース

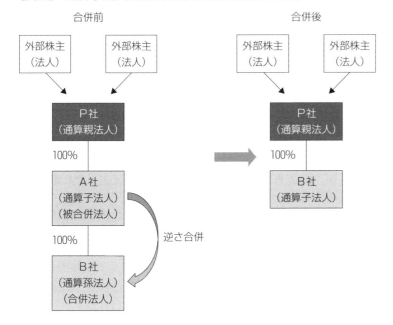

(前提)
- 通算親法人の株式の50%超を直接・間接に保有する者はいないものとする。
- 繰延譲渡損益の実現処理の取扱いは解説を省略している。
- 被合併法人である通算子法人は，最初通算事業年度に合併を行うものではないものとする。
- 合併法人又は被合併法人に欠損等法人の制限規定は適用されないこととする。

(適格要件)

100%親子間合併のため適格要件を満たす（法法2十二の八，法令4の3②）。

❶ 通算孫法人（合併法人）の税務上の取扱い

取扱項目	適格の場合
資産の受入	簿価受入
被合併法人の最終事業年度の欠損金額の損金算入の取扱い	合併日の前日の属する事業年度（合併日が通算親法人事業年度開始日である場合を除く）の単体申告において発生した被合併法人の欠損金額は，合併法人の合併日の属する事業年度の損金に算入される（法法64の8）。

第3部　実務上の個別論点Q&A

合併法人の繰越欠損金の利用制限	法人税	利用制限は生じない（法令112の2⑦）。
	住民税	利用制限は生じない。
	事業税	●次の要件のいずれも満たさない場合，利用制限が生じる（法法57④，法令112③④⑨⑩，地法72の23①②，地令20の3）。 ① 支配関係5年継続要件 ② みなし共同事業要件 ●ただし，含み損益の特例計算の適用がある（法令113①④，地法72の23①②，地令20の3）。
被合併法人の繰越欠損金の引継制限	法人税	●引継制限は生じない（法法57②，法令112の2⑥）。 ●合併法人は，被合併法人の繰越欠損金のうち，特定欠損金と非特定欠損金の区分ごとに引き継ぐ（法法64の7③）。 ●被合併法人の繰越欠損金のうち，最終事業年度（合併日の前日が通算親法人事業年度終了日となる場合を除く）で控除されたものは，特定欠損金から優先的に使用されたものとする（法令131の9④）。 ●被合併法人の最終事業年度の単体申告により発生した欠損金額は，合併法人の合併日の属する事業年度の損金に算入される（法法64の8）。
	住民税	引継制限は生じない（地法53⑤⑦⑮㉑㉔㉘，321の8⑤⑦⑮㉑㉔㉘，令2改地法附5④⑤⑥，13④⑤⑥，令2改地令附3㉓㉙㉟，5㉓㉙㉟）。
	事業税	●次の要件のいずれも満たさない場合，引継制限が生じる（法法57②③，法令112③④，地法72の23①②，地令20の3）。 ① 支配関係5年継続要件 ② みなし共同事業要件 ●ただし，含み損益の特例計算の適用がある（法令113①，地法72の23①②，地令20の3）。
組織再編に係る特定資産譲渡等損失額の損金算入制限		●次の要件のいずれも満たさない場合，損金算入制限が生じる（法法62の7①，57④，法令112③⑩，123の8①）。 ① 支配関係5年継続要件 ② みなし共同事業要件 ●ただし，含み損益の特例計算の適用がある（法令123の9①⑦）。

❷　通算子法人（被合併法人）の税務上の取扱い

取扱項目	適格の場合
資産の移転	簿価譲渡
みなし事業年度	最終事業年度：通算事業年度開始日から合併日の前日までの期間（通算法人の単体申告。合併日の前日が通算親法人事業年度終了日である場合は，通算申告。法法14③④二・⑦，64の5①③，64の7①，64の10⑥，地法72の13⑦⑧二・⑪）。
被合併法人が有する通算子法人株式の取扱い	被合併法人が有する通算子法人株式について投資簿価修正は適用されない（法令119の3⑤）。

❸　通算親法人の税務上の取扱い

取扱項目		適格の場合
通算子法人株式の投資簿価修正		● 被合併法人株式について投資簿価修正が適用される（加算措置を含む。法令119の3⑤⑥⑦）。 ● 通算内適格合併に該当するため，被合併法人株式につき加算措置を適用しなかった場合，被合併法人調整勘定対応金額を合併法人株式に係る資産調整勘定等対応金額に加算することはできない。
被合併法人株式	みなし配当	みなし配当は生じない（法法24①）。
	株式譲渡損益	● 株式譲渡損益は生じない（法法61の2②）。 ● 被合併法人株式の投資簿価修正後の帳簿価額を合併法人株式の帳簿価額に付け替える（法令119①五）。

Q&A49　時価評価対象法人に該当する加入法人が加入日に通算内適格合併により解散する場合の加入前の繰越欠損金と住民税の欠損金について

時価評価対象法人に該当する加入法人が通算承認の効力発生日（加入日）に他の通算法人との適格合併により解散する場合，その加入法人の加入前の繰越欠損金を合併法人である他の通算法人に引き継ぐことができますか。また，法人税では引き継ぐことができない場合，住民税の欠損金が生じますか。

A　通算子法人が合併により解散する場合，合併日に通算承認の効力が失われます（法法64の10⑥五）。

そのため，内国法人が加入日に合併により解散する場合，その内国法人は加入日（完全支配関係発生日又は特例決算期間の末日の翌日）に通算承認の効力が発生し，その直後に合併による解散により通算承認の効力が失われるものと考えられます。

その上で，本ケースにおける加入法人の加入前の繰越欠損金について，法人税と住民税の取扱いは以下のとおりとなります。

なお，合併法人である通算法人の法人税の繰越欠損金及び住民税特有の欠損金については，通算法人間の合併として利用制限は生じません（法令112の2⑦）。

1　法人税の取扱い

通算法人を合併法人とする適格合併でその通算法人との間に通算完全支配関係がある他の内国法人を被合併法人とするものが行われた場合で，次の①②③の要件に該当する場合，当該他の内国法人（被合併法人）の前10年内事業年度において生じた欠損金額について，被合併法人の繰越欠損金の引継ぎの規定（法法57②）は適用されません（法法57⑦，法令112の2②。これを「時価評価対象法人となる被合併法人の繰越欠損金の引継規定（法法57②）の不適用措置」

第3部　実務上の個別論点Q&A

という）。

① 当該他の内国法人（被合併法人）が時価評価除外法人に該当しないこと。

② その適格合併の日の前日が当該他の内国法人（被合併法人）が通算親法人との間に通算完全支配関係を有することとなった日（関係発生日）の前日から関係発生日の属する通算親法人の事業年度終了日までの期間内の日であること。

③ その通算法人（合併法人）が通算子法人の場合，関係発生日からその適格合併の日の前日の属する通算親法人の事業年度終了日（その通算法人（合併法人）が同日以前にその通算法人を被合併法人とする合併で他の通算法人を合併法人とするものを行った場合又は同日前にその通算法人の残余財産が確定した場合には，その合併日の前日又はその残余財産の確定日）まで継続してその通算法人（合併法人）と通算親法人との間に通算完全支配関係があること。

　つまり，加入法人が時価評価対象法人に該当する場合で，通算承認の効力発生日（加入日）に他の通算法人に適格合併として吸収合併される場合，その加入法人の加入前の繰越欠損金を合併法人である他の通算法人に引き継ぐことはできません。

　ただし，上記③の要件により，合併法人が通算子法人である場合で，その合併法人である通算子法人が加入日からその適格合併の日の前日の属する通算親法人の事業年度終了日までに通算グループ外に離脱した場合は，原則どおり，被合併法人の繰越欠損金の引継ぎの規定（引継制限の規定を含む。法法57②③）が適用されます。

[法人税法第57条第7項（第1号に係る部分に限る）の規定とは]

　法人税法第57条第7項第1号（時価評価対象法人となる被合併法人又は残余財産確定法人の繰越欠損金の引継規定（法法57②）の不適用措置）では，「時価評価対象法人に該当する内国法人」又は「承認申請期限の特例に係る時価評価法人等」（以下，両法人を合わせて「時価評価対象法人等」という）が，最初通算期間内に，その時価評価対象法人等を被合併法人又は残余財産確定法人とする通算グループ内の適格合併又は残余財産の確定が行われる場合に，その時価評価対象法人等（被合併法人等）の繰越欠損金について，合併法人又は残余財産確定法人の株主である通算法人において引継規定（法法57②）を適用できないものとしています。

　これは，時価評価対象法人等の繰越欠損金は本来切り捨てられるべきものであるため，最初通算事業年度終了日前であっても，適格合併や残余財産の確定によって他の通算法人に引き継がせない，通算グループ内に持ち込ませない，という取扱いです。

　ただし，通常，最初通算期間内に合併又は残余財産の確定を行う場合，「時価評価対象法人に該当する内国法人」の開始・加入前の繰越欠損金は，通算承認の効力が生じた日以後に開始する事業年度（最終事業年度）において法人税法第57条第6項に従い切り捨てられることになります。したがって，この場合，「時価評価対象法人に該当する内国法人」の開始・加入前の繰越欠損金は，法人税法第57条第2項での引継ぎの対象外となるため，通算グループ内に時価評価対象法人に該当する内国法人の繰越欠損金が持ち込まれることはありません。

　そのため，法人税法第57条第7項第1号は，事実上，通算承認の効力発生前に「時価評価対象

558

法人に該当する内国法人」又は「承認申請期限の特例に係る時価評価法人等」が通算グループ内の他の通算法人と適格合併を行う，あるいは，残余財産を確定することで，その時価評価対象法人等の開始・加入前の繰越欠損金を他の通算法人である合併法人又は残余財産確定法人が引き継ぐことができないよう，つまり，通算グループ内に持ち込ませないように規制するための規定となっています。

　具体的には，次の2つのケースの取扱いを定めています。

①　開始・加入時の「時価評価対象法人に該当する内国法人」が，被合併法人として通算グループ内の適格合併を行う場合又は残余財産が確定する場合において，合併日又は残余財産の確定日の翌日が通算親法人との間に通算完全支配関係を有することとなった日である場合，合併法人又は残余財産確定法人の株主である通算法人では，その「時価評価対象法人に該当する内国法人」の繰越欠損金を引き継ぐことができません^(※)。

②　設立年度及び設立翌年度の承認申請期限の特例を適用する場合に，通算承認の効力発生が1期遅れる承認申請期限の特例に係る開始時又は加入時の時価評価法人と承認申請期限の特例に係る開始時又は加入時の関連法人（承認申請期限の特例に係る時価評価法人等）が，被合併法人として他の通算法人と適格合併を行う場合又は残余財産が確定する場合において，合併日の前日又は残余財産の確定日が，次のイ又はロの日のうちいずれか遅い日（関係発生日）の前日からその関係発生日の属する通算親法人の事業年度終了日までの期間内の日である場合，合併法人又は残余財産確定法人の株主である通算法人では，その「承認申請期限の特例に係る時価評価法人等」の繰越欠損金を引き継ぐことができません^(※)。

イ　申請特例年度開始日

ロ　承認申請期限の特例に係る時価評価法人等と通算親法人との間の完全支配関係（通算承認の効力発生後に通算完全支配関係に該当するものに限る）を有することとなった日（加入時期の特例の適用を受ける場合は，同日の前日の属する特例決算期間の末日の翌日）

　すなわち，通常，時価評価対象法人等の開始・加入前の繰越欠損金は，通算承認の効力が生じた日以後に開始する事業年度（最初通算事業年度）において，法人税法第57条第6項に従い切り捨てられますが，上記①と②のケースでは，通算承認の効力が生じた日以後に開始する事業年度（最初通算事業年度）が存在しなくなるため，法人税法第57条第6項が適用されません。そのため，法人税法第57条第7項を設けることで，法人税法第57条第6項が適用されない時価評価対象法人等の開始・加入前の繰越欠損金について，合併法人又は残余財産確定法人の株主である通算法人において被合併法人又は残余財産確定法人の繰越欠損金の引継規定（法法57②）を適用させないこととし，本来，切り捨てられるべき繰越欠損金が通算グループ内に持ち込まれないようにしています。

(※)　合併法人又は残余財産確定法人の株主が通算子法人である場合は，関係発生日から合併日の前日又は残余財産の確定日の属する通算親法人の事業年度終了日（その通算子法人が同日以前にその通算子法人を被合併法人とする合併で他の通算法人を合併法人とするものを行った場合又は同日前にその通算子法人の残余財産が確定した場合には，その合併日の前日又はその残余財産の確定日）まで継続してその通算子法人と通算親法人との間に通算完全支配関係があることが要件となります（つまり，合併法人又は残余財産確定法人の株主である通算子法人が通算グループ内にとどまる場合に，時価評価対象法人又は時価評価法人等の通算制度の開始・加入前の繰越欠損金を引き継がせない（切り捨てる）こととしています）。

第3部　実務上の個別論点Q&A

［通算親法人の事業年度開始日と加入日と適格合併日が同日である場合の法人税法施行令第112条の2第2項第2号の要件の問題点］

　合併法人が通算子法人である場合の上記③の要件について，法人税法施行令第112条の2第2項第2号では，「関係発生日から（省略）合併日の前日（省略）の属する（省略）通算親法人の事業年度終了の日（省略）まで継続して当該通算法人と当該通算親法人との間に通算完全支配関係があること。」と規定されているため，通算親法人の事業年度開始日と加入日とその適格合併日が同日である場合，同号で定める「関係発生日から合併日の前日の属する通算親法人の事業年度終了日」が存在しないこととなります。

　そうすると，本ケースにおいて，加入法人が通算親法人の事業年度開始日に加入し，その直後（同日）に合併法人を他の通算子法人とする通算内適格合併により解散した場合，上記③の要件に該当しないことになります。その場合，加入法人の加入前の繰越欠損金について法人税法第57条第7項第1号が適用されないため，原則どおり，被合併法人の繰越欠損金の引継ぎの規定（法法57②）が適用されることとなり，時価評価対象法人の加入前の繰越欠損金が通算グループ内に持ち込まれることになってしまいます。

　また，本ケースにおいて，合併法人を通算親法人とする場合は，上記③の要件は生じません。

　つまり，法人税法施行令第112条の2第2項第2号の要件を規定通りに当てはめると，本ケースにおいて，加入法人が通算親法人の事業年度開始日に加入し，その直後（同日）に通算内適格合併により解散した場合について，合併法人を通算親法人とする場合，時価評価対象法人の加入前の繰越欠損金は持込みができませんが，合併法人を通算子法人とする場合は時価評価対象法人の加入前の繰越欠損金は持込みができることになってしまいます。

　上記［法人税法第57条第7項（第1号に係る部分に限る）の規定とは］で解説したとおり，法人税法第57条第7項（第1号に係る部分に限る）の規定は，時価評価対象法人の繰越欠損金を通算グループ内に持ち込ませないための規定です。そのため，本ケースにおいて，加入法人が通算親法人の事業年度開始日に加入し，その直後（同日）に通算内適格合併により解散した場合で，合併法人が通算子法人である場合に，時価評価対象法人の繰越欠損金を通算グループ内に持ち込めることになるのは，法人税法第57条第7項（第1号に係る部分に限る）の規定の趣旨に合致しません。

　以上より，法人税法施行令第112条の2第2項第2号の要件には該当しませんが，本ケースにおいて，加入法人が通算親法人の事業年度開始日に加入し，その直後（同日）に通算内適格合併により解散した場合に，合併法人が通算子法人である場合であっても，合併法人が通算親法人である場合と同じく，その趣旨に従い，法人税法第57条第7項（第1号に係る部分に限る）の規定（時価評価対象法人となる被合併法人の繰越欠損金の引継規定（法法57②）の不適用措置）が適用されることが妥当だといえます(注1，2)。

(注1)　法人税法施行令第112条の2第2項第2号の要件は，その趣旨から考えて，「関係発生日から当該関係発生日の属する通算親法人の事業年度終了日まで継続して当該通算法人と当該通算親法人との間に通算完全支配関係があること」と定めるべきと考えられます。

(注2)　この場合でも，関係発生日から合併日の属する通算親法人の事業年度終了日までに，合併法人である通算子法人が通算グループ外に離脱した場合は，原則どおり，被合併法人の繰越欠損金の引継ぎの規定（引継制限の規定を含む。法法57②③）が適用されます。

　なお，本ケースの通算内合併が，非適格合併に該当する場合，法人税法第57条第7項（第1号に係る部分に限る）の規定は適用されませんが，そもそも被合併法人の繰越欠損金の引継ぎの規定（法法57②）は適用されないため，被合併法人である加入法人の繰越欠損金は合併に伴

560

第3部　実務上の個別論点Q&A

い切り捨てられます。

2　住民税の取扱い

　本ケースでは，通算内適格合併に該当しますが，法人税法第57条第7項（第1号に係る部分に限る）の規定により，時価評価対象法人である被合併法人の加入前の繰越欠損金は合併法人である通算法人に引き継がれずに切り捨てられます。住民税では，その切り捨てられた法人税の繰越欠損金について，合併法人である通算法人において「控除対象合併等前欠損調整額」という住民税の欠損金として引き継がれることとなります。

　控除対象合併等前欠損調整額とは次のものとなります。

［控除対象合併等前欠損調整額の計算式］

> 控除対象合併等前　＝　住民税上，被合併法人等から引き　×　法人税率（合併
> 欠損調整額^{（※1）}　　　　継いだ合併等前欠損金額^{（※2，3）}　　　等事業年度）

（※1）　控除対象合併等前欠損調整額は，当事業年度開始日前10年以内に開始した事業年度において生じたものとみなされた合併等前欠損金額が対象となります。合併等事業年度から控除が可能となります。

（※2）　合併等前欠損金額とは，法人税の繰越欠損金額で，法人税法第57条第7項第1号の規定^{（注1）}により被合併法人又は残余財産確定法人の繰越欠損金の引継規定（法法57②）が適用されなかったものをいいます。ただし，法人税法第57条第6項及び同法第58条第1項の規定により切り捨てられた繰越欠損金は除きます（法人税法第57条第6項の規定により切り捨てられた繰越欠損金は控除対象通算適用前欠損調整額の対象となります）。また，非適格合併で切り捨てられた加入法人の繰越欠損金額は，法人税法第57条第7項（第1号に係る部分に限る）の規定が適用されず切り捨てられるため，合併等前欠損金額に該当しません。

（※3）　住民税上，被合併法人等から引き継いだ合併等前欠損金額とは，被合併法人又は残余財産確定法人の合併等前欠損金額（法人税法第57条第7項（第1号に係る部分に限る）の規定により合併法人等に引き継がれず切り捨てられたもの）で，住民税において合併法人等が引き継いだものと擬制されるものをいいます^{（注2）}。

　これは，通算制度における適格合併等の前に発生した繰越欠損金の切捨ての影響を遮断するため，課税標準の調整規定を設けるものです。

　具体的には，法人にその事業年度開始日前10年以内に開始した事業年度において生じたものとみなされた合併等前欠損金額（法人税法第57条第7項（第1号に係る部分に限る）の規定により法人税で合併法人等の欠損金額とみなされなかった繰越欠損金額（同法第57条第6項及び第58条第1項の規定によりないものとされたものを除く））がある場合は，その事業年度の法人税割の課税標準となる法人税額から「控除対象合併等前欠損調整額」を控除することとなります（地法53⑦⑧，321の8⑦⑧）。

　なお，年数「10年」については，2018年（平成30年）4月1日前に開始した事業年度において生じた合併等前欠損金額に係るものは「9年」となります（令2改地法附5⑧，13⑧，令2

561

第3部　実務上の個別論点Q&A

改地令附3⑮，5⑮）。

　ここで，合併等事業年度とは，適格合併の日の属する事業年度又は残余財産の確定日の翌日の属する事業年度をいいます。

　この「控除対象合併等前欠損調整額」の控除は，合併等事業年度において合併等前欠損金額について法人税法第57条第7項の規定により同法同条第2項の規定の適用がないことを証する書類を添付した法人の道府県民税又は市町村民税の確定申告書を提出し，かつ，合併等事業年度以後において連続して法人の道府県民税又は市町村民税の確定申告書を提出している場合に限り，適用することができます（地法53⑦⑩，321の8⑦⑩，地令8の16の4，48の11の8）（注2）。

（注1）　法人税法第57条第7項（第1号に係る部分に限る）とは

> 　合併等前欠損金額とは，法人税の繰越欠損金額で，法人税法第57条第7項（第1号に係る部分に限る）の規定により被合併法人又は残余財産確定法人の繰越欠損金の引継規定（法法57②）が適用されなかったものをいいますが，法人税法第57条第7項（第1号に係る部分に限る）の規定は，上記1で解説しています。

（注2）　住民税上，被合併法人等から引き継いだ合併等前欠損金額とは

> 　法人を合併法人とする適格合併が行われた場合又はその法人との間に完全支配関係（その法人による完全支配関係（外国法人及び通算除外法人が介在しないものに限らない）又は相互の関係に限る）がある他の法人でその法人が発行済株式の全部又は一部を有するものの残余財産が確定した場合において，その適格合併に係る被合併法人又は当該他の法人（被合併法人等）のその適格合併の日前10年以内に開始し，又はその残余財産の確定日の翌日前10年以内に開始した事業年度（前10年内事業年度）において生じた合併等前欠損金額があるときに，その前10年内事業年度に係る控除未済合併等前欠損金額（その被合併法人又は残余財産確定法人の前10年内事業年度の法人税割の課税標準とすべき法人税額について控除された控除対象合併等前欠損調整額に係る合併等前欠損金額を除く。また，当該他の法人に株主等が2以上ある場合には，その控除未済合併等前欠損金額を当該他の法人の発行済株式（当該他の法人が有する自己株式を除く）の総数で除し，これにその法人の有する当該他の法人の株式の数を乗じて計算した金額とする）は，それぞれその控除未済合併等前欠損金額に係る前10年内事業年度開始日の属するその法人の事業年度（その法人の合併等事業年度開始日以後に開始したその被合併法人又は残余財産確定法人の前10年内事業年度に係る控除未済合併等前欠損金額にあっては，その合併等事業年度の前事業年度）において生じた合併等前欠損金額とみなされます。このみなされた合併等前欠損金額が「住民税上，被合併法人から引き継いだ合併等前欠損金額」となります。すなわち，法人税法第57条第6項によって切り捨てられた時価評価対象法人の繰越欠損金については，控除対象通算適用前欠損調整額として住民税特有の欠損金となりますが，法人税法第57条第7項によって合併法人等に引き継がれずに切り捨てられた時価評価対象法人又は時価評価法人等の繰越欠損金については，住民税では，いったん，合併法人等である他の通算法人が引き継いだものと擬制して，それを前提に控除対象合併等前欠損調整額として合併法人等である他の通算法人において住民税特有の欠損金とすることとしています。

[図表] 時価評価対象法人に該当する加入法人が加入日に通算内適格合併により解散する場合の加入前の繰越欠損金と住民税の欠損金について

＜ケース１＞ 加入日及び合併日が通算親法人事業年度開始日以外の日となるケース

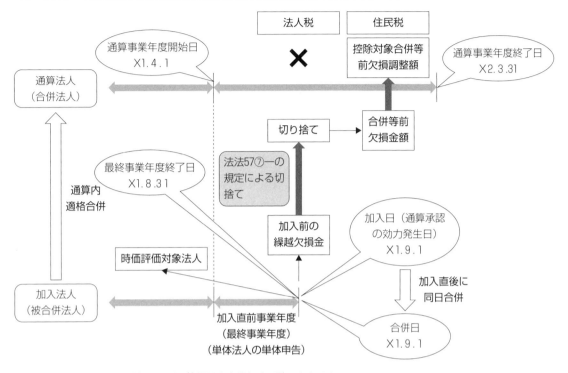

＜ケース２＞ 加入日及び合併日が通算親法人事業年度開始日となるケース

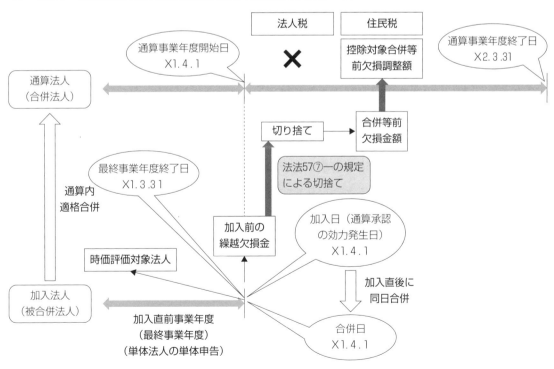

第3部　実務上の個別論点Q&A

| Q&A50 | 時価評価除外法人に該当する加入法人が加入日に通算内適格合併により解散する場合の加入前の繰越欠損金と住民税の欠損金の取扱いについて |

　時価評価除外法人に該当する加入法人が，支配関係5年継続要件，共同事業性の要件，新たな事業の未開始要件のすべてを満たさない場合，つまり，繰越欠損金の切捨ての対象となる法人に該当する場合でも，通算承認の効力発生日（加入日）に他の通算法人との適格合併により解散する場合，その加入法人の加入前の繰越欠損金を合併法人である他の通算法人に引き継ぐことができますか。また，住民税の欠損金が生じますか。

A　通算子法人が合併により解散する場合，合併日に通算承認の効力が失われます（法法64の10⑥五）。

　そのため，内国法人が加入日に合併により解散する場合，その内国法人は加入日（完全支配関係発生日又は特例決算期間の末日の翌日）に通算承認の効力が発生し，その直後に合併による解散により通算承認の効力が失われるものと考えられます。

　その上で，本ケースについては，法人税と住民税の取扱いは以下のとおりとなります。

1　法人税の取扱い

　時価評価除外法人に該当する加入法人について，支配関係5年継続要件及び共同事業性の要件を満たさない場合で，その加入法人が支配関係発生日以後に新たな事業を開始したとき（新たな事業の未開始要件を満たさないとき）は，加入法人の加入前の繰越欠損金はその加入法人の通算承認の効力が生じた日（加入日）以後に開始する各事業年度（同日の属する事業年度終了日後に新たな事業を開始した場合には，その開始した日以後に終了する各事業年度）において，支配関係事業年度前の繰越欠損金等一定の繰越欠損金額はないものとされます（法法57⑧）。

　そのため，本ケースのように，時価評価除外法人に該当する加入法人が，その通算承認の効力が生じた日（加入日）に他の通算法人との適格合併により解散する場合，支配関係5年継続要件，共同事業性の要件，新たな事業の未開始要件のすべてを満たさない場合であっても，最終事業年度（合併日の前日の属する事業年度＝加入直前事業年度）において，その加入法人の繰越欠損金は切り捨てられないこととなります。

　また，通算法人を合併法人とする適格合併でその通算法人との間に通算完全支配関係がある他の内国法人を被合併法人とするものが行われた場合には，当該他の内国法人の繰越欠損金については，被合併法人の繰越欠損金の引継制限の規定（法法57③）は適用されません（法令112の2⑥）。

　そして，時価評価対象法人に該当する加入法人については，法人税法第57条第7項において，その通算承認の効力が生じた日（加入日）に他の通算法人との適格合併により解散する場合，

564

その加入法人の繰越欠損金は合併法人に引き継がれず，切り捨てられる取扱いが定められていますが（Q&A49参照），時価評価除外法人に該当する加入法人については，（たとえ，支配関係5年継続要件，共同事業性の要件，新たな事業の未開始要件のすべてを満たさない場合であっても）そのような取扱いは法令で定められていません。

　以上より，法令の定めをそのまま当てはめると，時価評価除外法人に該当する加入法人が支配関係5年継続要件，共同事業性の要件，新たな事業の未開始要件のすべてを満たさない場合でも，加入日に他の通算法人との適格合併により解散する場合，その加入法人の加入前の繰越欠損金は，合併法人である他の通算法人に特定欠損金額として引き継がれることとなります（法法57②，64の7②二，法令112の2⑥）（注）。

　なお，本ケースの通算内合併が，非適格合併に該当する場合，被合併法人の繰越欠損金の引継ぎの規定（法法57②）は適用されないため，被合併法人である加入法人の繰越欠損金は合併に伴い切り捨てられます。

（注）　ただし，このような取扱いは，新たな事業を開始した場合に該当し，本来，切捨ての対象となる繰越欠損金が，合併法人に引き継がれることで，通算制度に持ち込まれることになるため，制度上問題があると思われます（この点，時価評価対象法人については，法人税法第57条第7項で手当てされているため，時価評価除外法人についても同様の規定を用意すべきであるといえます）。

2　住民税の欠損金

　本ケースでは，その加入法人の加入前の繰越欠損金は，法人税では切り捨てられず，合併法人である他の通算法人に引き継がれるため，住民税の欠損金（控除対象通算適用前欠損調整額及び控除対象合併等前欠損調整額）は生じません（法法53③④⑦⑧⑨，321の8③④⑦⑧⑨）。

　なお，合併法人である通算法人の繰越欠損金の取扱いについては，通常の通算法人間の合併と同様の取扱いが適用されます（法令112の2⑦）。

第3部 実務上の個別論点Q&A

[図表] 時価評価除外法人に該当する加入法人が加入日に通算内適格合併により解散する場合の加入前の繰越欠損金と住民税の欠損金について

＜ケース１＞ 加入日及び合併日が通算親法人事業年度開始日以外の日となるケース

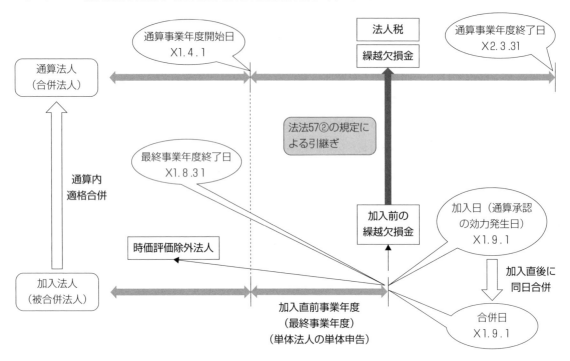

＜ケース２＞ 加入日及び合併日が通算親法人事業年度開始日となるケース

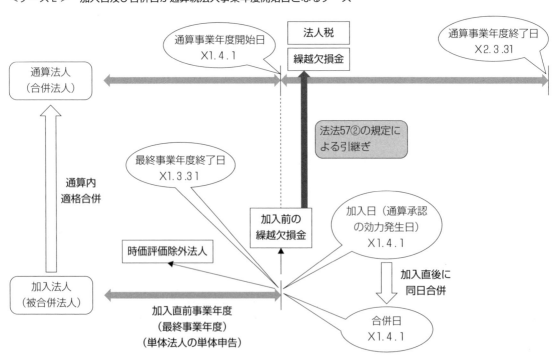

566

第3部　実務上の個別論点Q&A

Q&A51	加入直前事業年度終了日に加入法人の残余財産が確定する場合の加入前の繰越欠損金と住民税の欠損金について

当社Ｐ社を通算親法人とする通算制度に，加入子法人Ａ社及びその100％子会社である加入孫法人Ｂ社が加入することとなりました。ただし，加入孫法人Ｂ社は，清算中の法人であり，加入直前事業年度終了日に残余財産が確定することとなります。この場合，加入孫法人Ｂ社の加入前の繰越欠損金を残余財産確定法人の株主である加入子法人Ａ社に引き継ぐことができますか。また，法人税では引き継ぐことができない場合，住民税の欠損金が生じますか。

Ａ　グループ法人税制，組織再編税制，グループ通算制度では，残余財産の確定を合併と同様の経済的行為であるものとして，残余財産確定法人の繰越欠損金について，「残余財産の確定日の翌日」を「合併日」とみなした被合併法人の繰越欠損金の引継ぎと同様の取扱いとする法律構成を採っています。

そして，完全支配関係を有する内国法人の残余財産が確定した場合，その残余財産の確定日の翌日に完全支配関係を有しなくなります。

また，通算子法人の残余財産が確定した場合，その残余財産の確定日の翌日に通算承認の効力が失われます（法法64の10⑥五）。

そのため，本ケースでは，Q&A49に準じて，内国法人が加入日の前日に残余財産が確定する場合，その内国法人は加入日（完全支配関係発生日又は特例決算期間の末日の翌日）に通算承認の効力が発生し，その直後に残余財産の確定により通算承認の効力が失われるものと考えられます。

その上で，本ケースにおける加入法人の加入前の繰越欠損金について，法人税と住民税の取扱いは以下のとおりとなります。

1　法人税の取扱い

清算中の法人が通算制度に加入する場合，完全支配関係継続要件等を満たさないため，時価評価除外法人に該当しません（法法64の12①，法令131の16③）。

そして，通算法人との間に通算完全支配関係がある他の内国法人でその通算法人が発行済株式の全部又は一部を有するものの残余財産が確定した場合で，次の①②③の要件に該当する場合，当該他の内国法人（残余財産確定法人）の前10年内事業年度において生じた欠損金額について，残余財産確定法人の繰越欠損金の引継ぎの規定（法法57②）は適用されません（法法57⑦，法令112の2②。これを「時価評価対象法人となる残余財産確定法人の繰越欠損金の引継規定（法法57②）の不適用措置」という）。

①　当該他の内国法人（残余財産確定法人）が時価評価除外法人に該当しないこと。

567

第3部　実務上の個別論点Q&A

② その残余財産の確定した日が，当該他の内国法人（残余財産確定法人）が通算親法人との間に通算完全支配関係を有することとなった日（関係発生日）の前日から関係発生日の属する通算親法人の事業年度終了日までの期間内の日であること。

③ その通算法人（残余財産確定法人の株主）が通算子法人の場合，関係発生日からその残余財産の確定日の属する通算親法人の事業年度終了日（その通算法人（残余財産確定法人の株主）が同日以前にその通算法人を被合併法人とする合併で他の通算法人を合併法人とするものを行った場合又は同日前にその通算法人の残余財産が確定した場合には，その合併日の前日又はその残余財産の確定日）まで継続してその通算法人（残余財産確定法人の株主）と通算親法人との間に通算完全支配関係があること。

つまり，加入法人が時価評価対象法人に該当する場合で，通算承認の効力発生日（加入日）の前日に残余財産が確定する場合，その加入法人の加入前の繰越欠損金（加入直前事業年度末の繰越欠損金）を残余財産確定法人の株主である他の通算法人に引き継ぐことはできません。

ただし，上記③の要件により，残余財産確定法人の株主が通算子法人である場合で，その残余財産確定法人の株主である通算子法人が加入日からその残余財産の確定日の属する通算親法人の事業年度終了日までに通算グループ外に離脱した場合は，原則どおり，残余財産確定法人の繰越欠損金の引継ぎの規定（引継制限の規定を含む。法法57②③）が適用されます。

[法人税法第57条第7項（第1号に係る部分に限る）の規定とは]

> 法人税法第57条第7項第1号（時価評価対象法人となる被合併法人又は残余財産確定法人の繰越欠損金の引継規定（法法57②）の不適用措置）の趣旨と内容については，Q&A49の［法人税法第57条第7項（第1号に係る部分に限る）の規定とは］で解説しています。

[通算親法人の事業年度開始日と加入日と残余財産の確定日の翌日が同日である場合の法人税法施行令第112条の2第2項第2号の要件の問題点]

> 残余財産確定法人の株主が通算子法人である場合の上記③の要件について，法人税法施行令第112条の2第2項第2号では，「関係発生日から（省略）残余財産の確定の日の属する（省略）通算親法人の事業年度終了の日（省略）まで継続して当該通算法人と当該通算親法人との間に通算完全支配関係があること。」と規定されているため，通算親法人の事業年度開始日と加入日とその残余財産の確定日の翌日が同日である場合，同号で定める「関係発生日から残余財産の確定日の属する通算親法人の事業年度終了日」が存在しないこととなります。
>
> そうすると，本ケースにおいて，加入法人が通算親法人の事業年度開始日に加入し，加入日の前日に残余財産が確定した場合，上記③の要件に該当しないことになります。
>
> その場合，加入法人の加入前の繰越欠損金について法人税法第57条第7項第1号が適用されないため，原則どおり，残余財産確定法人の繰越欠損金の引継ぎの規定（法法57②）が適用されることとなり，時価評価対象法人の加入前の繰越欠損金が通算グループ内に持ち込まれることに

568

なってしまいます。

　また，本ケースにおいて，残余財産確定法人の株主を通算親法人とする場合は，上記③の要件は生じません。

　つまり，法人税法施行令第112条の2第2項第2号の要件を規定通りに当てはめると，本ケースにおいて，加入法人が通算親法人の事業年度開始日に加入し，加入日の前日に残余財産が確定した場合，残余財産確定法人の株主が通算親法人となる場合，時価評価対象法人の加入前の繰越欠損金は持込みができず，残余財産確定法人の株主が通算子法人となる場合は時価評価対象法人の加入前の繰越欠損金は持込みができることになってしまいます。

　上記［法人税法第57条第7項（第1号に係る部分に限る）の規定とは］で解説したとおり，法人税法第57条第7項（第1号に係る部分に限る）の規定は，時価評価対象法人の繰越欠損金を通算グループ内に持ち込ませないための規定です。そのため，本ケースにおいて，加入法人が通算親法人の事業年度開始日に加入し，加入日の前日に残余財産が確定した場合で，残余財産確定法人の株主が通算子法人となる場合に，時価評価対象法人の繰越欠損金を通算グループ内に持ち込めることになるのは，法人税法第57条第7項（第1号に係る部分に限る）の規定の趣旨に合致しません。

　以上より，法人税法施行令第112条の2第2項第2号の要件には該当しませんが，本ケースにおいて，加入法人が通算親法人の事業年度開始日に加入し，加入日の前日に残余財産が確定した場合に，残余財産確定法人の株主が通算子法人となる場合であっても，残余財産確定法人の株主が通算親法人となる場合と同じく，その趣旨に従い，法人税法第57条第7項（第1号に係る部分に限る）の規定（時価評価対象法人となる残余財産確定法人の繰越欠損金の引継規定（法法57②）の不適用措置）が適用されることが妥当だといえます[注1,2]。

(注1)　法人税法施行令第112条の2第2項第2号の要件は，その趣旨から考えて，「関係発生日から当該関係発生日の属する通算親法人の事業年度終了日まで継続して当該通算法人と当該通算親法人との間に通算完全支配関係があること」であると考えられます。

(注2)　この場合でも，関係発生日から残余財産の確定日の翌日の属する通算親法人の事業年度終了日までに，残余財産確定法人の株主である通算子法人が通算グループ外に離脱した場合は，原則どおり，残余財産確定法人の繰越欠損金の引継ぎの規定（引継制限の規定を含む。法法57②③）が適用されます。

2　住民税の取扱い

　本ケースでは，法人税法第57条第7項（第1号に係る部分に限る）の規定により，時価評価対象法人である残余財産確定法人の加入前の繰越欠損金は残余財産確定法人の株主である通算法人に引き継がれずに切り捨てられます。住民税では，その切り捨てられた法人税の繰越欠損金について，残余財産確定法人の株主である通算法人において「控除対象合併等前欠損調整額」という住民税の欠損金として引き継がれることとなります。

　控除対象合併等前欠損調整額については，Q&A49で解説しています。

[図表] 加入直前事業年度終了日に加入法人の残余財産が確定する場合の加入前の繰越欠損金と住民税の欠損金について

＜ケース１＞ 加入日及び残余財産の確定日の翌日が通算親法人の事業年度開始日以外の日となるケース

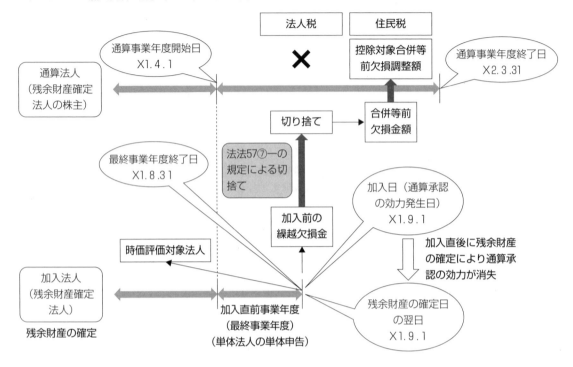

＜ケース２＞ 加入日及び残余財産の確定日の翌日が通算親法人の事業年度開始日となるケース

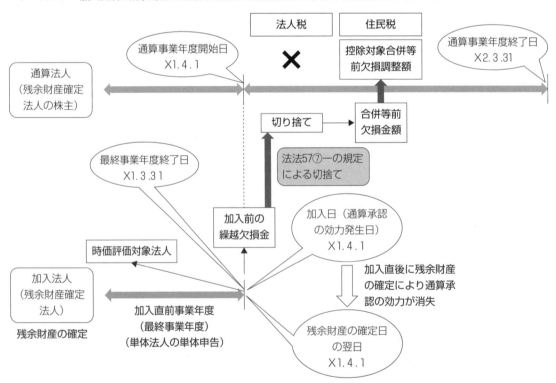

第3部　実務上の個別論点Q&A

Q&A52	合併・分割・事業譲渡等により新たな事業を引き継ぐ場合の合併法人等の繰越欠損金の切捨てについて

通算子法人Ａ社は，通算制度に加入した際に，時価評価除外法人に該当しましたが，支配関係５年継続要件及び共同事業性の要件を満たしていません。しかし，現在までのところ，支配関係発生日以後に新たな事業を開始していないため（新たな事業の未開始要件を満たしているため），Ａ社の加入前の繰越欠損金について持込制限は課せられていません。ただし，Ａ社は，通算子法人Ｂ社を吸収合併し，Ａ社においてＢ社の事業を引き継ぐことを予定しております。この場合，合併法人であるＡ社の新たな事業の未開始要件の判定に影響することになりますか。

Ａ　通算制度に加入した際に，時価評価除外法人に該当する通算子法人（支配関係５年継続要件及び共同事業性の要件を満たさないものに限る）が支配関係発生日（その通算子法人が通算親法人との間に最後に支配関係を有することとなった日）以後に新たな事業を開始した場合，その通算子法人の加入前の繰越欠損金のうち一定の金額が切り捨てられることになります（法法57⑧）。

この場合，加入日の前日において，支配関係発生日以後に新たな事業を開始していない場合，その通算子法人の加入前の繰越欠損金は全額，通算制度に持ち込まれることとなりますが，その後，加入日以後に新たな事業を開始した場合，新たな事業を開始した日の属する事業年度に加入前の繰越欠損金のうち一定の金額が切り捨てられることになります。

ここで，その通算子法人が，合併法人として合併を行う場合，被合併法人から被合併事業を引き継ぐことになりますが，この引き継いだ事業が，法人税基本通達12-1-9（新たな事業の開始の意義）で定めるその通算子法人（合併法人）において既に行っている事業と異なる事業に該当する場合は，その通算子法人において支配関係発生日以後に新たな事業を開始した場合（新たな事業の未開始要件を満たさない場合）に該当することとなります。この場合，合併法人である通算子法人において，合併日の属する事業年度（＝新たな事業を開始した日の属する事業年度）に，加入前の繰越欠損金のうち一定の金額が切り捨てられることになります。

また，これは，合併だけではなく，分割，現物出資，事業譲渡により，分割事業，現物出資事業，移転事業を引継ぐ場合に既存の事業とは異なる事業を開始する場合も同様となります。

これは，支配関係発生日以後，かつ，加入前に合併，分割，事業譲渡等により事業を引き継ぐ場合についても同様の考え方となります。

また，通算グループが通算制度を開始する場合に新たな事業の未開始要件が課される通算法人についても同様の考え方となります。

なお，通算法人が合併・分割・事業譲渡等により，被合併事業・分割事業・移転事業等を引継ぐ場合でも，既存の事業とは異なる事業を引き継ぐわけではない場合は，当然に，新たな事

571

第3部　実務上の個別論点Q&A

業を開始した場合（新たな事業の未開始要件を満たさない場合）に該当しませんので，その通算法人の加入前の繰越欠損金の切捨て要因にはなりません。

| Q&A53 | 開始・加入前に新たな事業を開始した場合に切り捨てられる開始・加入前の繰越欠損金に含まれる被合併法人又は残余財産確定法人から引き継いだ繰越欠損金の範囲について |

通算親法人Ｐ社は，通算制度を開始した際に，時価評価除外法人に該当しましたが，支配関係5年継続要件及び共同事業性の要件を満たしていません。また，通算子法人Ａ社は，通算制度に加入した際に，時価評価除外法人に該当しましたが，支配関係5年継続要件及び共同事業性の要件を満たしていません。そして，Ｐ社及びＡ社は，通算制度の開始・加入前に新たな事業を開始したため，開始・加入時に開始・加入前の繰越欠損金が切り捨てられています。ただし，Ｐ社及びＡ社は，新たな事業を開始する前又は後に，適格合併又は残余財産の確定により被合併法人又は残余財産確定法人から繰越欠損金を引き継いでいます。そして，ここからが質問ですが，開始・加入前に新たな事業を開始する場合に切り捨てられる繰越欠損金の範囲に被合併法人又は残余財産確定法人から引継いだ繰越欠損金が含まれるか否かについて，適格合併又は残余財産の確定が行われたときが新たな事業を開始する前又は後のいずれであるかによって取扱いが異なりますか。

A 　法人税法第57条第8項（新たな事業を開始した場合の開始・加入前の繰越欠損金の切捨て規定）は，時価評価除外法人に該当する通算法人の通算前10年内事業年度（通算承認の効力が生じた日前10年以内に開始した各事業年度）に該当する事業年度において生じた繰越欠損金（一定の金額に限る）の通算制度への持込制限となります。

ここで，法人税法第57条第8項で定める持込制限が生じるのは，通算前10年内事業年度に該当する事業年度において生じた繰越欠損金のうち以下のものとなります。

[切り捨てられる繰越欠損金の範囲]

規定する法令	切捨て対象となる繰越欠損金
法人税法第57条第8項第1号に規定する金額	支配関係事業年度前に生じた繰越欠損金
法人税法第57条第8項第2号に規定する政令で定める金額（法人税法施行令第112条の2第5項で準用される同令第112条第5項で定めるもの）	支配関係事業年度以後の特定資産譲渡等損失相当額

まず，法人税法第57条第8項第1号（以下，「第1号切捨て」という）では，その通算法人の支配関係事業年度前の各事業年度で通算前10年内事業年度に該当する事業年度において生じた欠損金額について，「欠損金額（<u>第2項の規定により当該通算法人の欠損金額とみなされたものを含み</u>，第1項の規定により通算前10年内事業年度の所得の金額の計算上損金の額に算入されたもの，第4項から第6項まで，この項若しくは次項又は第58条第1項の規定によりない

572

ものとされたもの及び第80条の規定により還付を受けるべき金額の計算の基礎となったものを除く。次号において同じ。）」と規定されています。

この第1号切捨ての「第2項の規定により当該通算法人の欠損金額とみなされたもの」とは，「被合併法人又は残余財産確定法人の繰越欠損金の引継規定（法法57②）により合併法人又は残余財産確定法人の株主である通算法人の繰越欠損金とみなされたもの」を意味していますが，いつまでに合併又は残余財産の確定により引き継いだものが切捨ての対象になるかは明記されていません。

一方，法人税法施行令第112条の2第5項で準用される同令第112条第5項第1号（以下，「第2号切捨て」という）では，「当該対象事業年度に生じた欠損金額（法第64条の9第1項（通算承認）の規定による承認の効力が生じた日（次項において「通算承認日」という。）の属する事業年度（当該事業年度終了の日後に法第57条第8項の新たな事業を開始した場合には，その開始した日の属する事業年度。以下この条において「最初適用年度」という。）前に法第57条第2項の規定により当該通算法人の欠損金額とみなされたもの及び同条第4項から第6項まで，第8項又は第9項の規定によりないものとされたものを含むものとし，…）」と規定されており，最初適用年度前に合併又は残余財産の確定により引き継いだものが切捨ての対象になることが明記されています。ここで，最初適用年度とは，通算承認日の属する事業年度（その事業年度終了日後に新たな事業を開始した場合には，その開始した日の属する事業年度）をいいます。

この点，整合性の点から，第1号切捨てについても，第2号切捨てと同じ取扱いになると考えられます。

以上から，本ケースのように，支配関係発生日以後，かつ，開始・加入前に新たな事業を開始していた場合，最初通算事業年度前に適格合併又は残余財産の確定によりその通算法人の繰越欠損金とみなされた金額（通算前10年内事業年度に該当する事業年度において生じた繰越欠損金のうち，支配関係事業年度前に生じた繰越欠損金又は支配関係事業年度以後の特定資産譲渡等損失相当額に該当するものに限る）は切り捨ての対象に含まれることとなります。

言い換えると，支配関係発生日以後，かつ，開始・加入前に新たな事業を開始していた場合，適格合併又は残余財産の確定が行われたときが新たな事業を開始する前又は後のいずれであるかによって取扱いが異なることはなく，それにより引き継いだものを含めた開始・加入直前事業年度末の繰越欠損金（通算前10年内事業年度に該当する事業年度において生じた繰越欠損金に限る）のうち，支配関係事業年度前に生じた繰越欠損金又は支配関係事業年度以後の特定資産譲渡等損失相当額に該当するものが切り捨てられることとなります。

第3部　実務上の個別論点Q&A

| Q&A54 | 開始・加入後に新たな事業を開始した場合に切り捨てられる開始・加入前の繰越欠損金に含まれる被合併法人又は残余財産確定法人から引き継いだ繰越欠損金の範囲について |

通算親法人Ｐ社は，通算制度を開始した際に，時価評価除外法人に該当しましたが，支配関係5年継続要件及び共同事業性の要件を満たしていません。また，通算子法人Ａ社は，通算制度に加入した際に，時価評価除外法人に該当しましたが，支配関係5年継続要件及び共同事業性の要件を満たしていません。そして，今回，Ｐ社及びＡ社は，通算制度の開始・加入後に新たな事業を開始することになったため，開始・加入前の繰越欠損金が切り捨てられることになりました。ただし，Ｐ社及びＡ社は，新たな事業を開始する前又は後に，適格合併又は残余財産の確定により被合併法人又は残余財産確定法人から繰越欠損金を引き継いでいます。そして，ここからが質問ですが，開始・加入後に新たな事業を開始する場合に切り捨てられる繰越欠損金の範囲に被合併法人又は残余財産確定法人から引継いだ繰越欠損金が含まれるか否かについて，適格合併又は残余財産の確定が行われたときが新たな事業を開始する前又は後のいずれであるかによって取扱いが異なりますか。

A Q&A53で解説したとおり，支配関係発生日以後に新たな事業を開始した場合，最初適用年度前に適格合併又は残余財産の確定によりその通算法人の繰越欠損金とみなされた金額（通算前10年内事業年度に該当する事業年度において生じた繰越欠損金のうち，支配関係事業年度前に生じた繰越欠損金又は支配関係事業年度以後の特定資産譲渡等損失相当額に該当するものに限る）は切り捨ての対象に含まれることとなります。

ここで，最初適用年度とは，通算承認日の属する事業年度（その事業年度終了日後に新たな事業を開始した場合には，その開始した日の属する事業年度）をいいます。

そのため，本ケースのように，支配関係発生日以後，かつ，開始・加入後に新たな事業を開始した場合，最初適用年度（開始・加入後に新たな事業を開始した日の属する事業年度）の前事業年度以前に行われた適格合併又は残余財産の確定により引き継いだ繰越欠損金が切捨ての対象となり，それを含めた最初適用年度の前事業年度末の繰越欠損金（通算前10年内事業年度に該当する事業年度において生じた繰越欠損金に限る）のうち，支配関係事業年度前に生じた繰越欠損金又は支配関係事業年度以後の特定資産譲渡等損失相当額に該当するものが切り捨てられることとなります。

| Q&A55 | 開始・加入後に適格合併により新たな事業を引き継ぐと同時に被合併法人の繰越欠損金を引き継いだ場合の取扱いについて |

通算親法人Ｐ社は，通算制度を開始した際に，時価評価除外法人に該当しましたが，支配関係5年継続要件及び共同事業性の要件を満たしていません。しかし，現在までのところ，支配関係発生日以後に新たな事業を開始していないため（新たな事業の未開始要件を満たしているため），

第3部　実務上の個別論点Q&A

P社の開始前の繰越欠損金について持込制限は課せられていません。ただし，今回，P社は，非通算法人Q社を被合併法人として適格合併し，P社においてQ社の事業を引き継ぐ予定です。このQ社から引継ぐ事業は，P社において既に行っている事業と異なる事業に該当するため，P社において，合併日の属する事業年度（＝新たな事業を開始した日の属する事業年度）に，開始前の繰越欠損金のうち一定の金額が切り捨てられることになります。ここで質問ですが，この場合，Q社から引き継いだ繰越欠損金も新たな事業の未開始要件に抵触することで切り捨てられることになりますか。

A　Q&A53で解説したとおり，支配関係発生日以後に新たな事業を開始した場合，最初適用年度前に適格合併又は残余財産の確定によりその通算法人の繰越欠損金とみなされた金額（通算前10年内事業年度に該当する事業年度において生じた繰越欠損金のうち，支配関係事業年度前に生じた繰越欠損金又は支配関係事業年度以後の特定資産譲渡等損失相当額に該当するものに限る）は切り捨ての対象に含まれることとなります。

　ここで，最初適用年度とは，通算承認日の属する事業年度（その事業年度終了日後に新たな事業を開始した場合には，その開始した日の属する事業年度）をいいます。

　本ケースでは，P社が合併によりQ社から既存の事業と異なる事業を引継ぐ日，つまり合併日の属する事業年度が最初適用年度（新たな事業を開始した日の属する事業年度）に該当することとなります。

　そのため，P社がQ社から引き継いだ繰越欠損金は，「最初適用年度前に適格合併又は残余財産の確定によりその通算法人の繰越欠損金とみなされた金額」には該当しないことから，P社がQ社から引き継いだ繰越欠損金は合併により新たな事業の未開始要件に抵触しても切り捨てられることにはなりません。

Q&A56　新たな事業を開始する前に合併により解散する場合の繰越欠損金の持込制限の取扱いについて

　通算子法人A社は，通算制度に加入した際に，時価評価除外法人に該当しましたが，支配関係5年継続要件及び共同事業性の要件を満たしていません。しかし，現在までのところ，支配関係発生日以後に新たな事業を開始していないため（新たな事業の未開始要件を満たしているため），A社の加入前の繰越欠損金について持込制限は課せられていません。そのような中，今回，A社は，通算子法人B社を合併法人として適格合併により解散することを予定しています。B社は，通算制度に加入した際に，時価評価除外法人に該当し，支配関係5年継続要件又は共同事業性の要件を満たしているため，加入前の繰越欠損金について持込制限は課せられていません。この場合，B社は，適格合併により，A社の加入前の繰越欠損金の残額を引き継ぐことができますか。また，A社に課せられていた新たな事業の未開始要件はB社に引き継がれることになりますか。

第3部　実務上の個別論点Q&A

A 　通算制度に加入した際に，時価評価除外法人に該当する通算子法人（支配関係5年継続要件及び共同事業性の要件を満たさないものに限る）が支配関係発生日（その通算子法人が通算親法人との間に最後に支配関係を有することとなった日）以後に新たな事業を開始した場合，その通算子法人の加入前の繰越欠損金（一定の金額に限る）が切り捨てられることになります（法法57⑧）。

　この点，加入日の前日において，支配関係発生日以後に新たな事業を開始していない場合，その通算子法人の加入前の繰越欠損金は全額，通算制度に持ち込まれますが，その後，加入日以後に新たな事業を開始した場合，新たな事業を開始した日の属する事業年度に加入前の繰越欠損金のうち一定の金額が切り捨てられることになります。

　一方，通算法人間の適格合併については，被合併法人である通算子法人の繰越欠損金について引継制限は課されません（法法57②，法令112の2⑥）。

　この場合，合併法人である通算法人が適格合併により引き継ぐことができる被合併法人の繰越欠損金（未処理欠損金額）は，法人税法第57条第2項では，「当該欠損金額（この項の規定により当該被合併法人等の欠損金額とみなされたものを含み，<u>第4項から第6項まで，第8項若しくは第9項又は第58条第1項（青色申告書を提出しなかつた事業年度の欠損金の特例）の規定によりないものとされたものを除く。次項において同じ。）</u>」と規定されており，法人税法第57条第8項の新たな事業の未開始要件に抵触し切り捨てられた繰越欠損金は引継ぎの対象から除かれています。

　しかし，本ケースにおける被合併法人A社は，適格合併により解散し消滅するまで新たな事業の未開始要件に抵触しなかったため，法人税法第57条第8項で定める「支配関係発生日以後に新たな事業を開始したとき」には該当しないまま，適格合併により解散し消滅することとなります。

　この点，法令（法人税法第57条等）では，合併法人である通算子法人B社が被合併法人である通算子法人A社の新たな事業の未開始要件を適格合併により引き継ぐことは規定されていません。

　そのため，本ケースのように，新たな事業の未開始要件に抵触してない通算子法人の加入前の繰越欠損金（つまり，合併までに持込制限が課されてない繰越欠損金）は，原則どおり，適格合併により合併法人である通算子法人に引き継がれることとなります。そして，新たな事業の未開始要件は解除されることとなります。

　なお，合併までに被合併法人である通算子法人で新たな事業の未開始要件に抵触する場合，最終事業年度までに加入前の繰越欠損金のうち一定の金額が切り捨てられることとなりますが，この切り捨てられた繰越欠損金は合併法人である通算子法人では引き継ぐことはできません（住民税では被合併法人である通算子法人において控除対象通算適用前欠損調整額が発生し，

576

第3部　実務上の個別論点Q&A

適格合併により合併法人である通算子法人が引き継ぐこととなります）。

Q&A57　通算内合併・通算内残余財産確定があった場合の合併法人・残余財産確定法人の株主における「被合併法人・残余財産確定法人の欠損金額の損金算入の規定」が適用されないケース

通算内合併又は通算内残余財産確定があった場合の合併法人又は残余財産確定法人の株主における被合併法人又は残余財産確定法人の欠損金額の損金算入の規定（法人税法第64条の8）が適用されないケースはどのような場合がありますか。

A 通算法人間の合併が行われた場合又は通算子法人の残余財産が確定した場合，被合併法人又は残余財産確定法人において単体申告で生じた欠損金額（残余財産確定の場合は持株相当額）は，合併法人又は残余財産確定法人の株主において，その合併日の属する事業年度又は残余財産の確定日の翌日の属する事業年度の所得の金額の計算上，損金の額に算入されることとなります（法法64の8）。

そして，本措置が適用されないケースは次の場合となります。

［法人税法第64条の8（通算法人の合併等があった場合の欠損金の損金算入）が適用されないケース］

① 被合併法人の合併日が通算親法人の事業年度開始日又は被合併法人の加入日（通算完全支配関係を有することとなった日）である場合
② 残余財産確定法人の残余財産の確定日が通算親法人の事業年度終了日である場合
→①②の場合，最終事業年度が通算申告又は単体法人の単体申告となるため適用対象外となる。
③ 合併法人又は残余財産確定法人の株主が通算子法人である場合で，その通算子法人が通算グループ外に離脱すること（通算内合併又は残余財産の確定以外の事由で通算親法人との間に通算完全支配関係を有しなくなったこと）により，その通算子法人の本措置による損金算入の対象になる事業年度終了日が通算親法人の事業年度終了日前となる場合
→③は，被合併法人又は残余財産確定法人の欠損金額を損金算入する通算法人（通算子法人に限る）が通算申告をするまでに通算グループ外に離脱した場合は，本措置を適用しないことを意味している。

Q&A58　通算子法人が合併により解散又は残余財産が確定したことにより，通算法人が通算親法人のみとなった場合の取扱い

当社（P社）は，通算親法人ですが，現在，通算子法人はA社の1社となります。この度，A社を当社に吸収合併させるか，A社の清算を検討しています。A社について，合併で解散した場合又は残余財産が確定した場合，通算親法人のみとなるため，通算制度が取りやめになるかと思います。それぞれどのような取扱いとなりますか。

577

唯一の通算子法人について，通算親法人に吸収合併される場合と残余財産が確定する場合の税務上の取扱いはそれぞれ以下のとおりとなります。

[ケース１]　唯一の通算子法人が通算親法人に吸収合併される場合

(前提)
- 通算親法人の株式の50％超を直接・間接に保有する者はいないものとする。
- 繰延譲渡損益の実現処理の取扱いは解説を省略している。
- 被合併法人である通算子法人は，最初通算事業年度に合併を行うものではないものとする。
- 合併法人又は被合併法人に欠損等法人の制限規定は適用されないこととする。

(適格要件)
　100％親子間合併のため適格要件を満たす（法法２十二の八，法令４の３②）。

(通算制度の取りやめ)
　通算子法人は，合併により解散した場合，合併日に通算承認の効力が失われる（法法64の10⑥五）。また，唯一の通算子法人が通算承認の効力を失ったことに基因して通算法人が通算親法人のみとなった場合，そのなった日に通算親法人の通算承認の効力が失われる（法法64の10⑥七）。唯一の通算子法人が合併により解散する場合の通算親法人又は通算子法人のみなし事業年度は次のとおりである（法法14②③④二・⑦，64の５①③，64の７①，64の10⑥五・七，地法72の13⑥⑦⑧二・⑪）。なお，取りやめ日は通算子法人の合併日となる。

(通算親法人のみなし事業年度)

種類	期間	申告方法
取りやめ直前事業年度	通算事業年度開始日から取りやめ日の前日までの期間	通算申告

取りやめ事業年度	取りやめ日から親法人の会計期間終了日までの期間	単体申告

（通算子法人のみなし事業年度）

種類	期間	申告方法
最終事業年度	通算事業年度開始日から合併日の前日までの期間	通算申告

① 通算子法人（被合併法人）の税務上の取扱い

取扱項目	適格の場合
離脱時の時価評価	合併法人である通算親法人で被合併法人である通算子法人の主要な事業が継続することが見込まれていない場合（含み益の合計額≧含み損の合計額である場合を除く），最終事業年度において，一定の資産について時価評価を行う（法法64の13①）。
資産の移転	簿価譲渡（離脱時の時価評価が適用される場合は，時価評価後の帳簿価額で譲渡）

② 通算親法人（合併法人）の税務上の取扱い

取扱項目		適格の場合
資産の受入		簿価受入
離脱時の時価評価		主要な事業を継続することが見込まれていない場合（含み益の合計額≧含み損の合計額である場合を除く），取りやめ直前事業年度において，一定の資産について時価評価を行う（法法64の13①）。
合併法人の繰越欠損金の利用制限	法人税	通算子法人の合併直後に通算承認の効力が失われるため，通算法人間の適格合併に該当するものと考えられる。その場合，利用制限は生じない（法令112の2⑦）。
	住民税	利用制限は生じない。
	事業税	●次の要件のいずれも満たさない場合，利用制限が生じる（法法57④，法令112③④⑨⑩，地法72の23①②，地令20の3）。 ① 支配関係5年継続要件 ② みなし共同事業要件 ●ただし，含み損益の特例計算の適用がある（法令113①④，地法72の23①②，地令20の3）。
被合併法人の繰越欠損金の引継制限	法人税	通算子法人の合併直後に通算承認の効力が失われるため，通算法人間の適格合併に該当するものと考えられる。その場合，引継制限は生じない（法法57②，法令112の2⑥）。

	住民税	引継制限は生じない（地法53⑤⑦⑮㉑㉔㉘，321の8⑤⑦⑮㉑㉔㉘，令2改地法附5④⑤⑥，13④⑤⑥，令2改地令附3㉓㉙㉟，5㉓㉙㉟）。
	事業税	●次の要件のいずれも満たさない場合，引継制限が生じる（法法57②③，法令112③④，地法72の23①②，地令20の3）。 　①　支配関係5年継続要件 　②　みなし共同事業要件 ●ただし，含み損益の特例計算の適用がある（法令113①，地法72の23①②，地令20の3）。
組織再編に係る特定資産譲渡等損失額の損金算入制限		●次の要件のいずれも満たさない場合，損金算入制限が生じる（法法62の7①，57④，法令112③⑩，123の8①）。 　①　支配関係5年継続要件 　②　みなし共同事業要件 ●ただし，含み損益の特例計算の適用がある（法令123の9①⑦）。 ●離脱時の時価評価は，損金算入制限の適用期間開始日（適格合併の日の属する事業年度開始日）の前日に終了する取りやめ直前事業年度に適用されるため，損金算入制限の解除事由にはならない。
通算子法人株式の投資簿価修正		●抱合株式について投資簿価修正が適用される（加算措置を含む。法令119の3⑤⑥⑦）。 ●抱合株式の帳簿価額は資本金等の額から減額される（法令8①五）。
抱合株式	みなし配当	みなし配当は生じない（法法24①）。
	株式譲渡損益	株式譲渡損益は生じない（法法61の2③）。

[ケース2]　唯一の通算子法人の残余財産が確定する場合

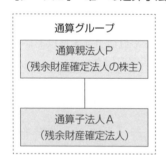

（前提）

- 通算親法人の株式の50％超を直接・間接に保有する者はいないものとする。
- 清算手続に伴う資産の移転の取扱いは，譲渡損益の繰延べ処理を含め解説を省略している。
- 繰延譲渡損益の実現処理の取扱いは解説を省略している。
- 清算法人に欠損等法人の制限規定は適用されないこととする。
- 通算子法人について，最初通算期間終了日の翌日以後に残余財産が確定することを前提とし

第3部　実務上の個別論点Q&A

ている。

（通算制度の取りやめ）

通算子法人は，残余財産が確定した場合，残余財産の確定日の翌日に通算承認の効力が失われる（法法64の10⑥五）。また，唯一の通算子法人が通算承認の効力を失ったことに基因して通算法人が通算親法人のみとなった場合，そのなった日に通算親法人の通算承認の効力が失われる（法法64の10⑥七）。唯一の通算子法人の残余財産が確定する場合の通算親法人又は通算子法人のみなし事業年度は次のとおりである（法法14②③④二・⑦，64の5①③，64の7①，64の10⑥五・七，地法72の13⑥⑦⑧二・⑪）。なお，取りやめ日は通算子法人の残余財産の確定日の翌日となる。

（通算親法人のみなし事業年度）

種類	期間	申告方法
取りやめ直前事業年度	通算事業年度開始日から取りやめ日の前日までの期間	通算申告
取りやめ事業年度	取りやめ日から親法人の会計期間終了日までの期間	単体申告

（通算子法人のみなし事業年度）

種類	期間	申告方法
最終事業年度	通算事業年度開始日から残余財産の確定日までの期間	通算申告

① 通算子法人（残余財産確定法人）の税務上の取扱い

取扱項目	取扱い
特例欠損金の損金算入の取扱い	● 解散した場合又は特別清算開始の命令があった場合の特例欠損金の損金算入規定が適用できる（法法59③④，法令117の3，117の4，117の5）。 ● 事業税の所得割及び付加価値割の計算においても特例欠損金の損金算入規定が適用できる（法法72の18①②，72の23①，地令20の3）。
清算法人の欠損金の繰戻還付の適用	● 通算子法人が解散する場合は，解散等した場合の欠損金の繰戻還付の適用事由には該当しない（法法80④）。 ● 通算子法人の清算中に終了する事業年度（清算事業年度及び残余財産確定事業年度）は，通算親法人事業年度終了日に終了するものであるため，その通算子法人が中小法人等に該当し，通常の欠損金の

581

第3部　実務上の個別論点Q&A

	繰戻還付が適用されない限り，清算中に終了する事業年度において生じた欠損金額について，欠損金の繰戻還付は適用できない（措法66の12①）。
外形標準課税の取扱い	●清算法人の解散事業年度，清算事業年度，残余財産確定事業年度は，それぞれ解散日の現況によって外形標準課税の対象になるかどうかが決定される（地法72の2①②，72の29①③⑤，地方税法附則8の3の3）。また，100%子法人等への対応に係る特定法人の判定は，解散日以前に最後に終了した当該他の法人の事業年度終了日（当該日がない場合には，当該他の法人の設立日）の現況による（地法72の2②）。 ●解散日後も残余財産の確定日まで継続して所得割が課される（地法72の2①②，72の29①③⑤，72の30①）。 ●資本割は解散日の翌日以後は課されない。清算事業年度又は残余財産確定事業年度の中途において解散日が設定される場合でも，解散日の翌日以後の期間は資本割は課されない（地法72の21①④，72の29①③⑤，72の30①）。 ●付加価値割は，解散日の翌日以後も課されるが，残余財産確定事業年度には課されない（地法72の29①③⑤，72の30①）。清算事業年度の中途において解散日が設定される場合，その清算事業年度では1年間に対して付加価値割が課されるが，残余財産確定事業年度では付加価値割は課されない（地法72の29①③⑤，72の30①）。残余財産確定事業年度の中途において解散日が設定される場合，その残余財産確定事業年度では，解散日の翌日以後の期間は付加価値割は課されない（地法72の29③⑤，72の30①）。

② 通算親法人（残余財産確定法人の株主）の税務上の取扱い

取扱項目		取扱い
離脱時の時価評価		主要な事業を継続することが見込まれていない場合（含み益の合計額≧含み損の合計額である場合を除く），取りやめ直前事業年度において，一定の資産について時価評価を行う（法法64の13①）。
残余財産確定法人の繰越欠損金の引継制限	法人税	通算子法人の残余財産の確定直後に通算承認の効力が失われるため，通算法人間の残余財産の確定に該当するものと考えられる。その場合，引継制限は生じない（法法57②，法令112の2⑥）。
	住民税	引継制限は生じない（地法53⑤⑦⑮㉑㉔㉘，321の8⑤⑦⑮㉑㉔㉘，令2改地法附5④⑤⑥，13④⑤⑥，令2改地令附3㉓㉙㉟，5㉓㉙㉟）。
	事業税	●支配関係5年継続要件を満たさない場合，引継制限が生じる（法法57②③，法令112④，地法72の23①②，地令20の3）。 ●ただし，含み損益の特例計算の適用がある（法令113①，地法72の23①②，地令20の3）。
通算子法人株式の投資簿価修正		残余財産確定法人株式について投資簿価修正が適用される（加算措置を含む。法令119の3⑤⑥⑦）。

残余財産確定法人株式	みなし配当	●残余財産の分配額が資本金等の額を上回る場合，みなし配当が生じる（法法24①，法令23①四）。 ●みなし配当は，完全子法人株式に係る配当に該当し，全額益金不算入となる（法法23①⑤，法令22の2①）。
	株式譲渡損益	●株式譲渡損益は生じない（法法61の2⑰）。 ●株式譲渡損に相当する金額について資本金等の額から減額される（株式譲渡益に相当する金額は資本金等の額を増額する。法法61の2①⑰，法令8①二十二）。

Q&A59 通算法人が他の通算グループに加入する場合の通算子法人株式の投資簿価修正と加入時の離脱見込み法人株式の時価評価の適用関係

当社（Ｐ社）は，自社を通算親法人とする通算制度を適用していますが，今回，当社（Ｐ社）の発行済株式の全部が他の通算グループの通算親法人（Ｑ社）に保有されることとなりました。この場合，当社（Ｐ社。旧通算グループの通算親法人）及びその通算子法人（Ａ社。旧通算グループの通算子法人）は，旧通算グループからの離脱（通算制度取りやめ）と新しい通算グループへの加入が同時に行われることになります。そのため，当社（Ｐ社）では，その有するＡ社の株式について，旧通算グループからの離脱に伴い投資簿価修正を適用するかと思います。ただ，今回，新しい通算グループへの加入に際して，Ａ社は離脱見込み法人に該当するため，当社（Ｐ社）では，その有するＡ社の株式について，加入時の離脱見込み法人株式の時価評価が適用されるものと考えています。この場合，新しい通算制度への加入時の離脱見込み法人株式の時価評価と旧通算制度からの離脱時の投資簿価修正のいずれが先に適用されますか。なお，Ｐ社及びＡ社は新しい通算制度への加入について加入時期の特例は適用していません。

Ａ　ある通算グループに属する法人がグループごと買収される等により通算グループを離脱すると同時に他の通算グループに加入することとなった場合，旧通算親法人は，その有する旧通算子法人の株式について，旧通算グループからの離脱・取りやめ直前事業年度（＝新通算グループへの加入直前事業年度）において旧通算子法人の株式の投資簿価修正を行うことになります（法令119の3⑤⑥⑦）。

また，その有する旧通算子法人が離脱見込み法人に該当する場合，旧通算親法人は，新通算グループへの加入直前事業年度（＝旧通算グループからの離脱・取りやめ直前事業年度）においてその有する旧通算子法人の株式について加入時の離脱見込み法人株式の時価評価が適用されることになります（法法64の12②）。

この場合，旧通算親法人は，その有する旧通算子法人の株式の投資簿価修正の計算を先に行うことになり，旧通算親法人が加入時の離脱見込み法人株式の時価評価で用いる旧通算子法人株式の帳簿価額は，投資簿価修正後の帳簿価額となります。

第3部 実務上の個別論点Q&A

なお，旧通算子法人の株式を旧通算親法人だけではなく，旧通算グループ内で他の通算子法人（他の旧通算子法人）が有する場合についても，当該他の旧通算子法人においてその旧通算子法人の株式について同様の取扱いとなります。

また，旧通算子法人が旧通算グループ内で他の通算子法人（旧通算孫法人）の株式を有する場合のその旧通算孫法人の株式についても，その旧通算子法人において同様の取扱いとなります。

なお，旧通算親法人又は旧通算子法人が新しい通算制度への加入について加入時期の特例を適用する場合は，旧通算グループからの離脱・取りやめ直前事業年度終了日の翌日から特例決算期間終了日までの期間が新通算グループへの加入直前事業年度となるため，旧通算グループからの離脱・取りやめ直前事業年度と新通算グループへの加入直前事業年度の期間が異なることとなり，投資簿価修正と加入時の離脱見込み法人株式の時価評価が同時期に行われることはありません。

Q&A60　通算子法人の加入日の有利・不利

通算子法人が加入する場合に，加入日に応じて，通算グループ全体の税負担に有利・不利は生じますか。

A 新たに通算子法人が加入する場合，基本的に，できるだけ早く加入させる方が損益通算効果をいち早く享受できるため，通算グループ全体の税負担の観点からは有利となります。

ただし，加入日を伸ばすことで，支配関係5年継続要件が満たされる場合があります。

また，加入日によって，時価評価除外法人の判定結果に影響が生じる場合があります。

なお，加入日として完全支配関係発生日又は特例決算期間の末日の翌日のいずれを採用するかについては，加入直前事業年度における中小法人等や特定同族会社の判定結果に影響が生じる場合があるとともに，支配関係5年継続要件又は共同事業性の要件の判定結果にも影響が生じる場合があります。

Q&A61　通算子法人の離脱日の有利・不利

通算子法人が通算グループ外に離脱する場合に，離脱日に応じて，通算グループ全体の税負担に有利・不利は生じますか。

第3部　実務上の個別論点Q&A

A　通算子法人が通算グループ外に離脱する場合，離脱日を通算親法人事業年度終了日の翌日又はそれ以外の日のいずれにするかによって，離脱法人の離脱直前事業年度の所得金額又は欠損金額が損益通算されるか否かが異なるため，離脱日の設定によって，通算グループ全体の法人税額に有利・不利が生じることになります。

　その点，各通算法人の所得金額の発生状況により，例えば，次のようにまとめられます。

　なお，離脱法人の離脱直前事業年度が通算申告となる場合（離脱日が通算親法人事業年度終了日の翌日となる場合），離脱直前事業年度に生じる通算税効果額の授受を行うことを前提とします。

　また，通算グループに繰越欠損金がある場合，繰越欠損金の解消額により有利・不利が異なる場合があることに注意が必要です。

[離脱日による有利・不利]

通算グループ全体の所得金額（離脱法人分を含める）	通算グループ全体の所得金額（離脱法人分を除く）	離脱法人の所得金額	離脱日の有利・不利
プラス	プラス	プラス	損益通算効果は生じないため，有利・不利は生じない。
		マイナス	損益通算効果が生じるため，通算親法人事業年度終了日の翌日に離脱した方が有利となる。
	マイナス	プラス	損益通算効果が生じるため，通算親法人事業年度終了日の翌日に離脱した方が有利となる。
マイナス	プラス	マイナス	損益通算効果が生じるため，通算親法人事業年度終了日の翌日に離脱した方が有利となる。
	マイナス	プラス	損益通算効果が生じるため，通算親法人事業年度終了日の翌日に離脱した方が有利となる。
		マイナス	損益通算効果は生じないため，有利・不利は生じない。

585

第3部　実務上の個別論点Q&A

Q&A62	通算子法人の合併日の有利・不利

通算子法人が通算グループ内の合併により解散する場合に，合併日に応じて，通算グループ全体の税負担に有利・不利は生じますか。

A 通算子法人が他の通算法人との合併により解散する場合，合併日を通算親法人事業年度終了日の翌日又はそれ以外の日のいずれにするかによって，被合併法人となる通算子法人の最終事業年度の所得金額又は欠損金額が損益通算されるか否かが異なるため，合併日の設定によって，通算グループ全体の法人税額に有利・不利が生じることになります。

その点，各通算法人の所得金額の発生状況により，例えば，次のようにまとめられます。

なお，通算グループに繰越欠損金がある場合，繰越欠損金の解消額により有利・不利が異なる場合があることに注意が必要です。

[通算内合併に係る合併日による有利・不利]

通算グループ全体の所得金額（被合併法人分を含める）	通算グループ全体の所得金額（被合併法人分を除く）	被合併法人となる通算子法人の所得金額	合併日の有利・不利
プラス	プラス	プラス	有利・不利は生じない(注1)
		マイナス	有利・不利は生じない(注2)
	マイナス	プラス	通算親法人事業年度終了日の翌日に合併した方が有利となる(注3)
マイナス	プラス	マイナス	有利・不利は生じない(注2)
	マイナス	プラス	通算親法人事業年度終了日の翌日に合併した方が有利となる(注3)
		マイナス	有利・不利は生じない(注2)

(注1)　通算グループ全体の所得金額がいずれもプラス，被合併法人となる通算子法人の所得金額がプラスの場合，合併日に関係なく，「通算法人の単体申告」又は「通算申告（通算グループ全体）」のいずれも税額が生じるため，有利・不利は生じない。

(注2)　被合併法人の「通算法人の単体申告」で生じた欠損金額は合併法人となる他の通算法人において損金算入（損益通算）されるため，合併日が通算親法人事業年度終了日の翌日以外の日でも，結果的に有利・不利は生じない（[ケース2]参照）。

(注3)　[ケース1]参照。

具体的には，次のように，通算グループ全体では欠損金額が生じるが，被合併法人となる通算子法人では所得金額（＋）が生じる場合，有利・不利が生じます。

第3部　実務上の個別論点Q&A

[ケース1]　通算グループ全体で欠損金額，被合併法人となる通算子法人で所得金額（＋）が生じる場合

（前提条件）

※1	通算子法人Bの発行済株式のすべてを通算親法人Pが所有するものとする。
※2	合併法人は通算親法人P，被合併法人は通算子法人Bとする。
※3	通算申告の期間は，X1年4月1日〜X2年3月31日とする。
※4	下記①の場合，「通算法人の単体申告」の期間は，X1年4月1日〜X2年2月28日とする。
※5	通算子法人Bの最終事業年度の所得金額は100,000とする。
※6	通算親法人Pの所得金額は150,000とする。
※7	通算子法人Aの所得金額は▲300,000とする。

① 合併日が通算親法人事業年度終了日の翌日以外の日となる場合
　（通算親法人事業年度終了日：3月31日，合併日：3月1日）

	通算申告				通算法人の 単体申告	通算グループ （合計）
	通算親法人P （合併法人）	通算子法人A	通算子法人B （被合併法人）	通算申告 （計）	通算子法人B （被合併法人）	
損益通算前所得金額	150,000	▲300,000	－	▲150,000	100,000	▲50,000
損益通算	▲150,000	150,000	－	0	－	0
損益通算後所得金額	0	▲150,000	－	▲150,000	100,000	▲50,000
法人税額（20%）	0	0	－	0	20,000	20,000
通算税効果額（20%）	30,000	▲30,000	－	0	0	0
法人税額合計	30,000	▲30,000	－	0	20,000	20,000

翌期に繰越　　　　　　　　不利

② 合併日が通算親法人事業年度終了日の翌日となる場合
　（通算親法人事業年度終了日：3月31日，合併日：4月1日）

	通算申告				通算法人の 単体申告	通算グループ （合計）
	通算親法人P （合併法人）	通算子法人A	通算子法人B （被合併法人）	通算申告 （計）	通算子法人B （被合併法人）	
損益通算前所得金額	150,000	▲300,000	100,000	▲50,000	－	▲50,000
損益通算	▲150,000	250,000	▲100,000	0	－	0
損益通算後所得金額	0	▲50,000	0	▲50,000	－	▲50,000
法人税額（20%）	0	0	0	0	－	0
通算税効果額（20%）	30,000	▲50,000	20,000	0	0	0
法人税額合計	30,000	▲50,000	20,000	0	0	0

翌期に繰越　　　　　　　　有利

　ただし，繰越欠損金が翌期以降に解消される場合は，最終的に有利・不利は生じません。

　一方，次のように，被合併法人となる通算子法人で欠損金額が生じる場合は，通算親法人事業年度終了日の翌日以外の日に合併する場合であっても，合併法人となる他の通算法人で当該欠損金額が損金算入（損益通算）されるため，有利・不利は生じません。

587

第3部　実務上の個別論点Q&A

[ケース2] 被合併法人となる通算子法人で欠損金額が生じる場合

（前提条件）

※1　通算子法人Bの発行済株式のすべてを通算親法人Pが所有するものとする。
※2　合併法人は通算親法人P，被合併法人は通算子法人Bとする。
※3　通算申告の期間は，X1年4月1日〜X2年3月31日とする。
※4　下記①の場合，「通算法人の単体申告」の期間は，X1年4月1日〜X2年2月28日とする。
※5　通算子法人Bの所得金額は▲150,000とする。
※6　通算親法人Pの所得金額は100,000とする。
※7　通算子法人Aの所得金額は200,000とする。

① 合併日が通算親法人事業年度終了日の翌日以外の日となる場合
（通算親法人事業年度終了日：3月31日，合併日：3月1日）

| | 通算申告 | | | | 通算法人の単体申告 | 通算グループ（合計） |
	通算親法人P（合併法人）	通算子法人A	通算子法人B（被合併法人）	通算申告（計）	通算子法人B（被合併法人）	
所得金額	100,000	200,000	−	300,000	▲150,000	150,000
被合併法人の欠損金額の損金算入額	▲150,000	−	−	▲150,000	−	−
損益通算前所得金額	▲50,000	200,000	−	150,000	▲150,000	
損益通算	50,000	▲50,000	−	0	−	−
損益通算後所得金額	0	150,000	−	150,000		150,000
法人税額（20%）	0	30,000	−	30,000	0	30,000
通算税効果額（20%）	▲10,000	10,000	−	0	0	0
法人税額合計	▲10,000	40,000	−	30,000	0	30,000

中立

② 合併日が通算親法人事業年度終了日の翌日となる場合
（通算親法人事業年度終了日：3月31日，合併日：4月1日）

| | 通算申告 | | | | 通算法人の単体申告 | 通算グループ（合計） |
	通算親法人P（合併法人）	通算子法人A	通算子法人B（被合併法人）	通算申告（計）	通算子法人B（被合併法人）	
所得金額	100,000	200,000	▲150,000	150,000	−	150,000
被合併法人の欠損金額の損金算入額	−	−	−	−	−	−
損益通算前所得金額	100,000	200,000	▲150,000	150,000	−	150,000
損益通算	▲50,000	▲100,000	150,000	0	−	0
損益通算後所得金額	50,000	100,000	0	150,000	−	150,000
法人税額（20%）	10,000	20,000	0	30,000	0	30,000
通算税効果額（20%）	10,000	20,000	▲30,000	0	0	0
法人税額合計	20,000	40,000	▲30,000	30,000	0	30,000

中立

第3部 実務上の個別論点Q&A

Q&A63 通算子法人の残余財産の確定日の有利・不利

通算子法人の残余財産が確定する場合に，残余財産の確定日に応じて，通算グループ全体の税負担に有利・不利は生じますか。

A 通算子法人の残余財産が確定する場合，残余財産の確定日を通算親法人事業年度終了日又はそれ以外の日のいずれにするかによって，残余財産確定法人となる通算子法人の最終事業年度の所得金額又は欠損金額が損益通算されるか否かが異なるため，残余財産の確定日の設定によって，通算グループ全体の法人税額に有利・不利が生じることになります。

その点，最終的には各通算法人の所得金額の発生状況により，例えば，次のようにまとめられます。

なお，通算グループに繰越欠損金がある場合，繰越欠損金の解消額により有利・不利が異なる場合があることに注意が必要です。

[残余財産の確定日による有利・不利]

通算グループ全体の所得金額（残余財産確定法人分を含める）	通算グループ全体の所得金額（残余財産確定法人分を除く）	残余財産確定法人となる通算子法人の所得金額	残余財産の確定日の有利・不利
プラス	プラス	プラス	有利・不利は生じない[注1]
		マイナス	有利・不利は生じない[注2]
	マイナス	プラス	通算親法人事業年度終了日に残余財産の確定をした方が有利となる[注3]
マイナス	プラス	マイナス	有利・不利は生じない[注2]
	マイナス	プラス	通算親法人事業年度終了日に残余財産の確定をした方が有利となる[注3]
		マイナス	有利・不利は生じない[注2]

（注1） 通算グループ全体の所得金額がいずれもプラス，残余財産確定法人となる通算子法人の所得金額がプラスの場合，残余財産の確定日に関係なく，「通算法人の単体申告」又は「通算申告（通算グループ全体）」のいずれも税額が生じるため，有利・不利は生じない。

（注2） 残余財産確定法人の「通算法人の単体申告」で生じた欠損金額は残余財産確定法人の株主となる他の通算法人において損金算入（損益通算）されるため，残余財産の確定日が通算親法人事業年度終了日以外の日でも，結果的に有利・不利は生じない（［ケース2］参照）。

（注3） ［ケース1］参照。

具体的には，次のように，通算グループ全体では欠損金額が生じるが，残余財産確定法人と

589

第3部 実務上の個別論点Q&A

なる通算子法人では所得金額（＋）が生じる場合，有利・不利が生じます。

［ケース1］通算グループ全体で欠損金額，残余財産確定法人となる通算子法人で所得金額（＋）が生じる場合

（前提条件）

※1 通算子法人Bの発行済株式のすべてを通算親法人Pが所有するものとする。
※2 通算申告の期間は，X1年4月1日～X2年3月31日とする。
※3 下記①の場合，「通算法人の単体申告」の期間は，X1年4月1日～X2年2月28日とする。
※4 通算子法人Bの最終事業年度の所得金額は100,000とする。
※5 通算親法人Pの所得金額は150,000とする。
※6 通算子法人Aの所得金額は▲300,000とする。

① 残余財産の確定日が通算親法人事業年度終了日以外の日となる場合
（通算親法人事業年度終了日：3月31日，残余財産の確定日：2月28日）

| | 通算申告 | | | | 通算法人の単体申告 | 通算グループ（合計） |
	通算親法人P（残余財産確定法人の株主）	通算子法人A	通算子法人B（残余財産確定法人）	通算申告（計）	通算子法人B（残余財産確定法人）	
損益通算前所得金額	150,000	▲300,000	－	▲150,000	100,000	▲50,000
損益通算	▲150,000	150,000	－	0	－	0
損益通算後所得金額	0	▲150,000	－	▲150,000	100,000	▲50,000
法人税額（20%）	0	0	－	0	20,000	20,000
通算税効果額（20%）	30,000	▲30,000	－	0	0	0
法人税額合計	30,000	▲30,000	－	0	20,000	20,000

翌期に繰越　　　　　　不利

② 残余財産の確定日が通算親法人事業年度終了日となる場合
（通算親法人事業年度終了日：3月31日，残余財産の確定日：3月31日）

| | 通算申告 | | | | 通算法人の単体申告 | 通算グループ（合計） |
	通算親法人P（残余財産確定法人の株主）	通算子法人A	通算子法人B（残余財産確定法人）	通算申告（計）	通算子法人B（残余財産確定法人）	
損益通算前所得金額	150,000	▲300,000	100,000	▲50,000	－	▲50,000
損益通算	▲150,000	250,000	▲100,000	0	－	0
損益通算後所得金額	0	▲50,000	0	▲50,000	－	▲50,000
法人税額（20%）	0	0	0	0	－	0
通算税効果額（20%）	30,000	▲50,000	20,000	0	0	0
法人税額合計	30,000	▲50,000	20,000	0	0	0

翌期に繰越　　　　　　有利

ただし，繰越欠損金が翌期以降に解消される場合は，最終的に有利・不利は生じません。

一方，次のように，残余財産確定法人となる通算子法人で欠損金額が生じる場合は，通算親法人事業年度終了日以外の日に残余財産が確定する場合であっても，残余財産確定法人の株主

第3部　実務上の個別論点Q&A

となる他の通算法人で当該欠損金額が損金算入（損益通算）されるため，有利・不利は生じません。

[ケース2] 残余財産確定法人となる通算子法人で欠損金額が生じる場合
（前提条件）

※1	通算子法人Bの発行済株式のすべてを通算親法人Pが所有するものとする。
※2	通算申告の期間は，X1年4月1日～X2年3月31日とする。
※3	下記①の場合，「通算法人の単体申告」の期間は，X1年4月1日～X2年2月28日とする。
※4	通算子法人Bの所得金額は▲150,000とする。
※5	通算親法人Pの所得金額は100,000とする。
※6	通算子法人Aの所得金額は200,000とする。

① 残余財産の確定日が通算親法人事業年度終了日以外の日となる場合
　（通算親法人事業年度終了日：3月31日，残余財産の確定日：2月28日）

	通算申告				通算法人の単体申告	通算グループ（合計）
	通算親法人P（残余財産確定法人の株主）	通算子法人A	通算子法人B（残余財産確定法人）	通算申告（計）	通算子法人B（残余財産確定法人）	
所得金額	100,000	200,000	－	300,000	▲150,000	150,000
残余財産確定法人の欠損金額の損金算入額	▲150,000	－	－	▲150,000	－	－
損益通算前所得金額	▲50,000	200,000	－	150,000	▲150,000	－
損益通算	50,000	▲50,000	－	0	－	－
損益通算後所得金額	0	150,000	－	150,000	－	150,000
法人税額（20%）	0	30,000	－	30,000	0	30,000
通算税効果額（20%）	▲10,000	10,000	－	0	0	0
法人税額合計	▲10,000	40,000	－	30,000	0	30,000

中立

② 残余財産の確定日が通算親法人事業年度終了日となる場合
　（通算親法人事業年度終了日：3月31日，残余財産の確定日：3月31日）

	通算申告				通算法人の単体申告	通算グループ（合計）
	通算親法人P（残余財産確定法人の株主）	通算子法人A	通算子法人B（残余財産確定法人）	通算申告（計）	通算子法人B（残余財産確定法人）	
所得金額	100,000	200,000	▲150,000	150,000	－	150,000
残余財産確定法人の欠損金額の損金算入額	－	－	－	－	－	－
損益通算前所得金額	100,000	200,000	▲150,000	150,000	－	150,000
損益通算	▲50,000	▲100,000	150,000	0	－	0
損益通算後所得金額	50,000	100,000	0	150,000	－	150,000
法人税額（20%）	10,000	20,000	0	30,000	0	30,000
通算税効果額（20%）	10,000	20,000	▲30,000	0	0	0
法人税額合計	20,000	40,000	▲30,000	30,000	0	30,000

中立

591

第3部　実務上の個別論点Q&A

| Q&A64 | どうせ時価課税されるなら，合併で時価譲渡になる方がいいのか，株式交換等で時価評価される方がいいのか，加入で時価評価される方がいいのか（時価課税の有利・不利） |

　当社は，通算親法人Ｐ社を合併法人，通算グループ外の法人Ａ社を被合併法人とした吸収合併をするために，①直接合併，②株式交換等による完全子法人化後の合併，③株式買取り後の合併，のいずれかのスキームを検討しています。今回，①直接合併の場合，合併は非適格合併に該当します。また，②株式交換等による完全子法人化後の合併の場合，株式交換等は非適格株式交換等に該当します。さらに，③株式買取り後の合併の場合，通算制度加入時の時価評価対象法人に該当します。この点，いずれのスキームでも時価課税の適用を受けることになりますが，いずれの時価課税の適用を受けるかによって，税負担に差が生じますか。

A 　合併が非適格となる場合，被合併法人では移転した資産及び負債について，合併時の時価に基づいて，最終事業年度（合併日の前日の属する事業年度）に時価譲渡されることとなります（法法62①②）。

　株式交換等[(注1)]が非適格となる場合，株式交換等完全子法人では株式交換等の直前の時において有する時価評価資産について，株式交換等の直前の時の時価に基づいて，株式交換等の日の属する事業年度に時価評価されることとなります（法法62の9）。

　また，通算制度に加入する際に，時価評価対象法人に該当する場合，加入法人では加入直前事業年度（通算承認の効力が生ずる日の前日の属する事業年度）終了時に有する時価評価資産について，加入直前事業年度終了時の時価に基づいて，加入直前事業年度に時価評価されることとなります（法法64の12①）。

　本ケースでは，①②③のいずれのスキームであっても時価評価が行われることは変わりません。

　しかし，非適格合併による時価譲渡は，合併対価が現金であれ，合併法人株式であれ，全資産・全事業を譲渡するものとして会社の時価総額，つまり，自己創設営業権を含めた時価での譲渡となります（法法62①）。

　その一方で，非適格株式交換等の時価評価又は通算加入の時価評価は特定の資産を対象とする時価評価であり，税務上の帳簿価額が1,000万円未満である自己創設営業権の時価評価は行われません（法令123の11①四，131の15①四，131の16①二。なお，非適格株式交換等の時価評価と通算加入の時価評価については，基本的には，時価評価の対象資産の範囲に差は生じません）。

　したがって，本ケースにおいて，被合併法人に正ののれんがある場合は，時価評価については，②株式交換等による完全子法人化後の合併，③株式買取り後の合併が有利となります。

　一方，被合併法人に負ののれんがある場合は，時価評価については，①直接合併が有利とな

ります。

ただし，合併によって自己創設営業権（マイナスを含む）に課税が生じた場合であっても，合併法人において，それに対応する資産調整勘定又は負債調整勘定が計上されるため，それが減算認容又は加算認容される5年間トータルで考えると税負担に差異はありません。

(注1) 株式交換の直前に株式交換完全子法人と株式交換完全親法人との間に完全支配関係がある場合における株式交換を除く。

[図表] 通算親法人が通算グループ外の法人を吸収合併するケース（時価課税の有利・不利）

① 直接合併のスキーム（非適格合併に該当する場合）

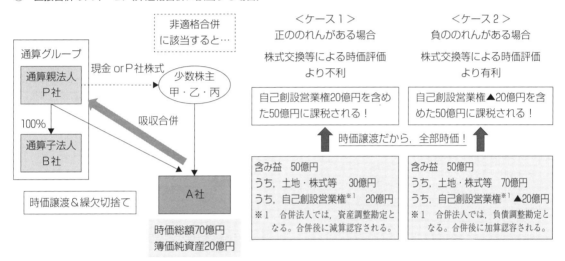

② 株式交換等による完全子法人化後の合併（非適格株式交換等に該当する場合）
③ 株式買取り後の合併（時価評価対象法人に該当する場合）

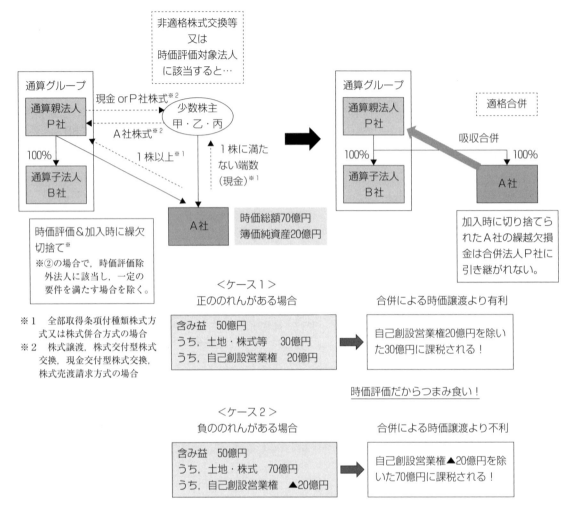

Q&A65　通算グループ内の債権放棄損と債務免除益の損益通算及び債務免除益に対する特例欠損金の損金算入

清算中の通算子法人A社に対して通算親法人P社が債権放棄をしました。この場合，債権放棄損（貸倒損失）と債務免除益は損益通算されることになりますか。また，債務免除益に対して特例欠損金を損金算入できますか。

A　清算中の通算子法人で債務免除益が益金算入される事業年度終了日が通算親法人事業年度終了日である場合，債権放棄損（貸倒損失）と債務免除益はそれぞれの所得金額又は欠損金額に含まれて損益通算されることとなります。

また，この場合，清算中の通算子法人で残余財産がないことが見込まれるとき（債務超過の

とき）は，債権放棄損（貸倒損失）と債務免除益が損益通算された損益通算・欠損金通算後の所得金額に対して特例欠損金の損金算入が適用されることとなります。

　一方，清算中の通算子法人で債務免除益が益金算入される事業年度が残余財産確定事業年度で，その終了日が通算親法人事業年度終了日でない場合，債権放棄損（貸倒損失）と債務免除益は損益通算されません。

　また，この場合，清算中の通算子法人で残余財産がないことが見込まれるとき（債務超過のとき）は，損益通算・欠損金通算前の所得金額に対して特例欠損金の損金算入が適用されることとなります。

　以上について，債権放棄損（貸倒損失）が寄附金に該当せずに全額損金算入される場合と寄附金に該当し全額損金不算入となる場合で比較した税負担の計算例を示すこととします。

[ケース１] 通算グループ内の債権放棄損と債務免除益の損益通算及び債務免除益に対する特例欠損金の損金
　　　　　　算入（債権放棄損が寄附金に該当しない場合）

（前提条件）

※１　通算子法人Ｂの発行済株式のすべてを通算親法人Ｐが所有するものとする。
※２　通算申告の期間は，X1年４月１日〜X2年３月31日とする。
※３　下記①の場合，「通算法人の単体申告」の期間は，X1年４月１日〜X2年２月28日とする。
※４　通算子法人Ｂは，期限内繰越欠損金（非特定欠損金）を500，期限後欠損金は600とする（期首利益積立金額▲1,100，期首資本金等の額100）。
※５　通算子法人Ｂ以外は，繰越欠損金を有していない。
※６　通算親法人Ｐは通算子法人Ｂに対して1,000の債権放棄を行う。貸倒損失（債権放棄損）1,000は寄附金に該当しない。
※７　通算子法人Ｂは，通算親法人Ｐによる債務免除の直前で1,000の債務超過となっている。

① 残余財産の確定日が通算親法人事業年度終了日以外の日となる場合
　（通算親法人事業年度終了日：３月31日，残余財産の確定日：２月28日）

	通算申告				通算法人の単体申告	通算グループ（合計）
	通算親法人Ｐ（残余財産確定法人の株主）	通算子法人Ａ	通算子法人Ｂ（残余財産確定法人）	通算申告（計）	通算子法人Ｂ（残余財産確定法人）	
その他所得金額	0	4,000	−	4,000	0	4,000
貸倒損失	▲1,000	0	−	▲1,000	0	▲1,000
債務免除益	0	0	−	0	1,000	1,000
寄附金損金不算入額	0	0	−	0	0	0
受贈益益金不算入額	0	0	−	0	0	0
損益通算前所得金額	▲1,000	4,000	−	3,000	1,000	4,000
損益通算	1,000	▲1,000	−	0	−	0
損益通算後所得金額	0	3,000	−	3,000	1,000	4,000
繰越欠損金控除額	0	0	−	0	▲500	▲500
特例欠損金控除額	0	0	−	0	▲500	▲500
最終所得金額	0	3,000	−	3,000	0	3,000

595

第3部　実務上の個別論点Q&A

法人税額（20%）	0	600	—	600	0	600
通算税効果額（損益通算分。＋支払）	▲200	200	—	0	0	0
通算税効果額（欠損金通算分。＋支払）	0	0	—	0	0	0
税負担合計	▲200	800	—	600	0	600

繰越欠損金の
引継0　　　　　　　　　　　　　　繰越欠損金の
期末残高0

② 残余財産の確定日が通算親法人事業年度終了日となる場合
（通算親法人事業年度終了日：3月31日，残余財産の確定日：3月31日）

	通算申告				通算法人の単体申告	通算グループ（合計）
	通算親法人P（残余財産確定法人の株主）	通算子法人A	通算子法人B（残余財産確定法人）	通算申告（計）	通算子法人B（残余財産確定法人）	
その他所得金額	0	4,000	0	4,000	—	4,000
貸倒損失	▲1,000	0	0	▲1,000	—	▲1,000
債務免除益	0	0	1,000	1,000	—	1,000
寄附金損金不算入額	0	0	0	0	—	0
受贈益益金不算入額	0	0	0	0	—	0
損益通算前所得金額	▲1,000	4,000	1,000	4,000	—	4,000
損益通算	1,000	▲800	▲200	0		0
損益通算後所得金額	0	3,200	800	4,000		4,000
繰越欠損金控除額	0	▲400	▲100	▲500	—	▲500
特例欠損金控除額	0	0	▲600	▲600		▲600
最終所得金額	0	2,800	100	2,900		2,900
法人税額（20%）	0	560	20	580	—	580
通算税効果額（損益通算分。＋支払）	▲200	160	40	0	0	0
通算税効果額（欠損金通算分。＋支払）	0	80	▲80	0	0	0
税負担合計	▲200	800	▲20	580	0	580

繰越欠損金の
引継0　　　　　　　　繰越欠損金の期
末残高0

［ケース2］ 通算グループ内の債権放棄損と債務免除益の損益通算及び債務免除益に対する特例欠損金の損金算入（債権放棄損が寄附金に該当する場合）

（前提条件）

※1　通算子法人Bの発行済株式のすべてを通算親法人Pが所有するものとする。 ※2　通算申告の期間は，X1年4月1日〜X2年3月31日とする。 ※3　下記①の場合，「通算法人の単体申告」の期間は，X1年4月1日〜X2年2月28日とする。 ※4　通算子法人Bは，期限内繰越欠損金（非特定欠損金）を500，期限後欠損金は600とする（期首利益積立金額▲1,100，期首資本金等の額100）。 ※5　通算子法人B以外は，繰越欠損金を有していない。 ※6　通算親法人Pは通算子法人Bに対して1,000の債権放棄を行う。貸倒損失（債権放棄損）1,000は寄附金に該当する。 ※7　通算子法人Bは，通算親法人Pによる債務免除の直前で1,000の債務超過となっている。

① 残余財産の確定日が通算親法人事業年度終了日以外の日となる場合
（通算親法人事業年度終了日：3月31日，残余財産の確定日：2月28日）

	通算申告				通算法人の単体申告	通算グループ（合計）
	通算親法人P（残余財産確定法人の株主）	通算子法人A	通算子法人B（残余財産確定法人）	通算申告（計）	通算子法人B（残余財産確定法人）	
その他所得金額	0	4,000	－	4,000	0	4,000
貸倒損失	▲1,000	0	－	▲1,000	0	▲1,000
債務免除益	0	0	－	0	1,000	1,000
寄附金損金不算入額	1,000	0	－	1,000	0	1,000
受贈益益金不算入額	0	0	－	0	▲1,000	▲1,000
損益通算前所得金額	0	4,000	－	4,000	0	4,000
損益通算	0	0	－	0	－	0
損益通算後所得金額	0	4,000	－	4,000	0	4,000
繰越欠損金控除額	0	0	－	0	0	0
特例欠損金控除額	0	0	－	0	0	0
最終所得金額	0	4,000	－	4,000	0	4,000
法人税額（20%）	0	800	－	800	0	800
通算税効果額（損益通算分。＋支払）	0	0	－	0	0	0
通算税効果額（欠損金通算分。＋支払）	0	0	－	0	0	0
税負担合計	0	800	－	800	0	800

　　　　繰越欠損金の　　　　　　　　　　　　　　　　　繰越欠損金の
　　　　引継500　　　　　　　　　　　　　　　　　　　期末残高500

② 残余財産の確定日が通算親法人事業年度終了日となる場合
（通算親法人事業年度終了日：3月31日，残余財産の確定日：3月31日）

	通算申告				通算法人の単体申告	通算グループ（合計）
	通算親法人P（残余財産確定法人の株主）	通算子法人A	通算子法人B（残余財産確定法人）	通算申告（計）	通算子法人B（残余財産確定法人）	
その他所得金額	0	4,000	0	4,000	－	4,000
貸倒損失	▲1,000	0	0	▲1,000	－	▲1,000
債務免除益	0	0	1,000	1,000	－	1,000
寄附金損金不算入額	1,000	0	0	1,000	－	1,000
受贈益益金不算入額	0	0	▲1,000	▲1,000	－	▲1,000
損益通算前所得金額	0	4,000	0	4,000	－	4,000
損益通算	0	0	0	0	－	0
損益通算後所得金額	0	4,000	0	4,000	－	4,000
繰越欠損金控除額	0	▲500	0	▲500	－	▲500
特例欠損金控除額	0	0	0	0	－	0
最終所得金額	0	3,500	0	3,500	－	3,500
法人税額（20%）	0	700	0	700	－	700

第3部　実務上の個別論点Q&A

通算税効果額（損益通算分。＋支払）	0	0	0	0	0	0
通算税効果額（欠損金通算分。＋支払）	0	100	▲100	0	0	0
税負担合計	0	800	▲100	700	0	700

繰越欠損金の　　　　　　　　　　繰越欠損金の
引継0　　　　　　　　　　　　　　期末残高0

　ここで，実務上の問題として，［ケース1］の②の計算例（残余財産確定事業年度が通算申告となる場合）において，残余財産がないと見込まれるものとして特例欠損金を使用しているにもかかわらず，税負担の確定額が▲20（現金増加）となることで，最終的に残余財産が生じてしまうことになります。

　これは，残余財産確定法人Bの非特例欠損金を他の通算法人が使用することで，残余財産確定法人Bにおいて納税額20を超えた通算税効果額の受取額40が生じてしまうことによります。

　このように，債務免除益を計上する事業年度が通算申告となる場合，債務免除時点では残余財産がないと見込まれても，実際に通算グループ全体で税額計算をした結果，残余財産確定法人に残余財産が生じてしまうことがあり，解散した場合の特例欠損金の損金算入規定（法法59④）の適用要件である「残余財産がないと見込まれるとき」に該当するのか疑問が生じることになります。

　この点，その適用要件はあくまで「見込み」で判断すればよく，つまり，その適用直前に残余財産がないことが見込まれていれば足りると考えられること（例えば，確定申告前のその適用年度終了時の実態貸借対照表で債務超過であれば足りると考えられること），また，このようなケースでその適用を否定し，納税額が多額に生じることは，この規定を設けた目的・趣旨に反すると考えられることから，このようなケースでは解散した場合の特例欠損金の損金算入規定（法法59④）の適用ができると考えることが妥当といえます。

　ただし，この点についての税務リスクを避けるためには，実務上，次のような対応が考えられます。

❶　通算税効果額（未収通算税効果額から未納法人税等の額を差し引いた金額）の授受を行わない。

　法人税法では通算税効果額の授受は任意となるため，例えば，通算親法人が債権放棄をする場合の債権放棄の覚書においてあらかじめ「未収通算税効果額から未納法人税等の額を差し引いた金額の授受は行わない」旨を定めておくことで，残余財産が生じないようにすることが考えられます（この場合，［ケース1］の②の計算例では，未収通算税効果額20（未収通算税効果額80－未払通算税効果額40－未納法人税等の額20）の授受を行わないことになります）。

598

❷ 特別清算の手続を採用する。

裁判所が関与する手続において，清算法人が債務超過の状態にあると判断してもらうことをいいます。この場合でも，通算制度が適用される通算グループ内の他の通算法人以外の者から債務免除等を受けていない場合は，特別清算開始の命令があった場合の特例欠損金の損金算入規定（法法59③）ではなく，解散した場合の特例欠損金の損金算入規定（法法59④）が適用されるため，特例欠損金の損金算入には，残余財産がないと見込まれる必要があります。

この点，法人税基本通達12-3-8（残余財産がないと見込まれることの意義）の令和5年度版法人税通達逐条解説では以下のように解説されています。

> この場合，裁判所や公的機関が関与する手続，あるいは一定の準則に基づいて独立した第三者が関与する手続において，これらの機関が法人が債務超過の状態にあることなどを確認しているときは，「残余財産がないと見込まれるとき」に該当するものと考えられる。例えば，次のような場合である。
> ① 清算型の法的整理手続である破産又は特別清算の手続開始の決定又は開始の命令がなされた場合（特別清算の開始の命令が「清算の遂行に著しい支障を来たすべき事情があること」のみを原因としてなされた場合を除く。）
> ② 再生型の法的整理手続である民事再生又は会社更生の手続開始の決定後，清算手続が行われる場合
> ③ 公的機関の関与又は一定の準則に基づき独立した第三者が関与して策定された事業再生計画に基づいて清算手続が行われる場合

Q&A66　通算法人の特例欠損金の損金算入規定の問題点

通算法人の特例欠損金の損金算入規定について理論的な問題点があれば教えてください。

　通算法人の特例欠損金の損金算入規定については，次のような理論的な問題が生じていると考えられます。

[問題点1]

損益通算された通算前欠損金額が特例欠損金として再度損金算入されてしまう。

通算法人の特例欠損金は，マイナスの「別表5(1)の期首現在利益積立金額の合計額」となりますが，具体的には，以下の減少項目で構成されています。

第3部　実務上の個別論点Q&A

[マイナスの利益積立金額を構成する減少項目]

1	期限切れの繰越欠損金
2	期限内の繰越欠損金
3	組織再編で切り捨てられた繰越欠損金
4	通算制度の開始・加入により切り捨てられた繰越欠損金
5	通算制度で損益通算された通算前欠損金額
6	交際費の損金不算入額等の社外流出額
7	未払通算税効果額（欠損金額の場合，プラス金額となる）
8	未納法人税・住民税額等

　このうち，特例欠損金に「5　通算制度で損益通算された通算前欠損金額」が含まれることによって，以下のケースでは，清算する通算子法人において，通算制度で損益通算された通算前欠損金額が特例欠損金として再度損金算入されてしまうことになります（違いがわかるように単体納税の計算例も示しています）。

[計算例1] 通算制度で損益通算された通算前欠損金額が特例欠損金として再度損金算入されるケース

1．通算制度のケース
[X1年3月期]

通算制度	通算親法人P社	通算子法人A社	通算子法人B社	計
[所得] 通算前所得	100	100	▲100	100
損益通算	▲50	▲50	100	0
最終所得	50	50	0	100
[利益積立金額] 期首残高 （通算開始直前）	0	0	0	0
通算前所得	100	100	▲100	100
未納法人税等 （20%）	▲10	▲10	0	▲20
未払通算税効果額 （20%）	▲10	▲10	20	0
期末残高	80	80	▲80	80

2．単体納税のケース
[X1年3月期]

単体納税	親法人P社	子法人A社	子法人B社	計
[所得] 通算前所得	100	100	▲100	100
損益通算	0	0	0	0
最終所得	100	100	▲100	100
[利益積立金額] 期首残高 （通算開始直前）	0	0	0	0
通算前所得	100	100	▲100	100
未納法人税等 （20%）	▲20	▲20	0	▲40
未払通算税効果額 （20%）	0	0	0	0
期末残高	80	80	▲100	60

600

第3部　実務上の個別論点Q&A

[X2年3月期]

通算制度	通算親法人P社	通算子法人A社	残余財産確定法人B社	計
[所得] その他所得	100	100	0	200
債務免除益	0	0	80	80
貸倒損失	▲80	0	0	▲80
通算前所得	20	100	80	200
損益通算	0	0	0	0
通算後所得	20	100	80	200
特例欠損金	0	0	▲80	▲80
最終所得	20	100	0	120
[利益積立金額] 期首残高	80	80	▲80	80
通算前所得	20	100	80	200
未納法人税等 (20%)	▲4	▲20	0	▲24
未払通算税効果額 (20%)	0	0	0	0
期末残高	96	160	0	256
法人税等 (2年度計)	▲24	▲40	20	▲44

[X2年3月期]

単体納税	親法人P社	子法人A社	残余財産確定法人B社	計
[所得] その他所得	100	100	0	200
債務免除益	0	0	100	100
貸倒損失	▲100	0	0	▲100
通算前所得	0	100	100	200
損益通算	0	0	0	0
通算後所得	0	100	100	200
特例欠損金又は繰越欠損金	0	0	▲100	▲100
最終所得	0	100	0	100
[利益積立金額] 期首残高	80	80	▲100	60
通算前所得	0	100	100	200
未納法人税等 (20%)	0	▲20	0	▲20
未払通算税効果額 (20%)	0	0	0	0
期末残高	80	160	0	240
法人税等 (2年度計)	▲20	▲40	0	▲60

※1　B社のX2年3月期は残余財産確定事業年度（親法人事業年度終了日に終了する）とする。

※2　通算子法人B社の株式について，投資簿価修正額は生じないものとする。

※3　債務免除益及び貸倒損失は，X1年3月期の利益積立金額の期末残高（マイナス残高）と同額とする（資本金等の額は0としている）。

[問題点2]

> 通算制度の開始・加入により切り捨てられた繰越欠損金が，特例欠損金として損金算入されてしまう。

　[問題点1]で示したとおり，特例欠損金には，「4　通算制度の開始・加入により切り捨てられた繰越欠損金」が含まれるため，清算予定の子法人を通算制度に加入させることによって，「加入前の繰越欠損金の切捨て」という不利益を受けることなく，[問題点3]で解説した「清算期間中に生じる欠損金額を損益通算と特例欠損金で実質2回，損金算入するというメリット」を享受することが可能となります。

　例えば，以下のようなケースとなります。

第3部　実務上の個別論点Q&A

[計算例2] 清算予定の子法人を通算制度に加入させるケース

（前提条件）
●B社の通算制度への加入日はX1年3月期の期首日とする。
●B社では加入前の繰越欠損金が切捨てられる。
●B社では，X1年3月期（加入年度）に欠損金額が生じ，X2年3月期（加入翌年度）に残余財産が確定し，債務免除益が生じることとする（なお，欠損金額が生じる事業年度に債務免除益が益金算入されると特例欠損金の損金算入額が減少し，税務上のメリットを享受できない）。
●B社株式の買取価額は少額とする。

1．通算制度に加入させるケース

[X1年3月期]

| | 通算制度 | | | 計 |
	通算親法人P社	通算子法人A社	通算子法人B社	
[所得] 通算前所得	100	100	▲100	100
損益通算	▲50	▲50	100	0
最終所得	50	50	0	100

			加入で繰欠は切捨てられる	
[利益積立金額]				
期首残高（加入直前）	0	0	▲200	▲200
通算前所得	100	100	▲100	100
未納法人税等（20%）	▲10	▲10	0	▲20
未払通算税効果額（20%）	▲10	▲10	20	0
期末残高	80	80	▲280	▲120

[X2年3月期]

	通算親法人P社	通算子法人A社	残余財産確定法人B社	計
[所得] その他所得	300	100	0	400
債務免除益	0	0	280	280
貸倒損失	▲280	0	0	▲280
通算前所得	20	100	280	400
損益通算	0	0	0	0
通算後所得	20	100	280	400
特例欠損金	0	0	▲280	▲280
最終所得	20	100	0	120

2．通算制度に加入させないケース

[X1年3月期]

| | 通算制度 | | 単体納税 | 計 |
	通算親法人P社	通算子法人A社	子法人B社	
[所得] 通算前所得	100	100	▲100	100
損益通算	0	0	0	0
最終所得	100	100	▲100	100

			繰欠は切捨てられない	
[利益積立金額]				
期首残高（加入直前）	0	0	▲200	▲200
通算前所得	100	100	▲100	100
未納法人税等（20%）	▲20	▲20	0	▲40
未払通算税効果額（20%）	0	0	0	0
期末残高	80	80	▲300	▲140

[X2年3月期]

	通算親法人P社	通算子法人A社	残余財産確定法人B社	計
[所得] その他所得	300	100	0	400
債務免除益	0	0	300	300
貸倒損失	▲300	0	0	▲300
通算前所得	0	100	300	400
損益通算	0	0	0	0
通算後所得	0	100	300	400
特例欠損金又は繰越欠損金	0	0	▲300	▲300
最終所得	0	100	0	100

602

[利益積立金額]				
期首残高	80	80	▲280	▲120
通算前所得	20	100	280	400
未納法人税等 （20%）	▲4	▲20	0	▲24
未払通算税効果額 （20%）	0	0	0	0
期末残高	96	160	0	256

法人税等 （2年度計）	▲24	▲40	20	▲44

[利益積立金額]				
期首残高	80	80	▲300	▲140
通算前所得	0	100	300	400
未納法人税等 （20%）	0	▲20	0	▲20
未払通算税効果額 （20%）	0	0	0	
期末残高	80	160	0	240

法人税等 （2年度計）	▲20	▲40	0	▲60

※1　B社のX2年3月期は残余財産確定事業年度（親法人事業年度終了日に終了する）とする。
※2　通算子法人B社の株式について，投資簿価修正額は生じないものとする。
※3　債務免除益及び貸倒損失は，X1年3月期の利益積立金額の期末残高（マイナス残高）と同額とする（資本金等の額は0としている）。

［問題点3］

> 通算制度の開始・加入により切り捨てられた繰越欠損金が特例欠損金として損金算入された場合でも，住民税の控除対象通算適用前欠損調整額が減額されない。

通算制度を開始・加入した場合，一定の要件を満たさない場合，開始・加入前の繰越欠損金が切り捨てられることになります。その一方で，住民税において，切り捨てられた繰越欠損金に法人税率を乗じた金額に相当する控除対象通算適用前欠損調整額が発生します。

［問題点2］で示したとおり，特例欠損金には，「4　通算制度の開始・加入により切り捨てられた繰越欠損金」が含まれるため，通算子法人を清算する場合，開始・加入により切り捨てられた繰越欠損金が特例欠損金として損金算入されることになります。

その結果，法人税額が減少するとともに，住民税の課税標準が減少し，住民税額も減少することになります。

これは，結果的に，住民税において，通算制度の開始・加入により切り捨てられた繰越欠損金が利用されていることを意味しています。

しかし，住民税において，法人税で復活した繰越欠損金に対応する控除対象通算適用前欠損調整額を減額する処理が行われることはありません。

つまり，通算制度の開始・加入により切り捨てられた繰越欠損金が特例欠損金として損金算入されることで，住民税額が減少することになりますが，さらに，それに対応する控除対象通算適用前欠損調整額が残余財産確定時にその株主である他の通算法人に引き継がれ，住民税額を減少させることとなり，結果的に住民税において開始・加入により切り捨てられた繰越欠損金の2重控除が行われてしまうことになります。

このような取扱いの場合，［問題点1］［問題点2］と同様に，清算予定の子法人を通算制度

に加入させることによって，加入時に控除対象通算適用前欠損調整額を発生させて，加入時に切り捨てられた繰越欠損金を特例欠損金として損金算入させた後に，その控除対象通算適用前欠損調整額を残余財産確定時にその株主である他の通算法人に引き継がせるという行為が可能になってしまいます。

［図表］　グループ通算制度により切り捨てられた繰越欠損金が住民税で2重控除されてしまう問題

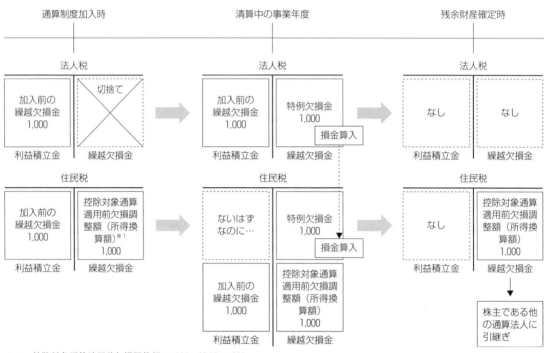

※1　控除対象通算適用前欠損調整額＝1,000×23.2％＝232

[問題点4]

> 通算制度で損益通算された欠損金額が特例欠損金として損金算入された場合でも，住民税の控除対象通算対象所得調整額が減額されない。

通算子法人で発生した欠損金額は，法人税では，他の通算法人の所得金額と損益通算されますが，住民税では，その欠損金額に法人税率を乗じた金額に相当する控除対象通算対象所得調整額が発生します。

そして，［問題点1］で示したとおり，特例欠損金には，「5　通算制度で損益通算された欠損金額」が含まれるため，通算子法人を清算する場合，通算制度で損益通算された欠損金額が特例欠損金として損金算入されることになります。その結果，法人税額が減少するとともに，住民税の課税標準が減少し，住民税額も減少することになります。これは，結果的に，住民税

において，通算制度で損益通算された欠損金額が利用されていることを意味しています。

しかし，住民税において，法人税で再利用した欠損金額に対応する控除対象通算対象所得調整額を減額する処理が行われることはありません。つまり，通算制度で損益通算された欠損金額を特例欠損金として損金算入させることで，住民税額が減少することになりますが，さらに，それに対応する控除対象通算対象所得調整額が，残余財産確定時にその株主である他の通算法人に引き継がれ，住民税額を減少させることとなり，結果的に住民税において通算制度で損益通算された欠損金額の2重控除が行われてしまうことになります。

このような取扱いの場合，[問題点1][問題点2]と同様に，清算予定の子法人を通算制度に加入させることによって，損益通算により控除対象通算対象所得調整額を発生させて，損益通算された欠損金額を特例欠損金として損金算入させた後に，その控除対象通算対象所得調整額を残余財産確定時にその株主である他の通算法人に引き継がせるという行為が可能になってしまいます。

[図表] グループ通算制度で損益通算された欠損金額が住民税で2重控除されてしまう問題

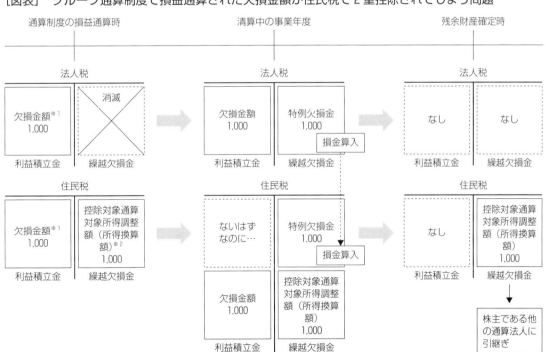

※1 実際には損益通算された欠損金額から未払通算税効果額を控除した金額となる。
※2 控除対象通算対象所得調整額＝1,000×23.2％＝232

第3部　実務上の個別論点Q&A

| Q&A67 | 加入直前事業年度の時価評価後の法人税額に基づく法人税の予定申告額（前期実績基準額）の計算 |

　当社（A社。3月決算）は，通算親法人P社（3月決算）との間にP社による完全支配関係が生じたため，X2年5月1日にグループ通算制度に加入することとなりました。当社（A社）は，前々事業年度（X1年4月1日～X2年3月31日）は法人税額が50,000千円でしたが，時価評価対象法人に該当するため，土地の時価評価を行った結果，加入直前事業年度（X2年4月1日～X2年4月30日）は法人税額が500,000千円発生しました。今回，法人税の中間申告（中間期間：X2年5月1日～X2年9月30日）において予定申告額（前期実績基準額）は，前々事業年度（X1年4月1日～X2年3月31日）の法人税額50,000千円に基づくことになるのか，加入直前事業年度（X2年4月1日～X2年4月30日）の法人税額500,000千円に基づくことになるのか，いずれになるのでしょうか。なお，当社（A社）は，法人税の中間申告を要しない法人には該当しません。

A　本ケースでは，法人税の中間申告（中間期間：X2年5月1日～X2年9月30日）の予定申告額（前期実績基準額）は，加入直前事業年度（X2年4月1日～X2年4月30日）の法人税額に基づくことになります。

　内国法人の法人税の予定申告額（前期実績基準額）の計算方法は次のとおりです（法法71①④）。

［法人税の前期実績基準額］

$$
\text{法人税の前期実績基準額} \ = \ \text{前事業年度の確定法人税額} \ \times \ \frac{\text{中間期間}}{\text{前事業年度の月数}}
$$

　ここで，前事業年度の確定法人税額とは，前事業年度の法人税額で6月経過日の前日までに確定したものをいいます（法法71①）。

　また，中間期間とは，その事業年度開始日から6月経過日の前日までの期間をいいます（法法71①）。

　そして，通算子法人の場合，「6月経過日」とは，通算親法人事業年度開始日以後6月を経過した日となります（法法71①）。

　なお，通算親法人事業年度の上期中に加入した通算子法人の場合，必ずしも中間期間は6月となりません。

　したがって，本ケースでは，A社の法人税の中間申告（中間期間：X2年5月1日～X2年9月30日）の予定申告額（前期実績基準額）は以下のとおりとなります。

① 　前事業年度の確定法人税額：加入直前事業年度（X2年4月1日～X2年4月30日）の確定法人税額500,000千円

606

第3部　実務上の個別論点Q&A

② 　中間期間：5月

③ 　前事業年度の月数：1月

④ 　法人税の予定申告額（前期実績基準額）＝①×②／③＝2,500,000千円

　このように，通算制度では，加入直前事業年度の確定法人税額が時価評価で一時的に多額になった場合，法人税の中間申告の予定申告額（前期実績基準額）が多額になってしまうケースが生じます。

　仮に，中間納付額を抑えたい場合は，仮決算による中間申告を選択することも可能ですが，仮決算による法人税の中間申告は，すべての通算法人で仮決算による中間申告書を作成する必要があります（法法72①⑤）。

　以上については，地方法人税，住民税，事業税の予定申告についても同様となります（地方法法16①④，地法53①②，72の26①⑥，321の8①②，地令8の6①，8の8，48の10，48の10の3）。

Q&A68　グループ法人税制における譲渡損益の実現事由について

　当社（A社。通算子法人。3月決算）は，通算親法人P社（3月決算）の100%子会社となりますが，当期（X1年3月期）に当社の100%子会社であるB社（3月決算。通算子法人）の株式をP社に売却します。また，その後，来期に（X2年3月期）に通算子法人B社を他の通算子法人C社に吸収合併（適格合併）することも検討しております。そこで，確認したいのですが，当社のB社株式の譲渡益は，グループ法人税制の譲渡損益の繰延べ規定（法法61の11①）の適用により繰延べられますか。また，来期にB社がC社に吸収合併（適格合併）される場合，B社株式の繰延譲渡益は実現することになりますか。

　この点，国税庁の文書回答事例「グループ法人税制における譲渡損益の実現事由について」(https://www.nta.go.jp/about/organization/sapporo/bunshokaito/hojin/120803/index.htm)に基づくと，当社のB社株式の譲渡益について，「グループ法人税制の譲渡損益の繰延べ規定（法法61の11①）の適用により繰延べられる」「来期にB社がC社に吸収合併（適格合併）された際はB社株式の繰延譲渡益は実現する」ことになるようですが，当社は通算制度を適用しているため，取扱いを教えてください。

A　本ケースでは，通算グループ内の通算子法人株式の譲渡損益の計上制限が適用されるため，A社においてB社株式の譲渡益は譲渡時も再譲渡時（合併時）も実現しないことになります（法法61の11⑧，法令24の3，122の12①三・⑯）。

　この点，「通算グループ内の通算子法人株式の譲渡損益の計上制限」の取扱いについては，第1部第1章第11節を参照してください。

607

第3部　実務上の個別論点Q&A

　なお，「通算グループ内の通算子法人株式の譲渡損益の計上制限」の取扱いについて，特に経過措置は設けられていないため，譲渡法人が単体納税下において譲渡損益調整資産に該当する他の法人の株式を完全支配関係グループ内の他の法人に譲渡し，その株式の譲渡損益を譲渡損益の繰延べ規定（法法61の11①）の適用により繰り延べた場合，譲渡法人が通算制度に移行した後に実現事由が生じたときは，原則どおり譲渡損益は実現されることになります。

　そのため，仮に，当期（譲渡時）にA社が単体納税を適用している場合（通算法人に該当しない場合），B社株式（譲渡損益調整資産に該当するものに限る）の譲渡益は譲渡損益の繰延べ規定（法法61の11①）の適用により繰り延べられることになります。この場合，来期からA社が通算制度を適用し，通算法人に該当することになっても，来期にB社がC社に吸収合併（適格合併）された際にはB社株式の繰延譲渡益は実現することになります。

　なお，通算制度を適用していない場合における取扱いについては，国税庁の文書回答事例「グループ法人税制における譲渡損益の実現事由について」に詳細が解説されているため，参考にしてください（https://www.nta.go.jp/about/organization/sapporo/bunshokaito/hojin/120803/index.htm）(注)。

（注）　文書回答事例のケースでは，『法人税法上，適格合併（無対価）による被合併法人発行の株式の消滅は「譲渡」に該当することから，本件合併によるA社が有する譲渡損益調整資産（B社株式）の消滅は法人税法第61条の13第2項の適用に当たり，譲渡損益の実現事由に該当するものと思料する。』とされています（「A社」は本ケースの「P社」に相当します。また，法人税法第61条の13第2項は，現行法令では，法人税法第61条の11第2項となります）。

[図表] 通算法人が通算子法人株式を譲渡するケース

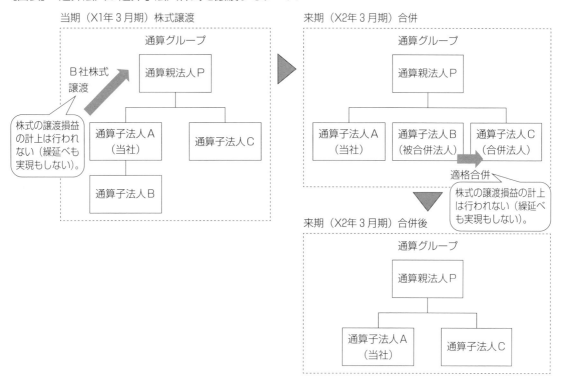

[図表] 単体法人が100%子法人株式を譲渡するケース

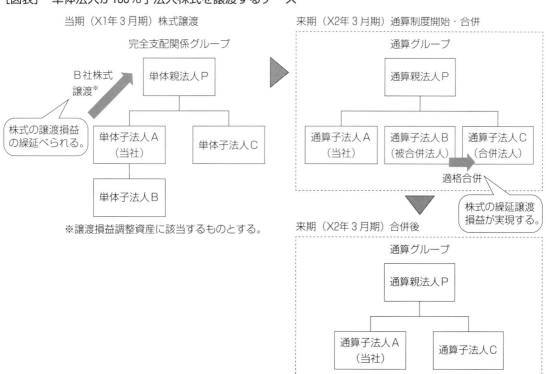

第3部　実務上の個別論点Q&A

Q&A69　グループ通算制度における株式交付制度

当社（P社。通算親法人）は，株式交付制度を利用して，通算外法人A社を子会社にしようと計画しております。株式交付後，A社は当社の60％子会社となり，当社とA社との間には完全支配関係は生じません。この株式交付制度を利用する際に，通算制度を適用している場合に留意すべき事項はありますか。

A 　株式交付とは，株式会社が他の株式会社をその子会社とするために当該他の株式会社の株式を譲り受け，その株式の譲渡人に対してその株式の対価としてその株式会社の株式を交付することをいいます（会社法第2条三十二の二）。

株式交付制度は，買収会社が被買収会社を完全子会社ではないステータスで自社の株式を対価に子会社化することができ（被買収会社を完全子会社化したい場合は株式交換という制度が利用できる），一定の要件を満たす場合に被買収会社の株主において株式譲渡損益に対する課税が繰り延べられることから実務で利用されることになります。

ここで，買収会社を「株式交付親会社」，被買収会社を「株式交付子会社」といいます。

また，課税の特例措置については，株式交付子会社の株主が，株式交付によりその有する株式交付子会社株式を譲渡し，株式交付親会社から株式交付親会社株式及び金銭等の交付を受けた場合において，その対価として交付を受けたこれらの株式及び金銭等の時価の合計額のうちに占める株式交付親会社株式の時価の割合（株式交付割合）が80％以上であるとき（株式交付後に株式交付親会社が同族会社（非同族の同族会社を除く）に該当する場合を除く）は，その譲渡した株式交付子会社株式に係る譲渡損益（株式交付割合に対応する部分に限る）が繰り延べられる取扱いとなります（措法66の2，措令39の10の2）。

610

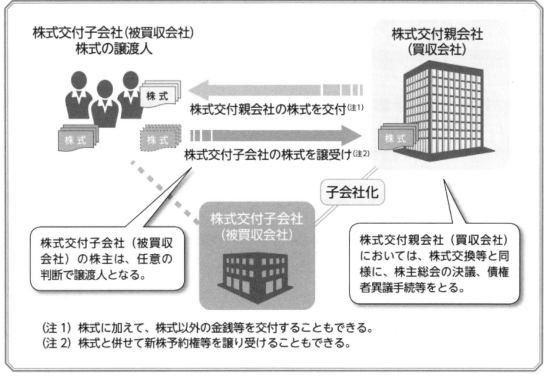

[出典] 法務省「会社法が改正されます」

　本ケースのように，通算親法人が自社を株式交付親会社，通算外法人を株式交付子会社，通算親法人株式を交付対価として株式交付を行った場合でも，通算親法人と株式交付子会社との間に通算親法人による完全支配関係が生じない限り，株式交付子会社は通算子法人には該当しないため，単体法人が株式交付を行った場合と税務上の取扱いは変わらないことになります。

　一方，通算子法人が自社を株式交付親会社，通算外法人を株式交付子会社，その通算子法人株式を交付対価として株式交付を行った場合は，その通算子法人と通算親法人との間に通算親法人による完全支配関係を有しないこととなるため，その通算子法人は通算制度から離脱することとなり，通算子法人が離脱する場合の税務上の取扱いが通算グループに適用されることになります（法法64の10⑥六）。

Q&A70　グループ通算制度におけるパーシャルスピンオフ税制

　当社（P社。通算親法人）は，株式分配により，元親会社となる当社に一部持分を残すパーシャルスピンオフを行い，A社（通算子法人）をスピンオフすることになりました。このパーシャルスピンオフを行う際に，通算制度を適用している場合に留意すべき事項はありますか。

第3部　実務上の個別論点Q&A

A　パーシャルスピンオフとは，スピンオフを行う法人に株式等の一部を残す場合のスピンオフをいいます。

　そして，パーシャルスピンオフ税制とは，令和10年3月31日までの間に産業競争力強化法の事業再編計画の認定を受けた法人が，元親会社に一部持分を残す株式分配によるパーシャルスピンオフを行う場合に，適格要件を満たせば現物分配法人の資産の譲渡損益の課税を繰り延べるとともに，現物分配法人の株主のみなし配当に対する課税を対象外とする特例措置となります（措法68の2の2，措令39の34の3）。

パーシャルスピンオフ税制の概要

- 元親会社に一部持分を残すパーシャルスピンオフ（株式分配に限る）についても、一定の要件を満たせば再編時の譲渡損益課税を繰延べ、株主のみなし配当に対する課税を対象外とする特例措置が令和5年度税制改正で創設された。
- 令和6年度税制改正で「B社の主要な事業における事業活動が新事業活動であること」との要件を追加した上で、適用期限が令和9年度末まで延長された。

パーシャルスピンオフ税制

参考：関連するQ&A
24、26、27、39、40、42～46

概要　【適用期限：令和10年3月31日まで】

株主　B社株式を自社株主に現物配当　株主　【株主】B社株式を配当で受け取ったものとして課税
⇒適格要件を満たせば対象外

A社　スピンオフ　A社　B社
100%　A社保有割合20%未満
B社

【A社】B社株式に対する譲渡損益課税
⇒適格要件を満たせば繰延べ

主な適用要件

① スピンオフ後にA社が保有するB社株式が発行済株式の20%未満であること
② スピンオフ後にB社の従業者のおおむね90%以上が、その業務に引き続き従事することが見込まれること
③ A社が産業競争力強化法の事業再編計画の認定を受けていること
－ B社の主要な事業における事業活動が新事業活動であること　（※）
－ B社の役員に対するストックオプションの付与等の要件を満たすこと　　　等

（※）令和6年度税制改正で追加された要件

［出典］　経済産業省『「スピンオフ」の活用に関する手引（令和6年5月）』

第3部　実務上の個別論点Q&A

パーシャルスピンオフが適格組織再編に該当するための要件(概要)

※ □□□ で囲った箇所はパーシャルスピンオフ税制特有の要件、□□□ で囲った箇所は令和6年度からの追加要件

	要件	内容
①	非支配要件	現物分配法人が株式分配の直前に他の者による支配関係がない法人であり、かつ、株式分配に係る完全子法人が株式分配後に他の者による支配関係があることとなることが見込まれていないこと
②	株式のみ按分交付要件	産業競争力強化法に基づく認定を受けた事業再編計画に従って行われる、同法に基づく特定剰余金の配当であって、完全子法人株式の100分の80超が移転し、かつ、現物分配法人の株主の持株数に応じて完全子法人の株式のみが交付されること
③	従業者継続要件	**おおむね100分の90以上の従業者が完全子法人の業務に引き続き従事することが見込まれること**
④	事業継続要件	完全子法人の主要な事業が完全子法人において、株式分配後も引き続き行われることが見込まれること
⑤	役員継続要件	完全子法人の特定役員の全てが株式分配に伴い退任するものでないこと
⑥	事業再編計画認定要件	令和5年4月1日から令和10年3月31日までの間に、特定剰余金配当に係る関係事業者等（完全子法人）が、経済産業大臣の定める以下の要件を満たし、事業の成長発展が見込まれるものとして、事業再編計画の認定を受けていること。 (上記期間内に認定を受ければスピンオフ実施が期間後であっても課税の特例は適用される) ＜経済産業大臣が定める要件＞ ・事業再編の実施に関する指針の以下要件を満たすこと（令和5年3月30日経済産業省告示第50号） ＜事業再編の実施に関する指針四ヘ＞ 以下（1）及び（2）の要件を満たしていることが確認できること （1）完全子法人の**主要な事業における事業活動が新事業活動であること** （2）以下(i)～(iii)のいずれかに該当すること 　(i) 完全子法人の特定役員に対し、ストックオプション(新株予約権)が付与されている又は付与される見込みがあること 　(ii) 完全子法人の主要な事業が、事業開始から10年以内であること 　(iii) 完全子法人の主要な事業が、成長発展が見込まれることについて金融商品取引業者が確認したこと

［出典］　経済産業省『「スピンオフ」の活用に関する手引（令和6年5月）』

　本ケースのように，通算親法人を現物分配法人，通算子法人を完全子法人株式とする株式分配によるパーシャルスピンオフを行う場合，通算子法人が通算制度から離脱することとなりますが，通算親法人（現物分配法人），通算子法人（完全子法人／離脱法人），外部株主（通算親法人の株主）の税務上の取扱いは，通算親法人（現物分配法人）に投資簿価修正後の完全子法人株式の帳簿価額の一部が残ることに係る取扱いを除いて，第2部第7章「[Case 3]通算親法人が通算子法人株式を株式分配（スピンオフ）するケース」と同様の取扱いとなります。

Q&A71　清算予定法人の通算制度開始から残余財産の確定までの課税所得の計算

　当社（P社。通算親法人。3月決算）は，X1年4月1日から通算制度を開始します。通算子法人となるA社（3月決算）は，開始時点で清算予定であるため，完全支配関係継続要件を満たさず，時価評価除外法人に該当しないものと考えています。A社は，通算制度の開始後に解散をし，残余財産が確定する見込みです。以上を踏まえて質問ですが，以下の前提条件において，P社とA社の開始直前事業年度及び最初通算事業年度（A社は残余財産確定事業年度）の課税所得はどのように計算されますか。

①　通算親法人：P社（大通算法人）　※A社以外にも通算子法人B社が存在する。

②　通算子法人（清算予定法人）：A社（大通算法人）

613

第 3 部　実務上の個別論点Q&A

③　通算承認日（開始日）：X1年 4 月 1 日

④　解散日：X1年 6 月30日

⑤　残余財産の確定日：X1年 9 月30日

⑥　Ｐ社のＡ社株式の帳簿価額（開始直前）：1,200

⑦　Ｐ社のＡ社に対する貸付金（開始直前）：1,000

⑧　Ａ社の開始直前の税務上の貸借対照表

- 資産：0

- Ｐ社からの借入金：1,000

- 資本金等の額：0

- 利益積立金額：▲1,000（うち，繰越欠損金▲800）

⑨　Ｐ社の債権放棄額（残余財産確定直前）：1,000　※貸倒損失として損金算入。

⑩　Ｐ社の開始直前事業年度の課税所得（Ａ社株式の時価評価損計上前）：2,000

⑪　Ｐ社の最初通算事業年度の通算前所得金額（債権放棄損計上前）：2,000

⑫　Ｐ社の繰越欠損金（開始直前）：0

⑬　Ａ社の開始直前事業年度の課税所得：0

⑭　Ａ社の残余財産確定事業年度の通算前所得金額（債務免除益計上前）：0

⑮　Ｂ社の最初通算事業年度の通算前所得金額：0

A 本ケースでは以下の取扱いとなります。

①　通算子法人Ａ社は時価評価対象法人に該当する（完全支配関係継続要件を満たさないため。法法64の11①，法令131の15④）。

②　ただし，Ａ社は時価評価資産を有していないため，時価評価損益は 0 となる。

③　Ａ社は時価評価対象法人に該当するため，開始前の繰越欠損金800は全額切り捨てられる（法法57⑥）。

④　Ａ社は時価評価対象法人かつ完全支配関係継続要件を満たさないため，離脱見込み法人に該当する。そのため，株式保有法人Ｐ社では，開始直前事業年度終了時において，Ａ社株式に対して離脱見込み法人株式の時価評価が適用される（なお，残余財産の確定の場合，Ａ社は初年度離脱開始子法人に該当しない。法法64の11②，法令131の15①八・⑤）。Ａ社株式の時価評価損は▲1,200（時価 0 －Ａ社株式の帳簿価額1,200）となり，評価後の帳簿価額は 0 となる。

⑤　Ａ社では，残余財産確定事業年度において残余財産がないことが見込まれるため，解散した場合の特例欠損金の損金算入規定（法法59④）が適用される。

⑥　Ｂ社の離脱直前事業年度末の簿価純資産価額は 0 となり，Ｐ社におけるＡ社株式の投資簿価修正後の帳簿価額は 0 となる。

614

第3部　実務上の個別論点Q&A

　以上を踏まえて，Ｐ社とＡ社の課税所得及び法人税額の発生状況は以下のとおりとなる。

[X1年3月期（開始直前事業年度）]

	P社	A社	合計
	X0.4.1～X1.3.31	X0.4.1～X1.3.31	
	単体申告	単体申告	
その他の所得	2,000	0	2,000
A社株式の時価評価損	▲1,200	0	▲1,200
課税所得	800	0	800
法人税等（30%）	240	0	240

[X2年3月期（最初通算事業年度・残余財産確定事業年度）]

	P社	A社	合計
	X1.4.1～X2.3.31	X1.4.1～X1.9.30	
	通算申告	通算法人の単体申告	
その他の通算前所得	2,000	0	2,000
A社株式消滅損	(※1)0	0	0
貸倒損失	▲1,000	0	▲1,000
債務免除益	－	1,000	1,000
繰越欠損金の控除額	－	(※3)0	0
特例欠損金の損金算入額	－	(※4)▲1,000	▲1,000
課税所得	(※2)1,000	0	1,000
法人税等（30%）	300	0	300

（※1）　A社との間に完全支配関係があるため，A社株式消滅損は計上されない（なお，資本金等の額の増減額は0となる）。
（※2）　B社の通算前所得金額は0とする。
（※3）　A社の開始前の繰越欠損金▲800は開始時に全額切り捨てられている。
（※4）　特例欠損金の控除可能額は，▲1,000となる。

　このように，A社の開始前の繰越欠損金は切り捨てられることになりますが，結局，特例欠損金として復活することになります（Q&A66で指摘した問題点）。そのため，結果的に，100％未満の子会社を清算した場合と同様の課税所得の計算となります。

615

第 **4** 部

グループ通算制度の特殊な状況下でのケーススタディ

第4部　グループ通算制度の特殊な状況下でのケーススタディ

　通算法人は，特殊な状況下でM＆A，組織再編成，清算を行うことがある。例えば，通算子法人が短期間に加入・離脱する場合，通算法人が最初通算事業年度に組織再編成を行う場合，他の通算グループとの間でM＆A・組織再編成が行われる場合，通算開始前後でM＆A・組織再編成・清算を行う場合，複数のスキームが選択可能である場合などである。そこで，第4部では，これらの通算法人が特殊な状況下でM＆A，組織再編成，清算を行う場合のケースついて取り上げたい。

第1章 最初通算事業年度に M&A・組織再編成・清算が行われる 場合のケーススタディ

第2部において解説したケースについて，通算親法人又は通算子法人が最初通算事業年度に M&A・組織再編成・清算を行った場合の取扱いを解説したい。

ここで，最初通算事業年度に組織再編成を行う場合とは，組織再編日が最初通算事業年度終了日以前となる場合を意味している。

なお，通算親法人は，法人税法64条の9第7項で定める申請期限の特例規定（設立事業年度又は設立翌事業年度を通算開始事業年度とするための申請期限の特例規定）を適用していないものとする。

第1節 通算子法人が短期間に加入・離脱する場合の取扱い

企業買収では，ある会社（買収会社）がある会社（被買収会社）を取引先や業務提携先と共同で買収しようとする際に，買収の受け皿会社としていったん買収会社が被買収会社を完全子会社として，その発行済株式の100％を取得しておき，その後，取引先や業務提携先に被買収会社の株式の一部を譲渡し，あるいは，取引先や業務提携先が被買収会社に第三者割当増資をすることがある。

また，企業売却では，100％未満子会社の売却において売主が売却直前にその子会社を100％化して，その後，買収会社にその子会社株式の全部を売却することがある。

これは，売主又は買主との交渉や契約当事者を買収会社又は売主に一本化することで，企業買収におけるリスクの集約化や事務手続の簡素化などの面でメリットがあることによるが，買収会社又は売主が通算法人である場合は，通算法人（買収会社又は売主）と被買収会社との間にいったん完全支配関係が生じ，被買収会社は，新たな通算子法人として通算制度に加入することとなり，その直後，株式譲渡や第三者割当増資により通算法人（買収会社又は売主）との間に完全支配関係がなくなるため，被買収会社（通算子法人）は通算制度から離脱することとなる。

このような場合，短期間ではあるが，その被買収会社は形式的には通算制度にいったん加入しているため，原則どおり，みなし事業年度が設定され，繰越欠損金が切り捨てられ，保有資産の時価評価が必要となるのであろうか。仮に，このような企業買収や企業売却のための受け皿会社として通算法人が一時的に被買収会社を完全子法人化した場合にその被買収会社の有

する繰越欠損金が切り捨てられたり，多額な含み益課税が生じることになると，受け皿会社を使った企業買収ができなくなり，M＆Aにおいて税務が障害となる場面が多くなってしまう。

　その点，通算制度では，極力そのようなことがないように，短期間で通算制度への加入と離脱を行う通算子法人について，個々の制度ごとに通算制度特有の取扱いを緩和する特例が存在する。

　また，この取扱いは，通算子法人が最初通算事業年度に組織再編を行った場合で，その直後に通算制度から離脱する場合においても適用されることとなる。

　そこで，短期間で通算制度への加入と離脱を行う通算子法人（加入後離脱法人）の税務上の取扱いについて，通算制度への加入期間ごとにその留意事項を解説することとする。

　なお，特に断りのない限り，通算親法人，通算子法人，短期間で通算制度への加入と離脱を行う通算子法人（加入後離脱法人）の会計期間は4月1日～3月31日とし，通算制度からの「離脱」とは，通算子法人が通算親法人との間に通算親法人による完全支配関係を有しなくなったこと（法法64の10⑥六）をいうものとする。

　また，通算子法人の合併による解散又は残余財産の確定が生じること（法法64の10⑥五）は，ここでは，「離脱」には含まないこととする。

［図表］　子会社を共同買収する場合に，買主が100％化してから共同者に売却する場合

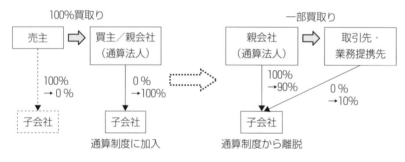

［図表］　子会社を売却する場合に，売主が100％化してから売却する場合

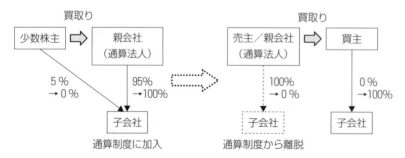

第1章　最初通算事業年度にM&A・組織再編成・清算が行われる場合のケーススタディ

パターン1	通算制度加入後，通算親法人事業年度終了日後に離脱するケース（[パターン4]に該当する場合を除く）

　加入後離脱法人が通算制度加入後，通算親法人事業年度終了日後に離脱するケース（[パターン4]に該当する場合を除く）については，原則どおり，第1部で解説した加入と離脱に係る通算制度特有の取扱いが適用されることとなる。

パターン2	通算制度加入後，通算親法人事業年度終了日以前に離脱するケース（[パターン3][パターン5]に該当する場合を除く）

　加入後離脱法人が通算制度加入後，通算親法人事業年度終了日以前に離脱するケース（[パターン3][パターン5]に該当する場合を除く）については，次のみなし事業年度を設定し，申告を行う（法法14③④⑦⑧，64の5①③，64の7①，64の9⑪，64の10⑥六，地法72の13⑦⑧⑪⑫）。

	事業年度の期間	申告方法
ⅰ	事業年度開始日から加入日の前日までの期間	単体申告
ⅱ	加入日から離脱日の前日までの期間	通算法人の単体申告
ⅲ	離脱日からその法人の会計期間終了日までの期間	単体申告

　ここで，加入日とは，完全支配関係発生日（加入時期の特例を適用する場合は特例決算期間の末日の翌日）をいう（法法64の9⑪）。

　この場合，通算制度に加入後，一度も通算申告に参加しないこととなるため，加入後離脱法人（繰越欠損金の切捨て対象となる通算子法人に限る）の繰越欠損金は切り捨てられずに，離脱後の単体申告において利用することが可能となる（法法57⑥⑧）。

　また，加入に係る特定資産譲渡等損失額の損金算入制限の規定は適用されない（法法64の14①）。

　ただし，一度も通算申告に参加しないが，株式保有法人において加入後離脱法人の株式について投資簿価修正の規定が適用される（法令119の3⑤⑥⑦）。

　それ以外の通算制度特有の取扱いについては，[パターン1]と同様となる。

パターン3	通算制度加入日以後，2か月以内，かつ，通算親法人事業年度終了日以前に離脱するケース（[パターン5]に該当する場合を除く）

　通算制度加入日以後，2か月以内，かつ，通算親法人事業年度終了日以前に離脱するケース（[パターン5]に該当する場合を除く）については，加入後離脱法人（時価評価除外法人に該当しないものに限る）が保有する資産は時価評価資産には該当しない（法法64の12①，法令

621

第4部　グループ通算制度の特殊な状況下でのケーススタディ

131の16①六）。また，加入後離脱法人において離脱時の時価評価の規定は適用されない（法法64の13①，法令24の3，131の17①）。

さらに，株式保有法人において，加入後離脱法人の株式について，加入時の離脱見込み法人株式の時価評価の規定及び投資簿価修正の規定は適用されない（法法64の12②，法令131の16①六・⑥，119の3⑤）。

それ以外の通算制度特有の取扱いについては，［パターン2］と同様となる。

| パターン4 | 通算制度加入日以後，2か月以内，かつ，通算親法人事業年度終了日後に離脱するケース |

通算制度加入日以後2か月以内，かつ，通算親法人事業年度終了日後に離脱するケースについては，加入後離脱法人において，通常どおり，加入時の時価評価の規定又は離脱時の時価評価の規定が適用される（法法64の12①，64の13①，法令131の16①六，131の17①）。

また，株式保有法人において，加入後離脱法人の株式について，通常どおり，加入時の離脱見込み法人株式の時価評価の規定及び投資簿価修正の規定が適用される（法法64の12②，法令131の16⑥，119の3⑤⑥⑦）。

つまり，通算制度加入日以後2か月以内に通算グループから離脱する場合であっても，その加入日の属する通算親法人事業年度終了日後に離脱する場合は，［パターン1］と同様の取扱いとなる。

| パターン5 | 通算制度加入日に離脱するケース |

加入日と離脱日が同日であるケースは，次のみなし事業年度を設定し，申告を行う（法法14④⑧，64の9⑪，64の10⑥六，地法72の13⑧⑫）。

なお，加入日と離脱日が同日になる場合とは，完全支配関係発生日（加入時期の特例を適用する場合は特例決算期間の末日の翌日）と離脱日が同日である場合が該当する。

	事業年度の期間	申告方法
i	完全支配関係発生日の前日の属する事業年度開始日から加入日（離脱日）の前日までの期間	単体申告
ii	離脱日（加入日）からその法人の会計期間終了日までの期間	単体申告

このケースの通算制度特有の取扱いについては，［パターン3］と同様となる。

第1章 最初通算事業年度にM&A・組織再編成・清算が行われる場合のケーススタディ

| パターン6 | 完全支配関係発生日以後，特例決算期間の末日までに離脱するケース |

　加入時期の特例を適用する場合で，完全支配関係発生日以後，特例決算期間の末日までに離脱するケースについては，当初から通算承認の効力が生じないため，みなし事業年度は設定されない（法法14⑧二，64の9⑪，地法72の13⑫二）。

　そのため，このケースでは，通算制度特有の取扱いは適用されない。

　以上について，［パターン1］～［パターン6］をまとめると次のとおりとなる。

[図表] 通算子法人が短期間に加入・離脱する場合の取扱い

パターン			1	2	3	4	5	6
加入と離脱のタイミング	加入期間^(※1)		2か月を超える	2か月を超える	2か月以内	2か月以内	加入日のみ	特例決算期間の末日まで
	離脱日が通算親法人事業年度終了日をまたぐか		またぐ	またがない	またがない	またぐ	またがない	－
通算制度への加入	加入		加入する	加入する	加入する	加入する	加入する	加入しない
加入後離脱法人	みなし事業年度	単体申告	有	有	有	有	有	－
		通算法人の単体申告	有	有	有	有	無	－
		通算申告	有	無	無	有	無	－
	加入に係る時価評価の規定^(※2)		有	有	無	有	無	－
	加入に係る繰越欠損金の切捨ての規定		有	無	無	有	無	－
	加入に係る特定資産譲渡等損失額の損金算入制限の規定		有	無	無	有	無	－
	離脱に係る時価評価の規定		有	有	無	有	無	－
株式保有法人	加入に係る離脱見込み法人株式の時価評価の規定		有	有	無	有	無	－
	離脱に係る投資簿価修正の規定		有	有	無	有	無	－

（※1）　離脱までの期間を意味している。また，［パターン6］の場合は，完全支配関係が消滅するまでの期間を意味している。
（※2）　「無」は，加入に係る時価評価の規定は適用されるが，時価評価資産が生じないことを意味している（下記の図表も同じ）。

623

[パターン1] 通算制度加入後，通算親法人事業年度終了日後に離脱するケース
（[パターン4]に該当する場合を除く）

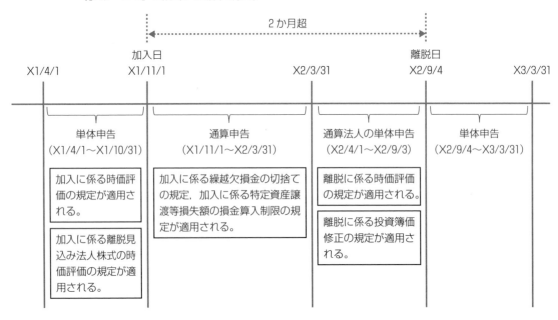

[パターン2] 通算制度加入後，通算親法人事業年度終了日以前に離脱するケース
（[パターン3][パターン5]に該当する場合を除く）

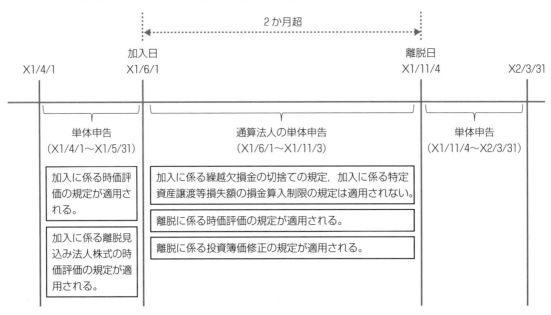

[パターン3] 通算制度加入日以後，2か月以内，かつ，通算親法人事業年度終了日以前に離脱するケース
（[パターン5] に該当する場合を除く）

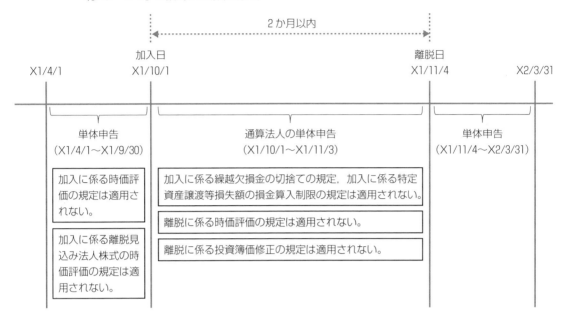

[パターン4] 通算制度加入日以後，2か月以内，かつ，通算親法人事業年度終了日後に離脱するケース

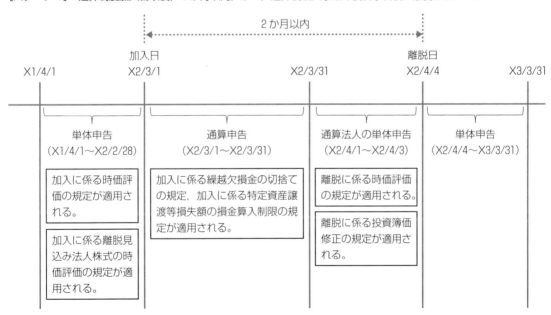

第4部 グループ通算制度の特殊な状況下でのケーススタディ

[パターン5] 通算制度加入日に離脱するケース

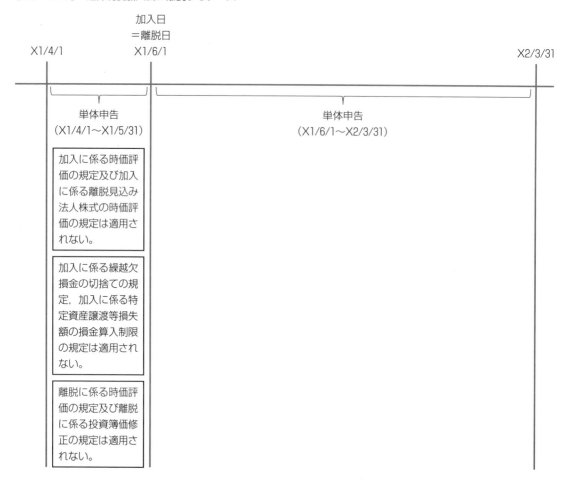

[パターン6] 完全支配関係発生日以後，特例決算期間の末日までに離脱するケース

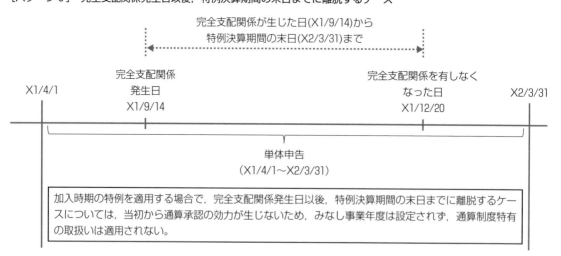

第1章　最初通算事業年度にM&A・組織再編成・清算が行われる場合のケーススタディ

第2節　通算開始時の通算子法人が最初通算親法人事業年度に離脱する場合の取扱い

通算開始時の通算子法人が最初通算親法人事業年度（通算親法人が連結納税から通算制度に移行した場合の最初通算親法人事業年度を除く）に通算制度から離脱する場合，「第1節　通算子法人が短期間に加入・離脱する場合の取扱い」と同様の取扱いとなる（法法57⑥⑧，64の11①②，64の13①，64の14①，法令24の3，119の3⑤，131の15①八・⑤，131の17①）。

この場合，第1節の「加入日」は，「開始日」（通算親法人の通算制度の開始日＝通算完全支配関係を有することとなった日＝通算承認の効力が発生した日）となる。また，［パターン6］には該当しない。

第3節　通算法人が最初通算事業年度に合併を行う場合の取扱い

第2部第3章のケースについて，通算法人が最初通算事業年度に合併を行った場合の取扱いは次のとおりである。

第2部第3章のケースのうち，下記で取り上げたケース以外は，通算親法人及び通算子法人に，通常の通算制度の開始時又は加入時の取扱いが適用された後に，第2部第3章で解説した取扱いが適用される。

なお，第2部第3章の各ケースの（前提条件）に記載のとおり，合併法人（開始・加入時に時価評価除外法人に該当し，支配関係5年継続要件及び共同事業性の要件を満たさないものに限る）において，合併による被合併事業の引継ぎが新たな事業の未開始要件に抵触しないものとする。

また，［ケース］の番号は，第2部第3章の［ケース］の番号に対応している。

[Case 1]　通算親法人が通算子法人を吸収合併するケース

通算子法人が最初通算事業年度に被合併法人として通算親法人に吸収合併されるケースについては，以下の取扱いが生じることとなる。

それ以外の取扱いについては，第2部第3章の［Case 1］と同じ取扱いとなる。

なお，通算開始時の通算子法人が最初通算親法人事業年度に被合併法人として通算親法人に吸収合併されるケースについても，下記に準じた取扱いとなる。

⑴　加入日以外に吸収合併されるケース

このケースでは，第2部第3章の［Case 1］の取扱いのうち，次に掲げるものは以下の取扱いとなる。

第4部　グループ通算制度の特殊な状況下でのケーススタディ

❶　通算親法人（合併法人／株式保有法人）の税務上の取扱い

取扱項目		適格の場合
加入時の離脱見込み法人株式の時価評価		● 加入法人が時価評価除外法人に該当する場合は，株式保有法人において離脱見込み法人株式の時価評価は適用されない（法法64の12②）。 ● 加入法人が時価評価対象法人かつ離脱見込み法人に該当する場合は，株式保有法人において加入日の前日の属する事業年度に離脱見込み法人株式の時価評価が行われる（法法64の12②，法令131の16③⑤）。なお，加入法人が加入日以後2か月以内に完全支配関係を有しなくなる場合でも，他の通算法人を合併法人とする合併により完全支配関係を有しなくなるものは，離脱見込み法人株式の時価評価の対象外となる初年度離脱加入子法人には該当しない（法令131の16①六・⑥）。 ● ただし，加入法人が時価評価対象法人に該当する場合でも，通算承認の効力発生後に加入法人を被合併法人とする適格合併（通算親法人又は他の通算子法人で通算親法人による通算完全支配関係が継続することが見込まれているものを合併法人とするものに限る）を行うことが見込まれている場合で，その通算承認の効力発生時からその適格合併の直前の時まで完全支配関係が継続することが見込まれている場合，加入法人は離脱見込み法人に該当しない（法法64の12②，法令131の16③⑤）。
被合併法人の繰越欠損金の引継制限	法人税^(注1)	● 被合併法人の加入前の繰越欠損金のうち，最終事業年度（加入日の属する事業年度）に切り捨てられなかったものは，最終事業年度末の残高について，特定欠損金として合併法人に引き継がれる（法法57②，64の7②二，法令112の2⑥）。 ● 被合併法人が時価評価除外法人に該当する場合（支配関係5年継続要件及び共同事業性の要件を満たさないものに限る）で，新たな事業の未開始要件を満たしているため，加入前の繰越欠損金に持込制限が生じていない場合，合併による解散により，新たな事業の未開始要件が解除されるため，結果的に，加入前の繰越欠損金（最終事業年度（加入日の属する事業年度）末の残高）は特定欠損金として合併法人に引き継がれる。 ● 被合併法人の加入前の繰越欠損金のうち，最終事業年度（加入日の属する事業年度）に切り捨てられているものは，合併法人に引き継がれない（法法57②⑥⑧）。 ● 被合併法人の最終事業年度（単体事業年度）の単体申告により発生した欠損金額は，合併法人の合併日の属する事業年度の損金に算入される（法法64の8）。
	住民税^(注2)	被合併法人の加入前の繰越欠損金が最終事業年度（加入日の属する事業年度）に切り捨てられる場合，最終事業年度において控除対象通算適用前欠損調整額が生じ，合併時に合併法人に引き継がれる（地法53③④⑤，321の8③④⑤）。

| 通算子法人株式の投資簿価修正 | ●抱合株式について投資簿価修正が適用される（加算措置を含む。法令119の3⑤⑥⑦）。
●抱合株式の帳簿価額は資本金等の額から減額される（法令8①五）。
●なお，加入法人が加入日以後2か月以内に通算完全支配関係を有しなくなる場合でも，他の通算法人を合併法人とする合併により通算完全支配関係を有しなくなるものは，投資簿価修正の対象外となる初年度離脱通算子法人に該当しない（法令119の3⑤，24の3）。 |

(注1) 法人税の繰越欠損金をいうものとする（以下，本章で同じ）。

(注2) 住民税特有の欠損金（控除対象通算対象所得調整額，控除対象合併等前欠損調整額，控除対象配賦欠損調整額等）をいうものとする（以下，本章で同じ）。

❷ 通算子法人（加入法人／被合併法人）の税務上の取扱い

取扱項目		適格の場合
みなし事業年度		加入と合併に伴う次のみなし事業年度を設定する（法法14③④⑦⑧一，64の5①③，64の7①，64の9⑪，64の10⑥五，地法72の13⑦⑧⑫）。加入日は，完全支配関係発生日又は加入時期の特例を適用する場合は，特例決算期間の末日の翌日となる（法法64の9⑪）。 ① 加入直前事業年度：事業年度開始日から加入日の前日までの期間（単体申告） ② 最終事業年度（加入事業年度）：加入日から合併日の前日までの期間（通算法人の単体申告）
加入時の時価評価		●時価評価除外法人に該当する場合，加入直前事業年度において時価評価は不要となる（法法64の12①）。 ●時価評価除外法人に該当しない場合，加入直前事業年度において時価評価は必要となる（法法64の12①）。なお，加入日以後2か月以内に完全支配関係を有しなくなる場合でも，他の通算法人を合併法人とする合併による場合は，時価評価資産からの除外規定は適用されない（法令131の16①六）。
加入法人の繰越欠損金の持込制限	法人税	●時価評価除外法人に該当しない場合，最終事業年度（期首）において加入前の繰越欠損金は全額切り捨てられる（法法57⑥）。 ●時価評価除外法人に該当する場合，次の要件のいずれも満たさない場合，持込制限が生じる（法法57⑧，法令112の2③④）。 ① 支配関係5年継続要件 ② 共同事業性の要件 ③ 新たな事業の未開始要件 ●ただし，含み損益の特例計算の適用がある（法令113①⑫）。 ●持込制限が生じる場合，最終事業年度（期首）において加入前の繰越欠損金の一部又は全部が切り捨てられる（法法57⑥）。 ●加入法人が最初通算事業年度終了日までに通算グループ外に離脱したときは，持込制限は生じないが，その加入法人を被合併法人とする合併で他の通算法人を合併法人とするものが行われたことに基因

629

		して通算承認の効力を失った場合は持込制限の対象となる（法法57⑥⑧）。
	住民税	被合併法人の加入前の繰越欠損金が最終事業年度（加入日の属する事業年度）に切り捨てられる場合，最終事業年度（期首）において控除対象通算適用前欠損調整額が生じる（地法53③④，321の8③④）。
	事業税(注3)	切り捨てられない（地法72の23①②）。
加入に係る特定資産譲渡等損失額の損金算入制限		●時価評価除外法人に該当しない場合，最終事業年度において加入に係る特定資産譲渡等損失額の損金算入制限は課されない（法法64の14①）。 ●時価評価除外法人に該当する場合，次の要件のいずれも満たさない場合，最終事業年度において損金算入制限が生じる（法法64の14①，法令131の19①②，131の8①，112の2④）。 ①　支配関係5年継続要件 ②　共同事業性の要件 ③　新たな事業の未開始要件 ●ただし，含み損益の特例計算の適用がある（法令131の19⑤，123の9①）。 ●加入法人が最初通算事業年度終了日までに通算グループ外に離脱したときは，損金算入制限は生じないが，その加入法人を被合併法人とする合併で他の通算法人を合併法人とするものが行われたことに基因して通算承認の効力を失った場合は損金算入制限の対象となる（法法64の14①）。
加入法人の完全支配関係のある子法人（加入孫法人）の取扱い		加入孫法人についても，通算制度に加入した場合の税務上の取扱いが適用される。

（注3）　事業税の繰越欠損金をいうものとする（以下，本章で同じ）。

(2)　加入日に吸収合併されるケース

　これは，通算制度加入直後に合併するケースであり，具体的には，合併日が完全支配関係発生日又は特例決算期間の末日の翌日である場合となる。

　この場合，通算子法人（被合併法人）は，いったん通算制度に加入し，その直後に合併することになり，第2部第3章の［Case 1］の取扱いのうち，次に掲げるものは以下の取扱いとなる。

　なお，完全支配関係を有することとなった法人が特例決算期間の中途に適格合併により消滅する場合については，第4部第4章で解説している。

❶ 通算親法人（合併法人／株式保有法人）の税務上の取扱い

取扱項目		適格の場合
加入時の離脱見込み法人株式の時価評価		● 加入法人が時価評価除外法人に該当する場合は，株式保有法人において離脱見込み法人株式の時価評価は適用されない（法法64の12②）。 ● 加入法人が時価評価対象法人に該当する場合でも，通算承認の効力発生後に加入法人を被合併法人とする適格合併（通算親法人又は他の通算子法人で通算親法人による通算完全支配関係が継続することが見込まれているものを合併法人とするものに限る）を行うことが見込まれている場合で，その通算承認の効力発生時からその適格合併の直前の時まで完全支配関係が継続することが見込まれている場合，加入法人は離脱見込み法人に該当しない（法法64の12②，法令131の16③⑤）。そのため，加入日に吸収合併されるケースでは，通常，加入法人は離脱見込み法人に該当しない。
被合併法人の最終事業年度の欠損金額の取扱い		被合併法人の最終事業年度は単体法人の単体申告となるため，合併法人において被合併法人の最終事業年度の欠損金額の損金算入の取扱いは適用されない（法法64の8）。
被合併法人の繰越欠損金の引継制限	法人税	● 被合併法人が時価評価除外法人に該当しない場合，被合併法人の加入前の繰越欠損金を合併法人に引き継ぐことはできない。 ● 被合併法人が時価評価除外法人に該当する場合，被合併法人の加入前の繰越欠損金は，合併法人に特定欠損金として引き継がれる（法法57②，64の7②二，法令112の2⑥）。
	住民税	被合併法人が時価評価除外法人に該当しない場合，住民税では，その切り捨てられた法人税の繰越欠損金について，合併法人において控除対象合併等前欠損調整額として引き継がれる（地法53⑦⑧，321の8⑦⑧）。
通算子法人株式の投資簿価修正		● 被合併法人株式について投資簿価修正が適用される（法令119の3⑤）。 ● ただし，加入法人が加入日に吸収合併されるケースでは，通算完全支配関係発生日においてその加入法人の株式を有する法人（計算当事者）がいないため，資産調整勘定等対応金額は生じないものと考えられる（法令119の3⑥⑦。第3部Q&A33参照）。 ● 抱合株式の帳簿価額は資本金等の額から減額される（法令8①五）。 ● なお，加入法人が加入日以後2か月以内に通算完全支配関係を有しなくなる場合でも，他の通算法人を合併法人とする合併により通算完全支配関係を有しなくなるものは，投資簿価修正の対象外となる初年度離脱通算子法人に該当しない。（法令119の3⑤，24の3）。

第4部　グループ通算制度の特殊な状況下でのケーススタディ

❷　通算子法人（加入法人／被合併法人）の税務上の取扱い

取扱項目		適格の場合
みなし事業年度		加入法人（被合併法人）の最終事業年度（加入直前事業年度）は，事業年度開始日から加入日（合併日）の前日までの期間となり，単体申告を行う（法法14①二・④⑧一，64の10⑥五，地法72の13⑤二・⑧⑫）。
加入時の時価評価		● 時価評価除外法人に該当する場合，加入直前事業年度において時価評価は不要となる（法法64の12①）。 ● 時価評価除外法人に該当しない場合，加入直前事業年度において時価評価は必要となる（法法64の12①）。なお，加入日以後2か月以内に完全支配関係を有しなくなる場合でも，他の通算法人を合併法人とする合併による場合は，時価評価資産からの除外規定は適用されない（法令131の16①六）。
最終事業年度の繰越欠損金の取扱い	法人税	最終事業年度（加入直前事業年度）において，被合併法人の繰越欠損金は使用可能となる（法法57①）。
	住民税	最終事業年度（加入直前事業年度）において，被合併法人に住民税の欠損金は発生しない。
	事業税	最終事業年度（加入直前事業年度）において，被合併法人の繰越欠損金は使用可能となる（地法72の23①②，法法57①）。
被合併法人の最終事業年度の欠損金額の取扱い		被合併法人の最終事業年度は単体法人の単体申告となるため，合併法人において被合併法人の最終事業年度の欠損金額の損金算入の取扱いは適用されない（法法64の8）。
加入法人の完全支配関係のある子法人（加入孫法人）の取扱い		加入孫法人についても，通算制度に加入した場合の税務上の取扱いが適用される。

[Case 6]　通算子法人が他の通算子法人を吸収合併するケース（合併対価が合併法人株式又は無対価の場合）

　通算子法人が最初通算事業年度に被合併法人として他の通算子法人に吸収合併されるケースについては，以下の取扱いが生じることとなる。それ以外の取扱いについては，第2部第3章の［Case 6］と同じ取扱いとなる。

　なお，通算開始時の通算子法人が最初通算親法人事業年度に被合併法人として他の通算子法人に吸収合併されるケースについても下記に準じた取扱いとなる。

⑴　加入日以外に吸収合併されるケース

　このケースでは，第2部第3章の［Case 6］の取扱いのうち，次に掲げるものは以下の取扱いとなる。

❶　通算子法人（合併法人）の税務上の取扱い

取扱項目		適格の場合	非適格の場合
被合併法人の 繰越欠損金の 引継制限	法人税	● 被合併法人の加入前の繰越欠損金のうち，最終事業年度（加入日の属する事業年度）に切り捨てられなかったものは，最終事業年度末の残高について，特定欠損金として合併法人に引き継がれる（法法57②，64の7②二，法令112の2⑥）。 ● 被合併法人が時価評価除外法人に該当する場合（支配関係5年継続要件及び共同事業性の要件を満たさないものに限る）で，新たな事業の未開始要件を満たしているため，加入前の繰越欠損金に持込制限が生じていない場合，合併による解散により，新たな事業の未開始要件が解除されるため，結果的に，加入前の繰越欠損金（最終事業年度（加入日の属する事業年度）末の残高）は特定欠損金として合併法人に引き継がれる。 ● 被合併法人の加入前の繰越欠損金のうち，最終事業年度（加入日の属する事業年度）に切り捨てられているものは，合併法人に引き継がれない（法法57②⑥⑧）。 ● 被合併法人の最終事業年度（単体事業年度）の単体申告により発生した欠損金額は，合併法人の合併日の属する事業年度の損金に算入される（法法64の8）。	● 非適格合併のため，被合併法人が時価評価対象法人又は時価評価除外法人のいずれに該当する場合であっても合併法人で引き継ぐことはできない（法法57②）。 ● 被合併法人の最終事業年度（単体事業年度）の単体申告により発生した欠損金額は，合併法人の合併日の属する事業年度の損金に算入される（法法64の8）。
	住民税	被合併法人の加入前の繰越欠損金が最終事業年度（加入日の属する事業年度）に切り捨てられる場合，最終事業年度において控除対象通算適用前欠損調整額が生じ，合併時に合併法人に引き継がれる（地法53③④⑤，321の8③④⑤）。	被合併法人の加入前の繰越欠損金が最終事業年度（加入日の属する事業年度）に切り捨てられる場合，最終事業年度において控除対象通算適用前欠損調整額が生じるが，非適格合併のため，合併時に合併法人に引き継ぐことはできない（地法53⑤，321の8⑤）。

第4部　グループ通算制度の特殊な状況下でのケーススタディ

❷　通算子法人（加入法人／被合併法人）の税務上の取扱い

取扱項目		適格の場合	非適格の場合
みなし事業年度		加入と合併に伴う次のみなし事業年度を設定する（法法14③④⑦⑧一，64の5①③，64の7①，64の9⑪，64の10⑥五，地法72の13⑦⑧⑫）。加入日は，完全支配関係発生日又は加入時期の特例を適用する場合は，特例決算期間の末日の翌日となる（法法64の9⑪）。 ①　加入直前事業年度：事業年度開始日から加入日の前日までの期間（単体申告） ②　最終事業年度（加入事業年度）：加入日から合併日の前日までの期間（通算法人の単体申告）	加入と合併に伴う次のみなし事業年度を設定する（法法14③④⑦⑧一，64の5①③，64の7①，64の9⑪，64の10⑥五，地法72の13⑦⑧⑫）。加入日は，完全支配関係発生日又は加入時期の特例を適用する場合は，特例決算期間の末日の翌日となる（法法64の9⑪）。 ①　加入直前事業年度：事業年度開始日から加入日の前日までの期間（単体申告） ②　最終事業年度（加入事業年度）：加入日から合併日の前日までの期間（通算法人の単体申告）
加入時の時価評価		●時価評価除外法人に該当する場合，加入直前事業年度において時価評価は不要となる（法法64の12①）。 ●時価評価除外法人に該当しない場合，加入直前事業年度において時価評価は必要となる（法法64の12①）。なお，加入日以後2か月以内に完全支配関係を有しなくなる場合でも，他の通算法人を合併法人とする合併により完全支配関係を有しなくなる場合は，時価評価資産からの除外規定は適用されない（法令131の16①六）。	●時価評価除外法人に該当する場合，加入直前事業年度において時価評価は不要となる（法法64の12①）。 ●時価評価除外法人に該当しない場合，加入直前事業年度において時価評価は必要となる（法法64の12①）。なお，加入日以後2か月以内に完全支配関係を有しなくなる場合でも，他の通算法人を合併法人とする合併により完全支配関係を有しなくなる場合は，時価評価資産からの除外規定は適用されない（法令131の16①六）。
加入法人の繰越欠損金の持込制限	法人税	●時価評価除外法人に該当しない場合，最終事業年度（期首）において加入前の繰越欠損金は全額切り捨てられる（法法57⑥）。 ●時価評価除外法人に該当する場合，次の要件のいずれも満たさない場合，持込制限が生じる（法法57⑧，法令112の2③④）。 ①　支配関係5年継続要件 ②　共同事業性の要件 ③　新たな事業の未開始要件	●時価評価除外法人に該当しない場合，最終事業年度（期首）において加入前の繰越欠損金は全額切り捨てられる（法法57⑥）。 ●時価評価除外法人に該当する場合，次の要件のいずれも満たさない場合，持込制限が生じる（法法57⑧，法令112の2③④）。 ①　支配関係5年継続要件 ②　共同事業性の要件 ③　新たな事業の未開始要件

第1章　最初通算事業年度にM&A・組織再編成・清算が行われる場合のケーススタディ

		● ただし，含み損益の特例計算の適用がある（法令113①⑫）。 ● 持込制限が生じる場合，最終事業年度（期首）において加入前の繰越欠損金の一部又は全部が切り捨てられる（法法57⑥）。 ● 加入法人が最初通算事業年度終了日までに通算グループ外に離脱したときは，持込制限は生じないが，その加入法人を被合併法人とする合併で他の通算法人を合併法人とするものが行われたことに基因して通算承認の効力を失った場合は持込制限の対象となる（法法57⑥⑧）。	● ただし，含み損益の特例計算の適用がある（法令113①⑫）。 ● 持込制限が生じる場合，最終事業年度（期首）において加入前の繰越欠損金の一部又は全部が切り捨てられる（法法57⑥）。 ● 加入法人が最初通算事業年度終了日までに通算グループ外に離脱したときは，持込制限は生じないが，その加入法人を被合併法人とする合併で他の通算法人を合併法人とするものが行われたことに基因して通算承認の効力を失った場合は持込制限の対象となる（法法57⑥⑧）。
	住民税	被合併法人の加入前の繰越欠損金が最終事業年度（加入日の属する事業年度）に切り捨てられる場合，最終事業年度（期首）において控除対象通算適用前欠損調整額が生じる（地法53③④，321の8③④）。	被合併法人の加入前の繰越欠損金が最終事業年度（加入日の属する事業年度）に切り捨てられる場合，最終事業年度（期首）において控除対象通算適用前欠損調整額が生じる（地法53③④，321の8③④）。
加入に係る特定資産譲渡等損失額の損金算入制限		● 時価評価除外法人に該当しない場合，最終事業年度において加入に係る特定資産譲渡等損失額の損金算入制限は課されない（法法64の14①）。 ● 時価評価除外法人に該当する場合，次の要件のいずれも満たさない場合，最終事業年度において損金算入制限が生じる（法法64の14①，法令131の19①②，131の8①，112の2④）。 ①　支配関係5年継続要件 ②　共同事業性の要件 ③　新たな事業の未開始要件 ● ただし，含み損益の特例計算の適用がある（法令131の19⑤，123の9①）。 ● 加入法人が最初通算事業年度終了日までに通算グループ外に離脱したときは，損金算入制限は生じないが，その加入法人を被合併法人とする合併で他の通算	● 時価評価除外法人に該当しない場合，最終事業年度において加入に係る特定資産譲渡等損失額の損金算入制限は課されない（法法64の14①）。 ● 時価評価除外法人に該当する場合，次の要件のいずれも満たさない場合，最終事業年度において損金算入制限が生じる（法法64の14①，法令131の19①②，131の8①，112の2④）。 ①　支配関係5年継続要件 ②　共同事業性の要件 ③　新たな事業の未開始要件 ● ただし，含み損益の特例計算の適用がある（法令131の19⑤，123の9①）。 ● 加入法人が最初通算事業年度終了日までに通算グループ外に離脱したときは，損金算入制限は生じないが，その加入法人を被合併法人とする合併で他の通算

635

第4部　グループ通算制度の特殊な状況下でのケーススタディ

	法人を合併法人とするものが行われたことに基因して通算承認の効力を失った場合は損金算入制限の対象となる（法法64の14①）。	法人を合併法人とするものが行われたことに基因して通算承認の効力を失った場合は損金算入制限の対象となる（法法64の14①）。
加入法人の完全支配関係のある子法人（加入孫法人）の取扱い	加入孫法人についても，通算制度に加入した場合の税務上の取扱いが適用される。	加入孫法人についても，通算制度に加入した場合の税務上の取扱いが適用される。

❸　通算親法人（株式保有法人）の税務上の取扱い

取扱項目	適格の場合	非適格の場合
加入時の離脱見込み法人株式の時価評価	●加入法人が時価評価除外法人に該当する場合は，株式保有法人において離脱見込み法人株式の時価評価は適用されない（法法64の12②）。 ●加入法人が時価評価対象法人かつ離脱見込み法人に該当する場合は，株式保有法人において加入日の前日の属する事業年度に離脱見込み法人株式の時価評価が行われる（法法64の12②，法令131の16③⑤）。なお，加入法人が加入日以後2か月以内に完全支配関係を有しなくなる場合でも，他の通算法人を合併法人とする合併により完全支配関係を有しなくなるものは，離脱見込み法人株式の時価評価の対象外となる初年度離脱加入子法人には該当しない（法令131の16①六・⑥）。 ●ただし，加入法人が時価評価対象法人に該当する場合でも，通算承認の効力発生後に加入法人を被合併法人とする適格合併（通算親法人又は他の通算子法人で通算親法人による通算完全支配関係が継続することが見込まれているものを合併法人とするものに限る）を行うことが見込まれている場合で，その通算	●加入法人が時価評価除外法人に該当する場合は，株式保有法人において離脱見込み法人株式の時価評価は適用されない（法法64の12②）。 ●加入法人が時価評価対象法人かつ離脱見込み法人に該当する場合は，株式保有法人において加入日の前日の属する事業年度に離脱見込み法人株式の時価評価が行われる（法法64の12②，法令131の16③⑤）。なお，加入法人が加入日以後2か月以内に完全支配関係を有しなくなる場合でも，他の通算法人を合併法人とする合併により完全支配関係を有しなくなるものは，離脱見込み法人株式の時価評価の対象外となる初年度離脱加入子法人には該当しない（法令131の16①六・⑥）。 ●ただし，加入法人が時価評価対象法人に該当する場合でも，通算承認の効力発生後に加入法人を被合併法人とする適格合併（通算親法人又は他の通算子法人で通算親法人による通算完全支配関係が継続することが見込まれているものを合併法人とするものに限る）を行うことが見込まれている場合で，その通算

	承認の効力発生時からその適格合併の直前の時まで完全支配関係が継続することが見込まれている場合，加入法人は離脱見込み法人に該当しない（法法64の12②，法令131の16③⑤）。	承認の効力発生時からその適格合併の直前の時まで完全支配関係が継続することが見込まれている場合，加入法人は離脱見込み法人に該当しない（法法64の12②，法令131の16③⑤）。
通算子法人株式の投資簿価修正	● 被合併法人株式について投資簿価修正が適用される（加算措置を含む。法令119の3⑤⑥⑦）。 ● 通算内適格合併に該当するため，被合併法人株式につき加算措置を適用した場合，被合併法人調整勘定対応金額を合併法人株式に係る資産調整勘定等対応金額に加算することができる。 ● なお，加入法人が加入日以後2か月以内に通算完全支配関係を有しなくなる場合でも，他の通算法人を合併法人とする合併により通算完全支配関係を有しなくなるものは，投資簿価修正の対象外となる初年度離脱通算子法人に該当しない（法令119の3⑤，24の3）。	● 被合併法人株式について投資簿価修正が適用される（加算措置を含む。法令119の3⑤⑥⑦）。 ● 非適格合併に該当するため，被合併法人調整勘定対応金額を合併法人株式に係る資産調整勘定等対応金額に加算することはできない。 ● なお，加入法人が加入日以後2か月以内に通算完全支配関係を有しなくなる場合でも，他の通算法人を合併法人とする合併により通算完全支配関係を有しなくなるものは，投資簿価修正の対象外となる初年度離脱通算子法人に該当しない（法令119の3⑤，24の3）。

⑵　加入日に吸収合併されるケース

　これは，通算制度加入直後に合併するケースであり，具体的には，合併日が完全支配関係発生日又は特例決算期間の末日の翌日である場合となる。

　この場合，通算子法人（被合併法人）は，いったん通算制度に加入し，その直後に合併することになり，第2部第3章の［Case 6］の取扱いのうち，次に掲げるものは以下の取扱いとなる。

　なお，完全支配関係を有することとなった法人が特例決算期間の中途に適格合併により消滅する場合については，第4部第4章で解説している。

第4部　グループ通算制度の特殊な状況下でのケーススタディ

❶　通算子法人（合併法人）の税務上の取扱い

取扱項目		適格の場合	非適格の場合
被合併法人の最終事業年度の欠損金額の取扱い		被合併法人の最終事業年度は単体法人の単体申告となるため，合併法人において被合併法人の最終事業年度の欠損金額の損金算入の取扱いは適用されない（法法64の8）。	被合併法人の最終事業年度は単体法人の単体申告となるため，合併法人において被合併法人の最終事業年度の欠損金額の損金算入の取扱いは適用されない（法法64の8）。
被合併法人の繰越欠損金の引継制限	法人税	●被合併法人が時価評価除外法人に該当しない場合，被合併法人の加入前の繰越欠損金を合併法人に引き継ぐことはできない（法法57⑦）。 ●被合併法人が時価評価除外法人に該当する場合，被合併法人の加入前の繰越欠損金は，合併法人に特定欠損金として引き継がれる（法法57②，64の7②二，法令112の2⑥）。	非適格合併のため，被合併法人が時価評価対象法人又は時価評価除外法人のいずれに該当する場合であっても，被合併法人の加入前の繰越欠損金を合併法人に引き継ぐことはできない（法法57②）。
	住民税	被合併法人が時価評価除外法人に該当しない場合，住民税では，その切り捨てられた法人税の繰越欠損金について，合併法人において控除対象合併等前欠損調整額として引き継がれる（地法53⑦⑧，321の8⑦⑧）。	非適格合併の場合，控除対象合併等前欠損調整額は生じないため，合併法人に引き継ぐことはできない（地法53⑦⑧，321の8⑦⑧）。

❷　通算子法人（加入法人／被合併法人）の税務上の取扱い

取扱項目	適格の場合	非適格の場合
みなし事業年度	加入法人（被合併法人）の最終事業年度（加入直前事業年度）は，事業年度開始日から加入日（合併日）の前日までの期間となり，単体申告を行う（法法14①二・④⑧一，64の10⑥五，地法72の13⑤二・⑧⑫）。	加入法人（被合併法人）の最終事業年度（加入直前事業年度）は，事業年度開始日から加入日（合併日）の前日までの期間となり，単体申告を行う（法法14①二・④⑧一，64の10⑥五，地法72の13⑤二・⑧⑫）。
加入時の時価評価	●時価評価除外法人に該当する場合，加入直前事業年度において時価評価は不要となる（法法64の12①）。	●時価評価除外法人に該当する場合，加入直前事業年度において時価評価は不要となる（法法64の12①）。

取扱項目		適格の場合	非適格の場合
		●時価評価除外法人に該当しない場合，加入直前事業年度において時価評価は必要となる（法法64の12①）。なお，加入日以後2か月以内に完全支配関係を有しなくなる場合でも，他の通算法人を合併法人とする合併により完全支配関係を有しなくなる場合は，時価評価資産からの除外規定は適用されない（法令131の16①六）。	●時価評価除外法人に該当しない場合，加入直前事業年度において時価評価は必要となる（法法64の12①）。なお，加入日以後2か月以内に完全支配関係を有しなくなる場合でも，他の通算法人を合併法人とする合併による場合は，時価評価資産からの除外規定は適用されない（法令131の16①六）。
最終事業年度の繰越欠損金の取扱い	法人税	最終事業年度（加入直前事業年度）において，被合併法人の繰越欠損金は使用可能となる（法法57①）。	最終事業年度（加入直前事業年度）において，被合併法人の繰越欠損金は使用可能となる（法法57①）。
	住民税	最終事業年度（加入直前事業年度）において，被合併法人に住民税の欠損金は発生しない。	最終事業年度（加入直前事業年度）において，被合併法人に住民税の欠損金は発生しない。
	事業税	最終事業年度（加入直前事業年度）において，被合併法人の繰越欠損金は使用可能となる（地法72の23①②，法法57①）。	最終事業年度（加入直前事業年度）において，被合併法人の繰越欠損金は使用可能となる（地法72の23①②，法法57①）。
被合併法人の最終事業年度の欠損金額の取扱い		被合併法人の最終事業年度は単体法人の単体申告となるため，合併法人において被合併法人の最終事業年度の欠損金額の損金算入の取扱いは適用されない（法法64の8）。	被合併法人の最終事業年度は単体法人の単体申告となるため，合併法人において被合併法人の最終事業年度の欠損金額の損金算入の取扱いは適用されない（法法64の8）。
加入法人の完全支配関係のある子法人（加入孫法人）の取扱い		加入孫法人についても，通算制度に加入した場合の税務上の取扱いが適用される。	加入孫法人についても，通算制度に加入した場合の税務上の取扱いが適用される。

❸　通算親法人（株式保有法人）の税務上の取扱い

取扱項目	適格の場合	非適格の場合
加入時の離脱見込み法人株式の時価評価	●加入法人が時価評価除外法人に該当する場合は，株式保有法人において離脱見込み法人株式の時価評価は適用されない（法法64の12②）。 ●加入法人が時価評価対象法人に該当する場合でも，通算承認の	●加入法人が時価評価除外法人に該当する場合は，株式保有法人において離脱見込み法人株式の時価評価は適用されない（法法64の12②）。 ●加入法人が時価評価対象法人に該当する場合でも，通算承認の

第4部　グループ通算制度の特殊な状況下でのケーススタディ

	効力発生後に加入法人を被合併法人とする適格合併（通算親法人又は他の通算子法人で通算親法人による通算完全支配関係が継続することが見込まれているものを合併法人とするものに限る）を行うことが見込まれている場合で，その通算承認の効力発生時からその適格合併の直前の時まで完全支配関係が継続することが見込まれている場合，加入法人は離脱見込み法人に該当しない（法法64の12②，法令131の16③⑤）。そのため，加入日に吸収合併されるケースでは，通常，加入法人は離脱見込み法人に該当しない。	効力発生後に加入法人を被合併法人とする適格合併（通算親法人又は他の通算子法人で通算親法人による通算完全支配関係が継続することが見込まれているものを合併法人とするものに限る）を行うことが見込まれている場合で，その通算承認の効力発生時からその適格合併の直前の時まで完全支配関係が継続することが見込まれている場合，加入法人は離脱見込み法人に該当しない（法法64の12②，法令131の16③⑤）。そのため，加入日に吸収合併されるケースでは，通常，加入法人は離脱見込み法人に該当しない。
通算子法人株式の投資簿価修正	●被合併法人株式について投資簿価修正が適用される（法令119の3⑤）。 ●ただし，加入法人が加入日に吸収合併されるケースでは，通算完全支配関係発生日においてその加入法人の株式を有する法人（計算当事者）がいないため，資産調整勘定等対応金額は生じないものと考えられる（法令119の3⑥⑦。第3部Q&A33参照）。 ●なお，加入法人が加入日以後2か月以内に通算完全支配関係を有しなくなる場合でも，他の通算法人を合併法人とする合併により通算完全支配関係を有しなくなるものは，投資簿価修正の対象外となる初年度離脱通算法人に該当しない（法令119の3⑤，24の3）。	●被合併法人株式について投資簿価修正が適用される（法令119の3⑤）。 ●ただし，加入法人が加入日に吸収合併されるケースでは，通算完全支配関係発生日においてその加入法人の株式を有する法人（計算当事者）がいないため，資産調整勘定等対応金額は生じないものと考えられる（法令119の3⑥⑦。第3部Q&A33参照）。 ●なお，加入法人が加入日以後2か月以内に通算完全支配関係を有しなくなる場合でも，他の通算法人を合併法人とする合併により通算完全支配関係を有しなくなるものは，投資簿価修正の対象外となる初年度離脱通算子法人に該当しない（法令119の3⑤，24の3）。

［Case 7］　通算子法人が非通算法人を吸収合併するケース（合併対価が通算親法人株式の場合）

　通算子法人が最初通算事業年度に非通算法人を吸収合併するケースについては，以下の取扱

いが生じることとなる。

それ以外は第2部第3章の［Case 7］と同じ取扱いとなる。

なお，通算開始時の通算子法人が最初通算親法人事業年度に非通算法人を吸収合併するケースについても同じ取扱いとなる。

また，［Case 1］のように，加入日以外に吸収合併するケースと加入日に吸収合併するケースで取扱いは相違しない。

❶ 通算子法人（加入法人／合併法人）の税務上の取扱い

取扱項目		適格の場合	非適格の場合
みなし事業年度		加入に伴う次のみなし事業年度を設定する（法法14③④一・⑧一，64の9⑪，地法72の13⑦⑧一・⑫一）。加入日は，完全支配関係発生日又は加入時期の特例を適用する場合は，月次決算期間の末日の翌日又は会計期間の末日の翌日となる（法法64の9⑪）。 ① 加入直前事業年度：事業年度開始日から加入日の前日までの期間（単体申告） ② 加入事業年度：加入日から通算親法人事業年度終了日までの期間（通算申告）	加入に伴う次のみなし事業年度を設定する（法法14③④一・⑧一，64の9⑪，地法72の13⑦⑧一・⑫一）。加入日は，完全支配関係発生日又は加入時期の特例を適用する場合は，月次決算期間の末日の翌日又は会計期間の末日の翌日となる（法法64の9⑪）。 ① 加入直前事業年度：事業年度開始日から加入日の前日までの期間（単体申告） ② 加入事業年度：加入日から通算親法人事業年度終了日までの期間（通算申告）
加入時の時価評価		●時価評価除外法人に該当する場合，加入直前事業年度において時価評価は不要となる（法法64の12①）。 ●時価評価除外法人に該当しない場合，加入直前事業年度において時価評価は必要となる（法法64の12①）。	●時価評価除外法人に該当する場合，加入直前事業年度において時価評価は不要となる（法法64の12①）。 ●時価評価除外法人に該当しない場合，加入直前事業年度において時価評価は必要となる（法法64の12①）。
加入法人の繰越欠損金の持込制限	法人税	●時価評価除外法人に該当しない場合，加入前の繰越欠損金は全額切り捨てられる（法法57⑥）。 ●時価評価除外法人に該当する場合で，次の要件のいずれも満たさない場合，加入前の繰越欠損金の一部又は全部に持込制限が生じる（法法57⑧，法令112の2③④）。	●時価評価除外法人に該当しない場合，加入前の繰越欠損金は全額切り捨てられる（法法57⑥）。 ●時価評価除外法人に該当する場合で，次の要件のいずれも満たさない場合，加入前の繰越欠損金の一部又は全部に持込制限が生じる（法法57⑧，法令112の2③④）。

		① 支配関係5年継続要件 ② 共同事業性の要件 ③ 新たな事業の未開始要件 ●ただし，含み損益の特例計算の適用がある（法令113①⑫）。 ●持ち込む繰越欠損金は，特定欠損金となる（法法64の7②）。	① 支配関係5年継続要件 ② 共同事業性の要件 ③ 新たな事業の未開始要件 ●ただし，含み損益の特例計算の適用がある（法令113①⑫）。 ●持ち込む繰越欠損金は，特定欠損金となる（法法64の7②）。
	住民税	●加入直前に有している控除対象通算対象所得調整額等は加入しても切り捨てられない。 ●加入により切り捨てられる法人税の繰越欠損金は，控除対象通算適用前欠損調整額となる（地法53③④，321の8③④）。	●加入直前に有している控除対象通算対象所得調整額等は加入しても切り捨てられない。 ●加入により切り捨てられる法人税の繰越欠損金は，控除対象通算適用前欠損調整額となる（地法53③④，321の8③④）。
	事業税	加入により切り捨てられない（地法72の23①②）。	加入により切り捨てられない（地法72の23①②）。
合併法人の繰越欠損金の利用制限	法人税	●合併法人の加入前の繰越欠損金のうち加入により切り捨てられないものについて，合併により次の要件のいずれも満たさない場合，利用制限が生じる（法法57④，法令112③④⑨⑩）。 ① 支配関係5年継続要件 ② みなし共同事業要件 ●ただし，含み損益の特例計算の適用がある（法令113①④）。	合併法人の加入前の繰越欠損金のうち加入により切り捨てられないものについて，合併により利用制限は生じない。
	住民税	合併法人の加入前の繰越欠損金のうち加入により切り捨てられたものについて，控除対象通算適用前欠損調整額が生じるが，合併により利用制限は生じない（地法53③④⑤，321の8③④⑤）。	合併法人の加入前の繰越欠損金のうち加入により切り捨てられたものについて，控除対象通算適用前欠損調整額が生じるが，合併により利用制限は生じない（地法53③④⑤，321の8③④⑤）。
加入に係る特定資産譲渡等損失額の損金算入制限		●時価評価除外法人に該当しない場合，損金算入制限は生じない（法法64の14①）。 ●時価評価除外法人に該当する場合で，次の要件のいずれも満たさない場合，損金算入制限が生じる（法法64の14①，法令131の19①②，131の8①，112の2④）。 ① 支配関係5年継続要件 ② 共同事業性の要件	●時価評価除外法人に該当しない場合，損金算入制限は生じない（法法64の14①）。 ●時価評価除外法人に該当する場合で，次の要件のいずれも満たさない場合，損金算入制限が生じる（法法64の14①，法令131の19①②，131の8①，112の2④）。 ① 支配関係5年継続要件 ② 共同事業性の要件

第1章 最初通算事業年度にM&A・組織再編成・清算が行われる場合のケーススタディ

	③ 新たな事業の未開始要件 ● ただし，含み損益の特例計算の適用がある（法令131の19⑤，123の9①）。	③ 新たな事業の未開始要件 ● ただし，含み損益の特例計算の適用がある（法令131の19⑤，123の9①）。
組織再編に係る特定資産譲渡等損失額の損金算入制限	● 次の要件のいずれも満たさない場合，損金算入制限が生じる（法法62の7①，57④，法令112③⑩，123の8①）。 ① 支配関係5年継続要件 ② みなし共同事業要件 ● ただし，含み損益の特例計算がある（法令123の9①⑦）。 ● 加入に係る特定資産譲渡等損失額の損金算入制限と組織再編に係る特定資産譲渡等損失額の損金算入制限とでは，重複適用を排除する措置がある（法法64の14⑤，62の7⑦）。	損金算入制限は生じない。
加入法人の完全支配関係のある子法人（加入孫法人）の取扱い	加入孫法人についても，通算制度に加入した場合の税務上の取扱いが適用される。	加入孫法人についても，通算制度に加入した場合の税務上の取扱いが適用される。

❷ 通算親法人の税務上の取扱い

取扱項目	適格の場合	非適格の場合
加入時の離脱見込み法人株式の時価評価	● 加入法人が時価評価除外法人に該当する場合は，株式保有法人において離脱見込み法人株式の時価評価は適用されない（法法64の12②）。 ● 加入法人が時価評価対象法人かつ離脱見込み法人に該当する場合は，株式保有法人において加入日の前日の属する事業年度に離脱見込み法人株式の時価評価が行われる（法法64の12②，法令131の16③⑤）。	● 加入法人が時価評価除外法人に該当する場合は，株式保有法人において離脱見込み法人株式の時価評価は適用されない（法法64の12②）。 ● 加入法人が時価評価対象法人かつ離脱見込み法人に該当する場合は，株式保有法人において加入日の前日の属する事業年度に離脱見込み法人株式の時価評価が行われる（法法64の12②，法令131の16③⑤）。

[Case 8] 通算子法人が通算外法人を吸収合併するケース（合併対価が通算親法人株式の場合）

第2部第3章の［Case 8］と同じ取扱いとなる。また，通算制度加入に係る取扱いは，［Case

643

第4部　グループ通算制度の特殊な状況下でのケーススタディ

7］と同じとなる。

[Case 9]　通算子法人が非通算法人を吸収合併するケース（合併対価が現金の場合）

　第2部第3章の［Case 9］と同じ取扱いとなる。また，通算制度加入に係る取扱いは，［Case 7］と同じとなる。

[Case 10]　通算子法人が通算外法人を吸収合併するケース（合併対価が現金の場合）

　第2部第3章の［Case 10］と同じ取扱いとなる。また，通算制度加入に係る取扱いは，［Case 7］と同じとなる。

[Case 11]　通算子法人が非通算法人を吸収合併するケース（合併対価が合併法人株式の場合）

　通算子法人が最初通算事業年度に非通算法人を吸収合併するケース（合併対価が合併法人株式の場合）については，合併日を離脱日として，「第1節　通算子法人が短期間に加入・離脱する場合の取扱い」（［パターン2］［パターン3］［パターン5］）が適用される。

　それ以外については，第2部第3章の［Case 11］の取扱いと同じとなる。

[Case 12]　通算子法人が通算外法人を吸収合併するケース（合併対価が合併法人株式の場合）

　通算子法人が最初通算事業年度に通算外法人を吸収合併するケース（合併対価が合併法人株式の場合）については，合併日を離脱日として，「第1節　通算子法人が短期間に加入・離脱する場合の取扱い」（［パターン2］［パターン3］［パターン5］）が適用される。

　それ以外については，第2部第3章の［Case 12］の取扱いと同じとなる。

[Case 13]　通算子法人が株式の3分の2以上を保有する非通算法人を吸収合併するケース（合併対価が現金の場合）

　第2部第3章の［Case 13］と同じ取扱いとなる。なお，通算制度加入に係る取扱いは，［Case 7］と同じとなる。

[Case 14]　通算子法人が50％超の株式を保有する非通算法人を吸収合併するケース（合併対価が合併法人株式の場合）

　通算子法人が最初通算事業年度に50％超の株式を保有する非通算法人を吸収合併するケース（合併対価が合併法人株式の場合）については，［Case 11］と同じ取扱いが生じることとなる。

644

第1章　最初通算事業年度にM&A・組織再編成・清算が行われる場合のケーススタディ

それ以外については，第2部第3章の［Case 14］と同じ取扱いとなる。

［Case 17］　非通算法人が通算子法人を吸収合併するケース（合併対価が合併法人株式の場合）

通算子法人が最初通算事業年度に被合併法人として非通算法人に吸収合併されるケース（合併対価が合併法人株式の場合）については，以下の取扱いが生じることとなる。

それ以外は，第2部第3章の［Case 17］と同じ取扱いとなる。

また，通算開始時の通算子法人が最初通算親法人事業年度に被合併法人として非通算法人に吸収合併されるケースについても同じ取扱いとなる。

なお，完全支配関係を有することとなった法人が特例決算期間の中途に合併により解散した場合，特例決算期間の末日まで完全支配関係が継続しないことから，その通算子法人となる法人には，通算承認の効力は生じない（第3部Q&A3参照）。

⑴　加入日以外に吸収合併されるケース

このケースでは，第2部第3章の［Case 17］の取扱いのうち，次に掲げるものは以下の取扱いとなる。

❶　通算子法人（加入法人／被合併法人）の税務上の取扱い

取扱項目	適格の場合	非適格の場合
みなし事業年度	加入と合併に伴う次のみなし事業年度を設定する（法法14③④⑦⑧一，64の5①③，64の7①，64の9⑪，64の10⑥五，地法72の13⑦⑧⑫）。加入日は，完全支配関係発生日又は加入時期の特例を適用する場合は，特例決算期間の末日の翌日となる（法法64の9⑪）。 ①　加入直前事業年度：事業年度開始日から加入日の前日までの期間（単体申告） ②　最終事業年度（加入事業年度）：加入日から合併日の前日までの期間（通算法人の単体申告）	加入と合併に伴う次のみなし事業年度を設定する（法法14③④⑦⑧一，64の5①③，64の7①，64の9⑪，64の10⑥五，地法72の13⑦⑧⑫）。加入日は，完全支配関係発生日又は加入時期の特例を適用する場合は，特例決算期間の末日の翌日となる（法法64の9⑪）。 ①　加入直前事業年度：事業年度開始日から加入日の前日までの期間（単体申告） ②　最終事業年度（加入事業年度）：加入日から合併日の前日までの期間（通算法人の単体申告）
加入時の時価評価	●時価評価除外法人に該当する場合，加入直前事業年度において時価評価は不要となる（法法64	●時価評価除外法人に該当する場合，加入直前事業年度において時価評価は不要となる（法法64

645

第4部　グループ通算制度の特殊な状況下でのケーススタディ

	の12①）。	の12①）。
	●時価評価除外法人に該当しない場合，加入直前事業年度において時価評価は必要となる（法法64の12①）。ただし，加入日以後2か月以内に完全支配関係を有しなくなる場合，時価評価資産からの除外規定が適用される（法令131の16①六）。	●時価評価除外法人に該当しない場合，加入直前事業年度において時価評価は必要となる（法法64の12①）。ただし，加入日以後2か月以内に完全支配関係を有しなくなる場合，時価評価資産からの除外規定が適用される（法令131の16①六）。
加入法人の繰越欠損金の持込制限	●最初通算事業年度終了日以前に通算完全支配関係を有しなくなるため，時価評価対象法人又は時価評価除外法人のいずれであっても加入前の繰越欠損金は切り捨てられない（法法57⑥⑧）。 ●加入前の繰越欠損金が切り捨てられないため，控除対象通算適用前欠損調整額は生じない（地法53③④，321の8③④）。	●最初通算事業年度終了日以前に通算完全支配関係を有しなくなるため，時価評価対象法人又は時価評価除外法人のいずれであっても加入前の繰越欠損金は切り捨てられない（法法57⑥⑧）。 ●加入前の繰越欠損金が切り捨てられないため，控除対象通算適用前欠損調整額は生じない（地法53③④，321の8③④）。
加入に係る特定資産譲渡等損失額の損金算入制限	最初通算事業年度終了日以前に通算完全支配関係を有しなくなるため，時価評価対象法人又は時価評価除外法人のいずれであっても損金算入制限は生じない（法法64の14①）。	最初通算事業年度終了日以前に通算完全支配関係を有しなくなるため，時価評価対象法人又は時価評価除外法人のいずれであっても損金算入制限は生じない（法法64の14①）。
加入法人の完全支配関係のある子法人（加入孫法人）の取扱い	加入孫法人についても，通算制度に加入した場合の税務上の取扱いが適用される。	加入孫法人についても，通算制度に加入した場合の税務上の取扱いが適用される。
離脱時の時価評価	●合併法人で被合併法人の主要な事業が継続することが見込まれていない場合（含み益の合計額≧含み損の合計額である場合を除く），最終事業年度において，一定の資産について時価評価を行う（法法64の13①，法令131の17②）。 ●なお，加入日以後2か月以内に通算完全支配関係を有しなくなるものは，離脱時の時価評価の対象外となる初年度離脱通算子法人に該当する（法法64の13①，法令24の3，131の17①）。	●非適格合併であるため，主要な事業が継続することが見込まれていない場合に該当する。そのため，含み益の合計額≧含み損の合計額である場合を除いて，最終事業年度において，一定の資産について時価評価を行う（法法64の13①，法令131の17②）。ただし，結局のところ，非適格合併による時価譲渡が行われるため，その影響は生じない。 ●なお，加入日以後2か月以内に通算完全支配関係を有しなくなるものは，離脱時の時価評価の

646

第1章　最初通算事業年度にM&A・組織再編成・清算が行われる場合のケーススタディ

取扱項目	適格の場合	非適格の場合
		対象外となる初年度離脱通算法人に該当する（法法64の13①，法令24の3，131の17①）。
他の通算子法人株式の投資簿価修正	●被合併法人が他の通算子法人株式を有する場合，当該他の通算子法人株式について投資簿価修正が行われる（法令119の3⑤⑥⑦）。 ●なお，加入日以後2か月以内に通算完全支配関係を有しなくなるものは，投資簿価修正の対象外となる初年度離脱通算子法人に該当する（法令24の3，119の3⑤）。	●被合併法人が他の通算子法人株式を有する場合，当該他の通算子法人株式について投資簿価修正が行われる（法令119の3⑤⑥⑦）。 ●なお，加入日以後2か月以内に通算完全支配関係を有しなくなるものは，投資簿価修正の対象外となる初年度離脱通算子法人に該当する（法令24の3，119の3⑤）。

❷　通算親法人の税務上の取扱い

取扱項目	適格の場合	非適格の場合
加入時の離脱見込み法人株式の時価評価	●加入法人が時価評価除外法人に該当する場合は，株式保有法人において離脱見込み法人株式の時価評価は適用されない（法法64の12②）。 ●加入法人が時価評価対象法人かつ離脱見込み法人に該当する場合は，株式保有法人において加入日の前日の属する事業年度に離脱見込み法人株式の時価評価が行われる（法法64の12②，法令131の16③⑤）。ただし，加入法人が加入日以後2か月以内に完全支配関係を有しなくなる場合，加入法人は，離脱見込み法人株式の時価評価の対象外となる初年度離脱加入子法人に該当する（法法64の12②，法令131の16①六・⑥）。	●加入法人が時価評価除外法人に該当する場合は，株式保有法人において離脱見込み法人株式の時価評価は適用されない（法法64の12②）。 ●加入法人が時価評価対象法人かつ離脱見込み法人に該当する場合は，株式保有法人において加入日の前日の属する事業年度に離脱見込み法人株式の時価評価が行われる（法法64の12②，法令131の16③⑤）。ただし，加入法人が加入日以後2か月以内に完全支配関係を有しなくなる場合，加入法人は，離脱見込み法人株式の時価評価の対象外となる初年度離脱加入子法人に該当する（法法64の12②，法令131の16①六・⑥）。
通算子法人株式の投資簿価修正	●被合併法人株式について投資簿価修正が適用される（加算措置を含む。法令119の3⑤⑥⑦）。 ●なお，加入日以後2か月以内に通算完全支配関係を有しなくなるものは，投資簿価修正の対象	●被合併法人株式について投資簿価修正が適用される（加算措置を含む。法令119の3⑤⑥⑦） ●なお，加入日以後2か月以内に通算完全支配関係を有しなくなるものは，投資簿価修正の対象

647

第4部　グループ通算制度の特殊な状況下でのケーススタディ

	外となる初年度離脱通算子法人に該当する（法令24の3，119の3⑤）。	外となる初年度離脱通算子法人に該当する（法令24の3，119の3⑤）。

(2)　加入日に吸収合併されるケース

　これは，通算制度加入直後に合併するケースであり，具体的には，合併日が完全支配関係発生日又は特例決算期間の末日の翌日である場合となる。

　この場合，通算子法人（被合併法人）は，いったん通算制度に加入し，その直後に合併することになるため，第2部第3章の［Case 17］の取扱いのうち，次に掲げるものは以下の取扱いとなる。

❶　通算子法人（加入法人／被合併法人）の税務上の取扱い

取扱項目	適格の場合	非適格の場合
みなし事業年度	加入法人（被合併法人）の最終事業年度（加入直前事業年度）は，事業年度開始日から加入日（合併日）の前日までの期間となり，単体申告を行う（法法14①二・④⑧一，64の10⑥五，地法72の13⑤二・⑧⑫）。	加入法人（被合併法人）の最終事業年度（加入直前事業年度）は，事業年度開始日から加入日（合併日）の前日までの期間となり，単体申告を行う（法法14①二・④⑧一，64の10⑥五，地法72の13⑤二・⑧⑫）。
加入時の時価評価	●時価評価除外法人に該当する場合，加入直前事業年度において時価評価は不要となる（法法64の12①）。 ●時価評価除外法人に該当しない場合でも，加入日以後2か月以内に完全支配関係を有しなくなるため，時価評価資産からの除外規定が適用される（法令131の16①六）。	●時価評価除外法人に該当する場合，加入直前事業年度において時価評価は不要となる（法法64の12①）。 ●時価評価除外法人に該当しない場合でも，加入日以後2か月以内に完全支配関係を有しなくなるため，時価評価資産からの除外規定が適用される（法令131の16①六）。
加入法人の繰越欠損金の持込制限	●最初通算事業年度終了日以前に通算完全支配関係を有しなくなるため，時価評価対象法人又は時価評価除外法人のいずれであっても加入前の繰越欠損金は切り捨てられない（法法57⑥⑧）。 ●加入前の繰越欠損金が切り捨てられないため，控除対象通算適	●最初通算事業年度終了日以前に通算完全支配関係を有しなくなるため，時価評価対象法人又は時価評価除外法人のいずれであっても加入前の繰越欠損金は切り捨てられない（法法57⑥⑧）。 ●加入前の繰越欠損金が切り捨てられないため，控除対象通算適

648

	用前欠損調整額は生じない（地法53③④，321の8③④）。	用前欠損調整額は生じない（地法53③④，321の8③④）。
加入法人の完全支配関係のある子法人（加入孫法人）の取扱い	加入孫法人についても，通算制度に加入した場合の税務上の取扱いが適用される。	加入孫法人についても，通算制度に加入した場合の税務上の取扱いが適用される。
離脱時の時価評価	加入日以後2か月以内に通算完全支配関係を有しなくなるため，離脱時の時価評価の対象外となる初年度離脱通算子法人に該当する（法法64の13①，法令24の3，131の17①）。	加入日以後2か月以内に通算完全支配関係を有しなくなるため，離脱時の時価評価の対象外となる初年度離脱通算子法人に該当する（法法64の13①，法令24の3，131の17①）。
他の通算子法人株式の投資簿価修正	加入日以後2か月以内に通算完全支配関係を有しなくなるため，投資簿価修正の対象外となる初年度離脱通算子法人に該当する（法令24の3，119の3⑤）。	加入日以後2か月以内に通算完全支配関係を有しなくなるため，投資簿価修正の対象外となる初年度離脱通算子法人に該当する（法令24の3，119の3⑤）。

❷　通算親法人の税務上の取扱い

取扱項目	適格の場合	非適格の場合
加入時の離脱見込み法人株式の時価評価	● 加入法人が時価評価除外法人に該当する場合は，株式保有法人において離脱見込み法人株式の時価評価は適用されない（法法64の12②）。 ● 加入法人が時価評価対象法人かつ離脱見込み法人に該当する場合でも，加入法人が加入日以後2か月以内に完全支配関係を有しなくなるため，株式保有法人において加入日の前日の属する事業年度に離脱見込み法人株式の時価評価は行われない（法法64の12②，法令131の16①六・③⑤⑥）。	● 加入法人が時価評価除外法人に該当する場合は，株式保有法人において離脱見込み法人株式の時価評価は適用されない（法法64の12②）。 ● 加入法人が時価評価対象法人かつ離脱見込み法人に該当する場合でも，加入法人が加入日以後2か月以内に完全支配関係を有しなくなるため，株式保有法人において加入日の前日の属する事業年度に離脱見込み法人株式の時価評価は行われない（法法64の12②，法令131の16①六・③⑤⑥）。
通算子法人株式の投資簿価修正	被合併法人は，加入日以後2か月以内に通算完全支配関係を有しなくなるため，投資簿価修正の対象外となる初年度離脱通算子法人に該当する（法令24の3，119の3⑤）。	被合併法人は，加入日以後2か月以内に通算完全支配関係を有しなくなるため，投資簿価修正の対象外となる初年度離脱通算子法人に該当する（法令24の3，119の3⑤）。

第4部　グループ通算制度の特殊な状況下でのケーススタディ

[Case 18]　非通算法人が通算子法人を吸収合併するケース（合併対価が現金の場合）

　通算子法人が最初通算事業年度に被合併法人として非通算法人に吸収合併されるケース（合併対価が現金の場合）については，[Case 17] の非適格合併の場合と同じ取扱いが生じることとなる。それ以外は第2部第3章の [Case 18] と同じ取扱いとなる。

第4節　通算法人が最初通算事業年度に分割を行う場合の取扱い

　第2部第4章のケースについて，通算法人が最初通算事業年度に分割を行った場合の取扱いは次のとおりである。

　第2部第4章のケースのうち，下記で取り上げたケース以外は，通算親法人及び通算子法人に，通常の通算制度の開始時又は加入時の取扱いが適用された後に，第2部第4章で解説した取扱いが適用される。

　なお，第2部第4章の各ケースの（前提条件）に記載のとおり，分割承継法人（開始・加入時に時価評価除外法人に該当し，支配関係5年継続要件及び共同事業性の要件を満たさないものに限る）において，分割による分割事業の引継ぎが新たな事業の未開始要件に抵触しないものとする。

　また，[ケース] の番号は，第2部第4章の [ケース] の番号に対応している。

[Case 8]　非通算法人が通算子法人に分社型分割又は分割型分割を行うケース（分割対価が分割承継法人株式の場合）

　最初通算事業年度に通算子法人が非通算法人から分割されるケース（分割対価が分割承継法人株式の場合）については，分割日を離脱日として，「第1節　通算子法人が短期間に加入・離脱する場合の取扱い」（[パターン2] [パターン3] [パターン5]）の取扱いが適用される。

　それ以外については，第2部第4章の [Case 8] の取扱いと同じとなる。

[Case 9]　通算外法人が通算子法人に分社型分割又は分割型分割を行うケース（分割対価が分割承継法人株式の場合）

　最初通算事業年度に通算子法人が通算外法人から分割されるケース（分割対価が分割承継法人株式の場合）については，分割日を離脱日として，「第1節　通算子法人が短期間に加入・離脱する場合の取扱い」（[パターン2] [パターン3] [パターン5]）の取扱いが適用される。

　それ以外については，第2部第4章の [Case 9] の取扱いと同じとなる。

第1章　最初通算事業年度にM&A・組織再編成・清算が行われる場合のケーススタディ

［Case 10］　非通算法人が通算子法人に分社型分割又は分割型分割を行うケース（分割対価が通算親法人株式の場合）

　最初通算事業年度に通算子法人が非通算法人から分割されるケースについては，以下の取扱いが生じることとなる。

　それ以外は，第2部第4章の［Case 10］と同じ取扱いとなる。

　なお，通算開始時の通算子法人が最初通算親法人事業年度に非通算法人を分割法人として分割するケースについても同じ取扱いとなる。

❶　通算子法人（加入法人／分割承継法人）の税務上の取扱い

取扱項目		適格の場合	非適格の場合
みなし事業年度		加入に伴う次のみなし事業年度を設定する（法法14③④一・⑧一，64の9⑪，地法72の13⑦⑧一・⑫一）。加入日は，完全支配関係発生日又は加入時期の特例を適用する場合は，月次決算期間の末日の翌日又は会計期間の末日の翌日となる（法法64の9⑪）。 ①　加入直前事業年度：事業年度開始日から加入日の前日までの期間（単体申告） ②　加入事業年度：加入日から通算親法人事業年度終了日までの期間（通算申告）	加入に伴う次のみなし事業年度を設定する（法法14③④一・⑧一，64の9⑪，地法72の13⑦⑧一・⑫一）。加入日は，完全支配関係発生日又は加入時期の特例を適用する場合は，月次決算期間の末日の翌日又は会計期間の末日の翌日となる（法法64の9⑪）。 ①　加入直前事業年度：事業年度開始日から加入日の前日までの期間（単体申告） ②　加入事業年度：加入日から通算親法人事業年度終了日までの期間（通算申告）
加入時の時価評価		●時価評価除外法人に該当する場合，加入直前事業年度において時価評価は不要となる（法法64の12①）。 ●時価評価除外法人に該当しない場合，加入直前事業年度において時価評価は必要となる（法法64の12①）。	●時価評価除外法人に該当する場合，加入直前事業年度において時価評価は不要となる（法法64の12①）。 ●時価評価除外法人に該当しない場合，加入直前事業年度において時価評価は必要となる（法法64の12①）。
加入法人の繰越欠損金の持込制限	法人税	●時価評価除外法人に該当しない場合，加入前の繰越欠損金は全額切り捨てられる（法法57⑥）。 ●時価評価除外法人に該当する場合で，次の要件のいずれも満たさない場合，加入前の繰越欠損金の一部又は全部に持込制限が生じる（法法57⑧，法令112の2③④）。	●時価評価除外法人に該当しない場合，加入前の繰越欠損金は全額切り捨てられる（法法57⑥）。 ●時価評価除外法人に該当する場合で，次の要件のいずれも満たさない場合，加入前の繰越欠損金の一部又は全部に持込制限が生じる（法法57⑧，法令112の2③④）。

651

		① 支配関係5年継続要件 ② 共同事業性の要件 ③ 新たな事業の未開始要件 ●ただし，含み損益の特例計算の適用がある（法令113①⑫）。 ●持ち込む繰越欠損金は，特定欠損金となる（法法64の7②）。	① 支配関係5年継続要件 ② 共同事業性の要件 ③ 新たな事業の未開始要件 ●ただし，含み損益の特例計算の適用がある（法令113①⑫）。 ●持ち込む繰越欠損金は，特定欠損金となる（法法64の7②）。
	住民税	●加入直前に有している控除対象通算対象所得調整額等は加入しても切り捨てられない。 ●加入により切り捨てられる法人税の繰越欠損金は，控除対象通算適用前欠損調整額となる（地法53③④，321の8③④）。	●加入直前に有している控除対象通算対象所得調整額等は加入しても切り捨てられない。 ●加入により切り捨てられる法人税の繰越欠損金は，控除対象通算適用前欠損調整額となる（地法53③④，321の8③④）。
	事業税	加入により切り捨てられない（地法72の23①②）。	加入により切り捨てられない（地法72の23①②）。
分割承継法人の繰越欠損金の利用制限	法人税	●分割承継法人の加入前の繰越欠損金のうち加入により切り捨てられないものについて，分割により次の要件のいずれも満たさない場合，利用制限が生じる（法法57④，法令112③④⑨⑩）。 ① 支配関係5年継続要件 ② みなし共同事業要件 ●ただし，含み損益の特例計算の適用がある（法令113①④）。	分割承継法人の加入前の繰越欠損金のうち加入により切り捨てられないものについて，分割により利用制限は生じない。
	住民税	分割承継法人の加入前の繰越欠損金のうち加入により切り捨てられたものについて，控除対象通算適用前欠損調整額が生じるが，分割により利用制限は生じない（地法53③④⑤，321の8③④⑤）。	分割承継法人の加入前の繰越欠損金のうち加入により切り捨てられたものについて，控除対象通算適用前欠損調整額が生じるが，分割により利用制限は生じない（地法53③④⑤，321の8③④⑤）。
加入に係る特定資産譲渡等損失額の損金算入制限		●時価評価除外法人に該当しない場合，損金算入制限は生じない（法法64の14①）。 ●時価評価除外法人に該当する場合で，次の要件のいずれも満たさない場合，損金算入制限が生じる（法法64の14①，法令131の19①②，131の8①，112の2④）。 ① 支配関係5年継続要件 ② 共同事業性の要件	●時価評価除外法人に該当しない場合，損金算入制限は生じない（法法64の14①）。 ●時価評価除外法人に該当する場合で，次の要件のいずれも満たさない場合，損金算入制限が生じる（法法64の14①，法令131の19①②，131の8①，112の2④）。 ① 支配関係5年継続要件 ② 共同事業性の要件

	適格の場合	非適格の場合
	③ 新たな事業の未開始要件 ● ただし，含み損益の特例計算の適用がある（法令131の19⑤，123の9①）。	③ 新たな事業の未開始要件 ● ただし，含み損益の特例計算の適用がある（法令131の19⑤，123の9①）。
組織再編に係る特定資産譲渡等損失額の損金算入制限	●次の要件のいずれも満たさない場合，損金算入制限が生じる（法法62の7①，57④，法令112③⑩，123の8①）。 ① 支配関係5年継続要件 ② みなし共同事業要件 ●ただし，含み損益の特例計算がある（法令123の9①⑦）。 ●加入に係る特定資産譲渡等損失額の損金算入制限と組織再編に係る特定資産譲渡等損失額の損金算入制限とでは，重複適用を排除する措置がある（法法64の14⑤，62の7⑦）。	損金算入制限は生じない。
加入法人の完全支配関係のある子法人（加入孫法人）の取扱い	加入孫法人についても，通算制度に加入した場合の税務上の取扱いが適用される。	加入孫法人についても，通算制度に加入した場合の税務上の取扱いが適用される。

❷ 通算親法人（株式保有法人）の税務上の取扱い

取扱項目	適格の場合	非適格の場合
加入時の離脱見込み法人株式の時価評価	●加入法人が時価評価除外法人に該当する場合は，株式保有法人において離脱見込み法人株式の時価評価は適用されない（法法64の12②）。 ●加入法人が時価評価対象法人かつ離脱見込み法人に該当する場合は，株式保有法人において加入日の前日の属する事業年度に離脱見込み法人株式の時価評価が行われる（法法64の12②，法令131の16③⑤）。	●加入法人が時価評価除外法人に該当する場合は，株式保有法人において離脱見込み法人株式の時価評価は適用されない（法法64の12②）。 ●加入法人が時価評価対象法人かつ離脱見込み法人に該当する場合は，株式保有法人において加入日の前日の属する事業年度に離脱見込み法人株式の時価評価が行われる（法法64の12②，法令131の16③⑤）。

[Case 11] 通算外法人が通算子法人に分社型分割又は分割型分割を行うケース（分割対価が通算親法人株式の場合）

第2部第4章の［Case 11］と同じ取扱いとなる。また，通算制度加入に係る取扱いは，［Case

第4部　グループ通算制度の特殊な状況下でのケーススタディ

10］と同じとなる。

第5節　通算法人が最初通算事業年度に事業譲渡を行う場合の取扱い

　第2部第5章のケースについて，通算法人が最初通算事業年度に事業譲渡を行った場合の取扱いは，通算親法人及び通算子法人に，通常の通算制度の開始時又は加入時の取扱いが適用された後に，第2部第5章で解説した取扱いが適用される。

　なお，第2部第5章の各ケースの（前提条件）に記載のとおり，事業譲受法人（開始・加入時に時価評価除外法人に該当し，支配関係5年継続要件及び共同事業性の要件を満たさないものに限る）において，事業譲渡による譲渡事業の引継ぎが新たな事業の未開始要件に抵触しないものとする。

第6節　通算法人が最初通算事業年度に現物出資を行う場合の取扱い

　第2部第6章のケースについて，通算法人が最初通算事業年度に現物出資を行った場合の取扱いは次のとおりである。

　第2部第6章のケースのうち，下記で取り上げたケース以外は，通算親法人及び通算子法人に，通常の通算制度の開始時又は加入時の取扱いが適用された後に，第2部第6章で解説した取扱いが適用される。

　なお，第2部第6章の各ケースの（前提条件）に記載のとおり，被現物出資法人（開始・加入時に時価評価除外法人に該当し，支配関係5年継続要件及び共同事業性の要件を満たさないものに限る）において，現物出資による現物出資事業の引継ぎが新たな事業の未開始要件に抵触しないものとする。

　また，［ケース］の番号は，第2部第6章の［ケース］の番号に対応している。

[Case 8]　非通算法人が通算子法人に現物出資を行うケース

　最初通算事業年度に通算子法人が非通算法人から現物出資されるケースについては，現物出資日を離脱日として，「第1節　通算子法人が短期間に加入・離脱する場合の取扱い」（［パターン2］［パターン3］［パターン5］）の取扱いが適用される。

　それ以外については，第2部第6章の［Case 8］の取扱いと同じとなる。

[Case 9]　通算外法人が通算子法人に現物出資を行うケース

　最初通算事業年度に通算子法人が通算外法人から現物出資されるケースについては，現物出資日を離脱日として，「第1節　通算子法人が短期間に加入・離脱する場合の取扱い」（［パターン2］［パターン3］［パターン5］）の取扱いが適用される。

それ以外については，第2部第6章の［Case 9］の取扱いと同じとなる。

第7節　通算法人が最初通算事業年度に現物分配を行う場合の取扱い

第2部第7章のケースについて，通算法人が最初通算事業年度に現物分配を行った場合の取扱いは次のとおりである。

第2部第7章のケースのうち，下記で取り上げたケース以外は，通算親法人及び通算子法人に，通常の通算制度の開始時又は加入時の取扱いが適用された後に，第2部第7章で解説した取扱いが適用される。

また，［ケース］の番号は，第2部第7章の［ケース］の番号に対応している。

[Case 3]　通算親法人が通算子法人株式を株式分配（スピンオフ）するケース

通算親法人が最初通算親法人事業年度に株式分配をする場合については，通常の通算制度開始時の取扱いが適用された後，現物分配について，第2部第7章の［Case 3］と同じ取扱いとなる。

また，通算子法人株式が株式分配されることで，最初通算事業年度にその通算子法人が離脱する場合は，株式分配日を離脱日として，「第1節　通算子法人が短期間に加入・離脱する場合の取扱い」（［パターン2］［パターン3］［パターン5］）の取扱いが適用される。

それ以外については，第2部第7章の［Case 3］の取扱いと同じとなる。

第8節　通算法人が最初通算事業年度に株式交換等を行う場合の取扱い

第2部第8章のケースについて，通算法人が最初通算事業年度に株式交換等を行った場合の取扱いは次のとおりである。

第2部第8章のケースのうち，下記で取り上げたケース以外は，通算親法人及び通算子法人に，通常の通算制度の開始時又は加入時の取扱いが適用された後に，第2部第8章で解説した取扱いが適用される。

また，［ケース］の番号は，第2部第8章の［ケース］の番号に対応している。

[Case 4]　通算子法人が非通算法人と株式交換を行うケース（交換対価が株式交換完全親法人株式の場合）

最初通算事業年度に通算子法人を株式交換完全親法人，非通算法人を株式交換完全子法人として株式交換を行うケース（交換対価が株式交換完全親法人株式の場合）については，株式交換日を離脱日として，「第1節　通算子法人が短期間に加入・離脱する場合の取扱い」（［パターン2］［パターン3］［パターン5］）の取扱いが適用される。

第4部　グループ通算制度の特殊な状況下でのケーススタディ

それ以外については，第2部第8章の［Case 4］の取扱いと同じとなる。

［Case 5］　通算子法人が通算外法人と株式交換を行うケース（交換対価が株式交換完全親法人株式の場合）

最初通算事業年度に通算子法人を株式交換完全親法人，通算外法人を株式交換完全子法人として株式交換を行うケース（交換対価が株式交換完全親法人株式の場合）については，株式交換日を離脱日として，「第1節　通算子法人が短期間に加入・離脱する場合の取扱い」（［パターン2］［パターン3］［パターン5］）の取扱いが適用される。

それ以外については，第2部第8章の［Case 5］の取扱いと同じとなる。

第9節　通算法人が最初通算事業年度に残余財産が確定する場合の取扱い

第9節では，通算子法人が最初通算事業年度に残余財産が確定した場合の取扱いを解説したい。

ここで，最初通算事業年度に残余財産が確定する場合とは，残余財産の確定日が最初通算事業年度終了日以前となる場合を意味している。

この場合，清算中の法人を通算子法人に加入させることは稀であると考えられるため，実務上，最初通算事業年度に残余財産が確定する場合とは，以下のケースになる。

① 清算予定の100％未満の子法人について，100％子法人（通算子法人）にしてから清算を開始する場合

② 新たに通算子法人が加入し，その100％子法人（通算孫法人）も加入した場合で，その通算孫法人が加入後に清算する場合

③ 新たに通算子法人が加入し，その100％子法人（通算孫法人）も加入した場合で，その通算孫法人が加入前から清算手続を行っている場合

④ 通算制度開始後に通算子法人を清算する場合

[図表] 通算制度加入後に通算子法人の残余財産が確定する場合

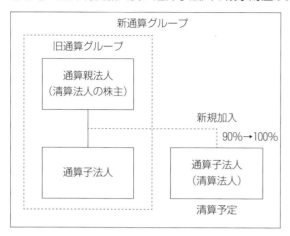

[図表] 通算制度加入後に通算孫法人の残余財産が確定する場合

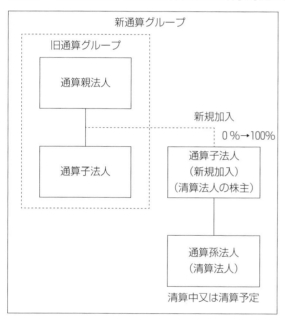

［図表］ 通算制度開始後に通算子法人の残余財産が確定する場合

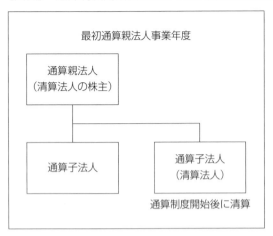

［ケース１］ 加入日以外に残余財産が確定するケース

　加入日以外に残余財産が確定するケースとは，加入日の翌日以後に通算子法人の残余財産が確定する場合（通算親法人事業年度終了日に残余財産が確定する場合を含む）とする。

　この場合の税務上の取扱いは，以下のとおりとなる。

　なお，清算予定の通算子法人については，通常，完全支配関係継続要件を満たさないため，時価評価除外法人に該当しない（法法64の12①三・四，法令131の16③。時価評価対象法人に該当する）。

［図表］ 加入日以外に残余財産が確定するケース

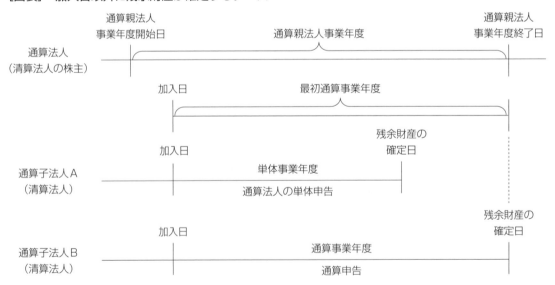

そのため，下記の取扱いについて，基本的には，時価評価除外法人に該当しない場合の取扱いが適用されることとなる。

　ただし，完全支配関係発生時点では清算することが見込まれていなかったが，完全支配関係発生後に清算することが計画されることもあり得るため，下記では，時価評価除外法人に該当する場合の取扱いも示すことにしている。

　また，完全支配関係を有することとなった法人が特例決算期間の中途に残余財産が確定する場合については，第4部第4章で解説している。

❶　通算子法人（残余財産確定法人）の税務上の取扱い

取扱項目		取扱い
みなし事業年度		通算制度加入と残余財産の確定に伴う次のみなし事業年度を設定する（法法14③④⑦⑧一，64の5①③，64の7①，64の10⑥五，地法72の13⑦⑧⑪⑫一）。加入日は，完全支配関係発生日又は加入時期の特例を適用する場合は，特例決算期間の末日の翌日となる（法法64の9⑪）。 ①　加入直前事業年度：事業年度開始日から加入日の前日までの期間（単体申告） ②　最終事業年度（加入事業年度）：加入日から残余財産の確定日までの期間（通算法人の単体申告。ただし，残余財産の確定日が通算親法人事業年度終了日である場合は通算申告）
加入時の時価評価		●時価評価除外法人に該当する場合，加入直前事業年度において時価評価は不要となる（法法64の12①）。 ●時価評価除外法人に該当しない場合，加入直前事業年度において時価評価は必要となる（法法64の12①）。なお，加入日以後2か月以内に完全支配関係を有しなくなる場合でも，残余財産の確定により完全支配関係を有しなくなる場合は，時価評価資産からの除外規定は適用されない（法令131の16①六）。 ●加入法人が清算予定である場合は，通常，時価評価対象法人に該当する。
加入法人の繰越欠損金の持込制限	法人税	●時価評価除外法人に該当しない場合，最終事業年度（期首）において加入前の繰越欠損金は全額切り捨てられる（法法57⑥）。 ●時価評価除外法人に該当する場合，次の要件のいずれも満たさない場合，持込制限が生じる（法法57⑧，法令112の2③④）。 ①　支配関係5年継続要件 ②　共同事業性の要件 ③　新たな事業の未開始要件 ●ただし，含み損益の特例計算の適用がある（法令113①⑫）。 ●持込制限が生じる場合，最終事業年度（期首）において加入前の繰越欠損金の一部又は全部が切り捨てられる（法法57⑧）。

第4部　グループ通算制度の特殊な状況下でのケーススタディ

		●加入法人が最初通算事業年度終了日までに通算グループ外に離脱したときは，持込制限は生じないが，その加入法人の残余財産が確定したことに基因して通算承認の効力を失った場合は持込制限の対象となる（法法57⑥⑧）。
	住民税	残余財産確定法人の加入前の繰越欠損金が最終事業年度（加入日の属する事業年度）に切り捨てられる場合，最終事業年度（期首）において控除対象通算適用前欠損調整額が生じる（地法53③④，321の8③④）。
	事業税	切り捨てられない（地法72の23①②）。
加入に係る特定資産譲渡等損失額の損金算入制限		●時価評価除外法人に該当しない場合，最終事業年度において加入に係る特定資産譲渡等損失額の損金算入制限は課されない（法法64の14①）。 ●時価評価除外法人に該当する場合，次の要件のいずれも満たさない場合，最終事業年度において損金算入制限が生じる（法法64の14①，法令131の19①②，131の8①，112の2④）。 　①　支配関係5年継続要件 　②　共同事業性の要件 　③　新たな事業の未開始要件 ●ただし，含み損益の特例計算の適用がある（法令131の19⑤，123の9①）。 ●加入法人が最初通算事業年度終了日までに通算グループ外に離脱したときは，損金算入制限は生じないが，その加入法人の残余財産が確定したことに基因して通算承認の効力を失った場合は損金算入制限の対象となる（法法64の14①）。
特例欠損金の損金算入の取扱い		●解散した場合又は特別清算開始の命令があった場合の特例欠損金の損金算入規定が適用できる（法法59③④，法令117の3，117の4，117の5）。 ●事業税の所得割及び付加価値割の計算においても特例欠損金の損金算入規定が適用できる（法法72の18①②，72の23①②，地令20の3）。
清算法人の欠損金の繰戻還付の適用		●通算子法人が解散する場合，解散等した場合の欠損金の繰戻還付の適用事由には該当しないため，その通算子法人が中小法人等に該当し，通常の欠損金の繰戻還付が適用されない限り，その通算子法人で解散日前1年以内に終了したいずれかの事業年度又は解散事業年度（解散日の属する事業年度）において生じた欠損金額について，欠損金の繰戻還付は適用されない（法法80①④）。 ●通算子法人の清算中に終了する事業年度（清算事業年度及び残余財産確定事業年度）が通算親法人事業年度終了日に終了するものである場合，その通算子法人が中小法人等に該当し，通常の欠損金の繰戻還付が適用されない限り，清算中に終了する事業年度において生じた欠損金額について，欠損金の繰戻還付は適用できない（措法66の12①）。 ●通算子法人（中小法人等に該当しないものに限る）の残余財産確定事業年度が通算親法人事業年度終了日に終了するものでない場合，

残余財産確定事業年度において生じた欠損金額について，通常の欠損金の繰戻還付を適用することができる（措法66の12①）。ただし，残余財産確定法人である通算子法人の残余財産確定事業年度において生じた欠損金額のうち，残余財産確定法人の株主である他の通算法人の残余財産の確定日の翌日の属する事業年度の損金の額に算入される欠損金額（法法64の8）については，欠損金の繰戻還付は適用できない（法法80⑥）。そのため，残余財産確定法人の株主である通算子法人が通算親法人事業年度の中途において離脱する場合など特定のケースを除いて，通算子法人の残余財産確定事業年度（通算事業年度に該当しないもの）において生じた欠損金額について，欠損金の繰戻還付は適用できない（法法80⑥，64の8，措法66の12①）。

外形標準課税の取扱い	●清算法人の解散事業年度，清算事業年度，残余財産確定事業年度は，それぞれ解散日の現況によって外形標準課税の対象になるかどうかが決定される（地法72の2①②，72の29①③⑤，地方税法附則8の3の3）。また，100％子法人等への対応に係る特定法人の判定は，解散日以前に最後に終了した当該他の法人の事業年度終了日（当該日がない場合には，当該他の法人の設立日）の現況による（地法72の2②）。 ●解散日後も残余財産の確定日まで継続して所得割が課される（地法72の2①②，72の29①③⑤，72の30①）。 ●資本割は解散日の翌日以後は課されない。清算事業年度又は残余財産確定事業年度の中途において解散日が設定される場合でも，解散日の翌日以後の期間は資本割は課されない（地法72の21①④，72の29①③⑤，72の30①）。 ●付加価値割は，解散日の翌日以後も課されるが，残余財産確定事業年度には課されない（地法72の29①③⑤，72の30①）。清算事業年度の中途において解散日が設定される場合，その清算事業年度では1年間に対して付加価値割が課されるが，残余財産確定事業年度では付加価値割は課されない（地法72の29①③⑤，72の30①）。残余財産確定事業年度の中途において解散日が設定される場合，その残余財産確定事業年度では，解散日の翌日以後の期間は付加価値割は課されない（地法72の29③⑤，72の30①）。

❷ 通算法人（残余財産確定法人の株主）の税務上の取扱い

取扱項目	取扱い
加入時の離脱見込み法人株式の時価評価	●加入法人が時価評価除外法人に該当する場合は，株式保有法人において離脱見込み法人株式の時価評価は適用されない（法法64の12②）。 ●加入法人が時価評価対象法人かつ離脱見込み法人に該当する場合は，株式保有法人において加入日の前日の属する事業年度に離脱見込み法人株式の時価評価が行われる（法法64の12②，法令131の16

第 4 部　グループ通算制度の特殊な状況下でのケーススタディ

		③⑤）。なお，加入法人が加入日以後 2 か月以内に完全支配関係を有しなくなる場合でも，残余財産の確定により完全支配関係を有しなくなる場合は，加入法人は，離脱見込み法人株式の時価評価の対象外となる初年度離脱加入子法人には該当しない（法法64の12②，法令131の16①六・⑥）。 ●加入法人が清算予定である場合は，通常，時価評価対象法人かつ離脱見込み法人に該当する。
残余財産確定法人の最終事業年度の欠損金額の取扱い		●残余財産確定法人の残余財産確定事業年度の単体申告で生じた欠損金額は，株式所有割合に応じて，残余財産確定法人の株主の残余財産の確定日の翌日の属する事業年度の損金の額に算入される（法法64の 8 ）。 ●事業税についてはこの取扱いは適用されない。
残余財産確定法人の繰越欠損金の引継制限	法人税	●残余財産確定法人の加入前の繰越欠損金のうち，最終事業年度（加入日の属する事業年度）に切り捨てられなかったものは，最終事業年度末の残高について，株式所有割合に応じて，特定欠損金として残余財産確定法人の株主に引き継がれる（法法57②，64の 7 ②二，法令112の 2 ⑥）。 ●残余財産確定法人が時価評価除外法人に該当する場合（支配関係 5 年継続要件及び共同事業性の要件を満たさないものに限る）で，新たな事業の未開始要件を満たしているため，加入前の繰越欠損金に持込制限が生じていない場合，残余財産の確定により，新たな事業の未開始要件が解除されるため，結果的に，加入前の繰越欠損金（最終事業年度（加入日の属する事業年度）末の残高）は特定欠損金として残余財産確定法人の株主に引き継がれる。 ●残余財産確定法人の加入前の繰越欠損金のうち，最終事業年度（加入日の属する事業年度）に切り捨てられているものは，残余財産確定法人の株主に引き継がれない（法法57②⑥⑧）。 ●残余財産確定法人の残余財産確定事業年度の単体申告で生じた欠損金額は，株式所有割合に応じて，残余財産確定法人の株主の残余財産の確定日の翌日の属する事業年度の損金の額に算入される（法法64の 8 ）。
	住民税	残余財産確定法人の加入前の繰越欠損金が最終事業年度（加入日の属する事業年度）に切り捨てられる場合，最終事業年度において控除対象通算適用前欠損調整額が生じ，残余財産の確定時に残余財産確定法人の株主に引き継がれる（地法53③④⑤，321の 8 ③④⑤）。
	事業税	●支配関係 5 年継続要件を満たさない場合，引継制限が生じる（法法57②③，法令112④，地法72の23①②，地令20の 3 ）。 ●ただし，含み損益の特例計算の適用がある（法令113①，地法72の23①②，地令20の 3 ）。 ●残余財産確定法人の株主が複数いる場合は，株式所有割合に応じて引き継がれる（法法57②，地法72の23①②）。 ●残余財産確定法人の残余財産確定事業年度の単体申告で生じた欠損金額も繰越欠損金として引継対象になる。

通算子法人株式の投資簿価修正	●残余財産確定法人株式について投資簿価修正が適用される（加算措置を含む。法令119の3⑤⑥⑦）。 ●なお，加入法人が加入日以後2か月以内に通算完全支配関係を有しなくなる場合でも，残余財産の確定により通算完全支配関係を有しなくなるものは，投資簿価修正の対象外となる初年度離脱通算子法人に該当しない（法令119の3⑤，24の3）。	
残余財産確定法人株式	みなし配当	●残余財産の分配額が資本金等の額を上回る場合，みなし配当が生じる（法法24①，法令23①四）。 ●みなし配当は，完全子法人株式に係る配当に該当し，全額益金不算入となる（法法23①⑤，法令22の2①）。
	株式譲渡損益	●株式譲渡損益は生じない（法法61の2⑰）。 ●株式譲渡損に相当する金額について資本金等の額から減額される（株式譲渡益に相当する金額は資本金等の額を増額する。法法61の2①⑰，法令8①二十二）。

[図表] 最初通算事業年度に通算子法人の残余財産が確定した場合の取扱い（法人税の繰越欠損金）

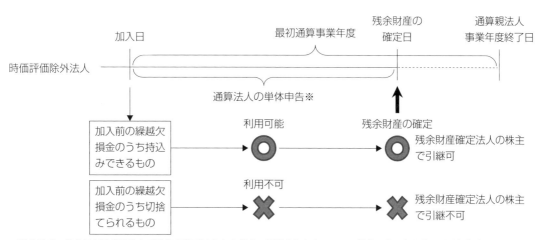

※残余財産の確定日が通算親法人事業年度終了日となる場合，通算申告となる。この場合でも，加入前の繰越欠損金の取扱いは同じ。

[図表] 最初通算事業年度に通算子法人の残余財産が確定した場合の取扱い（控除対象通算適用前欠損調整額）

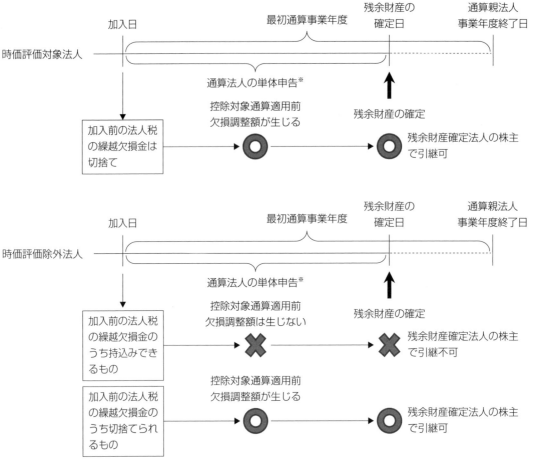

※残余財産の確定日が通算親法人事業年度終了日となる場合，通算申告となる。この場合でも，控除対象通算適用前欠損調整額の取扱いは同じ。

[図表] 最初通算事業年度に通算子法人の残余財産が確定した場合の取扱い（事業税の繰越欠損金）

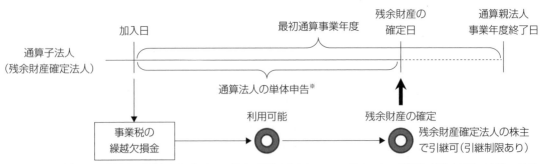

※残余財産の確定日が通算親法人事業年度終了日となる場合，通算申告となる。この場合でも，事業税の繰越欠損金の取扱いは同じ。

第1章 最初通算事業年度にM&A・組織再編成・清算が行われる場合のケーススタディ

［ケース2］ 加入日に残余財産が確定するケース

加入日に残余財産が確定するケースとは，加入日に通算子法人の残余財産が確定する場合とする。

ここで，加入日とは，完全支配関係を有することとなった日又は特例決算期間の末日の翌日となる（法法64の9⑪）。また，通算制度開始時に通算子法人である場合は，通算制度の開始日が加入日となる。

実務上，このようなケースが生じるのは，新たに通算子法人が加入し，その100％子法人（通算孫法人）も加入した場合で，その通算孫法人が加入前から清算手続を行っている場合が想定される。

加入日に通算子法人の残余財産が確定する場合，残余財産確定事業年度（加入日から残余財産の確定日までの期間）が加入日の1日のみの期間となる（法法14③④⑦⑧一，64の5①③，64の7①，64の10⑥五，地法72の13⑦⑧⑪⑫一）。

そして，加入日の1日のみの期間について，通算法人の単体申告（加入日及び残余財産の確定日が通算親法人事業年度終了日である場合は通算申告）を行う。

また，このような通算子法人は，完全支配関係継続要件を満たさないため，時価評価除外法人に該当しない（法法64の12①三・四，法令131の16③）。

したがって，加入日に通算子法人の残余財産が確定する場合の税務上の取扱いは，「［ケース1］加入日以外に残余財産が確定するケース」の取扱いのうち，時価評価除外法人に該当しない場合と同様の取扱いとなる。

なお，完全支配関係を有することとなった法人が特例決算期間の中途に残余財産が確定する場合については，第4部第4章で解説している。

［ケース3］ 加入日の前日に残余財産が確定するケース

加入日の前日に残余財産が確定するケースとは，残余財産の確定日の翌日が完全支配関係発生日又は特例決算期間の末日の翌日になる場合をいう。

実務上，このようなケースが生じるのは，新たに通算子法人が加入し，その100％子法人（通算孫法人）も加入した場合で，その通算孫法人が加入前から清算手続を行っている場合が想定される。

通算子法人の残余財産が確定した場合，その残余財産の確定日の翌日に通算承認の効力が失われる（法法64の10⑥五）。

そのため，内国法人が加入日の前日に残余財産が確定する場合，その内国法人は加入日（完全支配関係発生日又は特例決算期間の末日の翌日）に通算承認の効力が発生し，その直後に残余財産の確定により通算承認の効力が失われるものと考えられる（第3部Q&A51参照）。

665

この場合，加入日に合併する場合（つまり，合併日が加入日である場合）の税務上の取扱いと同様の取扱いとなる。

ただし，このような通算子法人は，完全支配関係継続要件を満たさないため，時価評価除外法人に該当しない（法法64の12①三・四，法令131の16③）。

具体的には次の取扱いとなる。

また，完全支配関係を有することとなった法人が特例決算期間の中途に残余財産が確定する場合については，第4部第4章で解説している。

[図表] 加入日の前日に残余財産が確定するケース

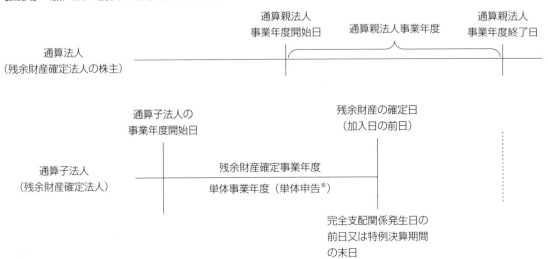

※残余財産の確定日が通算親法人事業年度終了日であっても，同じく残余財産確定事業年度は単体申告となる。

❶ 通算子法人（残余財産確定法人）の税務上の取扱い

取扱項目	取扱い
みなし事業年度	加入法人（残余財産確定法人）の最終事業年度（加入直前事業年度）は，事業年度開始日から加入日の前日（残余財産の確定日）までの期間となり，単体申告を行う（法法14①五・④⑧一，64の10⑥五，地法72の13⑤五・⑧⑫）。
加入時の時価評価	●時価評価除外法人に該当しないため，加入直前事業年度において時価評価が必要となる（法法64の12①）。なお，加入日以後2か月以内に完全支配関係を有しなくなる場合でも，残余財産の確定により完全支配関係を有しなくなる場合は，時価評価資産からの除外規定は適用されない（法令131の16①六）。 ●ただし，加入直前事業年度終了日は残余財産の確定日であるため，現物分配資産がない限り，時価評価の対象となる資産はない。

最終事業年度の繰越欠損金の取扱い	法人税	最終事業年度（加入直前事業年度）において，残余財産確定法人の繰越欠損金は使用可能となる（法法57①）。
	住民税	最終事業年度（加入直前事業年度）において，残余財産確定法人に住民税の欠損金は発生しない。
	事業税	最終事業年度（加入直前事業年度）において，残余財産確定法人の繰越欠損金は使用可能となる（地法72の23①②，法法57①）。
特例欠損金の損金算入の取扱い		●解散した場合又は特別清算開始の命令があった場合の特例欠損金の損金算入規定が適用できる（法法59③④，法令117の3，117の4，117の5）。 ●事業税の所得割及び付加価値割の計算においても特例欠損金の損金算入規定が適用できる（法法72の18①②，72の23①②，地令20の3）。
清算法人の欠損金の繰戻還付の適用		単体法人が中小法人等に該当しない場合であっても，清算中に終了する事業年度において生じた欠損金額については，通常の欠損金の繰戻還付が適用できる（法法80①，措法66の12①）。
外形標準課税の取扱い		●解散日後も残余財産の確定日まで継続して所得割が課される（地法72の2①②，72の29①③）。 ●資本割は解散日の翌日以後は課されない（地法72の21①，72の29①③）。 ●付加価値割は，解散日の翌日以後も課されるが，残余財産確定事業年度には課されない（地法72の29①③）。

❷　通算法人（残余財産確定法人の株主）の税務上の取扱い

取扱項目		取扱い
加入時の離脱見込み法人株式の時価評価		加入法人は，時価評価対象法人かつ離脱見込み法人に該当するため，株式保有法人において加入日の前日の属する事業年度に離脱見込み法人株式の時価評価が行われる（法法64の12②，法令131の16③⑤）。なお，加入法人が加入日以後2か月以内に完全支配関係を有しなくなる場合でも，残余財産の確定により完全支配関係を有しなくなる場合は，加入法人は，離脱見込み法人株式の時価評価の対象外となる初年度離脱加入子法人には該当しない（法法64の12②，法令131の16①六・⑥）。
残余財産確定法人の最終事業年度の欠損金額の取扱い		残余財産確定法人の最終事業年度は単体法人の単体申告となるため，残余財産確定法人の株主において残余財産確定法人の最終事業年度の欠損金額の損金算入の取扱いは適用されない（法法64の8）。
残余財産確定法人の繰越欠損金の引継制限	法人税	加入法人が時価評価対象法人に該当する場合で，加入日の前日に残余財産が確定する場合，加入前の繰越欠損金（加入直前事業年度末の繰越欠損金）を残余財産確定法人の株主に引き継ぐことはできない（法法57⑦，法令112の2②）。

	住民税	住民税では，加入に伴い切り捨てられた法人税の繰越欠損金について，残余財産確定法人の株主において控除対象合併等前欠損調整額（住民税の欠損金）として引き継がれる（地法53⑦⑧，321の8⑦⑧）。
	事業税	● 支配関係 5 年継続要件を満たさない場合，引継制限が生じる（法法57②③，法令112④，地法72の23①②，地令20の3）。 ● ただし，含み損益の特例計算の適用がある（法令113①，地法72の23①②，地令20の3）。 ● 残余財産確定法人の株主が複数いる場合は，株式所有割合に応じて引き継がれる（法法57②，地法72の23①②）。
通算子法人株式の投資簿価修正		● 残余財産確定法人株式について投資簿価修正が適用される（加算措置を含む。法令119の3⑤⑥⑦）。 ● なお，残余財産の確定により通算完全支配関係を有しなくなるものは，投資簿価修正の対象外となる初年度離脱通算子法人に該当しない。
残余財産確定法人株式	みなし配当	● 残余財産の分配額が資本金等の額を上回る場合，みなし配当が生じる（法法24①，法令23①四）。 ● みなし配当は，完全子法人株式に係る配当に該当し，全額益金不算入となる（法法23①⑤，法令22の2①）。
	株式譲渡損益	● 株式譲渡損益は生じない（法法61の2⑰）。 ● 株式譲渡損に相当する金額について資本金等の額から減額される（株式譲渡益に相当する金額は資本金等の額を増額する。法法61の2①⑰，法令8①二十二）。

[図表] 加入日の前日に通算子法人の残余財産が確定した場合の取扱い（加入前の繰越欠損金）

※残余財産の確定日が通算親法人事業年度終了日となる場合も単体申告となる。この場合でも，加入前の繰越欠損金の取扱いは同じ。

［図表］　加入日の前日に通算子法人の残余財産が確定した場合の取扱い（控除対象合併等前欠損調整額）

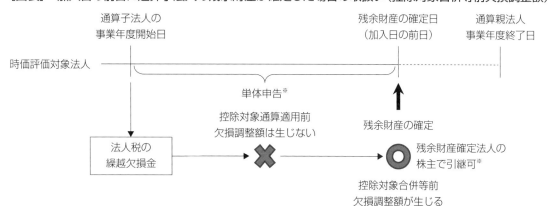

※残余財産の確定日が通算親法人事業年度終了日となる場合も単体申告となる。この場合でも，控除対象合併等前欠損調整額の取扱いは同じ。

［図表］　加入日の前日に通算子法人の残余財産が確定した場合の取扱い（事業税の繰越欠損金）

※残余財産の確定日が通算親法人事業年度終了日となる場合も単体申告となる。この場合でも，事業税の繰越欠損金の取扱いは同じ。

第2章 他の通算グループとの間でM&A・組織再編成が行われる場合のケーススタディ

　第2部において解説したケースについて，他の通算グループとの間で株式買取，株式売却，合併，分割，事業譲渡，現物出資，現物分配，株式交換等が行われた場合の取扱いを解説したい。

　基本的な考え方としては，離脱・取りやめの取扱いが先に適用されることとなり，その後に加入・組織再編成の取扱いが適用されることとなる。

　なお，第2部のケースのうち，下記で取り上げたケース以外は，そのケースの当事者である「通算法人以外の法人」を「通算法人」とする「対」になるケースの取扱いが適用されることとなる。

第1節　通算法人が他の通算グループの通算法人との間で通算子法人の株式の売買を行うケース

［図表］　通算法人が他の通算グループの通算法人との間で通算子法人の株式の売買を行うケース

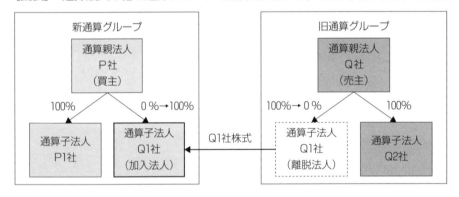

（旧通算グループからの離脱と新通算グループへの加入）

　内国法人が旧通算グループから離脱するとともに，新通算グループに加入する場合のみなし事業年度は次のとおりとなる（法法14③④⑦⑧一，64の5①③，64の7①，64の9⑪，64の10⑥六，地法72の13⑦⑧⑪⑫一）。

① 新通算グループへの加入に係る完全支配関係発生日が新通算グループの加入日となる場合のみなし事業年度

この場合，離脱日（旧通算グループの完全支配関係を有しなくなった日）と加入日（新通算グループの完全支配関係を有することとなった日）が同日となる。

種類	期間	申告方法
離脱直前事業年度＝加入直前事業年度	旧通算グループの通算事業年度開始日から旧通算グループの離脱日の前日（新通算グループの加入日の前日）までの期間	旧通算グループの離脱日の前日が旧通算グループの通算親法人事業年度終了日と同日である場合は，旧通算グループの通算申告。旧通算グループの離脱日の前日が旧通算グループの通算親法人事業年度終了日と同日でない場合は，旧通算グループの通算法人の単体申告。
加入事業年度	新通算グループの加入日（旧通算グループの離脱日）から新通算グループの通算親法人事業年度終了日までの期間	新通算グループの通算申告

② 新通算グループへの加入に係る特例決算期間の末日の翌日が新通算グループの加入日となる場合のみなし事業年度

この場合，離脱日（旧通算グループの完全支配関係を有しなくなった日）と加入日（新通算グループの完全支配関係を有することとなった日）は同日とならない。

種類	期間	申告方法
離脱直前事業年度	旧通算グループの通算事業年度開始日から旧通算グループの離脱日の前日までの期間	旧通算グループの離脱日の前日が旧通算グループの通算親法人事業年度終了日と同日である場合は，旧通算グループの通算申告。旧通算グループの離脱日の前日が旧通算グループの通算親法人事業年度終了日と同日でない場合は，旧通算グループの通算法人の単体申告。
加入直前事業年度	旧通算グループの離脱日から新通算グループの加入日の前日までの期間	単体申告
加入事業年度	新通算グループの加入日から新通算グループの通算親法人事業年度終了日までの期間	新通算グループの通算申告

第4部　グループ通算制度の特殊な状況下でのケーススタディ

1　旧通算グループからの離脱に伴う取扱い

（前提）

●旧通算グループの離脱法人は，旧通算グループの開始・加入日以後2か月以内，かつ，旧通算グループの最初通算事業年度終了日までに通算制度から離脱をするものには該当しないこととする。

●株式譲渡による譲渡損益調整資産の移転や譲渡法人又は譲受法人との間に完全支配関係を有しなくなることによる繰延譲渡損益の実現処理の取扱いは解説を省略している。

❶　通算子法人（旧通算グループの離脱法人）の税務上の取扱い

取扱項目		取扱い
離脱時の時価評価		次の事由のいずれかに該当する場合，離脱直前事業年度において，一定の資産について時価評価を行う（法法64の13①，法令131の17②）。 イ）離脱法人で主要な事業を継続することが見込まれていない場合（含み益の合計額≧含み損の合計額である場合を除く） ロ）他の通算法人で離脱法人株式の譲渡損及び離脱法人で簿価10億円超の特定資産の譲渡損が生じることが見込まれている場合
離脱法人の繰越欠損金の引継ぎ	法人税^(注1)	切り捨てられない。
	住民税^(注2)	切り捨てられない。
	事業税^(注3)	切り捨てられない。
通算子法人株式の投資簿価修正		離脱法人が他の通算子法人の株式を有している場合，当該他の通算子法人株式について投資簿価修正が行われる（法令119の3⑤⑥⑦）。
離脱法人が株式を有する他の通算子法人の取扱い		離脱法人が株式を有する他の通算子法人についても，通算制度から離脱した場合の税務上の取扱いが適用される。

（注1）　法人税の繰越欠損金をいうものとする（以下，本章で同じ）。
（注2）　住民税特有の欠損金（控除対象通算対象所得調整額，控除対象配賦欠損調整額等）をいうものとする（以下，本章で同じ）。
（注3）　事業税の繰越欠損金をいうものとする（以下，本章に同じ）。

❷　通算法人（旧通算グループの株式売却法人）の税務上の取扱い

取扱項目		取扱い
投資簿価修正		適用される（法令119の3⑤⑥⑦）。
離脱法人株式	みなし配当	みなし配当は生じない（法法24①）。
	株式譲渡損益	株式譲渡損益が生じる（法法61の2①）。

2 新通算グループへの加入に伴う取扱い

（前提）

● 新通算グループの加入法人は，新通算グループの加入日以後 2 か月以内，かつ，新通算グループの最初通算事業年度終了日までに通算制度から離脱をしないものとする。

（加入時の時価評価除外法人の判定）

　新通算グループの加入法人は，支配関係のある加入法人に該当する場合，次の要件のすべてに該当する場合，時価評価除外法人となる（法法64の12①，法令131の16③）。

● 完全支配関係継続要件
● 従業者継続要件
● 主要事業継続要件

　新通算グループの加入法人は，支配関係のない加入法人に該当する場合，次の要件のすべてに該当する場合，時価評価除外法人となる（法法64の12①，法令131の16③④）。

● 完全支配関係継続要件
● 事業関連性要件
● 事業規模比 5 倍以内要件又は特定役員継続要件
● 従業者継続要件
● 主要事業継続要件

❶　通算子法人（新通算グループの加入法人）の税務上の取扱い

取扱項目		時価評価除外法人の場合	時価評価対象法人の場合
加入時の時価評価		時価評価不要	時価評価必要
加入法人の繰越欠損金の持込制限	法人税	● 次の要件のいずれも満たさない場合，持込制限が生じる（法法57⑧，法令112の 2 ③④）。 ①　支配関係 5 年継続要件 ②　共同事業性の要件 ③　新たな事業の未開始要件 ● ただし，含み損益の特例計算の適用がある（法令113①⑫）。 ● 持ち込む繰越欠損金は，特定欠損金となる（法法64の 7 ②）。	全額切り捨てられる（法法57⑥）。
	住民税	● 新通算グループへの加入直前に有している控除対象通算対象所得調整額等は新通算グループに加入しても切り捨てられない。	● 新通算グループへの加入直前に有している控除対象通算対象所得調整額等は新通算グループに加入しても切り捨てられない。

取扱項目	時価評価除外法人の場合	時価評価対象法人の場合
	●新通算グループへの加入により切り捨てられる法人税の繰越欠損金は，控除対象通算適用前欠損調整額となる（地法53③④，321の8③④）。	●新通算グループへの加入により切り捨てられる法人税の繰越欠損金は，控除対象通算適用前欠損調整額となる（地法53③④，321の8③④）。
事業税	切り捨てられない（地法72の23①②）。	切り捨てられない（地法72の23①②）。
加入に係る特定資産譲渡等損失額の損金算入制限	次の要件のいずれも満たさない場合，損金算入制限が生じる（法法64の14①，法令131の19①②，131の8①，112の2④）。 ① 支配関係5年継続要件 ② 共同事業性の要件 ③ 新たな事業の未開始要件 ●ただし，含み損益の特例計算の適用がある（法令131の19⑤，123の9①）。	損金算入制限は生じない（法法64の14①）。
加入に係る特定資産譲渡等損失額等の損益通算制限	●次の要件のいずれも満たさない場合，「特定資産譲渡等損失額が生じる場合の損益通算の制限」又は「減価償却費割合が30%超の場合の損益通算の制限」が生じる（法法64の6①③，法令131の8①②，112の2④）。 ① 支配関係5年継続要件 ② 共同事業性の要件 ●通算対象外欠損金額は特定欠損金となる（法法64の7②三）。	損益通算制限は生じない（法法64の6①③）。
加入法人の完全支配関係のある子法人（加入孫法人）の取扱い	加入孫法人についても，通算制度に加入した場合の税務上の取扱いが適用される。	加入孫法人についても，通算制度に加入した場合の税務上の取扱いが適用される。

❷ 通算親法人（新通算グループの株式取得法人）の税務上の取扱い

取扱項目	時価評価除外法人の場合	時価評価対象法人の場合
加入時の離脱見込み法人株式の時価評価	離脱見込み法人株式の時価評価は適用されない（法法64の12②）。	加入法人が離脱見込み法人に該当する場合は，株式保有法人において加入日の前日の属する事業年度に離脱見込み法人株式の時価評価が行われる（法法64の12②，法令131の16③⑤）。

加入法人株式	● 株式の取得価額は，購入の代価（購入手数料その他その有価証券の購入のために要した費用がある場合には，その費用の額を加算した金額）となる（法令119①一）。 ● 将来の投資簿価修正に係る資産調整勘定対応金額等が発生する（法令119の3⑥⑦）。	● 株式の取得価額は，購入の代価（購入手数料その他その有価証券の購入のために要した費用がある場合には，その費用の額を加算した金額）となる（法令119①一）。 ● 将来の投資簿価修正に係る資産調整勘定対応金額等が発生する（法令119の3⑥⑦）。

第2節　他の通算グループの通算親法人の株式を取得するケース

[図表]　他の通算グループの通算親法人の株式を取得するケース

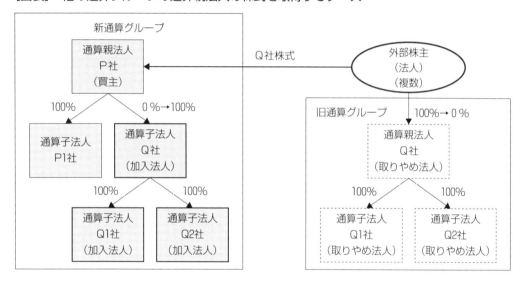

（旧通算グループの取りやめと新通算グループへの加入）

　内国法人が旧通算グループの通算制度を取りやめるとともに，新通算グループに加入する場合のみなし事業年度は次のとおりとなる（法法14②③④⑦⑧一，64の5①③，64の7①，64の9⑪，64の10⑥三・六，地法72の13⑥⑦⑧⑪⑫一）。

① 　新通算グループへの加入に係る完全支配関係発生日が新通算グループの加入日となる場合のみなし事業年度

　この場合，取りやめ日（旧通算グループの通算親法人と他の内国法人との間に当該他の内国法人による完全支配関係が生じた日）と加入日（新通算グループの完全支配関係発生日）が同

第4部　グループ通算制度の特殊な状況下でのケーススタディ

日となる。

　旧通算グループの通算親法人及び通算子法人のみなし事業年度は以下のとおりとなる。

種類	期間	申告方法
取りやめ直前事業年度＝加入直前事業年度	旧通算グループの通算事業年度開始日から旧通算グループの取りやめ日の前日（新通算グループの加入日の前日）までの期間	旧通算グループの通算申告
加入事業年度	新通算グループの加入日（旧通算グループの取りやめ日）から新通算グループの通算親法人事業年度終了日までの期間	新通算グループの通算申告

② 新通算グループへの加入に係る特例決算期間の末日の翌日が新通算グループの加入日となる場合のみなし事業年度

　この場合，取りやめ日（旧通算グループの通算親法人と他の内国法人との間に当該他の内国法人による完全支配関係が生じた日）と加入日（新通算グループの完全支配関係発生日）は同日とならない。

　旧通算グループの通算親法人及び通算子法人のみなし事業年度は以下のとおりとなる。

種類	期間	申告方法
取りやめ直前事業年度	旧通算グループの通算事業年度開始日から旧通算グループの取りやめ日の前日までの期間	旧通算グループの通算申告
加入直前事業年度	旧通算グループの取りやめ日から新通算グループの加入日の前日までの期間	単体申告
加入事業年度	新通算グループの加入日から新通算グループの通算親法人事業年度終了日までの期間	新通算グループの通算申告

1　旧通算グループの取りやめに伴う取扱い

（前提）

● 株式譲渡による譲渡損益調整資産の移転や譲渡法人又は譲受法人との間に完全支配関係を有しなくなることによる繰延譲渡損益の実現処理の取扱いは解説を省略している。

第2章　他の通算グループとの間でM&A・組織再編成が行われる場合のケーススタディ

❶　通算親法人又は通算子法人（旧通算グループの取りやめ法人）の税務上の取扱い

取扱項目		取扱い
離脱時の時価評価		次の事由のいずれかに該当する場合，取りやめ直前事業年度において，一定の資産について時価評価を行う（法法64の13①，法令131の17②）。 イ）取りやめ法人で主要な事業を継続することが見込まれていない場合（含み益の合計額≧含み損の合計額である場合を除く） ロ）他の通算法人で離脱法人株式の譲渡損及び取りやめ法人で簿価10億円超の特定資産の譲渡損が生じることが見込まれている場合
取りやめ法人の繰越欠損金の引継ぎ	法人税	切り捨てられない。
	住民税	切り捨てられない。
	事業税	切り捨てられない。
通算子法人株式の投資簿価修正		その有する通算子法人株式について投資簿価修正が行われる（法令119の3⑤⑥⑦）。

❷　外部株主（法人）の税務上の取扱い

取扱項目		取扱い
通算親法人株式	みなし配当	みなし配当は生じない（法法24①）。
	株式譲渡損益	株式譲渡損益が生じる（法法61の2①）。

2　新通算グループへの加入に伴う取扱い

（前提）

● 新通算グループの加入法人は，新通算グループの加入日以後2か月以内，かつ，新通算グループの最初通算事業年度終了日までに通算制度から離脱をしないものとする。

（加入時の時価評価除外法人の判定）

新通算グループの加入法人は，支配関係のある加入法人に該当する場合，次の要件のすべてに該当する場合，時価評価除外法人となる（法法64の12①，法令131の16③）。
● 完全支配関係継続要件
● 従業者継続要件
● 主要事業継続要件

新通算グループの加入法人は，支配関係のない加入法人に該当する場合，次の要件のすべてに該当する場合，時価評価除外法人となる（法法64の12①，法令131の16③④）。

677

第4部　グループ通算制度の特殊な状況下でのケーススタディ

- 完全支配関係継続要件
- 事業関連性要件
- 事業規模比5倍以内要件又は特定役員継続要件
- 従業者継続要件
- 主要事業継続要件

❶　通算子法人（新通算グループの加入法人）の税務上の取扱い

取扱項目		時価評価除外法人の場合	時価評価対象法人の場合
加入時の時価評価		時価評価不要	時価評価必要
加入法人の繰越欠損金の持込制限	法人税	●次の要件のいずれも満たさない場合，持込制限が生じる（法法57⑧，法令112の2③④）。 ①　支配関係5年継続要件 ②　共同事業性の要件 ③　新たな事業の未開始要件 ●ただし，含み損益の特例計算の適用がある（法令113①⑫）。 ●持ち込む繰越欠損金は，特定欠損金となる（法法64の7②）。	全額切り捨てられる（法法57⑥）。
	住民税	●新通算グループへの加入直前に有している控除対象通算対象所得調整額等は新通算グループに加入しても切り捨てられない。 ●新通算グループへの加入により切り捨てられる法人税の繰越欠損金は，控除対象通算適用前欠損調整額となる（地法53③④，321の8③④）。	●新通算グループへの加入直前に有している控除対象通算対象所得調整額等は新通算グループに加入しても切り捨てられない。 ●新通算グループへの加入により切り捨てられる法人税の繰越欠損金は，控除対象通算適用前欠損調整額となる（地法53③④，321の8③④）。
	事業税	切り捨てられない（地法72の23①②）。	切り捨てられない（地法72の23①②）。
加入に係る特定資産譲渡等損失額の損金算入制限		次の要件のいずれも満たさない場合，損金算入制限が生じる（法法64の14①，法令131の19①②，131の8①，112の2④）。 ①　支配関係5年継続要件 ②　共同事業性の要件 ③　新たな事業の未開始要件 ●ただし，含み損益の特例計算の適用がある（法令131の19⑤，123の9①）。	損金算入制限は生じない（法法64の14①）。

678

加入に係る特定資産譲渡等損失額等の損益通算制限	● 次の要件のいずれも満たさない場合，「特定資産譲渡等損失額が生じる場合の損益通算の制限」又は「減価償却費割合が30％超の場合の損益通算の制限」が生じる（法法64の6①③，法令131の8①②，112の2④）。 　① 支配関係5年継続要件 　② 共同事業性の要件 ● 通算対象外欠損金額は特定欠損金となる（法法64の7②三）。	損益通算制限は生じない（法法64の6①③）。

❷　通算親法人（新通算グループの株式取得法人）の税務上の取扱い

取扱項目	時価評価除外法人の場合	時価評価対象法人の場合
加入時の離脱見込み法人株式の時価評価	離脱見込み法人株式の時価評価は適用されない（法法64の12②）。	加入法人が離脱見込み法人に該当する場合は，株式保有法人において加入日の前日の属する事業年度に離脱見込み法人株式の時価評価が行われる（法法64の12②，法令131の16③⑤）。
加入法人株式	● 株式の取得価額は，購入の代価（購入手数料その他その有価証券の購入のために要した費用がある場合には，その費用の額を加算した金額）となる（法令119①一）。 ● 将来の投資簿価修正に係る資産調整勘定対応金額等が発生する（法令119の3⑥⑦）。	● 株式の取得価額は，購入の代価（購入手数料その他その有価証券の購入のために要した費用がある場合には，その費用の額を加算した金額）となる（法令119①一）。 ● 将来の投資簿価修正に係る資産調整勘定対応金額等が発生する（法令119の3⑥⑦）。

第3節　通算法人が他の通算グループの通算親法人を吸収合併するケース

[図表]　通算法人が他の通算グループの通算親法人を吸収合併するケース

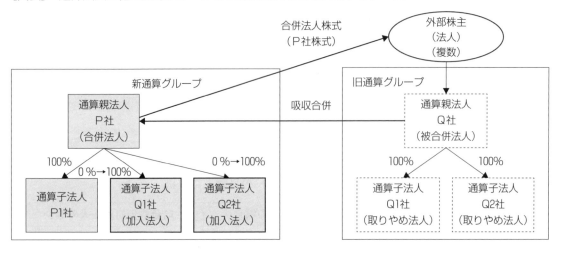

（旧通算グループの取りやめと新通算グループへの加入）

　通算親法人が合併により解散する場合、合併日に通算制度が取りやめとなる（法法64の10⑥一）。内国法人が旧通算グループの通算制度を取りやめるとともに、新通算グループに加入する場合のみなし事業年度は次のとおりとなる（法法14①二・③④⑦⑧一、64の5①③、64の7①、64の9⑪、64の10⑥一・六、地法72の13⑤二・⑦⑧⑪⑫一）。

① 　新通算グループへの加入に係る完全支配関係発生日が新通算グループの加入日となる場合のみなし事業年度

　この場合、取りやめ日（旧通算グループの通算親法人の合併日）と加入日（新通算グループの完全支配関係発生日）が同日となる。

● 旧通算グループの通算親法人のみなし事業年度

種類	期間	申告方法
取りやめ直前事業年度＝最終事業年度	旧通算グループの通算事業年度開始日から旧通算グループの取りやめ日の前日（合併日の前日）までの期間	旧通算グループの通算申告

● 旧通算グループの通算子法人のみなし事業年度

種類	期間	申告方法
取りやめ直前事業年度＝加	旧通算グループの通算事業年度開始日から旧通算グループの取りやめ日の前日	旧通算グループの通算申告

入直前事業年度	（新通算グループの加入日の前日）までの期間	
加入事業年度	新通算グループの加入日（旧通算グループの取りやめ日）から新通算グループの通算親法人事業年度終了日までの期間	新通算グループの通算申告

② **新通算グループへの加入に係る特例決算期間の末日の翌日が新通算グループの加入日となる場合のみなし事業年度**

この場合，取りやめ日（旧通算グループの通算親法人の合併日）と加入日（新通算グループの完全支配関係発生日）は同日とならない。

●旧通算グループの通算親法人のみなし事業年度

種類	期間	申告方法
取りやめ直前事業年度＝最終事業年度	旧通算グループの通算事業年度開始日から旧通算グループの取りやめ日の前日（合併日の前日）までの期間	旧通算グループの通算申告

●旧通算グループの通算子法人のみなし事業年度

種類	期間	申告方法
取りやめ直前事業年度	旧通算グループの通算事業年度開始日から旧通算グループの取りやめ日の前日までの期間	旧通算グループの通算申告
加入直前事業年度	旧通算グループの取りやめ日から新通算グループの加入日の前日までの期間	単体申告
加入事業年度	新通算グループの加入日から新通算グループの通算親法人事業年度終了日までの期間	新通算グループの通算申告

（適格要件）

共同事業要件を満たす場合，適格合併となる（法法2十二の八，法令4の3④）。

●対価要件
●事業関連性要件
●事業規模要件又は経営参画要件
●従業者引継要件
●事業継続要件
●株式継続保有要件

第4部　グループ通算制度の特殊な状況下でのケーススタディ

　なお，合併法人及び被合併法人との間に完全支配関係又は支配関係がある場合は，完全支配関係がある場合の適格要件又は支配関係がある場合の適格要件を満たせば適格合併となる。

1　旧通算グループの取りやめに伴う取扱い

（前提）

● 合併による譲渡損益調整資産の移転や譲渡法人又は譲受法人との間に完全支配関係を有しなくなることによる繰延譲渡損益の実現処理の取扱いは解説を省略している。

❶　通算親法人（旧通算グループの被合併法人）の税務上の取扱い

取扱項目	適格の場合	非適格の場合
離脱時の時価評価	合併法人で被合併法人の主要な事業が継続することが見込まれていない場合（含み益の合計額≧含み損の合計額である場合を除く），最終事業年度において，一定の資産について時価評価を行う（法法64の13①，法令131の17②）。	非適格合併であるため，主要な事業が継続することが見込まれていない場合に該当する。そのため，含み益の合計額≧含み損の合計額である場合を除いて，最終事業年度において，一定の資産について時価評価を行う（法法64の13①，法令131の17②）。ただし，結局のところ，非適格合併による時価譲渡が行われるため，その影響は生じない。
資産の移転	簿価譲渡（離脱時の時価評価が適用される場合は，時価評価後の帳簿価額で譲渡）	時価譲渡
通算子法人株式の投資簿価修正	通算子法人株式について投資簿価修正が行われる（法令119の3⑤⑥⑦）。当該通算子法人株式については，投資簿価修正後に合併による簿価譲渡の処理が行われる（法令123の3①）。なお，通算子法人株式は離脱時の時価評価の対象外となる（法令131の17③六）。	通算子法人株式について投資簿価修正が行われる（法令119の3⑤⑥⑦）。当該通算子法人株式については，投資簿価修正後に合併による時価譲渡の処理が行われる。なお，通算子法人株式は離脱時の時価評価の対象外となる（法令131の17③六）。

❷　通算子法人（取りやめ法人）の税務上の取扱い

取扱項目	適格の場合	非適格の場合
離脱時の時価評価	次の事由のいずれかに該当する場合，取りやめ直前事業年度において，一定の資産について時価評価	次の事由のいずれかに該当する場合，取りやめ直前事業年度において，一定の資産について時価評価

682

	を行う（法法64の13①，法令131の17②）。 イ）取りやめ法人で主要な事業を継続することが見込まれていない場合（含み益の合計額≧含み損の合計額である場合を除く） ロ）他の通算法人で取りやめ法人株式の譲渡損及び取りやめ法人で簿価10億円超の特定資産の譲渡損が生じることが見込まれている場合	を行う（法法64の13①，法令131の17②）。 イ）取りやめ法人で主要な事業を継続することが見込まれていない場合（含み益の合計額≧含み損の合計額である場合を除く） ロ）他の通算法人で取りやめ法人株式の譲渡損及び取りやめ法人で簿価10億円超の特定資産の譲渡損が生じることが見込まれている場合
他の通算子法人株式の投資簿価修正	通算子法人が他の通算子法人株式を有する場合，当該他の通算子法人株式について投資簿価修正が行われる（法令119の3⑤⑥⑦）。	通算子法人が他の通算子法人株式を有する場合，当該他の通算子法人株式について投資簿価修正が行われる（法令119の3⑤⑥⑦）。

❸　外部株主の税務上の取扱い

取扱項目		適格の場合	非適格の場合
被合併法人株式	みなし配当	みなし配当は生じない（法法24①）。	みなし配当が生じる（法法24①）。
	株式譲渡損益	株式譲渡損益は生じない（法法61の2②）。	株式譲渡損益は生じない（法法61の2②）。

2　新通算グループへの合併と加入に伴う取扱い

（前提）

● 新通算グループの加入法人は，新通算グループの加入日以後2か月以内，かつ，新通算グループの最初通算事業年度終了日までに通算制度から離脱をしないものとする。

● 合併による譲渡損益調整資産の移転や譲渡法人又は譲受法人との間に完全支配関係を有しなくなることによる繰延譲渡損益の実現処理の取扱いは解説を省略している。

● 合併法人（開始・加入時に時価評価除外法人に該当し，支配関係5年継続要件及び共同事業性の要件を満たさないものに限る）において，合併による被合併事業の引継ぎが新たな事業の未開始要件に抵触しないものとする。

● 合併法人又は被合併法人に欠損等法人の制限規定は適用されないこととする。

（加入時の時価評価除外法人の判定）

　新通算グループの加入法人は，支配関係のある加入法人に該当する場合，次の要件のすべて

第4部　グループ通算制度の特殊な状況下でのケーススタディ

に該当する場合，時価評価除外法人となる（法法64の12①，法令131の16③）。

● 完全支配関係継続要件

● 従業者継続要件

● 主要事業継続要件

　新通算グループの加入法人は，支配関係のない加入法人に該当する場合，次の要件のすべてに該当する場合，時価評価除外法人となる（法法64の12①，法令131の16③④）。

● 完全支配関係継続要件

● 事業関連性要件

● 事業規模比5倍以内要件又は特定役員継続要件

● 従業者継続要件

● 主要事業継続要件

❶　通算親法人（新通算グループの合併法人）の税務上の取扱い

取扱項目		適格の場合	非適格の場合
資産の受入		簿価受入	時価受入
合併法人の繰越欠損金の利用制限	法人税	● 支配関係のない法人間の適格合併の場合，利用制限は生じない。 ● 支配関係のある法人間の適格合併の場合，次の要件のいずれも満たさない場合，利用制限が生じる（法法57④，法令112③④⑨⑩）。 ①　支配関係5年継続要件 ②　みなし共同事業要件 ● ただし，含み損益の特例計算の適用がある（法令113①④）。	利用制限は生じない。
	住民税	利用制限は生じない。	利用制限は生じない。
	事業税	● 支配関係のない法人間の適格合併の場合，利用制限は生じない。 ● 支配関係のある法人間の適格合併の場合，法人税の繰越欠損金と同様の利用制限が生じる（法法57④，法令112③④⑨⑩，113①④，地法72の23①②，地令20の3）。	利用制限は生じない。

684

第2章　他の通算グループとの間でM&A・組織再編成が行われる場合のケーススタディ

被合併法人の繰越欠損金の引継制限	法人税	●支配関係のない法人間の適格合併の場合，引継制限は生じない。 ●支配関係のある法人間の適格合併の場合，次の要件のいずれも満たさない場合，引継制限が生じる（法法57②③，法令112③④）。 ①　支配関係5年継続要件 ②　みなし共同事業要件 ●ただし，含み損益の特例計算の適用がある（法令113①）。 ●引き継ぐ被合併法人の繰越欠損金は，特定欠損金となる（法法64の7②二）。	引継ぎはできない。
	住民税	引継制限は生じない（地法53⑤⑦⑮㉑㉔㉘，321の8⑤⑦⑮㉑㉔㉘，令2改地法附5④⑤⑥，13④⑤⑥，令2改地令附3㉓㉙㉟，5㉓㉙㉟）。	引継ぎはできない。
	事業税	●支配関係のない法人間の適格合併の場合，引継制限は生じない。 ●支配関係のある法人間の適格合併の場合，法人税の繰越欠損金と同様の引継制限が生じる（法法57②③，法令112③④，113①，地法72の23①②，地令20の3）。	引継ぎはできない。
組織再編に係る特定資産譲渡等損失額の損金算入制限		●支配関係のない法人間の適格合併の場合，損金算入制限は生じない。 ●支配関係のある法人間の適格合併の場合，次の要件のいずれも満たさない場合，損金算入制限が生じる（法法62の7①，57④，法令112③⑩，123の8①）。 ①　支配関係5年継続要件 ②　みなし共同事業要件 ●ただし，含み損益の特例計算の適用がある（法令123の9①⑦）。	損金算入制限は生じない。
抱合株式（所有している場	みなし配当	みなし配当は生じない（法法24①）。	みなし配当が生じる（法法24①②）。

685

第4部 グループ通算制度の特殊な状況下でのケーススタディ

合)	株式譲渡損益	●株式譲渡損益は生じない（法法61の2③）。 ●抱合株式の帳簿価額は資本金等の額から減額される（法令8①五）。	●株式譲渡損益は生じない（法法61の2③）。 ●抱合株式の帳簿価額は資本金等の額から減額される（法令8①五）。

❷ 通算子法人（新通算グループの加入法人）の税務上の取扱い

取扱項目		時価評価除外法人の場合	時価評価対象法人の場合
加入時の時価評価		時価評価不要	時価評価必要
加入法人の繰越欠損金の持込制限	法人税	●次の要件のいずれも満たさない場合，持込制限が生じる（法法57⑧，法令112の2③④）。 ① 支配関係5年継続要件 ② 共同事業性の要件 ③ 新たな事業の未開始要件 ●ただし，含み損益の特例計算の適用がある（法令113①⑫）。 ●持ち込む繰越欠損金は，特定欠損金となる（法法64の7②）。	全額切り捨てられる（法法57⑥）。
	住民税	●新通算グループへの加入直前に有している控除対象通算対象所得調整額等は新通算グループに加入しても切り捨てられない。 ●新通算グループへの加入により切り捨てられる法人税の繰越欠損金は，控除対象通算適用前欠損調整額となる（地法53③④，321の8③④）。	●新通算グループへの加入直前に有している控除対象通算対象所得調整額等は新通算グループに加入しても切り捨てられない。 ●新通算グループへの加入により切り捨てられる法人税の繰越欠損金は，控除対象通算適用前欠損調整額となる（地法53③④，321の8③④）。
	事業税	切り捨てられない（地法72の23①②）。	切り捨てられない（地法72の23①②）。
加入に係る特定資産譲渡等損失額の損金算入制限		●次の要件のいずれも満たさない場合，損金算入制限が生じる（法法64の14①，法令131の19①②，131の8①，112の2④）。 ① 支配関係5年継続要件 ② 共同事業性の要件 ③ 新たな事業の未開始要件 ●ただし，含み損益の特例計算の適用がある（法令131の19⑤，123の9①）。	損金算入制限は生じない（法法64の14①）。

686

加入に係る特定資産譲渡等損失額等の損益通算制限	● 次の要件のいずれも満たさない場合，「特定資産譲渡等損失額が生じる場合の損益通算の制限」又は「減価償却費割合が30％超の場合の損益通算の制限」が生じる（法法64の6①③，法令131の8①②，112の2④）。 ① 支配関係5年継続要件 ② 共同事業性の要件 ● 通算対象外欠損金額は特定欠損金となる（法法64の7②三）。	損益通算制限は生じない（法法64の6①③）。

❸　通算親法人（新通算グループの株式取得法人）の税務上の取扱い

取扱項目	時価評価除外法人の場合	時価評価対象法人の場合
加入時の離脱見込み法人株式の時価評価	離脱見込み法人株式の時価評価は適用されない（法法64の12②）。	加入法人が離脱見込み法人に該当する場合は，株式保有法人において加入日の前日の属する事業年度に離脱見込み法人株式の時価評価が行われる（法法64の12②，法令131の16③⑤）。
加入法人株式	● 適格合併の場合，株式の取得価額は，被合併法人の帳簿価額（旧通算グループの投資簿価修正後）となる（法法62の2①，法令123の3③）。 ● 非適格合併の場合，株式の取得価額は時価となる（法令119①二十七）。 ● 適格合併による株式の取得については，将来の投資簿価修正に係る資産調整勘定対応金額等は生じない（法令119の3⑥⑦）。 ● 非適格合併による株式の取得については，将来の投資簿価修正に係る資産調整勘定対応金額等が発生する（法令119の3⑥⑦）。	● 適格合併の場合，株式の取得価額は，被合併法人の帳簿価額（旧通算グループの投資簿価修正後）となる（法法62の2①，法令123の3③）。 ● 非適格合併の場合，株式の取得価額は時価となる（法令119①二十七）。 ● 適格合併による株式の取得については，将来の投資簿価修正に係る資産調整勘定対応金額等は生じない（法令119の3⑥⑦）。 ● 非適格合併による株式の取得については，将来の投資簿価修正に係る資産調整勘定対応金額等が発生する（法令119の3⑥⑦）。

第4部　グループ通算制度の特殊な状況下でのケーススタディ

第3章　グループ通算制度開始前と開始後の M&A・組織再編成・清算の ケーススタディ

　通算制度の採否を検討すると同時に，他の法人の完全子法人化や100％子法人の株式譲渡を検討している場合，通算制度の開始前又は開始後のいずれで完全子法人化又は株式譲渡を行うかによって税務上の取扱いが異なる場合がある。

　また，通算制度の採否を検討すると同時に，通算グループ内の組織再編成又は通算子法人の残余財産の確定を検討している場合，通算制度の開始前又は開始後のいずれで組織再編成又は残余財産の確定を行うかによって税務上の取扱いが異なる場合がある。

　そのため，意図せざる不利益を受けないためにも，いずれの選択肢がよいのか検討する必要がある。

　具体的には次のような考え方となる。

　なお，下記については，税金の減少のみを目的とした加入，離脱，組織再編成，残余財産の確定を取り扱うものではない。税金の減少のみを目的として加入，離脱，組織再編成，残余財産の確定を行う行為は，包括的な租税回避防止規定（法人税法第132条，132条の2，132条の3）に抵触する可能性があることに留意する必要がある。

　また，ここで，「組織再編成」とは，合併（通算親法人を被合併法人とするものを除く），分割，現物出資，現物分配を対象としており，「適格合併等」とは，適格合併，適格分割，適格現物出資，適格現物分配をいい，「合併法人等」とは，合併法人，分割承継法人，被現物出資法人，被現物分配法人をいい，「被合併法人等」とは，被合併法人，分割法人，現物出資法人，現物分配法人をいうものとする。

第1節　通算子法人の加入の税務上の取扱い（グループ通算制度開始前と開始後の比較）

　通算制度を開始する前後において，通算法人が他の法人を完全子法人化する予定がある場合，開始前に完全子法人化した場合は，当該他の法人は開始時の通算子法人として開始に伴う制限規定が適用され，開始後に完全子法人化した場合は，当該他の法人は加入法人として加入に伴う制限規定が適用されることになる。

　この場合，通算子法人の完全子法人化（加入）の時期と税務上の取扱いの適用関係は次のとおりとなる。

[図表] 通算子法人の加入の時期と税務上の取扱いの適用関係

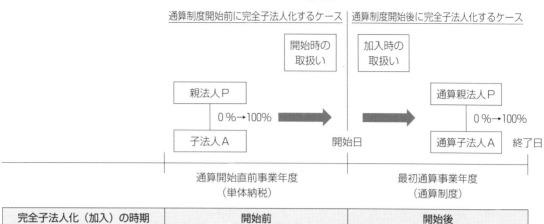

完全子法人化（加入）の時期	開始前	開始後
時価評価 また，時価評価対象法人に該当する場合，繰越欠損金が全額切り捨てられる。	通算親法人との間に完全支配関係の継続が見込まれる通算子法人であれば，時価評価除外法人となる。	以下のいずれかに該当する場合，時価評価除外法人に該当する。 ① 通算グループ内の新設法人 ② 適格株式交換等により加入した株式交換等完全子法人 ③ 50％超のグループ法人を完全子法人化する場合で完全支配関係継続要件，従業者継続要件，主要事業継続要件を満たす法人 ④ グループ外の法人を完全子法人化する場合で共同事業要件を満たす法人
時価評価除外法人の繰越欠損金の切捨て又は特定資産譲渡等損失額の損金算入制限	以下のいずれかを満たす場合，制限は生じない。 ① 支配関係5年継続要件 ② 共同事業性の要件 仮に，①②の両方を満たさない場合でも新たな事業を開始したときに該当しなければ制限は生じない。	同左 なお，上記④の時価評価除外法人に該当する法人については共同事業性の要件を満たす。

　この場合，まず，時価評価除外法人の判定について，開始時については完全支配関係の継続が見込まれれば時価評価除外法人に該当し，加入時については，通算グループ内の新設法人及び適格株式交換等による株式交換等完全子法人以外は，適格組織再編成と同様の要件を満たせば時価評価除外法人に該当する。

　次に，時価評価除外法人の繰越欠損金の切捨て又は特定資産譲渡等損失額の損金算入制限について，開始時又は加入時いずれも支配関係5年継続要件又は共同事業性の要件のいずれかを満たせば制限は課されず，仮に両要件とも満たさない場合であっても新たな事業を開始したときに該当しなければ制限は課されない（なお，グループ外の法人を完全子法人化する場合には時価評価除外法人に該当すれば同時に共同事業性の要件を満たすことになる）。

　そのため，完全子法人化（加入）の時期について，基本的に有利・不利が生じないケースが

多いだろうが，加入時の時価評価除外法人に該当しないケースについては有利・不利が生じる。

例えば，グループ外の法人について，開始前に完全子法人化する場合であれば，開始時に時価評価除外法人に該当し，新たな事業を開始したときに該当しなければ制限は生じないが，開始後に完全子法人化する場合，加入時に共同事業要件を満たさずに時価評価対象法人となり，時価評価と繰越欠損金の切捨てが生じるケースがある。

[図表] グループ通算制度の開始前にグループ外の法人を完全子法人化する方が有利となるケース
[ケース１] 通算制度の開始前に完全子法人化するケース ［ケース２］ 通算制度の開始後に完全子法人化するケース

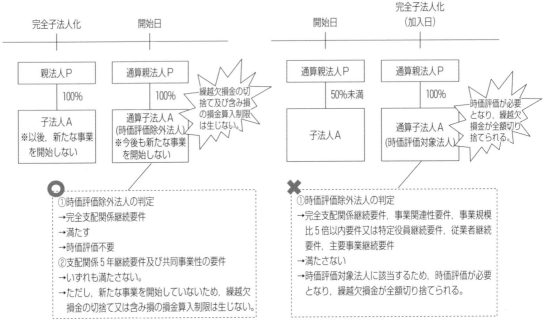

なお，支配関係がある法人について，開始前に完全子法人化する場合と開始後に完全子法人化する場合，支配関係５年継続要件又は共同事業性の要件について，開始時と加入時の要件の定義は同じであるが，開始時と加入時では，通算承認日の５年前の日が異なるし，また，通算前事業（関連事業）の範囲が必ずしも一致しない。そのため，それぞれのケースで要件を満たすか確認をする必要がある。

第２節　通算子法人の離脱の税務上の取扱い（グループ通算制度開始前と開始後の比較）

通算制度を開始する前後において，通算法人が通算子法人の株式を通算グループ外に譲渡する予定がある場合，開始前に譲渡する場合は開始・離脱時の取扱いは適用されないが，開始後に譲渡する場合は開始・離脱時の取扱いが適用されることになる。

この場合,通算子法人の株式譲渡(離脱)の時期と税務上の取扱いの適用関係は次のとおりとなる。

[図表] 通算子法人の離脱の時期と税務上の取扱いの適用関係

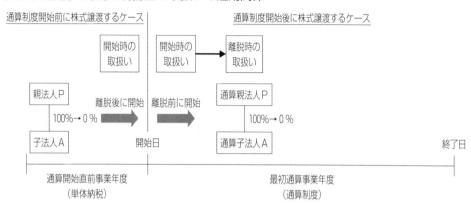

株式譲渡(離脱)の時期		開始前	開始日から2か月以内	開始日から2か月を経過した日以後
開始時の取扱い	開始時の時価評価	適用されない	適用されない 完全支配関係が継続する見込みがないため,時価評価対象法人に該当するが,開始日以後2か月以内,かつ,最初通算事業年度終了日までに通算グループ外に離脱するため,時価評価は行われない。	適用される ●完全支配関係が継続する見込みがないため,時価評価対象法人に該当し,時価評価が行われる。 ●株主である通算法人において離脱見込み法人株式の時価評価が行われる。
	開始前の繰越欠損金の切捨て	適用されない	適用されない 最初通算事業年度終了日までに通算グループ外に離脱するため,繰越欠損金は切り捨てられない。	適用されない 最初通算事業年度終了日までに通算グループ外に離脱するため,繰越欠損金は切り捨てられない。
	特定資産譲渡等損失額の損金算入制限	適用されない	適用されない 時価評価対象法人に該当するため,特定資産譲渡等損失額の損金算入制限は課されない。	適用されない 時価評価対象法人に該当するため,特定資産譲渡等損失額の損金算入制限は課されない。
離脱時の取扱い	離脱時の時価評価	適用されない	適用されない 開始日以後2か月以内,かつ,最初通算事業年度終了日までに通算グループ外に離脱するため,離脱時の時価評価は適用されない。	評価要件に該当すれば適用される ただし,開始時に時価評価をしているため,基本的に評価損益は生じない。
	投資簿価修正	適用されない	適用されない 開始日以後2か月以内,かつ,最初通算事業年度終了日までに通算グループ外に離脱するため,投資簿価修正は適用されない。	適用される

　上記より,通算制度の開始前に株式を譲渡する場合と開始日以後2か月以内に株式を譲渡する場合は,開始・離脱時の取扱いが適用されないため,この2つの選択肢について税負担に差異は生じない。

第4部　グループ通算制度の特殊な状況下でのケーススタディ

　そのため，開始日から2か月を経過した日以後に株式を譲渡する場合に有利・不利が生じることになる。

　この場合，まず，離脱法人において，開始時の保有資産の時価評価が適用されることによって税負担が増減し，次に，離脱法人の株式を有する通算法人において，開始時の離脱見込み法人株式の時価評価と離脱時の投資簿価修正が適用されることによって税負担が増減することになる。

　例えば，次のようなケースでは，通算制度開始前に株式を譲渡する場合と比較して税負担に差異が生じることになる。

[図表]　グループ通算制度開始前又は開始後に株式を譲渡する場合の有利・不利（含み益がある場合）
[ケース1]　通算制度開始前に株式を譲渡するケース

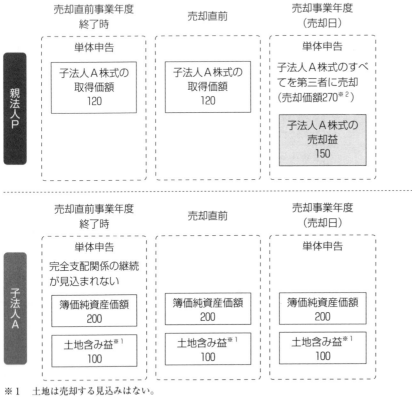

※1　土地は売却する見込みはない。
※2　時価は簿価純資産価額に土地の含み益（税負担額30％控除後）を加算した金額とする。

[ケース2] 通算制度開始日から2か月を経過した日以後に株式を譲渡するケース

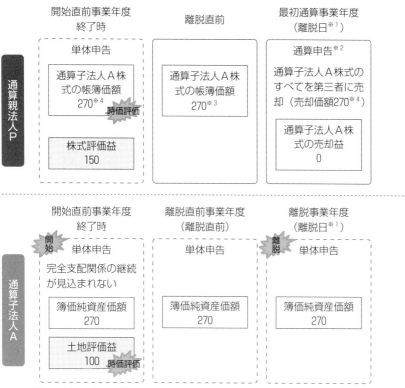

※1 離脱日(売却日)は通算制度開始日以後2か月を経過した日以後とする。
※2 通算親法人Pには他の通算子法人が存在するため,通算制度が適用される。
※3 通算子法人Aの簿価純資産価額に帳簿価額を修正する。資産調整勘定等対応金額は生じないものとする。また,離脱時の時価評価の適用事由には該当しないものとする。
※4 時価が簿価純資産価額と一致するものとする。

第4部　グループ通算制度の特殊な状況下でのケーススタディ

[図表]　グループ通算制度開始前又は開始後に株式を譲渡する場合の有利・不利（含み損がある場合）

[ケース1]　通算制度開始前に株式を譲渡するケース

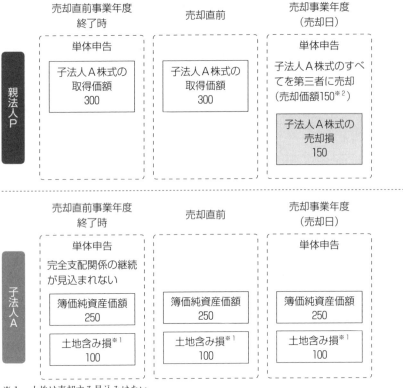

※1　土地は売却する見込みはない。
※2　時価は簿価純資産価額に土地の含み損を減算した金額とする。

[ケース2] 通算制度開始日から2か月を経過した日以後に株式を譲渡するケース

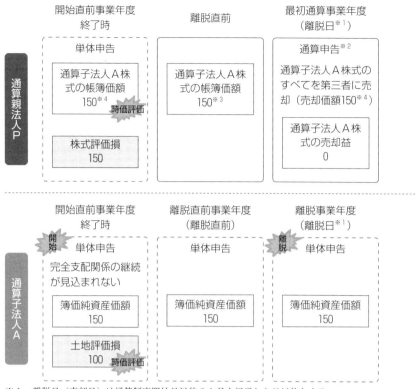

※1 離脱日（売却日）は通算制度開始日以後2か月を経過した日以後とする。
※2 通算親法人Pには他の通算子法人が存在するため、通算制度が適用される。
※3 通算子法人Aの簿価純資産価額に帳簿価額を修正する。資産調整勘定等対応金額は生じないものとする。また、離脱時の時価評価の適用事由には該当しないものとする。
※4 時価が簿価純資産価額と一致するものとする。

第3節　通算子法人の組織再編成の税務上の取扱い（グループ通算制度開始前と開始後の比較）

通算制度の開始前又は開始後のいずれで通算グループ内の組織再編成を行うかについて、通算グループ内の組織再編成の時期と税務上の取扱いの適用関係は次のとおりとなる。

第4部 グループ通算制度の特殊な状況下でのケーススタディ

[図表] 通算グループ内の組織再編成の時期と税務上の取扱いの適用関係

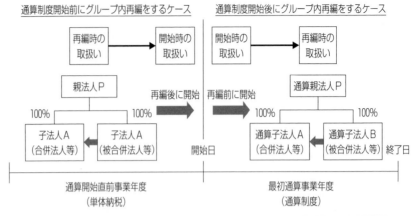

通算グループ内の組織再編の時期		開始前	開始後
再編時の取扱い	適格判定	●通常の組織再編税制の取扱いとなる。以下，適格合併等に該当するものとする。	●通算制度を適用している場合も取扱いは同じとなる。以下，適格合併等に該当するものとする。
	組織再編税制の繰越欠損金の利用制限	●通常の組織再編税制の取扱いとなる。	以下，合併法人等，被合併法人等ともに，時価評価除外法人に該当するものとする。 ●被合併法人が時価評価除外法人に該当する場合，通算法人間の適格合併において，被合併法人の開始前の繰越欠損金で持ち込めたもの（最終事業年度の残額）は合併法人となる通算法人において特定欠損金として引き継がれる（法法57②，64の7②二）※2。この場合，通算法人間の適格合併では，被合併法人の繰越欠損金の引継制限の規定は適用されない（法令112の2⑥）。 ●通算法人間の適格合併等において合併法人等の繰越欠損金に利用制限は生じない（法法57④，法令112の2⑦）。 ●被合併法人である通算子法人の合併日の前日の属する事業年度（合併日が通算親法人の事業年度開始日である場合を除く）において生じた欠損金額は，合併法人である通算法人の合併日の属する事業年度において損金の額に算入される（法法64の8，法令131の10②）。なお，その欠損金額のうち損益通算の対象外となる欠損金額（制限対象額）がある場合は，合併法人である通算法人の通算前欠損金額のうち制限対象額に達するまでの金額は合併法人である通算法人でも損益通算の対象外とする（法法64の6④）。
	組織再編税制の特定資産譲渡等損失額の損金算入制限	●通常の組織再編税制の取扱いとなる。	●通算制度を適用している場合も取扱いは同じとなる。 ●通算制度の特定資産譲渡等損失額の損金算入制限が適用された後に組織再編税制の特定資産譲渡等損失額の損金算入制限が適用される場合，通算制度の特定資産譲渡等損失額の損金算入制限の適用は終了する（法法64の14⑤）。

696

	株主の税務	●通常の組織再編税制の取扱いとなる。	●通算制度を適用している場合も取扱いは同じとなる。
開始時の取扱い	通算制度開始時の時価評価（時価評価除外法人の判定）	●適格合併等後の合併法人等又は被合併法人等である通算法人について完全支配関係継続要件を判定する。	●適格合併等前の個社ごとに完全支配関係継続要件を判定する。 ●この場合，通算承認の効力が生じた後にその通算子法人を被合併法人とする通算グループ内適格合併（通算親法人又は通算親法人による完全支配関係が継続することが見込まれている他の通算子法人を合併法人とするものに限る）が見込まれている場合には，その通算承認の効力が生じた時からその適格合併の直前の時まで完全支配関係が継続することが見込まれている場合が要件となる（法法64の11①，法令131の15④）。
	通算制度開始前の繰越欠損金の切捨て	以下，合併法人等又は被合併法人等である通算法人は時価評価除外法人に該当するものとする。 ●適格合併等後の合併法人等又は被合併法人等である通算法人について「支配関係5年継続要件」「共同事業性の要件」「新たな事業の未開始要件」を判定する。 ●開始前に適格合併等を行うため，「支配関係5年継続要件」について，新設法人の除外規定[※1]の適用対象となる場合がある。 ●開始前に適格合併等を行うため，切捨て対象となる特定資産譲渡等損失相当額について，開始前の適格合併等（みなし共同事業要件を満たさないもの）で被合併法人等から引き継いだ資産のうち被合併法人等が支配関係発生日の属する事業年度開始日前から有していた資産（みなし特定資産）は特定資産に該当するものとして計算する（法令112の2⑤，112⑥）。 ●開始前に適格合併等を行うため，切捨て対象となる特定資産譲渡等損失相当額について，開始前の適格合併（みなし共同事業要件を満たさないもの）で被合併法人から引き継いだ繰越欠損金のうち被合併法人の特定資産譲渡等損失相当欠損金額を加算して計算する（法令112の2⑤，112⑥⑦⑧）。 ●開始前の適格合併等によって，合併法人等に被合併法人等から既に行っている事業とは異なる事業が移転する場合，合併法人等である通算法人において「新たな事業を開始した場合」に該当することになる。	以下，合併法人等，被合併法人等ともに，時価評価除外法人に該当するものとする。 ●適格合併等前の個社ごとに「支配関係5年継続要件」「共同事業性の要件」「新たな事業の未開始要件」を判定する。 ●その後の適格合併等によって，合併法人等に被合併法人等から既に行っている事業とは異なる事業が移転する場合，合併法人等である通算法人において「新たな事業を開始した場合」に該当することになる。
	通算制度の特定資産譲渡等損失額の損金算入制限	●適格合併等後の合併法人等又は被合併法人等である通算法人について「支配関係5年継続要件」「共同事業性の要件」「新たな事業の未開始要件」を判定する。 ●開始前に適格合併等を行うため，「支配関係5年継続要件」について，新設法人の除外規定[※1]の適用対象となる場合がある。 ●開始前に適格合併等を行うため，開始前の適格合併等（みなし共同事業要件を満たさないもの）で被合併法人等から引き継いだ資産のうち被合併法	●適格合併等前の個社ごとに「支配関係5年継続要件」「共同事業性の要件」「新たな事業の未開始要件」を判定する。 ●その後の適格合併等によって，合併法人等に被合併法人等から既に行っている事業とは異なる事業が移転する場合，合併法人等である通算法人において「新たな事業を開始した場合」に該当することになる。

第4部　グループ通算制度の特殊な状況下でのケーススタディ

| | | 人等が支配関係発生日の属する事業年度開始日前から有していた資産（特定移転資産）は特定資産とみなされる（法令131の19③，123の8③）。
●開始前の適格合併等によって，合併法人等に被合併法人等から既に行っている事業とは異なる事業が移転する場合，合併法人等である通算法人において「新たな事業を開始した場合」に該当することになる。
●組織再編税制の特定資産譲渡等損失額の損金算入制限が適用された後に通算制度の特定資産譲渡等損失額の損金算入制限が適用される場合，組織再編税制の特定引継資産に係る特定資産譲渡等損失額と通算制度の特定資産譲渡等損失額について損金算入制限が課される（法法67の2⑦）。 | |

※1　新設法人の除外規定とは，新設法人を設立して，その新設法人に既存法人の繰越欠損金や含み損，あるいは，事業を移転した後に，その新設法人を通算子法人又は通算親法人とした場合に，その新設法人である通算子法人と通算親法人，あるいは，その新設法人である通算親法人と通算子法人との間の支配関係について，一定の場合，設立日からの支配関係継続要件を満たさないこととする取扱いをいう（法令112の2③，131の19①，131の8①）。

※2　一方，新たな事業を開始した場合に該当し，通算制度に持ち込めなかった繰越欠損金は合併法人に引き継げない（法法57②⑧）。なお，支配関係発生日以後に新たな事業を開始している場合でも，合併日が最初通算事業年度開始日となる場合，被合併法人の最終事業年度は最初通算事業年度開始日の前日で終了するため，最終事業年度で開始前の繰越欠損金の切捨てはなく，かつ，通算法人間の適格合併では引継制限はないため，時価評価除外法人の繰越欠損金は，合併法人に特定欠損金として引き継がれることになる（法法57②⑧，64の7②二，法令112の2⑥）。ただし，このような取扱いは，新たな事業を開始した場合に該当し，本来，切捨ての対象となる繰越欠損金が，合併法人に引き継がれることで，通算制度に持ち込まれることになるため，制度上問題があると思われる（この点，時価評価対象法人については，法人税法第57条第7項で手当されている）。

この場合，有利・不利の基本的な考え方は次のとおりとなる。

①　通算グループ内の組織再編成が，適格合併等に該当し，再編時に組織再編税制に係る「支配関係5年継続要件」又は「みなし共同事業要件」のいずれかを満たし，開始時に通算制度に係る「支配関係5年継続要件」又は「共同事業性の要件」のいずれかを満たす場合は，通算制度の開始前又は開始後のいずれであっても不利益を受けない。

②　通算制度の開始前に通算グループ内の適格合併等を行う場合に被合併法人又は合併法人等の繰越欠損金に利用制限が生ずる場合については，通算制度の開始後に通算グループ内の適格合併等を行う場合，被合併法人及び合併法人等となる通算法人では通算制度に持ち込めた繰越欠損金の利用制限は課されないため，通算制度の開始後に適格合併等を行った方が不利益を受けない。

第3章　グループ通算制度開始前と開始後のM&A・組織再編成・清算のケーススタディ

[図表]　グループ通算制度の開始前又は開始後のいずれで通算グループ内の適格合併を行うか？

[ケース1]　開始前の通算グループ内の適格合併により繰越欠損金が切り捨てられてしまうケース

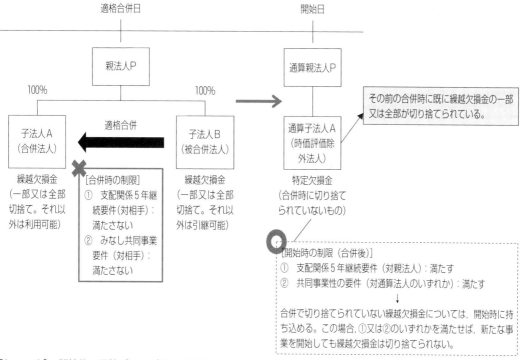

[ケース2]　開始後に通算グループ内の適格合併をするケース

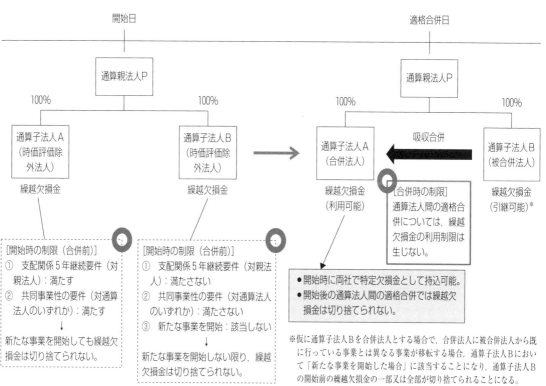

第4部　グループ通算制度の特殊な状況下でのケーススタディ

　また，組織再編税制に係る「支配関係5年継続要件」又は「みなし共同事業要件」と通算制度に係る「支配関係5年継続要件」又は「共同事業性の要件」については，定義の趣旨・目的は同じであるが，以下の点を含め詳細は異なるため，最終的には，それぞれのケースで要件を満たすか確認する必要がある。

● 組織再編税制に係る「支配関係5年継続要件」については，被合併法人等と合併法人等との間で満たす必要があるが，通算制度に係る「支配関係5年継続要件」については，その通算法人と通算親法人（その通算法人が通算親法人である場合，通算子法人のいずれか）との間で満たす必要がある点で，それぞれ判定結果が異なる場合もあり得る。

● 組織再編税制に係る「みなし共同事業要件」については，被合併等事業（被合併法人の主要な事業のうちいずれかの事業，分割事業，現物出資事業から選定）と合併等事業（合併法人等の事業のうちいずれかの事業から選定）との間で事業関連性要件や事業規模比5倍以内要件等を満たす必要があるが，通算制度に係る「共同事業性の要件」については，通算前事業（開始時の通算グループ内の事業のうち通算グループ全体にとって主要な事業の中からいずれかの主要な事業を選定）と親法人事業（開始時の通算グループ内（その通算法人を除く）の事業の中からいずれかの事業を選定）との間で事業関連性要件や事業規模比5倍以内要件等を満たす必要がある点で，それぞれ判定結果が異なる場合もあり得る。

第4節　通算子法人の残余財産の確定の税務上の取扱い（グループ通算制度開始前と開始後の比較）

　通算制度の開始前又は開始後のいずれで通算子法人の残余財産を確定させるかについて，通算子法人の残余財産の確定の時期と税務上の取扱いの適用関係は次のとおりとなる。

　なお，合併の取扱いの解説と合わせるため，残余財産の確定日の翌日が最初通算事業年度開始日である場合については，通算制度の開始後に残余財産が確定するものとして取り扱う。

700

[図表] 通算子法人の残余財産の確定の時期と税務上の取扱いの適用関係

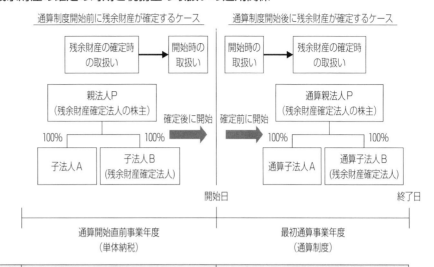

残余財産の確定の時期		開始前	開始後
残余財産の確定時の取扱い	残余財産確定の繰越欠損金の引継制限	●通常の残余財産の確定時の取扱いとなる。	●残余財産確定法人は時価評価対象法人に該当するため、開始前の繰越欠損金は開始時に全額切り捨てられ、残余財産の確定日の属する事業年度（最初通算事業年度開始日から残余財産の確定日までの期間）において使用できない（法法57⑥）。そのため、残余財産確定法人の株主である通算法人において引き継ぐことはできない（法法57②）。 ●残余財産の確定日が通算開始直前事業年度終了日である場合、残余財産確定法人について、一度、通算承認が生じることになるが、完全支配関係が継続する見込みがなく時価評価対象法人に該当することになる。この場合、残余財産確定法人の株主が通算親法人である場合は、残余財産確定法人の開始前の繰越欠損金は引き継ぐことができない（法法57⑦、法令112の2②）※2。 ●残余財産確定法人である通算子法人の残余財産の確定日の属する事業年度（残余財産の確定日が通算親法人事業年度終了日である場合を除く）において生じた欠損金額は、残余財産確定法人の株主である通算法人の残余財産の確定日の翌日の属する事業年度において損金の額に算入される（法法64の8、法令131の10②）。なお、その欠損金額のうち損益通算の対象外となる欠損金額（制限対象額）がある場合は、残余財産確定法人の株主である通算法人の通算前欠損金額のうち制限対象額に達するまでの金額は残余財産確定法人の株主である通算法人でも損益通算の対象外とする（法法64の6④）。
	株式消滅損益	●通常の残余財産の確定時の取扱いとなる（みなし配当は全額益金不算入。株式消滅損益相当額は資本金等の額で処理）。	●通算制度を適用している場合も取扱いは同じとなる。 ●ただし、投資簿価修正を適用した後の残余財産確定法人株式の帳簿価額に基づき、株式消滅処理を行うことになる。

第4部　グループ通算制度の特殊な状況下でのケーススタディ

| 開始時の取扱い | 開始時の時価評価（時価評価除外法人の判定） | 残余財産の確定日が通算開始直前事業年度終了日の前日以前である場合，開始前に残余財産確定法人の完全支配関係は消滅している。 | ●残余財産確定法人である通算子法人は開始時に完全支配関係の継続が見込まれないため，時価評価対象法人に該当する。なお，残余財産の確定日が通算開始直前事業年度終了日である場合，通算承認は残余財産の確定日の翌日から効力を失うため，最初通算事業年度開始日に通算承認の効力を失うことになる（法法64の10⑥五）。この場合，残余財産確定法人は，いったん通算承認の効力が生じることになるが，開始時に完全支配関係の継続が見込まれないため，時価評価対象法人に該当するものと考えられる。
●この場合，残余財産の確定により完全支配関係を有しなくなるため，最初通算事業年度開始日以後2か月以内に完全支配関係を有しなくなる場合であっても初年度離脱開始子法人に該当せずに，通算開始直前事業年度に時価評価が行われる（法法64の11①，法令131の15①ハ）。
●また，残余財産確定法人の株主である通算法人（株式保有法人）においても通算開始直前事業年度に残余財産確定法人である通算子法人の株式の時価評価が行われる（法法64の11①②）。 |
| | 通算制度開始前の繰越欠損金の切捨て | ●残余財産確定後の残余財産確定法人の株主である通算法人について「支配関係5年継続要件」「共同事業性の要件」「新たな事業の未開始要件」を判定する。
●開始前に残余財産が確定するため，「支配関係5年継続要件」について，新設法人の除外規定※1の適用対象となる場合がある。
●開始前に残余財産の確定が行われるため，切捨て対象となる特定資産譲渡等損失相当額について，開始前の残余財産の確定で残余財産確定法人から引き継いだ繰越欠損金のうち残余財産確定法人の特定資産譲渡等損失相当欠損金額を加算して計算する（法令112の2⑤，112⑥⑦⑧）。 | ●残余財産確定法人である通算子法人は時価評価対象法人に該当することになるため，開始前の繰越欠損金は開始時に全額切り捨てられ，残余財産の確定日の属する事業年度（最初通算事業年度開始日から残余財産の確定日までの期間）において使用できない（法法57⑥）。
●なお，残余財産の確定日が通算開始直前事業年度終了日となる場合，残余財産確定法人では，通算開始直前事業年度が最終事業年度となる（最終事業年度の残余財産の確定による繰越欠損金の引継ぎの取扱いについては上記参照）。 |

※1　新設法人の除外規定とは，5年以内に買取した子法人を残余財産確定法人，その後に設立した新設法人を残余財産確定法人の株主として，残余財産確定法人（本来，制限のかかる法人）の繰越欠損金を残余財産確定法人の株主（本来，制限のかからない新設法人）に引き継ぐ場合に，その新設法人について，設立日からの支配関係継続要件を満たさないこととする取扱いをいう（法令112の2③）。

※2　一方，残余財産の確定日が通算開始直前事業年度終了日である場合において，残余財産確定法人の株主が通算子法人である場合，法人税法施行令第112条の2第2項第二号の要件（関係発生日（残余財産確定法人の完全支配関係を有することとなった日）から残余財産の確定日の属する通算親法人の事業年度終了日まで継続して残余財産確定法人の株主である通算子法人と通算親法人との間に通算完全支配関係があること）に該当しないため，法人税法第57条第7項一号（残余財産確定法人の開始前の繰越欠損金に引継規定が適用されない取扱い）が適用されないことになる（つまり，残余財産確定法人の株主が通算親法人である場合と異なり，引継規定が適用されることになる）。しかし，同項第二号の要件は，その趣旨から考えて，「関係発生日から関係発生日の属する通算親法人の事業年度終了日まで継続してその通算法人とその通算親法人との間に通算完全支配関係があること」であると考えられる。また，残余財産確定法人の株主が通算親法人か，通算子法人かで引継ぎの可否が変わるのは理論的ではない。そのため，残余財産確定法人の株主が通算子法人である場合も法人税法第57条第7項一号が適用されるものと考えられるが，その点，法令・通達等での明確化を期待したい。

　上記のとおり，通算制度の開始後に通算子法人の残余財産を確定させる場合，その通算子法人は，通算制度の開始時に完全支配関係の継続が見込まれないため，時価評価対象法人に該当する。そのため，残余財産確定法人となる通算子法人の開始前の繰越欠損金は開始時に全額切り捨てられることになる。ただし，その一方で，通算制度の開始時に残余財産確定法人の株主

である通算法人において残余財産確定法人である通算子法人の株式（離脱見込み法人株式）について時価評価が適用されることとなる。

そのため，通算制度の開始前に通算子法人の残余財産を確定させる場合と通算制度の開始後に通算子法人の残余財産を確定させる場合は，残余財産確定法人の株主である通算法人における残余財産確定法人の繰越欠損金の引継可能額と残余財産確定法人株式の評価損益の計上額を考慮して最終的な有利・不利を判断する必要がある。

[図表] グループ通算制度の開始前又は開始後のいずれで通算子法人の残余財産を確定させるか？
[ケース１] 開始前に通算子法人の残余財産を確定させる場合（繰越欠損金は利用可＆株式評価損は計上不可のケース）

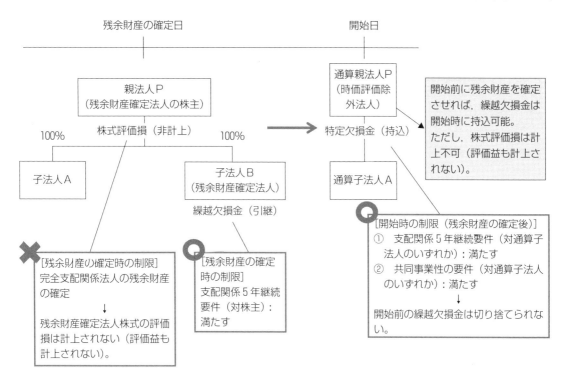

[ケース2] 開始後に通算子法人の残余財産を確定させる場合（繰越欠損金は利用不可＆株式評価損は計上可のケース）

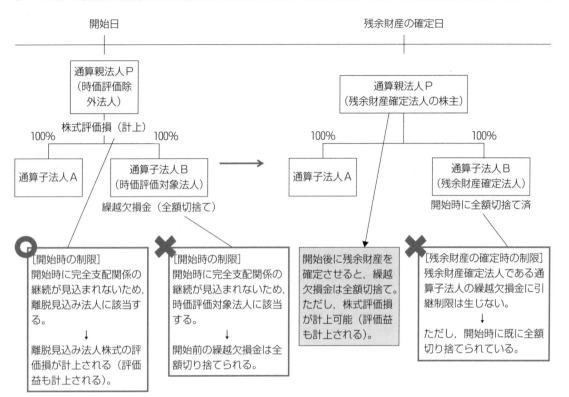

第4章 グループ通算制度のM＆A・組織再編成・残余財産の確定のスキーム選択の有利・不利

　通算制度を適用している企業グループが，M＆A，組織再編成，残余財産の確定を計画している場合，どのようなスキームを選択するかによって，時価評価や繰越欠損金の切捨ての取扱いが異なる。そのため，第5章では，ケースごとにその選択に係る有利・不利を解説することとする。

第1節　100％化後の合併における「加入時期の特例の適用」に係る選択の有利・不利

　ここでは，100％化後の合併において，被合併法人について「加入時期の特例を適用せずに最初通算事業年度終了日以前に通算グループ間合併をするケース」と「加入時期の特例を適用して特例決算期間内に100％グループ間合併をするケース」の税務上の取扱いを比較する。

　なお，以下は，第3部「Q＆A1：完全支配関係を有することとなった法人が特例決算期間（会計期間）の末日の翌日に適格合併により消滅する場合について」，「Q＆A2：完全支配関係を有することとなった法人が特例決算期間（会計期間）の中途に通算グループ内の合併により消滅する場合について」で示した国税庁の見解に従って記載している。

　また，加入時期の特例の適用による要件判定に係る有利・不利は第3部の以下のQ＆Aで解説している。

Q＆A9：加入時期の特例の適用と中小法人等の判定について
Q＆A10：加入時期の特例の適用と時価評価除外法人の判定時期について
Q＆A11：加入時期の特例の適用と支配関係5年継続要件及び共同事業性の要件の判定時期について

（前提条件）
- 通算親法人P社及び完全支配関係法人A社は3月決算とする。
- 通算親法人P社と完全支配関係法人A社との間の通算親法人P社による完全支配関係発生日は，X1年7月1日とする。
- 通算親法人P社を合併法人，完全支配関係法人A社を被合併法人とする合併をX2年1月1日に行う。

第4部 グループ通算制度の特殊な状況下でのケーススタディ

[図表] 100%化後の合併における「加入時期の特例の適用」に係る選択の有利・不利

[ケース1] 加入時期の特例を適用せずに最初通算事業年度終了日以前に通算グループ間合併をするケース

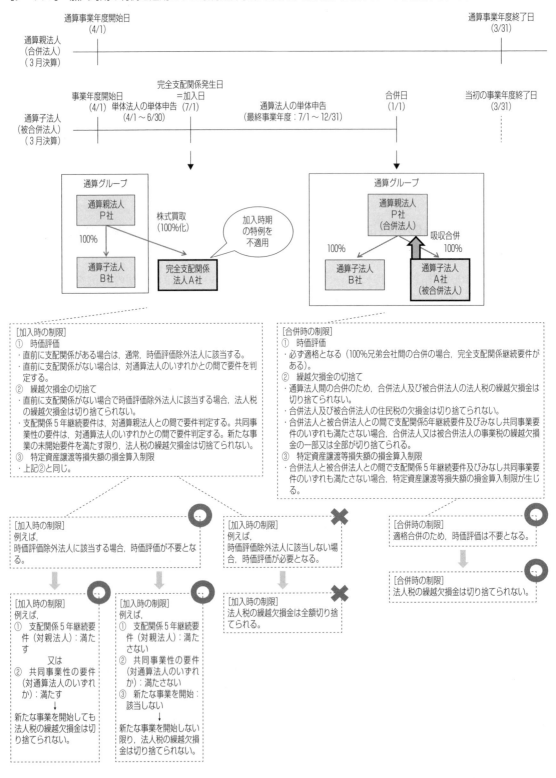

[ケース2] 加入時期の特例を適用して特例決算期間内に100%グループ間合併をするケース

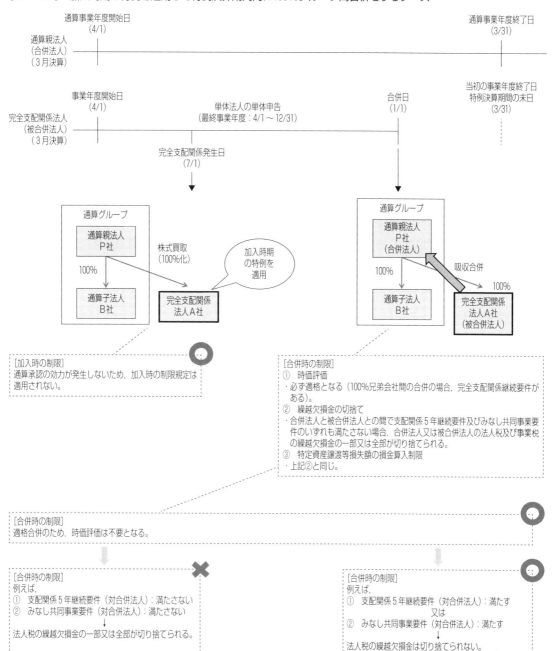

第2節　100%化後の残余財産の確定における「加入時期の特例の適用」に係る選択の有利・不利

　ここでは，100%化後の残余財産の確定において，残余財産確定法人について「加入時期の特例を適用せずに最初通算事業年度終了日の前日以前に残余財産が確定するケース」と「加入

第4部　グループ通算制度の特殊な状況下でのケーススタディ

時期の特例を適用して特例決算期間の末日の前日以前に残余財産が確定するケース」の税務上の取扱いを比較する。

　なお，以下は，第3部「Q&A1：完全支配関係を有することとなった法人が特例決算期間（会計期間）の末日の翌日に適格合併により消滅する場合について」，「Q&A2：完全支配関係を有することとなった法人が特例決算期間（会計期間）の中途に通算グループ内の合併により消滅する場合について」で示した国税庁の見解に従って記載している。

　また，ここでは，以下の理由から，加入法人の株式の全部を取得した場合で，その加入法人の100％子会社（加入孫法人）が清算中の法人である場合を前提としている。

① 　清算中の法人の株式を直接取得して100％化することは考えられないこと。

② 　100％化以後に解散する場合は，加入時期の特例を適用しても，解散日において特例決算期間が終了する，つまり，解散日の翌日に通算承認の効力が生じる（解散日の翌日＝加入日）と考えられることから，「加入時期の特例を適用して特例決算期間の末日の前日以前に残余財産が確定するケース」に該当しないこと（第3部「Q&A4：完全支配関係を有することとなった法人が特例決算期間（会計期間）の中途に清算により解散する場合について」参照）。

（前提条件）

- 完全支配関係法人A2社は完全支配関係法人A1社の100％子会社であり，清算中の法人に該当する。
- 通算親法人P社，完全支配関係法人A1社，完全支配関係法人A2社は3月決算とする。
- 通算親法人P社と完全支配関係法人A1社との間の通算親法人P社による完全支配関係発生日は，X1年7月1日とする。
- 完全支配関係法人A2社は，X1年12月31日に残余財産が確定するものとする。

第4章 グループ通算制度のM&A・組織再編成・残余財産の確定のスキーム選択の有利・不利

[図表] 100%化後の残余財産の確定における「加入時期の特例の適用」に係る選択の有利・不利
[ケース1] 加入時期の特例を適用せずに最初通算事業年度終了日の前日以前に残余財産が確定するケース

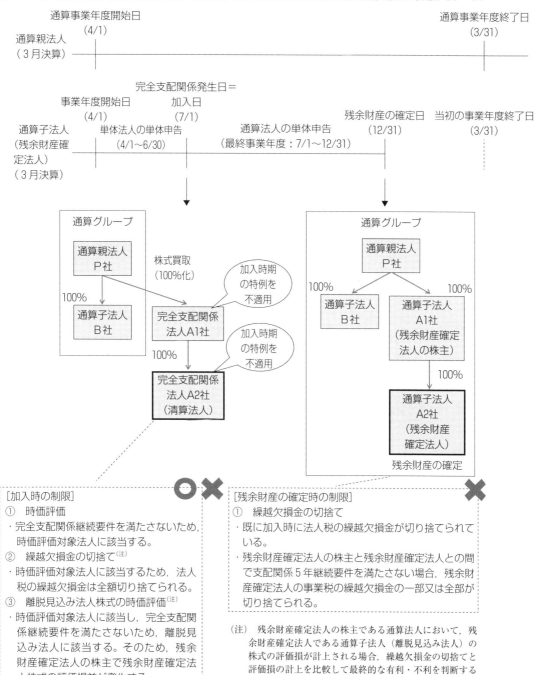

709

第4部 グループ通算制度の特殊な状況下でのケーススタディ

[ケース2] 加入時期の特例を適用して特例決算期間の末日の前日以前に残余財産が確定するケース

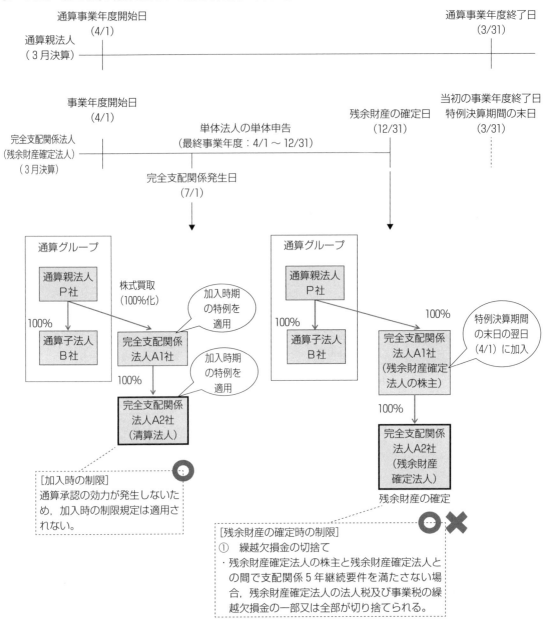

第3節 グループ通算制度の合併のスキーム選択の有利・不利

通算制度を適用している企業グループが，グループ会社又はグループ外の会社の合併を計画している場合，次のスキーム選択を行うことになる。

［選択1］ 100％化の選択

これは，被合併法人となる非通算法人又は通算外法人を完全子法人化してから合併するか又は直接合併するかの選択である。

［選択2］ 合併の手法の選択

これは，非通算法人又は通算外法人を直接合併する場合に，対価をどうするかの選択である。

［選択3］ 100％化の手法の選択

これは，非通算法人又は通算外法人を完全子法人化してから合併する場合に，完全子法人化を現金買取又は株式交換等のうち，いずれを行うか，また対価をどうするかの選択である。

合併における［選択1］［選択2］［選択3］に係るケース別の選択肢と有利・不利判定のポイントは次のとおりとなる。

[Case 1] 通算親法人が非通算法人を吸収合併するケース

（再編の概要）

通算親法人を合併法人，非通算法人を被合併法人とした吸収合併をするために，直接合併又は完全子法人化後の合併のいずれかのスキームを検討している。なお，通算外法人について，通算親法人がTOB・株式買取・第三者割当増資等により支配権を確保して非通算法人とした後にスキームを実行する場合を含むものとする。

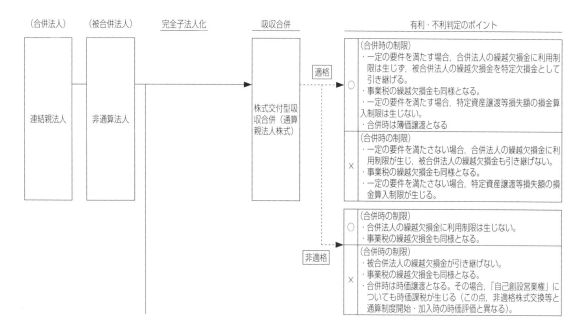

第4部 グループ通算制度の特殊な状況下でのケーススタディ

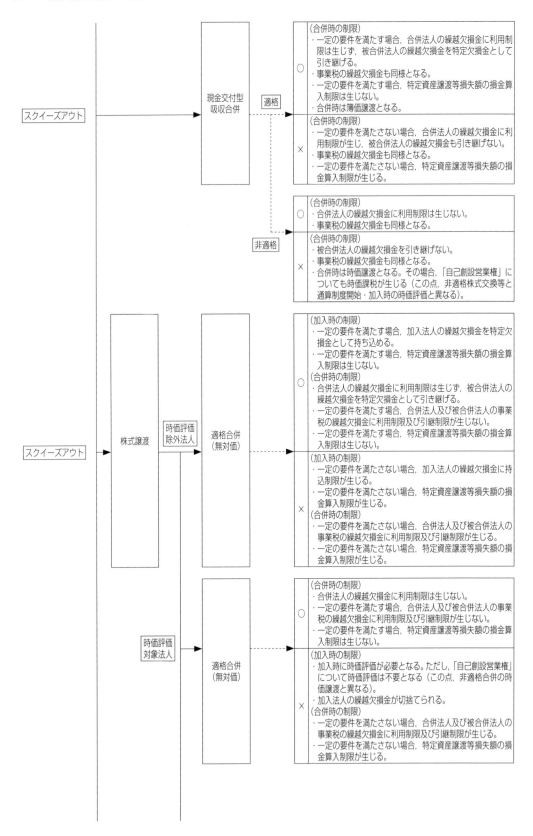

第4章　グループ通算制度のM&A・組織再編成・残余財産の確定のスキーム選択の有利・不利

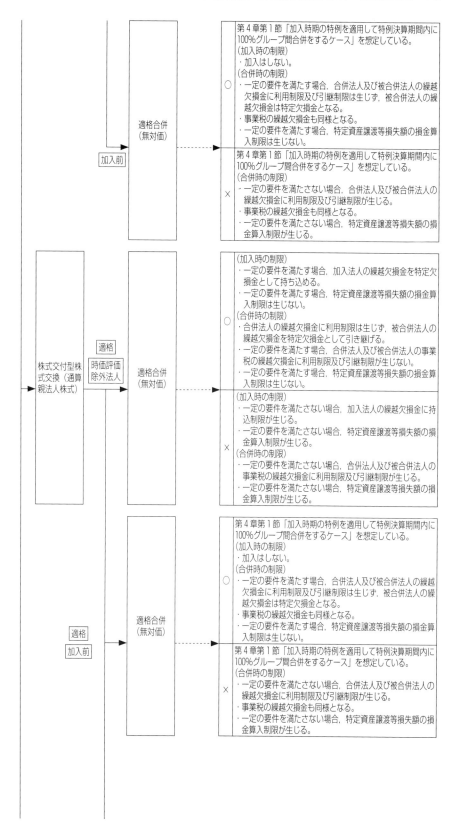

第4部　グループ通算制度の特殊な状況下でのケーススタディ

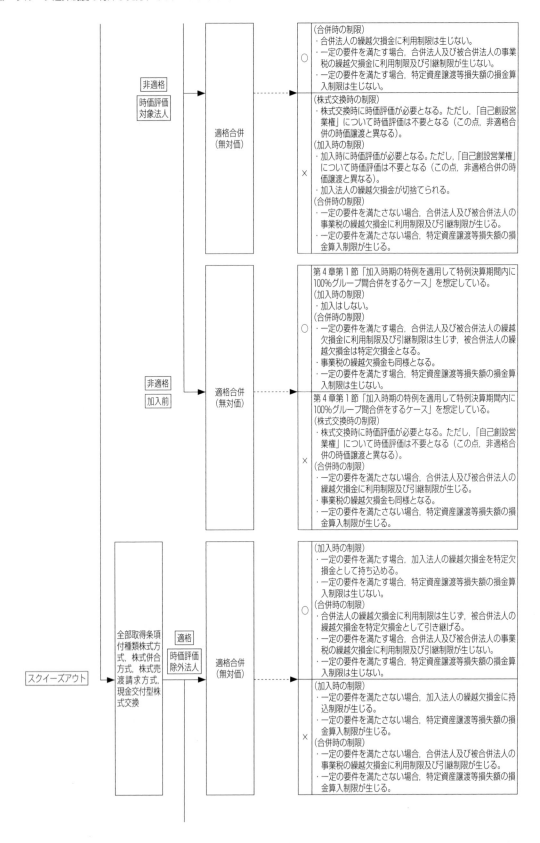

第4章 グループ通算制度のM&A・組織再編成・残余財産の確定のスキーム選択の有利・不利

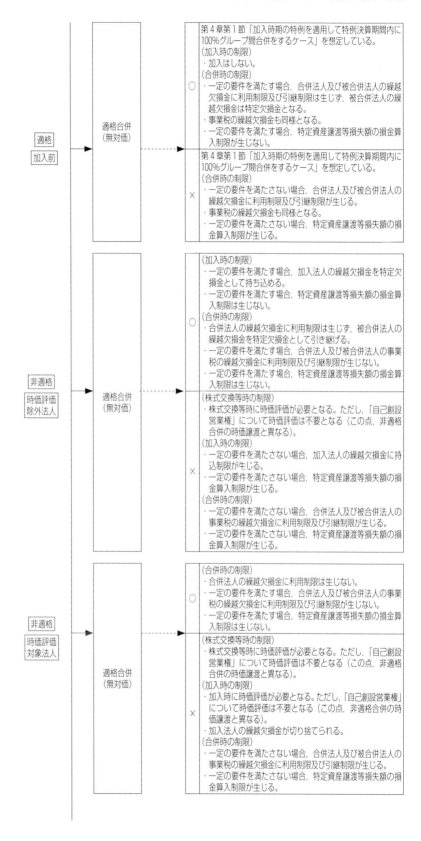

第4部 グループ通算制度の特殊な状況下でのケーススタディ

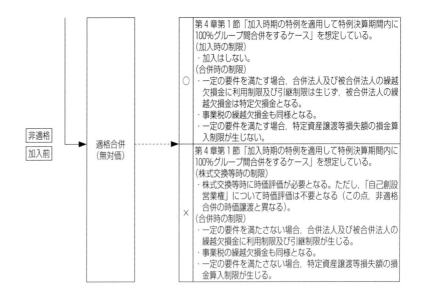

[Case 2] 通算子法人が非通算法人を吸収合併するケース

(再編の概要)

通算子法人を合併法人,非通算法人を被合併法人とした吸収合併をするために,直接合併又は完全子法人化後の合併のいずれかのスキームを検討している。なお,通算外法人について,通算子法人がTOB・株式買取・第三者割当増資等により支配権を確保して非通算法人とした後にスキームを実行する場合を含むものとする。

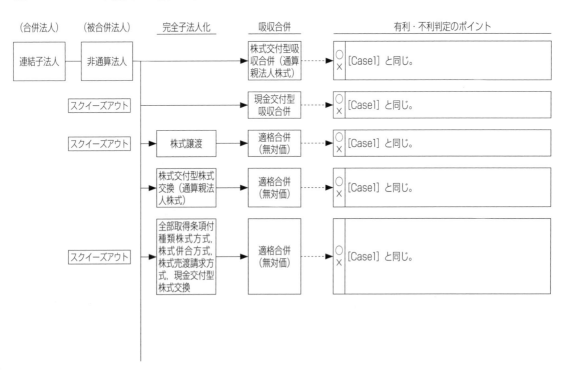

716

第4章 グループ通算制度のM&A・組織再編成・残余財産の確定のスキーム選択の有利・不利

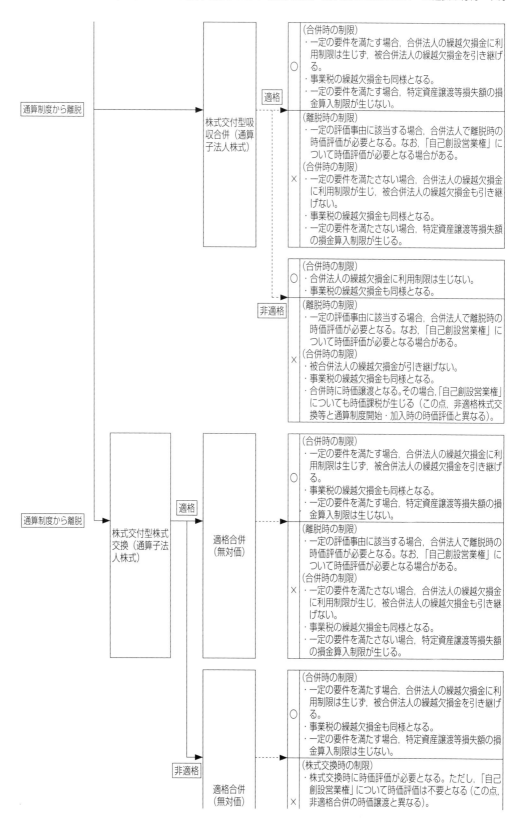

717

	(離脱時の制限) ・一定の評価事由に該当する場合，合併法人で離脱時の時価評価が必要となる。なお，「自己創設営業権」について時価評価が必要となる場合がある。 (合併時の制限) ・一定の要件を満たさない場合，合併法人の繰越欠損金に利用制限が生じ，被合併法人の繰越欠損金も引き継げない。 ・事業税の繰越欠損金も同様となる。 ・一定の要件を満たさない場合，特定資産譲渡等損失額の損金算入制限が生じる。

第4節　グループ通算制度の完全子法人化のスキーム選択の有利・不利

通算制度を適用している企業グループが，グループ会社又はグループ外の会社の完全子法人化を計画している場合，次のスキーム選択を行うことになる。

[選択1]　100％化の手法の選択

これは，非通算法人又は通算外法人の完全子法人化を現金買取，株式交換等のうち，いずれで行うかの選択である。

[選択2]　買収対価の選択

これは，買収対価を現金，通算親法人株式，通算子法人株式のいずれで行うかの選択である。

完全子法人化における［選択1］［選択2］に係るケース別の選択肢と有利・不利判定のポイントは次のとおりとなる。

[Case 1]　通算親法人が非通算法人を完全子法人化するケース

(再編の概要)

通算親法人を買収法人，非通算法人を買収対象法人とした完全子法人化のスキームを検討している。なお，通算外法人について，通算親法人がTOB・株式買取・第三者割当増資等により支配権を確保して非通算法人とした後にスキームを実行する場合を含むものとする。

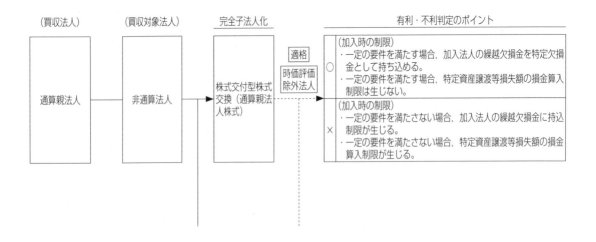

第4章 グループ通算制度のM&A・組織再編成・残余財産の確定のスキーム選択の有利・不利

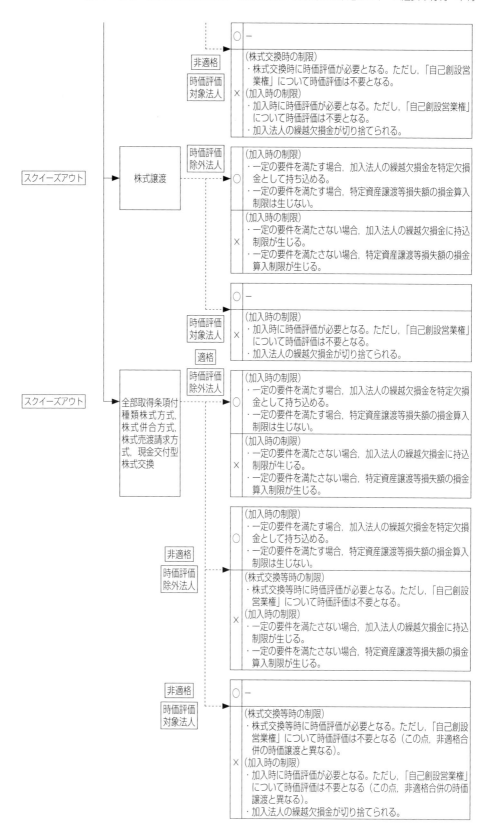

719

[Case 2] 通算子法人が非通算法人を完全子法人化するケース

（再編の概要）

通算子法人を買収法人，非通算法人を買収対象法人とした完全子法人化のスキームを検討している。なお，通算外法人について，通算子法人がTOB・株式買取・第三者割当増資等により支配権を確保して非通算法人とした後にスキームを実行する場合を含むものとする。

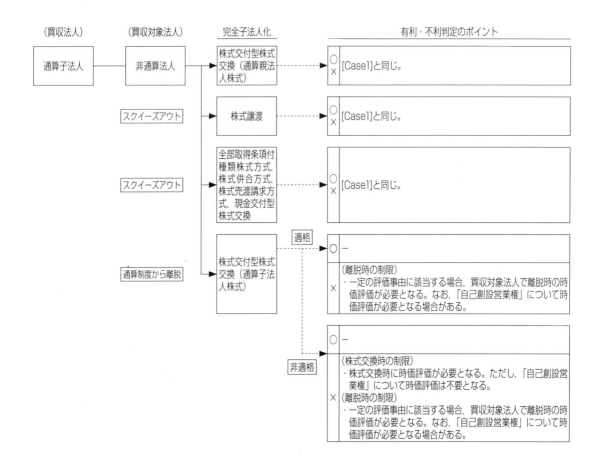

第5節 「合併」VS「清算」の選択の有利・不利

1 通算子法人の清算と合併の比較検討

通算制度を適用している場合で，通算子法人を解散する場合，次に掲げる選択肢が検討される。

［選択肢1］ 通算子法人を清算するケース
［選択肢2］ 通算子法人を合併するケース

第4章 グループ通算制度のM&A・組織再編成・残余財産の確定のスキーム選択の有利・不利

[図表] 通算子法人の清算と合併の比較検討

[選択肢1] 通算子法人を清算するケース

[1] 現状　　　　　　　　　　　　　　　[2] 清算

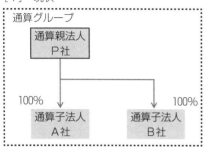

[選択肢2] 通算子法人を合併するケース

[1] 現状　　　　　　　　　　　　　　　[2] 合併

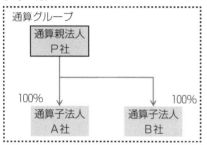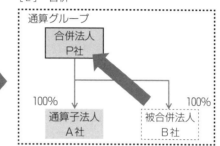

[選択肢1] と [選択肢2] の税務上の取扱いは，次のように比較することができる。

なお，[選択肢2] の合併は，通算親法人を合併法人とするものとし，[選択肢1] [選択肢2] は，通算子法人が，最初通算事業年度終了日後に合併又は残余財産が確定することを前提としている。

❶ 清算法人又は被合併法人（通算子法人B社）

[選択肢1] 通算子法人の清算	[選択肢2] 通算子法人の合併	有利・不利
i　みなし事業年度		
●通算事業年度開始日から残余財産の確定日までの期間（残余財産確定事業年度）が最終事業年度として設定される（法法14③④二・⑦，64の5①③，64の7①，64の10⑥五，地法72の13⑦⑧二・⑪）。 ●残余財産確定事業年度は，残余財産の確定日が通算親法人事業	●通算事業年度開始日から合併の前日までの期間（最終事業年度）が設定される（法法14③④二・⑦，64の5①③，64の7①，64の10⑥五，地法72の13⑦⑧二・⑪）。 ●最終事業年度は，合併日の前日が通算親法人事業年度終了日である場合は，通算申告となり，	有利・不利は生じない。

721

第4部　グループ通算制度の特殊な状況下でのケーススタディ

年度終了日である場合は，通算申告になり，それ以外の場合は，通算法人の単体申告となる（法法64の5①③，64の7①，64の10⑥五）。	それ以外の場合は，通算法人の単体申告となる（法法64の5①③，64の7①，64の10⑥五）。	

ii　資産の移転

資産の処分損益が益金・損金算入される。	100％親子間合併は適格合併となるため，簿価譲渡となる（法法2十二の八，法令4の3②）。	評価損がある場合，清算の方が有利となる。評価益がある場合，清算の方が不利となる。

iii　債務免除益の取扱い

債務免除益が計上される。	債務免除益は計上されない。	清算の方が不利となる。但し，特例欠損金と相殺できる場合，不利は生じない。

iv　特例欠損金の損金算入

適用可能（法法59③④）。	適用不可。	清算の方が有利となる。

v　欠損金の繰戻還付の適用

通算子法人が解散する場合は，解散等した場合の欠損金の繰戻還付の適用事由には該当しない（法法80④）。	通算子法人が合併により解散する場合は，解散等した場合の欠損金の繰戻還付の適用事由には該当しない（法法80④）。	有利・不利は生じない。

vi　外形標準課税の取扱い

●所得割は，残余財産の確定日まで課される（地法72の2①②，72の29①③⑤，72の30①）。 ●資本割は，解散日まで課される（地法72の21①④，72の29①③⑤，72の30①）。 ●付加価値割は，残余財産確定事業年度（同一事業年度中の解散日までの期間を除く）には課されない（地法72の29①③⑤，72の30①）。	通常どおり課税される。	状況によって有利・不利が異なる。

第4章　グループ通算制度のM&A・組織再編成・残余財産の確定のスキーム選択の有利・不利

❷　清算法人の株主又は合併法人（通算親法人Ｐ社）

［選択肢1］ 通算子法人の清算	［選択肢2］ 通算子法人の合併	有利・不利
ⅰ　資産の受入		
時価受入れ。	簿価受入れ。	有利・不利は生じない。
ⅱ　残余財産確定法人又は被合併法人の最終事業年度（通算法人の単体申告）で生じた欠損金額の取扱い		
残余財産確定法人の株主で損金算入される（法法64の8）。	合併法人で損金算入される（法法64の8）。	有利・不利は生じない。
ⅲ　貸倒損失の取扱い		
貸倒損失が計上される。	貸倒損失は計上されない。	清算の方が有利となる。
ⅳ-1　残余財産確定法人の株主又は合併法人の繰越欠損金の利用制限（法人税）		
利用制限は生じない。	利用制限は生じない。	有利・不利は生じない。
ⅳ-2　残余財産確定法人の株主又は合併法人の繰越欠損金の利用制限（住民税）		
利用制限は生じない。	利用制限は生じない。	有利・不利は生じない。
ⅳ-3　残余財産確定法人の株主又は合併法人の繰越欠損金の利用制限（事業税）		
利用制限は生じない。	●次の要件のいずれも満たさない場合，利用制限が生じる（法法57④，法令112③④⑨⑩，72の23①②，地令20の3）。 ①　支配関係5年継続要件 ②　みなし共同事業要件 ●ただし，含み損益の特例計算の適用がある（法令113①④，72の23①②，地令20の3）。	合併の方が不利になる。
ⅴ-1　残余財産確定法人又は被合併法人の繰越欠損金の引継ぎ（法人税）		
特定と非特定の区分ごとに，残余財産確定法人の株主に引き継がれる（法法57②，64の7③，法令112の2⑥）。	特定と非特定の区分ごとに，合併法人に引き継がれる（法法57②，64の7③，法令112の2⑥）。	有利・不利は生じない。
ⅴ-2　残余財産確定法人又は被合併法人の繰越欠損金の引継ぎ（住民税）		
残余財産確定法人の株主に引き継がれる（地法53⑤⑦⑮㉑㉔㉘，321の8⑤⑦⑮㉑㉔㉘，令2改地法附5④⑤⑥，13④⑤⑥，令2改地令附3㉓㉙㉟，5㉓㉙㉟）。	合併法人に引き継がれる（地法53⑤⑦⑮㉑㉔㉘，321の8⑤⑦⑮㉑㉔㉘，令2改地法附5④⑤⑥，13④⑤⑥，令2改地令附3㉓㉙㉟，5㉓㉙㉟）。	有利・不利は生じない。

第4部　グループ通算制度の特殊な状況下でのケーススタディ

v-3　残余財産確定法人又は被合併法人の繰越欠損金の引継ぎ（事業税）		
● 支配関係5年継続要件を満たさない場合，引継制限が生じる（法法57②③，法令112④，地法72の23①②，地令20の3）。 ● ただし，含み損益の特例計算の適用がある（法令113①，地法72の23①②，地令20の3）。	● 次の要件のいずれも満たさない場合，引継制限が生じる（法法57②③，法令112③④，地法72の23①②，地令20の3）。 ① 支配関係5年継続要件 ② みなし共同事業要件 ● ただし，含み損益の特例計算の適用がある（法令113①，地法72の23①②，地令20の3）。	合併の場合，いずれかの要件を満たせばよい。

vi　特定資産譲渡等損失額の損金算入制限		
損金算入制限は生じない。	● 次の要件のいずれも満たさない場合，損金算入制限が生じる（法法62の7①，57④，法令112③⑩，123の8①）。 ① 支配関係5年継続要件 ② みなし共同事業要件 ● ただし，含み損益の特例計算の適用がある（法令123の9①⑦）。	合併の方が不利になる。

vii-1　残余財産確定法人株式又は被合併法人株式の投資簿価修正		
残余財産確定法人株式について投資簿価修正が適用される（加算措置を含む。法令119の3⑤⑥⑦）。	抱合株式について投資簿価修正が適用される（加算措置を含む。法令119の3⑤⑥⑦）。	有利・不利は生じない。

vii-2　残余財産確定法人株式又は被合併法人株式（みなし配当）		
● 残余財産の分配額が資本金等の額を上回る場合，みなし配当が生じる（法法24①四，法令23①四）。 ● みなし配当は，完全子法人株式に係る配当に該当し，全額益金不算入となる（法法23①五，法令22の2①）。	みなし配当は生じない（法法24①）。	有利・不利は生じない。

vii-3　残余財産確定法人株式又は被合併法人株式（株式譲渡損益）		
● 株式譲渡損益は生じない（法法61の2⑰）。 ● 株式譲渡損に相当する金額について資本金等の額から減額される（株式譲渡益に相当する金額は資本金等の額を増額する。法法61の2①⑰，法令8①二十二）。	● 株式譲渡損益は生じない（法法61の2③）。 ● 抱合株式の帳簿価額は，資本金等の額から減額される（法令8①五）。	有利・不利は生じない。

　また，合併法人を他の通算子法人とする場合，適格要件は，対価要件及び完全支配関係継続要件となるが，適格合併に該当する場合，合併法人が通算親法人となる場合と同様の取扱いと

なる（法法２十二の八，法令４の３②）。

この場合，通算親法人では，被合併法人株式の投資簿価修正後の帳簿価額を合併法人株式の帳簿価額に付け替える（法令119①五，119の３⑳，119の４①）。

上記のうち，［選択肢１］と［選択肢２］の比較検討において，税負担に大きな影響を与える項目は次のとおりとなる。

有利・不利項目	［選択肢１］ 通算子法人の清算	［選択肢２］ 通算子法人の合併
資産の移転	時価譲渡	簿価譲渡
債務免除益	計上	非計上
特例欠損金の損金算入	適用	非適用
貸倒損失	計上	非計上
残余財産確定法人の株主又は合併法人の繰越欠損金の利用制限	制限無	制限無 （事業税は要件有）
残余財産確定法人又は被合併法人の繰越欠損金の引継ぎ	引継ぎ可 （事業税は要件有）	引継ぎ可 （事業税は要件有）
特定資産譲渡等損失額の損金算入制限	制限無	要件を満たさない場合，制限有

2　非通算法人の100％化後の清算と合併の比較検討

100％未満の子会社を解散する場合，少数株主から株式を買取ってから解散することも多い。

そのため，通算制度を適用している場合で，非通算法人を解散する場合，100％化後の解散を前提とした次に掲げる選択肢が検討される。

［選択肢１］　非通算法人を100％化してから清算するケース

［選択肢２］　非通算法人を100％化してから合併するケース

なお，ここでは，［選択肢１］について，「加入時期の特例を適用して特例決算期間内に100％グループ間合併をするケース」，［選択肢２］について，「加入時期の特例を適用して特例決算期間の末日の前日以前に残余財産が確定するケース」は想定していない。これらのケースについては，下記３で解説している。

［図表］ 非通算法人の100％化後の清算と合併の比較検討

［選択肢1］ 非通算法人を100％化してから清算するケース

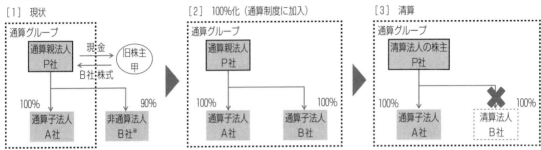

※B社は単体納税を採用している。

［選択肢2］ 非通算法人を100％化してから合併するケース

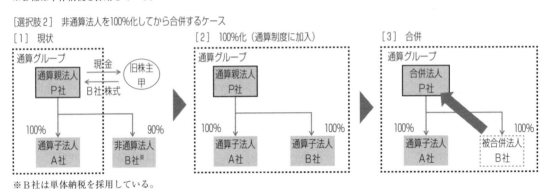

※B社は単体納税を採用している。

［選択肢1］と［選択肢2］の税務上の取扱いは，次のように比較することができる。

なお，100％化後に清算又は合併する場合について，次に掲げる前提を置くこととする。

- 現金を対価とした相対取引で通算親法人が100％化するものとする。
- 清算の場合，加入日（通算承認の効力発生日）以後に解散することとする。
- 清算の場合，最初通算事業年度に残余財産が確定するものとする。
- 合併の場合，加入日（通算承認の効力発生日）以後，かつ，最初通算事業年度に合併するものとする。
- 合併の場合，合併法人は通算親法人とする。

❶ 清算法人又は被合併法人（非通算法人B社）

［選択肢1］ 100％化後に清算	［選択肢2］ 100％化後に合併	有利・不利
ⅰ　みなし事業年度		
加入と残余財産の確定に伴う次のみなし事業年度を設定する（法法14③④⑦⑧一，64の5①③，64の	加入と合併に伴う次のみなし事業年度を設定する（法法14③④⑦⑧一，64の5①③，64の7①，64の	有利・不利は生じない。

7①，64の9⑪，64の10⑥五，地法72の13⑦⑧⑪⑫一）。 ① 加入直前事業年度：事業年度開始日から加入日の前日までの期間（単体申告） ② 最終事業年度（加入事業年度）：加入日から残余財産の確定日までの期間（通算法人の単体申告。ただし，残余財産の確定日が通算親法人事業年度終了日である場合は通算申告）	9⑪，64の10⑥五，地法72の13⑦⑧⑪⑫）。 ① 加入直前事業年度：事業年度開始日から加入日の前日までの期間（単体申告） ② 最終事業年度（加入事業年度）：加入日から合併日の前日までの期間（通算法人の単体申告）	

ii 加入時の時価評価

●清算予定であることから，通常，完全支配関係継続要件を満たさず，時価評価除外法人に該当しない（法法64の12①，法令131の16③）。 ●加入直前事業年度において時価評価が必要となる（法法64の12①）。	●時価評価除外法人に該当する場合，加入直前事業年度において時価評価は不要となる（法法64の12①）。 ●時価評価除外法人に該当しない場合，加入直前事業年度において時価評価が必要となる（法法64の12①）。	評価損がある場合，清算の方が有利となる。評価益がある場合，清算の方が不利となる。

iii 加入時の繰越欠損金の切捨て

●時価評価除外法人に該当しないため，加入により法人税の繰越欠損金が切捨てられる（法法57⑥）。 ●住民税では，控除対象通算適用前欠損調整額が生じる（地法53③④，321の8③④）。 ●事業税の繰越欠損金は切り捨てられない。 ●加入時の特定資産譲渡等損失額の損金算入制限は生じない。	●時価評価除外法人に該当しない場合，加入前の繰越欠損金は全額切り捨てられる（法法57⑥）。 ●時価評価除外法人に該当する場合，次の要件のいずれも満たさない場合，持込制限が生じる（法法57⑧，法令112の2③④）。 ① 支配関係5年継続要件 ② 共同事業性の要件 ③ 新たな事業の未開始要件 ●ただし，含み損益の特例計算の適用がある（法令113①⑫）。 ●持込制限が生じる場合，加入前の繰越欠損金の一部又は全部が切り捨てられる（法法57⑧）。 ●加入時の特定資産譲渡等損失額の損金算入制限についても，繰越欠損金の切捨てと同様の取扱いとなる。	合併の場合で，繰越欠損金が切り捨てられない場合は，清算の方が不利となる。

iv 資産の移転

資産の処分損益が益金・損金算入される。	100％親子間合併は適格合併となるため，簿価譲渡となる（法法2	評価損がある場合，清算の方が有利となり，評価益が

第4部　グループ通算制度の特殊な状況下でのケーススタディ

	十二の八，法令4の3②）	ある場合，清算の方が不利となる。ただし，加入時の時価評価の状況による。
v　債務免除益の取扱い		
債務免除益が益金算入される。	債務免除益は計上されない。	清算の方が不利となる。但し，特例欠損金と相殺できる場合は不利にはならない。
vi　特例欠損金の損金算入		
適用可能（法法59③④）。	適用不可。	清算の方が有利となる。
vii　欠損金の繰戻還付の適用		
通算子法人が解散する場合は，解散等した場合の欠損金の繰戻還付の適用事由には該当しない（法法80④）。	通算子法人が合併により解散する場合は，解散等した場合の欠損金の繰戻還付の適用事由には該当しない（法法80④）。	有利・不利は生じない。
viii　外形標準課税の取扱い		
●所得割は，残余財産の確定日まで課される（地法72の2①②，72の29①③⑤，72の30①）。 ●資本割は，解散日まで課される（地法72の21①④，72の29①③⑤，72の30①）。 ●付加価値割は，残余財産確定事業年度（同一事業年度中の解散日までの期間を除く）には課されない（地法72の29①③⑤，72の30①）。	通常どおり課税される。	状況によって有利・不利が異なる。

❷　清算法人の株主又は合併法人（通算親法人P社）

［選択肢1］ 100%化後に清算	［選択肢2］ 100%化後に合併	有利・不利
i　株式買取資金		
必要。	必要。	有利・不利は生じない。
ii　資産の受入		
時価受入れ。	簿価受入れ。	有利・不利は生じない。
iii　加入時の離脱見込み法人株式の時価評価		
清算法人は時価評価対象法人かつ離脱見込み法人に該当するため適	適用されない。	当初保有の清算法人株式に評価損がある場合，清算の

728

第4章　グループ通算制度のM&A・組織再編成・残余財産の確定のスキーム選択の有利・不利

用される。		方が有利となり，評価益がある場合，清算の方が不利となる。
iv　残余財産確定法人又は被合併法人の最終事業年度（通算法人の単体申告）で生じた欠損金額の取扱い		
残余財産確定法人の株主で損金算入される（法法64の8）。	合併法人で損金算入される（法法64の8）。	有利・不利は生じない。
v　貸倒損失の取扱い		
貸倒損失が計上される。	貸倒損失は計上されない。	清算の方が有利となる。
vi-1　残余財産確定法人の株主又は合併法人の繰越欠損金の利用制限（法人税）		
利用制限は生じない。	利用制限は生じない。	有利・不利は生じない。
vi-2　残余財産確定法人の株主又は合併法人の繰越欠損金の利用制限（住民税）		
利用制限は生じない。	利用制限は生じない。	有利・不利は生じない。
vi-3　残余財産確定法人の株主又は合併法人の繰越欠損金の利用制限（事業税）		
利用制限は生じない。	●次の要件のいずれも満たさない場合，利用制限が生じる（法法57④，法令112③④⑨⑩，72の23①②，地令20の3）。 ①　支配関係5年継続要件 ②　みなし共同事業要件 ●ただし，含み損益の特例計算の適用がある（法令113①④，地法72の23①②，地令20の3）。	合併の方が不利となる。
vii-1　残余財産確定法人又は被合併法人の繰越欠損金の引継ぎ（法人税）		
法人税の繰越欠損金は加入時に切り捨てられている。	●被合併法人の加入前の繰越欠損金のうち，加入時に切り捨てられなかったものは，特定欠損金として合併法人に引き継がれる（法法57②，64の7②二，法令112の2⑥）。 ●被合併法人の加入前の繰越欠損金のうち，加入時に切り捨てられているものは，合併法人に引き継がれない（法法57②⑥⑦⑧）。	合併の場合に，加入前の繰越欠損金が切り捨てられない場合，合併の方が有利となる。
vii-2　残余財産確定法人又は被合併法人の繰越欠損金の引継ぎ（住民税）		
残余財産確定法人の株主に引き継がれる（地法53⑤⑦⑮㉑㉔㉘，321の8⑤⑦⑮㉑㉔㉘，令2改地法附5④⑤⑥，13④⑤⑥，令2改	合併法人に引き継がれる（地法53⑤⑦⑮㉑㉔㉘，321の8⑤⑦⑮㉑㉔㉘，令2改地法附5④⑤⑥，13④⑤⑥，令2改地令附3㉓㉙㉟，	有利・不利は生じない。

729

第4部　グループ通算制度の特殊な状況下でのケーススタディ

地令附3⓴㉙㉟，5⓴㉙㉟）。	5⓴㉙㉟）。	

vii-3　残余財産確定法人又は被合併法人の繰越欠損金の引継ぎ（事業税）		
●支配関係5年継続要件を満たさない場合，引継制限が生じる（法法57②③，法令112③④，地法72の23①②，地令20の3）。 ●ただし，含み損益の特例計算の適用がある（法令113①，地法72の23①②，地令20の3）。	●次の要件のいずれも満たさない場合，引継制限が生じる（法法57②③，法令112③④，地法72の23①②，地令20の3）。 ①　支配関係5年継続要件 ②　みなし共同事業要件 ●ただし，含み損益の特例計算の適用がある（法令113①，地法72の23①②，地令20の3）。	合併の場合，いずれかの要件を満たせばよい。

viii　特定資産譲渡等損失額の損金算入制限		
損金算入制限は生じない。	●次の要件のいずれも満たさない場合，損金算入制限が生じる（法法62の7①，57④，法令112③⑩，123の8①）。 ①　支配関係5年継続要件 ②　みなし共同事業要件 ●ただし，含み損益の特例計算の適用がある（法令123の9①⑦）。	合併の方が不利になる。

ix-1　残余財産確定法人株式又は被合併法人株式の投資簿価修正		
残余財産確定法人株式について投資簿価修正が適用される（加算措置を含む。法令119の3⑤⑥⑦）。	抱合株式について投資簿価修正が適用される（加算措置を含む。法令119の3⑤⑥⑦）。	有利・不利は生じない。

ix-2　残余財産確定法人株式又は被合併法人株式（みなし配当）		
●残余財産の分配額が資本金等の額を上回る場合，みなし配当が生じる（法法24①四，法令23①四）。 ●みなし配当は，完全子法人株式に係る配当に該当し，全額益金不算入となる（法法23①⑤，法令22の2①）。	みなし配当は生じない（法法24①）。	有利・不利は生じない。

ix-3　残余財産確定法人株式又は被合併法人株式（株式譲渡損益）		
●株式譲渡損益は生じない（法法61の2⑰）。 ●株式譲渡損に相当する金額について資本金等の額から減額される（株式譲渡益に相当する金額は資本金等の額を増額する。法	●株式譲渡損益は生じない（法法61の2③）。 ●抱合株式の帳簿価額は，資本金等の額から減額される（法令8①五）。	有利・不利は生じない。

730

第4章　グループ通算制度のM&A・組織再編成・残余財産の確定のスキーム選択の有利・不利

法61の2①⑰，法令8①二十二）。

　また，合併法人を他の通算子法人とする場合，適格要件は，対価要件及び完全支配関係継続要件となるが，適格合併に該当する場合，合併法人が通算親法人となる場合と同様の取扱いとなる（法法2十二の八，法令4の3②）。

　この場合，通算親法人では，被合併法人株式の投資簿価修正後の帳簿価額を合併法人株式の帳簿価額に付け替える（法令119①五，119の3⑳，119の4①）。

　上記のうち，［選択肢1］と［選択肢2］の比較検討において，税負担に大きな影響を与える項目は次のとおりとなる。

有利・不利項目	100％化後に清算	100％化後に合併
資産の移転	時価譲渡	簿価譲渡
加入時の時価評価	時価評価	要件を満たさない場合，時価評価
加入時の繰越欠損金の切捨て	切捨て	要件を満たさない場合，切捨て
債務免除益	計上	非計上
特例欠損金の損金算入	適用	非適用
株式買取資金	必要	必要
加入時の離脱見込み法人株式の時価評価	時価評価（評価損計上）	簿価評価（評価損非計上）
貸倒損失	計上	非計上
残余財産確定法人の株主又は合併法人の繰越欠損金の利用制限	制限無	制限無（事業税は要件有）
残余財産確定法人又は被合併法人の繰越欠損金の引継ぎ	加入時に既に切捨て（事業税は要件有）	持ち込めたものは引継可（事業税は要件有）
特定資産譲渡等損失額の損金算入制限	制限無	要件を満たさない場合，制限有

3　非通算法人の100％化後の清算と合併の比較検討（「加入時期の特例を適用して特例決算期間の末日の前日以前に残余財産が確定するケース」と「加入時期の特例を適用して特例決算期間内に100％グループ間合併をするケース」）

　ここでは，上記2の非通算法人の100％化後の清算と合併の比較検討について，「加入時期の特例を適用して特例決算期間の末日の前日以前に残余財産が確定するケース」と「加入時期の特例を適用して特例決算期間内に100％グループ間合併をするケース」について比較検討する。

第4部　グループ通算制度の特殊な状況下でのケーススタディ

[選択肢1]　非通算法人を100％化してから清算するケース（加入時期の特例を適用して特例決算期間の末日の前日以前に残余財産が確定するケース）

> 清算中の法人の株式を直接取得して100％化することは考えられないことから，このようなケースに当てはまるのは，100％化以後に解散する場合である（つまり，完全支配関係発生日以後に解散日を設定する場合となる）。
> この場合，加入時期の特例を適用しても，解散日において特例決算期間が終了する，つまり，解散日の翌日に通算承認の効力が生じる（解散日の翌日＝加入日）と考えられる（第3部「Q&A4：完全支配関係を有することとなった法人が特例決算期間（会計期間）の中途に清算により解散する場合について」参照）。
> そのため，上記2の「[選択肢1] 非通算法人を100％化してから清算するケース」について，加入日を完全支配関係発生日ではなく，解散日の翌日とした場合と同じ取扱いになると考えられる。

[選択肢2]　非通算法人を100％化してから合併するケース（加入時期の特例を適用して特例決算期間内に100％グループ間合併をするケース）

> 第4章第1節『100％化後の合併における「加入時期の特例の適用」に係る選択の有利・不利』と同じ取扱いとなる。

[図表]　非通算法人の100％化後の清算と合併の比較検討（加入時期の特例を適用して特例決算期間の中途で残余財産の確定と合併をするケース）

[選択肢1] 非通算法人を100％化してから清算するケース（加入時期の特例を適用して特例決算期間の末日の前日以前に残余財産が確定するケース）

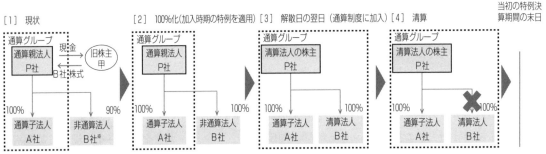

※B社は単体納税を採用している。

[選択肢2] 非通算法人を100％化してから合併するケース（加入時期の特例を適用して特例決算期間内に100％グループ間合併をするケース）

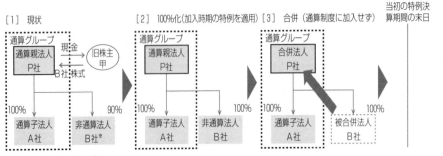

※B社は単体納税を採用している。

上記のうち，［選択肢１］と［選択肢２］の比較検討において，税負担に大きな影響を与える項目は次のとおりとなる。

有利・不利項目	100％化後に清算	100％化後に合併
加入時の時価評価	時価評価	加入しない
加入時の繰越欠損金の切捨て	切捨て	加入しない
債務免除益	計上	非計上
特例欠損金の損金算入	適用	非適用
株式買取資金	必要	必要
加入時の離脱見込み法人株式の時価評価	時価評価	加入しない
貸倒損失	計上	非計上
残余財産確定法人の株主又は合併法人の繰越欠損金の利用制限	制限無	要件を満たさない場合，制限有
残余財産確定法人又は被合併法人の繰越欠損金の引継ぎ	加入時に既に切捨て	要件を満たさない場合，制限有
特定資産譲渡等損失額の損金算入制限	制限無	要件を満たさない場合，制限有

4　ケーススタディ

実際の清算と合併の検討については，上記１及び２の各項目を織り込みながら，清算法人と清算法人の株主，被合併法人と合併法人を含めた通算グループ全体の税負担額を計算して比較することになる。

例えば，以下のような計算例となる。

> **ケース1**　通算子法人を清算又は合併するケース

① 前提条件

⑴ 清算法人又は被合併法人の前提条件

- 清算法人又は被合併法人：通算子法人B
- 株主：通算親法人Pが直接100％を所有
- 決算日：3月31日
- 解散日：2024年12月31日
- 残余財産の確定日：2025年3月31日
- 合併日：2025年4月1日
- 法人の種類：通算法人

733

第4部　グループ通算制度の特殊な状況下でのケーススタディ

- 清算手続：特別清算
- 通算親法人Ｐからの債務免除：清算の場合，有（債務免除益1,000）
- 特例欠損金の損金算入規定の適用：清算の場合，有（特別清算であるが，通算法人以外の者からの債務免除等がないため，法人税法第59条第4項が適用される）
- 合併：100％親子間合併（適格合併に該当する）
- 法人税の繰越欠損金の控除限度割合：50％
- 法人税の繰越欠損金（2024年3月期）：0
- 控除対象通算対象所得調整額等（2024年3月期）：

発生事業年度	金額
2023年3月期	69
2024年3月期	69
合計	138

- 事業税の繰越欠損金の控除限度割合：50％
- 事業税の繰越欠損金（2024年3月期）：

発生事業年度	金額
2023年3月期	300
2024年3月期	300
合計	600

- 税務上の純資産（2024年3月期）：

別表5(1)	金額
資本金等の額	200
利益積立金額	▲900
合計	▲700

- 加入直前事業年度末の利益積立金額：▲400
- 通算前所得金額の見込額：

［選択肢1］　通算子法人を清算するケース

事業年度	金額
残余財産確定事業年度（2024年4月1日〜2025年3月31日）	700[1,2]

※1．資産処分益100を計上している（解散日に処分）。

※2．債務免除益1,000を計上している。

第4章　グループ通算制度のM＆A・組織再編成・残余財産の確定のスキーム選択の有利・不利

［選択肢2］　通算子法人を合併するケース

事業年度	金額
最終事業年度（2024年4月1日〜2025年3月31日）	▲400[※3.4]

※3．資産処分益100は計上していない。
※4．債務免除益1,000は計上していない。

- 欠損金の繰戻還付：適用不可
- 清算法人又は被合併法人は，他の通算子法人の株式を所有していない。仮に，所有している場合であっても，解散日前又は合併日前に当該株式を他の法人に売却するものとする。
- 税率は，事業年度に関係なく，簡便的に，法人税率23.2％，地方法人税率10.3％，住民税率10.4％，事業税率3.78％，合計税率31.78％とする。
- 付加価値割及び資本割の比較は省略する。

(2)　清算法人の株主又は合併法人の前提条件

- 清算法人の株主又は合併法人：通算親法人P
- 決算日：3月31日
- 法人の種類：通算法人（他に通算子法人Aが存在する）
- 通算子法人Bに対する債権放棄：清算の場合，有（貸倒損失1,000）
- 法人税の繰越欠損金の控除限度割合：50％
- 法人税の繰越欠損金（2024年3月期）：0
- 控除対象通算対象所得調整額等（2024年3月期）：0
- 事業税の繰越欠損金の控除限度割合：50％
- 事業税の繰越欠損金（2024年3月期）

発生事業年度	金額
2019年3月期	500
2020年3月期	500
合計	1,000

- 通算グループの通算前所得金額の見込額：

［選択肢1］　通算子法人を清算するケース

事業年度	通算親法人P	通算子法人A	計
通算事業年度（2024年4月1日〜2025年3月31日）	300[※5]	0	300[※6.7]

735

第4部　グループ通算制度の特殊な状況下でのケーススタディ

※5．貸倒損失1,000を計上している。
※6．通算子法人Bの所得金額を除く。
※7．通算グループに法人税の繰越欠損金はない。

［選択肢2］　通算子法人を合併するケース

事業年度	通算親法人P	通算子法人A	計
通算事業年度（2024年4月1日〜2025年3月31日）	1,300[※8]	0	1,300[※9, 10]

※8．貸倒損失1,000は計上していない。
※9．通算子法人Bの所得金額を除く。
※10．通算グループに法人税の繰越欠損金はない。

- 清算法人株式又は被合併法人株式（B株式）の税務上の帳簿価額（投資簿価修正前）：500
- 清算法人株式又は被合併法人株式（B株式）の資産調整勘定等対応金額：0
- 残余財産確定法人の株主と残余財産確定法人との間で支配関係5年継続要件を満たしていない。
- 合併法人と被合併法人との間で支配関係5年継続要件及びみなし共同事業要件を満たしていない。
- 合併法人の支配関係事業年度は，2021年3月期となる。
- 合併法人について，含み損益の特例計算は適用できない。
- 合併法人は，合併日の属する事業年度開始日から同日以後3年を経過する日又は支配関係発生日以後5年を経過する日までの期間において，含み損のある資産を譲渡等しない見込みである。そのため，特定資産譲渡等損失額の損金算入制限について，有利・不利の判定上，考慮しない。
- 税率は，事業年度に関係なく，簡便的に，法人税率23.2％，地方法人税率10.3％，住民税率10.4％，事業税率3.78％，合計税率31.78％とする。
- 付加価値割及び資本割の比較は省略する。

2 [選択肢1] 通算子法人を清算するケース

(1) 清算法人Ｂの税額計算

[選択肢1] 通算子法人を清算するケースのみなし事業年度

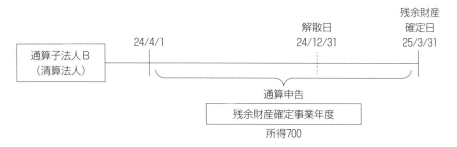

（法人税及び地方法人税）

事業年度	通算前所得金額	損益通算額	繰越欠損金の控除額	所得金額（繰越欠損金控除後）
残余財産確定事業年度（通算申告）	700	0	0	700

↓

事業年度	所得金額（特例欠損金控除前）	特例欠損金の控除額	所得金額（最終）	税額（25.58%）	通算税効果額（マイナスは受取）（25.58%）
残余財産確定事業年度（通算申告）	700	▲700(注1)	0(注2)	0	0

(注1) マイナスの利益積立金額の期首残高900から繰越欠損金の当期控除額0を控除した金額900が特例欠損金となり、繰越欠損金の控除後の所得金額700を限度に控除される。

(注2) 通算親法人事業年度（2024年4月1日～2025年3月31日）の通算グループ全体の所得金額は300（プラス）である。

（住民税）

事業年度	法人税額（控除前）	控除対象通算対象所得調整額等の控除額	法人税額（控除後）	税額（10.4%）
残余財産確定事業年度（通算申告）	0(注3)	0	0	0

(注3) 法人税額0（所得金額0×23.2%）+加算対象通算対象欠損調整額0（通算対象欠損金額0×23.2%）= 0

第4部　グループ通算制度の特殊な状況下でのケーススタディ

（事業税）

事業年度	所得金額 （控除前）	繰越欠損金及 び特例欠損金 の控除額	所得金額 （最終）	税額 （3.78%）
残余財産確定事業年度 （通算申告）	700	▲700(注4)	0	0

（注4）　繰越欠損金600（2023年3月期発生額300，2024年3月期発生額300）のうち，所得金額700の50%を限度に控除。また，マイナスの利益積立金額の期首残高900から繰越欠損金の当期控除額350を控除した金額550が特例欠損金となり，繰越欠損金の控除後の所得金額350を限度に控除される。特例欠損金控除後の繰越欠損金は0となる。

　その結果，税額は以下のとおりとなる。

事業年度	法人税及び 地方法人税	通算税 効果額	住民税	事業税	合計
残余財産確定事業年度 （通算申告）	0	0	0	0	0

　その結果，残余財産確定事業年度終了日の純資産の部は以下のとおりとなる。

別表5(1)	期首残高	利益積立金の 増加額	残余財産の 確定時
資本金等の額	200	0	200
利益積立金額	▲900	700(注5)	▲200
合計	▲700	700	0

（注5）　通算前所得金額700－税額0

⑵　清算法人の株主Pの税額計算

①　通算子法人株式の投資簿価修正

　清算法人Bの残余財産確定事業年度末の簿価純資産価額は，0となるため，清算法人B株式の投資簿価修正後の帳簿価額は，0となる。そのため，帳簿価額修正額は▲500となる。なお，資産調整勘定等対応金額は0とする。

借方	金額	貸方	金額
利益積立金額	500	清算法人株式（B株式）	500

738

第4章　グループ通算制度のM&A・組織再編成・残余財産の確定のスキーム選択の有利・不利

② 残余財産の分配時

借方	金額	貸方	金額
現預金	0	みなし配当	0
資本金等の額	0	清算法人株式（B株式）	0

③ 税額計算

（法人税及び地方法人税）

事業年度	通算前所得金額	損益通算額	繰越欠損金の控除額	所得金額（控除後）	税額（25.58%）	通算税効果額（マイナスは受取）（25.58%）
通算事業年度（通算申告）	300^(注6)	0	0	300^(注7)	76	0

（注6）　所得金額300＋株式譲渡損益0＝300
（注7）　通算親法人事業年度（2024年4月1日～2025年3月31日）の通算グループ全体の所得金額は300（プラス）である。

（住民税）

事業年度	法人税額（控除前）	控除対象通算対象所得調整額等の控除額	法人税額（控除後）	税額（10.4%）
通算事業年度（通算申告）	69^(注8)	0	69	7

（注8）　法人税額69（所得金額300×23.2%）＋加算対象通算対象欠損調整額0（通算対象欠損金額0×23.2%）＝69

（事業税）

事業年度	所得金額（控除前）	繰越欠損金の控除額	所得金額（控除後）	税額（3.78%）
通算事業年度（通算申告）	300^(注9)	▲150^(注10)	150	5

（注9）　所得金額300＋株式譲渡損益0＝300
（注10）　繰越欠損金1,000（2019年3月期発生額500，2020年3月期発生額500）のうち，所得金額300の50%を限度に控除。

　その結果，税額は以下のとおりとなる。

739

事業年度	法人税及び地方法人税	通算税効果額	住民税	事業税	合計
通算事業年度（通算申告）	76	0	7	5	88

④ 繰越欠損金の利用制限

次の通算親法人Ｐ（清算法人の株主）の事業税の繰越欠損金に利用制限は生じない。

発生事業年度	期末残高	制限額	翌期繰越額
2019年3月期	350	0	350
2020年3月期	500	0	500
合計	850(注11)	0	850

（注11） 期首残高1,000のうち，所得金額300の50％が使用されている。

また，次の通算子法人Ｂ（清算法人）の控除対象通算対象所得調整額等は，通算親法人Ｐ（清算法人の株主）に引き継がれる。

なお，事業税の繰越欠損金は全額使用している。

発生事業年度	金額
2023年3月期	69
2024年3月期	69
合計	138

３ ［選択肢２］通算子法人を合併するケース

(1) 被合併法人Ｂの税額計算

［選択肢２］ 通算子法人を合併するケースのみなし事業年度

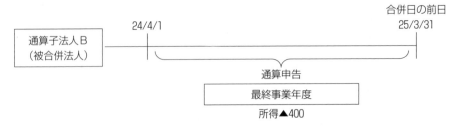

（法人税及び地方法人税）

事業年度	通算前所得金額	損益通算額	繰越欠損金の控除額	所得金額（最終）	税額（25.58%）	通算税効果額（マイナスは受取）（25.58%）
最終事業年度（通算申告）	▲400	400	0	0(注12)	0	▲102(注13)

（注12）　通算親法人事業年度（2024年4月1日～2025年3月31日）の通算グループ全体の所得金額は900（プラス）である。

（注13）　通算税効果額＝通算対象所得金額▲400×25.58％＝▲102

（住民税）

事業年度	法人税額（控除前）	控除対象通算対象所得調整額等の控除額	法人税額（控除後）	税額（10.4%）
最終事業年度（通算申告）	0(注14)	0	0	0

（注14）　法人税額0（所得金額0×23.2％）＋加算対象通算対象欠損調整額0（通算対象欠損金額0×23.2％）＝0。また，控除対象通算対象所得調整額92（通算対象所得金額400×23.2％）が発生するものとする。

（事業税）

事業年度	所得金額（控除前）	繰越欠損金の控除額	所得金額（最終）	税額（3.78%）
最終事業年度（通算申告）	▲400	0	▲400	0

その結果，税額は以下のとおりとなる。

事業年度	法人税及び地方法人税	通算税効果額	住民税	事業税	合計
最終事業年度（通算申告）	0	▲102	0	0	▲102

その結果，最終事業年度終了日の純資産の部は以下のとおりとなる。

第4部　グループ通算制度の特殊な状況下でのケーススタディ

別表5(1)	期首残高	利益積立金の増加額	合併時
資本金等の額	200	0	200
利益積立金額	▲900	▲298(注15)	▲1,198
合計	▲700	▲298	▲998

（注15）　通算前所得金額▲400－税額▲102

(2)　合併法人Ｐの税額計算

①　通算子法人株式の帳簿価額修正

　被合併法人Ｂの最終事業年度末の簿価純資産価額は，▲998となるため，被合併法人Ｂ株式の投資簿価修正後の帳簿価額は，▲998となる。そのため，帳簿価額修正額は▲1,498となる。なお，資産調整勘定等対応金額は0とする。

借方	金額	貸方	金額
利益積立金額	1,498	被合併法人株式（Ｂ株式）	1,498

②　合併引継時

借方	金額	貸方	金額
諸資産	▲998	資本金等の額	200
		利益積立金額	▲1,198
被合併法人株式（Ｂ株式）	998	資本金等の額	998
借入金（対Ｐ）	1,000	貸付金（対Ｂ）	1,000

③　税額計算

（法人税及び地方法人税）

事業年度	通算前所得金額	損益通算額	繰越欠損金の控除額	所得金額（最終）	税額（25.58％）	通算税効果額（マイナスは受取）（25.58％）
通算事業年度（通算申告）	1,300(注16)	▲400	0	900(注17)	230	102(注18)

（注16）　所得金額1,300＋株式譲渡損益0＝1,300
（注17）　通算親法人事業年度（2024年4月1日～2025年3月31日）の通算グループ全体の所得金額は900（プラス）である。

第4章　グループ通算制度のM&A・組織再編成・残余財産の確定のスキーム選択の有利・不利

(注18)　通算税効果額＝通算対象欠損金額400×25.58％＝102

(住民税)

事業年度	法人税額 (控除前)	控除対象通算 対象所得調整 額等の控除額	法人税額 (控除後)	税額 (10.4％)
通算事業年度 (通算申告)	300^(注19)	0	300	31

(注19)　法人税額208（所得金額900×23.2％）＋加算対象通算対象欠損調整額92（通算対象欠損金額400×23.2％）＝300

(事業税)

事業年度	所得金額 (控除前)	繰越欠損金の 控除額	所得金額 (最終)	税額 (3.78％)
通算事業年度 (通算申告)	1,300^(注20)	▲650^(注21)	650	24

(注20)　所得金額1,300＋株式譲渡損益 0 ＝1,300
(注21)　繰越欠損金1,000（2019年 3 月期発生額500，2020年 3 月期発生額500）のうち，所得金額1,300の50％を限度に控除。

　その結果，税額は以下のとおりとなる。

事業年度	法人税及び 地方法人税	通算税 効果額	住民税	事業税	合計
通算事業年度 (通算申告)	230	102	31	24	387

④　繰越欠損金の利用制限

　合併法人と被合併法人との間で支配関係 5 年継続要件及びみなし共同事業要件を満たしておらず，含み損益の特例計算も適用できない。

　そのため，次の通算親法人Ｐ（合併法人）の支配関係事業年度（2021年 3 月期）の前事業年度（2020年 3 月期）以前に生じた事業税の繰越欠損金に利用制限が生じる。

発生事業年度	期末残高	制限額	翌期繰越額
2019年 3 月期	0	0	0
2020年 3 月期	350	350	0
合計	350^(注20)	350	0

(注20)　期首残高1,000のうち，所得金額1,300の50％が使用されている。

743

第4部　グループ通算制度の特殊な状況下でのケーススタディ

　また，次の通算子法人B（被合併法人）の控除対象通算対象所得調整額等及び事業税の繰越欠損金は，通算子法人B（被合併法人）の支配関係事業年度の前事業年度（2020年3月期）以前に生じたものではないため，通算親法人P（合併法人）に引き継がれる（特定資産譲渡等損失相当額はないものとする）。

発生事業年度	控除対象通算対象所得調整額等	事業税の繰越欠損金
2023年3月期	69	300
2024年3月期	69	300
2025年3月期	92	400
合計	230	1,000

④　比較結果

	清算法人又は被合併法人	清算法人の株主又は合併法人			
	発生税額	発生税額	繰越欠損金の使用可能額		
			法人税	住民税	事業税
［選択肢1］通算子法人の清算	0	88	0	138	850
［選択肢2］通算子法人の合併	▲102	387	0	230	1,000

　以上より，税負担が197減少すること[注21]から，繰越欠損金の使用可能額は減少するが，［選択肢1］通算子法人を清算する方が有利となる。

(注21)　197減少の内訳として，以下の2つの差異が生じている。
　①　［選択肢1］では，清算法人において，［選択肢2］におけるマイナスの所得金額（▲400）の損益通算がないため，税負担が102増加する。
　②　［選択肢1］では，清算法人の株主において，貸倒損失1,000が計上されるため，税負担が299減少する。

ケース2　非通算法人を100%化後に清算又は合併するケース

①　前提条件

⑴　清算法人又は被合併法人の前提条件

● 清算法人又は被合併法人：非通算法人B
● 株主：通算親法人Pが直接90%を所有。残りの10%は第三者が所有。

744

- 決算日：3月31日
- 解散日：2024年12月31日
- 残余財産の確定日：2025年3月31日
- 完全支配関係発生日：2024年10月1日
- 加入日（通算承認日）：2024年10月1日（加入時期の特例は適用しない）
- 合併日：2025年4月1日
- 法人の種類：（加入前）単体法人，（加入後）通算法人
- 清算手続：特別清算
- 通算親法人Pからの債務免除：清算の場合，有（債務免除益1,000）
- 特例欠損金の損金算入規定の適用：清算の場合，有（特別清算であるが，通算法人以外の者からの債務免除等がないため，法人税法第59条第4項が適用される）
- 合併：100％親子間合併（適格合併に該当する）
- 法人税の繰越欠損金の控除限度割合：50％
- 法人税及び事業税に係る繰越欠損金（2024年3月期）：

発生事業年度	金額
2023年3月期	300
2024年3月期	300
合計	600

- 税務上の純資産（2024年3月期）：

別表5(1)	金額
資本金等の額	200
利益積立金額	▲900
合計	▲700

- 通算前所得金額の見込額：

[選択肢1] 非通算法人を100％化後に清算するケース

事業年度	金額
加入直前事業年度（2024年4月1日〜2024年9月30日）	▲150[※1]
残余財産確定事業年度（2024年10月1日〜2025年3月31日）	850[※2]
合計	700

※1．加入時の資産評価益150を計上している。
※2．債務免除益1,000を計上している。

第4部　グループ通算制度の特殊な状況下でのケーススタディ

[選択肢2]　非通算法人を100%化後に合併するケース

事業年度	金額
加入直前事業年度（2024年4月1日〜2024年9月30日）	▲300※3
最終事業年度（2024年10月1日〜2025年3月31日）	▲150※4
合計	▲450

※3．加入時の資産評価益150を計上していない。

※4．債務免除益1,000を計上していない。

- 欠損金の繰戻還付：適用不可

- 清算法人又は被合併法人の主要な事業の状況

　［選択肢1］　非通算法人を100%化後に清算するケース

　　清算法人の主要な事業（従業者を含む）は，完全支配関係発生日前に他の法人に移転する。事業譲渡に係る所得金額は発生しない。

　［選択肢2］　非通算法人を100%化後に合併するケース

　　被合併法人の主要な事業（従業者を含む）は，合併法人に引き継がれる。

- 時価評価除外法人の判定：

　［選択肢1］　非通算法人を100%化後に清算するケース

　　完全支配関係継続要件を満たさないため，時価評価除外法人に該当しない。

　［選択肢2］　非通算法人を100%化後に合併するケース

　　完全支配関係継続要件，従業者継続要件，主要事業継続要件を満たすため，時価評価除外法人に該当する。

- 非通算法人Bに100%子法人はない（つまり，100%化した場合でも，他の法人が通算制度に加入することはない）。

- 税率は，事業年度に関係なく，簡便的に，法人税率23.2%，地方法人税率10.3%，住民税率10.4%，事業税率3.78%，合計税率31.78%とする。

- 付加価値割及び資本割の比較は省略する。

(2)　清算法人の株主又は合併法人の前提条件

- 清算法人の株主又は合併法人：通算親法人P

- 決算日：3月31日

- 法人の種類：通算法人（他に通算子法人Aが存在する）

- 通算子法人Bに対する債権放棄：清算の場合，有（貸倒損失1,000）

746

第4章　グループ通算制度のM&A・組織再編成・残余財産の確定のスキーム選択の有利・不利

- 法人税の繰越欠損金の控除限度割合：50％

- 法人税の繰越欠損金（2024年3月期）：0

- 控除対象通算対象所得調整額等（2024年3月期）：0

- 事業税の繰越欠損金の控除限度割合：50％

- 事業税の繰越欠損金（2024年3月期）

発生事業年度	金額
2019年3月期	500
2020年3月期	500
合計	1,000

- 通算グループの通算前所得金額の見込額：

［選択肢1］　非通算法人を100％化後に清算するケース

事業年度	通算親法人P	通算子法人A	計
通算事業年度（2024年4月1日〜2025年3月31日）	300[5,6]	0	300[7,8]

※5．貸倒損失1,000を計上している。
※6．離脱見込み法人株式（B株式）の時価評価損500を計上している。
※7．通算子法人Bの所得金額を除く。
※8．通算グループに法人税の繰越欠損金はない。

［選択肢2］　非通算法人を100％化後に合併するケース

事業年度	通算親法人P	通算子法人A	計
通算事業年度（2024年4月1日〜2025年3月31日）	1,800[9,10]	0	1,800[11,12]

※9．貸倒損失1,000は計上していない。
※10．離脱見込み法人株式（B株式）の時価評価損500は計上していない。
※11．通算子法人Bの所得金額を除く。
※12．通算グループに法人税の繰越欠損金はない。

- 清算法人株式又は被合併法人株式（B株式）の税務上の帳簿価額（株式買取直前）：500（また，100％化のための株式買取価額は0とする）

- 清算法人株式又は被合併法人株式（B株式）の資産調整勘定等対応金額：0

- 離脱見込み法人株式の時価評価の判定：

［選択肢1］　非通算法人を100％化後に清算するケース

　加入法人が時価評価対象法人に該当し，完全支配関係継続要件を満たさないため，離脱見込み法人株式の時価評価が適用される。

747

［選択肢2］ 非通算法人を100%化後に合併するケース
　加入法人が時価評価除外法人に該当するため、離脱見込み法人株式の時価評価は適用されない。
- 離脱見込み法人株式（B株式）の加入日の前日の時価：0（時価純資産価額）。B株式の時価評価直前の帳簿価額は500であるため、時価評価損は500となる。
- 残余財産確定法人の株主と残余財産確定法人との間で支配関係5年継続要件を満たしている。
- 合併法人と被合併法人との間で支配関係5年継続要件を満たしている。
- 税率は、事業年度に関係なく、簡便的に、法人税率23.2%、地方法人税率10.3%、住民税率10.4%、事業税率3.78%、合計税率31.78%とする。

② ［選択肢1］非通算法人を100%化後に清算するケース

(1) 清算法人Bの税額計算

［選択肢1］ 非通算法人を100%化後に清算するケースのみなし事業年度

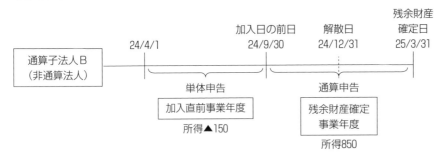

(法人税及び地方法人税)

事業年度	通算前所得金額	損益通算額	繰越欠損金の控除額	所得金額（繰越欠損金控除後）
加入直前事業年度（単体申告）	▲150	0	0	▲150
残余財産確定事業年度（通算申告）	850	0	0	850

↓

第4章　グループ通算制度のM&A・組織再編成・残余財産の確定のスキーム選択の有利・不利

事業年度	所得金額（特例欠損金控除前）	特例欠損金の控除額	所得金額（最終）	税額（25.58%）	通算税効果額（マイナスは受取）（25.58%）
加入直前事業年度（単体申告）	▲150	0	▲150	0	0
残余財産確定事業年度（通算申告）	850	▲850(注1)	0(注2)	0	0

（注1）　加入前の繰越欠損金750（2023年3月期発生額300，2024年3月期発生額300，2024年9月期発生額150）は切り捨てられる。一方，マイナスの利益積立金額の期首残高1,050（900＋150）から繰越欠損金の当期控除額0を控除した金額1,050が特例欠損金となり，繰越欠損金の控除後の所得金額850を限度に控除される。特例欠損金控除後の繰越欠損金は0となる。

（注2）　通算親法人事業年度（2024年4月1日〜2025年3月31日）の通算グループ全体の所得金額は300（プラス）である。

（住民税）

事業年度	法人税額（控除前）	控除対象通算対象所得調整額等の控除額	法人税額（控除後）	税額（10.4%）
加入直前事業年度（単体申告）	0	0	0	0
残余財産確定事業年度（通算申告）	0	0(注3)	0	0

（注3）　控除対象通算適用前欠損調整額は，2023年3月期発生額69（切捨て繰越欠損金300×23.2%），2024年3月期発生額69（切捨て繰越欠損金300×23.2%），2024年9月期発生額34（切捨て繰越欠損金150×23.2%）となる。

（事業税）

事業年度	所得金額（控除前）	繰越欠損金及び特例欠損金の控除額	所得金額（最終）	税額（3.78%）
加入直前事業年度（単体申告）	▲150	0	▲150	0
残余財産確定事業年度（通算申告）	850	▲850(注4)	0	0

（注4）　繰越欠損金750（2023年3月期発生額300，2024年3月期発生額300，2024年9月期発生額150）のうち，所得金額850の50%を限度に控除。また，マイナスの利益積立金額の期首残高1,050（900＋150）から繰越欠損金の当期控除額425を控除した金額625が特例欠損金となり，繰越欠損金の控除後の所得金額425を限度に控除される。特例欠損金控除後の繰越欠損金は0となる。

その結果，税額は以下のとおりとなる。

第4部　グループ通算制度の特殊な状況下でのケーススタディ

事業年度	法人税及び地方法人税	通算税効果額	住民税	事業税	合計
加入直前事業年度（単体申告）	0	0	0	0	0
残余財産確定事業年度（通算申告）	0	0	0	0	0

その結果，残余財産確定事業年度終了日の純資産の部は以下のとおりとなる。

別表5(1)	期首残高	利益積立金の増加額	残余財産の確定時
資本金等の額	200	0	200
利益積立金額	▲900	700(注5)	▲200
合計	▲700	700	0

(注5)　通算前所得金額（▲150＋850）－税額0（0＋0）

(2)　清算法人の株主Pの税額計算

①　通算子法人株式の帳簿価額修正

　清算法人Bの残余財産確定事業年度末の簿価純資産価額は0となるため，清算法人B株式の投資簿価修正後の帳簿価額は0となる。清算法人B株式の投資簿価修正前の帳簿価額は0（離脱見込み法人株式の時価評価後）であるため，帳簿価額修正額は0となる。なお，資産調整勘定等対応金額は0とする。

借方	金額	貸方	金額
利益積立金額	0	清算法人株式（B株式）	0

②　残余財産の分配時

借方	金額	貸方	金額
現預金	0	清算法人株式（B株式）	0
資本金等の額	0	みなし配当	0

第4章　グループ通算制度のM&A・組織再編成・残余財産の確定のスキーム選択の有利・不利

③　税額計算

（法人税及び地方法人税）

事業年度	通算前所得金額	損益通算額	繰越欠損金の控除額	所得金額（控除後）	税額（25.58%）	通算税効果額（マイナスは受取）（25.58%）
通算事業年度（通算申告）	300[注6]	0	0	300[注7]	76	0

（注6）　所得金額300＋株式譲渡損益0＝300
（注7）　通算親法人事業年度（2024年4月1日～2025年3月31日）の通算グループ全体の所得金額は300（プラス）である。

（住民税）

事業年度	法人税額（控除前）	控除対象通算対象所得調整額等の控除額	法人税額（控除後）	税額（10.4%）
通算事業年度（通算申告）	69[注8]	0	69	7

（注8）　法人税額69（所得金額300×23.2%）＋加算対象通算対象欠損調整額0（通算対象欠損金額0×23.2%）＝69

（事業税）

事業年度	所得金額（控除前）	繰越欠損金の控除額	所得金額（控除後）	税額（3.78%）
通算事業年度（通算申告）	300[注9]	▲150[注10]	150	5

（注9）　所得金額300＋株式譲渡損益0＝300
（注10）　繰越欠損金1,000（2019年3月期発生額500，2020年3月期発生額500）のうち，所得金額300の50%を限度に控除。

その結果，税額は以下のとおりとなる。

事業年度	法人税及び地方法人税	通算税効果額	住民税	事業税	合計
通算事業年度（通算申告）	76	0	7	5	88

④ 繰越欠損金の利用制限

次の通算親法人Ｐ（清算法人の株主）の事業税の繰越欠損金に利用制限は生じない。

発生事業年度	期末残高	制限額	翌期繰越額
2019年3月期	350	0	350
2020年3月期	500	0	500
合計	850(注11)	0	850

（注11）　期首残高1,000のうち，所得金額300の50％が使用されている。

また，次の通算子法人Ｂ（清算法人）の控除対象通算適用前欠損調整額は，通算親法人Ｐ（清算法人の株主）に引き継がれる。

なお，事業税の繰越欠損金は全額使用している。

発生事業年度	金額
2023年3月期	69
2024年3月期	69
2024年9月期	34
合計	172

③　［選択肢２］非通算法人を100％化後に合併するケース

(1)　被合併法人Ｂの税額計算

［選択肢２］　非通算法人を100％化後に合併するケースのみなし事業年度

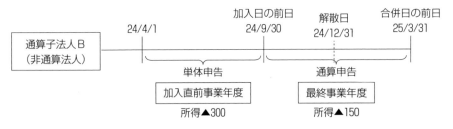

（法人税及び地方法人税）

事業年度	通算前所得金額	損益通算額	繰越欠損金の控除額	所得金額（最終）	税額（25.58%）	通算税効果額（マイナスは受取）（25.58%）
加入直前事業年度（単体申告）	▲300	0	0	▲300	0	0
最終事業年度（通算申告）	▲150	150	0 (注12)	0 (注13)	0	▲38 (注14)

(注12) 被合併法人は時価評価除外法人に該当し，合併法人と被合併法人との間で支配関係 5 年継続要件を満たしているため，加入前の繰越欠損金900（2023年 3 月期発生額300，2024年 3 月期発生額300，2024年 9 月期発生額300）は切り捨てられず，通算制度に持ち込まれる。

(注13) 通算親法人事業年度（2024年 4 月 1 日〜2025年 3 月31日）の通算グループ全体の所得金額は1,650（プラス）である。

(注14) 通算税効果額＝通算対象所得金額▲150×25.58%＝▲38

（住民税）

事業年度	法人税額（控除前）	控除対象通算対象所得調整額等の控除額	法人税額（控除後）	税額（10.4%）
加入直前事業年度（単体申告）	0	0	0	0
最終事業年度（通算申告）	0 (注15)	0	0	0

(注15) 法人税額 0 （所得金額 0 ×23.2%）＋加算対象通算対象欠損調整額 0 （通算対象欠損金額 0 ×23.2%）＝ 0 。また，控除対象通算対象所得調整額34（通算対象所得金額150×23.2%）が発生するものとする。なお，控除対象通算適用前欠損調整額は発生しない。

（事業税）

事業年度	所得金額（控除前）	繰越欠損金の控除額	所得金額（最終）	税額（3.78%）
加入直前事業年度（単体申告）	▲300	0	▲300	0
最終事業年度（通算申告）	▲150	0	▲150	0

その結果，税額は以下のとおりとなる。

第4部　グループ通算制度の特殊な状況下でのケーススタディ

事業年度	法人税及び地方法人税	通算税効果額	住民税	事業税	合計
加入直前事業年度 （単体申告）	0	0	0	0	0
最終事業年度 （通算申告）	0	▲38	0	0	▲38

　その結果，最終事業年度終了日の純資産の部は以下のとおりとなる。

別表5(1)	期首残高	利益積立金の増加額	合併時
資本金等の額	200	0	200
利益積立金額	▲900	▲412(注16)	▲1,312
合計	▲700	▲412	▲1,112

（注16）　通算前所得金額▲450（▲300＋▲150）－税額▲38

(2)　合併法人Ｐの税額計算

①　通算子法人株式の帳簿価額修正

　被合併法人Ｂの最終事業年度末の簿価純資産価額は，▲1,112となるため，被合併法人Ｂ株式の投資簿価修正後の帳簿価額は，▲1,112となる。被合併法人Ｂ株式の投資簿価修正前の帳簿価額は500であるため，帳簿価額修正額は▲1,612となる。なお，資産調整勘定等対応金額は0とする。

借方	金額	貸方	金額
利益積立金額	1,612	被合併法人株式（Ｂ株式）	1,612

②　合併引継時

借方	金額	貸方	金額
諸資産	▲1,112	資本金等の額	200
		利益積立金額	▲1,312
被合併法人株式（Ｂ株式）	1,112	資本金等の額	1,112
借入金（対Ｐ）	1,000	貸付金（対Ｂ）	1,000

③　税額計算

（法人税及び地方法人税）

事業年度	通算前所得金額	損益通算額	繰越欠損金の控除額	所得金額（最終）	税額（25.58%）	通算税効果額（マイナスは受取）（25.58%）
通算事業年度（通算申告）	1,800[注17]	▲150	0	1,650[注18]	422	38[注19]

（注17）　所得金額1,800＋株式譲渡損益 0 ＝1,800

（注18）　通算親法人事業年度（2024年 4 月 1 日～2025年 3 月31日）の通算グループ全体の所得金額は1,650（プラス）である。

（注19）　通算税効果額＝通算対象欠損金額150×25.58％＝38

（住民税）

事業年度	法人税額（控除前）	控除対象通算対象所得調整額等の控除額	法人税額（控除後）	税額（10.4%）
通算事業年度（通算申告）	416[注20]	0	416	43

（注20）　法人税額382（所得金額1,650×23.2％）＋加算対象通算対象欠損調整額34（通算対象欠損金額150×23.2％）＝416

（事業税）

事業年度	所得金額（控除前）	繰越欠損金の控除額	所得金額（最終）	税額（3.78%）
通算事業年度（通算申告）	1,800[注21]	▲900[注22]	900	34

（注21）　所得金額1,800＋株式譲渡損益 0 ＝1,800

（注22）　繰越欠損金1,000（2019年 3 月期発生額500，2020年 3 月期発生額500）のうち，所得金額1,800の50％を限度に控除。

その結果，税額は以下のとおりとなる。

事業年度	法人税及び地方法人税	通算税効果額	住民税	事業税	合計
通算事業年度（通算申告）	422	38	43	34	537

第4部　グループ通算制度の特殊な状況下でのケーススタディ

④　繰越欠損金の利用制限

　合併法人と被合併法人との間で支配関係5年継続要件を満たしているため，次の通算親法人P（合併法人）の事業税の繰越欠損金に利用制限は生じない。

発生事業年度	期末残高	制限額	翌期繰越額
2019年3月期	0	0	0
2020年3月期	100	0	100
合計	100[注23]	0	100

（注23）　期首残高1,000のうち，所得金額1,800の50％が使用されている。

　また，通算法人間の適格合併であるため，次の通算子法人B（被合併法人）の法人税の繰越欠損金に引継制限は生じない。また，次の通算子法人B（被合併法人）の控除対象通算対象所得調整額等に引継制限は生じない。さらに，事業税の繰越欠損金は，合併法人と被合併法人との間で支配関係5年継続要件を満たしているため，通算親法人P（合併法人）に引き継がれる。

発生事業年度	法人税の繰越欠損金	控除対象通算対象所得調整額等	事業税の繰越欠損金
2023年3月期	300	0	300
2024年3月期	300	0	300
2024年9月期	300	0	300
2025年3月期	0	34	150
合計	900	34	1,050

④　比較結果

	清算法人又は被合併法人	清算法人の株主又は合併法人			
	発生税額	発生税額	繰越欠損金の使用可能額		
			法人税	住民税	事業税
［選択肢1］ 通算子法人の清算	0	88	0	172	850
［選択肢2］ 通算子法人の合併	▲38	537	900	34	1,150

　以上より，税負担が411減少すること[注24]から，繰越欠損金の使用可能額は減少するが，［選択肢1］通算子法人を清算する方が有利となる[注25]。

756

第4章　グループ通算制度のM＆A・組織再編成・残余財産の確定のスキーム選択の有利・不利

（注24）　411減少の内訳として，以下の２つの差異が生じている。
① ［選択肢１］では，清算法人において，［選択肢２］におけるマイナスの所得金額（▲150）の損益通算がないため，税負担が38増加する。
② ［選択肢１］では，清算法人の株主において，貸倒損失1,000及び離脱見込み法人株式の時価評価損500が計上されるため，税負担が449減少する。
（注25）　なお，清算法人では，加入時に繰越欠損金が切り捨てられ，債務免除益が計上されるが，切り捨てられた繰越欠損金が特例欠損金として控除されるため，結果的に有利・不利は生じない。

ケース３	非通算法人を100％化後に清算又は合併するケース（「加入時期の特例を適用して特例決算期間の末日の前日以前に残余財産が確定するケース」と「加入時期の特例を適用して特例決算期間内に100％グループ間合併をするケース」）

① 前提条件

　［ケース２］のケースについて以下の条件に変更することとする。下記以外の条件は［ケース２］と同じとする。

⑴　清算法人又は被合併法人の前提条件
● 解散日：2024年９月30日
● 残余財産の確定日：2025年２月28日
● 完全支配関係発生日：2024年９月１日
● 合併日：2025年３月１日
● 通算前所得金額の見込額：

［選択肢１］　非通算法人を100％化後に清算するケース

事業年度	金額
加入直前事業年度（2024年４月１日～2024年９月30日）	▲150※１
残余財産確定事業年度（2024年10月１日～2025年２月28日）	850※２
合計	700

※１．加入時の資産評価益150を計上している。
※２．債務免除益1,000を計上している。

［選択肢２］　非通算法人を100％化後に合併するケース

事業年度	金額
最終事業年度（2024年４月１日～2025年２月28日）	▲450※３．４
合計	▲450

※３．加入時の資産評価益150を計上していない。
※４．債務免除益1,000を計上していない。

(2) 清算法人の株主又は合併法人の前提条件

● 通算グループの通算前所得金額の見込額：
［ケース２］と同じとする。

② ［選択肢１］非通算法人を100％化後に清算するケース（加入時期の特例を適用して特例決算期間の末日の前日以前に残余財産が確定するケース）

本ケースでは，清算法人Ｂは，加入時期の特例を適用しても，解散日において特例決算期間が終了する，つまり，解散日の翌日に通算承認の効力が生じる（解散日の翌日＝加入日）と考えられる（第３部「Q＆Ａ４：完全支配関係を有することとなった法人が特例決算期間（会計期間）の中途に清算により解散する場合について」参照）。

そのため，［ケース２］の「［選択肢１］非通算法人を100％化してから清算するケース」について，加入日を完全支配関係発生日ではなく，解散日の翌日とした場合と同じ取扱いとなる。

(1) 清算法人Ｂの税額計算

［選択肢１］ 非通算法人を100％化後に清算するケース（加入時期の特例を適用して特例決算期間の末日の前日以前に残余財産が確定するケース）のみなし事業年度

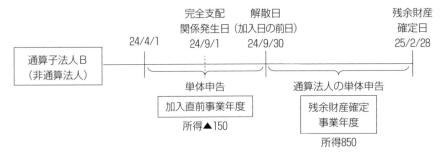

（法人税及び地方法人税）

事業年度	通算前所得金額	損益通算額	繰越欠損金の控除額	所得金額（繰越欠損金控除後）
加入直前事業年度（単体申告）	▲150	0	0	▲150
残余財産確定事業年度（通算申告）	850	0	0	850

↓

第4章　グループ通算制度のM&A・組織再編成・残余財産の確定のスキーム選択の有利・不利

事業年度	所得金額（特例欠損金控除前）	特例欠損金の控除額	所得金額（最終）	税額（25.58%）	通算税効果額（マイナスは受取）（25.58%）
加入直前事業年度（単体申告）	▲150	0	▲150	0	0
残余財産確定事業年度（単体申告）	850	▲850(注1)	0	0	0

（注1）　加入前の繰越欠損金750（2023年3月期発生額300，2024年3月期発生額300，2024年9月期発生額150）は切り捨てられる。一方，マイナスの利益積立金額の期首残高1,050（900＋150）から繰越欠損金の当期控除額0を控除した金額1,050が特例欠損金となり，繰越欠損金の控除後の所得金額850を限度に控除される。特例欠損金控除後の繰越欠損金は0となる。

（住民税）

事業年度	法人税額（控除前）	控除対象通算対象所得調整額等の控除額	法人税額（控除後）	税額（10.4%）
加入直前事業年度（単体申告）	0	0	0	0
残余財産確定事業年度（単体申告）	0	0(注2)	0	0

（注2）　控除対象通算適用前欠損調整額は，2023年3月期発生額69（切捨て繰越欠損金300×23.2%），2024年3月期発生額69（切捨て繰越欠損金300×23.2%），2024年9月期発生額34（切捨て繰越欠損金150×23.2%）となる。

（事業税）

事業年度	所得金額（控除前）	繰越欠損金及び特例欠損金の控除額	所得金額（最終）	税額（3.78%）
加入直前事業年度（単体申告）	▲150	0	▲150	0
残余財産確定事業年度（単体申告）	850	▲850(注3)	0	0

（注3）　繰越欠損金750（2023年3月期発生額300，2024年3月期発生額300，2024年9月期発生額150）のうち，所得金額850の50％を限度に控除。また，マイナスの利益積立金額の期首残高1,050（900＋150）から繰越欠損金の当期控除額425を控除した金額625が特例欠損金となり，繰越欠損金の控除後の所得金額425を限度に控除される。特例欠損金控除後の繰越欠損金は0となる。

　その結果，税額は以下のとおりとなる。

第4部　グループ通算制度の特殊な状況下でのケーススタディ

事業年度	法人税及び地方法人税	通算税効果額	住民税	事業税	合計
加入直前事業年度（単体申告）	0	0	0	0	0
残余財産確定事業年度（単体申告）	0	0	0	0	0

その結果，残余財産確定事業年度終了日の純資産の部は以下のとおりとなる。

別表 5(1)	期首残高	利益積立金の増加額	残余財産の確定時
資本金等の額	200	0	200
利益積立金額	▲900	700[(注4)]	▲200
合計	▲700	700	0

（注4）　通算前所得金額（▲150＋850）－税額0（0＋0）

(2)　清算法人の株主Pの税額計算

①　通算子法人株式の帳簿価額修正

　清算法人Bの残余財産確定事業年度末の簿価純資産価額は，0となるため，清算法人B株式の投資簿価修正後の帳簿価額は，0となる。清算法人B株式の投資簿価修正前の帳簿価額は0（離脱見込み法人株式の時価評価後）であるため，帳簿価額修正額は0となる。なお，資産調整勘定等対応金額は0とする。

借方	金額	貸方	金額
利益積立金額	0	清算法人株式（B株式）	0

②　残余財産の分配時

借方	金額	貸方	金額
現預金	0	清算法人株式（B株式）	0
資本金等の額	0	みなし配当	0

③ 税額計算

（法人税及び地方法人税）

事業年度	通算前所得金額	損益通算額	繰越欠損金の控除額	所得金額（控除後）	税額（25.58%）	通算税効果額（マイナスは受取）（25.58%）
通算事業年度（通算申告）	300(注5)	0	0	300(注6)	76	0

（注5）　所得金額300＋株式譲渡損益 0 ＝300

（注6）　通算親法人事業年度（2024年 4 月 1 日～2025年 3 月31日）の通算グループ全体の所得金額は300（プラス）である。

（住民税）

事業年度	法人税額（控除前）	控除対象通算対象所得調整額等の控除額	法人税額（控除後）	税額（10.4%）
通算事業年度（通算申告）	69(注7)	0	69	7

（注7）　法人税額69（所得金額300×23.2%）＋加算対象通算対象欠損調整額 0 （通算対象欠損金額 0 ×23.2%）＝69

（事業税）

事業年度	所得金額（控除前）	繰越欠損金の控除額	所得金額（控除後）	税額（3.78%）
通算事業年度（通算申告）	300(注8)	▲150(注9)	150	5

（注8）　所得金額300＋株式譲渡損益 0 ＝300

（注9）　繰越欠損金1,000（2019年 3 月期発生額500，2020年 3 月期発生額500）のうち，所得金額300の50％を限度に控除。

その結果，税額は以下のとおりとなる。

事業年度	法人税及び地方法人税	通算税効果額	住民税	事業税	合計
通算事業年度（通算申告）	76	0	7	5	88

第4部　グループ通算制度の特殊な状況下でのケーススタディ

④　繰越欠損金の利用制限

次の通算親法人Ｐ（清算法人の株主）の事業税の繰越欠損金に利用制限は生じない。

発生事業年度	期末残高	制限額	翌期繰越額
2019年3月期	350	0	350
2020年3月期	500	0	500
合計	850(注10)	0	850

（注10）　期首残高1,000のうち，所得金額300の50％が使用されている。

また，次の通算子法人Ｂ（清算法人）の控除対象通算適用前欠損調整額は，通算親法人Ｐ（清算法人の株主）に引き継がれる。

なお，事業税の繰越欠損金は全額使用している。

発生事業年度	金額
2023年3月期	69
2024年3月期	69
2024年9月期	34
合計	172

③　[選択肢2] 非通算法人を100％化後に合併するケース（加入時期の特例を適用して特例決算期間内に100％グループ間合併をするケース）

以下は，第3部「Ｑ＆Ａ1：完全支配関係を有することとなった法人が特例決算期間（会計期間）の末日の翌日に適格合併により消滅する場合について」，「Ｑ＆Ａ2：完全支配関係を有することとなった法人が特例決算期間（会計期間）の中途に通算グループ内の合併により消滅する場合について」で示した国税庁の見解に従って記載している。

つまり，本ケースでは，被合併法人Ｂは，通算制度に加入する前に合併により消滅することとなる。

(1) 被合併法人Bの税額計算

[選択肢2] 非通算法人を100％化後に合併するケース（加入時期の特例を適用して特例決算期間内に100％グループ間合併をするケース）のみなし事業年度

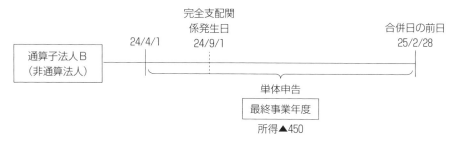

（法人税及び地方法人税）

事業年度	通算前所得金額	損益通算額	繰越欠損金の控除額	所得金額（最終）	税額（25.58％）	通算税効果額（マイナスは受取）（25.58％）
最終事業年度（単体申告）	▲450	0	0	▲450	0	0

（住民税）

事業年度	法人税額（控除前）	控除対象通算対象所得調整額等の控除額	法人税額（控除後）	税額（10.4％）
最終事業年度（単体申告）	0	0	0	0

（事業税）

事業年度	所得金額（控除前）	繰越欠損金の控除額	所得金額（最終）	税額（3.78％）
最終事業年度（単体申告）	▲450	0	▲450	0

その結果，税額は以下のとおりとなる。

事業年度	法人税及び地方法人税	通算税効果額	住民税	事業税	合計
最終事業年度（単体申告）	0	0	0	0	0

第4部　グループ通算制度の特殊な状況下でのケーススタディ

その結果，最終事業年度終了日の純資産の部は以下のとおりとなる。

別表5(1)	期首残高	利益積立金の増加額	合併時
資本金等の額	200	0	200
利益積立金額	▲900	▲450(注11)	▲1,350
合計	▲700	▲450	▲1,150

(注11)　所得金額▲450－税額0

(2)　合併法人Ｐの税額計算

①　通算子法人株式の帳簿価額修正

　被合併法人Ｂは，通算承認の効力が生じる前に合併により解散するため，被合併法人Ｂ株式について投資簿価修正は行われない。

②　合併引継時

借方	金額	貸方	金額
諸資産	▲1,150	資本金等の額	200
		利益積立金額	▲1,350
資本金等の額	500	被合併法人株式（Ｂ株式）	500
借入金（対Ｐ）	1,000	貸付金（対Ｂ）	1,000

③　税額計算

（法人税及び地方法人税）

事業年度	通算前所得金額	損益通算額	繰越欠損金の控除額	所得金額（最終）	税額（25.58%）	通算税効果額（マイナスは受取）（25.58%）
通算事業年度（通算申告）	1,800(注12)	0	0	1,800(注13)	460	0

(注12)　所得金額1,800＋株式譲渡損益0＝1,800
(注13)　通算親法人事業年度（2024年4月1日～2025年3月31日）の通算グループ全体の所得金額は1,800（プラス）である。

第4章　グループ通算制度のM&A・組織再編成・残余財産の確定のスキーム選択の有利・不利

（住民税）

事業年度	法人税額（控除前）	控除対象通算対象所得調整額等の控除額	法人税額（控除後）	税額（10.4%）
通算事業年度（通算申告）	417(注14)	0	417	43

（注14）　法人税額417（所得金額1,800×23.2%）＋加算対象通算対象欠損調整額0（通算対象欠損金額0×23.2%）＝417

（事業税）

事業年度	所得金額（控除前）	繰越欠損金の控除額	所得金額（最終）	税額（3.78%）
通算事業年度（通算申告）	1,800(注15)	▲900(注16)	900	34

（注15）　所得金額1,800＋株式譲渡損益0＝1,800
（注16）　繰越欠損金1,000（2019年3月期発生額500，2020年3月期発生額500）のうち，所得金額1,800の50%を限度に控除。

その結果，税額は以下のとおりとなる。

事業年度	法人税及び地方法人税	通算税効果額	住民税	事業税	合計
通算事業年度（通算申告）	460	0	43	34	537

④　繰越欠損金の利用制限

合併法人と被合併法人との間で支配関係5年継続要件を満たしているため，次の通算親法人P（合併法人）の事業税の繰越欠損金に利用制限は生じない。

発生事業年度	期末残高	制限額	翌期繰越額
2019年3月期	0	0	0
2020年3月期	100	0	100
合計	100(注17)	0	100

（注17）　期首残高1,000のうち，所得金額1,800の50%が使用されている。

また，適格合併に該当し，合併法人と被合併法人との間で支配関係5年継続要件を満たしているため，次の被合併法人Bの法人税の繰越欠損金に引継制限は生じない。また，事業税の繰

第4部　グループ通算制度の特殊な状況下でのケーススタディ

越欠損金は，適格合併に該当し，合併法人と被合併法人との間で支配関係5年継続要件を満たしているため，合併法人Pに引き継がれる。

発生事業年度	法人税の繰越欠損金	控除対象通算対象所得調整額等	事業税の繰越欠損金
2023年3月期	300	0	300
2024年3月期	300	0	300
2025年2月期	450	0	450
合計	1,050	0	1,050

4 比較結果

	清算法人又は被合併法人	清算法人の株主又は合併法人			
			繰越欠損金の使用可能額		
	発生税額	発生税額	法人税	住民税	事業税
［選択肢1］通算子法人の清算	0	88	0	172	850
［選択肢2］通算子法人の合併	0	537	1,050	0	1,150

　以上より，税負担が449減少すること[注18]から，繰越欠損金の使用可能額は減少するが，［選択肢1］通算子法人を清算する方が有利となる[注19]。

(注18)　［選択肢1］では，清算法人の株主において，貸倒損失1,000及び離脱見込み法人株式の時価評価損500が計上されるため，税負担が449減少する。

(注19)　なお，清算法人では，加入時に繰越欠損金が切り捨てられ，債務免除益が計上されるが，切り捨てられた繰越欠損金が特例欠損金として控除されるため，結果的に有利・不利は生じない。

766

第4章　グループ通算制度のM&A・組織再編成・残余財産の確定のスキーム選択の有利・不利

⑤　［ケース2］と［ケース3］の比較

[ケース2]

		清算法人又は 被合併法人	清算法人の株主又は合併法人			
		発生税額	発生税額	繰越欠損金の使用可能額		
				法人税	住民税	事業税
［選択肢1］ 非通算法人を100%化 後に清算するケース	ケース2	0	88	0	172	850
	ケース3	0	88	0	172	850
［選択肢2］ 非通算法人を100%化 後に合併するケース	ケース2	▲38	537	900	34	1,150
	ケース3	0	537	1,050	0	1,150

　「［選択肢1］非通算法人を100%化後に清算するケース」について，［ケース3］では，100%化後に解散する場合，解散日の翌日に通算承認が生じると考えられることから，加入時期の特例を適用して，特例決算期間の末日の前日以前に残余財産が確定する場合（ケース3）でも，加入時期の特例を適用しない場合（ケース2）でも，結果的に税負担に差異は生じない。

　「［選択肢2］非通算法人を100%化後に合併するケース」について，［ケース2］では，最終事業年度が通算申告となり，所得金額▲150が損益通算の対象となるが，［ケース3］では，最終事業年度は単体法人の単体申告となるため，所得金額▲150は繰越欠損金となる。その差異が税負担及び繰越欠損金の差異となっている。

第6節　「通常合併」VS「逆さ合併」の選択の有利・不利

1　通算親法人と通算子法人間の通常合併と逆さ合併のケース

　通算親法人が通算子法人を吸収合併する場合の税務上の取扱いは，第2部第3章「合併のケーススタディ」の「［Case 1］通算親法人が通算子法人を吸収合併するケース」で解説している。

　また，通算子法人が通算親法人を吸収合併する場合の税務上の取扱いについては，第3部「Q&A47：通算親法人が通算子法人に逆さ合併されるケース」で解説している。

　そのため，詳細については，それぞれの箇所を参照してほしいが，通算親法人と通算子法人間の通常合併と逆さ合併のケースの税務上の取扱いの有利・不利のポイントは以下のとおりまとめられる。

　なお，以下では，合併法人又は被合併法人が最初通算事業年度に合併する場合を前提としていないが，仮に，最初通算事業年度に合併する場合は，以下の取扱いに開始・加入時の取扱い

第4部　グループ通算制度の特殊な状況下でのケーススタディ

が加わることとなる。

[「通常合併」VS「逆さ合併」の選択の有利・不利（通算親法人と通算子法人間の通常合併と逆さ合併のケース）]

有利・不利項目	有利・不利判定のポイント
通算制度の継続性	逆さ合併の場合，通算制度が取りやめとなる。
離脱時の時価評価	逆さ合併の場合，通算制度が取りやめとなるため，離脱時の時価評価が適用される。ただし，評価事由に該当しない場合は評価不要となる。
投資簿価修正	逆さ合併の場合，通算制度が取りやめとなるため，株式保有法人において，通算子法人株式の投資簿価修正が適用される。ただし，株式譲渡損益が生じるわけではないため，実際には有利・不利は生じない（通常合併の場合でも，将来は投資簿価修正を適用することになる。その意味で投資簿価修正を事前に行うだけの違いとなる）。
適格要件	差異はない。
被合併法人の繰越欠損金の引継制限	差異はない。
合併法人の繰越欠損金の利用制限	差異はない。
特定資産譲渡等損失額の損金算入制限	差異はない。

　以上より，通算親法人と通算子法人間の通常合併と逆さ合併のケースについては，通算制度の継続性に関連して有利・不利が生じることとなる。ただし，離脱時の時価評価が適用されることは稀であるため，税負担の観点からは有利・不利が生じない場合が多いといえる。したがって，実質的には，逆さ合併の場合，一旦，通算制度が取りやめとなること，通算グループ全社で最後の通算申告をしないといけないこと（事務負担が生じること）がネックとなる。

[図表] 通算親法人と通算子法人間の通常合併と逆さ合併のケース

[ケース1] 通算親法人が通算子法人を吸収合併する「通常合併」のケース

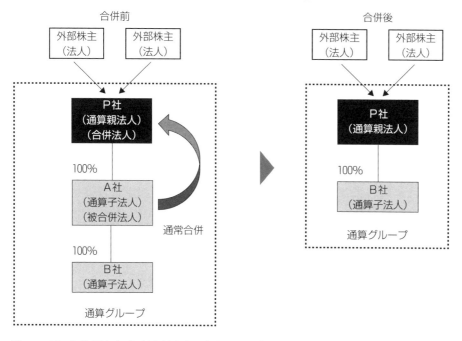

[ケース2] 通算子法人が通算親法人を吸収合併する「逆さ合併」のケース

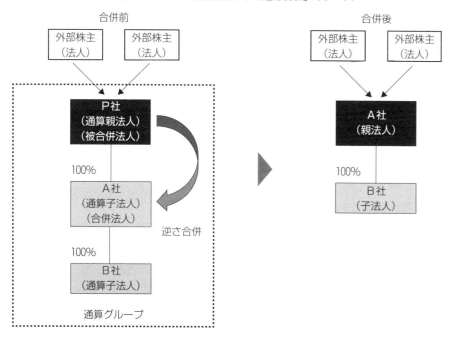

2 通算子法人と通算孫法人間の通常合併と逆さ合併のケース

通算子法人が通算孫法人を吸収合併する場合の税務上の取扱いは，第2部第3章「[Case 6] 通算子法人が他の通算子法人を吸収合併するケース（合併対価が合併法人株式又は無対価の場合）」と同様の取扱いとなる。ただし，抱合株式については，第3部第3章「合併のケーススタディ」の「[Case 1] 通算親法人が通算子法人を吸収合併するケース」と同様の取扱いとなる。

また，通算孫法人が通算子法人を合併する場合の税務上の取扱いについては，第3部「Q&A48：通算子法人が通算孫法人に逆さ合併されるケース」で解説している。

そのため，詳細については，それぞれの箇所を参照してほしいが，通算子法人と通算孫法人間の通常合併と逆さ合併のケースについては，税負担の観点からは有利・不利は生じない。

[図表] 通算子法人と通算孫法人間の通常合併と逆さ合併のケース

[ケース1] 通算子法人が通算孫法人を吸収合併する「通常合併」のケース

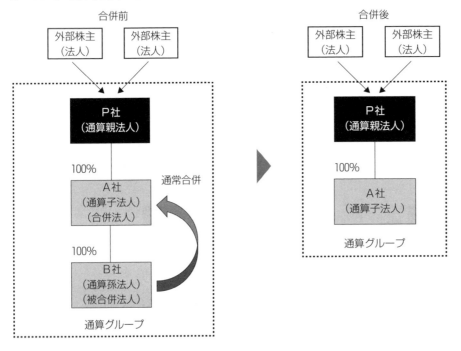

[ケース2] 通算孫法人が通算子法人を吸収合併する「逆さ合併」のケース

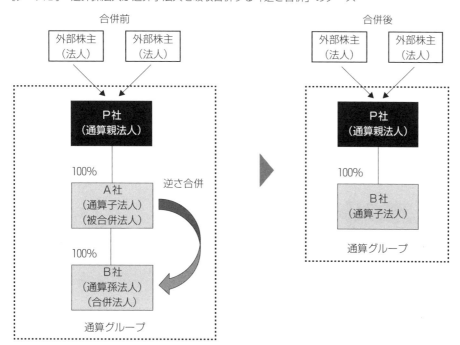

第7節　資産管理会社（ペーパーカンパニー）及び事業子会社の加入のスキーム選択の有利・不利

　本節でいう資産管理会社は，事業子会社の株式を所有しているだけの会社であり，事業所など固定施設もなく，持株会社のように事業子会社の経営管理業務も行っておらず，売上は発生していないものとする。また，オーナー（売主）が代表取締役として存在するのみで従業者もおらず，人件費（役員報酬）も発生していない。つまり，事業を行っていない休眠会社（ペーパーカンパニー）の状態にあるものとする。

第4部　グループ通算制度の特殊な状況下でのケーススタディ

[図表]　資産管理会社及び事業子会社の加入のスキーム選択の有利・不利

（目的）
事業会社R社を，100%子会社にしたい。
売主との交渉の結果，Q社の株式の全部を取得することで，R社を買収する必要がある。

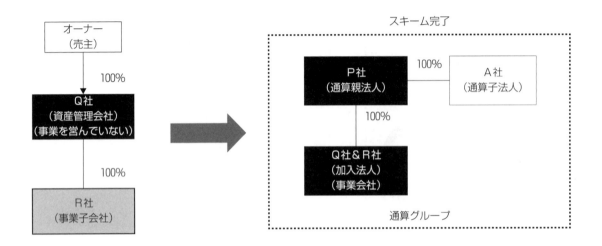

上記のケースでは，複数のスキームが選択肢として考えられる。

それぞれのスキームの有利・不利判定のポイントとなる税務上の取扱いは以下のとおりとなる。

ただし，次の前提条件とする。

（前提条件）

① オーナー（売主）と資産管理会社Q社との間のオーナー（売主）による支配関係は5年以上前から生じている。

② 資産管理会社Q社は，事業を営んでいない。また，繰越欠損金を保有している。そのため，資産管理会社はP社の買収後に欠損等法人に該当する（法法57の2①）。

③ 資産管理会社Q社と事業子会社R社との間で支配関係5年継続要件を満たしている。

④ 資産管理会社Q社は，事業を営んでいないため，通算制度への加入に際して，時価評価除外法人に該当しない。

⑤ 事業子会社R社は，通算制度への加入に際して，時価評価除外法人（共同事業要件）に該当する。

⑥ 資産管理会社Q社と事業子会社R社の合併後の法人は，通算制度への加入に際して，時価評価除外法人（共同事業要件）に該当する。

⑦ 時価評価除外法人の判定は完全支配関係発生時に行う（加入時点ではない。法法64の12①）。

772

第4章 グループ通算制度のM&A・組織再編成・残余財産の確定のスキーム選択の有利・不利

[図表] 資産管理会社及び事業子会社の加入のスキーム選択の有利・不利

[選択肢1] 加入前に資産管理会社が事業子会社を吸収合併するケース

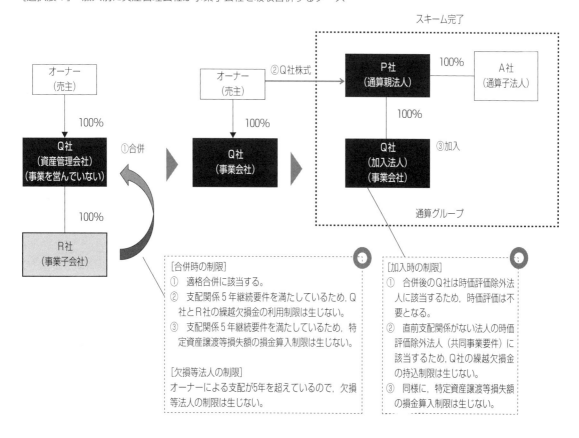

773

第4部　グループ通算制度の特殊な状況下でのケーススタディ

［選択肢2-1］　加入後に資産管理会社が事業子会社を吸収合併するケース

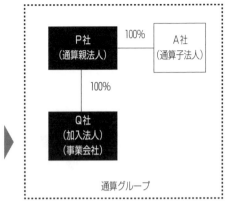
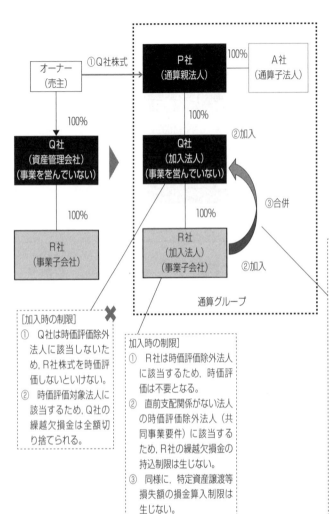

[選択肢2-2] 完全支配関係発生後かつ加入前に資産管理会社が事業子会社を吸収合併するケース

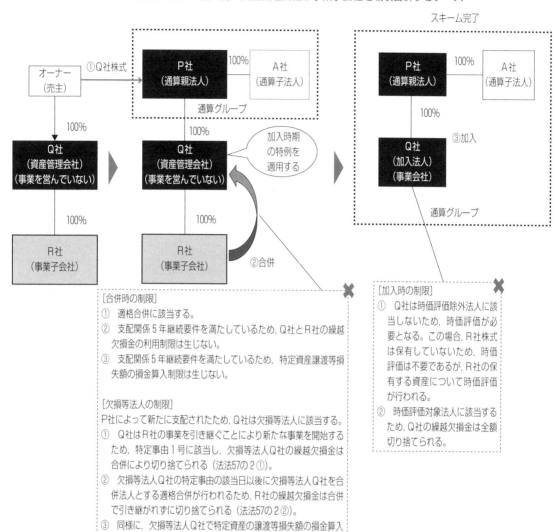

第4部　グループ通算制度の特殊な状況下でのケーススタディ

［選択肢3-1］　加入後に事業子会社が資産管理会社を逆さ合併するケース

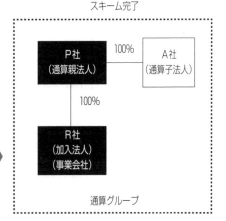
スキーム完了

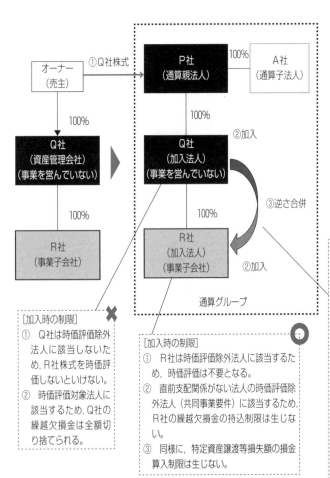

［加入時の制限］
① Q社は時価評価除外法人に該当しないため、R社株式を時価評価しないといけない。
② 時価評価対象法人に該当するため、Q社の繰越欠損金は全額切り捨てられる。

［加入時の制限］
① R社は時価評価除外法人に該当するため、時価評価は不要となる。
② 直前支配関係がない法人の時価評価除外法人（共同事業要件）に該当するため、R社の繰越欠損金の持込制限は生じない。
③ 同様に、特定資産譲渡等損失額の損金算入制限は生じない。

［合併時の制限］
① 適格合併に該当する。
② 通算法人間の適格合併に該当するため、Q社とR社の繰越欠損金の利用制限は生じない。
③ 支配関係5年継続要件を満たしているため、特定資産譲渡等損失額の損金算入制限は生じない。

［欠損等法人の制限］
P社によって新たに支配されたため、Q社は欠損等法人に該当する。
① 欠損等法人Q社は事業を営んでおらず、自己を被合併法人とする適格合併を行うため、特定事由4号に該当し、欠損等法人Q社の繰越欠損金は最終事業年度（期首）に合併により切り捨てられる（法法57の2①④）。
② 同様に、欠損等法人Q社及び合併後のR社で最終事業年度以後、特定資産の譲渡等損失額の損金算入制限が生じる。

第4章　グループ通算制度のM&A・組織再編成・残余財産の確定のスキーム選択の有利・不利

[選択肢3-2]　完全支配関係発生後かつ加入前に事業子会社が資産管理会社を逆さ合併するケース

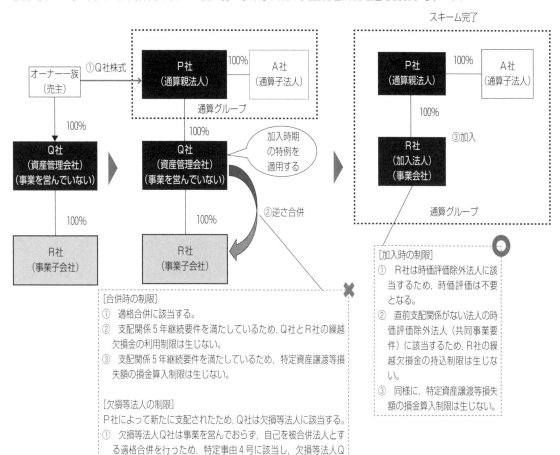

第4部 グループ通算制度の特殊な状況下でのケーススタディ

［選択肢4-1］ 加入後に通算親法人が資産管理会社を吸収合併するケース

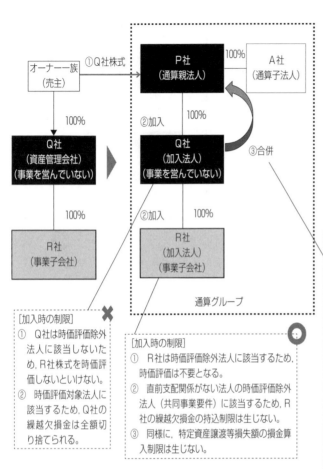
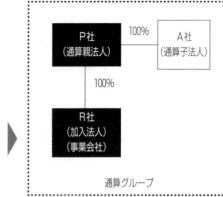

[選択肢4-2] 完全支配関係発生後かつ加入前に通算親法人が資産管理会社を吸収合併するケース

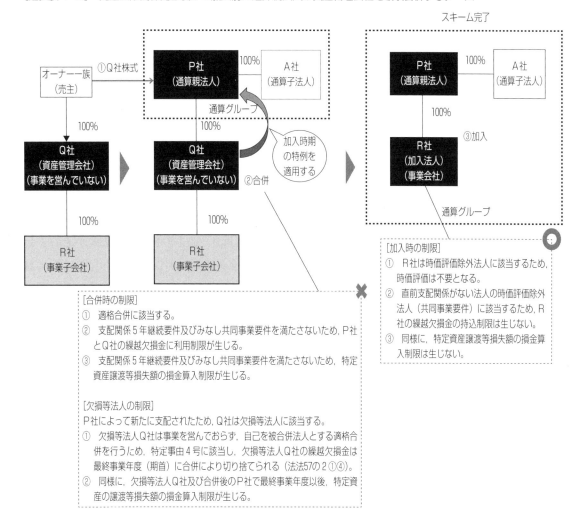

上記より、前提条件にもよるが、本ケースでは、「[選択肢1] 加入前に資産管理会社が事業子会社を吸収合併するケース」、つまり、株式を取得する前に、合併によりワンカンパニーになってもらい、合併後に事業会社となった会社の株式を取得し、通算制度に加入することが最も不利益を受けないこととなる。

一般的にもこの選択肢が最も不利益を受けないスキームになるだろう。

第8節 株式譲渡における「債権譲渡型」VS「現物出資型DES」VS「現金払込型DES」VS「債権放棄」のスキーム選択の有利・不利

1 債務超過となっている業績不振の通算子法人の株式を譲渡するケース

親法人が債務超過となっている業績不振の100％子法人をグループ外の法人に売却する場合に、債務超過を解消することが株式買取りの条件となることが多い。

第4部　グループ通算制度の特殊な状況下でのケーススタディ

　その際，債務超過の解消方法として次の選択肢がある。

[選択肢1]　債権譲渡スキーム

[選択肢2]　現物出資型DESスキーム

[選択肢3]　現金払込型DESスキーム

[選択肢4]　債権放棄スキーム

　ここでは，下記の［ケース1］について，これらの選択肢の税務上の取扱いを比較検討する。

　なお，債権放棄のタイミングと投資簿価修正額の関係については，第3部「Q&A37：通算子法人株式の譲渡に際して，債権放棄を行う場合のタイミングと投資簿価修正額への影響」で解説している。

　また，株式譲渡法人及び債権放棄法人について，株式譲渡損，債権放棄損については，法人税基本通達9-4-1（子会社等を整理する場合の損失負担等）で規定される「法人がその子会社等の経営権の譲渡等に伴い当該子会社等のために債権放棄等（損失負担等）をした場合において，その損失負担等をしなければ今後より大きな損失を蒙ることになることが社会通念上明らかであると認められるためやむを得ずその損失負担等をするに至った等そのことについて相当な理由があると認められる」ものとして，寄附金に該当しないものとする。

　したがって，離脱法人では，債務免除益は益金算入されるものとする。

　さらに，現金払込型DESについては，債務免除益の計上を回避するためのスキームとして，法人税法第132条（同族会社等の行為又は計算の否認）又は法人税法第132条の3（通算法人に係る行為又は計算の否認）の適用の対象となる見解もあるが，本ケースでは，法形式を重視し，金銭出資と債務弁済という2つの法的に別個の取引を行っているものとして債務免除益は計上されないものとする。

[ケース1の状況]

　通算親法人P社（3月決算）は，債務超過であり，業績不振の通算子法人A社（3月決算）の株式の全部を通算グループ外の法人Q社（3月決算）へ譲渡することを検討している。ただし，Q社のA社株式の買取りは，P社が有するA社に対する貸付金を債権放棄して，A社の債務超過を解消することが条件となる。
　詳細は次のとおりとなる。
●譲渡株式：通算子法人A社の株式
●譲渡法人：通算親法人P社
●譲受法人：通算グループ外の法人Q社
●株式譲渡日（離脱日）：X1年10月1日
●株式譲渡契約日：X1年10月1日
●債権譲渡日：X1年10月1日
●現物出資日：X1年9月30日又はX1年10月1日

第4章　グループ通算制度のM&A・組織再編成・残余財産の確定のスキーム選択の有利・不利

- 債権放棄日：X1年9月30日又はX1年10月1日
- A社に対する金銭債権：400
- A社株式の譲渡価額：0
- A社に対する金銭債権の譲渡価額：0
- A社に対する金銭債権の現物出資の額面額：400
- A社に対する金銭債権の現物出資時の時価：0
- 債務放棄額（債務免除額）：400
- P社の譲渡直前のA社株式の帳簿価額（投資簿価修正前）：500
- A社の離脱直前事業年度末の簿価純資産価額（債務免除前）：▲400（純資産の内訳：資本金等の額100，利益積立金額▲500）
- A社の離脱直前事業年度末の簿価純資産価額（債務免除後）：0
- A社の繰越欠損金：500
- A社の繰越欠損金の控除限度割合：50%（大通算法人）
- A社の離脱直前事業年度の所得金額（債務免除益計上前）：0
- A社株式の資産調整勘定等対応金額：0
- A社は初年度離脱通算子法人に該当しない。
- 離脱時の時価評価は適用されない。
- 現物出資は，完全支配関係継続要件を満たさないため，非適格現物出資に該当する。

［選択肢1］　債権譲渡スキーム

[X1年9月30日] 株式譲渡及び債権譲渡直前
離脱法人A社
離脱直前事業年度
(X1年4月1日~X1年9月30日)
税務BS

諸資産	0	借入金（対P社）	400
		資本金等①	100
		利益積立金②	▲500
計	0	計	0

[X1年10月1日] 株式譲渡及び債権譲渡
離脱法人A社
離脱事業年度
(X1年10月1日~X2年3月31日)
税務仕訳

借入金（対P社）	400	借入金（対Q社）(注1)	400
計	400	計	400

益金算入額（合計）	繰越欠損金（残高）
0	500
損金算入額（合計）	税増加額（30%）
0	0

(注1)　将来、Q社から債権放棄があった場合は、債務免除益が生じる。返済した場合、A社では課税関係は生じない。

通算親法人P社
通算事業年度
(X1年4月1日~X2年3月31日)
税務BS（一部）

A社株式③	500		
貸付金（対A社）	400		
計	900	計	

通算法人P社
通算事業年度
(X1年4月1日~X2年3月31日)
税務仕訳

利益積立金額	900	A社株式(※1)	900
現預金	0	貸付金（対A社）	400
債権譲渡損	400		
現預金	0	A社株式	▲400
		株式譲渡益	400
計	1,300	計	1,300

益金算入額（合計）	繰越欠損金（残高）
400	0
損金算入額（合計）	税増加額（30%）
▲400	0

(※1)　投資簿価修正額=（（①100+②▲500）-③500=▲900

買主Q社
(X1年4月1日~X2年3月31日)
税務BS（一部）

計	0	計	0

買主Q社
(X1年4月1日~X2年3月31日)
税務仕訳

貸付金（対A社）	0	現預金	0
A社株式	0	現預金	0
現金（将来）	400	債権回収益（将来）(注2)	400
計	400	計	400

益金算入額（合計）	繰越欠損金（残高）
400	0
損金算入額（合計）	税増加額（30%）(注3)
0	120

(注2)　将来、貸付金を回収するごとに債権回収益が生じる。債権放棄した場合は、債権放棄損は生じない。　(注3)　将来の回収時の税負担となる。

第4部　グループ通算制度の特殊な状況下でのケーススタディ

[選択肢2-1]　現物出資型DESスキーム（離脱日の前日に現物出資する場合）

[X1年9月30日]　現物出資直前

離脱法人A社
離脱直前事業年度
（X1年4月1日～X1年9月30日）
税務BS

諸資産	0	借入金（対P社）	400
		資本金等①	100
		利益積立金②	▲500
計	0	計	0

[X1年9月30日]　現物出資

離脱法人A社
離脱直前事業年度
（X1年4月1日～X1年9月30日）
税務仕訳

貸付金（対A社）	0	資本金等	0
借入金（対P社）	400	貸付金（対A社）	0
		債務消滅益③	400
利益積立金④	50	未納法人税等※1	50
計	450	計	450

（※1）（所得金額400－繰越欠損金200）×法人税・地方法人税・住民税率25%＝50

[X1年10月1日]　株式譲渡

離脱法人A社
離脱事業年度
（X1年10月1日～X2年3月31日）
税務仕訳

計	0	計	0

益金算入額（合計）	繰越欠損金（残高）
400	300
損金算入額（合計）	税増加額（30%）※3
	60

（※3）繰越欠損金200使用後の税負担。

通算親法人P社
通算事業年度
（X1年4月1日～X2年3月31日）
税務BS（一部）

A社株式⑤	500		
貸付金（対A社）	400		
計	900	計	0

通算親法人P社
通算事業年度
（X1年4月1日～X2年3月31日）
税務仕訳

A社株式	0	貸付金（対A社）	400
債権譲渡損	400		
計	400	計	400

通算親法人P社
通算事業年度
（X1年4月1日～X2年3月31日）
税務仕訳

利益積立金額	550	A社株式※2	550
現預金	0	A社株式	▲50
		株式譲渡益	50
計	550	計	550

（※2）投資簿価修正額＝（①100＋②▲500＋③400＋④▲50）－⑤500＝▲550

益金算入額（合計）	繰越欠損金（残高）
50	0
損金算入額（合計）	税増加額（30%）
▲400	▲105

買主Q社
（X1年4月1日～X2年3月31日）
税務BS（一部）

計	0	計	0

買主Q社
（X1年4月1日～X2年3月31日）
税務仕訳

A社株式	0	現預金	0
計	0	計	0

益金算入額（合計）	繰越欠損金（残高）
0	0
損金算入額（合計）	税増加額（30%）
0	0

[選択肢2-2]　現物出資型DESスキーム（離脱日に現物出資する場合）

[X1年9月30日]　現物出資直前

離脱法人A社
離脱直前事業年度
（X1年4月1日～X1年9月30日）
税務BS

諸資産	0	借入金（対P社）	400
		資本金等①	100
		利益積立金②	▲500
計	0	計	0

[X1年10月1日]　現物出資直後に株式譲渡

離脱法人A社
離脱事業年度
（X1年10月1日～X2年3月31日）
税務仕訳

貸付金（対A社）	0	資本金等③	0
借入金（対P社）	400	貸付金（対A社）	0
		債務消滅益④	400
利益積立金⑤	50	未納法人税等※1	50
計	450	計	450

（※1）（所得金額400－繰越欠損金200）×法人税・地方法人税・住民税率25%＝50

益金算入額（合計）	繰越欠損金（残高）
400	300
損金算入額（合計）	税増加額（30%）※3
0	60

（※3）繰越欠損金200使用後の税負担。

通算親法人P社
通算事業年度
（X1年4月1日～X2年3月31日）
税務BS（一部）

A社株式⑤	500		
貸付金（対A社）	400		
計	900	計	0

通算親法人P社
通算事業年度
（X1年4月1日～X2年3月31日）
税務仕訳

利益積立金額	900	A社株式※2	900
A社株式	0	貸付金（対A社）	400
債権譲渡損	400		
現預金	0	A社株式	▲400
		株式譲渡益	400
計	1,300	計	1,300

（※2）投資簿価修正額＝（①100＋②▲500）－⑤500＝▲900

益金算入額（合計）	繰越欠損金（残高）
400	0
損金算入額（合計）	税増加額（30%）
▲400	0

買主Q社
（X1年4月1日～X2年3月31日）
税務BS（一部）

計	0	計	0

買主Q社
（X1年4月1日～X2年3月31日）
税務仕訳

A社株式	0	現預金	0
計	0	計	0

益金算入額（合計）	繰越欠損金（残高）
0	0
損金算入額（合計）	税増加額（30%）
0	0

第4章　グループ通算制度のM&A・組織再編成・残余財産の確定のスキーム選択の有利・不利

［選択肢3-1］　現金払込型DESスキーム（離脱日の前日に現金出資する場合）

[X1年9月30日] 現金出資直前
離脱法人A社
離脱直前事業年度
(X1年4月1日～X1年9月30日)
税務BS

諸資産	0	借入金（対P社）	400
		資本金等①	100
		利益積立金②	▲500
計	0	計	0

[X1年9月30日] 現金出資＆返済
離脱法人A社
離脱直前事業年度
(X1年4月1日～X1年9月30日)
税務仕訳

現金	400	資本金等③	400
借入金（対P社）	400	現金	400
計	800	計	800

[X1年10月1日] 株式譲渡
離脱法人A社
離脱事業年度
(X1年10月1日～X2年3月31日)
税務仕訳

計	0	計	0

益金算入額（合計）		繰越欠損金（残高）	
	0		500
損金算入額（合計）		税増加額（30%）	
	0		0

通算親法人P社
通算事業年度
(X1年4月1日～X2年3月31日)
税務BS（一部）

A社株式④	500		
貸付金（対A社）	400		
計	900	計	0

通算親法人P社
通算事業年度
(X1年4月1日～X2年3月31日)
税務仕訳

A社株式⑤	400	現金	400
現金	400	貸付金（対A社）	400
計	800	計	800

通算親法人P社
通算事業年度
(X1年4月1日～X2年3月31日)
税務仕訳

利益積立金額	900	A社株式※2	900
現預金	0	A社株式	0
		株式譲渡益	0
計	900	計	900

(※2) 投資簿価修正額＝(①100＋②▲500＋③400)－(④500＋⑤400)＝▲900

益金算入額（合計）		繰越欠損金（残高）	
損金算入額（合計）		税増加額（30%）	
	0		0

買主Q社
(X1年4月1日～X2年3月31日)
税務BS（一部）

計	0	計	0

買主Q社
(X1年4月1日～X2年3月31日)
税務仕訳

計	0	計	0

買主Q社
(X1年4月1日～X2年3月31日)
税務仕訳

A社株式	0	現預金	0
計	0	計	0

益金算入額（合計）		繰越欠損金（残高）	
損金算入額（合計）		税増加額（30%）	
	0		0

［選択肢3-2］　現金払込型DESスキーム（離脱日に現金出資する場合）

[X1年9月30日] 現金出資直前
離脱法人A社
離脱直前事業年度
(X1年4月1日～X1年9月30日)
税務BS

諸資産	0	借入金（対P社）	400
		資本金等①	100
		利益積立金②	▲500
計	0	計	0

[X1年10月1日] 株式譲渡及び債権譲渡
離脱法人A社
離脱事業年度
(X1年10月1日～X2年3月31日)
税務仕訳

現金	400	資本金等③	400
借入金（対P社）	400	現金	400
計	800	計	800

益金算入額（合計）		繰越欠損金（残高）	
	0		500
損金算入額（合計）		税増加額（30%）	
	0		0

通算親法人P社
通算事業年度
(X1年4月1日～X2年3月31日)
税務BS（一部）

A社株式④	500		
貸付金（対A社）	400		
計	900	計	0

通算親法人P社
通算事業年度
(X1年4月1日～X2年3月31日)
税務仕訳

A社株式⑤	400	現金	400
現金	400	貸付金（対A社）	400
利益積立金額	900	A社株式※2	900
現預金	0	A社株式	0
		株式譲渡益	0
計	1,700	計	1,700

(※2) 投資簿価修正額＝(①100＋②▲500)－(④500)＝▲900

益金算入額（合計）		繰越欠損金（残高）	
	0		0
損金算入額（合計）		税増加額（30%）	
	0		0

買主Q社
(X1年4月1日～X2年3月31日)
税務BS（一部）

計	0	計	0

買主Q社
(X1年4月1日～X2年3月31日)
税務仕訳

A社株式	0	現預金	0
計	0	計	0

益金算入額（合計）		繰越欠損金（残高）	
	0		0
損金算入額（合計）		税増加額（30%）	
	0		0

第4部　グループ通算制度の特殊な状況下でのケーススタディ

［選択肢4-1］　債権放棄スキーム（離脱日の前日に債権放棄する場合）

[X1年9月30日]　債権放棄直前

離脱法人A社
離脱直前事業年度
（X1年4月1日～X1年9月30日）
税務BS

諸資産	0	借入金（対P社）	400
		資本金等①	100
		利益積立金②	▲500
計	0	計	0

[X1年9月30日]　債権放棄

離脱法人A社
離脱直前事業年度
（X1年4月1日～X1年9月30日）
税務仕訳

借入金（対P社）	400	債務免除益③	400
利益積立金④	50	未納法人税等※1	50
計	450	計	450

（※1）（所得金額400－繰越欠損金200）×法人税・地方法
人税・住民税率25%=50

[X1年10月1日]　株式譲渡

離脱法人A社
離脱事業年度
（X1年10月1日～X2年3月31日）
税務仕訳

計	0	計	0

益金算入額（合計）	繰越欠損金（残高）
400	300
損金算入額（合計）	税増加額（30%）※3
0	60

（※3）繰越欠損金200使用後の税負担。

通算親法人P社
通算事業年度
（X1年4月1日～X2年3月31日）
税務BS（一部）

A社株式⑤	500		
貸付金（対A社）	400		
計	900	計	0

通算親法人P社
通算事業年度
（X1年4月1日～X2年3月31日）
税務仕訳

債権放棄損	400	貸付金（対A社）	400
計	400	計	400

通算親法人P社
通算事業年度
（X1年4月1日～X2年3月31日）
税務仕訳

利益積立金額	550	A社株式※2	550
現預金	0	A社株式	▲50
		株式譲渡益	50
計	550	計	550

（※2）投資簿価修正額=（①100+②▲500+③400+④▲50）
－⑤500=▲550

益金算入額（合計）	繰越欠損金（残高）
50	0
損金算入額（合計）	税増加額（30%）
▲400	▲105

買主Q社
（X1年4月1日～X2年3月31日）
税務BS（一部）

計	0	計	0

買主Q社
（X1年4月1日～X2年3月31日）
税務仕訳

計	0	計	0

買主Q社
（X1年4月1日～X2年3月31日）
税務仕訳

A社株式	0	現預金	0
計	0	計	0

益金算入額（合計）	繰越欠損金（残高）
0	0
損金算入額（合計）	税増加額（30%）
0	0

［選択肢4-2］　債権放棄スキーム（離脱日に債権放棄する場合）

[X1年9月30日]　債権放棄直前

離脱法人A社
離脱直前事業年度
（X1年4月1日～X1年9月30日）
税務BS

諸資産	0	借入金（対P社）	400
		資本金等①	100
		利益積立金②	▲500
計	0	計	0

[X1年10月1日]　債権放棄直後に株式譲渡

離脱法人A社
離脱事業年度
（X1年10月1日～X2年3月31日）
税務仕訳

借入金（対P社）	400	債務消滅益③	400
利益積立金④	50	未納法人税等※1	50
計	450	計	450

（※1）（所得金額400－繰越欠損金200）×法人税・地方法
人税・住民税率25%=50

益金算入額（合計）	繰越欠損金（残高）
400	300
損金算入額（合計）	税増加額（30%）※3
0	60

（※3）繰越欠損金200使用後の税負担。

通算親法人P社
通算事業年度
（X1年4月1日～X2年3月31日）
税務BS（一部）

A社株式⑤	500		
貸付金（対A社）	400		
計	900	計	0

通算親法人P社
通算事業年度
（X1年4月1日～X2年3月31日）
税務仕訳

利益積立金額	900	A社株式※2	900
債権譲渡損	400	貸付金（対A社）	400
現預金	0	A社株式	▲400
		株式譲渡益	400
計	1,300	計	1,300

（※2）投資簿価修正額=（①100+②▲500）－⑤500=▲
900

益金算入額（合計）	繰越欠損金（残高）
400	0
損金算入額（合計）	税増加額（30%）
▲400	0

買主Q社
（X1年4月1日～X2年3月31日）
税務BS（一部）

計	0	計	0

買主Q社
（X1年4月1日～X2年3月31日）
税務仕訳

A社株式	0	現預金	0
計	0	計	0

益金算入額（合計）	繰越欠損金（残高）
0	0
損金算入額（合計）	税増加額（30%）
0	0

784

第4章　グループ通算制度のM&A・組織再編成・残余財産の確定のスキーム選択の有利・不利

［選択肢4-1（参考）］　債権放棄スキーム（離脱日の前日に債権放棄する場合）（寄附金に該当する場合）

［X1年9月30日］　債権放棄直前

離脱法人A社
離脱直前事業年度
（X1年4月1日～X1年9月30日）
税務BS

諸資産	0	借入金（対P社）	400
		資本金等①	100
		利益積立金②	▲500
計	0	計	0

［X1年9月30日］　債権放棄

離脱法人A社
離脱直前事業年度
（X1年4月1日～X1年9月30日）
税務仕訳

借入金（対P社）	400	受贈益（益金不算入）③	400
利益積立金④	0	未納法人税等[※1]	0
計	400	計	400

（※1）（所得金額0－繰越欠損金0）×法人税・地方法人税・
　　　住民税率25％＝0

［X1年10月1日］　株式譲渡

離脱法人A社
離脱事業年度
（X1年10月1日～X2年3月31日）
税務仕訳

| | | | |
| 計 | 0 | 計 | 0 |

益金算入額（合計）	繰越欠損金（残高）
0	500
損金算入額（合計）	税増加額（30％）
0	0

通算親法人P社
通算事業年度
（X1年4月1日～X2年3月31日）
税務BS（一部）

A社株式⑤	500		
貸付金（対A社）	400		
計	900	計	0

通算親法人P社
通算事業年度
（X1年4月1日～X2年3月31日）
税務仕訳

| 寄附金（損金不算入） | 400 | 貸付金（対A社） | 400 |
| 計 | 400 | 計 | 400 |

通算親法人P社
通算事業年度
（X1年4月1日～X2年3月31日）
税務仕訳

利益積立金額	500	A社株式[※2]	500
現預金	0	A社株式	0
		株式譲渡益	0
計	500	計	500

益金算入額（合計）	繰越欠損金（残高）
0	0
損金算入額（合計）	税増加額（30％）
0	0

（※2）投資簿価修正額＝（①100＋②▲500＋③400＋④▲0）
　　　－⑤500＝▲500

買主Q社
（X1年4月1日～X2年3月31日）
税務BS（一部）

| | | | |
| 計 | 0 | 計 | 0 |

買主Q社
（X1年4月1日～X2年3月31日）
税務仕訳

| | | | |
| 計 | 0 | 計 | 0 |

買主Q社
（X1年4月1日～X2年3月31日）
税務仕訳

| A社株式 | 0 | 現預金 | 0 |
| 計 | 0 | 計 | 0 |

益金算入額（合計）	繰越欠損金（残高）
0	0
損金算入額（合計）	税増加額（30％）
0	0

［選択肢4-2（参考）］　債権放棄スキーム（離脱日に債権放棄する場合）（寄附金に該当する場合）

［X1年9月30日］　債権放棄直前

離脱法人A社
離脱直前事業年度
（X1年4月1日～X1年9月30日）
税務BS

諸資産	0	借入金（対P社）	400
		資本金等①	100
		利益積立金②	▲500
計	0	計	0

［X1年10月1日］　債権放棄直後に株式譲渡

離脱法人A社
離脱事業年度
（X1年10月1日～X2年3月31日）
税務仕訳

借入金（対P社）	400	受贈益（益金不算入）③	400
利益積立金④	0	未納法人税等[※1]	0
計	400	計	400

益金算入額（合計）	繰越欠損金（残高）
0	500
損金算入額（合計）	税増加額（30％）
0	0

（※1）（所得金額0－繰越欠損金0）×法人税・地方法人税・
　　　住民税率25％＝0

通算親法人P社
通算事業年度
（X1年4月1日～X2年3月31日）
税務BS（一部）

A社株式⑤	500		
貸付金（対A社）	400		
計	900	計	0

通算親法人P社
通算事業年度
（X1年4月1日～X2年3月31日）
税務仕訳

利益積立金額	900	A社株式[※2]	900
寄附金（損金不算入）	400	貸付金（対A社）	400
現預金	0	A社株式	▲400
		株式譲渡益	400
計	1,300	計	1,300

益金算入額（合計）	繰越欠損金（残高）
400	0
損金算入額（合計）	税増加額（30％）
0	120

（※2）投資簿価修正額＝（①100＋②▲500）－⑤500＝▲900

買主Q社
（X1年4月1日～X2年3月31日）
税務BS（一部）

| | | | |
| 計 | 0 | 計 | 0 |

買主Q社
（X1年4月1日～X2年3月31日）
税務仕訳

| A社株式 | 0 | 現預金 | 0 |
| 計 | 0 | 計 | 0 |

益金算入額（合計）	繰越欠損金（残高）
0	0
損金算入額（合計）	税増加額（30％）
0	0

785

第4部　グループ通算制度の特殊な状況下でのケーススタディ

上記より，ケース1の各選択肢の有利・不利判定のポイントは次のとおりとなる。

選択肢		有利・不利判定のポイント
選択肢1	債権譲渡スキーム	株式譲渡直後は，「［選択肢3］現金払込型DESスキーム」と同様の税負担となる。ただし，将来，貸付金を回収する際に債権者に債権回収益が生じ，債権放棄した場合は，債務者に債務免除益が生じる。その点で，「［選択肢4-2］債権放棄スキーム（離脱日に債権放棄する場合）」と同様の税負担となる（繰越欠損金を使用できる分だけ［選択肢4-2］が有利となる）。
選択肢2-1	現物出資型DESスキーム（離脱日の前日に現物出資する場合）	「［選択肢4-1］債権放棄スキーム（離脱日の前日に債権放棄する場合）」と同様の税負担となる。 債務消滅益（未納法人税控除後）350が投資簿価修正額に含まれるため，株式譲渡益が減少し税負担が減少する。 また，債務免除益から繰越欠損金を控除できるため，「［選択肢3］現金払込型DESスキーム」と比較して当事者全体の税負担が減少する。ただし，［選択肢3］は各当事者で税負担は生じないが，［選択肢2-1］は離脱法人A社で税負担が生じるため，資金負担という点で［選択肢2-1］は不利となる。また，離脱法人A社に繰越欠損金がない場合は，［選択肢3］が有利となる。
選択肢2-2	現物出資型DESスキーム（離脱日に現物出資する場合）	債務消滅益（未納法人税控除後）350が投資簿価修正額に含まれない点で，「［選択肢2-1］現物出資型DESスキーム（離脱日の前日に現物出資する場合）」と比較して不利となる。
選択肢3-1	現金払込型DESスキーム（離脱日の前日に現金出資する場合）	債務免除益が生じないこと及び投資簿価修正により株式譲渡益が生じないことから，各当事者に税負担（資金負担）が生じない点で有利となる。ただし，本ケースでは，離脱法人A社で繰越欠損金を使えるため，「［選択肢2-1］現物出資型DESスキーム（離脱日の前日に現物出資する場合）又は「［選択肢4-1］債権放棄スキーム（離脱日の前日に債権放棄する場合）」の方が当事者全体の税負担が少ない。仮に離脱法人A社に繰越欠損金がない場合は，［選択肢3］が有利な選択肢となる。なお，現金払込型DESについては，債務免除益の計上を回避するためのスキームとして，法人税法第132条（同族会社等の行為又は計算の否認）又は法人税法第132条の3（通算法人に係る行為又は計算の否認）の適用の対象となる見解もあるため，採用には慎重になる必要がある。
選択肢3-2	現金払込型DESスキーム（離脱日に現金出資する場合）	同上

786

選択肢4−1	債権放棄スキーム（離脱日の前日に債権放棄する場合）	「［選択肢2−1］現物出資型DESスキーム（離脱日の前日に現物出資する場合）」と同様の税負担となる。債務免除益（未納法人税控除後）350が投資簿価修正額に含まれるため，株式譲渡益が減少し税負担が減少する。また，債務免除益から繰越欠損金を控除できるため，「［選択肢3］現金払込型DESスキーム」と比較して当事者全体の税負担が減少する。ただし，［選択肢3］は各当事者で税負担は生じないが，［選択肢4−1］は離脱法人で税負担が生じるため，資金負担という点で［選択肢4−1］は不利となる。また，離脱法人に繰越欠損金がない場合は，［選択肢3］が有利となる。
選択肢4−2	債権放棄スキーム（離脱日に債権放棄する場合）	債務免除益（未納法人税控除後）350が投資簿価修正額に含まれない点で，「［選択肢4−1］債権放棄スキーム（離脱日の前日に債権放棄する場合）」と比較して不利となる。
選択肢4−1	債権放棄スキーム（離脱日の前日に債権放棄する場合）（寄附金に該当する場合）	債権放棄損が寄附金とみなされる場合（法人税基本通達9−4−1に該当しない場合），離脱法人A社で債務免除益が完全支配関係法人間の受贈益として全額益金不算入となり，通算親法人P社で債権放棄損が完全支配関係法人間の寄附金として全額損金不算入となる。ただし，受贈益（未納法人税は生じない）400は投資簿価修正額に含まれるため，通算親法人P社で株式譲渡損益も生じない。結果的に，「［選択肢3］現金払込型DESスキーム」と同様の税負担となる。
選択肢4−2	債権放棄スキーム（離脱日に債権放棄する場合）（寄附金に該当する場合）	受贈益（未納法人税は生じない）400が投資簿価修正額に含まれないため，「［選択肢4−1］債権放棄スキーム（離脱日の前日に債権放棄する場合）（寄附金に該当する場合）」と比較して不利となる。

　以上より，「債務超過となっている業績不振の通算子法人の株式を譲渡するケース」について，有利・不利のポイントは次のとおりとなる。

① 　現物出資型DES又は債権放棄を行うスキームの場合，離脱日（株式譲渡日）の前日に行った方が，投資簿価修正額が増加する（結果，株式譲渡益が減少する）ため有利となる。

② 　離脱法人の債務免除益に対して繰越欠損金を控除できる場合は，現金払込型DESスキームと比較して，離脱日の前日に現物出資型DES又は債権放棄を行った方が当事者全体の税負担は減少する。

③ 　離脱法人に繰越欠損金がない場合は，資金負担が生じない点で現金払込型DESスキームが有利となる。

第4部　グループ通算制度の特殊な状況下でのケーススタディ

2　債務超過となっている業績不振の非通算法人を100%子法人化した後に，その株式を譲渡するケース

ここでは，上記1の［ケース1］について，離脱法人A社が最初は非通算法人であった場合で，少数株主からA社株式を買い取り，A社を100%子法人化してから，A社株式の全部をQ社に譲渡する場合について解説する。

この場合，まず，「第1節　通算子法人が短期間に加入・離脱する場合の取扱い」が適用されることとなる。

つまり，100%子法人化した際に加入時の取扱いが適用されることとなる。

そして，A社が初年度離脱通算子法人（加入日以後2か月以内かつ通算親法人事業年度終了日までに離脱する通算子法人）に該当しない場合は，上記1の［ケース1］と同じ税務上の取扱いとなる。

一方，A社が初年度離脱通算子法人に該当する場合又は加入時期の特例を適用して特例決算期間の末日までに完全支配関係を有しないこととなる場合（つまり，加入しない場合）は，単体納税を適用している場合の取扱いが適用されることとなる。

この単体納税を適用している場合の取扱いとは，上記1の［ケース1］について，投資簿価修正が適用されない場合の取扱いとなる。そのため，非通算法人を100%子法人化した後に，その株式を譲渡するケースで，単体納税が適用される選択肢が採用可能な場合は，上記1の選択肢に加えて，投資簿価修正が適用されない場合のシミュレーションも行う必要がある。

上記1の［ケース1］について，A社が加入時期の特例を適用して特例決算期間の末日までに完全支配関係を有しないこととなる場合（以下，［ケース2］という）の取扱いは次のとおりとなる。

［ケース2］は，完全支配関係発生日はX1年9月1日，P社の少数株主からの買取り後のA社株式の取得価額は500とし，それ以外の前提条件は上記1の［ケース1］と同じとする（また，「離脱」という用語を上記1と同様に使用する）。

また，A社が初年度離脱通算子法人に該当する場合も，みなし事業年度が設定される点を除いて同様の取扱いとなる。

788

第4章　グループ通算制度のM&A・組織再編成・残余財産の確定のスキーム選択の有利・不利

［選択肢1］　債権譲渡スキーム

[X1年9月30日]　株式譲渡及び債権譲渡直前
離脱法人A社
事業年度
(X1年4月1日~X2年3月31日)
税務BS

諸資産	0	借入金（対P社）	400
		資本金等①	100
		利益積立金②	▲500
計	0	計	0

[X1年10月1日]　株式譲渡及び債権譲渡
離脱法人A社
事業年度
(X1年4月1日~X2年3月31日)
税務仕訳

借入金（対P社）	400	借入金(対Q社)(注1)	400
計	400	計	400

益金算入額（合計）	繰越欠損金（残高）
0	500
損金算入額（合計）	税増加額（30%）
0	0

(注1)　将来、Q社から債権放棄があった場合は、債務免除益が生じる。返済した場合、A社では課税関係は生じない。

通算親法人P社
通算事業年度
(X1年4月1日~X2年3月31日)
税務BS（一部）

A社株式③	500		
貸付金（対A社）	400		
計	900	計	0

通算親法人P社
通算事業年度
(X1年4月1日~X2年3月31日)
税務仕訳

利益積立金額	0	A社株式*1	0
現預金	0	貸付金（対A社）	400
債権譲渡損	400		
現預金	0	A社株式	500
株式譲渡損	500		
計	900	計	900

(※1)　投資簿価修正額=0

益金算入額（合計）	繰越欠損（残高）
0	0
損金算入額（合計）	税増加額（30%）
▲900	▲270

買主Q社
(X1年4月1日~X2年3月31日)
税務BS（一部）

計	0	計	0

買主Q社
(X1年4月1日~X2年3月31日)
税務仕訳

貸付金（対A社）	0	現預金	0
A社株式	0	現預金	0
現金（将来）	400	債権回収益(将来)(注2)	400
計		計	

益金算入額（合計）	繰越欠損金（残高）
400	0
損金算入額（合計）	税増加額（30%）(注3)
0	120

(注2)　将来、貸付金を回収することに債権回収益が生じる。債権放棄した場合は、債権放棄損は生じない。
(注3)　将来の回収時の税負担となる。

［選択肢2-1］　現物出資型DESスキーム（離脱日の前日に現物出資する場合）

[X1年9月30日]　現物出資直前
離脱法人A社
事業年度
(X1年4月1日~X2年3月31日)
税務BS

諸資産	0	借入金（対P社）	400
		資本金等①	100
		利益積立金②	▲500
計	0	計	0

[X1年9月30日]　現物出資
離脱法人A社
事業年度
(X1年4月1日~X2年3月31日)
税務仕訳

貸付金（対A社）	0	資本金等⑤	0
借入金（対P社）	400	貸付金（対A社）	400
		債務消滅益③	400
利益積立金④	50	未納法人税等*1	50
計	450	計	450

(※1)　(所得金額400−繰越欠損金200)×法人税・地方法人税・住民税率25%=50

[X1年10月1日]　株式譲渡
離脱法人A社
事業年度
(X1年4月1日~X2年3月31日)
税務仕訳

計		計	

益金算入額（合計）	繰越欠損金（残高）
400	300
損金算入額（合計）	税増加額（30%）*3
0	60

(※3)　繰越欠損金200使用後の税負担。

通算親法人P社
通算事業年度
(X1年4月1日~X2年3月31日)
税務BS（一部）

A社株式⑥	500		
貸付金（対A社）	400		
計	900	計	0

通算親法人P社
通算事業年度
(X1年4月1日~X2年3月31日)
税務仕訳

A社株式	400	貸付金（対A社）	400
債権譲渡損	400		
計	400	計	400

通算親法人P社
通算事業年度
(X1年4月1日~X2年3月31日)
税務仕訳

利益積立金額	0	A社株式*2	0
現預金	0	A社株式	500
株式譲渡損	500		
計	500	計	500

(※2)　投資簿価修正額=0

益金算入額（合計）	繰越欠損金（残高）
0	0
損金算入額（合計）	税増加額（30%）
▲900	▲270

買主Q社
(X1年4月1日~X2年3月31日)
税務BS（一部）

計	0	計	0

買主Q社
(X1年4月1日~X2年3月31日)
税務仕訳

計	0	計	0

買主Q社
(X1年4月1日~X2年3月31日)
税務仕訳

A社株式	0	現預金	0
計	0	計	0

益金算入額（合計）	繰越欠損金（残高）
0	0
損金算入額（合計）	税増加額（30%）
0	0

第4部　グループ通算制度の特殊な状況下でのケーススタディ

［選択肢2-2］　現物出資型DESスキーム（離脱日に現物出資する場合）

[X1年9月30日] 現物出資直前

離脱法人A社
事業年度
（X1年4月1日～X2年3月31日）
税務BS

諸資産	0	借入金（対P社）	400
		資本金等①	100
		利益積立金②	▲500
計	0	計	0

[X1年10月1日] 現物出資直後に株式譲渡

離脱法人A社
事業年度
（X1年4月1日～X2年3月31日）
税務仕訳

貸付金（対A社）	0	資本金等③	0
借入金（対P社）	400	貸付金（対A社）	400
		債務消滅益④	400
利益積立金⑤	50	未納法人税等[※1]	50
計	450	計	450

益金算入額（合計）	繰越欠損金（残高）
400	300
損金算入額（合計）	税増加額（30％）[※3]
	60

（※1）（所得金額400－繰越欠損200）×法人税・地方法人税・住民税率25％＝50

（※3）繰越欠損金200使用後の税負担。

通算親法人P社
通算事業年度
（X1年4月1日～X2年3月31日）
税務BS（一部）

A社株式⑥	500		
貸付金（対A社）	400		
計	900	計	0

通算親法人P社
通算事業年度
（X1年4月1日～X2年3月31日）
税務仕訳

利益積立金額	0	A社株式[※2]	0
A社株式	0	貸付金（対A社）	400
債権譲渡損	400		
現預金	0	A社株式	500
株式譲渡損	500		
計	900	計	900

益金算入額（合計）	繰越欠損金（残高）
0	0
損金算入額（合計）	税増加額（30％）
▲900	▲270

（※2）投資簿価修正額＝0

買主Q社
（X1年4月1日～X2年3月31日）
税務BS（一部）

計	0	計	0

買主Q社
（X1年4月1日～X2年3月31日）
税務仕訳

A社株式	0	現預金	0
計	0	計	0

益金算入額（合計）	繰越欠損金（残高）
0	0
損金算入額（合計）	税増加額（30％）
0	0

［選択肢3-1］　現金払込型DESスキーム（離脱日の前日に現金出資する場合）

[X1年9月30日] 現金出資直前

離脱法人A社
事業年度
（X1年4月1日～X2年3月31日）
税務BS

諸資産	0	借入金（対P社）	400
		資本金等①	100
		利益積立金②	▲500
計	0	計	0

[X1年9月30日] 現金出資＆返済

離脱法人A社
事業年度
（X1年4月1日～X2年3月31日）
税務仕訳

現金	400	資本金等③	400
借入金（対P社）	400	現金	400
計	800	計	800

[X1年10月1日] 株式譲渡

離脱法人A社
事業年度
（X1年4月1日～X2年3月31日）
税務仕訳

計	0	計	0

益金算入額（合計）	繰越欠損金（残高）
0	500
損金算入額（合計）	税増加額（30％）
0	0

通算親法人P社
通算事業年度
（X1年4月1日～X2年3月31日）
税務BS（一部）

A社株式④	500		
貸付金（対A社）	400		
計	900	計	0

通算親法人P社
通算事業年度
（X1年4月1日～X2年3月31日）
税務仕訳

A社株式⑤	400	現金	400
現金	400	貸付金（対A社）	400
計	800	計	800

通算親法人P社
通算事業年度
（X1年4月1日～X2年3月31日）
税務仕訳

利益積立金額	0	A社株式[※2]	0
現預金	0	A社株式	900
株式譲渡損	900		
計	900	計	900

益金算入額（合計）	繰越欠損金（残高）
0	0
損金算入額（合計）	税増加額（30％）
▲900	▲270

（※2）投資簿価修正額＝0

買主Q社
（X1年4月1日～X2年3月31日）
税務BS（一部）

計	0	計	0

買主Q社
（X1年4月1日～X2年3月31日）
税務仕訳

計	0	計	0

買主Q社
（X1年4月1日～X2年3月31日）
税務仕訳

A社株式	0	現預金	0
計	0	計	0

益金算入額（合計）	繰越欠損金（残高）
0	0
損金算入額（合計）	税増加額（30％）
0	0

第4章　グループ通算制度のM&A・組織再編成・残余財産の確定のスキーム選択の有利・不利

［選択肢3－2］　現金払込型DESスキーム（離脱日に現金出資する場合）

[X1年9月30日]　現金出資直前

離脱法人A社　事業年度（X1年4月1日～X2年3月31日）税務BS

諸資産	0	借入金（対P社）	400
		資本金等①	100
		利益積立金②	▲500
計	0	計	0

[X1年10月1日]　現金出資＆返済直後に株式譲渡

離脱法人A社　事業年度（X1年4月1日～X2年3月31日）税務仕訳

現金	400	資本金等③	400
借入金（対P社）	400	現金	400
計	800	計	800

益金算入額（合計）	繰越欠損金（残高）
0	500
損金算入額（合計）	税増加額（30%）
0	0

通算親法人P社　通算事業年度（X1年4月1日～X2年3月31日）税務BS（一部）

A社株式④	500		
貸付金（対A社）	400		
計	900	計	0

通算親法人P社　通算事業年度（X1年4月1日～X2年3月31日）税務仕訳

A社株式⑤	400	現金	400
現金	400	貸付金（対A社）	400
利益積立金額	0	A社株式※2	0
現預金	0	A社株式	900
株式譲渡損	900		
計	1,700	計	1,700

益金算入額（合計）	繰越欠損金（残高）
0	0
損金算入額（合計）	税増加額（30%）
▲900	▲270

（※2）　投資簿価修正額＝0

買主Q社（X1年4月1日～X2年3月31日）税務BS（一部）

計	0	計	0

買主Q社（X1年4月1日～X2年3月31日）税務仕訳

A社株式	0	現預金	0
計	0	計	0

益金算入額（合計）	繰越欠損金（残高）
0	0
損金算入額（合計）	税増加額（30%）
0	0

［選択肢4－1］　債権放棄スキーム（離脱日の前日に債権放棄する場合）

[X1年9月30日]　債権放棄直前

離脱法人A社　事業年度（X1年4月1日～X2年3月31日）税務BS

諸資産	0	借入金（対P社）	400
		資本金等①	100
		利益積立金②	▲500
計	0	計	0

[X1年9月30日]　債権放棄

離脱法人A社　事業年度（X1年4月1日～X2年3月31日）税務仕訳

借入金（対P社）	400	債務免除益③	400
利益積立金④	50	未納法人税等※1	50
計	450	計	450

（※1）　（所得金額400－繰越欠損金200）×法人税・地方法人税・住民税率25%＝50

[X1年10月1日]　株式譲渡

離脱法人A社　事業年度（X1年4月1日～X2年3月31日）税務仕訳

計	0	計	0

益金算入額（合計）	繰越欠損金（残高）
400	300
損金算入額（合計）	税増加額（30%）※3
0	60

（※3）　繰越欠損金200使用後の税負担。

通算親法人P社　通算事業年度（X1年4月1日～X2年3月31日）税務BS（一部）

A社株式⑤	500		
貸付金（対A社）	400		
計	900	計	0

通算親法人P社　通算事業年度（X1年4月1日～X2年3月31日）税務仕訳

債権放棄損	400	貸付金（対A社）	400
計	400	計	400

通算親法人P社　通算事業年度（X1年4月1日～X2年3月31日）税務仕訳

利益積立金額	0	A社株式※2	0
現預金	0	A社株式	500
株式譲渡損	500		
計	500	計	500

（※2）　投資簿価修正額＝0

益金算入額（合計）	繰越欠損金（残高）
0	0
損金算入額（合計）	税増加額（30%）
▲900	▲270

買主Q社（X1年4月1日～X2年3月31日）税務BS（一部）

計	0	計	0

買主Q社（X1年4月1日～X2年3月31日）税務仕訳

計	0	計	0

買主Q社（X1年4月1日～X2年3月31日）税務仕訳

A社株式	0	現預金	0
計	0	計	0

益金算入額（合計）	繰越欠損金（残高）
0	0
損金算入額（合計）	税増加額（30%）
0	0

第4部　グループ通算制度の特殊な状況下でのケーススタディ

［選択肢4-2］　債権放棄スキーム（離脱日に債権放棄する場合）

［X1年9月30日］　債権放棄直前

離脱法人A社
事業年度
（X1年4月1日〜X2年3月31日）
税務BS

諸資産	0	借入金（対P社）	400
		資本金等①	100
		利益積立金②	▲500
計	0	計	0

［X1年10月1日］　債権放棄直後に株式譲渡

離脱法人A社
事業年度
（X1年4月1日〜X2年3月31日）
税務仕訳

借入金（対P社）	400	債務消滅益③	400
利益積立金④	50	未納法人税等※1	50
計	450	計	450

（※1）（所得金額400−繰越欠損金200）×法人税・地方法人税・住民税率25%＝50

益金算入額（合計）	繰越欠損金（残高）
400	300
損金算入額（合計）	税増加額（30%）※3
	60

（※3）繰越欠損金200使用後の税負担。

通算親法人P社
通算事業年度
（X1年4月1日〜X2年3月31日）
税務BS（一部）

A社株式⑤	500		
貸付金（対A社）	400		
計	900	計	0

通算親法人P社
通算事業年度
（X1年4月1日〜X2年3月31日）
税務仕訳

利益積立金額	0	A社株式※2	0
債権譲渡損	400	貸付金（対A社）	400
現預金	0	A社株式	500
株式譲渡損	500		
計	900	計	900

（※2）投資簿価修正額＝0

益金算入額（合計）	繰越欠損金（残高）
0	
損金算入額（合計）	税増加額（30%）
▲900	▲270

買主Q社
（X1年4月1日〜X2年3月31日）
税務BS（一部）

計	0	計	0

買主Q社
（X1年4月1日〜X2年3月31日）
税務仕訳

A社株式	0	現預金	0
計	0	計	0

益金算入額（合計）	繰越欠損金（残高）
0	
損金算入額（合計）	税増加額（30%）
0	

［選択肢4-1（参考）］　債権放棄スキーム（離脱日の前日に債権放棄する場合）（寄附金に該当する場合）

［X1年9月30日］　債権放棄直前

離脱法人A社
事業年度
（X1年4月1日〜X2年3月31日）
税務BS

諸資産	0	借入金（対P社）	400
		資本金等①	100
		利益積立金②	▲500
計	0	計	0

［X1年9月30日］　債権放棄

離脱法人A社
事業年度
（X1年4月1日〜X2年3月31日）
税務仕訳

借入金（対P社）	400	受贈益（益金不算入）③	400
利益積立金④	0	未納法人税等※1	0
計	400	計	400

（※1）（所得金額0−繰越欠損金0）×法人税・地方法人税・住民税率25%＝0

［X1年10月1日］　株式譲渡

離脱法人A社
事業年度
（X1年4月1日〜X2年3月31日）
税務仕訳

計	0	計	0

益金算入額（合計）	繰越欠損金（残高）
0	500
損金算入額（合計）	税増加額（30%）
0	

通算親法人P社
通算事業年度
（X1年4月1日〜X2年3月31日）
税務BS（一部）

A社株式⑤	500		
貸付金（対A社）	400		
計	900	計	0

通算親法人P社
通算事業年度
（X1年4月1日〜X2年3月31日）
税務仕訳

寄附金（損金不算入）	400	貸付金（対A社）	400
計	400	計	400

通算親法人P社
通算事業年度
（X1年4月1日〜X2年3月31日）
税務仕訳

A社株式※2	400	利益積立金額	400
現預金	0	A社株式	900
株式譲渡損	900		
計	1,300	計	1,300

（※2）投資簿価修正額＝0，寄附修正事由の簿価修正額＝400

益金算入額（合計）	繰越欠損金（残高）
0	
損金算入額（合計）	税増加額（30%）
▲900	▲270

買主Q社
（X1年4月1日〜X2年3月31日）
税務BS（一部）

計	0	計	0

買主Q社
（X1年4月1日〜X2年3月31日）
税務仕訳

計	0	計	0

買主Q社
（X1年4月1日〜X2年3月31日）
税務仕訳

A社株式	0	現預金	0
計	0	計	0

益金算入額（合計）	繰越欠損金（残高）
0	
損金算入額（合計）	税増加額（30%）
0	0

［選択肢4-2（参考）］　債権放棄スキーム（離脱日に債権放棄する場合）（寄附金に該当する場合）

[X1年9月30日] 債権放棄直前
離脱法人A社
事業年度
(X1年4月1日～X2年3月31日)
税務BS

諸資産	0	借入金（対P社）	400
		資本金等①	100
		利益積立金②	▲500
計	0	計	0

[X1年10月1日] 債権放棄直後に株式譲渡
離脱法人A社
事業年度
(X1年4月1日～X2年3月31日)
税務仕訳

借入金（対P社）	400	受贈益（益金不算入）③	400
利益積立金④	0	未納法人税等*1	0
計	400	計	400

益金算入額（合計）	繰越欠損金（残高）
0	500
損金算入額（合計）	税増加額（30%）
0	0

（※1）（所得金額0－繰越欠損金0）×法人税・地方法人税・住民税率25%=0

通算親法人P社
通算事業年度
(X1年4月1日～X2年3月31日)
税務BS（一部）

A社株式⑤	500		
貸付金（対A社）	400		
計	900	計	0

通算親法人P社
通算事業年度
(X1年4月1日～X2年3月31日)
税務仕訳

A社株式*2	400	利益積立金額	400
寄附金（損金不算入）	400	貸付金（対A社）	400
現預金	0	A社株式	900
株式譲渡損	900		
計	1,700	計	1,700

益金算入額（合計）	繰越欠損金（残高）
0	0
損金算入額（合計）	税増加額（30%）
▲900	▲270

（※2）投資簿価修正額=0　寄附修正事由の簿価修正額=400

買主Q社
(X1年4月1日～X2年3月31日)
税務BS（一部）

計	0	計	0

買主Q社
(X1年4月1日～X2年3月31日)
税務仕訳

A社株式	0	現預金	0
計	0	計	0

益金算入額（合計）	繰越欠損金（残高）
0	0
損金算入額（合計）	税増加額（30%）
0	0

　上記より，［ケース2］は上記1の［ケース1］と異なり，投資簿価修正は適用されないため，［選択肢1］～［選択肢4］を比較した場合の有利・不利判定のポイントは次のとおりとなる。

① 　［ケース2］の場合，［ケース1］と異なり，現物出資又は債権放棄を離脱日の前日と離脱日のいずれで行うかで有利・不利は生じない。

② 　［ケース2］の［選択肢1］～［選択肢4］を比較した場合の有利・不利判定のポイントは，［ケース1］と同様となる。つまり，「［選択肢3］現金払込型DESスキーム」が，債権放棄損及び株式譲渡損の両方を株式譲渡損として損金算入できる一方で，債務免除益が生じないため，最も有利となる。ただし，現金払込型DESについては，債務免除益の計上を回避するためのスキームとして，法人税法第132条（同族会社等の行為又は計算の否認）又は法人税法第132条の3（通算法人に係る行為又は計算の否認）の適用の対象となる見解もあるため，採用には慎重になる必要がある。

　また，実務では，［ケース2］の状況下で，［ケース1］の選択肢を取ることが可能となる場合もある。つまり，債務超過となっている業績不振の非通算法人を「100％子法人化→通算制度に加入→初年度離脱通算子法人に該当しない→その株式を譲渡する」という流れになる可能性がある場合，［ケース2］の選択肢と［ケース1］の選択肢を比較検討する必要が生じる。

　［ケース2］の選択肢と［ケース1］の選択肢を比較した場合，［ケース2］の選択肢では投資簿価修正で株式の譲渡原価が減少しないことから，［ケース2］の選択肢の方が［ケース1］

第4部 グループ通算制度の特殊な状況下でのケーススタディ

の同じ選択肢であっても有利となる。

　また, ［ケース2］の「［選択肢3］現金払込型DESスキーム」は, 債務免除益が計上されない点は［ケース1］の［選択肢3］と同じであるが, 投資簿価修正が適用されないため, 株式の譲渡原価が900となる（［ケース1］の［選択肢3］は株式の譲渡原価が投資簿価修正後の0となる）。そのため, ［ケース2］の［選択肢3］は, 他のスキームと比較しても有利となる金額が大きくなる（ただし, 現金払込型DESの留意点は上述のとおり）。

　なお, ［ケース1］の選択肢と［ケース2］の選択肢の比較については, 投資簿価修正額の基礎になる簿価純資産価額及び資産調整勘定等対応金額の状況によって有利・不利の結果が異なることに注意してほしい。

第9節　「現金交付型分社型分割」VS「新設分社型分割後に株式譲渡」のスキーム選択の有利・不利

　実務上, 事業売却をする場合に次の2つの選択肢を検討することがある。

［選択肢1］　現金交付型分社型分割

［選択肢2］　新設分社型分割後に株式譲渡

　ここでは, 事業売却をする場合の2つの選択肢について比較したい。

［前提条件］

```
  1. 事業売却法人：P社（通算親法人）
  2. 事業取得法人：Q社（通算外法人）
  3. 分割事業：甲事業
  4. 分割資産及び負債の税務上の帳簿価額（時価）
    ● 諸資産100（170）
    ● 諸負債30
    ● 移転簿価純資産70（移転時価純資産140）
  5. 分割対価の額（株式の譲渡対価の額）：200
  6. 退職給与債務引受額及び短期重要債務見込額（差額負債調整勘定以外の負債調整勘定）はな
    いものとする。
  7. 分割日：X1年7月1日
  8. 株式譲渡日（選択肢2）：X1年7月1日（分割日と同日）
```

[選択肢1] 現金交付型分社型分割　　　　　　　　[選択肢2] 新設分社型分割後に株式譲渡

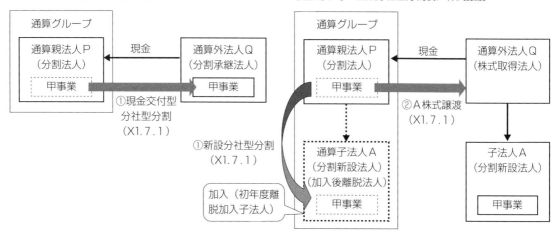

[選択肢1]　現金交付型分社型分割

❶　分割法人P社

取扱項目	非適格の場合
資産の移転	現金を交付するため，非適格分割となり，時価譲渡となる（法法２十二の十一）。 ［分割仕訳］ <table><tr><td>現金</td><td>200</td><td>諸資産</td><td>100</td></tr><tr><td>諸負債</td><td>30</td><td>分割譲渡益</td><td>130</td></tr></table>

❷　分割承継法人Q社

取扱項目	非適格の場合
資産の移転	現金を交付するため，非適格分割となり，時価受入となる（法法２十二の十一）。「分割法人の非適格分割の直前において行う事業及びその事業に係る主要な資産又は負債のおおむね全部が非適格分割により分割承継法人に移転をするもの」に該当する非適格分割に該当する場合，資産調整勘定又は負債調整勘定が計上される（法令123の10①）。 ［分割仕訳］ <table><tr><td>諸資産</td><td>170</td><td>諸負債</td><td>30</td></tr><tr><td>資産調整勘定</td><td>60</td><td>現金</td><td>200</td></tr></table>

795

第4部　グループ通算制度の特殊な状況下でのケーススタディ

［選択肢2］　新設分社型分割後に株式譲渡

❶　分割法人P社

取扱項目	非適格の場合
資産の移転	分割新設法人の株式の譲渡が見込まれることから完全支配関係継続要件及び支配関係継続要件を満たさないため，非適格分割となり，時価譲渡となる（法法2十二の十一）。この場合，交付を受ける分割新設法人株式の時価は，直後に見込まれるQ社への株式の譲渡対価の額200となる。 ［分割仕訳］ 表： 分割新設法人株式 200／諸資産 100 諸負債 30／分割譲渡益 130
加入時の離脱見込み法人株式の時価評価	分割新設法人は，時価評価除外法人に該当するため，離脱見込み法人株式の時価評価は行われない（法法64の12②）。
投資簿価修正	分割新設法人は，加入日以後，2か月以内，かつ，通算親法人事業年度終了日以前に離脱することから，初年度離脱加入子法人に該当するため，投資簿価修正は行われない（法令24の3，119の3⑤）。
株式の譲渡	交付を受ける分割新設法人株式の取得価額（時価）は，直後に見込まれるQ社への株式の譲渡対価の額200と同額となるため，株式譲渡損益は0となる。 ［株式譲渡仕訳］ 現金 200／分割新設法人株式 200

❷　分割新設法人／加入後離脱法人A社

取扱項目	非適格の場合
資産の移転	分割新設法人の株式の譲渡が見込まれることから完全支配関係継続要件及び支配関係継続要件を満たさないため，非適格分割となり，時価受入となる（法法2十二の十一）。この場合，交付をする分割新設法人株式の時価は，直後に見込まれるQ社への株式の譲渡対価の額200となる。 「分割法人の非適格分割の直前において行う事業及びその事業に係る主要な資産又は負債のおおむね全部が非適格分割により分割承継法人に移転をするもの」に該当する非適格分割に該当する場合，資産調整勘定又は負債調整勘定が計上される（法令123の10①）。 ［分割仕訳］ 諸資産 170／諸負債 30 資産調整勘定 60／資本金等の額 200
加入	分割新設法人は設立日（完全支配関係発生日）を通算承認の効力発生日（加入日）として通算制度に加入する（法法64の9⑪）。 なお，分割新設法人であることから，完全支配関係発生日の前日の属する特例決算期間が存在しないため，加入時期の特例は適用できない（法法14⑧）。

796

第4章　グループ通算制度のM&A・組織再編成・残余財産の確定のスキーム選択の有利・不利

離脱	分割新設法人は，株式譲渡日において完全支配関係を有しないこととなるため，同日（離脱日）に離脱する（法法64の10⑥六）。
みなし事業年度	設立事業年度は，設立日（加入日・離脱日）から会計期間終了日までの期間となる（法法14④，64の9⑪，64の10⑥六）。
加入時の時価評価	分割新設法人は，新設法人に該当するため，時価評価除外法人に該当する（法法64の12①一）。
繰越欠損金の持込制限	加入前の繰越欠損金はない（最初通算事業年度終了日までに通算グループ外に離脱するため切捨てはない。法法57⑧）。
特定資産譲渡等損失額の損金算入制限	特定資産（支配関係発生日の属する事業年度開始日前から有していた資産）はない（最初通算事業年度終了日までに通算グループ外に離脱するため制限は課されない。法法64の14①）。

❸　株式取得法人Q社

取扱項目	非適格の場合
分割新設法人株式の取得価額	購入の代価200となる（付随費用がある場合は加算する。法令119①一）。

　結果的に，事業売却法人P社にとっては，『［選択肢１］現金交付型分社型分割』と『［選択肢２］新設分社型分割後に株式譲渡』で税負担に差異は生じない。

　事業取得法人Q社では，取得形態として，［選択肢１］自社に直接取り込むか，［選択肢２］子会社として取り込むか，の違いはあるため，取得事業の損益（資産調整勘定の損金算入額を含む）をいずれの法人で取り込むかにより税負担に差異が生じる可能性がある。

　なお，［選択肢２］については，『新設分社型分割後の株式譲渡を分割日の翌日以後にするケース』や『事前に準備会社を設立しておいてその準備会社に売却事業を吸収分割するケース』もある。この場合，基本的な税務上の取扱いは変わらないが，「第１章第１節　通算子法人が短期間に加入・離脱する場合の取扱い」（［パターン１］～［パターン４］）の取扱いが適用される。

〈著者紹介〉

足立　好幸（あだち　よしゆき）

公認会計士・税理士
税理士法人トラスト

専門：グループ通算制度・組織再編税制。
著書に，『グループ通算制度の実務Q&A』『グループ通算制度の税効果会計』『ケーススタディでわかるグループ通算制度の申告書の作り方』『早わかり連結納税制度の見直しQ&A』（以上，中央経済社）『プロフェッショナル　グループ通算制度』『グループ通算制度への移行・採用の有利・不利とシミュレーション』（以上，清文社）など多数。

ケーススタディでわかる
グループ通算制度のＭ＆Ａ税務・組織再編税制・清算課税

2024年12月30日　第1版第1刷発行

著　者　足　立　好　幸
発行者　山　本　　　継
発行所　㈱中　央　経　済　社
発売元　㈱中央経済グループ
　　　　パ　ブ　リ　ッ　シ　ン　グ

〒101-0051　東京都千代田区神田神保町1-35
電話　03（3293）3371（編集代表）
　　　03（3293）3381（営業代表）
https://www.chuokeizai.co.jp
印刷／昭和情報プロセス㈱
製本／誠　製　本　㈱

©2024
Printed in Japan

＊頁の「欠落」や「順序違い」などがありましたらお取り替えいたしますので発売元までご送付ください。（送料小社負担）

ISBN978-4-502-52271-0　C3034

JCOPY〈出版者著作権管理機構委託出版物〉本書を無断で複写複製（コピー）することは，著作権法上の例外を除き，禁じられています。本書をコピーされる場合は事前に出版者著作権管理機構（JCOPY）の許諾を受けてください。
JCOPY〈https://www.jcopy.or.jp　eメール：info@jcopy.or.jp〉

●実務・受験に愛用されている読みやすく正確な内容のロングセラー！

定評ある税の法規・通達集シリーズ

所得税法規集
日本税理士会連合会
中央経済社 編

❶所得税法 ❷同施行令・同施行規則・同関係告示 ❸租税特別措置法（抄） ❹同施行令・同施行規則・同関係告示（抄） ❺震災特例法・同施行令・同施行規則（抄） ❻復興財源確保法（抄） ❼復興特別所得税に関する政令・同省令 ❽能登税特法・同施行令 ❾災害減免法・同施行令（抄） ❿新型コロナ税特法・同施行令・同施行規則 ⓫国外送金等調書提出法・同施行令・同施行規則・同関係告示

所得税取扱通達集
日本税理士会連合会
中央経済社 編

❶所得税取扱通達（基本通達／個別通達） ❷租税特別措置法関係通達 ❸国外送金等調書提出法関係通達 ❹災害減免法関係通達 ❺震災特例法関係通達 ❻新型コロナウイルス感染症関係通達 ❼索引

法人税法規集
日本税理士会連合会
中央経済社 編

❶法人税法 ❷同施行令・同施行規則・法人税申告書一覧表 ❸減価償却耐用年数省令 ❹法人税法関係告示 ❺地方法人税法・同施行令・同施行規則 ❻租税特別措置法（抄） ❼同施行令・同施行規則・同関係告示 ❽震災特例法・同施行令・同施行規則（抄） ❾復興財源確保法（抄） ❿復興特別法人税に関する政令・同省令 ⓫新型コロナ税特法・同施行令 ⓬租特透明化法・同施行令・同施行規則

法人税取扱通達集
日本税理士会連合会
中央経済社 編

❶法人税取扱通達（基本通達／個別通達） ❷租税特別措置法関係通達（法人税編） ❸減価償却耐用年数省令 ❹機械装置の細目と個別年数 ❺耐用年数の適用等に関する取扱通達 ❻震災特例法関係通達 ❼復興特別法人税関係通達 ❽索引

相続税法規通達集
日本税理士会連合会
中央経済社 編

❶相続税法 ❷同施行令・同施行規則・同関係告示 ❸土地評価審議会令・同省令 ❹相続税法基本通達 ❺財産評価基本通達 ❻相続税法関係個別通達 ❼租税特別措置法（抄） ❽同施行令・同施行規則（抄）・同関係告示 ❾租税特別措置法（相続税法の特例）関係通達 ❿震災特例法・同施行令・同施行規則（抄）・同関係告示 ⓫震災特例法関係通達 ⓬災害減免法・同施行令（抄） ⓭国外送金等調書提出法・同施行令・同施行規則・同関係通達 ⓮民法（抄）

国税通則・徴収法規集
日本税理士会連合会
中央経済社 編

❶国税通則法 ❷同施行令・同施行規則・同関係告示 ❸同関係通達 ❹国外送金等調書提出法・同施行令・同施行規則 ❺租税特別措置法・同施行令・同施行規則（抄） ❻新型コロナ税特法・令 ❼国税徴収法 ❽同施行令・同施行規則・同告示 ❾滞調法・同施行令・同施行規則 ❿税理士法・同施行令・同施行規則・同関係告示 ⓫電子帳簿保存法・同施行令・同施行規則・同関係告示・同関係通達 ⓬デジタル手続法・同国税関係法令に関する省令・同関係告示 ⓭行政手続法 ⓮行政不服審査法⓯行政事件訴訟法（抄） ⓰組織的犯罪処罰法（抄）⓱没収保全と滞納処分との調整令 ⓲犯罪収益規則（抄） ⓳麻薬特例法（抄）

消費税法規通達集
日本税理士会連合会
中央経済社 編

❶消費税法 ❷同別表第三等に関する法令 ❸同施行令・同施行規則・同関係告示 ❹消費税法基本通達 ❺消費税申告書様式等 ❻消費税法等関係取扱通達等 ❼租税特別措置法（抄） ❽同施行令・同施行規則（抄）・同関係告示・同関係通達 ❾消費税転嫁対策法・同ガイドライン ❿震災特例法・同施行令（抄）・同関係告示 ⓫震災特例法関係通達 ⓬新型コロナ税特法・同施行令・同施行規則・同関係告示・同関係通達 ⓭税制改革法等 ⓮地方税法（抄） ⓯同施行令・同施行規則（抄） ⓰所得税・法人税政省令（抄） ⓱輸徴法令 ⓲関税法令（抄）・同関係告示 ⓳関税定率法令（抄） ⓴国税通則法令・同関係告示 ㉑電子帳簿保存法令

登録免許税・印紙税法規集
日本税理士会連合会
中央経済社 編

❶登録免許税法 ❷同施行令・同施行規則 ❸租税特別措置法・同施行令・同施行規則（抄）❹震災特例法・同施行令・同施行規則（抄） ❺印紙税法 ❻同施行令・同施行規則 ❼印紙税法基本通達 ❽租税特別措置法・同施行令・同施行規則（抄） ❾印紙税額一覧表 ❿震災特例法・同施行令・同施行規則（抄） ⓫震災特例法関係通達等

中央経済社